आधुनिक भारत का इतिहास

आधुनिक भारत का इतिहास

विपिन चन्द्र
पूर्व प्रोफेसर
जवाहरलाल नेहरू विश्वविद्यालय
नई दिल्ली

ओरियंट ब्लैकस्वॉन

आधुनिक भारत का इतिहास

ओरियंट ब्लैकस्वॉन प्राइवेट लिमिटेड

मुख्य कार्यालय
3-6-752 हिमायत नगर, हैदराबाद 500 029, तेलंगाना, भारत
ई-मेल: centraloffice@orientblackswan.com

शाखाएँ
बंग्लुरु, चेन्नई, गुवाहाटी, हैदराबाद, कोलकाता,
मुंबई, नई दिल्ली, नोएडा, पटना

प्रथम प्रकाशित 2008
पुनर्मुद्रित 2009, 2010, 2011, 2012, 2013, 2014, 2015, 2016, 2017, 2018, 2019, 2020, 2021, 2022, 2023, 2024, 2026

ISBN 978-93-90122-63-9

मानचित्र: द एग्रीकल्चरल डेवलपमेंट कमर्शियल क्रेडिट एंड इंडस्ट्रियल इन्वेस्टमेंट कंपनी प्रा.लि.

लेज़रटाइपसेटर
ए एंड डी कं., नई दिल्ली द्वारा वॉकमैन चाणक्य 13/15 में टंकणीकृत

मुद्रक
आकाश प्रेस, दिल्ली

042606

प्रकाशक
ओरियंट ब्लैकस्वॉन प्राइवेट लिमिटेड
3-6-752 हिमायत नगर, हैदराबाद 500 029, तेलंगाना, भारत
ई-मेल: info@orientblackswan.com

1. The responsibility for the correctness of the internal details rests with the publisher.
2. The territorial waters of India extend into the sea to a distance of twelve nautical miles measured from the appropriate base line.
3. The external boundaries and coastlines of India agree with the Record/Master Copy certified by the Survey of India.
4. The spellings of names in these maps have been taken from various sources.

विषय-क्रम

मानचित्र क्रम

प्राक्कथन

यह पुस्तक इतिहास के उस काल का वर्णन प्रस्तुत करती है जिसे ब्रिटिश भारत के रूप में जाना जाता है। यह वर्णन मुख्य रूप से भारत में राष्ट्रवाद और उपनिवेशवाद पर मेरे शोध और इस काल पर प्रकाशित विभिन्न ग्रंथों पर आधारित है।

पुरातन साम्राज्यवाद और राष्ट्रवाद के इतिहासलेखन की चुनौती के साथ पुस्तक ऐतिहासिक-राजनैतिक वर्णन से आगे बढ़कर इतिहास, राजनीति, अर्थशास्त्र, समाजशास्त्र और अन्य संबंधित विषयों के पारस्परिक अंतर्संबंधों पर ध्यान केंद्रित करती है। पुस्तक में व्यापक सामाजिक बलों, आंदोलनों, संस्थानों और व्यक्तियों का अध्ययन इस उद्देश्य के साथ किया गया कि कुछ घटनाएं क्यों घटित हुई और इस तरह की घटनाओं के परिणामों का वर्णन कालक्रमानुसार किया गया है।

पुस्तक में अठारहवीं सदी में भारत की सामाजिक, आर्थिक और राजनीतिक परिस्थितियों के आधार पर बताया गया है कि क्यों भारत ब्रिटिश ईस्ट इंडिया कंपनी और बाद में ब्रिटिश शासन के अधीन हो गया। इसमें भारत पर ब्रिटिश शासन के राजनैतिक, प्रशासनिक और आर्थिक प्रभावों का सविस्तर वर्णन शामिल है। व्यापार और निवेश के माध्यम से भारत के आर्थिक शोषण पर विशेष बल दिया गया है जो भारत में ब्रिटिश शासन का प्राथमिक उद्देश्य था। ब्रिटिश भारत की विदेश नीति जैसे नेपाल और अफगानिस्तान के साथ युद्ध या बर्मा पर आक्रमण का भी उल्लेख पुस्तक में निहित है। भारत भर में हुए विभिन्न जातीय और किसान आंदोलनों पर भी चर्चा की गई है। आरंभ में उनके परंपरागत तरीके से संघर्ष और इसके परिणामस्वरूप देशभर में एक व्यापक जातीय और किसान संघर्ष शुरू हुआ जिसकी परिणति 1857 के विद्रोह के रूप में सामने आई। यद्यपि जातीय और किसान आंदोलन इसके बाद भी जारी रहे। ब्रिटिश शासन के विरुद्ध हुए विभिन्न प्रदर्शनों को साथ-साथ रखा गया है जिससे कि पाठक इस महाद्वीप पर ब्रिटिश शासन के प्रभावों के संबंध में अपनी निजी राय बना सकें।

पुस्तक में ब्रिटिश शासन के उद्‌भव और विकास पर भारतीयों की प्रतिक्रिया का भी वर्णन किया गया है। अठारहवीं सदी में भारतीय संस्कृति और समाज

में आए ह्रास को देखते हुए उन्नीसवीं सदी में विभिन्न सामाजिक और धार्मिक सुधार आंदोलन चलाए गए। उन्नीसवीं सदी के जागरण में न केवल प्रिंटिंग प्रेस जैसी पाश्चात्य प्रौद्योगिकी को अपनाकर ब्रिटिश शोषण का विरोध किया गया बल्कि इसके परिणामस्वरूप भारतीयों ने वैश्विक मानकों को भी अपनाया।

अंतिम पांच अध्याय भारत में राष्ट्रीय आंदोलन से जुड़े हैं, जिनमें भारतीय राष्ट्रीय कांग्रेस के गठन से लेकर भारत द्वारा स्वतंत्रता की प्राप्ति का वर्णन है। राष्ट्रीय आंदोलन की नरमपंथी, गरमपंथी और क्रांतिकारी जैसी विभिन्न विचारधाराओं का विस्तृत विवेचन किया गया है। यह राष्ट्रीय आंदोलन महात्मा गांधी के नेतृत्व में किस प्रकार जन आंदोलन बन गया, इसका विस्तृत विवेचन पुस्तक में किया गया है। इसके साथ ही भगतसिंह, जवाहरलाल नेहरू, सुभाष चंद्र बोस और जयप्रकाश नारायण की विचारधाराओं का भी वर्णन किया गया है। राष्ट्रीय आंदोलन में उल्लेखनीय भूमिका निभाने वाले व्यक्तियों के संबंध में विस्तृत जानकारी दी गई है जिससे स्वतंत्रता प्राप्ति में उनके योगदान को समझा जा सके। साम्यवादी दलों की प्रगति और राष्ट्रीय आंदोलन द्वारा इसके प्रसार के विरोध को अनोखे ढंग से पेश किया गया है।

मार्च 2009 **विपिन चन्द्र**

भूमिका

मुगल साम्राज्य के क्षय और पतन के पीछे एक नहीं बल्कि कई कारण थे। कई शक्तियां थीं जो इसके लिए ज़िम्मेदार थीं। मुगल साम्राज्य के पतन की शुरुआत औरंगज़ेब के सख्त शासन काल में ही हो गई थी। औरंगज़ेब को विशाल साम्राज्य विरासत में मिला था। उसने इस साम्राज्य को दक्षिण की दूरस्थ भौगोलिक सीमाओं तक फैलाने की नीति अपनाई। हालांकि इस क्रम में उसे जन-धन की काफ़ी हानि उठानी पड़ी। दरअसल देश की संचार व्यवस्था और आर्थिक व राजनीतिक संरचना, सभी क्षेत्रों के लिए एक केंद्रीकृत स्थाई प्रशासन देने के लायक नहीं थी। इस तरह पूरे देश को एक केंद्रीय राजनीतिक सत्ता के तहत लाने का औरंगज़ेब का मकसद सैद्धांतिक तौर पर भले ही उचित रहा हो लेकिन इसे व्यवहार में लाना आसान नहीं था।

औरंगज़ेब राज्य सत्ता के मामले में विफल रहा था। वह मराठों की क्षेत्रीय स्वायत्तता की मांग मानने को तैयार नहीं था। औरंगज़ेब इस बात को समझ नहीं पाया कि शिवाजी और दूसरे मराठा सरदारों का आसानी से दमन नहीं किया जा सकता। इसी वजह से अकबर ने राजपूत राजाओं व प्रधानों के साथ गठबंधन बनाया था। औरंगज़ेब से भी मराठा सरदारों को मनाने की आशा की गई थी। लेकिन उसने मराठों का दमन करने की नीति अपनाई। मराठों के ख़िलाफ़ निरर्थक, लेकिन कठोर अभियान वर्षों तक चलता रहा। इसमें उसके साम्राज्य के संसाधनों की काफ़ी बर्बादी हुई। व्यापार व उद्योग तबाह हो गए। 25 से ज़्यादा वर्षों तक उत्तर में औरंगज़ेब की गैर मौजूदगी और मराठों को दबाने में उसकी विफलता के कारण प्रशासन में गिरावट आई। इससे साम्राज्य और उसकी सेना की प्रतिष्ठा धूमिल हुई। महत्त्वपूर्ण उत्तर-पश्चिम सीमाओं की उपेक्षा हुई और प्रांतीय व स्थानीय अधिकारियों को केंद्रीय सत्ता की अवहेलना करने व आजादी का सपना देखने का मौका मिला। इसके बाद 18वीं सदी में, उत्तर में मराठा राज्य के विस्तार से केंद्रीय सत्ता और भी कमज़ोर हुई।

कुछ राजपूत राज्यों के साथ औरंगज़ेब की लड़ाई का भी मुगल साम्राज्य पर विपरीत असर पड़ा। राजपूत राजाओं के साथ गठजोड़ और उसके कारण मिला सैन्य समर्थन अतीत में मुगलों की ताकत का बहुत बड़ा आधार रहा था।

शुरुआती दिनों में औरंगज़ेब ने भी राजपूतों के साथ दोस्ती की। उसने मारवाड़ के जसवंत सिंह और आमेर के जयसिंह को काफ़ी ऊंचा स्थान दिया था। लेकिन बाद में राजपूत राजाओं की ताकत को कम करने और उनकी ज़मीन पर अपने साम्राज्य का शासन थोपने की उसकी अदूरदर्शी नीति के कारण मुगल शासन के प्रति राजपूत राजाओं की वफ़ादारी समाप्त हो गई। राजपूत राजाओं के साथ युद्ध के कारण साम्राज्य और कमज़ोर हुआ और अलगाववाद को बढ़ावा मिला। खासकर इसने हिंदुओं और मुसलमानों के उच्च वर्ग के बीच दीवार खड़ी करने का काम किया।

सतनामी, जाट और सिख विद्रोह के कारण दिल्ली के आसपास के नाज़ुक क्षेत्रों में औरंगज़ेब शासन की ताकत को चुनौती मिली। हालांकि इन विद्रोहों में शामिल लोगों की संख्या बहुत अधिक नहीं थी, फिर भी अच्छा जनाधार होने के कारण इसका खासा महत्त्व था। किसान उनकी ताकत थे। मुगल राजस्व अधिकारियों ने इन सभी का दमन किया था। इन विद्रोहों से पता चलता है कि जमींदारों, कुलीनों व राज्य के सामंती शोषण से किसान काफी असंतुष्ट थे।

औरंगज़ेब की धार्मिक रूढ़िवादिता और हिंदू शासकों के प्रति उसकी नीति ने मुगल साम्राज्य के स्थायित्व को काफ़ी नुकसान पहुंचाया। अकबर, जहांगीर और शाहजहां के शासन काल में मुगल शासन धर्मनिरपेक्ष था। उस वक्त लोगों की धार्मिक आस्था व रीति-रिवाजों में शासन कोई दखल नहीं देता था। हिंदुओं व मुसलमानों के बीच दोस्ताना संबंधों को बढ़ावा दिया जाता था और विभिन्न क्षेत्रों व धर्मों के लोगों के लिए शासन के उच्च पदों का दरवाज़ा खुला हुआ था। यही सब मुगल शासन के स्थायित्व का मूल आधार था। राजपूत राजाओं के साथ मुगलों के गठजोड़ में इस नीति की झलक मिलती है। लेकिन औरंगज़ेब ने जज़िया लागू कर, उत्तर में हिंदुओं के कई मंदिरों को तोड़ कर और हिंदुओं पर खास तरह का प्रतिबंध लगा कर इस नीति के उलट काम करने की कोशिश की। उसने हिंदुओं को अलग-थलग कर दिया। मुगल समाज को खंडित किया और खासकर हिंदुओं और उच्च वर्ग के मुसलमानों के बीच खाई को चौड़ा किया। औरंगज़ेब ने इस तरह की धार्मिक नीति को अपने शासन के बाद के दिनों में अख्तियार किया था। औरंगज़ेब के उत्तराधिकारियों ने इन नीतियों को बहुत तेज़ी से छोड़ दिया। औरंगज़ेब की मृत्यु के कुछ सालों के अंदर जज़िया को समाप्त कर दिया गया। राजपूतों व दूसरे हिंदुओं के साथ अच्छे संबंध जल्द ही फिर से बहाल कर दिए गए। बाद के मुगल शासकों के काल में अजित सिंह राठौर और सवाई जयसिंह जैसे लोगों को शासन में काफी ऊंचा स्थान मिला।

शाहू राजा और मराठा सरदारों के साथ धार्मिक आधार के बजाय राजनीतिक स्तर पर संबंध विकसित किए गए। यहां इस बात का ध्यान भी रखा जाना चाहिए कि 18वीं सदी के राजपूत, जाट, मराठा और सिख सरदारों ने हिंदुओं के संरक्षक के तौर पर काम नहीं किया था। धार्मिक एकजुटता के बजाय सत्ता और धन उनके लिए ज़्यादा अहम था। उन लोगों ने मुसलमानों की तरह ही हिंदुओं को अक्सर लूटा और मारा था। हकीकत में उस वक्त न तो हिंदू और न ही मुसलमान एकजुट समुदाय था। दोनों ही धार्मिक समुदायों के उच्च वर्ग के लोग शासक वर्ग में शामिल थे। जबकि समाज का बहुसंख्यक तबका किसानों और काश्तकारों का था। ये किसान और काश्तकार हिंदू और मुसलमान दोनों ही थे। हिंदू और मुसलमान कुलीन वर्ग के लोग अपने राजनीतिक हितों को साधने के लिए कभी-कभी प्रचार के हथियार के रूप में धर्म का इस्तेमाल करते थे। लेकिन अधिकांश समय ये लोग सत्ता, ज़मीन और पैसे के लिए अपने-अपने धर्म के लोगों के ख़िलाफ़ आपसी गठजोड़ बनाए रखते थे। हिंदू और मुसलमान कुलीन, ज़मींदार और सूबेदार आम लोगों का दमन व शोषण निर्ममता के साथ करते थे। दमन करते वक्त वे इस बात की परवाह नहीं करते थे कि दमन हिंदू का हो रहा है या मुसलमान का। महाराष्ट्र या राजपूताना के हिंदू किसानों को उतना ही भूमि राजस्व देना पड़ता था जितना आगरा, बंगाल या अवध के हिंदू या मुसलमान किसान देते थे। मतलब यह कि हिंदू और मुसलमान समुदाय के उच्च वर्ग के लोगों के बीच सौहार्दपूर्ण सांस्कृतिक व सामाजिक रिश्ता बना हुआ था।

औरंगज़ेब ने साम्राज्य के सामने बहुत सारी अनसुलझी समस्याएं छोड़ दी थीं। लेकिन उसकी मृत्यु के बाद उत्तराधिकार को लेकर हुई लड़ाइयों के कारण स्थिति और बिगड़ गई। उत्तराधिकार का कोई तय नियम न होने के कारण राजा की मृत्यु के बाद मुगल वंश में हर बार शासन की बागडोर संभालने को लेकर गृह युद्ध छिड़ जाता था। 18वीं सदी के दौरान उत्तराधिकार को लेकर होने वाली लड़ाइयां ज़्यादा तेज़ और विध्वंसक हो गईं। इनके कारण जान-माल की काफ़ी क्षति हुई। हज़ारों प्रशिक्षित सैनिक और सैकड़ों योग्य कमांडर व अफसर मारे गए। गृह युद्ध के कारण साम्राज्य का प्रशासन कमज़ोर हुआ। साम्राज्य की रीढ़ कुलीन वर्ग था। लेकिन यह वर्ग आपस में ही लड़ने लगा। केंद्र में अनिश्चितता और राजनीतिक अव्यवस्था का फायदा उठाकर कई स्थानीय सूबेदारों और अधिकारियों ने अपनी स्थिति मज़बूत करने, ज़्यादा स्वायत्तता हासिल करने और अपने पद को वंशानुगत बनाने की कोशिश शुरू कर दी।

अगर शासन पर अधिकार योग्य, दूरदर्शी और कर्मठ शासकों को मिलता तो औरंगज़ेब के शासन काल की कमज़ोरियों और उत्तराधिकार को लेकर हुई लड़ाइयों से हुई हानि को दूर किया जा सकता था। लेकिन दुर्भाग्यवश बहादुर शाह के संक्षिप्त शासन काल को छोड़ कर सारे बेकार, कमज़ोर और विलासिता पसंद लोग शासक बनते गए। तानाशाही व राजतंत्रीय व्यवस्था में शासक का आचरण और व्यक्तित्व ही अहम भूमिका अदा करता है। लेकिन इसके साथ ही सिर्फ़ इस एक कारण को ज़्यादा अहमियत नहीं दी जा सकती। औरंगज़ेब न तो कमज़ोर और न ही पतित था। वह काफ़ी योग्य व क्षमतावान था। वह राजाओं की आम खामियों से मुक्त था और बहुत साधारण व सादगीपूर्ण जीवन व्यतीत करता था। उसने अपने पूर्वजों के साम्राज्य को इस कारण नजरअंदाज़ नहीं किया कि वह आचरणहीन या अयोग्य था। बल्कि विफलता का कारण यह था कि उसके पास राजनीतिक, सामाजिक और आर्थिक दूरदर्शिता नहीं थी। उसके व्यक्तित्व में कोई खामी नहीं थी। खामियां उसकी नीतियों में थी।

मुगल शासकों के व्यक्तित्व के अलावा मुगल साम्राज्य की ताकत उसके कुलीन वर्ग के आचरण और संगठन में रही है। अगर कुलीन वर्ग सचेत, दक्ष और वफ़ादार हो तो राजा की कमज़ोरियों को सफलतापूर्वक दूर किया जा सकता है व उसकी भरपाई की जा सकती है। लेकिन इस कुलीन वर्ग के आचरण में भी गिरावट आ गई। कुलीन वर्ग के लोग शाही तरीके से जीवन व्यतीत करने लगे। उनका खर्च उनकी आमदनी से बहुत अधिक हो गया। उनमें से कई विलासी हो गए। यहां तक कि युद्ध के लिए जाते वक्त भी वे अपनी सुविधा के सारे सामानों को साथ ले जाते थे। इतना ही नहीं वे अपने परिवार वालों को भी साथ ले जाने लगे। ये लोग काफ़ी कम पढ़े-लिखे थे। उनमें से कई तो युद्ध की कला पर भी ध्यान नहीं देते थे। इसके पहले समाज के निचले तबके के बहुत सारे लोगों ने अपनी योग्यता के बल पर कुलीन जमात में अपनी जगह बनाई थी। ऐसे लोग वहां नई ऊर्जा पैदा करते थे। लेकिन बाद में मौजूदा कुलीन वर्ग के परिवार के लोग ही सारे पदों पर आसीन होने लगे। नए लोगों के लिए कोई जगह नहीं रह गई। हालांकि कुलीन वर्ग के सारे के सारे लोग कमज़ोर या अक्षम नहीं थे। 18वीं सदी में बहुत सारे ऊर्जावान और योग्य अधिकारी और बहादुर सैन्य कमांडर हुए। लेकिन इनमें से अधिकांश का कोई लाभ साम्राज्य को नहीं मिला क्योंकि ये लोग अपनी प्रतिभा का इस्तेमाल अपने ही हितों को साधने में करते रहे। राज्य और समाज की सेवा करने के बजाय ये लोग आपस में ही लड़ते रहे।

वास्तव में आम धारणा के विपरीत 18वीं सदी के दौरान मुगल कुलीन वर्ग की मुख्य कमज़ोरी उसकी योग्यता या नैतिकता में गिरावट नहीं थी। बल्कि समस्या यह थी कि यह वर्ग स्वार्थी बन गया। राज्य के प्रति उसके मन में समर्पण भाव नहीं रह गया। इस कारण प्रशासन में भ्रष्टाचार और आपसी खींचतान बढ़ी। अपना अधिकार, प्रतिष्ठा और आमदनी को बढ़ाने के लिए कुलीन वर्ग के लोग एक-दूसरे और यहां तक कि राजा के ख़िलाफ़ भी गिरोह बनाने लगे। अधिकार की इस लड़ाई में उन्होंने बल, जालसाज़ी और दगाबाज़ी का सहारा लिया। उनकी आपसी लड़ाई ने साम्राज्य को बर्बाद कर दिया। सामाजिक समरसता पर असर डाला। समाज को बांट डाला और अंततः विदेशी आक्रमणकारियों की राह को आसान बनाया। इस पूरे प्रकरण में सबसे ज़्यादा दोषी सक्रिय और योग्य कुलीन रहे। इन लोगों ने अपनी निजी जागीर की खातिर साम्राज्य की एकता को तहस-नहस कर दिया। इस तरह बाद के मुगल कुलीनों की अधोगति के लिए उनकी व्यक्तिगत बुराइयां उस हद तक ज़िम्मेवार नहीं थी, जितनी ज़िम्मेवार उनका सरकारी कामकाज और उनमें राजनीतिक दूरदर्शिता की कमी थी। सत्ता के लिए उन लोगों ने जो अदूरदर्शी रास्ता अख्तियार किया वह अधोगति का मुख्य कारण बना। लेकिन यह आचरण सिर्फ़ मुगल कुलीनों का ही नहीं था। तेज़ी से उभर रहे मराठा सूबेदारों, राजपूत राजाओं, जाट सिख और बुंदेला सूबेदारों में ये सारी खामियां व्याप्त थीं। उथल-पुथल वाली 18वीं सदी के दौरान जो लोग भी सत्ता के करीब गए लगभग हर किसी का आचरण इसी तरह का था।

कुलीनों के बीच बढ़ते स्वार्थ और गिरोहबंदी का एक मुख्य कारण जागीर का अभाव था। इसके साथ ही कुलीनों की संख्या और उनका खर्च बढ़ता जा रहा था जिसके कारण जागीरों की आमदनी घटती जा रही थी। इस कारण कुलीनों के बीच जागीरों पर कब्ज़ा करने के लिए लड़ाई तेज़ हो गई थी। मूल समस्या यह थी कि सभी कुलीनों को संतुष्ट करने की कोई व्यवस्था नहीं की जा सकती थी क्योंकि सभी को काम या जागीर देना संभव नहीं था। जागीर की कमी का दूसरा प्रभाव भी पड़ा। कुलीनों ने किसानों की कीमत पर जागीर से अधिक से अधिक आमदनी हासिल करने की कोशिश की। उन्होंने अपनी जागीर और पदों को वंशानुगत बनाने की भी कोशिश की। अपने बजट को संतुलित करने के लिए वे लोग खालिस ज़मीन पर कब्ज़ा करने लगे। इसके कारण केंद्र सरकार का वित्तीय संकट बढ़ गया। इससे उबरने के लिए सरकार ने अपना खर्च कम करना शुरू किया और सैनिकों की संख्या निर्धारित कोटे से कम कर दी। इसके कारण साम्राज्य की सैन्य शक्ति कमज़ोर पड़ गई।

मुगल साम्राज्य आबादी की न्यूनतम आवश्यकताओं को भी पूरा नहीं कर पा रहा था। यह साम्राज्य के पतन का मुख्य कारण बना। 17वीं और 18वीं सदी के दौरान भारतीय किसानों की हालत दिन-ब-दिन बिगड़ती गई। ऐसे तो अपनी ज़िंदगी में वे पूरी तरह खुशहाल कभी नहीं थे लेकिन 18वीं सदी में उनकी ज़िंदगी दयनीय, सोचनीय और अनिश्चित हो गई। अकबर के समय से ही भूमि राजस्व का बोझ बढ़ता गया था। जागीर से कुलीनों को बार-बार बदले जाने का भी बुरा असर पड़ा। ये लोग बतौर जागीरदार कम से कम समय में अपनी जागीर का अधिक से अधिक दोहन करने लगे थे। वे किसानों के सामने बहुत अधिक मांग रखते थे और निर्ममता से उनका दमन करते थे। यह दमन अक्सर कायदे-कानून का उल्लंघन करके होता था। औरंगज़ेब की मृत्यु के बाद इजारा प्रथा काफ़ी तेज़ी से बढ़ी। इसके तहत सबसे अधिक बोली लगाने वाले को जागीर और खालिस की ज़मीन दे दी जाती थी। इजारेदार को यह छूट रहती थी कि वह किसानों से जितना चाहे उतनी रकम उगाह ले। इसके कारण किसानों के बीच तालुकदार और एक नई जमात का उदय हुआ। इस समाज द्वारा किसानों के दोहन का कोई अंत नहीं था।

इन सभी कारणों से कृषि का विकास रुक गया और उसमें गिरावट आई। किसानों की स्थिति बदतर हो गई। किसानों का असंतोष बढ़ गया। ऐसे भी उदाहरण देखने में आए जब किसानों ने कर देने के डर से अपनी ज़मीन ही छोड़ दी। सतनामी, जाट और सिख विद्रोह के रूप में भी किसानों के असंतोष को अभिव्यक्ति मिली। बर्बाद हो चुके किसानों ने गिरोह बनाकर डकैती व दूसरे दुःस्सह कार्य शुरू कर दिए। यह गिरोह अक्सर जमींदारों के नेतृत्व में कानून-व्यवस्था और प्रशासन की कार्यदक्षता को नज़रअंदाज़ कर काम करता था।

हकीकत यह थी कि साम्राज्य की ज़रूरतों, लगातार चल रहे युद्ध का खर्च और शासक वर्ग की बढ़ती विलासिता को पूरा करने लायक अतिरिक्त उपज खेती से नहीं हो पा रही थी। अगर साम्राज्य को बनाए रखकर फिर से शक्ति हासिल करनी थी और लोगों को आगे बढ़ना था तो इसके लिए व्यापार और उद्योग ही अतिरिक्त आर्थिक संसाधन उपलब्ध करा सकते थे। लेकिन व्यापार और उद्योग में जड़ता की स्थिति साफ़ दिख रही थी। इसमें कोई संदेह नहीं कि इस साम्राज्य की स्थापना ने व्यापार व उद्योग को कई तरीकों से बढ़ावा दिया था और भारत का औद्योगिक उत्पादन काफ़ी हद तक बढ़ा था। भारतीय उद्योग के उत्पाद गुणवत्ता और मात्रा दोनों ही स्तर पर उस वक्त के विश्व मानक से काफ़ी ऊपर थे। लेकिन विज्ञान एवं तकनीक के क्षेत्र में भारतीय उद्योग का कोई विकास नहीं हो रहा था जबकि उस वक्त यूरोप में इस स्तर पर काफ़ी

विकास हो चुका था। इसी तरह संचार की खराब स्थिति और अपने आप से संतुष्ट हो जाने की ग्रामीण अर्थव्यवस्था की प्रकृति का भी व्यापार के विकास पर बुरा असर पड़ा। इसके अलावा धन और सरकारी राजस्व के स्रोत के रूप में ज़मीन पर ज़्यादा ज़ोर दिए जाने के कारण विदेश व्यापार और नौ सेना की उपेक्षा हुई। संभवत: बढ़िया से बढ़िया राजा और कुलीन भी इस स्थिति को बदल नहीं सकते थे। वैज्ञानिक व तकनीकी विकास एवं सामाजिक, आर्थिक व राजनीतिक क्रांति के अभाव में यूरोप की तुलना में भारत पिछड़ गया और अंतत: इसके दबाव की चपेट में आ गया।

मुगल साम्राज्य के पतन का एक महत्त्वपूर्ण सामाजिक-राजनीतिक कारण लोगों के बीच राजनीतिक राष्ट्रीयता की भावना का न होना था। ऐसा इसलिए था क्योंकि उस वक्त के भारत में आधुनिक राष्ट्र के तत्त्व मौजूद नहीं थे। हालांकि देश में सांस्कृतिक एकता के तत्त्व सदियों से मौजूद थे फिर भी भारत के लोग न तो यह सोचते थे कि वे सभी भारतीय हैं और न ही वे एकत्व या समान हित की भावना के प्रति जागरुक थे। उनके सामने देश के लिए जीने-मरने का आदर्श नहीं था। इसके विपरीत लोगों की निष्ठा व्यक्ति, कुल, जाति और धार्मिक संप्रदाय के प्रति थी।

दरअसल देश के किसी वर्ग या समूह की अभिरुचि देश की एकता या साम्राज्य को बनाए रखने में नहीं थी। जो एकता दिखती थी वह ऊपर से सख्त शासकों द्वारा थोपी गई एकता थी। किसानों की निष्ठा अपने गांव और जाति तक सीमित थी। साम्राज्य की राजनीति से उनका कुछ लेना-देना नहीं था। साम्राज्य के हित में ही उनका हित है, ऐसी भावना भी उनके अंदर नहीं थी। उनका मानना था कि साम्राज्य से उनका बहुत थोड़ा रिश्ता है और यहां तक कि विदेशी आक्रमण से इसे बचाना भी उनकी चिंता का विषय नहीं है। जहां कहीं भी केंद्रीय सत्ता थोड़ी कमज़ोर दिखती थी वहां ज़मींदार विद्रोह करने पर उतारू थे। वे अधिकार व स्वायत्तता को कम करने वाले मज़बूत और केंद्रीकृत राज्य के ख़िलाफ़ थे। कुलीन लोग राजवंश के प्रति पूरी तरह वफ़ादार थे। लेकिन इस वफ़ादारी का आधार उन्हें राजवंश से मिला उच्च पद और अधिकार था। राजवंश के पतन के साथ ही कुलीन लोगों ने राज्य के प्रति वफ़ादारी की तुलना में अपने हितों और आकांक्षाओं को महत्त्व दिया और स्वायत्त जागीर बना कर साम्राज्य की एकता पर ही हल्ला बोल दिया। यहां तक कि साम्राज्य के ख़िलाफ़ बगावत करने वाले मराठा, जाट और राजपूत जैसे लोग भी क्षेत्रीय, जातीय या व्यक्तिगत अधिकार को मज़बूत करने में लगे हुए थे। एक राष्ट्र के रूप में भारत

या इसकी एकता के लिए लड़ने की चाहत उनके अंदर नहीं थी। वास्तविकता यह थी कि उस वक्त की अर्थव्यवस्था, सामाजिक संबंधों, जातीय संरचना और राजनीतिक संस्थाओं का चरित्र भारतीय समाज के एकीकरण या एक राष्ट्र के रूप में इसके अभ्युदय के अनुरूप नहीं थे।

अगर प्रशासन और सेना की ताकत कमज़ोर नहीं होती तो मुगल साम्राज्य आगे भी बहुत दिनों तक कायम रह सकता था। लेकिन 18वीं सदी के दौरान इसकी प्रशासनिक क्षमता में तेज़ी से गिरावट आई। देश के कई हिस्सों में प्रशासन की उपेक्षा हुई और कानून-व्यवस्था भंग हो गई। उपद्रवी ज़मींदारों ने खुल कर केंद्रीय शासन की मुख़ालफ़त की। यहां तक कि रॉयल कैंप और मुगल सेना को भी रास्ते में लूट लिया जाता था। सरकार के सभी स्तरों पर भ्रष्टाचार और रिश्वतखोरी, अनुशासनहीनता और अक्षमता, अवज्ञा और गैर वफ़ादारी बड़े पैमाने पर व्याप्त हो गई। केंद्रीय सरकार तो एक तरह से दिवालियेपन के कगार पर पहुंच गई। संचित धन खत्म हो गए और साथ ही आय के स्रोत भी सिमट गए। कई प्रांत केंद्र का राजस्व अदा नहीं कर पा रहे थे। राजा द्वारा अपने पसंदीदा कुलीनों को लगातार जागीर दिए जाने के कारण खालिस ज़मीन का क्षेत्र कम होता गया। बगावती ज़मींदारों ने राजस्व चुकाना बंद कर दिया।

अंततः साम्राज्य की सेना पर इसका बुरा असर पड़ा। 18वीं सदी के दौरान मुगल सेना में अनुशासन और लड़ने का हौसला नहीं रह गया था। धन की कमी के कारण बड़ी सेना को बनाए रखना संभव नहीं था। सेना के जवानों और अफसरों को कई माह तक वेतन नहीं मिल पाता था। चूंकि वे सभी भाड़े के सैनिक थे, इसलिए बराबर असंतुष्ट रहते थे। यहां तक कि बगावत पर भी उतारू हो जाते थे। दूसरी ओर कुलीन सह कमांडर अपनी आर्थिक तंगी के कारण सेना के तय आकार को नहीं बनाए रख पा रहे थे। इसके अलावा गृह युद्धों में अनेक तेजस्वी कमांडर और बहादुर जवान मारे गए। साम्राज्य की आखिरी ताकत सेना थी। मुगल शासकों को अपनी सेना पर काफ़ी गर्व था। लेकिन यह सेना इस कदर कमज़ोर हो गई थी कि वह महत्वाकांक्षी सूबेदारों और कुलीनों को रोकने और विदेशी आक्रमणकारियों से साम्राज्य को बचाने लायक नहीं रह गई थी।

मुगल साम्राज्य को आखिरी धक्का विदेशी आक्रमणों से लगा। नादिर शाह और अहमद शाह अब्दाली, जिनका खुद का शासन कमज़ोर हो चुका था, के आक्रमण से निपटने में साम्राज्य का काफ़ी धन बर्बाद हुआ। इससे उत्तर का व्यापार व उद्योग चौपट हो गया। इसने सेना की ताकत को लगभग खत्म कर दिया। आखिर में, ब्रिटिश चुनौतियों ने संकटग्रस्त मुगल साम्राज्य के फिर से

मज़बूत होने की सारी संभावनाओं को खत्म कर दिया। यह आखिरी चुनौती मुगल साम्राज्य के पतन का बहुत बड़ा कारण बनी। भारत के किसी राजा ने मुगल साम्राज्य की विरासत पर दावा नहीं ठोका। हालांकि वे मुगल साम्राज्य को बर्बाद करने में सक्षम थे लेकिन इसे एकताबद्ध करने या इसकी जगह कुछ नया लाने की ताकत उनके पास नहीं थी। वे पश्चिम के नए दुश्मनों का मुकाबला करने लायक नई सामाजिक व्यवस्था नहीं बना सकते थे। वे सभी मुगलों की बनाई सामाजिक व्यवस्था के ही अंग थे। उनमें वे सारी कमज़ोरियां थीं जिन कमज़ोरियों के कारण मुगल साम्राज्य का पतन हुआ। दूसरी ओर भारत के दरवाज़े पर दस्तक दे रहे यूरोपीय लोगों को ऐसे समाज से आने का लाभ प्राप्त था जिसने बेहतर आर्थिक व्यवस्था बनाई थी। यह समाज विज्ञान व तकनीक के मामले में भी विकसित था। मुगल साम्राज्य के पतन की विडम्बना यह थी कि इसकी बागडोर ऐसी विदेशी सत्ता के हाथों में आ गई जिसने अपने हित में सदियों पुरानी सामाजिक-आर्थिक और राजनीतिक संरचना को ध्वस्त कर इसकी जगह औपनिवेशिक संरचना को खड़ा किया। इसके बाद भारतीय समाज की जड़ता टूटी और बदलाव की नई शक्तियां उभरकर सामने आईं। चूंकि यह प्रक्रिया औपनिवेशिक संसर्ग में शुरू हुई थी इस कारण आर्थिक, राजनीतिक और सामाजिक पिछड़ेपन के साथ-साथ बदहाली और राष्ट्रीय अधोपतन का दौर भी शुरू हुआ। लेकिन बदलाव की इन ताकतों ने आधुनिक भारत को गतिशीलता प्रदान की।

1

अठारहवीं सदी में भारत में राज्य और समाज

मुगल साम्राज्य के कमज़ोर होने के साथ-साथ स्थानीय राजनीतिक और आर्थिक शक्तियाँ सिर उठाने लगीं और अपना दबाव बढ़ाने लगीं। 17वीं सदी के अंत और उसके बाद की राजनीति में व्यापक परिवर्तन हुआ। 18वीं सदी के दौरान बिखरते मुगल साम्राज्य और उसकी खंडित राजनीतिक व्यवस्था पर बड़ी संख्या में स्वतंत्र और अर्ध-स्वतंत्र शक्तियाँ उठ खड़ी हुईं, जैसे बंगाल, अवध, हैदराबाद, मैसूर और मराठा राजशाही। अंग्रेज़ों को भारत पर अपना प्रभुत्व स्थापित करने के लिए इन्हीं ताकतों पर विजय प्राप्त करनी पड़ी।

इनमें से कुछ राज्यों जैसे अवध तथा हैदराबाद को ''उत्तराधिकार वाले राज्य'' कहा जा सकता है। मुगल साम्राज्य की केंद्रीय शक्ति में कमज़ोरी तथा मुगल प्रांतों के गवर्नरों के स्वतंत्रता के दावे से इन राज्यों का जन्म हुआ। दूसरे, मराठा, अफगान, जाट तथा पंजाब जैसे राज्यों का जन्म मुगल शासन के ख़िलाफ़ स्थानीय सरदारों, ज़मींदारों तथा किसानों के विद्रोह के कारण हुआ था। न केवल दो तरह के राज्यों की राजनीति कुछ हद तक भिन्न होती थी, बल्कि इन सब में आपस में स्थानीय परिस्थितियों के कारण भी अंतर था। फिर भी इसमें कोई आश्चर्य की बात नहीं कि मोटे तौर पर इन सभी का राजनीतिक और प्रशासनिक ढाँचा तकरीबन एक-सा ही था। लेकिन एक तीसरा क्षेत्र भी था इनमें दक्षिण-पश्चिम तथा दक्षिण-पूर्व के समुद्री किनारों के इलाके तथा उत्तर–पूर्वी भारत के क्षेत्र शामिल थे जहाँ पर किसी भी रूप में मुगल प्रभाव नहीं पहुँच सका था। मुगल सम्राट की नाममात्र की सर्वोच्चता स्वीकार कर और उसके प्रतिनिधि के रूप में स्वीकृति प्राप्त कर 18वीं शताब्दी के सभी राज्यों के शासकों ने अपने पद को वैधता प्रदान करने की कोशिश की थी। बहरहाल, इनमें से लगभग सभी ने मुगल प्रशासन के तौर-तरीके और उसकी पद्धति को अपनाया। पहले समूह में आने

वाले राज्यों ने उत्तराधिकार के रूप में कार्य विधि, मुगल प्रशासनिक ढाँचा और संस्थाओं को प्राप्त किया था। दूसरों ने, इनमें अलग-अलग मात्रा में थोड़ा बहुत परिवर्तन करके इस ढाँचे तथा इन संस्थाओं को अपनाया था जिसमें मुगल शासकों की राजस्व व्यवस्था भी शामिल थी।

इन राज्यों के शासकों ने शांति व्यवस्था बहाल की तथा व्यावहारिक, आर्थिक और प्रशासनिक ढाँचा खड़ा किया। निचले स्तर पर काम करने वाले अधिकारियों, छोटे-छोटे सरदारों तथा ज़मींदारों की ताकतें कम कीं और इस काम में इन सबको अलग-अलग मात्रा में सफलता मिली। किसानों के अधिशेष उत्पादन पर नियंत्रण के लिए ये लोग ऊपर के अधिकारियों से झगड़ते रहते थे और कभी-कभी सत्ता और संरक्षण के स्थानीय केंद्र कायम करने में ये लोग सफल भी हो जाते थे। उन्होंने उन स्थानीय ज़मींदारों तथा सरदारों से भी समझौता किया तथा उनको अपने साथ लिया जो शांति और व्यवस्था चाहते थे। आमतौर पर, कहा जाए तो, अधिकांश राज्यों में राजनीतिक अधिकारों का विकेंद्रीकरण हो गया तथा सरदारों, जागीरदारों और ज़मींदारों को इसके कारण राजनीतिक और आर्थिक शक्ति की दृष्टि से लाभ मिला। इन राज्यों की राजनीति लगातार गैर-सांप्रदायिक या धर्मनिरपेक्ष बनी रही क्योंकि इन राज्यों के शासकों की आर्थिक तथा राजनीतिक प्रेरक शक्ति समान थी। सार्वजनिक स्थानों की नियुक्तियों, सेना में भर्ती या नागरिक सेवाओं में ये शासक धार्मिक आधार पर भेदभाव नहीं बरतते थे और जब लोग किसी सत्ता अथवा शासन के विरुद्ध विद्रोह करते थे तो इस बात पर विचार नहीं करते थे कि उनके शासक का धर्म क्या है। इसलिए इस बात पर विश्वास करने के लिए कोई आधार नहीं मिलता है कि मुगल साम्राज्य के पतन और विघटन के बाद भारत के विभिन्न भागों में कानून और व्यवस्था की समस्या उठ खड़ी हुई और चारों ओर अराजकता फैल गई। वास्तविकता तो यह है कि 18वीं शताब्दी में प्रशासन तथा अर्थव्यवस्था में जो भी अव्यवस्था विद्यमान थी, वह भारतीय राज्यों के आंतरिक मामलों में ब्रिटिश हस्तक्षेप और ब्रिटेन द्वारा चलाए गए विजय अभियानों का परिणाम थी।

हाँ, यह बात सही है कि 17वीं सदी में जो आर्थिक संकट शुरू हुए थे, उनकी रोकथाम इनमें से कोई भी राज्य सफलता से नहीं कर पाया। इनमें से सभी राज्य मूल रूप से कर उगाहने वाले राज्य बने रहे। ज़मींदारों और जागीरदारों की संख्या तथा राजनीतिक ताकत में लगातार वृद्धि होती गई और कृषि से होने वाली आमदनी के लिए वे लगातार आपस में झगड़ते रहे। इसके साथ-साथ किसानों की हालत दिनोंदिन बिगड़ती चली गई। जहाँ इन राज्यों ने आंतरिक व्यापार को

ठप्प नहीं होने दिया वहीं इन्होंने विदेशों से व्यापार को बढ़ावा देने की कोशिश भी की। लेकिन अपने राज्यों के आधारभूत औद्योगिक और वाणिज्यिक ढाँचे को आधुनिक रूप देने के लिए इन लोगों ने कुछ नहीं किया। इससे यह बात साफ हो जाती है कि वे आपस में संगठित क्यों नहीं हो सके और विदेशी आक्रमणों को विफल करने में उनको क्यों सफलता हासिल नहीं हो सकी।

हैदराबाद और कर्नाटक : निजाम-उल-मुल्क आसफजाह ने 1724 में हैदराबाद राज्य की स्थापना की। औरंगज़ेब के बाद के समय के नवाबों में उसका महत्त्वपूर्ण स्थान था। सैयद बंधुओं को गद्दी से हटाने में उसकी अहम भूमिका थी। उसको दक्कन के वायसरॉय का खिताब प्राप्त हुआ था। 1720 से 1722 के बीच दक्कन में उसने अपनी स्थिति सुदृढ़ की। वह 1722 से 1724 तक साम्राज्य का वज़ीर रहा। मगर वह जल्द ही वज़ीर के काम से तंग आ गया क्योंकि बादशाह मुहम्मद शाह ने प्रशासन में सुधार लाने की उसकी सब कोशिशों को नाकाम कर दिया। इसलिए उसने दक्कन वापस जाने का फैसला किया जहाँ वह सही-सलामत अपना अधिपत्य बनाए रख सकता था। यहाँ उसने हैदराबाद राज्य की नींव रखी जिस पर उसने कठोरतापूर्वक शासन किया। उसने केंद्रीय सरकार से अपनी स्वतंत्रता की खुलेआम घोषणा कभी नहीं की, मगर उसने व्यवहार में स्वतंत्र शासक के रूप में काम किया। उसने दिल्ली की केंद्रीय सरकार से बिना पूछे लड़ाइयाँ लड़ीं, सुलहनामे किए, खिताब बाँटे और जागीरें तथा ओहदे दिए। उसने हिंदुओं के प्रति सहनशीलता की नीति अपनाई। उदाहरण के लिए, एक हिंदू, पूरनचंद, उसका दीवान था। उसने दक्कन के मुगलों के नमूने पर जागीरदारी प्रथा चलाकर सुव्यवस्थित प्रशासन स्थापित कर अपनी सत्ता को मज़बूत बनाया। उसने बड़े, उपद्रवी ज़मींदारों को अपनी सत्ता स्वीकार करने के लिए मजबूर किया और शक्तिशाली मराठों को अपने अधिकार क्षेत्र से बाहर रखा। उसने राजस्व व्यवस्था को भ्रष्टाचार से मुक्त करने की भी कोशिश की। मगर 1748 में उसके मरने के बाद हैदराबाद उन्हीं विघटनकारी शक्तियों का शिकार हो गया जो दिल्ली में सक्रिय थीं।

कर्नाटक, दक्कन मुगल का एक सूबा था और इस तरह वह हैदराबाद के निज़ाम के अधिकार के अंतर्गत आता था। मगर व्यवहार में जिस प्रकार निज़ाम दिल्ली की सरकार से स्वतंत्र हो गया था उसी प्रकार कर्नाटक का नायब सूबेदार, जिसे कर्नाटक का नवाब कहा जाता था, अपने को दक्कन के नवाब के नियंत्रण से मुक्त कर अपने ओहदे को वशंगत बना चुका था। अतः कर्नाटक के नवाब सआदतउल्ला खां ने अपने भतीजे, दोस्त अली को निज़ाम की मंज़ूरी के बिना

ही अपना उत्तराधिकारी बना दिया था। आगे चलकर 1740 के बाद कर्नाटक की स्थिति नवाबी के लिए बारम्बार संघर्षों के कारण बिगड़ी और इससे यूरोपीय व्यापारिक कंपनियों को भारतीय राजनीति में प्रत्यक्ष रूप से हस्तक्षेप करने का मौका मिल गया।

बंगाल : केंद्रीय सत्ता की बढ़ती कमज़ोरी का फायदा उठाकर असाधारण योग्यता वाले दो व्यक्तियों, मुर्शिद कुली खां और अली वर्दी खां, ने बंगाल को वस्तुत: स्वतंत्र बना दिया। मुर्शिद कुली खां को 1717 में जाकर बंगाल का सूबेदार बनाया गया, मगर वह उसका वास्तविक शासक 1700 से ही था, जब उसे दीवान बनाया गया था। उसने खुद को तुरंत केंद्रीय नियंत्रण से मुक्त कर लिया यद्यपि वह बादशाह को नियमित रूप से नज़राने की काफ़ी बड़ी रकम भेजता रहा। उसने अंदरूनी और बाहरी खतरे से बंगाल को मुक्त कर वहाँ शांति कायम की। अब बंगाल ज़मींदारों की प्रमुख बगावतों से भी कमोबेश मुक्त हो गया। उसके शासन के दौरान केवल तीन विद्रोह हुए। पहला विद्रोह सीताराम राय, उदय नारायण और गुलाम मुहम्मद ने किया। उसके बाद शुजात खां ने बगावत की। अंतिम विद्रोह नजात खां का था। उनको हराने के बाद मुर्शिद कुली खां ने उनकी ज़मींदारियां अपने कृपापात्र रामजीवन को दे दीं। मुर्शिद कुली खां 1727 में मर गया। उसके बाद उसके दामाद शुजाउद्दीन ने बंगाल पर 1739 तक शासन किया। उसकी जगह पर उसका बेटा सरफराज़ खां आया जिसे उसी साल गद्दी से हटाकर अली वर्दी खां नवाब बन गया।

इन तीनों नवाबों ने बंगाल को शांतिपूर्ण और सुव्यवस्थित प्रशासन दिया। उन्होंने व्यापार और उद्योग को बढ़ावा दिया। मुर्शिद कुली खां ने प्रशासन में मितव्ययिता बरती। उसने बंगाल के वित्तीय मामलों का प्रबंध नए सिरे से किया। उसने नए भू-राजस्व बंदोबस्त के ज़रिए जागीर भूमि के एक बड़े भाग को खालसा भूमि बना दिया और इजारा व्यवस्था (ठेके पर भू-राजस्व वसूल करने की व्यवस्था) आरंभ की। स्थानीय ज़मींदारों और सौदागर साहूकारों के बीच से उसने राजस्व वसूलने वाले किसान और सौदागर साहूकार भर्ती किए। उसने गरीब खेतिहारों का कष्ट दूर करने तथा उन्हें समय पर भू-राजस्व देने में समर्थ बनाने के लिए तकावी ऋण भी दिए। इस प्रकार वह बंगाल सरकार के संसाधनों को बढ़ा सका। मगर इजारा व्यवस्था ने किसानों और ज़मींदारों पर आर्थिक बोझ बढ़ा दिया। इसके अलावा, यद्यपि उसने केवल असल जमा की माँग की और गैरकानूनी टैक्स हटा दिए, तथापि उसने जमींदार और किसानों से लगान की वसूली बड़ी निर्दयता के साथ की। उसके सुधारों का एक परिणाम यह हुआ

कि अनेक पुराने ज़मींदारों को निकाल बाहर किया गया और उनकी जगह पर अभी-अभी पनपे इजारेदार आ गए।

मुर्शिद कुली खां और उसके बाद के नवाबों ने हिंदुओं और मुसलमानों को रोज़गार के समान अवसर दिए। उन्होंने सबसे ऊँचे नागरिक ओहदों और कई फौजी ओहदों पर बंगालियों को रखा जिनमें अधिकतर हिंदू थे। इजारेदारों को चुनते समय मुर्शिद कुली खां ने स्थानीय ज़मींदार और महाजनों को प्राथमिकता दी जिनमें अनेक हिंदू थे। इस प्रकार उसने बंगाल में एक नए भू-अभिजात वर्ग को जन्म दिया।

तीनों नवाबों ने माना कि व्यापार का प्रसार जनता और सरकार के लिए फायदेमंद है इसलिए उन्होंने भारतीय और विदेशी सभी व्यापारियों को बढ़ावा दिया। नियमित थानों और चौकियों की व्यवस्था कर सड़कों और नदियों की सुरक्षा का इंतज़ाम किया। उन्होंने अफसरों के निजी व्यापार को रोक दिया; साथ ही उन्होंने इस बात का भी ख्याल रखा कि विदेशी व्यापारिक कंपनियों तथा उनके नौकरों पर कड़ा नियंत्रण रखा जाए और उन्हें अपने विशेषाधिकारों का दुरुपयोग नहीं करने दिया जाए। उन्होंने अंग्रेज़ी ईस्ट इंडिया कंपनी के नौकरों को देश के कानूनों का पालन करने तथा अन्य व्यापारियों के बराबर सीमा/शुल्क देने के लिए मजबूर किया। अली वर्दी खां ने अंग्रेज़ों और फ्रांसीसियों को कलकत्ता और चंद्रनगर के अपने कारखानों की किलेबंदी करने की इजाज़त नहीं दी। इन सबके बावजूद बंगाल के नवाब एक दृष्टि से बड़े नामसमझ और लापरवाह साबित हुए। अंग्रेज़ी ईस्ट इंडिया कंपनी की प्रवृत्ति 1707 के बाद अपनी माँगों को मनवाने के लिए सैनिक शक्ति का उपयोग करने या उसके इस्तेमाल की धमकी देने की होने लगी थी। नवाबों ने इस प्रवृत्ति को मजबूती से नहीं दबाया। वे कंपनी की धमकियों का जवाब देने की ताकत रखते थे, मगर उनका निरंतर यह विश्वास रहा कि कोई भी मात्र व्यापारिक कंपनी उनकी सत्ता के लिए कोई खतरा पैदा नहीं कर सकती। वे इस बात को महसूस नहीं कर सके कि अंग्रेज़ी कंपनी व्यापारियों की कंपनी मात्र नहीं थी बल्कि उस समय के अत्यंत आक्रामक और विस्तारवादी उपनिवेश की प्रतिनिधि थी। शेष दुनिया के बारे में उनका अज्ञान और उससे संपर्क का अभाव उनके लिए बड़ा महँगा पड़ा, नहीं तो अफ्रीका, दक्षिण-पूर्व एशिया, लैटिन अमरीका में पश्चिमी व्यापारिक कंपनियों के विध्वंसकारी कामों के संबंध में उनको जानकारी अवश्य हो जाती।

बंगाल के नवाबों ने शक्तिशाली फौज बनाने की ओर ध्यान नहीं दिया और इसकी उन्हें भारी कीमत चुकानी पड़ी। उदाहरण के लिए, मुर्शिद कुली खां

की फौज में केवल 2,000 घुड़सवार और 4,000 पैदल सैनिक थे। अली वर्दी खां को मराठों के बारम्बार हमलों से तंग होना पड़ा और अंततोगत्वा उसे उड़ीसा का एक बड़ा हिस्सा उन्हें दे देना पड़ा। जब 1756-67 में अंग्रेज़ी ईस्ट इंडिया कंपनी ने अली वर्दी खां के उत्तराधिकारी सिराजउद्दौला के ख़िलाफ़ लड़ाई का ऐलान किया तब शक्तिशाली फौज के अभाव ने भी विदेशी कंपनी की जीत में काफ़ी योगदान दिया। अफसरों के बीच बढ़ते हुए भ्रष्टाचार को रोकने में भी बंगाल के नवाब असफल रहे। यहाँ तक कि न्यायिक अधिकारी काजी और मुफ़्ती घूस लेने में नहीं हिचकिचाते थे। विदेशी कंपनियों ने इस कमज़ोरी का पूरा फायदा उठाया और सरकारी कानून-कायदों और नीतियों की जड़ें खोदीं।

अवध : अवध के स्वायत्त राज्य का संस्थापक सआदत खां बुरहान-उल-मुल्क था। उसे 1722 में अवध का सूबेदार बनाया गया था। वह अत्यंत निडर, कर्मठ, दृढ़ प्रतिज्ञ, और तेज़ आदमी था। उसकी नियुक्ति के समय कई बगावती ज़मींदारों ने प्रांत में हर जगह सिर उठाया। उन्होंने माल-गुज़ारी देने से इनकार कर दिया, अपनी निजी सेनाएँ गठित कीं, किले बनाए और शाही सरकार की अवज्ञा की। वर्षों तक सआदत खां को उनसे लड़ना पड़ा। उसने अंधेरगर्दी को खत्म किया और बड़े ज़मींदारों को अनुशासित किया। इस प्रकार उसने अपनी सरकार के वित्तीय संसाधनों को बढ़ाया। विभिन्न प्रकार की सुविधाएँ देकर उसने दूसरे सरदारों और ज़मींदारों को अपनी तरफ कर लिया। किंतु उसने अधिकतर पराजित ज़मींदारों को नहीं हटाया। अधीनता स्वीकार करने और देय रकम (भू-राजस्व) नियमित रूप से अदा करने पर सहमत होने के बाद उन्हें भी अपनी जगह पर पक्का कर दिया गया।

सआदत खां ने भी 1723 में नया राजस्व बंदोबस्त (रेवेन्यू सेटलमेंट) किया। कहा जाता है कि उचित भू-लगान लगाकर तथा बड़े ज़मींदारों के जुल्मों से बचाकर उसने किसानों की हालत को बेहतर बनाया।

बंगाल के नवाबों की तरह ही उसने हिंदुओं और मुसलमानों के बीच कोई भेदभाव नहीं किया। उसके अनेक सेनापति और उच्च अधिकारी हिंदू थे। उसने हठीले ज़मींदारों, सरदारों ओर सामंतों को उनके धर्म का कोई ख्याल किए बिना दबा दिया। उसके सैनिकों को अच्छे वेतन मिलते थे। वे हथियारों से सुसज्जित और सुप्रशिक्षित थे। उसका प्रशासन कार्यकुशल था। उसने भी जागीरदारी प्रथा को जारी रखा। 1739 में अपने मरने के पहले वह वस्तुतः स्वतंत्र बन गया था और उसने प्रांत को अपनी वंशगत जायदाद बना लिया था। उसकी जगह उसके

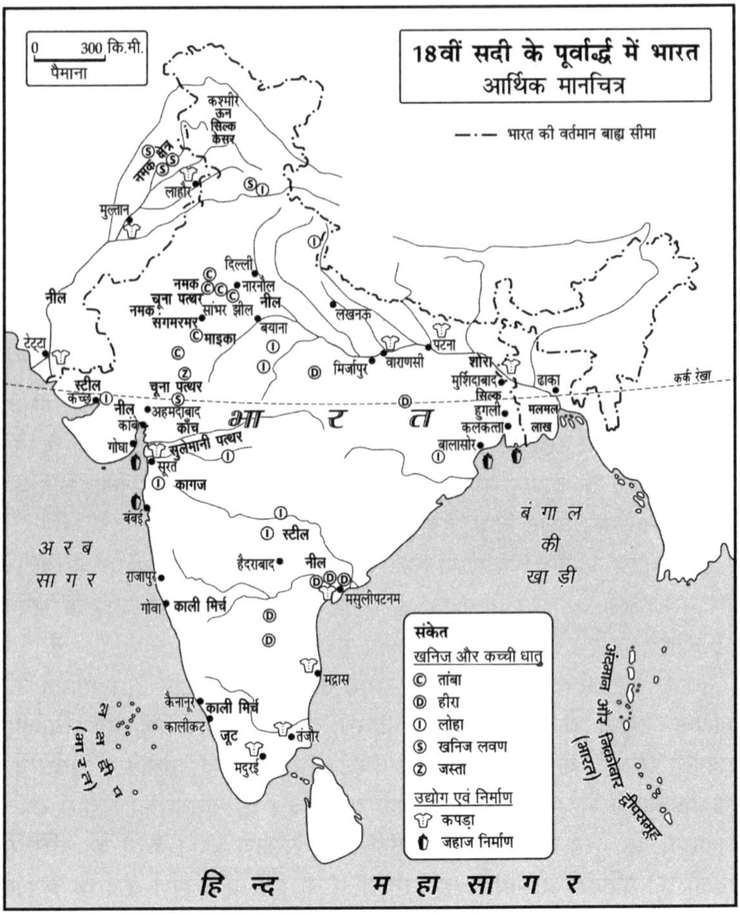

18वीं सदी के पूर्वार्द्ध में भारत
आर्थिक मानचित्र
0 300 कि.मी.
पैमाना
भारत की वर्तमान बाह्य सीमा
कश्मीर
ऊन
सिल्क
केसर
नमक
लाहौर
मुल्तान
दिल्ली
नारनौल
नमक
चूना पत्थर
नमक
सांभर झील
नील
संगमरमर
माइका
बयाना
नील
टेट्टा
लखनऊ
पटना
वाराणसी
मिर्जापुर
शोरा
मुर्शिदाबाद
ढाका
कर्क रेखा
स्टील
कच्छ
चूना पत्थर
नील
अहमदाबाद
कांबे
काँच
गोघा
सुलेमानी पत्थर
सूरत
कागज
भा र त
सिल्क
हुगली
कलकत्ता
मलमल
लाख
बालासोर
बंबई
स्टील
अ र ब सा ग र
हैदराबाद
नील
राजापुर
गोवा
काली मिर्च
मसुलीपटनम
बं गा ल की खा ड़ी
मद्रास
कैनानूर
काली मिर्च
कालीकट
जूट
तंजौर
मदुरई
लक्षद्वीप (भारत)
अंडमान और निकोबार द्वीपसमूह (भारत)
संकेत
खनिज और कच्ची धातु
तांबा
हीरा
लोहा
खनिज लवण
जस्ता
उद्योग एवं निर्माण
कपड़ा
जहाज निर्माण
हि न्द म हा सा ग र

मानचित्र 1

भतीजे सफदर जंग ने ली। साथ ही, 1748 में उसे साम्राज्य का वज़ीर भी बना दिया गया। इसके अलावा उसे इलाहाबाद का प्रांत भी दिया गया।

सफ़दर जंग ने 1754 में अपने मरने तक अवध और इलाहाबाद की जनता को किसी अशांति का सामना नहीं करने दिया। उसने बगावत करने वाले ज़मींदारों को दबा दिया और दूसरों को अपने पक्ष में कर लिया। उसने मराठा सरदारों से मित्रता कर ली जिससे उसके अधिकार क्षेत्र में उनकी घुसपैठ न हो सके। राजपूत सरदारों और शेखज़ादाओं की स्वामीभक्ति हासिल करने में भी वह कामयाब रहा। उसने रूहेलों और बंगश पठानों के ख़िलाफ़ लड़ाइयाँ छेड़ीं। बंगश नवाबों के ख़िलाफ़ 1750-51 की लड़ाई में उसने मराठों की सैनिक सहायता तथा जाटों का समर्थन प्राप्त किया। इसके लिए उसे मराठों को प्रतिदिन 25,000 रुपए और जाटों को रोज़ 15,000 रुपए देने पड़े। बाद में उसने पेशवा के साथ एक करार किया जिसके अनुसार पेशवा ने मुगल साम्राज्य को अहमद शाह अब्दाली के ख़िलाफ़ मदद देने और उसे भारतीय पठानों तथा राजपूत राजाओं जैसे अंदरूनी विद्रोहियों से बचाने का वचन दिया। बदले में पेशवा को 50 लाख रुपए तथा पंजाब, सिंध और उत्तर भारत के कई ज़िलों का चौथ दिया जाने वाला था। इसके अलावा पेशवा को अजमेर और आगरा का सूबेदार बनाया जाना था। मगर पेशवा दिल्ली में सफ़दर जंग के दुश्मनों से जा मिला जिन्होंने उसे अवध और इलाहाबाद का सूबेदार बनाने का वचन दिया, इसलिए करार टूट गया।

सफ़दर जंग ने न्याय की उचित व्यवस्था की। उसने भी नौकरियाँ देने में हिंदुओं और मुसलमानों के बीच निष्पक्षता की नीति अपनाई। उसकी सरकार के सबसे बड़े ओहदे पर एक हिंदू, महाराजा नवाब राय आसीन था।

नवाबों की सरकार के तहत लंबे समय तक लगातार शांति और सामंतों की आर्थिक समृद्धि के परिणामस्वरूप अवध दरबार के इर्द-गिर्द एक विशिष्ट लखनवी संस्कृति कालक्रम से विकसित हुई। लखनऊ बहुत ज़माने से अवध का एक महत्त्वपूर्ण शहर था। 1775 के बाद वह अवध के नवाबों का निवास स्थान बन गया। वह तुरंत ही कला और साहित्य को संरक्षण प्रदान करने की दृष्टि से दिल्ली का प्रतिद्वंद्वी हो गया। वह हस्तशिल्प के एक महत्त्वपूर्ण केंद्र के रूप में भी विकसित हुआ। स्थानीय सरदारों और ज़मींदारों के संरक्षण में दस्तकारी और संस्कृति दोनों का असर कस्बों तक पहुँच गया।

सफ़दर जंग ने बहुत ऊँची वैयक्तिक नैतिकता बनाए रखी। वह ज़िंदगी भर अपनी एकमात्र पत्नी के प्रति वफ़ादार रहा। असल में हैदराबाद, बंगाल और अवध के तीनों स्वायत्त रजवाड़ों के संस्थापक क्रमशः निज़ाम-उल-मुल्क,

मुर्शिद कुली खां और अली वर्दी खां ऊँची वैयक्तिक नैतिकता वाले लोग थे। उनमें से लगभग सभी ने संयमपूर्ण और सादा जीवन बिताया। यह इस धारणा को झूठा साबित करती है कि अठारहवीं सदी के प्रमुख सांमतों ने फिज़ूलखर्ची और विलासिता की ज़िंदगी बिताई। केवल अपने सार्वजनिक और राजनीतिक व्यवहार में ही उन्होंने धोखाधड़ी, षड्यंत्र और विश्वासघात का सहारा लिया।

मैसूर : दक्षिण भारत में हैदराबाद के पास हैदर अली के अधीन जिस सबसे महत्वपूर्ण सत्ता का उदय हुआ, वह मैसूर था। विजयनगर साम्राज्य के अंत होने के समय से ही मैसूर राज्य ने अपनी कमज़ोर स्वाधीनता को बनाए रखा और नाममात्र को ही यह मुगल साम्राज्य का अंग था। 18वीं सदी के शुरू में नंजराज (सर्वाधिकारी) और देवराज (दुलवई) नाम के दो मंत्रियों ने मैसूर की शक्ति अपने हाथ में ले रखी थी, इस प्रकार वहाँ के राजा चिक्का कृष्णराज को उन्होंने कठपुतली में बदल दिया था। हैदर अली का जन्म 1721 में एक अत्यंत सामान्य परिवार में हुआ था। उसने अपना जीवन मैसूर की सेना में एकदम साधारण अधिकारी के रूप में शुरू किया था। वह शिक्षित तो नहीं था, लेकिन कुशाग्र बुद्धि और प्रतिभा का धनी था। वह अत्यंत परिश्रमी और लगनशील, साहसी और दृढ़निश्चयी था। वह एक प्रतिभाशाली सेनानायक तथा चालाक राजनीतिज्ञ था।

मैसूर राज्य 20 साल तक युद्ध में उलझा रहा। इस दौरान हैदर अली को जो भी मौका मिला, उसने उसका लाभ उठाया और मैसूर की सेना में ऊँचे पद पर पहुँच गया। जल्दी ही उसने पश्चिमी सैनिक प्रशिक्षण के महत्त्व को पहचाना तथा जो सैनिक उसके अधीन थे उनको आधुनिक प्रशिक्षण दिलवाया। 1755 में डिंडिगुल में उसने एक आधुनिक शस्त्रागार स्थापित किया। इसमें उसने फ्रांसीसी विशेषज्ञों की मदद ली। 1761 में उसने नंजराज को सत्ता से अलग कर दिया तथा मैसूर राज्य पर अपना अधिकार कायम कर लिया। योद्धा सरदारों और ज़मींदारों के विद्रोहों को उसने नियंत्रित कर लिया तथा बिदनूर, सुदां, सेदा, कन्नड़ और मालाबार के इलाकों को जीत लिया। मालाबार को अपने अधीन करने का मुख्य कारण यह था कि वह भारतीय समुद्र तट तक अपनी पहुँच बनाए रखना चाहता था। पढ़ा-लिखा न होने के बावजूद वह कुशल प्रशासक था। अपने राज्य में मुगल शासन प्रणाली तथा राजस्व व्यवस्था उसी ने लागू की थी। मैसूर जब कमज़ोर तथा विभाजित राज्य था, तब उसने उस पर कब्ज़ा किया और शीघ्र ही उसके कारण इस राज्य की गिनती प्रमुख भारतीय शक्तियों में की जाने लगी। वह धार्मिक सहिष्णुता की नीति पर चला। उसका पहला दीवान और अन्य अनेक अधिकारी हिंदू थे।

अपनी सत्ता के लगभग आरंभ से ही वह मराठा सरदारों, निज़ाम और अंग्रेज़ों के साथ लड़ाई में लगा रहा। उसने 1769 में अंग्रेज़ी फौजों को बार-बार हराया और मद्रास के पास तक पहुँच गया। वह 1782 में द्वितीय आंग्ल-मैसूर युद्ध के दौरान मर गया। उसके स्थान पर उसका बेटा टीपू गद्दी पर बैठा।

अंग्रेज़ों के हाथों 1799 में मारे जाने तक टीपू सुलतान ने मैसूर पर शासन किया। वह जटिल चरित्र वाला और नए विचारों को ढूँढ़ निकालने वाला व्यक्ति था। एक नए केलेंडर को लागू करना, सिक्का-ढलाई की नई प्रणाली काम में लाना तथा माप-तोल के नए पैमानों को अपनाना उसकी समय के साथ अपने को बदलने की इच्छा के प्रतीक थे। उसके निजी पुस्तकालय में धर्म, इतिहास, सैन्य, विज्ञान, औषधि विज्ञान और गणित जैसे विविध विषयों की पुस्तकें थीं। उसने फ्रांसीसी क्रांति में गहरी दिलचस्पी ली। उसने श्रीरंगपट्टम में 'स्वतंत्रता-वृक्ष' लगाया और एक जैकोबिन क्लब का सदस्य बन गया। उसकी सांगठनिक क्षमता का प्रमाण यह है कि जिन दिनों में भारतीय फौजों के बीच अनुशासनहीनता आम थी, उसके सैनिक अंत तक अनुशासित और उसके प्रति वफ़ादार रहे। उसने जागीर देने की प्रथा को खत्म करके राजकीय आय बढ़ाने की कोशिश की। उसने पोलिगारो की पैतृक संपत्ति को कम करने और राज्य तथा किसानों के बीच के मध्यस्थों को समाप्त करने की भी कोशिश की। मगर उसका भू-राजस्व उतना ही ऊँचा था जितना अन्य समसामयिक शासकों का। वह पैदावार का एक-तिहाई हिस्सा तक भू-राजस्व के रूप में लेता था। मगर उसने अब्वाबों की वसूली पर रोक लगा दी। वह भू-राजस्व में छूट देने में भी उदार था।

उसकी पैदल सेना यूरोप की शैली में बंदूकों और संगीनों से लैस थी, लेकिन इन हथियारों को मैसूर में ही बनाया गया था। 1796 के बाद उसने एक आधुनिक नौ सेना खड़ी करने की भी कोशिश की थी। इसके लिए उसने दो नौका घाट बनवाए थे तथा जहाज़ों के नमूने उसने स्वयं तैयार कराए थे। अपने व्यक्तिगत जीवन में वह एकदम सादा था। उसे किसी प्रकार का व्यसन नहीं था और विलासिता से वह कोसों दूर था। वह एक दुस्साहसी योद्धा था और अत्यंत प्रतिभाशाली सेनानायक था। उसकी यह अत्यंत प्रिय उक्ति थी एक "शेर की तरह एक दिन जीना बेहतर है लेकिन भेड़ की तरह लंबी ज़िंदगी जीना अच्छा नहीं।" इसी विश्वास का पालन करते हुए वह श्रीरंगपट्टनम के द्वार पर लड़ता हुआ मरा था। लेकिन हर काम में वह ज़ल्दबाजी करता था और उसका स्वभाव स्थिर नहीं था।

एक राजनीतिज्ञ के रूप में 18वीं सदी के किसी भी शासक की तुलना में वह दक्षिण भारत के लिए या दूसरे भारतीय शासकों के लिए अंग्रेज़ी राज के

खतरे को अधिक ठीक तरह से समझता था। उदीयमान अंग्रेज़ी सत्ता के समक्ष वह दृढ़निश्चयी शत्रु के रूप में खड़ा हुआ था और अंग्रेज़ भी भारत में उसको अपना सबसे खतरनाक दुश्मन समझते थे।

हालाँकि मैसूर उस जमाने के आर्थिक पिछड़ेपन के दोष से मुक्त नहीं था लेकिन हैदर अली और टीपू के राज्यकाल में वह आर्थिक रूप से खूब फला-फूला। यह इस तथ्य से अधिक स्पष्ट हो जाता है, खासतौर पर जब हम उसकी आर्थिक स्थिति की तुलना निकट अतीत से या उस समय में देश के अन्य भागों से करते हैं। 1799 में ब्रिटिश लोगों ने जब टीपू को पराजित कर उसे मार डाला और मैसूर पर कब्ज़ा कर लिया तो यह देखकर उनको आश्चर्य हुआ कि मैसूर का किसान ब्रिटिश शासित राज्य मद्रास के किसान की तुलना में कहीं अधिक संपन्न और खुशहाल था। सर जॉन शोर 1793-98 के दौरान गवर्नर-जनरल था। उसने बाद में लिखा था, "टीपू के राज्य के किसानों को संरक्षण मिलता था तथा उनको श्रम के लिए प्रोत्साहित और पुरस्कृत किया जाता था।" टीपू सुलतान के ज़माने के मैसूर के बारे में एक अन्य ब्रिटिश पर्यवेक्षक ने लिखा था, "यह राज्य खेतीबाड़ी में बढ़ा-चढ़ा, परिश्रमी लोगों की घनी आबादी वाला, नए-नए नगरों वाला और वाणिज्य व्यापार में बढ़ोतरी वाला था।" लगता है कि आधुनिक व्यापार और उद्योग के महत्त्व को भी टीपू अच्छी तरह समझता था। वास्तव में भारतीय शासकों में यही एकमात्र शासक था जो आर्थिक शक्ति के महत्त्व को सैनिक शक्ति की नींव मानता था। भारत में आधुनिक उद्योगों की शुरूआत के लिए उसने थोड़े-बहुत प्रयास किए। इसके लिए उसने विदेशों से कारीगर बुलाए और कई उद्योगों को उसने राज्य की ओर से सहायता दी। विदेश व्यापार के विकास के लिए उसने फ्रांस, तुर्की, ईरान और पेगू में दूत भेजे। चीन के साथ भी उसने व्यापार किया। यूरोपीय कंपनियों के ढाँचे पर उसने व्यापारिक कंपनी स्थापित करने का प्रयास भी किया और उनकी वाणिज्य संबंधी गतिविधियों की नकल करने की कोशिश की। बंदरगाह वाले नगरों में व्यापारिक संस्थाएँ स्थापित करके उसने रूस तथा अरब के साथ व्यापार बढ़ाने का प्रयत्न किया।

कुछ ब्रिटिश इतिहासकारों ने टीपू को धार्मिक उन्मादी के रूप में चित्रित किया है। यद्यपि अपने धार्मिक दृष्टिकोण में वह काफ़ी रूढ़िवादी था लेकिन दूसरे धर्मों के प्रति उसका दृष्टिकोण सहिष्णु और उदार था। 1791 में मराठा घुड़सवारों ने शृंगेरी के शारदा मंदिर को लूटा तो उसने माँ शारदा की प्रतिमा बनवाने के लिए पैसे दिए। वह नियमित रूप से इस मंदिर और इसके साथ कुछ

और मंदिरों को भेंट दिया करता था। रंगनाथ का प्रसिद्ध मंदिर उसके महल से मुश्किल से 100 गज़ की दूरी पर था। जहाँ वह अपनी बहुसंख्यक हिंदू और ईसाई प्रजा के साथ सहनशीलता का बरताव करता था, वहीं वह उन हिंदुओं और ईसाइयों के प्रति काफ़ी कठोर था जो प्रत्यक्ष या परोक्ष रूप से मैसूर राज्य के विरुद्ध अंग्रेज़ों की मदद करते थे।

केरल : अठारहवीं सदी के शुरू में केरल बहुत बड़ी संख्या में सामंत सरदारों और राजाओं में बँटा हुआ था। इनमें से चार प्रमुख राज्य इस प्रकार थे कालीकट, चिरक्कल, कोचीन और त्रावणकोर। त्रावणकोर राज्य को 1729 के बाद अठारहवीं सदी के एक अग्रणी राजनेता राजा मार्तंड वर्मा के नेतृत्व में प्रमुखता मिली। उसमें विलक्षण दूरदर्शिता तथा दृढ़ संकल्प और साहस तथा निर्भीकता का सामंजस्य था। उसने सामंतों को शांत कर दिया, क्विलोन और इलायादाम को जीत लिया और डच लोगों को हराकर केरल में उनकी राजनीतिक सत्ता खत्म कर दी। उसने यूरोपीय अफसरों की मदद से पश्चिमी मॉडल के आधार पर एक शक्तिशाली फौज का संगठन किया और उसे आधुनिक हथियारों से सुसज्जित किया। उसने एक आधुनिक शस्त्रागार भी बनाया। मार्तंड वर्मा ने अपनी नई फौज का इस्तेमाल अपना राज्य उत्तर की ओर बढ़ाने के लिए किया। त्रावणकोर की सीमाएँ जल्द ही कन्याकुमारी से कोचीन तक फैल गईं। उसने सिंचाई की अनेक व्यवस्थाएँ कीं, संचार के लिए सड़कें और सिंचाई के लिए नहरें बनाईं तथा विदेश व्यापार को सक्रिय प्रोत्साहन दिया।

केरल के तीन बड़े राज्यों–कोचीन, त्रावणकोर और कालीकट ने 1763 तक सभी छोटे राजवाड़ों को विलीन या अधीन कर लिया। हैदर अली ने केरल पर अपना आक्रमण 1766 में शुरू किया और अंत में कालीकट के ज़मोरिन के इलाकों सहित कोचीन तक उत्तरी केरल को हड़प लिया।

अठारहवीं सदी में मलयाली साहित्य में एक असाधारण पुनर्जीवन देखा गया। यह अंशत: केरल के राजाओं और सरदारों के कारण हुआ जो साहित्य के महान संरक्षक थे। अठारहवीं सदी के उत्तरार्ध में त्रावणकोर की राजधानी त्रिवेंद्रम, संस्कृत विद्वता का एक प्रसिद्ध केंद्र बन गया। मार्तंड वर्मा का उत्तराधिकारी राम वर्मा स्वयं कवि, विद्वान, संगीतज्ञ, प्रसिद्ध अभिनेता और सुसंस्कृत व्यक्ति था। वह अंग्रेज़ी में धाराप्रवाह बातचीत करता था। उसने यूरोप के मामलों में गहरी दिलचस्पी ली। वह लंदन, कलकत्ता और मद्रास से निकलने वाले अखबारों और पत्रिकाओं को नियमित रूप से पढ़ता था।

दिल्ली के आस-पास के क्षेत्र

राजपूत राज्य : मुगल सत्ता की बढ़ती हुई कमज़ोरी का फायदा उठाकर प्रमुख राजपूत राज्यों ने अपने को केंद्रीय नियंत्रण से वस्तुतः स्वतंत्र कर लिया। साथ ही उन्होंने साम्राज्य के शेष भागों में अपना प्रभाव बढ़ाया। फर्रुखसियर और मुहम्मद शाह के शासन काल में आमेर और मारवाड़ के शासकों को आगरा, गुजरात और मालवा जैसे महत्त्वपूर्ण मुगल प्रांतों का सूबेदार बनाया गया।

राजपूताना के राज्य पहले की तरह विभाजित रहे। उनमें जो बड़े थे उन्होंने अपने कमज़ोर पड़ोसियों–राजपूत और गैर-राजपूत दोनों के इलाकों को हथियाकर अपना विस्तार किया। अधिकतर बड़े राजपूत राज्य निरंतर छोटे झगड़ों और गृह-युद्धों में फँसे रहे। इन राज्यों की अंदरूनी राजनीति में उसी प्रकार के भ्रष्टाचार, षड्यंत्र और विश्वासघात का बोलबाला था जैसा मुगल दरबार में था, मारवाड़ के अजीतसिंह को उसके बेटे ने ही मार डाला।

अठारहवीं सदी का सबसे श्रेष्ठ राजपूत शासक आमेर का सवाई जयसिंह (1681-1743) था। वह एक विख्यात राजनेता, कानून-निर्माता और सुधारक था। परंतु सबसे अधिक, वह विज्ञान-प्रेमी के रूप में प्रसिद्ध हुआ। उल्लेखनीय है कि जिस युग में वह था, उसमें अधिकांश भारतीयों को वैज्ञानिक प्रगति के बारे में कुछ भी जानकारी नहीं थी। उसने जाटों से लिए गए इलाके में जयपुर शहर की स्थापना की और उसे विज्ञान और कला का महान केंद्र बना दिया। जयपुर का निर्माण बिलकुल वैज्ञानिक सिद्धांतों के आधार पर और एक नियमित योजना के तहत हुआ। उसकी चौड़ी सड़कें एक-दूसरे को समकोण पर काटती हैं।

जयसिंह की सबसे बड़ी विशेषता यह थी कि वह एक महान खगोलशास्त्री भी था। उसने दिल्ली, जयपुर, उज्जैन और मथुरा में बिलकुल सही और आधुनिक उपकरणों से सुसज्जित पर्यवेक्षणशालाएँ बनाईं। कुछ उपकरण खुद जयसिंह के बनाए हुए थे। उसके खगोलशास्त्र संबंधी पर्यवेक्षण आश्चर्यजनक रूप से सही होते थे। उसने सारणियों का एक सेट तैयार किया जिससे लोगों को खगोलशास्त्र संबंधी पर्यवेक्षण करने में सहायता मिले। इसका नाम "जिज मुहम्मदशाही" था। उसने युक्लिड की "रेखागणित के तत्त्व" का अनुवाद संस्कृत में कराया। उसने त्रिकोणमिति की बहुत सारी कृतियों और लघुगणकों को बनाने और उनके इस्तेमाल संबंधी नेपियर की रचना का अनुवाद संस्कृत में कराया।

जयसिंह समाज-सुधारक भी था। उसने एक कानून लागू करने की कोशिश की जिससे लड़की की शादी में किसी राजपूत को अत्यधिक खर्च करने के लिए

मजबूर न होना पड़े। लड़की की शादी में भारी खर्च के कारण ही लड़कियों को जन्म लेते ही मार दिया जाता था। इस असाधारण राजा ने जयपुर पर 1699 से 1743 तक, लगभग 44 वर्षों तक शासन किया।

जाट : जाट खेतिहारों की एक जाति है। ये दिल्ली, आगरा और मथुरा के इर्द-गिर्द के इलाकों में रहते थे। मथुरा के आसपास के जाट किसानों ने 1669 और फिर 1688 में अपने जाट ज़मींदारों के नेतृत्व में विद्रोह किए। विद्रोहों को कुचल दिया गया मगर इलाका अशांत ही रहा। औरंगज़ेब की मौत के बाद उन्होंने दिल्ली के चारों और अशांति पैदा कर दी। जाट-विद्रोह ज़मींदारों के नेतृत्व में मूलतः कृषक-विद्रोह था मगर जल्द ही वह लूटमार तक सीमित हो गया। उन्होंने दिल्ली के दरबारी षड्यंत्र में सक्रिय हिस्सा लिया। बहुधा अपने फायदे को देखते हुए वे पक्ष बदल देते थे। भरतपुर के जाट राज्य की स्थापना चूरामन और बदनसिंह ने की। जाट सत्ता सूरजमल के नेतृत्व में अपनी उच्चतम गरिमा पर पहुँच गई। सूरजमल ने 1756 से 1763 तक शासन किया। वह एक अत्यंत योग्य प्रशासक तथा सैनिक और बड़ा बुद्धिमान राजनेता था। उसने अपना अधिकार एक बड़े क्षेत्र पर कायम किया जो पूरब में गंगा से लेकर दक्षिण में चंबल तथा पश्चिम में आगरा के सूबे से लेकर उत्तर दिल्ली के सूबे तक फैला था। उसके राज्य में अन्य ज़िलों के अलावा आगरा, मथुरा, मेरठ और अलीगढ़ ज़िले शामिल थे। मुगल राजस्व व्यवस्था को अपनाकर उसने एक स्थायी राज्य की नींव रखने की कोशिश की। एक समसामयिक इतिहासकार ने उसके बारे में निम्नलिखित बातें लिखी हैं–

> यद्यपि वह किसान की पोशाक पहनता था और सिर्फ़ अपनी ब्रज बोली बोल सकता था, तथापि वह जाट जाति का अफलातून (प्लेटो) था। समझदारी और चतुराई तथा राजस्व और नागरिक मामलों का प्रबंध करने की योग्यता में उसकी बराबरी करने वाला आसफ़जाह बहादुर को छोड़कर, हिंदुस्तान के बड़े सामंतों में कोई नहीं था।

वह 1763 में मर गया। उसके बाद जाट राज्य की अवनति हो गई। वह छोटे ज़मींदारों के बीच बँट गया जिनमें से अधिकतर लूटमार पर ज़िंदा रहने लगे।

बंगश पठान और रूहेले : एक अफ़गान दुस्साहसी, मुहम्मद खां बंगश ने फर्रूखाबाद के इर्द-गिर्द के इलाके (अलीगढ़ और कानपुर के इलाके) पर फर्रुखसियर और मुहम्मद शाह के शासन काल में अपना अधिकार कायम कर लिया। इसी प्रकार नादिर शाह के आक्रमण के बाद प्रशासन के ठप्प हो जाने पर अली मुहम्मद खां ने रूहेलखंड नामक एक राज्य कायम किया। यह राज्य

हिमालय की तराई में दक्षिण में गंगा और उत्तर में कुमायूँ की पहाड़ियों तक फैला हुआ था। इसकी राजधानी पहले बरेली में आँवला में थी और बाद में रामपुर चली गई। रूहेलों का अवध, दिल्ली और जाटों से लगातार टकराव होता रहा।

सिख : सिख धर्म की शुरुआत गुरु नानक ने पंद्रहवीं शताब्दी में की। यह पंजाब के जाट किसानों तथा अन्य जातियों के बीच फैल गया। एक लड़ाकू समुदाय के रूप में सिखों को बदलने का काम गुरु हर गोविंद (1606-1645) ने आरंभ किया। मगर अपने दसवें और आखिरी गुरु गोविंद सिंह (1666-1708) के नेतृत्व में सिख राजनीतिक और फौजी ताकत बने। औरंगज़ेब के फौजी और पहाड़ी राजाओं के ख़िलाफ़ 1699 से लेकर 1708 तक गुरु गोविंद सिंह ने लगातार लड़ाइयाँ कीं। औरंगज़ेब के मरने के बाद गुरु गोविंद सिंह ने बहादुर शाह का साथ दिया। उनका ओहदा 5,000 जात और 5,000 सवार वाले सामंत का था। वे बहादुर शाह के साथ दक्कन गए जहाँ उन्हें एक पठान नौकर ने विश्वासघात कर मार डाला।

गुरु गोविंद सिंह की मृत्यु के बाद गुरु की परंपरा खत्म हो गई। सिखों का नेतृत्व उनके विश्वासपात्र शिष्य, बंदा सिंह के हाथों में चला गया, जो बंदा बहादुर के नाम से चारों ओर विख्यात है। बंदा ने पंजाब के किसानों और निम्न जातियों के लोगों को एकजुट किया और मुगल फौज के ख़िलाफ़ आठ साल तक जोश-खरोश के साथ गैर-बराबरी की लड़ाई चलाई। उसे 1715 में पकड़ लिया गया और कत्ल कर दिया गया। उसकी असफलता के अनेक कारण थे: मुगल शासन अभी भी काफ़ी शक्तिशाली था। पंजाब के संपन्न वर्ग और ऊँची जातियों के लोगों ने उसके विरोधियों का साथ दिया क्योंकि वह निम्न जातियों और गाँव की गरीब जनता का हिमायती था। अपनी धार्मिक कट्टरता के कारण वह मुगल विरोधी समस्त ताकतों को एकजुट नहीं कर सका।

सिखों को फिर से उठ खड़ा होने का मौका नादिर शाह और अहमद शाह अब्दाली के आक्रमणों और उनके कारण पंजाब के प्रशासन में हुई गड़बड़ी ने दिया। आक्रमणकारियों की फौजों के आगे बढ़ने पर सिखों ने बिना कोई भेदभाव किए सबको लूटा और धन तथा सैनिक शक्ति इकट्ठी की । अब्दाली के पंजाब से वापस जाने के बाद उन्होंने राजनीतिक रिक्तता को भरना आरंभ किया। उन्होंने 1765 और 1800 के बीच पंजाब और जम्मू को अपने अधिकार में कर लिया। सिख 12 मिसलों या संघों में संगठित थे जो सूबे के विभिन्न भागों में काम करते थे। ये मिसल एक-दूसरे के साथ पूरी तरह सहयोग करते थे। मूलतः वे समानता के सिद्धांत पर आधारित थे। किसी मिसल के मामलों पर विचार करने और

उसके प्रधान तथा अन्य अधिकारियों को चुनने में सभी सदस्य समान रूप से हिस्सा लेते थे। धीरे-धीरे मिसलों का जनतांत्रिक और अकुलीन चरित्र लुप्त हो गया और शक्तिशाली प्रधानों, सामंतों और सरदारों तथा ज़मींदारों ने उन पर अपना दबदबा कायम कर लिया। भाईचारे की भावना और खालसा की एकता भी लुप्त हो गई क्योंकि प्रधान निरंतर आपस में झगड़ते रहते थे, उन्होंने अपने को स्वतंत्र सरदार घोषित कर दिया था।

रणजीत सिंह के अधीन पंजाब : अठारहवीं सदी के अंत में सुकेरचकिया मिसल के प्रधान रणजीत सिंह ने प्रमुखता प्राप्त कर ली। वह एक ताकतवर और साहसी सैनिक, कुशल प्रशासक तथा चतुर कूटनीतिज्ञ था। वह जन्मजात नेता था। उसने 1799 में लाहौर और 1802 में अमृतसर पर कब्ज़ा कर लिया। उसने सतलज के पश्चिम के सभी सिख प्रधानों को अपने अधीन कर लिया और पंजाब में अपना राज्य कायम किया। बाद में उसने कश्मीर, पेशावर और मुलतान को भी जीत लिया। पुराने सिख प्रधान बड़े ज़मींदार और जागीरदार बना दिए गए। उसने मुगलों द्वारा लागू की गई भू-राजस्व की व्यवस्था में कोई परिवर्तन नहीं किए। भू-राजस्व का हिसाब 50 प्रतिशत सकल उत्पादन के आधार पर लगाया गया।

रणजीत सिंह ने यूरोपीय प्रशिक्षकों की सहायता से यूरोपीय ढर्रे पर शक्तिशाली, अनुशासित और सुसज्जित फौज तैयार की। उसकी नई फौज केवल सिखों तक ही सीमित नहीं थी। उसने गोरखा, बिहारी, उड़िया, पठान, डोगरा तथा पंजाबी मुसलमानों को भी अपनी फौज में भर्ती किया। उसने लाहौर में तोप बनाने के आधुनिक कारखाने खोले तथा उनमें मुसलमान तोपचियों को काम पर लगाया। कहा जाता है कि उसकी फौज एशिया की दूसरी सबसे अच्छी फौज थी। पहला स्थान अंग्रेज़ी ईस्ट इंडिया कंपनी की फौज का था।

रणजीत सिंह बखूबी अपने मंत्रियों और अफसरों का चुनाव करता था। उसका दरबार श्रेष्ठ व्यक्तियों से भरा हुआ था। धर्म के मामले में वह सहनशील तथा उदारवादी था। न केवल सिख बल्कि मुसलमान तथा हिंदू संतों को भी वह सम्मान, आदर और संरक्षण देता था। धर्मपरायण सिख होते हुए भी यह कहा जाता है कि 'अपने सिंहासन से उतरकर मुसलमान फकीरों के पैरों की धूल अपनी लंबी सफेद दाढ़ी से झाड़ता था।' उसके अनेक महत्त्वपूर्ण मंत्री और सेनापति मुसलमान और हिंदू थे। उसका सबसे प्रमुख और विश्वासपात्र मंत्री फकीर अजीज़उद्दीन था। उसका वित्त मंत्री दीवान दीनानाथ था। वस्तुत: किसी भी दृष्टि से रणजीत सिंह द्वारा शासित पंजाब एक सिख राज्य नहीं था। राजनीतिक सत्ता का इस्तेमाल केवल सिखों के फायदे के लिए नहीं होता था। सिख किसान

उतना ही उत्पीड़ित था जितना हिंदू या मुसलमान किसान था। वस्तुतः रणजीत सिंह के अधीन एक राज्य के रूप में पंजाब का ढाँचा अठारहवीं सदी के अन्य भारतीय राज्यों की तरह ही था।

जब 1809 में अंग्रेज़ों ने रणजीत सिंह को सतलज पार करने से मना कर दिया और नदी के पूरब के सिख राज्यों को अपने संरक्षण में ले लिया तब उसने चुप्पी साध ली, क्योंकि उसने महसूस किया कि उनके पास अंग्रेज़ों का मुकाबला करने की शक्ति नहीं है। इस प्रकार उसने अपने राजनयिक यथार्थवाद और सैनिक शक्ति के ज़रिए अपने राज्य को अंग्रेज़ों के अतिक्रमण से बचा लिया। मगर वह विदेशी खतरे को हटा नहीं सका उसने उस खतरे को अपने उत्तराधिकारियों के लिए छोड़ दिया। इसलिए उसकी मृत्यु के बाद उसका राज्य जब सत्ता के तीव्र आंतरिक संघर्ष का शिकार हो गया तब अंग्रेज़ आए और उन्होंने उसे जीत लिया।

मराठा शक्ति का उत्थान और पतन

पतनोन्मुख मुगल सत्ता को सबसे महत्त्वपूर्ण चुनौती मराठा राज्य से मिली जो उत्तराधिकारी राज्यों में सबसे शक्तिशाली था। असल में, मुगल साम्राज्य के विघटन से उत्पन्न राजनीतिक रिक्तता को भरने की शक्ति केवल उसी में थी। यही नहीं उसने इस कार्य के लिए ज़रूरी कई प्रतिभाशाली सेनापतियों और राजनेताओं को पैदा किया था। मगर मराठा सरदारों में एकता नहीं थी। उनके पास एक अखिल भारतीय साम्राज्य बनाने के लिए आवश्यक दृष्टिकोण और कार्यक्रम नहीं था। इसलिए वे मुगलों की जगह लेने में असफल रहे। मगर जब तक उन्होंने मुगल साम्राज्य को खत्म नहीं किया तब तक वे उसके ख़िलाफ़ लगातार लड़ाई करते रहे।

शिवाजी के पोते साहू को औरंगज़ेब ने 1689 से कैद कर रखा था। औरंगज़ेब उसके तथा उसकी माँ के साथ उनके धर्म, जाति तथा अन्य चीज़ों का पूरी तरह ख्याल कर बड़ी शिष्टता, इज़्ज़त तथा लिहाज़ के साथ पेश आया। उसकी उम्मीद थी कि शायद साहू के साथ कोई राजनीतिक समझौता हो जाए। साहू को 1707 में औरंगज़ेब की मौत के बाद रिहा कर दिया गया। फिर जल्द ही साहू और कोल्हापुर में रहने वाली उसकी चाची ताराबाई के बीच गृह-युद्ध छिड़ गया। ताराबाई ने अपने पति राजाराम के मरने के बाद अपने बेटे शिवाजी द्वितीय के नाम से मुगल विरोधी संघर्ष 1700 में चला रखा था। मराठा सरदारों ने सत्ता के लिए संघर्ष करने वालों में से किसी न किसी का पक्ष लेना आरंभ कर दिया।

हर मराठा सरदार के पीछे सिपाही थे जो केवल उसी के प्रति निष्ठा रखते थे। उन्होंने इस अवसर का इस्तेमाल सत्ता के लिए संघर्ष करने वाले दोनों पक्षों से मोलभाव करके अपनी शक्ति और प्रभाव को बढ़ाने के लिए किया। उनमें से अनेक ने दक्कन के मुगल नवाबों के साथ मिलकर साज़िशें भी कीं। साहू और कोल्हापुर स्थित उसके प्रतिद्वंद्वी के बीच झगड़े के फलस्वरूप मराठा सरकार की एक नई व्यवस्था ने जन्म लिया जिसका नेता राजा साहू का पेशवा बालाजी विश्वनाथ था। इस परिवर्तन के साथ मराठा इतिहास में पेशवा आधिपत्य का दूसरा काल आरंभ हुआ जिसमें मराठा राज्य एक साम्राज्य के रूप में बदल गया।

बालाजी विश्वनाथ ब्राह्मण था। उसने अपना जीवन एक छोटे राजस्व अधिकारी के रूप में प्रारंभ किया था और धीरे-धीरे बढ़कर एक बड़ा अधिकारी हो गया था। साहू को अपने दुश्मनों को कुचलने के काम में उसने अपनी निष्ठापूर्ण और ज़रूरी सेवा दी। वह कूटनीति में बेजोड़ था और उसने अनेक बड़े मराठा सरदारों को साहू की ओर कर लिया। साहू ने 1713 में उसे पेशवा या मुख्य-प्रधान बनाया। बालाजी विश्वनाथ ने धीरे-धीरे साहू और अपना आधिपत्य मराठा सरदारों और अधिकांश महाराष्ट्र पर कायम किया। केवल कोल्हापुर के दक्षिण के इलाके पर राजाराम के वंशजों का शासन रहा। पेशवा ने अपने हाथों में शक्ति का संकेंद्रण कर लिया और अन्य मंत्री तथा सरदार उसके सामने प्रभावहीन हो गए। वस्तुतः वह और उसका बेटा बाजीराव प्रथम ने पेशवा को मराठा साम्राज्य का कार्यकारी प्रधान बना दिया।

बालाजी विश्वनाथ ने मराठा शक्ति को बढ़ाने के लिए मुगल अधिकारियों के आपसी झगड़ों का पूरा फायदा उठाया। उसने दक्कन का चौथ और सरदेशमुखी देने के लिए जुल्फ़िकार खां को राजी कर लिया। अंत में उसने सैयद बंधुओं के साथ एक समझौते पर दस्तखत किए। वे सारे इलाके जो पहले शिवाजी के राज्य के हिस्से थे, साहू को वापस कर दिए गए। उसे दक्कन के छः सूबों का चौथ और सरदेशमुखी भी दे दिया गया। बदले में साहू बादशाह की सेवा में 15,000 घुड़सवार सैनिकों को देने, दक्कन में बगावत और लूटमार रोकने तथा 10 लाख रुपयों का सालाना नज़राना पेश करने पर राज़ी हो गया। नाममात्र के लिए ही सही मगर वह पहले ही मुगल आधिपत्य स्वीकार कर चुका था। वह 1714 में औरंगज़ेब के मकबरे तक पैदल चलकर खुलदाबाद गया तथा उसके प्रति सम्मान व्यक्त किया। अपने नेतृत्व में एक मराठा फौज लेकर बालाजी विश्वनाथ 1719 में सैयद अली खां के साथ दिल्ली गया और फर्रुखसियर का तख्ता पलटने में सैयद बंधुओं की मदद की। दिल्ली में उसने और अन्य मराठा सरदारों ने साम्राज्य

की कमज़ोरी को स्वयं देखा और उनमें अपना प्रभाव-क्षेत्र उत्तर की ओर बढ़ाने की महत्वाकांक्षा ने घर कर लिया।

बालाजी विश्वनाथ ने मराठा सरदारों को दक्कन में चौथ और सरदेशमुखी की कुशल वसूली के लिए अलग-अलग इलाके सौंपे। मराठा सरदार वसूल की गई रकम का अधिकांश हिस्सा अपने खर्च के लिए रख लेते थे। चौथ और सरदेशमुखी सौंपने की प्रथा ने भी पेशवा को संरक्षण के ज़रिए अपनी व्यक्तिगत शक्ति बढ़ाने में सहायता दी। बड़ी संख्या में महत्त्वाकांक्षी सरदारों ने उसके इर्द-गिर्द जमा होना आरंभ कर दिया। आगे चलकर यही मराठा साम्राज्य की कमज़ोरी का मुख्य स्रोत सिद्ध हुआ। उस समय तक वतनों और सरजामों (जागीरों) की प्रणाली ने मराठा सरदारों को शक्तिशाली स्वायत्त और केंद्रीय सत्ता के प्रति ईर्ष्यालु बना दिया था। उन्होंने अब मुगल साम्राज्य के सुदूर इलाकों में अपना अधिकार जमाना प्रारंभ कर दिया। वहाँ वे धीरे-धीरे कमोबेश स्वायत्त सरदारों के रूप में बस गए। इस तरह अपने मूल राज्य के बाहर मराठों की जीत में मराठा राजा या पेशवा के सीधे अधीन केंद्रीय फौज का नहीं बल्कि उनके सरदारों की अपनी निजी सेनाओं का हाथ था। जीत के दौरान सरदार बहुधा आपस में टकराते थे। अगर केंद्रीय सरकार उन्हें सख्ती से नियंत्रित करने की कोशिश करती तो वे दुश्मनों से मिल जाने में नहीं हिचकते थे। दुश्मनों में निज़ाम, मुगल या अंग्रेज़ कोई भी हो सकते थे।

बालाजी विश्वनाथ 1720 में मर गया। उसकी जगह पर उसका 20 वर्ष का बेटा बाजीराव प्रथम पेशवा बना। युवा होने के बावजूद बाजीराव एक निर्भीक और प्रतिभावान सेनापति तथा महत्त्वाकांक्षी और चालाक राजनेता था। उसे "शिवाजी के बाद गुरिल्ला युद्ध का सबसे बड़ा प्रतिपादक" कहा गया है। बाजीराव के नेतृत्व में मराठों ने मुगलों के ख़िलाफ़ अनगिनत अभियान चलाए। पहले उन्होंने मुगल अधिकारियों को विशाल इलाकों से चौथ वसूल करने का अधिकार देने और फिर वे इलाके मराठा राज्य को सौंप देने के लिए मजबूर किया। जब 1740 में बाजीराव मरा तब तक मराठों ने मालवा, गुजरात और बुंदेलखंड के हिस्सों पर अधिकार कर लिया था। इसी काल में मराठों के गायकवाड़, होल्कर, सिंधिया और भोंसले परिवारों ने प्रमुखता प्राप्त की।

जीवन भर बाजीराव ने दक्कन में निज़ाम-उल-मुल्क की शक्ति को नियंत्रित करने की कोशिश की। निज़ाम-उल-मुल्क ने भी पेशवा की सत्ता को कमज़ोर करने के लिए कोल्हापुर के राजा, मराठा सरदारों और मुगल अधिकारियों से मिलकर लगातार साज़िशें कीं। दो बार दोनों लड़ाई के मैदान में मिले और दोनों

बार निज़ाम को मुँह की खानी पड़ी और उसे दक्कन प्रांतों का चौथ और सरदेशमुखी मराठों को देने के लिए मजबूर होना पड़ा।

बाजीराव ने 1733 में जंजीरा के सिदियों के ख़िलाफ़ एक लंबा शक्तिशाली अभियान आरंभ किया और अंततोगत्वा उन्हें मुख्य भूमि से निकाल बाहर कर दिया गया। साथ ही पुर्तगालियों के ख़िलाफ़ भी एक अभियान आरंभ किया गया। अंत में सिलसिट और बसई (बस्सीन) पर कब्ज़ा कर लिया गया मगर पश्चिमी तट पर पुर्तगालियों का अपने इलाकों पर कब्ज़ा बना रहा।

बाजीराव की मौत अप्रैल 1740 में हो गई। बीस सालों की छोटी अवधि में ही उसने मराठा राज्य का चरित्र बदल दिया। महाराष्ट्र राज्य को एक साम्राज्य के रूप में बदला उसने जिसका प्रसार उत्तर में भी हुआ था। मगर वह साम्राज्य के सुदृढ़ आधार नहीं बना सका। नए इलाकों को जीतकर उन पर कब्ज़ा जमाया गया मगर उनके प्रशासन की ओर कोई ध्यान नहीं दिया गया। सफल सरदारों की मुख्य दिलचस्पी राजस्व वसूल करने में ही थी।

बाजीराव का अट्ठारह साल का बेटा बालाजी बाजीराव (जो नाना साहब के नाम से जाना जाता था) पेशवा बना। वह 1740 से 1761 तक पेशवा रहा। वह अपने पिता की तरह ही योग्य था, यद्यपि वह कम उद्यमी था। राजा साहू 1749 में मर गया। उसने अपनी वसीयत के ज़रिए सारा राजकाज पेशवा के हाथों में छोड़ दिया। पेशवा का ओहदा तब तक वंशगत बन गया था और पेशवा ही राज्य का असली शासक हो गया था। अब वह प्रशासन का अधिकृत प्रधान हो गया। इस तथ्य के प्रतीक के रूप में वह अपनी सरकार को अपने मुख्यालय पुणे (पूना) ले गया।

बालाजी बाजीराव ने अपने पिता का अनुसरण किया और साम्राज्य को विभिन्न दिशाओं में बढ़ाया। उसने मराठा शक्ति को उसके उत्कर्ष पर पहुँचा दिया। मराठों ने सारे भारत को रौंद दिया। मालवा, गुजरात और बुंदेलखंड पर मराठों का अधिकार मजबूत हो गया। बंगाल पर बार-बार हमला हुआ और 1751 में बंगाल के नवाब को मजबूर होकर उड़ीसा मराठों को देना पड़ा। दक्षिण में मैसूर राज्य और अन्य छोटे रजवाड़ों को नज़राना देने के लिए विवश होना पड़ा। निज़ाम हैदराबाद को 1760 में उदगिर में हरा दिया गया और उसे 62 लाख रुपयों के वार्षिक राजस्व वाले विशाल क्षेत्र को मराठों को सौंप देना पड़ा। उत्तर में जल्द ही मराठे मुगल सत्ता की असली ताकत बन गए। गंगा के दोआब और राजपूताने से होकर वे दिल्ली पहुँचे जहाँ 1752 में उन्होंने इमाद-उल-मुल्क को वज़ीर बनने में मदद दी। नया वज़ीर जल्द ही उनके हाथों की कठपुतली बन गया। दिल्ली से वे पंजाब की ओर मुड़े और अहमद शाह अब्दाली के प्रतिनिधि को बाहर

निकाल कर उस पर अधिकार कर लिया। इससे उनका टकराव अफ़गानिस्तान के बहादुर योद्धा राजा के साथ हुआ जो फिर एक बार, मराठों से बदला लेने के लिए, भारत पर चढ़ आया।

अब उत्तर भारत पर अधिकार के लिए एक बड़ा टकराव शुरू हुआ। अहमद शाह अब्दाली ने रुहेलखंड के नजीबउद्दौला और अवध के शुजाउद्दौला से तुरंत गठजोड़ कर लिया। वे दोनों मराठा सरदारों के हाथों हार गए थे। आगामी संघर्ष की बड़ी अहमियत को देखकर पेशवा ने अपने नाबालिग बेटे के नेतृत्व में एक शक्तिशाली फौज उत्तर की ओर भेजी। उसका बेटा तो केवल नाम का ही सेनापति था, वास्तविक सेनापति उसका चचेरा भाई सदाशिव राव भाऊ था। इस फौज का एक महत्त्वपूर्ण भाग था यूरोपीय ढंग से संगठित पैदल और तोपखाने की टुकड़ी जिसका नेतृत्व इब्राहीम खां गार्दी कर रहा था। मराठों ने अब उत्तरी शक्तियों में सहायक ढूँढ़ने की कोशिश की। मगर उनके पहले के व्यवहार और राजनीतिक महत्त्वाकांक्षाओं ने उन सब शक्तियों को नाराज़ कर दिया था। उन्होंने राजपूताना के राज्यों के आंतरिक मामलों में हस्तक्षेप किया था और उन पर भारी जुर्माने तथा नज़राने लगाए थे। उन्होंने अवध पर बड़े क्षेत्रीय और मौद्रिक दावे किए थे। पंजाब में उनकी कार्रवाइयों ने सिख प्रधानों को नाराज़ कर दिया था। जिन जाट सरदारों पर भारी जुर्माने लगाए गए थे, वे उन पर विश्वास नहीं करते थे। इसलिए उन्हें अपने दुश्मनों से ईमाद-उल-मुल्क के कमज़ोर समर्थन के अलावा अकेले लड़ना पड़ा। यहीं नहीं, बड़े मराठा सेनापति लगातार आपस में झगड़ते रहते थे।

दोनों फौजों का पानीपत में 14 जनवरी 1761 को एक-दूसरे से आमना-सामना हुआ। मराठा फौज के पैर पूरी तरह उखड़ गए। पेशवा का बेटा विश्वास राव, सदाशिव राव भाऊ और अन्य अनगिनत मराठा सेनापति करीब 28,000 सैनिकों के साथ मारे गए। अफ़गान घुड़सवारों ने भागने वालों का पीछा किया। उन्हें पानीपत क्षेत्र के जाटों, अहीरों और गूजरों ने भी लूटा-खसोटा।

पेशवा जो अपने चचेरे भाई की मदद के लिए उत्तर की ओर बढ़ रहा था, इस दु:खद खबर को सुनकर हक्का-बक्का हो गया। वह पहले से ही गंभीर रूप से बीमार था। उसका अंत समय जल्द ही आ गया। जून 1761 में उसकी मृत्यु हो गई।

पानीपत की हार मराठों के लिए बहुत बड़ा आघात थी। उन्हें अपनी फौज के बेहतरीन सैनिकों से हाथ धोना पड़ा और उनकी राजनीतिक प्रतिष्ठा को बड़ा धक्का लगा। सबसे बढ़कर, उनकी हार ने अंग्रेज़ी ईस्ट इंडिया कंपनी को बंगाल और दक्षिण भारत में अपनी सत्ता मज़बूत करने का मौका दिया। अफ़गानों को

भी अपनी जीत से कोई फायदा नहीं हुआ। वे पंजाब को अपने अधिकार में नहीं रख सके। वस्तुत: पानीपत की तीसरी लड़ाई ने यह फैसला नहीं किया कि भारत पर कौन राज करेगा बल्कि यह तय कर दिया कि भारत पर कौन शासन नहीं करेगा। इससे भारत में ब्रिटिश सत्ता के उदय का रास्ता साफ हो गया।

सत्रह वर्षीय माधव राव 1761 में पेशवा बना। वह एक प्रतिभाशाली सैनिक और राजनेता था। ग्यारह सालों की छोटी अवधि में ही उसने मराठा साम्राज्य की खोई हुई प्रतिष्ठा को वापस लौटा लिया। उसने निज़ाम को हराया, मैसूर के हैदर अली को नज़राना देने के लिए मजबूर किया तथा रुहेलों को हराकर और राजपूत राज्यों और जाट सरदारों को अधीन लाकर उत्तर भारत पर अपने अधिकार का फिर से दावा किया। मराठा 1771 में बादशाह आलम को दिल्ली वापस ले आए। अब बादशाह उनका पेंशनभोगी बन गया। इस प्रकार लगा कि उत्तर भारत पर मराठों का प्रभुत्व फिर कायम हो गया है।

किंतु मराठों को एक धक्का फिर लगा। माधव राव 1772 में क्षय रोग से मर गया। अब मराठा साम्राज्य अस्तव्यस्तता की स्थिति में पहुँच गया। पुणे में बालाजी बाजीराव के छोटे भाई रघुनाथ राव और माधव राव के छोटे भाई नारायण राव के बीच सत्ता के लिए संघर्ष हुआ। नारायण राव 1773 में मारा गया। उसकी जगह पर मरणोपरांत जन्मा उसका पुत्र सवाई माधव राव आया। निराश होकर रघुनाथ राव अंग्रेज़ों के पास चला गया और उनकी मदद से उसने सत्ता हथियाने की कोशिश की फलस्वरूप पहला आंग्ल-मराठा युद्ध हुआ।

पेशवा की सत्ता अब कमज़ोर होने लगी। पुणे में सवाई माधव राव के समर्थकों और रघुनाथ राव के पक्षधरों के बीच लगातार षड्यंत्र चल रहे थे। सवाई माधव राव के समर्थकों का नेता नाना फड़नवीस था। इस बीच बड़े मराठा सरदार अपने लिए उत्तर में अर्धस्वतंत्र राज्य कायम करने में लगे थे। वे शायद ही कभी पेशवा के साथ सहयोग करते थे। उनमें सबसे प्रमुख थे, बड़ौदा के गायकवाड़, इंदौर के होल्कर, नागपुर के भोंसले और ग्वालियर के सिंधिया। उन्होंने मुगल प्रशासन के ढर्रे पर नियमित प्रशासन कायम किए थे और उनके पास अपनी अलग फौजें थीं। पेशवा के प्रति उनकी निष्ठा अधिक से अधिक नाम के लिए होती गई। उन्होंने पुणे में विरोधी गुटों का साथ दिया और मराठा साम्राज्य के दुश्मनों के साथ मिलकर साज़िशें कीं।

उत्तर के मराठा शासकों में सबसे महत्त्वपूर्ण महादजी सिंधिया था। उसने फ्रांसीसी और पुर्तगाली अफसरों और बंदूकधारियों की सहायता से एक शक्तिशाली फौज खड़ी की तथा आगरा के पास शस्त्र निर्माण के कारखाने

स्थापित किए। और 1784 उसने में बादशाह आलम को अपने वश में कर लिया। उसके कहने पर बादशाह ने पेशवा को अपना नायब-ए-गुनायब बनवाया। शर्त यह थी कि महादजी पेशवा की ओर से काम करेगा। मगर उसने अपनी शक्ति नाना फड़नवीस के ख़िलाफ़ साज़िशें करने में लगाई। वह इंदौर के होल्कर का भी बड़ा कटु शत्रु था। उसकी मृत्यु 1794 में हुई। नाना फड़नवीस की मृत्यु 1800 में हुई। वह और नाना फड़नवीस उन महान सैनिकों और राजनेताओं की परंपरा की आखिरी कड़ी थे जिन्होंने मराठा शक्ति को अठारहवीं सदी में उसके उत्कर्ष पर पहुँचाया था।

सवाई माधव राव की मृत्यु 1795 में हुई। उसकी जगह रघुनाथ राव के बेटे बाजीराव द्वितीय ने ली। तब तक अंग्रेज़ों ने भारत में अपने आधिपत्य के प्रति मराठों की चुनौती खत्म करने का फैसला कर लिया था। अंग्रेज़ों ने अपनी चतुर कूटनीति के द्वारा आपस में लड़ने वाले मराठा सरदारों को विभाजित कर दिया और दूसरे और तीसरे मराठा युद्ध (क्रमशः 1803-1805 और 1816-1819) में उन्हें हरा दिया। अन्य मराठा राज्यों को बरकरार रहने दिया गया मगर पेशवा वंश को समाप्त कर दिया गया।

इस प्रकार मुगल साम्राज्य को विभाजित करने और देश के बड़े हिस्सों में अपना साम्राज्य स्थापित करने का मराठों का सपना साकार नहीं हो सका। इसका मूल कारण यह था कि मराठा साम्राज्य उसी पतनोन्मुख समाज-व्यवस्था का प्रतिनिधित्व करता था जिसका मुगल साम्राज्य प्रतिनिधि था। दोनों एक ही प्रकार की अंतर्भूत कमज़ोरियों के शिकार थे। मराठा सरदार बहुत कुछ बाद के मुगल सामंतों की तरह थे और सरंजामी व्यवस्था जागीर की मुगल प्रणाली के समान थी। जब तक एक केंद्रीय सत्ता और एक सामूहिक शत्रु मुगलों के विरुद्ध पारस्परिक सहयोग की आवश्यकता थी तब तक वे किसी न किसी तरह एक साथ सूत्रबद्ध रहे। किंतु कोई भी अवसर मिलते ही उन्होंने अपनी स्वायत्तता का दावा करने की कोशिश की।

चाहे और जो भी हो वे मुगल सामंतों की अपेक्षा कम अनुशासित थे। मराठा सरदारों ने एक नई अर्थव्यवस्था विकसित करने का कोई प्रयत्न नहीं किया। वे विज्ञान और प्रौद्योगिकी को बढ़ावा देने में असफल रहे। उन्होंने व्यापार और उद्योग में कोई दिलचस्पी नहीं ली। उनकी राजस्व प्रणाली और प्रशासन मुगलों जैसे थे। मुगलों की तरह ही मराठा शासक भी लाचार किसानों से राजस्व वसूल करने में ही मुख्य रूप से दिलचस्पी रखते थे। उदाहरण के लिए उन्होंने भी आधा कृषि-उत्पादन कर के रूप में लिया। मुगलों के विपरीत वे महाराष्ट्र से बाहर की जनता को सही प्रशासन देने में भी विफल रहे। मुगलों की तुलना में वे भारतीय

जनता में निष्ठा की भावना को कोई बहुत अधिक नहीं जगा सके। उनका अधिकार क्षेत्र भी केवल बल पर आधारित था। उदीयमान ब्रिटिश सत्ता का मुकाबला मराठा केवल अपने राज्य को एक आधुनिक राज्य में रूपांतरित करके ही कर सकते थे। वे ऐसा करने में असफल रहे।

जनता की सामाजिक-आर्थिक अवस्था

अठारहवीं सदी का भारत पर्याप्त गति से आर्थिक, सामाजिक या सांस्कृतिक प्रगति नहीं कर सका। राज्य की बढ़ती हुई राजस्व की माँगें, अफसरों के अत्याचार, सामंतों, लगान के ठेकेदारों और ज़मींदारों की धन लिप्सा और लूट-खसोट, प्रतिद्वंद्वी सेनाओं के आक्रमण और प्रत्याक्रमण तथा देश में फिरने वाले अनगिनत दुस्साहसिकों की लूटपाट से जन-जीवन बिल्कुल दयनीय हो गया था।

उन दिनों का भारत विषमताओं का भी देश हो गया था। अत्यंत दरिद्रता, अत्यंत समृद्धि और धन-संपदा साथ-साथ पाई जाती थी। एक तरफ भोगविलास में डूबे धनी और शक्तिशाली सामंत थे तो दूसरी ओर पिछड़े, उत्पीड़ित और दरिद्र किसान थे जो किसी तरह अपना जीवन-निर्वाह कर पाते थे और उन्हें सब प्रकार के अत्याचारों और अन्यायों को सहना पड़ता था। इतना होने पर भी भारतीय जनता का जीवन मिला-जुलाकर उतना खराब नहीं था जितना उन्नीसवीं सदी के अंत में सौ वर्षों से अधिक के ब्रिटिश शासन के बाद हुआ।

अठारहवीं सदी के दौरान भारतीय कृषि तकनीकी रूप से पिछड़ी हुई और जड़वत थी। सदियों से उत्पादन की तकनीक ज्यों की त्यों बनी हुई थी। किसान तकनीकी पिछड़ेपन से उत्पादन में होने वाली कमी को पूरा करने के लिए कठिन परिश्रम करता था। वस्तुतः उसने उत्पादन के क्षेत्र में करिश्मे दिखाए। उसे आमतौर से ज़मीन की कमी का सामना नहीं करना पड़ा। मगर दुर्भाग्यवश, उसे अपने परिश्रम के अनुरूप फल नहीं मिल पाते थे। यद्यपि उसके उत्पादन पर ही शेष समाज निर्भर था, तथापि उसका अपना पारितोषिक अत्यंत अपर्याप्त था। राज्य, ज़मींदारों, जागीरदारों और लगान के ठेकेदारों ने उससे अधिकतम रकम उगाहने की कोशिश की। यह बात जिस हद तक मुगल राज्य के लिए सही थी उतनी ही हद तक मराठा या सिख सरदारों या मुगल राज्यों के अन्य उत्तराधिकारियों के लिए भी सच थी।

यद्यपि भारतीय गाँव बहुत हद तक स्वावलंबी थे और बाहर से थोड़ा-सा ही आयात करते थे तथा संचार के साधन पिछड़े हुए थे, इसके बावजूद देश के अंदर और एशिया और यूरोप के देशों के साथ मुगलों के शासनकाल में बड़े पैमाने पर व्यापार होता था। भारत फारस की खाड़ी के इलाके से मोती, कच्चा

रेशम, ऊन, खजूर, मेवे और गुलाब जल; अरब से कहवा, सोना, दवाएँ और शहद; चीन से चाय, चीनी, चीनी मिट्टी और रेशम; तिब्बत से सोना, कस्तूरी और ऊनी कपड़ा; सिंगापुर से टिन; इंडोनेशियाई द्वीपों से मसाले, इत्र, शराब और चीनी; अफ्रीका से हाथी दाँत और दवाएँ; और यूरोप से ऊनी कपड़ा, ताँबा, लोहा और सीसा जैसी वस्तुएँ और कागज़ का आयात करता था। भारत के निर्यात की सबसे महत्वपूर्ण वस्तु थी सूती वस्त्र। भारतीय सूती कपड़े अपनी उत्कृष्टता के लिए सारी दुनिया में मशहूर थे और उनकी हर जगह माँग थी। भारत कच्चा रेशम और रेशमी कपड़े, लोहे का सामान, नील, शोरा, अफ़ीम, चावल, गेहूँ, चीनी, काली मिर्च और अन्य मसाले, रत्न और औषधियाँ भी निर्यात करता था।

चूँकि भारत हस्तशिल्प और कृषि के उत्पादनों में कुल मिलाकर स्वावलंबी था, इसलिए वह बड़े पैमाने पर विदेशी वस्तुओं का आयात नहीं करता था। दूसरी ओर उसके औद्योगिक और कृषि उत्पादनों के लिए विदेशों में नियमित बाज़ार था, फलस्वरूप उसका निर्यात उसके आयात से अधिक होता था। विदेश व्यापार को चाँदी और सोने के आयात द्वारा संतुलित किया जाता था। असल में, भारत बहुमूल्य धातुओं के कुंड के नाम से जाना जाता था।

अठारहवीं सदी में गैर-उपनिवेशवादी दौर में, भारत में आंतरिक और विदेशी व्यापार की स्थिति के विषय में इतिहासकारों में मतभेद है। इस विषय पर मुख्य दृष्टिकोण इस प्रकार है : अठारहवीं सदी के दौरान लगातार लड़ाई और अनेक इलाकों में कानून और व्यवस्था भंग हो जाने के कारण देश के आंतरिक व्यापार को हानि पहुँची। अनेक व्यापारिक केंद्रों को सत्ता के दावेदारों और विदेशी आक्रमणकारियों ने लूट लिया। अनेक व्यापारिक मार्ग डाकुओं के संगठित दलों से भरे हुए थे। व्यापारी और उनके काफिले लगातार लूटे जाते रहे। यहाँ तक कि दो शाही शहरों, दिल्ली और आगरा के बीच की सड़क भी लुटेरों से सुरक्षित नहीं थी। यही नहीं, स्वायत्त प्रांतीय सरकारों और असंख्य स्थानीय सरदारों के उदय के साथ सीमा शुल्क की चौकियाँ भी दिन दूनी रात चौगुनी बढ़ गईं। हर छोटे-बड़े शासक ने अपने इलाकों में आने वाली या उनसे गुज़रने वाली वस्तुओं पर भारी सीमा शुल्क लगाकर अपनी आमदनी बढ़ाने की कोशिश की। इन सब कारणों का लंबी दूरी वाले व्यापारियों पर नुकसानदेह असर पड़ा। सामंत ही विलास की वस्तुओं के सबसे बड़े उपभोक्ता थे। विलास की वस्तुओं का ही व्यापार होता था। सामंतों के गरीब होने से आंतरिक व्यापार को भी धक्का लगा। दूसरे इतिहासकारों का मानना है कि राजनीतिक परिवर्तनों तथा आंतरिक व्यापार संबंधी झगड़ों को प्रायः बढ़ा-चढ़ा कर बताया गया है। विदेशी व्यापार पर इसका असर

भी जटिल और अलग-अलग तरह का था। जहाँ समुद्री व्यापार का विस्तार हुआ, वहीं फारस और अफगानिस्तान के रास्ते होने वाला व्यापार अस्त-व्यस्त हो गया।

जिन राजनीतिक कारकों ने व्यापार को धक्का पहुँचाया उन्हीं ने शहरी उद्योगों पर भी बुरा प्रभाव डाला। अनेक समृद्ध शहरों, उन्नत उद्योग के केंद्रों को लूट लिया गया और उन्हें नष्ट कर दिया गया। दिल्ली को नादिर शाह ने लूटा और लाहौर, दिल्ली और मथुरा को अहमद शाह अब्दाली ने। आगरा को जाटों ने सूरत और गुजरात के अन्य शहरों तथा दक्कन को मराठों ने और सरहिंद को सिखों ने लूटा। यह सिलसिला चलता रहा। इसी प्रकार कहीं-कहीं सामंत वर्ग और दरबार की ज़रूरतों को पूरा करने वाले दस्तकारों को अपने संरक्षकों की धन दौलत में कमी आने के कारण क्षति पहुँची। इससे आगरा और दिल्ली जैसे नगरों का पतन हुआ। आंतरिक और विदेशी व्यापार में गिरावट ने भी उन्हें देश के कुछ हिस्सों में धक्का पहुँचाया। इसके बावजूद देश के अन्य भागों में यूरोपीय व्यापारिक कंपनियों के क्रियाकलापों के कारण यूरोप के साथ व्यापार बढ़ने के फलस्वरूप कुछ उद्योगों ने उन्नति की। बहरहाल नए दरबारों और नए सरदारों के आविर्भाव के कारण फैज़ाबाद, लखनऊ, वाराणसी और पटना जैसे नगरों का उदय हुआ। इससे दस्तकारी की हालत में थोड़ा सुधार हुआ।

फिर भी भारत व्यापक विनिर्माण का देश बना रहा। उस समय भी अपनी दक्षता के कारण भारतीय दस्तकार सारे विश्व में प्रसिद्ध थे। तब भी भारत सूती और रेशमी कपड़े, चीनी, जूट, रंग सामग्रियों, खनिज तथा हथियारों, धातु के बर्तनों जैसे धातु के उत्पादनों और शोरा और तेलों का बड़े पैमाने पर उत्पादक था। कपड़ा उद्योग के महत्त्वपूर्ण केंद्र थे : बंगाल में ढाका और मुर्शिदाबाद; बिहार में पटना, गुजरात में सूरत, अहमदाबाद में भडौच, मध्यप्रदेश में चंदेरी; महाराष्ट्र में बुरहानपुर; उत्तरप्रदेश में जौनपुर, बनारस, लखनऊ और आगरा; पंजाब में मुलतान और लाहौर; आंध्रप्रदेश में मछलीपत्तनम, औरंगाबाद, चिकाकोल और विशाखापट्टनम; कर्नाटक में बंगलौर तथा तमिलनाडु में कोयंबतूर और मदुरै। कश्मीर ऊनी वस्त्रों का केंद्र था। महाराष्ट्र, आंध्र और बंगाल में जहाज़-निर्माण उद्योग विकसित हुआ था। इस संबंध में भारतीयों की महान दक्षता के बारे में एक अंग्रेज़ पर्यवेक्षक ने लिखा, 'जहाज़ निर्माण में उन्होंने अंग्रेज़ों से जितना सीखा उससे अधिक उन्हें पढ़ाया।' यूरोपीय कंपनियों ने अपने इस्तेमाल के लिए भारत में बने कई जहाज़ खरीदे।

असल में, अठारहवीं सदी के प्रारंभ में भारत विश्व-व्यापार और उद्योग के प्रमुख केंद्रों में था। रूस के पीटर महान ने कहा था–

याद रखो कि भारत का वाणिज्य विश्व का वाणिज्य है और जो उस पर पूरा अधिकार कर सकेगा वही यूरोप का अधिनायक होगा।

एक बार फिर इस मुद्दे पर इतिहासकार एक मत नहीं हैं कि मुगल साम्राज्य के पतन के कारण और छोटे-छोटे स्वायत्त राज्यों के उठ खड़े होने से पूरे देश में आर्थिक स्थिति में गिरावट आई। या भारत के कुछ हिस्सों में व्यापार, कृषि तथा दस्तकारी का उत्पादन फलता-फूलता रहा और दूसरे हिस्से में यह अस्त-व्यस्त हो गया तथा आमतौर पर इसमें गिरावट आई। लेकिन कुल मिलाकर विचार किया जाए तो कोई बहुत अधिक हानि नहीं हुई। मगर सवाल यह नहीं है कि कहीं थोड़ी प्रगति हुई और कहीं थोड़ी अवनति, बल्कि प्रश्न मूलभूत आर्थिक ठहराव का है। हालांकि भारतीय अर्थव्यवस्था में विकास की गुंजाइश थी तथा आर्थिक जीवन में एक प्रकार की निरंतरता थी, परन्तु अठारहवीं सदी के दौरान सत्रहवीं सदी के मुकाबले, आर्थिक गतिविधियों में कोई बहुत अधिक सुगबुगाहट अथवा उल्लास नज़र नहीं आता है। इसके विपरीत निश्चित रूप से ह्रास की प्रवृत्ति दिखाई देती है। साथ ही, यह भी सच है कि दस्तकारी और कृषि उत्पादन के क्षेत्र में 18वीं सदी के भारतीय राज्यों में कम आर्थिक विपन्नता थी, जबकि अठारहवीं और उन्नीसवीं सदी में भारत के ब्रिटिश उपनिवेश की हालत ज़्यादा खराब थी।

शिक्षा

अठारहवीं सदी के भारत में शिक्षा की पूरी तरह उपेक्षा नहीं की गई। मगर कुल मिलाकर वह त्रुटिपुर्ण थी। वह परंपरागत थी और पश्चिमी दुनिया में हुए द्रुत परिवर्तनों से उसका कोई संपर्क नहीं था। वह जो ज्ञान देती थी वह साहित्य, कानून, धर्म, दर्शनशास्त्र और तर्कशास्त्र तक ही सीमित था। उसने भौतिक और प्राकृतिक प्रौद्योगिकी और भूगोल के अध्ययन पर कोई ध्यान नहीं दिया। उसने समाज के तथ्यगत और विवेकपूर्ण अध्ययन से कोई वास्ता नहीं रखा। सभी क्षेत्रों में मौलिक चिंतन को नापसंद किया गया और प्राचीन विद्या पर ही भरोसा किया गया।

उच्च शिक्षा के केंद्र पूरे देश में फैले हुए थे और आमतौर से उनको चलाने के लिए धन नवाब, राजा और धनी ज़मींदार देते थे। हिंदुओं में उच्च शिक्षा संस्कृत के माध्यम से दी जाती थी और मुख्यतः ब्राह्मणों तक सीमित थी। तत्कालीन राजकीय भाषा होने के कारण फारसी शिक्षा हिंदुओं और मुसलमानों में समान रूप से लोकप्रिय थी।

प्राथमिक शिक्षा काफ़ी व्यापक थी। हिंदुओं में प्राथमिक शिक्षा शहर और गाँव में पाठशालाओं के ज़रिए दी जाती थी। मुसलमानों में यह काम मस्जिदों में स्थित मकतबों में मौलवी करते थे। युवा छात्रों को पढ़ने, लिखने और अंकगणित की शिक्षा दी जाती थी। यद्यपि प्राथमिक शिक्षा मुख्यतः ब्राह्मण, राजपूत और वैश्य जैसी उच्च जातियों तक ही सीमित थी तथापि अन्य जातियों के भी कई लोग बहुधा उसे प्राप्त कर लेते थे। दिलचस्प बात यह है कि उस समय औसत साक्षरता ब्रिटिश शासन काल की अपेक्षा कम नहीं थी। इतना ही नहीं, 1813 में वारेन हेस्टिंग्ज़ ने भी लिखा था कि आमतौर पर यूरोप के किसी भी देश के लोगों के मुकाबले भारत के लोग पढ़ने, लिखने और अंकगणित में अधिक प्रतिभाशाली थे। यद्यपि प्राथमिक शिक्षा का स्तर आधुनिक मानदंडों से अपर्याप्त था, तथापि वह उन दिनों के सीमित उद्देश्यों की दृष्टि से पर्याप्त था। तब शिक्षा का एक अत्यंत आनंददायक पहलू यह था कि समाज में शिक्षकों की काफ़ी प्रतिष्ठा थी। एक खराब बात यह थी कि लड़कियों को विरले ही शिक्षा मिलती थी यद्यपि उच्च जातियों की कुछ औरतें पढ़ी-लिखी थीं जिसे एक अपवाद ही कहा जा सकता है।

सामाजिक और सांस्कृतिक जीवन

अठारहवीं सदी में सामाजिक जीवन और संस्कृति की विशेषता जड़ता और भूतकाल पर निर्भरता थी। कई शताब्दियों के दौरान विकसित थोड़ी बहुत सांस्कृतिक एकता के अलावा सारे देश में सांस्कृतिक और सामाजिक ढाँचे समरूप नहीं थे। हिंदू और मुसलमान दो भिन्न समाजों में बँटे हुए थे। लोग धर्म, क्षेत्र, कबीले, भाषा और जाति के आधार पर विभाजित थे। इतना ही नहीं, उच्च वर्गों (जो कुल जनसंख्या के अनुपात में बहुत ही कम संख्या में थे) की सामाजिक ज़िंदगी और संस्कृति अनेक दृष्टियों से निम्न वर्गों की ज़िंदगी और संस्कृति से भिन्न थी।

जाति हिंदुओं के सामाजिक जीवन की मुख्य विशेषता थी। हिंदू चार वर्णों के अतिरिक्त अनगिनत जातियों में बँटे हुए थे। जातियों का स्वरूप अलग-अलग जगहों में अलग-अलग था। जातिप्रथा ने लोगों का कठोर विभाजन कर रखा था और सामाजिक क्रम में उनके स्थान स्थायी रूप से निश्चित कर दिए थे। ब्राह्मणों के नेतृत्व में उच्च जातियों ने हर तरह की सामाजिक प्रतिष्ठा और विशेषाधिकारों पर अपना एकाधिकार कायम कर रखा था। जाति नियम अत्यंत कठोर थे। अंतर्जातीय विवाहों की मनाही थी। विभिन्न जातियों के लोगों के साथ खाना खाने पर प्रतिबंध थे। कतिपय स्थितियों में उच्च जाति के लोग अन्य जातियों के लोगों

का छुआ खाना नहीं खाते थे। बहुधा जातियाँ ही पेशे को निर्धारित करती थीं, यद्यपि काफ़ी बड़े पैमाने पर अपवाद भी घटित होते थे। मसलन, ब्राह्मण व्यापार में भी संलग्न थे तथा सरकारी सेवाओं में भी थे, कुछ के पास ज़मींदारी भी थी। इस तरह बहुत से शूद्र कहे जाने वाले लोग काफ़ी सफल और आर्थिक रूप से संपन्न थे तथा धन का उपयोग वे उच्च जातियों के लिए निर्धारित कर्मकांड में तथा सामाजिक प्रतिष्ठा पाने के लिए किया करते थे। इसी तरह देश के कई हिस्सों में जातिगत हैसियत काफ़ी अस्थिर बन गई थी। जाति परिषदें, पंचायतें और जाति के प्रधान जुर्मानों, प्रायश्चित और जाति-निष्कासन के द्वारा जाति के नियमों को सख्ती से लागू करते थे। अठारहवीं सदी के भारत में जाति एक बड़ी विभाजक शक्ति और विघटन का एक बड़ा तत्त्व थी। उसने बहुधा एक ही गाँव या इलाके में रहने वाले हिंदुओं को अनेक अत्यंत छोटे समूहों में बाँट रखा था। बेशक, उच्च ओहदे या सत्ता प्राप्त कर किसी भी व्यक्ति के लिए ऊँचा सामाजिक दर्जा हासिल करना संभव था। उदाहरण के लिए अठारहवीं सदी में होल्कर परिवार ने ऐसा ही किया। ऐसा बहुत अधिक तो नहीं होता था लेकिन कभी-कभी कोई पूरी की पूरी जाति अपने को जाति-क्रम में ऊँचा उठाने में सफल हो जाती थी।

मुसलमान भी जाति, नस्ल, कबीले और दर्जे की दृष्टि से कम विभाजित नहीं थे। हालाँकि उनके धर्म ने सामाजिक समानता का निर्देश दिया था। धार्मिक मतभेदों के कारण शिया और सुन्नी सामंत यदा-कदा झगड़ते थे। ईरानी, अफगानी, तूरानी और हिंदुस्तानी मुसलमान सामंत और अधिकारी बहुधा एक दूसरे से अलग रहते थे। इस्लाम स्वीकार करने वाले अनेक हिंदू अपनी जाति को नए धर्म में भी ले आए। वे उसकी विशिष्टताओं को व्यवहार में रखते थे, यद्यपि वे ऐसा पहले की अपेक्षा कम सख्ती से करते थे। इसके अलावा, शरीफ़ मुसलमान जिनमें सामंत, विद्वान, मुल्ले और फौजी अफसर शामिल थे, अज्लाफ या निम्न वर्ग के मुसलमानों को उसी तरह से नीची निगाह से देखते थे जैसे उच्च जाति के हिंदू नीची जाति के हिंदुओं को देखते थे।

अठारहवीं सदी के भारत में परिवार की व्यवस्था पितृसत्तात्मक थी यानी परिवार में वरिष्ठ पुरुष सदस्य का बोलबाला होता था और संपत्ति में दाय भाग सिर्फ़ पुरुषों को ही मिलता था। परंतु केरल में परिवार मातृप्रधान था। केरल के बाहर औरतों पर पुरुषों का लगभग पूरा नियंत्रण होता था। उनसे आशा की जाती थी कि वे माताओं और पत्नियों की ही भूमिका निभाएँ। इन रूपों में उनको काफ़ी आदर-सम्मान दिया जाता था। यहाँ तक कि युद्ध और अराजकता के समय

भी औरतों को विरले तंग किया जाता था। उनके साथ आदरपूर्वक व्यवहार किया जाता था। उन्नीसवीं सदी के आरंभ में एक यूरोपीय पर्यटक ऐब्ब जे. ए. दुबाचे ने टिप्पणी की, 'एक हिंदू औरत कहीं भी, यहाँ तक कि अत्यंत भीड़-भाड़ वाली जगहों में भी, अकेले जा सकती है, और उसे अकर्मण्य आवारा लोगों की ढीठ निगाहों और दिल्लगियों का डर नहीं होता....ऐसा मकान जिसमें केवल औरतें रहती हैं एक ऐसा पवित्र स्थान है जिसकी मर्यादा भंग करने का ख्याल कोई अत्यंत निर्लज्ज, लंपट स्वप्न में भी नहीं ला सकता।' मगर तत्कालीन औरतों का अपना कोई अलग व्यक्तित्व नहीं था। इसका यह मतलब नहीं है कि इसके अपवाद नहीं हुए। अहिल्या बाई ने इंदौर पर 1766 से 1796 तक बड़ी सफलता के साथ शासन किया। अठारहवीं सदी की राजनीति में कई अन्य हिंदू और मुसलमान महिलाओं ने महत्वपूर्ण भूमिकाएँ अदा कीं। उच्च वर्गों की महिलाओं को घर से बाहर काम नहीं करना होता था, मगर कृषक औरतें आमतौर से खेतों में काम करती थीं और गरीब वर्गों की औरतें परिवार की आमदनी को पूरा करने के लिए बहुधा अपने घरों से बाहर जाकर काम करती थीं। पर्दा अधिकतर उत्तर भारत के उच्च वर्गों में ही प्रचलित था। दक्षिण भारत में उसका प्रचलन नहीं था।

लड़के-लड़कियों को एक दूसरे के साथ मिलने-जुलने नहीं दिया जाता था। सभी शादियाँ परिवार के प्रधान तय करते थे। पुरुषों को एक से अधिक पत्नियाँ रखने की इजाज़त थी, मगर समृद्ध लोगों को छोड़कर पुरुष सामान्यतया एक पत्नी ही रखते थे। दूसरी ओर, एक औरत से आशा रखी जाती थी कि वह अपनी ज़िंदगी में सिर्फ़ एक बार ही शादी करेगी। बाल-विवाह प्रथा सारे देश में प्रचलित थी। कभी-कभी बच्चों की शादी केवल तीन या चार वर्ष की उम्र में कर दी जाती थी।

उच्च वर्गों में शादियों पर भारी रकम खर्च करने और दुल्हन को दहेज देने की कुप्रथा प्रचलित थी। दहेज की कुप्रथा खासकर बंगाल और राजपूताना में व्यापक रूप से प्रचलित थी। महाराष्ट्र में उसे कुछ हद तक पेशवा ने प्रभावशाली ढंग से दबा दिया था।

जाति प्रथा के अतिरिक्त अठारहवीं सदी के भारत की दो बड़ी सामाजिक कुरीतियाँ थीं—सती प्रथा और विधवाओं की खराब अवस्था। सती प्रथा के अंतर्गत एक विधवा अपने मृत पति के शव के साथ जल मरती थी। यह कुप्रथा अधिकतर राजपूताना, बंगाल और उत्तरी भारत के अन्य हिस्सों में प्रचलित थी। सती प्रथा दक्षिण भारत में प्रचलित नहीं थी। मराठों ने उसे बढ़ावा नहीं दिया। राजपूताना और बंगाल में भी सती प्रथा का प्रचलन केवल राजाओं, सरदारों, बड़े

ज़मींदारों और उच्च वर्गों में प्रचलित था। उच्च जातियों की विधवाएँ फिर से शादी नहीं कर सकती थीं। यद्यपि कुछ क्षेत्रों और कुछ जातियों, उदाहरण के लिए, महाराष्ट्र के गैर-ब्राह्मणों, जाट और उत्तर भारत के पहाड़ी क्षेत्रों के लोगों में विधवा पुनर्विवाह काफ़ी प्रचलित था। हिंदू विधवा की अवस्था आमतौर पर दयनीय होती थी। उसके कपड़े, भोजन, आने-जाने आदि पर सब प्रकार के प्रतिबंध होते थे। आमतौर से आशा की जाती थी कि वह सांसारिक सुखों को त्याग देगी और अपने पति या भाई के परिवार के सदस्यों की निःस्वार्थ सेवा करेगी। वह अपने ससुराल या मायके में ही रह सकती थी। भारतीय विधवाओं के कठिन और कठोर जीवन को देखकर संवेदनशील बहुधा द्रवित हो जाते थे। आमेर के राजा सवाई जयसिंह और मराठा सेनापति परशुराम भाऊ ने विधवा पुनर्विवाह को बढ़ावा देने की कोशिश की मगर वे असफल रहे।

अठारहवीं सदी के दौरान सांस्कृतिक दृष्टि से भारत में दुर्बलता के लक्षण दिखाई पड़े। बेशक, पिछली सदियों से सांस्कृतिक निरंतरता कायम रखी गई मगर साथ ही भारतीय संस्कृति पूरी तरह परंपरावादी बनी रही। तत्कालीन सांस्कृतिक क्रियाकलापों का खर्च अधिकतर शाही दरबार, शासक और सामंत तथा सरदार वहन करते थे, मगर उनकी आर्थिक हालत खराब होने के साथ सांस्कृतिक कार्यों की धीरे-धीरे अवहेलना होने लगी। उन सांस्कृतिक शाखाओं में तेज़ी से गिरावट आई जो राजाओं, राजकुमारों और सामंतों के संरक्षण पर निर्भर थी। यह बात सबसे अधिक मुगल वास्तुकला और चित्रकारी के लिए सही थी। मुगल शैली के अनेक चित्रकार प्रांतीय दरबारों में चले गए और हैदराबाद, लखनऊ, कश्मीर और पटना में चमके। साथ ही चित्रकारी की नई शैलियों का जन्म हुआ और उन्होंने उपलब्धियाँ प्राप्त कीं। कांगड़ा और राजपूत शैलियों के चित्रों ने नई तेजस्विता और रुचि प्रदर्शित की। वास्तुकला के क्षेत्र में लखनऊ का इमाम बाड़ा तकनीक की निपुणता, नगर वास्तु कलात्मक रुचि में अपकर्ष, को प्रदर्शित करता है। दूसरी ओर जयपुर शहर और उसकी इमारतें ओजस्विता की निरंतरता के उदाहरण हैं। अठारहवीं सदी में संगीत विकसित होता और फलता-फूलता रहा। इस क्षेत्र में मुहम्मद शाह के शासन काल में महत्त्वपूर्ण प्रगति हुई।

लगभग सभी भाषाओं में कविता का जीवन से संबंध टूट गया और वह आलंकारिक, कृत्रिम, यंत्रवत और परंपरागत हो गई। उसकी निराशावादिता ने हताशा और दोषान्वेषण की व्याप्त भावना को प्रदर्शित किया जबकि उसकी विषयवस्तु ने उसके संरक्षकों, सामंती अमीरों और राजाओं के आध्यात्मिक जीवन में गिरावट को व्यक्त किया।

अठारहवीं सदी के साहित्यिक जीवन का एक उल्लेखनीय पहलू था उर्दू भाषा का प्रसार और उर्दू कविता का ज़ोरदार विकास। उर्दू धीरे-धीरे उत्तर भारत के उच्च वर्गों के परस्पर सामाजिक संपर्क का माध्यम बन गई। यद्यपि उर्दू कविता की भी वही कमज़ोरियाँ थीं जो अन्य भारतीय भाषाओं के समसामयिक साहित्य की थीं। पर उसने मीर, सौदा नज़ीर और उन्नीसवीं सदी की महान प्रतिभा मिर्जा गालिब जैसे प्रखर कवियों को पैदा किया।

इसी प्रकार मलयालम साहित्य में भी पुनर्जीवन देखा गया। यह विशेषकर त्रावणकोर शासकों, मार्तंड वर्मा और राम वर्मा के संरक्षण में हुआ। केरल का एक महान कवि, कुंचन नंबियार इसी समय हुआ जिसने आम बोलचाल की भाषा में जनप्रिय कविता लिखी। अठारहवीं सदी के केरल में कथाकली साहित्य, नाटक और नृत्य का भी पूर्ण विकास हुआ। अनोखी वास्तुकला और भित्ति चित्रों वाला पद्मनाभन राज-प्रसाद भी अठारहवीं सदी में बनाया गया।

तायुमानवर (1706-44) तमिल में सित्तर काव्य का एक उत्कृष्ट प्रवर्तक था। अन्य सित्तर कवियों की तरह उसने मंदिर शासन तथा जाति प्रथा की कुरीतियों का विरोध किया। असम में साहित्य अहम (अहोम) राजाओं के संरक्षण में विकसित हुआ। गुजरात के एक महान गीतकार, दयाराम ने अठारहवीं सदी के उत्तरार्ध के दौरान अपनी रचनाएँ लिखीं। पंजाबी के मशहूर प्रेम महाकाव्य, हीर-रांझा की रचना वारिस शाह ने इसी काल में की। सिंधी साहित्य के लिए अठारहवीं सदी विशाल उपलब्धियों की अवधि थी। इसी दौरान शाह अब्दुल लतीफ ने अपना प्रसिद्ध कविता संग्रह "रिसालो" रचा। सचल और सामी इस शताब्दी के अन्य महान सिंधी कवि थे।

भारतीय संस्कृति की मुख्य कमज़ोरी विज्ञान के क्षेत्र में थी। पूरी अठारहवीं शताब्दी के दौरान भारत पश्चिम देशों से विज्ञान और प्रौद्योगिकी (टेक्नोलॉजी) के मामले में काफ़ी पिछड़ा रहा। पिछले दो सौ वर्षों से पश्चिमी यूरोप में एक वैज्ञानिक और आर्थिक क्रांति चल रही थी जिससे आविष्कारों और अनुसंधानों की बाढ़-सी आ गई थी। वैज्ञानिक दृष्टिकोण धीरे-धीरे पाश्चात्य मस्तिष्क पर हावी होता जा रहा था और यूरोपीय दार्शनिक, राजनीतिक और आर्थिक दृष्टिकोण तथा यूरोपीय संस्थानों में क्रांति लाता जा रहा था। दूसरी तरफ भारतीय, जिन्होंने पुराने जमाने में गणित और प्राकृतिक विज्ञानों के क्षेत्र में महत्त्वपूर्ण योगदान दिए थे, कई शताब्दियों से विज्ञान की उपेक्षा करते आ रहे थे। भारतीय मस्तिष्क अब भी परंपरा से बँधा था; सामंत और आम जनता, दोनों, काफ़ी अंधविश्वासी थे। भारतीय करीब-करीब पूरी तरह पश्चिम में प्राप्त वैज्ञानिक, सांस्कृतिक,

राजनीतिक और आर्थिक उपलब्धियों से अनभिज्ञ थे। यूरोप की चुनौती का जवाब देने में वे असफल रहे।

अठारहवीं सदी के भारतीय शासकों ने लड़ाई के हथियारों और सैनिक प्रशिक्षण की तकनीकों को छोड़कर किसी भी पश्चिमी चीज़ में बहुत कम दिलचस्पी दिखाई। टीपू सुलतान को छोड़कर, वे सभी मुगलों और सोलहवीं सत्रहवीं सदी के दूसरे शासकों से विरासत में प्राप्त विचारधारात्मक उपकरणों से संतुष्ट थे। इसमें कोई शक नहीं कि थोड़ी-बहुत बौद्धिक हलचल भी थी क्योंकि किसी भी ज़माने में सारी जनता और उसकी संस्कृति पूरी तरह स्थिर और जड़ नहीं रहती। प्रौद्योगिकी में थोड़ा-बहुत परिवर्तन और विकास तो हो रहा था लेकिन इसकी गति बहुत मंद और क्षेत्र काफ़ी सीमित थे, इसलिए पश्चिमी यूरोप में होने वाले विकास की तुलना में कुल मिलाकर ये नगण्य थे। विज्ञान के क्षेत्र में यह कमज़ोरी उस समय के अत्यंत विकसित देश द्वारा भारत को पूरी तरह गुलाम बनाए जाने के लिए बहुत दूर तक ज़िम्मेदार थी।

सत्ता और संपदा के लिए संघर्ष, आर्थिक पतन, सामाजिक पिछड़ापन और सांस्कृतिक जड़ता ने भारतीय जनता के एक बड़े भाग के चरित्र बल पर गहरा और नुकसानदेह असर डाला। खासकर सामंत अपने व्यक्तिगत और सार्वजनिक जीवन में बहुत पतित हो गए। निष्ठा, कृतज्ञता और वचनबद्धता के सद्गुण स्वार्थपरता की प्रमुखता होने के कारण खत्म हो गए। अनेक सामंत अमानवोचित दुर्गुणों और अत्यधिक विलास के शिकार हो गए। उनमें से अनेक ने अपने ओहदों का फायदा उठाकर घूस ली। आश्चर्य की बात है कि आम जनता बहुत हद तक भ्रष्ट नहीं हुई थी, जनता में ऊँचे दर्जे की व्यक्तिगत ईमानदारी और नैतिकता थी। उदाहरण के लिए, विख्यात ब्रिटिश अधिकारी जान मैल्काम ने 1821 में टिप्पणी की थी :

> मैं किसी अन्य महान जनसंख्या का उदाहरण नहीं जानता, जिसने समान परिस्थितियों में, उथल-पुथल और निरंकुश शासन के इस तरह के काल में इतने सद्गुणों और खूबियों को सँजोए रखा हो, जो यहां के अधिकांश देशवासियों में पाई जाती है।

खासकर उसने "चोरी, मदासक्ति और हिंसा जैसे आम दुर्गुणों के अभाव" की प्रशंसा की। इसी प्रकार क्रानफर्ड नामक एक अन्य यूरोपीय लेखक ने लिखा –

> नैतिकता के उनके नियम उदार हैं : सत्कार और परोपकार उनमें न केवल ज़ोरदार रूप से भरा पड़ा है बल्कि, मेरा विश्वास है कि उन्हें कहीं भी उतने व्यापक रूप से व्यवहार में नहीं देखा जाता, जितना हिंदुओं में।

हिंदुओं और मुसलमानों में मित्रतापूर्ण संबंध अठारहवीं सदी के जीवन की एक बड़ी विशेषता थी। यद्यपि तत्कालीन सामंत और सरदार आपस में अनवरत लड़ते रहे, उनकी लड़ाइयाँ और उनके गठजोड़ विरले ही धर्म के भेदभाव पर आधारित थे। दूसरे शब्दों में उनकी राजनीति मूलतः धर्म-निरपेक्ष थी। असल में देश के अंदर शायद ही सांप्रदायिक कटुता या धार्मिक असहिष्णुता थी। छोटे-बड़े सभी लोग एक दूसरे के धर्म की इज़्ज़त करते थे और देश में सहिष्णुता, यहाँ तक कि मेल-जोल की भावना, व्याप्त थी। 'हिंदुओं और मुसलमानों के पारस्परिक संबंध भाईचारे के थे।' यह कथन विशेषकर गाँवों और शहरों की आम जनता के लिए सही था, जो धर्म के भेदभाव का ख्याल किए बिना एक-दूसरे के सुख-दुःख में पूरी तरह हिस्सा लेती थी।

हिंदू और मुसलमान गैर-धार्मिक क्षेत्रों जैसे सामाजिक जीवन और सांस्कृतिक कार्यों में परस्पर सहयोग करते थे। एक मिश्रित हिंदू-मुस्लिम संस्कृति या समान तौर-तरीकों तथा दृष्टिकोणों का विकास बेरोकटोक जारी रहा। हिंदू लेखकों ने बहुधा फारसी में लिखा और मुसलमान लेखकों ने हिंदी, बांग्ला और अन्य देशी भाषाओं में लिखा। मुसलमान लेखकों की विषयवस्तु बहुधा हिंदू सामाजिक जीवन और धर्म, जैसे राधा-कृष्ण, सीता-राम और नल-दमयंती होती थी। उर्दू भाषा और साहित्य के विकास ने हिंदुओं और मुसलमानों के संपर्क का नया क्षेत्र प्रस्तुत किया।

धार्मिक क्षेत्र में भी, हिंदुओं के बीच भक्ति आंदोलन तथा मुसलमानों में सूफी मत के प्रसार के फलस्वरूप पिछली कुछ शताब्दियों से जो पारस्परिक प्रभाव और सम्मान की भावना विकसित हो रही थी, वह बढ़ती रही। बड़ी संख्या में हिंदू मुसलमान सिद्धों की पूजा करते थे और अनेक मुसलमान भी हिंदू देवताओं और संतों के प्रति समान श्रद्धा रखते थे। मुसलमान शासक सामंत और जनसाधारण ने खुशी से हिंदू त्योहारों जैसे– होली, दीवाली और दुर्गा पूजा में भाग लिया। इसी तरह हिंदुओं ने मुहर्रम के जुलूसों में हिस्सा लिया। हिंदू अधिकारी तथा ज़मींदार दूसरे मुस्लिम त्योहारों में आगे रहते थे। अजमेर में शेख मुईनुद्दीन चिश्ती के पवित्र स्थान की वित्तीय मदद मराठा लोग भी किया करते थे। नागौर के शेख शाहुल हामिद के पवित्र स्थान की मदद तंजौर के राजा किया करते थे। हम पहले देख चुके हैं कि टीपू श्रृंगेरी के मंदिर तथा अन्य मंदिरों को भी आर्थिक मदद दिया करता था। यह उल्लेखनीय बात है कि उन्नीसवीं सदी के पूर्वार्ध के सबसे महान भारतीय राजा राजमोहन राय हिंदू और इस्लामी दार्शनिक तथा धार्मिक सिद्धांतों से समान रूप में प्रभावित थे।

इस बात पर भी गौर किया जाना चाहिए कि धार्मिक संबद्धता सांस्कृतिक और सामाजिक जीवन में अलगाव का मुख्य मुद्दा नहीं था। हिंदू और मुस्लिम उच्च वर्गों के जीवन के तौर-तरीके जितने समान थे, उतने हिंदू उच्च वर्ग और निम्न तथा मुस्लिम उच्च वर्ग और निम्न वर्ग के नहीं थे। इसी तरह, क्षेत्र या इलाके अलगाव के मुद्दे बनते थे। एक क्षेत्र के लोगों के बीच धर्म भिन्न होने पर भी जितनी सांस्कृतिक एकता थी उतनी अलग-अलग क्षेत्रों में रहने वाले एक धर्म के लोगों के बीच नहीं थी। गाँवों में रहने वाले लोगों के सामाजिक और सांस्कृतिक जीवन का ढर्रा शहरी लोगों से अलग था।

2

भारत में यूरोपीयों का आगमन

यूरोप के पूर्वी व्यापार में एक नया दौर

भारत के व्यापारिक संबंध यूरोप के साथ बहुत पुराने, यूनानियों के जमाने के हैं। मध्यकाल में यूरोप और दक्षिण-पूर्व एशिया के साथ भारत का व्यापार अनेक मार्गों से चलता था। एशिया में इस व्यापार का अधिकांश भाग अरब व्यापारियों और जहाज़ियों द्वारा चलाया जाता था, और इसके भूमध्यसागरीय और यूरोपीय भाग पर इटली वालों का लगभग एकाधिकार था। एशिया का माल यूरोप तक पहुँचने से पहले अनेक राज्यों और हाथों से गुज़रता था। फिर भी यह व्यापार बहुत लाभदायक होता था।

1453 में उस्मानिया सल्तनत ने जब एशिया माइनर को जीत लिया और कुस्तुंतुनिया पर अधिकार कर लिया तो पूर्व और पश्चिम के बीच के पुराने व्यापारिक मार्ग तुर्कों के नियंत्रण में आ गए। इसके अलावा यूरोप और एशिया के व्यापार पर वेनिस और जेनेवा के व्यापारियों का अधिकार था और वे पश्चिमी यूरोप के नए राष्ट्रों, खासकर स्पेन और पुर्तगाल, को इन पुराने व्यापारिक मार्गों से होने वाले व्यापार में भागीदार नहीं बनाना चाहते थे। इसलिए पश्चिमी यूरोप के देश और व्यापारी भारत और इंडोनेशिया के स्पाइस आइलैंड (मसाले के द्वीप) के लिए नए और अधिक सुरक्षित समुद्री मार्गों की तलाश करने लगे; स्पाइस आइलैंड (मसाले के द्वीप) को तब ईस्ट इंडीज़ के नाम से जाना जाता था। उनकी मंशा व्यापार पर अरबों और वेनिसवासियों के एकाधिकार को तोड़ना, तुर्कों की शत्रुता मोल लेने से बचना और पूर्व से सीधे व्यापार-संबंध स्थापित करना था। चूँकि 15वीं सदी में जहाज़-निर्माण और समुद्री यातायात में बहुत प्रगति हुई थी, इसलिए वे यह काम करने में अच्छी तरह समर्थ थे। इसके अलावा पुनर्जागरण ने पश्चिमी यूरोप के लोगों में दुस्साहसी कार्य करने की भावना खूब भर दी थी।

इस दिशा में पहला कदम पुर्तगाल और स्पेन ने उठाया। इन देशों के नाविकों ने अपनी-अपनी सरकारों की सहायता से और उनकी आज्ञा पर भौगोलिक खोजों का एक महान युग आरंभ किया। 1492 में स्पेन का कोलबंस भारत को खोजने निकला था लेकिन वह अमरीका की खोज कर बैठा। 1498 में पुर्तगाल के वास्को-डि-गामा ने यूरोप से भारत तक का नया और पूरी तरह से समुद्री मार्ग ढूँढ़ निकाला। वह केप ऑफ़ गुड होप होते हुए अफ्रीका का पूरा चक्कर लगाकर कालीकट पहुँचा। वह जिस माल को लेकर वापस लौटा वह पूरी यात्रा की कीमत के 60 गुना दामों पर बिका। इन और ऐसे ही दूसरे समुद्री मार्गों की खोजों ने विश्व के इतिहास में एक नए अध्याय का सूत्रपात किया। 17वीं और 18वीं सदियों में विश्व व्यापार में बेहद बढ़ोतरी हुई। यूरोप को अब एक खूब लंबा-चौड़ा अमरीकी महाद्वीप उपलब्ध हो गया और यूरोप और एशिया के संबंध पूरी तरह बदल गए।

15वीं सदी के मध्य में अफ्रीका में यूरोपीय देशों ने प्रवेश किया तो उससे भी उनको आरंभिक पूँजी निर्माण का एक प्रमुख स्रोत प्राप्त हुआ। आरंभ में विदेशियों को अफ्रीकी सोने और हाथी दाँत ने आकर्षित किया। परंतु बहुत जल्द ही गुलामों का व्यापार अफ्रीका के साथ व्यापार का प्रमुख भाग बन गया। 16वीं सदी में इस व्यापार पर स्पेन और पुर्तगाल का एकाधिकार बना रहा। बाद में इस व्यापार में डच, फ्रांसीसी और अंग्रेज़ व्यापारी छा गए। खासकर 1650 के बाद अनेक वर्षों तक हज़ारों अफ्रीकियों को गुलाम बनाकर वेस्ट इंडीज़ और उत्तरी तथा दक्षिणी अमरीका में बेचा जाता रहा। कारखानों का माल लेकर गुलामों का व्यापार करने वाले जहाज़ यूरोप से अफ्रीका पहुँचते, अफ्रीका के तटों पर नीग्रो लोगों से माल की अदला-बदली करते, फिर इन दासों को लेकर अटलांटिक पार करते, वहां बागानों और खदानों की औपनिवेशिक पैदावार से उनकी अदला-बदली करते, और फिर इस माल को यूरोप में बेच देते। तिकोने व्यापार से होने वाला यही बेपनाह मुनाफ़ा था जिस पर इंग्लैंड और फ्रांस की व्यापारिक श्रेष्ठता स्थापित हुई। पश्चिमी यूरोप और उत्तरी अमरीका की समृद्धि अधिकांशत: गुलामों के इसी व्यापार पर और गुलामों की मेहनत से चलने वाले बागानों पर निर्भर थी। इसके अलावा दास-व्यापार और दासों की मेहनत से चल रहे बागानों के मुनाफ़े से ही वह पूँजी बनी जो 18वीं और 19वीं सदी की औद्योगिक क्रांति में काम आई। बाद में भारत से ले जाई गई दौलत ने भी ऐसी ही भूमिका निभाई।

16वीं सदी में ही यूरोप के व्यापारियों और सैनिकों ने एशियाई देशों में घुसने और फिर उनको अधीन बनाने का लंबा सिलसिला शुरू किया। बेहद मुनाफ़ा देने वाले पूर्वी व्यापार पर लगभग एक सदी तक पुर्तगाल का एकाधिकार रहा।

भारत में भी पुर्तगाल ने कोचीन, गोवा, दमण और द्‌यु में अपने व्यापारिक केंद्र खोले। पुर्तगालियों ने आरंभ से ही व्यापार के साथ शक्ति का भी प्रयोग किया। इस काम में उन्हें समुद्र पर राज करने वाले अपने हथियारबंद जहाज़ों की श्रेष्ठता से मदद मिली। ज़मीन पर भारत और एशिया की सैनिक शक्ति बहुत अधिक थी, मगर उनके मुकाबले मुट्‌ठी भर पुर्तगाली सैनिक और जहाज़ी समुद्र में अपनी स्थिति बनाए रखने में सफल रहे। मुगलों की जहाज़रानी के लिए खतरे पैदा करके वे मुगल सम्राटों से भी अनेक व्यापार संबंधी छूट लेने में सफल रहे।

गोवा पर 1510 में अधिकार करने वाला अलफांसो-डि-अलबुकर्क जब वायसरॉय था, तब फारस की खाड़ी में स्थित हरमुज से लेकर मलाया में स्थित मलक्का और इंडोनेशिया के स्पाइस आइलैंड तक एशिया के पूरे समुद्र तट पर पुर्तगालियों ने अधिकार जमा लिया। उन्होंने भारत के तटीय क्षेत्र पर भी कब्ज़ा कर लिया। अपना व्यापार, व अधिकार क्षेत्र बढ़ाने और यूरोपीय प्रतिद्वंद्वियों से अपने व्यापारिक एकाधिकार को सुरक्षित रखने के लिए वह लगातार लड़ाइयाँ लड़ते रहे। समुद्री डकैती और लूटपाट में भी वे पीछे नहीं रहे। अमानवीय अत्याचार करने और अव्यवस्था फैलाने में उनका भी हाथ रहा। उनके बर्बर व्यवहार के बावजूद भारत में कुछ इलाकों पर उनका कब्ज़ा लगभग एक सदी तक बना रहा। इसका कारण यह था कि खुले समुद्र पर उनका राज चलता था, उनके सैनिक और प्रशासक कड़े अनुशासन के पाबंद थे और चूँकि दक्षिणी भारत मुगल साम्राज्य से बाहर था, इसलिए मुगलों की ताकत का सामना उनको नहीं करना पड़ा।

16वीं सदी के उत्तरार्ध में इंग्लैंड और हालैंड और बाद में फ्रांस जैसी उभरती हुई व्यापारिक और प्रतिद्वंद्वी शक्तियों ने विश्व-व्यापार पर स्पेनी और पुर्तगाली एकाधिकार के खिलाफ़ एक कड़ा संघर्ष छेड़ दिया। इस संघर्ष में स्पेन और पुर्तगाल की हार हुई। अब अंग्रेज़ और डच व्यापारी केप ऑफ़ गुड होप होकर भारत जाने वाले रास्ते का प्रयोग करने लगे और पूर्व में अपना साम्राज्य बनाने की दौड़ में शामिल हो गए। अंत में इंडोनेशिया पर डच का और भारत, श्रीलंका और मलाया पर अंग्रेज़ों का अधिकार हो गया।

1602 में डच ईस्ट इंडिया कंपनी की स्थापना हुई और डच संसद ने एक चार्टर स्वीकार करके कंपनी को युद्ध छेड़ने, संधियाँ करने, इलाके जीतने और किले बनाने के अधिकार दे दिए। डचों की खास दिलचस्पी भारत में नहीं बल्कि इंडोनेशिया के जावा, सुमात्रा और स्पाइस आईलैंड जैसे द्वीपों में थी, जहाँ मसाले

खूब पैदा होते थे। जल्द ही उन्होंने मलय जलडमरूमध्य और इंडोनेशियाई द्वीपों से पुर्तगालियों को खदेड़ दिया और 1623 में इन क्षेत्रों पर अधिकार करने के प्रयास कर रहे अंग्रेज़ों को हराया। उन्होंने पश्चिमी भारत में गुजरात के सूरत, भड़ौच, कैंबे और अहमदाबाद; केरल के कोचीन; मद्रास के नागपत्तनम, आंध्र के मसुलीपट्टम; बंगाल के चिन्सूरा; बिहार के पटना और उत्तर प्रदेश के आगरा नगरों में भी व्यापार-केंद्र खोले। 1658 में उन्होंने पुर्तगालियों से श्रीलंका को भी जीत लिया।

एशियाई व्यापार पर अंग्रेज़ व्यापारियों की लालच भरी निगाहें भी जमी थीं। पुर्तगालियों की सफलता, मसालों, मलमल, रेशम, सोने, मोतियों, दवाओं, पोर्सलीन और एबॅनी से भरे उनके जहाज़ों और इनसे प्राप्त भारी मुनाफ़ों ने अंग्रेज़ व्यापारियों की भी आँखें चकाचौंध कर दीं। वे भी इस मुनाफ़ा देने वाले व्यापार में शामिल होने के लिए बेचैन हो गए। 1599 में मर्चेंट एडवेंचरर्स नाम से जाने जाने वाले कुछ व्यापारियों ने पूर्व से व्यापार करने के लिए एक कंपनी बनाई। इस कंपनी को, जिसे ईस्ट इंडिया कंपनी कहा जाता है, 31 दिसंबर 1600 को महारानी एलिजाबेथ ने एक रॉयल चार्टर के द्वारा पूर्व से व्यापार करने का एकमात्र अधिकार दे दिया। 1608 में इस कंपनी ने भारत के पश्चिमी तट पर सूरत में एक फैक्टरी खोलने का निश्चय किया; तब व्यापारिक केंद्रों को फैक्टरी नाम से ही जाना जाता था। कंपनी ने तब कैप्टन हॉकिंस को जहांगीर के दरबार में शाही आज्ञा लेने के लिए भेजा। परिणामस्वरूप एक शाही फरमान के द्वारा पश्चिमी तट की अनेक जगहों पर अंग्रेज़ कंपनी को फैक्टरियाँ खोलने की आज्ञा मिल गई।

मगर इस छूट से ही अंग्रेज़ संतुष्ट न थे। 1615 में उनका दूत, सर टामस रो, मुगल दरबार में पहुँचा। रो मुगल साम्राज्य के सभी भागों में व्यापार करने और फैक्टरियाँ खोलने का अधिकार देने वाला एक शाही फरमान जारी कराने में सफल रहा। 1662 में जब सम्राट चार्ल्स द्वितीय ने एक पुर्तगाली राजकुमारी से शादी की तो पुर्तगालियों ने उसे बंबई का द्वीप दहेज में दे दिया। अंततः गोवा, द्यू और दमण को छोड़कर पुर्तगालियों के हाथ से भारत में उनके कब्ज़े वाले सारे इलाके निकल गए। इंडोनेशिया के द्वीपों से हो रहे मसालों के व्यापार में भागीदारी को लेकर अंग्रेज़ कंपनी की डच कंपनी से ठन गई। इन दो शक्तियों के बीच रह-रहकर होने वाली लड़ाई 1654 से आरंभ हुई और यह 1667 में तब समाप्त हुई जब अंग्रेज़ों ने इंडोनेशिया पर सारे दावे छोड़ दिए और बदले में डचों ने भारत की अंग्रेज़ बस्तियों को न छूने का वादा किया।

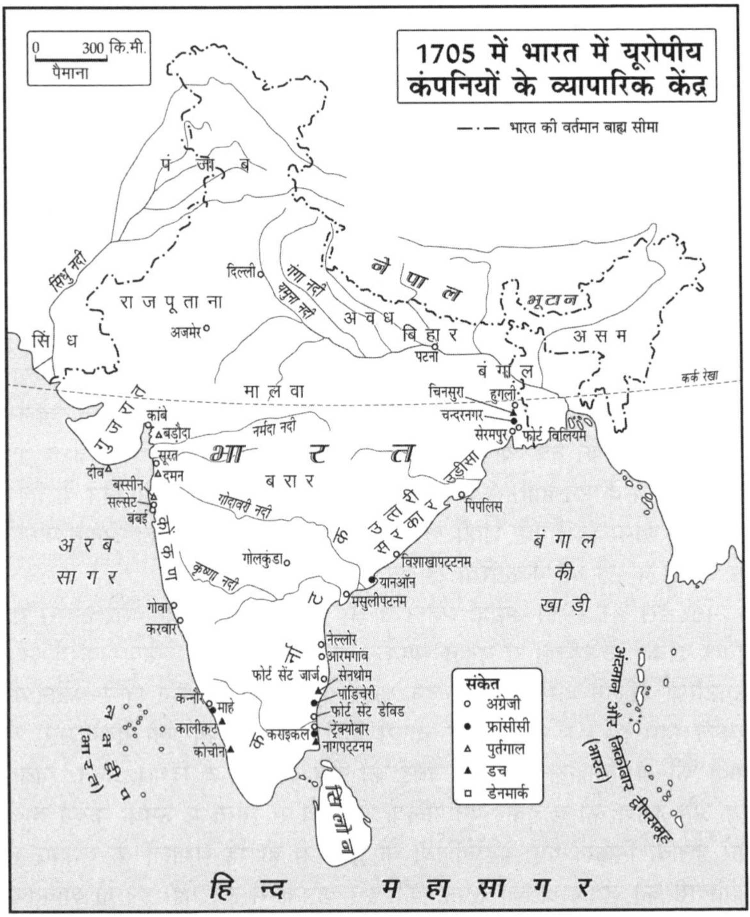
1705 में भारत में यूरोपीय कंपनियों के व्यापारिक केंद्र
0 300 कि.मी.
पैमाना
भारत की वर्तमान बाह्य सीमा
पं जा ब
सिंधु नदी
दिल्ली
गंगा नदी
यमुना नदी
ने पा ल
भूटान
रा ज पू ता ना
अजमेर
अ व ध
बि हा र
पटना
अ स म
सिं ध
बं गा ल
कर्क रेखा
मा ल वा
चिनसुरा
हुगली
चन्दरनगर
सेरमपुर
फोर्ट विलियम
गु ज रा त
कांबे
बड़ौदा
नर्मदा नदी
सूरत
भा र त
दमन
दीव
ब रा र
उड़ीसा
बस्सीन
सल्सेट
बंबई
गोदावरी नदी
उ त्त री स र का र
पिपलिस
अ र ब सा ग र
बं गा ल की खा ड़ी
गोलकुंडा
कृष्णा नदी
विशाखापट्टनम
यानआॅन
मसुलीपटनम
गोवा
करवार
नेल्लोर
आरमगांव
फोर्ट सेंट जार्ज
सेनथोम
पांडिचेरी
फोर्ट सेंट डेविड
ट्रेंक्योबार
कराइकल
नागपट्टनम
कन्नौर
माहे
कालीकट
कोचीन
संकेत
अंग्रेजी
फ्रांसीसी
पुर्तगाल
डच
डेनमार्क
अंडमान और निकोबार द्वीपसमूह (भारत)
सिलोन
हिन्द महासागर

मानचित्र 2

ईस्ट इंडिया कंपनी के व्यापारिक प्रभाव का विस्तार (1600-1714)

भारत में ईस्ट इंडिया कंपनी की शुरूआत बहुत ही मामूली रही। 1623 तक इसने सूरत, भड़ौच अहमदाबाद, आगरा और मसुलीपट्टम में फैक्टरियाँ स्थापित कर ली थीं। आरंभ से अपने व्यापार और कूटनीति के साथ-साथ युद्धों का भी सहारा लेने और जिन क्षेत्रों में फैक्टरियाँ स्थापित की थीं, उन पर कब्ज़ा करने के भी प्रयास किए।

दक्षिण भारत में परिस्थितियाँ अंग्रेज़ों के अधिक अनुकूल थी क्योंकि वहाँ उन्हें किसी शक्तिशाली भारतीय सरकार का सामना नहीं करना पड़ा। विजयनगर का महान साम्राज्य 1565 में ही नष्ट हो चुका था और उसकी जगह अनेक छोटे और कमज़ोर राज्य खड़े हो गए थे। उन्हें लालच देकर बहलाना या अपनी सैनिक शक्ति से हराना आसान था। अंग्रेज़ों ने दक्षिण में अपनी पहली फैक्टरी मसुलीपट्टम में 1611 में स्थापित की। पर जल्द ही उनकी गतिविधियों का केंद्र मद्रास हो गया जिसका पट्टा 1639 में वहाँ के स्थानीय राजा ने उन्हें दे दिया था। राजा ने उनको उस जगह की किलेबंदी करने, उसका प्रशासन चलाने और सिक्के डालने की अनुमति इस शर्त पर दी कि बंदरगाह से प्राप्त चुंगी का आधा भाग राजा को दिया जाएगा। यहाँ अंग्रेज़ों ने अपनी फैक्टरी के इर्द-गिर्द एक छोटा सा किला बनाया जिसका नाम फोर्ट सेंट जॉर्ज पड़ा।

दिलचस्प बात यह है कि मुनाफे के लालची व्यापारियों की यह कंपनी शुरू से ही इस नीति पर अड़ी थी कि भारतीय उन्हें इस देश को जीतने का खर्च स्वयं दें। उदाहरण के लिए, कंपनी के कोर्ट ऑफ़ डायरेक्टर्स ने 1683 में मद्रास के अधिकारियों को लिखा कि–

> हम चाहते हैं कि आप धीरे-धीरे नगर....(मद्रास) को किलाबंद करें और किले को इतना मज़बूत बनाएं कि वह किसी भारतीय राजा या भारत में डच शक्ति के आक्रमण के सामने अडिग रहे....पर हम आपसे यह भी चाहते हैं कि आप अपना काम इस प्रकार (लेकिन पूरी विनम्रता के साथ) जारी रखें कि नगर निवासी ही सारी मरम्मत और किलाबंदी का पूरा खर्च उठाएँ।...

1668 में ईस्ट इंडिया कंपनी ने पुर्तगाल से बंबई का द्वीप प्राप्त किया और उसकी तत्काल किलेबंदी कर दी। बंबई के रूप में अंग्रेज़ों को एक बड़ा और आसानी से रक्षा कर सकने योग्य बंदरगाह प्राप्त हुआ। इस कारण से और क्योंकि उस वक्त उभरती हुई मराठा शक्ति अंग्रेज़ों के व्यापार के लिए खतरा पैदा कर रही थी, पश्चिमी तट पर कंपनी के हेडक्वार्टर के रूप में सूरत का स्थान जल्द ही बंबई ने ले लिया।

पूर्वी भारत में अंग्रेज़ कंपनी ने अपनी आरंभिक फैक्टरियों में से एक की स्थापना 1633 में उड़ीसा में की थी। 1651 में उसे बंगाल के हुगली नगर में व्यापार की इजाज़त मिल गई। तब कंपनी ने जल्द ही पटना, बालासोर, ढाका और बंगाल-बिहार के दूसरे स्थानों पर भी फैक्टरियाँ खोल लीं। अब उसकी इच्छा थी कि बंगाल में उसकी एक स्वतंत्र बस्ती होनी चाहिए। अब वह भारत में राजनीतिक सत्ता स्थापित करने के सपने देख रही थी ताकि मुगलों को मजबूर करके व्यापार में मनमानी करने की छूट ले ली जाए। भारतीयों को अपना माल सस्ता बेचने और कंपनी का माल महंगा खरीदने के लिए मजबूर किया जा सके, प्रतिद्वंद्वी यूरोपीय व्यापारियों को बाहर रखा जाए, और कंपनी का व्यापार भारतीय राजाओं की नीतियों से स्वतंत्र रहकर जारी रहे। राजनीतिक सत्ता स्थापित करके कंपनी भारतीय राजस्व पाने और इस तरह इस देश को इसी के साधनों से जीतने की आशा कर सकती थी। उस समय ऐसी योजनाएं खुलकर सामने रखी गईं। 1687 में कंपनी के डायरेक्टरों ने मद्रास के गवर्नर को सलाह दी कि–

> ...वह एक ऐसी नागरिक और सैनिक शक्ति स्थापित करे और राजस्व का सुरक्षित और इतना बड़ा स्रोत बनाए कि भारत में एक बड़े, मज़बूत और हमेशा-हमेशा के लिए सुरक्षित ब्रिटिश राज्य की नींव डाली जा सके।

1689 में उन्होंने घोषणा की कि –

> हमारे राजस्व में वृद्धि हमारा उतना ही बड़ा उद्देश्य है जितना कि हमारा व्यापार। जिस समय बीसियों दुर्घटनाएं हमारे व्यापार में बाधा डाल रही हों उस समय यही वस्तु है जो हमारी शक्ति को बनाए रख सकेगी। यही वस्तु है जो भारत में हमें एक राष्ट्र के रूप में स्थापित करेगी....

1686 में जब अंग्रेज़ों ने हुगली को तहस-नहस कर दिया और मुगल सम्राट के ख़िलाफ़ युद्ध की घोषणा कर दी तब दोनों के बीच शत्रुता की शुरूआत हो गई। पर अंग्रेज़ों ने स्थिति को पूरी तरह गलत समझा था और मुगलों की शक्ति को कम करके आँका था। औरंगज़ेब के शासन में मुगल साम्राज्य अभी भी ईस्ट इंडिया कंपनी की मामूली ताकत पर बहुत भारी था। युद्ध का अंत अंग्रेज़ों के लिए घातक रहा। उन्हें बंगाल स्थित उनकी फैक्टरियों से खदेड़ दिया गया और वे गंगा के मुहाने के एक द्वीप में शरण लेने के लिए बाध्य हो गए, जो बीमारियों का गढ़ था। उनका सूरत, मसुलीपट्टम और विशाखापट्टनम स्थित फैक्टरियों पर भी कब्ज़ा हो गया और बंबई स्थित उनके किले पर घेरा पड़ गया। यह देखते हुए कि अंग्रेज़ अभी मुगल शक्ति से लड़ने में समर्थ नहीं हैं, उन्होंने एक बार फिर झुककर दरबार

में हाजिरी बजाई और प्रार्थना की कि "उन्होंने जो अपराध किए हैं उन्हें क्षमा किया जाए।" उन्होंने भारतीय शासकों के संरक्षण में व्यापार करने की इच्छा प्रकट की। ज़ाहिर है कि उन्हें सबक मिल चुका था। मुगल सम्राट से व्यापार संबंधी छूट लेने के लिए एक बार फिर उन्होंने चापलूसी और विनम्रता का सहारा लिया।

मुगल अधिकारियों ने अंग्रेज़ों की बदमाशी को फौरन माफ़ कर दिया। वे यह तो जान भी नहीं सकते थे कि अहानिकर दिखने वाले ये विदेशी व्यापारी एक दिन देश के लिए गंभीर खतरा बन जाएंगे। इसके बजाय उन्होंने यह मान लिया कि कंपनी के द्वारा किए जा रहे विदेशी व्यापार से भारतीय दस्तकारों और व्यापारियों को लाभ होता है और इस तरह सरकारी खजाने की आमदनी बढ़ती है। इसके अलावा, ज़मीन पर कमज़ोर होने के बावजूद अंग्रेज़ समुद्रों में काफ़ी मज़बूत थे और इसलिए वे ईरान, पश्चिमी एशिया, उत्तरी और पूर्वी अफ्रीका तथा पूर्वी एशिया के साथ होने वाले भारतीय व्यापार और जहाज़रानी को पूरी तरह तहस-नहस करने में समर्थ थे। इसलिए औरंगजेब ने 1,50,000 रुपये हर्ज़ाना लेकर उन्हें फिर से व्यापार करने की छूट दे दी। 1698 में कंपनी ने सूतानाटी, कलिकत्ता और गोविंदपुरी की ज़मींदारी प्राप्त कर ली और वहां उन्होंने अपनी फैक्ट्री के इर्द-गिर्द फोर्ट विलियम नाम का किला बनाया। यही गांव जल्द ही बढ़कर एक नगर बन गया जिसे अब कलकत्ता कहा जाता है। 1717 में कंपनी ने सम्राट फर्रूखसियर से एक फरमान प्राप्त किया जिसमें 1691 में उन्हें प्राप्त विशेषाधिकारों को दोबारा मान्यता दी गई और उन्हें गुजरात और दक्कन तक भी बढ़ा दिया गया था। लेकिन 18वीं सदी के पूर्वार्ध में बंगाल पर मुर्शिद कुली खां और अली वर्दी खां जैसे शक्तिशाली नवाबों का शासन था। वे अंग्रेज़ व्यापारियों पर कड़ा नियंत्रण रखते थे तथा अपने विशेषाधिकारों के दुरुपयोग से उन्हें रोकते थे। उन्होंने अंग्रेज़ों को कलकत्ता की किलेबंदी को मज़बूत बनाने और नगर पर स्वतंत्र रूप से शासन करने की छूट भी नहीं दी। यहां ईस्ट इंडिया कंपनी नवाब की एक जमींदार होकर रह गई।

कंपनी की राजनीतिक महत्त्वाकांक्षाएं तो पूरी न हुई मगर उसका व्यापार पहले से बहुत अधिक फला-फूला। भारत से इंग्लैंड में होने वाला प्रतिवर्ष आयात 1708 में 5,00,000 पौंड का था, मगर 1740 तक वह 1,795,000 पौंड का हो गया। मद्रास, बंबई और कलकत्ता की अंग्रेज़ बस्तियां विकसित हो रहे नगरों का केंद्र बन गईं। बड़ी संख्या में भारतीय व्यापारी और बैंकर इन नगरों की ओर आकर्षित हुए। ऐसा अंशतः इन नगरों में उपलब्ध नए व्यापारिक अवसरों के कारण था और अंशतः इस कारण कि मुगल साम्राज्य के बिखरने से इन नगरों के बाहर

अनिश्चितता और असुरक्षा की परिस्थितियां थीं। 18वीं सदी के मध्य तक मद्रास की जनसंख्या बढ़कर तीन लाख, कलकत्ता की दो लाख और बंबई की सत्तर हज़ार हो चुकी थी। 1600 के चार्टर में केप ऑफ़ गुड होप के पूर्व में व्यापार करने का एकाधिकार कंपनी को 15 वर्षों के लिए दिया गया था। इस कंपनी का स्वरूप एक पूरी तरह बंद निगम या इजारेदारी जैसा था। भारत में कंपनी की कोई फैक्टरी एक किलाबंद क्षेत्र जैसी होती थी जिसके अंदर गोदाम, दफ्तर और कंपनी के कर्मचारियों के लिए घर होते थे। ध्यान दें कि इन फैक्टरियों में उत्पादन का कोई काम नहीं होता था।

कंपनी के कर्मचारियों को बहुत कम वेतन मिलता था। उनकी वास्तविक आमदनी का स्रोत देश के ही अंदर का वह व्यापार था जिसकी छूट उन्हें कंपनी देती थी और इसी आमदनी के लिए वे कर्मचारी भारत में नौकरी करने के लिए बेचैन रहते थे। हां, भारत और यूरोप के बीच व्यापार करने का अधिकार केवल कंपनी के लिए सुरक्षित था।

दक्षिण में अंग्रेज़ों और फ्रांसीसियों के मध्य टकराव

नए-नए क्षेत्र और राजनीतिक सत्ता स्थापित करने की अंग्रेज़ ईस्ट इंडिया कंपनी की जो महत्त्वाकांक्षा 17वीं सदी के अंत में औरंगज़ेब की वजह से धूमिल पड़ने लगी थी, वह 1740 के दशक में दोबारा उभरी, जब मुगल साम्राज्य का पतन कुछ-कुछ स्पष्ट होने लगा। नादिरशाह के हमले के बाद केंद्रीय सत्ता का पतन खुलकर सामने आ गया था। लेकिन पश्चिमी भारत में विदेशी घुसपैठ की बहुत गुंजाइश न थी, क्योंकि वहां जोशीले मराठों का प्रभुत्व था। पूर्वी भारत में अली वर्दी खां ने कड़ा नियंत्रण कायम कर रखा था। लेकिन दक्षिण भारत में परिस्थितियां विदेशी दुस्साहसकारियों के लिए धीरे-धीरे अनुकूल होती जा रही थीं। वहां औरंगज़ेब की मृत्यु के बाद केंद्रीय सत्ता नहीं रह गई थी और 1748 में निज़ाम-उल-मुल्क आसफ़जाह की मौत के बाद उसका मज़बूत शासन भी नहीं रह गया था। इसके अलावा चौथ वसूलने के लिए मराठा सरदार हैदराबाद और दक्षिण के दूसरे भागों पर लगातार हमले करते रहते थे। इन हमलों के कारण राजनीतिक परिस्थितियां अनिश्चित हो गई थीं और प्रशासन नष्ट हो गया था। कर्नाटक में गद्दी के लिए भाई-भाई से लड़ रहा था।

इन परिस्थितियों में विदेशियों को अपना राजनीतिक प्रभाव फैलाने और दक्षिण भारतीय राज्यों के मामलों पर नियंत्रण स्थापित करने में सहायता मिली। लेकिन व्यापारिक और राजनीतिक दावे सामने रखने में अंग्रेज़ अकेले न थे। वे 17वीं

सदी के अंत तक अपने पुर्तगाली और डच प्रतिद्वंद्वियों को तो नष्ट कर चुके थे, पर फ्रांस एक नया प्रतिद्वंद्वी बनकर खड़ा हो गया था। 1744 से 1763, अर्थात् लगभग 20 वर्षों तक भारतीय व्यापार, संपत्ति और क्षेत्र पर अधिकार के लिए फ्रांसीसियों और अंग्रेज़ों में भयानक युद्ध होते रहे।

फ्रांसीसी ईस्ट इंडिया कंपनी की स्थापना 1664 में हुई थी। पूर्वी तट पर कलकत्ता के पास चंद्रनगर में और पांडिचेरी में उसने एक मज़बूत स्थिति बना ली थी। पांडिचेरी को पूरी तरह किलाबंद किया गया था। पूर्वी तथा पश्चिमी तटों के बंदरगाहों में फ्रांसीसी कंपनी की कुछ और फैक्टरियां भी थीं। इसने हिंद महासागर में मॉरीशस और रियूनियन के द्वीपों पर भी कब्ज़ा कर रखा था।

फ्रांसीसी ईस्ट इंडिया कंपनी बुरी तरह फ्रांस सरकार पर निर्भर थी जो अनुदान, कर्ज़े और दूसरी सुविधाएं देकर उसकी सहायता करती रहती थी। इसके फलस्वरूप, उस पर सरकार का बहुत अधिक नियंत्रण था और वही 1723 के बाद डायरेक्टरों की नियुक्ति करती थी। कंपनी पर सरकार का यह नियंत्रण उसके लिए बहुत हानिकारक सिद्ध हुआ। उस समय फ्रांस में एक निरंकुश, अर्धसामंती और अलोकप्रिय सरकार थी जो भ्रष्टाचार, निकम्मेपन और अस्थायित्व से घिरी हुई थी। भविष्योन्मुखी न होकर यह सरकार पतित, परंपराओं में जकड़ी हुई और आमतौर पर समय की आवश्यकताओं को समझने से दूर थी। इस तरह की सरकार का नियंत्रण कंपनी के हितों के लिए घातक ही हो सकता था।

1742 में यूरोप में फ्रांस और इंग्लैड का युद्ध भड़क उठा। यूरोप का यह इंग्लैंड-फ्रांस युद्ध जल्द ही भारत तक पहुंच गया और यहां दोनों ईस्ट इंडिया कंपनियां टकराने लगीं। 1748 में फ्रांस और इंग्लैंड का सामान्य युद्ध समाप्त हो गया। फिर भी भारत में व्यापार और क्षेत्रीय अधिकार की प्रतिद्वंद्विताएं बनी रहीं और इनका फैसला इस पार या उस पार होना ही था।

इस समय पांडिचेरी में फ्रांसीसी गवर्नर-जनरल डुप्ले था जिसने यह नीति निकाली कि भारतीय शासकों के आपसी झगड़ों में अनुशासित और आधुनिक फ्रांसीसी सेना के द्वारा हस्तक्षेप किया जाए और एक के ख़िलाफ़ दूसरे का साथ देकर विजेता से मुद्रा, व्यापार और क्षेत्र संबंधी लाभ लिए जाएं। इस तरह फ्रांसीसी कंपनी के लाभ के लिए और भारत से अंग्रेज़ों को खदेड़ने के लिए उसने स्थानीय राजाओं, नवाबों और सरदारों के साधनों और सेनाओं का उपयोग करने की योजना बनाई। इस रणनीति की सफलता में केवल एक ही बात बाधक हो सकती थी, अर्थात् भारतीय शासकों द्वारा ऐसे विदेशी हस्तक्षेप की अनुमति देने से इनकार। पर भारतीय शासक देशभक्ति की भावना से प्रेरित न होकर

व्यक्तिगत महत्वाकांक्षा और लाभ की संकुचित भावना से प्रेरित थे। अपने देशी शत्रुओं से हिसाब चुकाने के लिए विदेशियों की सहायता मांगने में उन्हें कोई हिचक न थी।

1748 में कर्नाटक और हैदराबाद में एक ऐसी स्थिति पैदा हो गई कि डुप्ले के षड्यंत्रकारी दिमाग को खुलकर खेलने का मौका मिला। कर्नाटक में चांदा साहब ने नवाब के ख़िलाफ़ षड्यंत्र करना आरंभ कर दिया और हैदराबाद में निज़ामुल-मुल्क आसफ़जाह के मरने पर उसके बेटे नासिर जंग और पोते मुजफ्फ़र जंग में सत्ता के लिए गृहयुद्ध छिड़ गया। इस स्थिति का डुप्ले ने लाभ उठाया और चांदा साहब तथा मुजफ्फ़र जंग से इस बात का गुप्त समझौता कर लिया कि वह अपने प्रशिक्षित फ्रांसीसी और भारतीय सैनिकों द्वारा उनकी सहायता करेगा। 1749 में इन तीन सहयोगियों ने अंबूर के युद्ध में अनवारउद्दीन को हराकर मार डाला। उसका बेटा मुहम्मद अली त्रिचुरापल्ली भाग गया। शेष कर्नाटक चांदा साहब के अधिकार में आ गया और उसने पुरस्कारस्वरूप फ्रांसीसियों को पांडिचेरी के निकट 80 गांव दे दिए।

फ्रांसीसी हैदराबाद में भी सफल रहे। नासिर जंग मारा गया और मुजफ्फ़र जंग निज़ाम अर्थात् दक्कन का सूबेदार बन गया। नए निज़ाम ने पांडिचेरी के निकट ज़मीनें और मसुलीपट्टम का प्रसिद्ध नगर फ्रांसीसी कंपनी को पुरस्कार में दे दिए। उसने कंपनी को पांच लाख रुपए और उसकी सेनाओं को भी पांच लाख रुपए दिए। डुप्ले को बीस लाख रुपयों के साथ एक जागीर भी मिली जिसकी वार्षिक आय एक लाख रुपए थी। इसके अलावा पूर्वी तट पर कृष्णा नदी से लेकर कन्याकुमारी तक के मुगल क्षेत्रों का उसे आनरेरी गवर्नर भी बना दिया गया। डुप्ले ने अपने सर्वश्रेष्ठ अफ़सर बुसी को फ्रांसीसी सेना की एक टुकड़ी के साथ हैदराबाद में नियुक्त किया। दिखावे के लिए इस नियुक्ति का उद्देश्य था शत्रुओं से निज़ाम की रक्षा करना, पर वास्तव में यह उसके दरबार में फ्रांसीसी प्रभाव बनाए रखने के लिए था। जब मुजफ्फ़र जंग अपनी राजधानी की ओर बढ़ रहा था तब एक दुर्घटना में वह मारा गया। बुसी ने फौरन निज़ामुल-मुल्क के तीसरे बेटे सलाबत जंग को गद्दी पर बिठा दिया। बदले में नए निज़ाम ने फ्रांसीसियों को आंध्र का वह क्षेत्र पुरस्कार में दे दिया जिसे उत्तरी सरकार कहा जाता है। इसमें चार ज़िले मुस्तफानगर, एल्लौर, राजामुंद्री और चिकाकोल शामिल थे।

दक्षिण भारत में अब फ्रांसीसियों की शक्ति चरम सीमा पर थी। डुप्ले की योजनाओं को आशा से भी अधिक सफलता मिली थी। फ्रांसीसियों ने अपना

काम भारतीय शासकों को मित्र बनाने से आरंभ किया था और अब अंत में उनको अपना आश्रित बना लिया था।

लेकिन अंग्रेज़ अपने प्रतिद्वंद्वी की सफलताओं को खामोश बैठे नहीं देख रहे थे। फ्रांसीसी प्रभाव को कम करने और अपना प्रभाव बढ़ाने के लिए वे नासिर जंग और मुहम्मद अली से मिलकर षड्यंत्र कर रहे थे। 1750 में उन्होंने मुहम्मद अली की ओर से अपनी पूरी ताकत लगा देने का निश्चय किया। नौजवान राबर्ट क्लाइव तब कंपनी की सेवा में एक क्लर्क था। उसने प्रस्ताव किया कि कर्नाटक की राजधानी अर्काट पर हमला करके त्रिचुरापल्ली में घिरे मुहम्मद अली पर फ्रांसीसियों का दबाव कम किया जा सकता है। यह प्रस्ताव मान लिया गया। तब क्लाइव ने केवल 200 अंग्रेज़ और 300 भारतीय सैनिकों को लेकर अर्काट पर हमला किया और उसे जीत लिया। जैसी कि आशा थी, चांदा साहब और फ्रांसीसियों ने मजबूर होकर त्रिचुरापल्ली का घेरा उठा लिया। फ्रांसीसी सेनाओं की कई बार हार हुई। अब फ्रांसीसियों का सितारा डूब रहा था क्योंकि उनकी सेना और उनके जनरल अंग्रेज़ों का सामना नहीं कर पा रहे थे। अंत में, भारतीय युद्ध के भारी खर्चों से परेशान होकर और अमरीकी उपनिवेशों के हाथ से निकल जाने के डर से फ्रांसीसी सरकार ने समझौता-वार्ता आरंभ की और 1754 में उसने अंग्रेज़ों की यह मांग मान ली कि भारत से डुप्ले को वापस बुला लिया जाए। यह बात भारत में फ्रांसीसी कंपनी के भविष्य के लिए बहुत घातक सिद्ध हुई।

दोनों कंपनियों का यह अस्थायी समझौता 1756 में टूट गया जब इंग्लैंड और फ्रांस के बीच एक और युद्ध छिड़ गया। युद्ध के एकदम आरंभ में ही अंग्रेज़ बंगाल पर नियंत्रण करने में सफल रहे। इसका वर्णन इसी अध्याय में आगे किया गया है। इस घटना के बाद भारत में फ्रांसीसियों के लिए कुछ बचा ही नहीं। बंगाल की अथाह संपत्ति ने युद्ध का पलड़ा अंग्रेज़ों के पक्ष में झुका दिया। इस युद्ध की निर्णायक मुठभेड़ 22 जनवरी 1760 को वांडीवॉश में हुई जब अंग्रेज़ जनरल आयर कूट ने लल्ली को हरा दिया। एक साल के अंदर-अंदर भारत में फ्रांसीसियों के हाथ से सब कुछ जाता रहा। युद्ध का अंत 1763 में पेरिस समझौते के साथ हुआ। इसके अनुसार, फ्रांसीसियों को भारत स्थित उनकी सारी फैक्टरियां लौटा दी गईं, पर अब वे उनकी किलाबंदी नहीं कर सकते थे और न ही वहां सैनिक रख सकते थे। अब वे केवल व्यापार केंद्रों के रूप में काम कर सकती थीं। इसके बाद फ्रांसीसियों को भारत में अंग्रेज़ों के संरक्षण में रहना था। दूसरी ओर अंग्रेज़ हिंद महासागर पर छा चुके थे। सभी यूरोपीय प्रतिद्वंद्वियों को एक-एक करके हराने के बाद अब वे भारत-विजय के काम में लग गए।

फ्रांसीसियों और उनके भारतीय सहयोगियों के साथ अपने युद्ध के दौरान अंग्रेज़ों ने कुछ महत्त्वपूर्ण और बहुमूल्य पाठ सीखे। पहला यह कि देश में राष्ट्रवादी भावना के अभाव के कारण वे भारतीय शासकों के आपसी झगड़ों का फायदा उठाकर अपनी राजनीतिक महत्वाकांक्षाएं पूरी कर सकते थे। दूसरे, पश्चिमी तर्ज पर प्रशिक्षित यूरोपीय या भारतीय पैदल सेना आधुनिक अस्त्रों से लैस होकर और तोपखाने का सहारा लेकर पुरानी तर्ज वाली भारतीय सेनाओं को घमासान युद्धों में आसानी से हरा सकती थी। तीसरे, यह सिद्ध हो गया कि यूरोपीय तर्ज पर प्रशिक्षित और हथियारबंद भारतीय सैनिक यूरोपीय सैनिक जैसा ही अच्छा सैनिक बन सकता था। और चूंकि भारतीय सैनिकों में भी राष्ट्रवादी भावना का अभाव था, इसलिए जो भी उसे अच्छा पैसा दे, वह उन्हें अपनी सेवा में रख सकता था। अंग्रेज़ों ने अब अंग्रेज़ अफ़सरों की देख-भाल में "सिपाही" कहे जाने वाले भारतीय सैनिकों की एक शक्तिशाली सेना बनाने का काम आरंभ कर दिया। इस सेना को अपना प्रधान साधन बनाकर और भारतीय व्यापार और क्षेत्रों के बेपनाह साधनों को अपने अधिकार में लाकर अब अंग्रेज़ ईस्ट इंडिया कंपनी ने युद्धों और क्षेत्रीय प्रसार के एक नए युग में कदम रखा।

बंगाल पर अंग्रेज़ों का अधिकार

भारत में ब्रिटिश राजनीतिक सत्ता का आरंभ 1757 के प्लासी के युद्ध से माना जा सकता है, जब अंग्रेज़ ईस्ट इंडिया कंपनी की सेना ने बंगाल के नवाब सिराजुद्दौला को हरा दिया। इससे पूर्व दक्षिण भारत में फ्रांसीसियों के साथ अंग्रेज़ों के टकराव तो पूर्वाभ्यास मात्र थे। इन टकरावों से प्राप्त अनुभव का बंगाल में अच्छी तरह उपयोग किया गया।

बंगाल उस समय भारत का सबसे उपजाऊ और धनी प्रांत था। इसके उद्योग-धंधे और व्यापार बहुत विकसित थे। इससे ईस्ट इंडिया कंपनी और उसके कर्मचारियों के लाभदायक व्यापारिक हित जुड़े थे। 1717 में मुगल सम्राट के एक शाही फरमान द्वारा अंग्रेज़ों को बहुमूल्य विशेषाधिकार मिले हुए थे। इस फरमान के अनुसार, कंपनी को बिना कर चुकाए बंगाल से अपने सामान का आयात-निर्यात करने की आज़ादी प्राप्त थी और इन मालों की आवाजाही पर पास या दस्तक जारी रखने का उसे अधिकार था। कंपनी के कर्मचारियों को भी निजी व्यापार की छूट थी, हालांकि उनको फरमान की सुरक्षा प्राप्त न थी। उनको वही कर देने पड़ते थे जो भारतीय व्यापारियों को। यह फरमान कंपनी और बंगाल के नवाब के बीच झगड़े की जड़ बना हुआ था। एक तो इससे बंगाल की सरकार को

राजस्व की हानि होती थी। दूसरे, कंपनी को दस्तक जारी करने का जो अधिकार मिला था, उसका दुरुपयोग कंपनी के कर्मचारी अपने निजी व्यापार पर भी कर न चुकाने के लिए करते थे। मुर्शिद कुली खां से लेकर अली वर्दी खां तक बंगाल के सभी नवाबों ने 1717 के फरमान की अंग्रेज़ों की व्याख्या पर आपत्ति की थी। उन्होंने कंपनी को खजाने में एकमुश्त रकम देने के लिए मजबूर कर दिया था और दस्तकों के दुरुपयोग को सख्ती से बंद करा दिया था। इस मामले में कंपनी को भी नवाब का अधिकार मानना पड़ा था, मगर उसके कर्मचारी इस अधिकार से बचने और उसका उल्लंघन करने का कोई मौका नहीं छोड़ते थे।

स्थिति तब अधिक बिगड़ गई जब 1756 में युवा और जल्द क्रोधित हो जाने वाला सिराजुद्दौला अपने दादा अली वर्दी खां की जगह गद्दी पर बैठा। उसने अंग्रेज़ों से मांग की कि वे जिन शर्तों पर मुर्शिद कुली खां के ज़माने में व्यापार करते थे, उन्हीं शर्तों पर अब भी व्यापार करें। अंग्रेज़ों ने जो दक्षिण भारत में फ्रांसीसियों को हराकर खुद को ताकतवर महसूस करते थे, इस बात को मानने से इनकार कर दिया। वे अपने मालों पर नवाब को कर चुकाने को तैयार नहीं हुए। उल्टे उन्होंने उन भारतीय माल पर भारी महसूल लगा दिए जो कलकत्ता आते थे (कलकत्ता तब उनके नियंत्रण में था)। इस बात पर स्वाभाविक था कि नवाब क्रोधित हो उठता। उसे शंका थी कि कंपनी उसकी शत्रु है और बंगाल की गद्दी की लड़ाई में उसके दुश्मनों का साथ दे रही है। बात तब हद से आगे बढ़ गई, जब नवाब से आज्ञा लिए बगैर कंपनी ने कलकत्ता की किलेबंदी शुरू कर दी क्योंकि उसे तब चंद्रनगर में जमे फ्रांसीसियों के साथ युद्ध की आशंका थी। सिराज ने सही तौर पर इस हरकत को अपनी प्रभुता पर एक चोट समझा। कोई भी स्वतंत्र शासक अपनी धरती पर व्यापारियों की किसी निजी कंपनी को किले खड़ा करने और निजी युद्ध चलाने की छूट भला कैसे देता। दूसरे शब्दों में, सिराज इस पर तैयार था कि यूरोपीय लोग व्यापारी बनकर ही रहें और मालिक बनने की कोशिश न करें। उसने अंग्रेज़ों और फ्रांसीसियों, दोनों को आज्ञा दी कि वे कलकत्ता और चंद्रनगर की अपनी किलेबंदियां गिरा दें और एक-दूसरे से लड़ने से बाज आएं। फ्रांसीसी कंपनी ने तो इस आज्ञा का पालन किया पर अंग्रेज़ कंपनी ने इसे मानने से इनकार कर दिया क्योंकि कर्नाटक में मिली विजय ने उसकी महत्त्वाकांक्षाओं और आत्मविश्वास दोनों को बढ़ा दिया था। वह नवाब की इच्छा के ख़िलाफ़ भी बंगाल में जमे रहने और अपनी शर्तों पर व्यापार करने पर अड़ी थी। इस कंपनी ने अपनी सभी गतिविधियों को नियंत्रित करने के ब्रिटिश सरकार के अधिकार को स्वीकार किया था। ब्रिटेन में ब्रिटिश सरकार ने उसके व्यापार

और उसकी ताकत पर जो अंकुश लगाया था उसे कंपनी ने भीगी बिल्ली बनकर स्वीकार कर लिया था। 1693 में उसका चार्टर समाप्त हो जाने पर संसद ने पूर्व में व्यापार करने का अधिकार उससे छीन लिया था और तब कंपनी ने ब्रिटेन के सम्राट, संसद और राजनेताओं को भारी रिश्वत दी थी (केवल एक वर्ष में उसने 80 हजार पौंड घूस में दिए थे)। फिर भी अंग्रेज़ कंपनी मांग कर रही थी कि बंगाल के नवाब की चाहे जो आज्ञा हो, उसे बंगाल में मुक्त व्यापार के पूरे अधिकार मिलने चाहिए। यह नवाब की प्रभुता के लिए सीधे-सीधे एक चुनौती थी। कोई भी शासक संभवतः इस बात को स्वीकार न करता। सिराजुद्दौला में इतनी राजबुद्धि थी कि वह अंग्रेज़ों की चालों के दूरगामी प्रभावों को समझ सके। उसने अंग्रेजों से अपने देश के कानून मनवाने का निर्णय किया।

जोश, जल्दीबाजी और पर्याप्त तैयारी किए बिना सिराजुद्दौला ने कासिम बाज़ार की अंग्रेज़ फैक्टरी पर कब्ज़ा कर लिया, फिर कलकत्ता की ओर कूच किया और 20 जून 1756 को फोर्ट विलियम पर अधिकार कर लिया। अपनी आसानी से मिली इस जीत की खुशी मनाने वह कलकत्ता से वापस आ गया और अपने जहाज़ों में बैठकर भागते अंग्रेज़ों पर उसने कोई ध्यान नहीं दिया। यह एक गलती थी क्योंकि उसने दुश्मन की ताकत को कम करके आंका था।

अंग्रेज़ अधिकारियों ने समुद्र के निकट फुल्टा में शरण ली जिसे उनकी जहाज़रानी संबंधी श्रेष्ठता ने सुरक्षित बना दिया था। यहां अब वे मद्रास में सहायता मिलने की प्रतीक्षा करने लगे और इस बीच वे नवाब के दरबार के प्रमुख लोगों के साथ साज़िश और गद्दारी का ताना-बाना बुनते रहे। इनमें प्रमुख थे—मीर जाफ़र जो मीर बख्शी के पद पर था, मानिकचंद जो कलकत्ता का अधिकारी था, अमीचंद जो एक धनी व्यापारी था, जगतसेठ जो बंगाल का सबसे बड़ा बैंकर था और खादिम खान जिसकी कमान में नवाब की सेना का एक बड़ा भाग था। मद्रास से एडमिरल वाटसन और कर्नल क्लाइव की कमान में एक बड़ी नौसैनिक और सैनिक सहायता भी आ पहुंची। क्लाइव ने 1757 के आरंभ से दोबारा कलकत्ता को जीत लिया और नवाब को मजबूर करके अंग्रेज़ों की सारी मांगें मनवा लीं।

अंग्रेज़ फिर भी संतुष्ट न हुए। उनका उद्देश्य इससे कहीं बहुत अधिक था। उन्होंने सिराजुद्दौला की जगह किसी पिट्ठू को बिठाने का फैसला किया। बंगाल की गद्दी पर युवा नवाब की जगह मीर जाफ़र को बिठाने की जो साज़िश नवाब के दुश्मनों ने रची थी, उसमें शामिल होने के बाद अंग्रेज़ों ने नवाब के सामने

ऐसी मांगें रखीं जिन्हें पूरा करना असंभव था। दोनों पक्षों को लग गया कि उन्हें जल्द ही एक निर्णायक युद्ध लड़ना होगा। 23 जून 1757 को मुर्शिदाबाद से 20 मील दूर प्लासी के मैदान में उनकी सेनाएं आमने-सामने हुईं। प्लासी का यह निर्णायक युद्ध केवल कहने को युद्ध था। अंग्रेज़ पक्ष के केवल 29 लोग मरे जबकि नवाब के लगभग 500 सैनिक मारे गए। मीर जाफ़र और राय दुर्लभ जैसे गद्दारों की कमान में नवाब की काफ़ी सेना लड़ाई में उतरी ही नहीं। नवाब के सैनिकों का एक बहुत छोटा-सा हिस्सा ही मीर मादन और मोहनलाल की अगुवाई में बहादुरी और जोश से लड़ता रहा। नवाब को मजबूर होकर भागना पड़ा। मगर वह पकड़ा गया और मीर जाफ़र के बेटे मीरन के हाथों मारा गया।

बंगाल के कवि नवीनचंद्र सेन के अनुसार प्लासी के युद्ध के बाद "भारत के लिए शाश्वत दुख की काली रात" का आरंभ हुआ। अंग्रेज़ों ने मीर जाफ़र को बंगाल का नवाब घोषित किया और फिर उससे अपना इनाम मांगने लगे। कंपनी को बंगाल, बिहार और उड़ीसा में मुक्त व्यापार का निर्विवाद अधिकार मिल गया। उसे कलकत्ता के पास चौबीस परगना की ज़मींदारी भी मिली। कलकत्ता पर हमले के हर्जाने के रूप में मीर जाफ़र ने कंपनी और नगर के व्यापारियों को एक करोड़ सतहत्तर लाख रुपए दिए। साथ ही कंपनी के अधिकारियों को "उपहारों" अर्थात् रिश्वत के रूप में बड़ी रकमें दी गईं। उदाहरण के लिए, क्लाइव को बीस लाख और वॉट्स को दस लाख रुपए से अधिक की रकमें मिलीं। क्लाइव ने बाद में अनुमान लगाया कि पिटठू नवाब से कंपनी और उसके नौकरों को तीन करोड़ रुपए से अधिक मिले हैं। इसके अलावा यह भी मान लिया गया कि ब्रिटिश व्यापारियों और अधिकारियों को अपने निजी व्यापार पर कोई कर नहीं देना होगा।

प्लासी के युद्ध का असीम ऐतिहासिक महत्त्व रहा। इसने बंगाल तथा अंतत: पूरे भारत पर अंग्रेज़ों के अधिकार का रास्ता खोल दिया। इसने अंग्रेज़ों की प्रतिष्ठा बढ़ाई और एक ही बार में अंग्रेज़ों को भारतीय साम्राज्य के प्रमुख दावेदारों की कतार में ला खड़ा किया। बंगाल से प्राप्त भारी राजस्व के सहारे उन्होंने एक शक्तिशाली सेना खड़ी की और इसी से उन्होंने शेष भारत की विजय का खर्च उठाया। बंगाल पर उनके नियंत्रण की अंग्रेज़ों और फ्रांसीसियों की लड़ाई में निर्णायक भूमिका रही। अंतिम बात यह है कि प्लासी की विजय ने कंपनी और उसके नौकरों को इस योग्य बनाया कि वे बंगाल की असहाय जनता को लूटकर बेपनाह दौलत जमा कर सकें। जैसा कि ब्रिटिश इतिहासकार एडवर्ड थाम्पसन और जी. टी. गैरेट ने लिखा है–

> किसी क्रांति का आयोजन करना दुनिया का सबसे लाभदायी खेल समझा गया है। अंग्रेज़ों के मन में सोने का ऐसा लालच भर गया, जो कोर्तेस और पिजारो के काल के स्पेनवासियों के बाद कभी देखने को नहीं मिला था। अब खासतौर पर बंगाल को तब तक चैन नहीं मिलने वाला था जब तक उसके खून की एक-एक बूंद न निचोड़ ली जाए।

हालांकि मीर जाफ़र ने कंपनी की सहायता से गद्दी पाई थी, मगर जल्द ही वह इस सौदे पर पछताने लगा। कंपनी के अधिकारियों की उपहार और रिश्वत संबंधी मांगों ने जल्द ही उसका खज़ाना खाली कर दिया और इस बारे में पहल खुद क्लाइव ने की। जैसा कि कर्नल मालसन ने लिखा है, कंपनी के अधिकारियों का अब एक ही उद्देश्य था 'जितना लूट सको, लूटो। मीर जाफ़र सोने की एक ऐसी थैली है जिसमें जब जी चाहे हाथ डाल लो।' खुद कंपनी के लालच का कोई मुकाबला न था। कंपनी के डायरेक्टरों ने यह मानकर कि उनके हाथ कामधेनु गाय लग गई है और उनके अनुसार बंगाल की दौलत कभी खत्म न होगी, यह आज्ञा जारी की कि बंबई और मद्रास प्रेसिडेंसियों का भी खर्च बंगाल उठाए उन्होंने यह भी तय किया कि बंगाल अपने राजस्व से कंपनी के भारत से होने वाले पूरे निर्यात का माल खरीदे। कंपनी अब भारत के साथ व्यापार ही नहीं कर रही बल्कि बंगाल के नवाब पर अपने नियंत्रण का फायदा उठाकर प्रांत की दौलत भी लूट रही थी।

मीर जाफ़र को जल्दी ही पता चल गया कि कंपनी और उसके अधिकारियों की सारी मांगें पूरी कर पाना असंभव था। अब ये अधिकारी भी अपनी आशाएं पूरी न कर पाने के कारण नवाब की आलोचना करने लगे थे। इसलिए उन्होंने अक्तूबर 1760 में मीर जाफ़र को मजबूर किया कि वह अपने दामाद, मीर कासिम के हक में गद्दी छोड़ दे। मीर कासिम ने अपने आकाओं की कृपा के बदले कंपनी को बर्दबान, मिदनापुर, चटगांव ज़िलों की ज़मींदारी सौंप दी और बड़े अंग्रेज़ अधिकारियों को अच्छे-अच्छे उपहार दिए जिनकी कुल कीमत 29 लाख रुपए थी।

फिर भी मीर कासिम अंग्रेज़ों की इच्छाएं पूरी न कर सका और जल्द ही वह बंगाल में उनकी स्थिति और चालों के लिए खतरा बन गया। वह एक योग्य, कुशल और शक्तिशाली शासक था और खुद को विदेशी नियंत्रण से मुक्त कराने पर अड़ा हुआ था। उसने महसूस किया कि अपनी आज़ादी बनाए रखने के लिए एक भरा हुआ खजाना और एक कुशल सेना की आवश्यकता थी। इसलिए उसने सार्वजनिक अव्यवस्था को संभालने, राजस्व प्रशासन से भ्रष्टाचार मिटाकर अपनी

आय बढ़ाने और यूरोपीय तर्ज पर एक आधुनिक और अनुशासित सेना खड़ी करने की कोशिशें की। यह सब अंग्रेज़ों को पसंद न था। उन्हें सबसे ज़्यादा नापसंद यह बात थी कि नवाब 1717 के फरमान का कंपनी के नौकरों द्वारा दुरुपयोग रोकने की कोशिश कर रहा था जबकि इन नौकरों की मांग थी कि उनका माल चाहे निर्यात के लिए हो या यहीं उपयोग के लिए, उस पर कोई चुंगी न लगाई जाए। इससे हानि भारतीय व्यापारियों को होती थी क्योंकि उन्हें वे कर भी देने पड़ते थे जिनसे विदेशी पूरी तरह मुक्त थे। इसके अलावा, कंपनी के नौकर गैरकानूनी ढंग से अपने भारतीय व्यापारी मित्रों को दस्तकें (पास) बेच देते थे और इस तरह ये भारतीय अंदर के करों के भुगतान से बच जाते थे। इन दुरुपयोगों के कारण ईमानदार भारतीय व्यापारी बेईमानी से भरी प्रतियोगिता में बर्बाद होने लगे और नवाब के हाथ से राजस्व का एक बहुत महत्त्वपूर्ण स्रोत जाता रहा। साथ ही, कंपनी और उसके नौकर भारतीय अधिकारियों और ज़मींदारों को उपहार और घूस देने के लिए बाध्य करते थे। वे भारतीय दस्तकारों, किसानों और व्यापारियों को अपना माल अंग्रेज़ों को सस्ता बेचने और अंग्रेज़ों का माल महंगा खरीदने पर मजबूर करते थे। जो लोग ऐसा न करते उन्हें अक्सर कोड़े मारे जाते या जेल भेज दिया जाता। एक ब्रिटिश इतिहासकार पर्सीवल स्पियर ने इस काल को "खुली और निर्लज्जतापूर्ण लूट-पाट का युग" बताया है। वास्तव में अपनी समृद्धि के लिए प्रसिद्ध बंगाल धीरे-धीरे नष्ट हो रहा था।

मीर कासिम को लगा कि अगर ये बदमाशियां जारी रहीं तो वह कभी बंगाल को शक्तिशाली नहीं बना सकेगा और न ही खुद को कंपनी के चंगुल से मुक्त कर सकेगा। इसलिए उसने एक कड़ा कदम उठाया और आंतरिक व्यापार पर सभी महसूल खत्म कर दिए। इस तरह उसने अपनी प्रजा को वह छूटें दे दीं जो अंग्रेज़ों ने बलपूर्वक प्राप्त की थीं। मगर विदेशी व्यापारी अपने और भारतीय व्यापारियों के बीच समानता को हरगिज़ बर्दाश्त करने को तैयार न थे। उन्होंने भारतीय व्यापारियों पर दोबारा महसूल लगाए जाने की मांग की। एक और लड़ाई अब सामने नज़र आ रही थी। सच्चाई यह थी कि अब बंगाल के दो स्वामी नहीं हो सकते थे। मीर कासिम तो यह समझता था कि वह एक स्वतंत्र शासक है, मगर अंग्रेज़ चाहते थे कि वह उनके हाथों की कठपुतली बना रहे क्योंकि उन्होंने ही उसे गद्दी पर बिठाया था।

अनेक लड़ाइयों के बाद मीर कासिम को 1763 में हटा दिया गया। तब वह अवध भाग गया जहां उसने अवध के नवाब शुजाउद्दौला और भगोड़े मुगल बादशाह शाह आलम द्वितीय के साथ एक समझौता किया। कंपनी की सेना

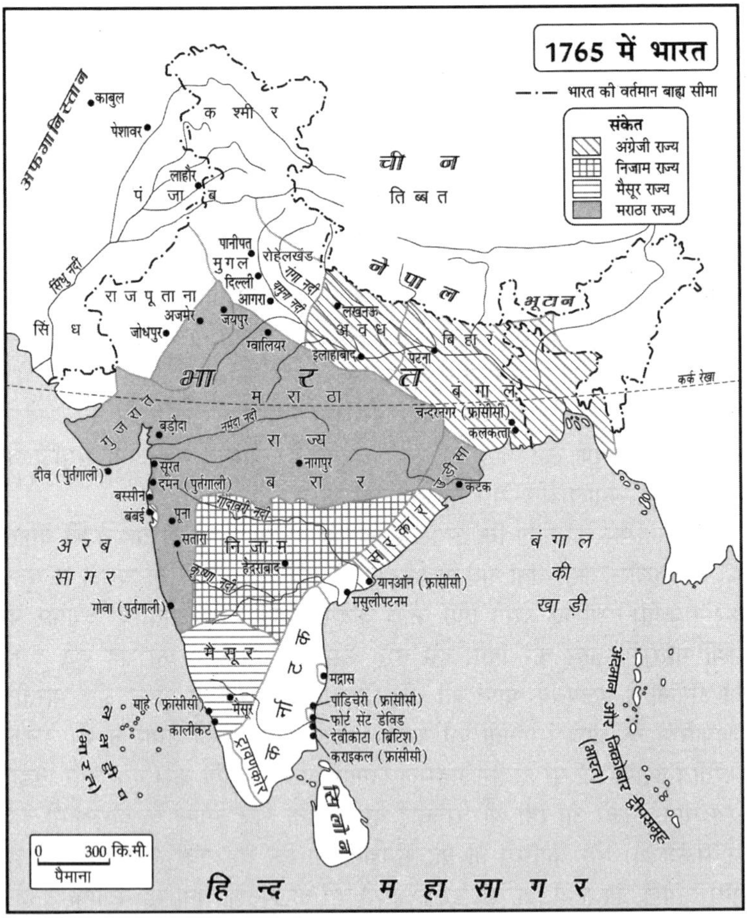
1765 में भारत
भारत की वर्तमान बाह्य सीमा
संकेत
अंग्रेजी राज्य
निजाम राज्य
मैसूर राज्य
मराठा राज्य
अफगानिस्तान
काबुल
पेशावर
कश्मीर
लाहौर
पंजाब
चीन
तिब्बत
सिंधु नदी
पानीपत
मुगल
रोहेलखंड
दिल्ली
आगरा
गंगा नदी
यमुना नदी
नेपाल
भूटान
राजपूताना
अजमेर
जयपुर
सिंध
जोधपुर
लखनऊ
अवध
ग्वालियर
इलाहाबाद
पटना
बिहार
भारत
कर्क रेखा
मराठा
बंगाल
गुजरात
बड़ौदा
नर्मदा नदी
चन्दरनगर (फ्रांसीसी)
कलकत्ता
राज्य
दीव (पुर्तगाली)
सूरत
नागपुर
उड़ीसा
दमन (पुर्तगाली)
बरार
कटक
बस्सीन
बंबई
पूना
गोदावरी नदी
सरकार
अरब सागर
सतारा
निजाम
हैदराबाद
बंगाल की खाड़ी
कृष्णा नदी
यानआँन (फ्रांसीसी)
मसुलीपटनम
गोवा (पुर्तगाली)
मैसूर
कर्नाटक
मद्रास
माहे (फ्रांसीसी)
पांडिचेरी (फ्रांसीसी)
फोर्ट सेंट डेविड
देवीकोटा (ब्रिटिश)
कराइकल (फ्रांसीसी)
कालीकट
ट्रावणकोर
लक्षद्वीप (भारत)
अंडमान और निकोबार द्वीपसमूह (भारत)
सिलोन
0 300 कि.मी.
पैमाना
हिन्द महासागर

मानचित्र 3

के साथ इन तीनों सहयोगियों की मुठभेड़ 22 अक्तूबर 1764 को बक्सर में हुई जिसमें ये तीनों हार गए। यह भारतीय इतिहास के सबसे निर्णायक युद्धों में से एक था क्योंकि इसने दो बड़ी भारतीय शक्तियों की संयुक्त सेना पर अंग्रेज़ी सेना की श्रेष्ठता सिद्ध कर दी। इस युद्ध ने अंग्रेज़ों को बंगाल, बिहार और उड़ीसा का निर्विवाद शासक बना दिया और अवध भी उनकी दया का मोहताज हो गया।

इस बीच 1765 में क्लाइव बंगाल का गर्वनर बनकर लौट आया था। उसने बंगाल में सत्ता पाने और शासन के सारे अधिकार नवाब से छीनकर कंपनी को दिलाने का फैसला किया। 1763 में अंग्रेज़ों ने मीर जाफ़र को दोबारा नवाब बना दिया था और कंपनी तथा उसके अधिकारियों के लिए बड़ी-बड़ी रकमें ली थीं। मीर जाफ़र के मरने पर उन्होंने उसके दूसरे बेटे निज़ामुद्दौला को गद्दी पर बिठाया और बदले में उससे 20 फरवरी 1765 को एक नई संधि पर दस्तखत करा लिए। इस संधि के अनुसार, नवाब को अपनी अधिकांश सेना भंग कर देनी थी और बंगाल का शासन एक नायब सूबेदार के सहारे चलाना था। नायब सूबेदार की नियुक्ति कंपनी करती और जिसे कंपनी की स्वीकृति के बिना नहीं हटाया जा सकता था। इस तरह कंपनी ने बंगाल के प्रशासन (निजामत) पर पूरा अधिकार जमा लिया। कंपनी की बंगाल काउंसिल के सदस्यों ने एक बार फिर नए नवाब से लगभग 15 लाख रुपए झटक लिए।

शाह आलम द्वितीय अभी भी साम्राज्य का नाममात्र का प्रमुख था। उससे कंपनी ने बंगाल, बिहार और उड़ीसा की दीवानी (अर्थात् राजस्व वसूल करने का अधिकार) प्राप्त कर लिया। इस तरह बंगाल के ऊपर उसके नियंत्रण को कानूनी मान्यता मिल गई। इस नियंत्रण से सबसे समृद्ध भारतीय प्रांत का पूरा राजस्व उसके हाथों में आ गया। बदले में कंपनी ने शाह आलम द्वितीय को 26 लाख रुपए दिए और उसे कौरा और इलाहाबाद ज़िले भी जीतकर दे दिए। सम्राट 6 वर्षों तक इलाहाबाद के किले में अंग्रेज़ों का कैदी बनकर रहा।

अवध के नवाब शुजाउद्दौला को भी लड़ाई के हर्ज़ाने के रूप में कंपनी को पचास लाख रुपए देने पड़े। इसके अलावा, दोनों ने एक संधि पर हस्ताक्षर किए जिसके अनुसार, अगर नवाब पर बाहरी हमला होता तो कंपनी उसकी सहायता करती पर शर्त यह थी कि नवाब को अपनी सहायता के लिए भेजी गई सेना के बदले में कंपनी को धन देना पड़ता। इस समझौते के द्वारा अवध का नवाब भी कंपनी का आश्रित बनकर रह गया।

बंगाल के प्रशासन की दोहरी व्यवस्था

1765 ई. से ईस्ट इंडिया कंपनी बंगाल की वास्तविक स्वामी अवश्य हो गई। कंपनी की सेना का बंगाल पर एकछत्र नियंत्रण स्थापित हो गया और राजनीति की संपूर्ण शक्ति इसके हाथों में आ गई। अपनी आंतरिक और बाह्य सुरक्षा के लिए नवाब कंपनी पर पूरी तरह आश्रित हो गया था।

दीवान के रूप में कंपनी सीधे ही राजस्व वसूल करने लगी। कंपनी को अपना उप-सूबेदार नामांकित करने का अधिकार मिल गया। इस तरह कंपनी का निज़ामत अथवा पुलिस और न्यायिक शक्तियों पर पूरा नियंत्रण स्थापित हो गया। इतिहास में इस व्यवस्था को ''दोहरी'' या ''द्वैध'' सरकार कहा जाता है। यह व्यवस्था अंग्रेज़ों के लिए बहुत लाभकारी सिद्ध हुई। इस प्रकार कंपनी का सत्ता पर पूरा अधिकार हो गया जबकि उनके ऊपर किसी प्रकार की ज़िम्मेदारी नहीं थी। प्रशासन का दायित्व नवाब और उसके पदाधिकारियों पर था, हालांकि इनका निर्वाह करने की शक्ति उनके पास नहीं रही। अब शासन की विफलताओं के लिए भारतीयों पर दोषारोपण किया जा सकता था जबकि इससे प्राप्त लाभों का उपयोग कंपनी करती थी। बंगाल की जनता के लिए यह बहुत क्लेशपूर्ण और घातक परिस्थिति थी क्योंकि उनके हितों की रक्षा न तो कंपनी ही करती थी न नवाब।

कंपनी के अधिकारी बंगाल की जनता पर मनमाने अत्याचार कर रहे थे और ये अत्याचार दिन-ब-दिन बढ़ते ही जा रहे थे। क्लाइव के शब्दों में–

> मैं केवल इतना ही कहूँगा कि स्वेच्छाचारी शासन, भ्रांति, घूसखोरी, भ्रष्टाचार और जबरन धन खसोटने का ऐसा दृश्य बंगाल के अलावा किसी भी अन्य राज्य में कभी देखा-सुना नहीं गया। इतनी अन्यायपूर्ण लूट-खसोट से कंपनी बेशुमार संपत्ति बटोरने में जुटी हुई थी। जब से मीर जाफ़र ने दोबारा सूबेदारी संभाली थी, बंगाल, बिहार और उड़ीसा इन तीनों प्रांतों से 30 लाख स्टर्लिंग पौंड की राजस्व वसूली का काम सीधे कंपनी के अधिकारियों की मुट्ठी में आ गया था। कंपनी के अधिकारी नवाब से लेकर सत्ता से जुड़े छोटे से छोटे ज़मींदारों तक प्रत्येक व्यक्ति पर शुल्क थोप देते थे और उसे ज़बरदस्ती वसूल करते थे।

कंपनी के पदाधिकारी अपनी ओर से बंगाल की संपदा को दोनों हाथों से बटोर रहे थे जिसके परिणामस्वरूप बंगाल कंगाली की कगार पर आ पहुंचा। कंपनी ने भारतीय माल खरीदने के लिए इंग्लैंड से धन भेजना बंद कर दिया। इसके स्थान पर वे बंगाल से प्राप्त राजस्व से ही भारतीय माल खरीदते और इसे विदेशों में

बेचते। इस धन को कंपनी की लागत-पूंजी समझा जाता था और इसे कंपनी के ''लाभ'' के रूप में स्वीकार किया जाता था। सबसे बढ़कर बात यह थी कि ''मुनाफ़े'' के इस धन में से ब्रिटिश सरकार भी अपना हिस्सा चाहती थी। 1767 में ब्रिटिश सरकार ने कंपनी को चार लाख पौंड का भुगतान करने का आदेश दिया।

1766-1767 और 1768 में बंगाल से लगभग 57 लाख पौंड की धन-निकासी हुई। इस ''दोहरे'' शासन का दुष्परिणाम यह हुआ कि बंगाल से धन-निकासी के फलस्वरूप यह प्रांत दरिद्र हो गया और इसकी दशा जर्जर हो गई। 1770 में बंगाल में अकाल पड़ा। यह अकाल मानव जाति के इतिहास में पड़े भयंकर अकालों में से एक सिद्ध हुआ। लाखों की संख्या में लोगों की मृत्यु हुई और बंगाल की एक-तिहाई जनसंख्या को इस विध्वंस के भीषण परिणाम भुगतने पड़े। हालांकि यह अकाल वर्षा के अभाव के कारण पड़ा था पर इसका विनाशकारी प्रभाव कंपनी की नीतियों के फलस्वरूप बहुत बढ़ गया।

वारेन हेस्टिंग्ज़ (1772-85) और कॉर्नवालिस (1786-93) के युद्ध

1772 तक ईस्ट इंडिया कंपनी भारत की एक प्रमुख शक्ति बन चुकी थी, और अब आगे विजय से पहले इसके इंग्लैंड में बैठे डायरेक्टर और भारत में इसके अधिकारी बंगाल में अपनी स्थिति को मज़बूत बना लेना चाहते थे। फिर भी भारतीय राजाओं के आपसी मामलों में दखल देने की उनकी आदत और इलाके तथा धन के उनके लालच ने जल्द ही उनको अनेक युद्धों में उलझा दिया।

1766 में उन्होंने मैसूर के हैदर अली पर हमले में हैदराबाद के निज़ाम का साथ दिया। पर हैदर अली ने मद्रास काउंसिल को अपनी शर्तों पर शांति की संधि करने के लिए मजबूर कर दिया। फिर 1775 में अंग्रेज़ों का मराठों से टकराव हुआ। तब मराठों में शासन के लिए एक कड़ा संघर्ष चल रहा था; जिसमें बालक पेशवा माधवराव द्वितीय के समर्थक नाना फड़नवीस के नेतृत्व में एक ओर थे और रघुनाथ राव के समर्थक दूसरी ओर थे। बंबई के ब्रिटिश अधिकारियों ने रघुनाथ राव की ओर से हस्तक्षेप का निश्चय किया। उन्हें आशा थी कि उनके देशवासियों ने बंगाल और मद्रास में जो कुछ कर दिखाया था, वैसा ही कुछ काम वे कर सकेंगे और नतीजतन उनको धन-लाभ होगा। इस कारण वे मराठों के साथ एक लंबी लड़ाई में उलझ गए जो 1775 से 1782 तक चली।

यह भारत में ब्रिटिश शक्ति के लिए बहुत अशुभ घड़ी थी। सभी मराठा सरदार, पेशवा और उसके प्रधानमंत्री नाना फड़नवीस की ओर से एक हो गए।

दक्षिण भारत के शासक अपने बीच अंग्रेज़ों की उपस्थिति से बहुत दिनों से चिढ़े हुए थे और इस घड़ी का फायदा उठाकर हैदर अली और निज़ाम ने कंपनी के खिलाफ़ युद्ध छेड़ दिया। इस तरह अब अंग्रेज़ों को मराठों, मैसूर और हैदराबाद के शक्तिशाली गठजोड़ का सामना करना पड़ रहा था। इसके अलावा 1776 में अमरीका की जनता ने विद्रोह कर दिया था। इस लड़ाई में अंग्रेज़ों की लगातार हार हो रही थी। फ्रांसीसी अपने पुराने प्रतिद्वंद्वियों की इन कठिनाइयों का फायदा उठाना चाहते थे और उसका भी मुकाबला अंग्रेज़ों को करना पड़ रहा था।

पर भारत में इस समय अंग्रेजों का नेतृत्व जोशीला और अनुभवी गवर्नर-जनरल वारेन हेस्टिंग्ज़ कर रहा था। उसने पूरे विश्वास और दृढ़ता के साथ अपने कदम उठाए। युद्ध में जीत किसी पक्ष की नहीं हुई और युद्ध थम-सा गया। 1782 की सल्बई की संधि के साथ शांति स्थापित हुई। इस संधि के अनुसार, स्थिति को यथावत् बनाए रखना था। इससे अंग्रेज़ भारतीय शासकों की मिली-जुली शक्ति का सामना करने से बच गए।

इस युद्ध में जिसे प्रथम आंग्ल-मराठा युद्ध कहा जाता है, किसी की जीत नहीं हुई। मगर इससे अंग्रेज़ 20 वर्षों के लिए मराठों की ओर से निश्‍चिंत हो गए, जो तब भारत की सबसे बड़ी शक्ति थे। इस समय का लाभ उठाकर अंग्रेज़ों ने बंगाल प्रेसिडेंसी में अपनी स्थिति को मज़बूत बनाया। जबकि मराठे आपसी झगड़ों में अपनी शक्ति बर्बाद करते रहे। इसके अलावा सल्बई की संधि के कारण अंग्रेज़ मैसूर पर दबाव डालने में सफल रहे, क्योंकि मराठों ने उनसे वादा किया कि हैदर अली से अपनी खोई हुई ज़मीन वापस लेने में वे अंग्रेज़ों की सहायता करेंगे। अंग्रेज़ फिर एक बार भारतीय शासकों में फूट डालने में सफल रहे।

इस बीच 1780 में हैदर अली से एक बार फिर युद्ध आरंभ हो गया। अपने पुराने कारनामे दोहराते हुए हैदर अली ने कर्नाटक में अंग्रेज़ सेनाओं को बार-बार हराया और उन्हें बड़ी संख्या में आत्मसमर्पण करने पर बाध्य कर दिया। जल्द ही लगभग पूरा कर्नाटक उसके कब्ज़े में आ गया। पर अंग्रेज़ों की शक्ति और कूटनीति ने एक बार फिर उन्हें बचा लिया। वारेन हेस्टिंग्ज़ ने निज़ाम को गुंटूर का ज़िला देकर तोड़ लिया और उसे ब्रिटिश विरोधी गठजोड़ से अलग करा दिया। 1781-82 में उसने मराठों से शांति-समझौता कर लिया और इस तरह उसकी सेना का एक बड़ा भाग मैसूर के साथ युद्ध से मुक्त हो गया। जुलाई 1781 में आयरकूट की कमान में ब्रिटिश सेना ने पोर्टो नोवो में हैदर अली को हराकर मद्रास को बचा लिया। दिसंबर 1782 में हैदर अली की मृत्यु के बाद उसके बेटे टीपू सुल्तान ने युद्ध जारी रखा। चूंकि दोनों में से कोई भी पक्ष दूसरे को

हराने की स्थिति में न था, इसलिए उन्होंने मार्च 1784 में शांति-संधि कर ली और एक-दूसरे को जीते हुए सारे इलाके लौटा दिए। इस तरह यह तो सिद्ध हो गया कि अंग्रेज़ अभी इतने कमज़ोर हैं कि मराठों या मैसूर को नहीं हरा सकते। पर भारत में अपने बल-बूते पर खड़े होने की योग्यता, उन्होंने निश्चित ही दिखा दी थी।

मैसूर के साथ अंग्रेज़ों का तीसरा टकराव उनके लिए अधिक लाभप्रद सिद्ध हुआ। 1784 की संधि ने टीपू और अंग्रेज़ों के झगड़े की जड़ को समाप्त नहीं किया था, बल्कि युद्ध को केवल टाल भर दिया था। ईस्ट इंडिया कंपनी के अधिकारी टीपू के जानी दुश्मन थे। वे उसे दक्षिण में अपना सबसे शक्तिशाली शत्रु समझते थे, जो दक्षिण भारत की जीत में उनके लिए प्रमुख बाधक बना हुआ था। टीपू भी अंग्रेज़ों से सख्त नफ़रत करता था और अपनी स्वाधीनता के लिए सबसे बड़ा खतरा समझकर उन्हें भारत से बाहर खदेड़ने पर अड़ा हुआ था। दोनों के बीच 1789 में फिर युद्ध भड़क उठा और अंततः 1792 में टीपू की हार हुई। श्रीरंगपट्टम में हुई संधि के अनुसार, टीपू ने अपना आधा राज्य अंग्रेज़ों और उसके सहयोगियों को दे दिया और साथ ही 330 लाख रुपए हर्जाना भी दिया।

लॉर्ड वेलेज़ली के काल में अंग्रेज़ों का प्रसार

भारत में ब्रिटिश शासन का दूसरा बड़ा प्रसार लॉर्ड वेलेज़ली (1798-1805) के काल में हुआ। वह 1798 में ऐसे समय में भारत आया था जब अंग्रेज़ पूरी दुनिया में फ्रांस के साथ ज़िंदगी और मौत की लड़ाई लड़ रहे थे।

इस समय तक अंग्रेज़ों की नीति यह थी कि अपने लाभों और साधनों की स्थिति को सुदृढ़ बनाया जाए और नए इलाके तभी जीते जाएं, जब बड़े भारतीय शासकों को दुश्मन बनाए बिना सुरक्षापूर्वक ऐसा कर सकना संभव हो। वेलेज़ली ने फैसला किया कि समय आ चुका है कि जितने अधिक भारतीय राज्य संभव हों, ब्रिटिश नियंत्रण में लाए जाएं। 1797 तक दो प्रमुख भारतीय शक्तियों अर्थात् मैसूर और मराठों की शक्ति क्षीण हो चुकी थी। भारत में राजनीतिक परिस्थितियां प्रसार के लिए अनुकूल थीं क्योंकि प्रसार करना अब आसान होने के साथ-साथ लाभप्रद भी था।

अपने राजनीतिक उद्देश्य पूरे करने के लिए वेलेज़ली ने तीन उपायों का सहारा लिया—सहायक संधि प्रथा, खुला युद्ध और पहले से अधीन बनाए जा चुके शासकों का इलाका हड़पना। किसी भारतीय शासक से पैसा लेकर ब्रिटिश सेना की मदद देने की नीति तो बहुत पुरानी थी, फिर भी वेलेज़ली ने इस नीति को एक निश्चित रूपरेखा दी और इसका उपयोग भारतीय शासकों को कंपनी के

अधीन बनाने के लिए किया। उसकी सहायक संधि प्रथा की नीति के अनुसार, किसी सहयोगी भारतीय राज्य के शासक को ब्रिटिश सेना अपने राज्य में रखनी पड़ती थी तथा उसके रख-रखाव के लिए अनुदान देना पड़ता था। यह सब कहने को उसकी सुरक्षा के लिए किया जाता था, मगर वास्तव में यह उस भारतीय शासक से कंपनी को खिरात दिलवाने का एक ढंग था। कभी-कभी कोई शासक वार्षिक अनुदान न देकर अपने राज्य का कोई भाग दे देता था। सहायक संधि के अनुसार, आमतौर पर भारतीय शासक को यह भी मानना पड़ता था कि वह अपने दरबार में एक ब्रिटिश रेज़ीडेंट रखेगा, अंग्रेज़ों की स्वीकृति के बिना किसी और यूरोपीय को अपनी सेवा में नहीं रखेगा और गवर्नर-जनरल से सलाह किए बिना किसी दूसरे भारतीय शासक से कोई बातचीत नहीं करेगा। इसके बदले अंग्रेज़ उस शासक की दुश्मनों से रक्षा करने का वचन देते। वे सहयोगी के अंदरूनी मामलों में दखल न देने का भी वादा करते, पर यह वादा ऐसा था जिसे शायद कभी ही पूरा किया गया।

वास्तव में सहायक संधि पर हस्ताक्षर करके कोई भारतीय राज्य अपनी स्वाधीनता लगभग गंवा ही बैठता था। वह आत्मरक्षा, कूटनीतिक संबंध बनाने, विदेशी विशेषज्ञ रखने तथा पड़ोसियों के साथ आपसी झगड़े के अधिकार ही खो बैठता था। असल में, उस भारतीय शासक की बाहरी मामलों में सारी प्रभुता समाप्त हो जाती। वह ब्रिटिश रेज़ीडेंट के अधिकाधिक अधीन होता जाता जो राज्य के रोज़मर्रा के प्रशासन में हस्तक्षेप करता रहता था। इसके अलावा इस प्रथा के कारण सुरक्षा प्राप्त राज्य अंदर से खोखला होने लगता था। अंग्रेज़ों की दी हुई सहायक सेना का खर्च बहुत अधिक होता था और वास्तव में वह उस राज्य की क्षमता से काफ़ी बाहर होता था। मनमाने ढंग से तय किए गए और बनावटी ढंग से बढ़ाए जाने वाले इस अनुदान के कारण उस राज्य की अर्थव्यवस्था छिन्न-भिन्न और जनता निर्धन हो जाती थी। इस सहायक संधि प्रथा के कारण सुरक्षा प्राप्त राज्य की सेनाएं भी भंग कर दी गईं। लाखों सैनिक और अधिकारी अपनी पैतृक जीविका से वंचित हो गए जिससे देश में बदहाली और गरीबी फैल गई। इसके अलावा सुरक्षा प्राप्त राज्यों के शासक अपनी जनता के हितों को अनदेखा तथा उनका दमन करने लगे क्योंकि अब उन्हें जनता का डर नहीं रह गया था। चूंकि अंग्रेज़ों ने उन्हें अंदरूनी और बाहरी दुश्मनों से रक्षा का वचन दिया था, इसलिए उनमें अब अच्छे शासक बनने का कोई लोभ नहीं रह गया।

दूसरी तरफ सहायक संधि अंग्रेज़ों के लिए अत्यंत लाभदायक थी। अब वे भारतीय राज्यों के खर्च पर एक बड़ी सेना रख सकते थे। अब वे अपने खुद के

क्षेत्र से बहुत दूर लड़ाइयां लड़ सकते थे क्योंकि कोई भी युद्ध होता तो या तो उनके सहयोगियों के क्षेत्र में होता या उनके शत्रुओं के। वे अपने सुरक्षा प्राप्त सहयोगी के रक्षा और विदेशी संबंधों के मामलों पर पूरा नियंत्रण रख रहे थे, उसकी ज़मीन पर एक शक्तिशाली सेना रखते थे, और जब भी चाहे उसे ''अयोग्य'' घोषित करके उसका शासन समाप्त कर उसके क्षेत्र को हड़प सकते थे। जहां तक अंग्रेज़ों का सवाल था, सहायक संधि की यह प्रथा, एक ब्रिटिश लेखक के शब्दों में, 'अपने सहयोगियों को बकरों की तरह तब तक खिला-पिलाकर मोटा रखने की प्रथा थी जब तक वे जिबह करने के काबिल न हो जाए।'

लॉर्ड वेलेज़ली ने 1798 और 1800 में हैदराबाद के निज़ाम के साथ सहायक संधियां की। सहायक सेनाओं के खर्च के नाम पर नगद पैसा देने के बजाए निज़ाम ने कंपनी को अपने राज्य का एक भाग दे दिया।

1801 में अवध के नवाब को सहायक संधि के लिए मजबूर किया गया। एक बड़ी सेना के बदले में नवाब को मजबूर होकर अपना लगभग आधा राज्य अंग्रेज़ों को देना पड़ा, जिसमें रूहेलखंड का इलाका और गंगा-यमुना का दोआबा भी शामिल थे। उसकी अपनी सेना लगभग पूरी तरह भंग कर दी गई और अंग्रेज़ों को यह अधिकार मिल गया कि वे उसके राज्य के किसी भी भाग में अपनी सेना तैनात कर सकें।

वेलेज़ली मैसूर, कर्नाटक और सूरत के साथ और भी कड़ाई से पेश आया। निश्चित ही मैसूर का टीपू सुल्तान कभी सहायक संधि के लिए तैयार नहीं हुआ। उल्टे उसे 1792 में अपना जो आधा राज्य देना पड़ा था, उसी को वह कभी भूल न सका। वह अंग्रेज़ों के साथ अपने अवश्यंभावी युद्ध के लिए अपनी सेना को लगातार मज़बूत बनाता रहा। उसने क्रांतिकारी फ्रांस के साथ गठजोड़ की बात भी चलाई। उसने एक ब्रिटिश-विरोधी गठजोड़ बनाने के लिए अफगानिस्तान, अरब और तुर्की में भी अपने दूत भेजे।

ब्रिटिश सेना ने 1799 में टीपू पर हमला किया और एक संक्षिप्त मगर भयानक युद्ध के बाद फ्रांसीसी सहायता पहुंचने के पहले ही उसे हरा दिया। टीपू ने अभी भी गिड़गिड़ाकर शांति की भीख मांगने से इनकार कर दिया। उसने गर्वपूर्वक घोषणा की कि 'काफ़िरों का दयनीय दास बनकर और उनके पेंशन प्राप्त राजाओं और नवाबों की सूची में शामिल होकर जीने से अच्छा एक योद्धा की तरह मर जाना है।' अपनी राजधानी श्रीरंगपट्टम की रक्षा करते हुए वह 4 मई 1799 को बहादुरों की मौत मरा। उसकी सेना अंत तक वफ़ादार बनी रही।

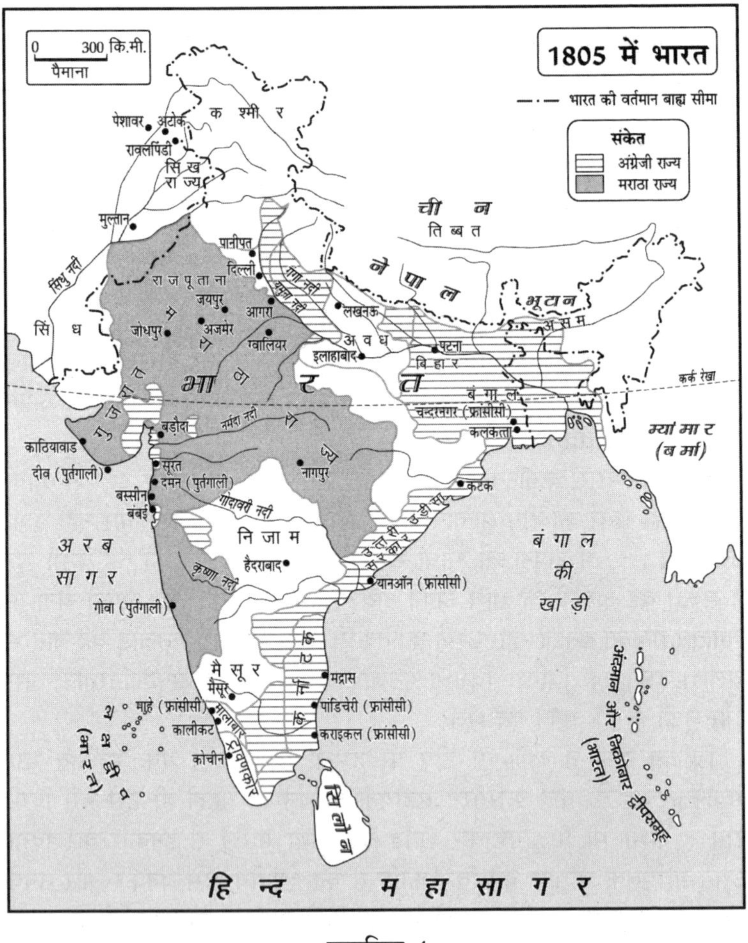
1805 में भारत
0 300 कि.मी.
पैमाना
भारत की वर्तमान बाह्य सीमा
संकेत
अंग्रेजी राज्य
मराठा राज्य
पेशावर
अटोक
क श्मी र
रावलपिंडी
सि ख रा ज्य
मुल्तान
चीन
तिब्बत
नेपाल
भूटान
असम
पानीपत
दिल्ली
रा ज पू ता ना
जयपुर
आगरा
अजमेर
जोधपुर
ग्वालियर
सिंधु नदी
सिं ध
लखनऊ
अ व ध
इलाहाबाद
पटना
बि हा र
कर्क रेखा
भा र त
बं गा ल
चन्द्रनगर (फ्रांसीसी)
कलकत्ता
म्यांमार (बर्मा)
बड़ौदा
नर्मदा नदी
काठियावाड
दीव (पुर्तगाली)
सूरत
दमन (पुर्तगाली)
नागपुर
कटक
बस्सीन
बंबई
गोदावरी नदी
नि जा म
हैदराबाद
अ र ब सा ग र
बं गा ल की खा ड़ी
कृष्णा नदी
यानऑन (फ्रांसीसी)
गोवा (पुर्तगाली)
मै सू र
मैसूर
मद्रास
माहे (फ्रांसीसी)
पांडिचेरी (फ्रांसीसी)
कालीकट
मालाबार
कराइकल (फ्रांसीसी)
कोचीन
त्रावणकोर
लक्षद्वीप (भारत)
अंडमान और निकोबार द्वीपसमूह (भारत)
श्रीलंका
हिन्द महासागर

मानचित्र 4

टीपू का लगभग आधा राज्य अंग्रेज़ों और उनके सहयोगी निज़ाम के बीच बंट गया। मैसूर राज्य का शेष भाग उन राजाओं के वंशजों को वापस दे दिया गया जिनसे हैदर अली ने राज्य छीना था। नए राजा को मजबूर करके एक विशेष सहायक संधि पर हस्ताक्षर कराए गए जिसके अनुसार अगर गवर्नर-जनरल आवश्यकता समझे तो राज्य का शासन खुद संभाल सकता था। वास्तव में अंग्रेज़ों ने मैसूर को कंपनी पर पूरी तरह आश्रित बना दिया।

1801 में लॉर्ड वेलेज़ली ने कर्नाटक के पिट्ठू नवाब पर एक नई संधि लाद दी और उसे मजबूर किया कि वह पेंशन लेकर अपना राज्य कंपनी को सौंप दे। अब मैसूर से मालाबार समेत जो क्षेत्र छीने गए थे, उनमें कर्नाटक को मिलाकर मद्रास प्रेसिडेंसी बनाई गई जो 1947 तक जारी रही। इसी तरह तंजौर और सूरत राज्य भी हड़प लिए गए और उनके शासकों को पेंशन देकर किनारे कर दिया गया।

इस समय मराठा साम्राज्य पांच बड़े सरदारों का एक महासंघ था। ये थे पूना का पेशवा, बड़ौदा का गायकवाड़, ग्वालियर का सिंधिया, इंदौर का होल्कर और नागपुर का भोंसले। पेशवा इस महासंघ का नाममात्र का प्रमुख था। लेकिन ये सभी सरदार आपसी झगड़ों में कट-मर रहे थे और बढ़ते हुए विदेशियों के खतरे की ओर से बेखबर थे।

वेलेज़ली ने बार-बार पेशवा और सिंधिया के सामने सहायक संधि का प्रस्ताव रखा था। मगर दूरदर्शी नाना फड़नवीस ने इस जाल में फंसने से इनकार कर दिया था। मगर 25 अक्तूबर 1802 को जब दीवाली के दिन होल्कर ने पेशवा और सिंधिया की मिली-जुली सेना को हरा दिया तो पेशवा बाजीराव द्वितीय भागकर अंग्रेज़ों की शरण में जा पहुंचा और वर्ष 1802 के अंतिम दिन उसने बसाई में एक सहायक संधि पर हस्ताक्षर कर दिए।

यह जीत कुछ आसानी से ही मिल गई थी। मगर एक बात पर वेलेज़ली गलत था : अभिमानी मराठा सरदार बिना लड़ाई के अपनी स्वाधीनता की परंपरा छोड़ने वाले नहीं थे। मगर संकट की इस घड़ी में भी वे साझे शत्रु के ख़िलाफ़ एकजुट नहीं हुए। जब सिंधिया और भोंसले अंग्रेज़ों से लड़ रहे थे, तब होल्कर चुपचाप दूर खड़ा था और गायकवाड़ अंग्रेज़ों की मदद कर रहा था। फिर जब होल्कर ने तलवार उठाई तो भोंसले और सिंधिया ने अपना बदला चुकाया।

दक्षिण में आर्थर वेलेज़ली की कमान में ब्रिटिश सेना ने असाय में सितंबर 1803 में और फिर अरगांव में नवंबर में सिंधिया और भोंसले की मिली-जुली सेना को हराया। उत्तर से लॉर्ड लेक ने नवंबर की पहली तारीख को लसवाड़ी में सिंधिया की सेना को तहस-नहस कर दिया और अलीगढ़, दिल्ली और आगरा

पर कब्ज़ा कर लिया। भारत का अंधा सम्राट एक बार फिर कंपनी का पेंशनखोर हो गया। मित्र मराठा राज्यों को शांति की बातचीत चलानी पड़ी। अब वे दोनों कंपनी के अधीनस्थ सहयोगी बन गए। उन्होंने अंग्रेज़ों को अपने राज्यों के कुछ भाग दिए, अपने दरबारों में अंग्रेज़ रेज़ीडेंट रखे और अंग्रेज़ों की सहमति के बिना यूरोपीयों को सेवा में न रखने का वचन दिया। अब उड़ीसा के समुद्र तट पर और गंगा-यमुना के दोआबा पर अंग्रेज़ों का पूर्ण अधिकार हो गया। पेशवा उनके हाथों की एक कठपुतली बनकर रह गया।

वेलेज़ली ने अब अपना ध्यान होल्कर पर केंद्रित किया। पर यशवंतराव होल्कर अंग्रेज़ों के लिए काफ़ी भारी साबित हुआ और अंत तक ब्रिटिश सेना से लड़ता रहा। जब लेक ने राजा के किले को तोड़ने की असफल कोशिश की तब होल्कर के सहयोगी भरतपुर के राजा को भारी नुकसान पहुंचाया। इसके अलावा होल्कर परिवार के साथ अपनी पुरानी दुश्मनी भुलाकर सिंधिया उससे हाथ मिलाने की बात सोचने लगा। दूसरी ओर ईस्ट इंडिया कंपनी के शेयर होल्डरों को पता चला कि युद्ध के ज़रिए प्रसार की नीति बहुत महंगी पड़ रही थी और उनका मुनाफ़ा इससे कम हो रहा था। कंपनी का कर्ज़ जो 1797 में 170 लाख पौंड था 1806 तक बढ़कर 310 लाख पौंड हो चुका था। इसके अलावा ब्रिटेन के वित्तीय साधन ऐसे समय में खत्म हो रहे थे जब नेपोलियन यूरोप में एक बार फिर एक बड़ा खतरा बन रहा था। ब्रिटिश राजनेताओं और कंपनी के डायरेक्टरों को लगा कि अब आगे प्रसार रोक देने, फिजूल खर्च बंद करने और भारत में ब्रिटेन की उपलब्धियों को सुरक्षित करने और मज़बूत बनाने का समय आ चुका है। इसलिए वेलेज़ली को भारत से वापस बुला लिया गया और कंपनी ने जनवरी 1806 में राजघाट की संधि के द्वारा होल्कर के साथ शांति स्थापित कर उसे उसके राज्य का एक बड़ा भाग लौटा दिया।

वेलेज़ली की प्रसार नीति सफलता के निकट पहुंचते ही रोक दी गई थी। पर फिर भी इसके नतीजतन ईस्ट इंडिया कंपनी भारत की सबसे बड़ी शक्ति बन चुकी थी। कंपनी की न्यायिक सेवा के एक युवक अधिकारी हेनरी रोबरवला ने 1805 में लिखा–

> भारत में मौजूद हर अंग्रेज़ गर्व से भरा और अकड़ा हुआ है। वह अपने को एक विजित जनता का विजेता मानता है और अपने नीचे के हर व्यक्ति को कुछ श्रेष्ठता की भावना के साथ देखता है।

लॉर्ड हेस्टिंग्ज़ के काल में प्रसार (1813-22)

द्वितीय आंग्ल-मराठा युद्ध ने मराठा सरदारों की शक्ति को तोड़ दिया था, पर उनके साहस को नहीं तोड़ सका था। उन्होंने 1817 में अपनी खोई स्वाधीनता और प्रतिष्ठा को फिर से पाने का एक और हताशापूर्ण प्रयत्न किया। मराठा सरदारों का एक संयुक्त मोर्चा बनाने में पहल पेशवा ने की जो ब्रिटिश रेज़ीडेंट के कड़े नियंत्रण में छटपटा रहा था। पेशवा ने नवंबर 1817 में पूना में अंग्रेज़ रेज़ीडेंट पर हमला किया। अप्पा साहब ने नागपुर स्थित रेज़ीडेंसी पर हमला किया और माधवराव होल्कर युद्ध की तैयारी करने लगा।

गवर्नर जनरल लॉर्ड हेस्टिंग्ज़ 1813-22 ने पूरी ताकत के साथ जवाबी हमला किया। उसने सिंधिया को ब्रिटिश अधीनता स्वीकार करने को मजबूर किया और पेशवा, भोंसले और होल्कर की सेनाओं को हराया। पेशवा को गद्दी से उतारकर और पेंशन देकर कानपुर के पास बिठूर में बिठा दिया गया। उसका राज्य हड़पकर बंबई की विस्तारित प्रेसिडेंसी बनाई गई। होल्कर और भोंसले ने सहायक सेना रखना स्वीकार कर लिया। मराठों के गर्व को संतुष्ट करने के लिए पेशवा की ज़मीन पर सतारा का छोटा-सा राज्य बनाया गया और उसे छत्रपति शिवाजी के एक वंशज को दे दिया गया, जो पूरी तरह अंग्रेज़ों पर निर्भर होकर सतारा का शासन चलाता रहा। दूसरे भारतीय राज्यों के शासकों की तरह अब मराठा सरदार भी ब्रिटिश सत्ता की दया पर आश्रित हो गए।

राजपूताना के राज्य कई दशकों से सिंधिया और होल्कर के प्रभुत्व में थे। मराठों के पतन के बाद वे लोग भी अपनी स्वाधीनता का फिर से दावा करने में असमर्थ थे और उन्होंने तत्काल ही अंग्रेज़ों की अधीनता स्वीकार कर ली।

इस तरह 1818 तक पंजाब और सिंध को छोड़कर पूरा भारतीय उपमहाद्वीप अंग्रेज़ों के नियंत्रण में आ चुका था। इस पूरे क्षेत्र के एक भाग पर सीधे अंग्रेज़ों का शासन था और बाकी भाग पर अनेक भारतीय शासक राज्य कर रहे थे, जिन पर अंग्रेज़ों का पूरा-पूरा ज़ोर चलता था। इन राज्यों के पास अपनी सेनाएं नहीं के बराबर थीं और उनके कोई स्वतंत्र विदेशी संबंध नहीं थे। उनके राज्यों में उन्हीं पर नियंत्रण रखने के लिए जो ब्रिटिश सेना तैनात थी उसके भारी खर्च उनको उठाने पड़ते थे। वे अपने अंदरूनी मामलों में स्वायत्त तो थे, मगर इस सिलसिले में भी रेज़ीडेंट के रूप में अंग्रेज़ों के अधिकार को स्वीकार करते थे। वे लगातार आज़माइश की हालत में बने रहे।

ब्रिटिश शासन को सुदृढ़ बनाने का काम (1818-57)

पूरे भारत को जीतने का काम अंग्रेज़ों ने 1818 से 1857 तक के काल में किया। सिंध और पंजाब भी जीत लिए गए तथा अवध, मध्य प्रांत और बहुत सारे छोटे-छोटे राज्यों का अधिग्रहण कर लिया गया।

सिंध की विजय : यूरोप और एशिया में अंग्रेज़ों और रूसियों की शत्रुता बढ़ रही थी और अंग्रेज़ों को भय था कि अफगानिस्तान या फारस के रास्ते रूसी भारत पर हमला कर सकते हैं। सिंध की विजय इसी का परिणाम थी। रूस को रोकने के लिए ब्रिटिश सरकार ने अफगानिस्तान और फारस में अपना प्रभाव बढ़ाने का फैसला किया। उसने यह भी महसूस किया कि यह नीति तभी सफल हो सकेगी जब सिंध को ब्रिटिश नियंत्रण में लाया जाए। सिंध नदी के व्यापारिक उपयोग की संभावनाएं भी इस लालच का एक कारण थीं।

1832 की एक संधि के द्वारा सिंध की सड़कों और नदियों को ब्रिटिश व्यापार के लिए खोल दिया गया था। सिंध के अमीर कहलाने वाले सरदारों से 1839 में एक सहायक संधि पर हस्ताक्षर कराए गए। अंत में पहले के इन वादों को भुलाकर कि उनके राज्य पर कोई आंच नहीं आएगी, सर चार्ल्स नेपियर ने 1843 में एक संक्षिप्त अभियान के बाद सिंध का अधिग्रहण कर लिया। इससे पहले नेपियर ने अपनी डायरी में लिखा था कि 'हमें सिंध पर कब्ज़ा करने का कोई हक़ नहीं है, फिर भी हम ऐसा करेंगे और यह बदमाशी का एक बहुत ही लाभदायक, उपयोगी और मानवीय उदाहरण होगा।' यह काम करने के बदले उसे पुरस्कार स्वरूप सात लाख रुपये मिले।

पंजाब की विजय : जून 1839 में महाराजा रणजीत सिंह की मृत्यु के बाद पंजाब में राजनीतिक अस्थिरता फैल गई और वहां ताबड़तोड़ सरकारें आईं और गईं। स्वार्थी और भ्रष्ट नेताओं का बोलबाला हो गया। अंत में सत्ता, बहादुर और देशभक्त मगर एकदम अनुशासनहीन सेना के हाथों में आई। इसके बाद अंग्रेज़ सतलज पार पांच नदियों के देश को लालच भरी निगाहों से देखने लगे, हालांकि उन्होंने 1809 में रणजीत सिंह के साथ स्थायी मित्रता की संधि पर हस्ताक्षर किए थे।

अंग्रेज़ों के युद्धोन्मादी कार्यों और पंजाब के भ्रष्ट सरदारों के साथ उनकी साज़िशों के कारण पंजाब की सेना भड़क उठी। 1845 के बसंत में यह समाचार पंजाब पहुंचा कि पुल बनाने के काम में आने वाली नावें बंबई से सतलज किनारे

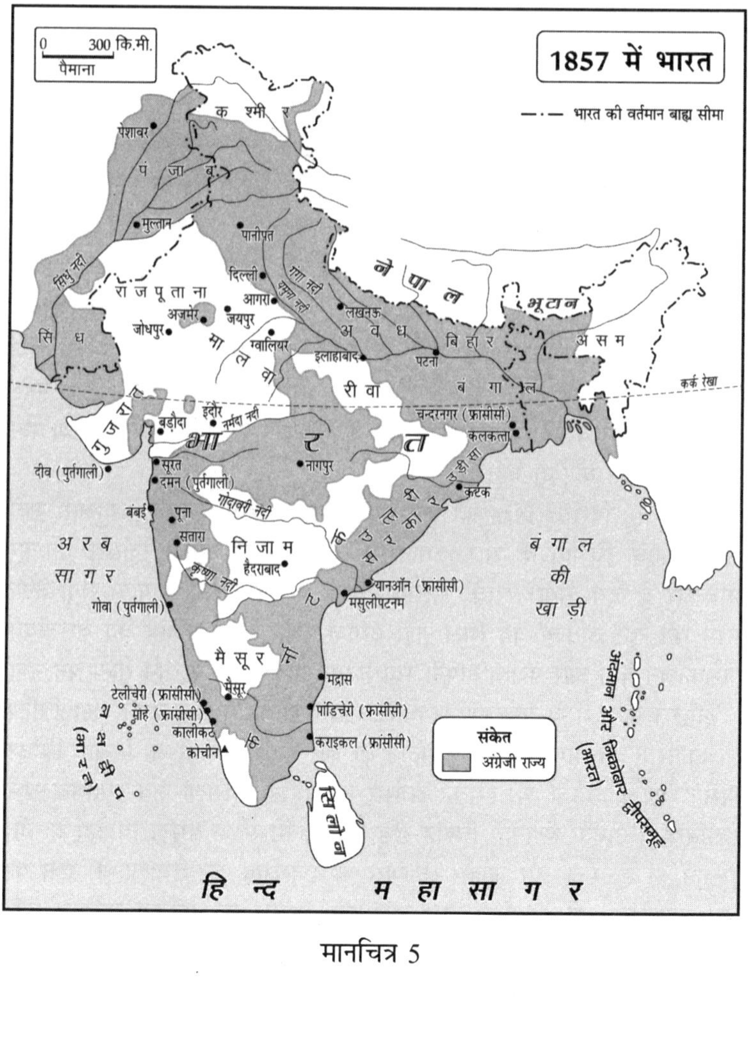

1857 में भारत
0 300 कि.मी.
पैमाना
भारत की वर्तमान बाह्य सीमा
कश्मीर
पेशावर
पंजाब
मुल्तान
सिंधु नदी
सिंध
राजपूताना
अजमेर
जोधपुर
जयपुर
दिल्ली
आगरा
पानीपत
गंगा नदी
यमुना नदी
नेपाल
भूटान
असम
लखनऊ
अवध
बिहार
पटना
इलाहाबाद
ग्वालियर
मालवा
रीवा
बंगाल
कर्क रेखा
चन्दरनगर (फ्रांसीसी)
कलकत्ता
गुजरात
बड़ौदा
इंदौर
नर्मदा नदी
भारत
नागपुर
दीव (पुर्तगाली)
सूरत
दमन (पुर्तगाली)
गोदावरी नदी
उड़ीसा
कटक
बंबई
पूना
सतारा
निजाम
हैदराबाद
कृष्णा नदी
यानआँन (फ्रांसीसी)
मसुलीपटनम
अरब सागर
बंगाल की खाड़ी
गोवा (पुर्तगाली)
मैसूर
मद्रास
टेलीचेरी (फ्रांसीसी)
माहे (फ्रांसीसी)
कालीकट
कोचीन
पांडिचेरी (फ्रांसीसी)
कराइकल (फ्रांसीसी)
संकेत
अंग्रेजी राज्य
अंडमान और निकोबार द्वीपसमूह (भारत)
सिलोन
हिन्द महासागर

मानचित्र 5

स्थित फिरोज़पुर के लिए भेजी गई हैं। आगे के इलाकों में बैरकें बनाई गई हैं जिनमें अतिरिक्त सेना रखी गई है और पंजाब से लगने वाली सीमा के लिए अतिरिक्त रेजीमेंटें भेजी जा रही हैं। पंजाब की सेना को विश्वास हो गया कि अंग्रेज़ पंजाब पर कब्ज़ा करने पर आमादा थे और फिर पंजाब की सेना ने जवाबी कारवाईयां कीं। जब दिसंबर में सेना ने सुना कि प्रधान सेनापति लॉर्ड गफ़ और गर्वनर-जनरल लॉर्ड हार्डिंग्ज़ फिरोज़पुर की ओर बढ़ रहे हैं तब उसने भी हमला करने का फैसला किया। इस तरह 13 दिसंबर 1845 को दोनों के बीच युद्ध छिड़ गया। इस विदेशी खतरे के आगे हिंदू, मुसलमान और सिख फ़ौरन एक हो गए। पंजाब की सेना बहुत बहादुरी और उल्लेखनीय साहस के साथ लड़ी। लेकिन उसके कुछ नेता पहले ही गद्दार बन चुके थे। प्रधानमंत्री राजा लालसिंह और प्रधान सेनापति मिस्सर तेजसिंह का शत्रु के साथ गुप्त पत्रव्यवहार जारी था। पंजाब की सेना हार स्वीकार करने और 8 मार्च 1846 को लाहौर में एक अपमानजनक समझौते पर हस्ताक्षर करने को बाध्य हो गई। अंग्रेज़ों ने जलंधर के दोआबा को हड़प लिया और पचास लाख रुपए नगद लेकर जम्मू और कश्मीर को राजा गुलाबसिंह डोगरा के हवाले कर दिया। पंजाब की सेना को घटाकर 20,000 पैदल और 12,000 घुड़सवार सेना तक सीमित कर दिया गया। एक भारी ब्रिटिश सेना लाहौर में तैनात कर दी गई।

बाद में 16 दिसंबर 1846 को एक और समझौता हुआ जिसके अनुसार, राज्य के एक-एक विभाग के सारे मामलों में लाहौर स्थित अंग्रेज़ रेज़ीडेंट को पूरा अधिकार दे दिया गया। इसके अलावा, राज्य के किसी भी भाग में सेना तैनात करने की छूट अंग्रेज़ों को मिल गई। अंग्रेज़ रेज़ीडेंट ही पंजाब का वास्तविक शासक बन बैठा और पंजाब अपनी स्वाधीनता खोकर एक अधीन राज्य बन गया।

लेकिन भारत में खुलकर साम्राज्यवादी आक्रमणों का समर्थन करने वाला ब्रिटिश अधिकारियों का भाग अभी भी असंतुष्ट था और वह पंजाब पर सीधे-सीधे ब्रिटिश शासन लादना चाहता था। इसका अवसर उसे 1848 में मिला जब स्वतंत्रता-प्रेमी पंजाबियों ने अनेक स्थानीय विद्रोह छेड़ दिए। इनमें से दो प्रमुख विद्रोहों के नेता मुल्तान के मूलराज और लाहौर के पास के छतरसिंह अटारीवाला थे। एक बार फिर पंजाबियों की निर्णायक हार हुई। इस अवसर का फायदा उठाकर लॉर्ड डलहौज़ी ने पंजाब को हड़प लिया। इस तरह भारत का अंतिम स्वाधीन राज्य भी ब्रिटिश साम्राज्य में मिला लिया गया।

डलहौज़ी की अधिग्रहण की नीति (1848-56)

लॉर्ड डलहौज़ी 1848 से गवर्नर-जनरल बनकर भारत आया। वह शुरू से ही इस बात पर आमादा था कि जितने बड़े इलाके पर संभव हो, प्रत्यक्ष ब्रिटिश शासन स्थापित किया जाए। उसने घोषणा की थी कि 'भारत के सभी देशी राज्यों का खात्मा अब कुछ ही समय की बात है।' उसकी नीति का उद्देश्य भारत को ब्रिटेन का निर्यात बढ़ाना था। दूसरे साम्राज्यवादी आक्रमणकारियों की तरह डलहौज़ी को भी विश्वास था कि भारत के देशी राज्यों के लिए ब्रिटेन का निर्यात इसलिए घट रहा था कि इन राज्यों के भारतीय शासक उनका शासन ठीक से नहीं चला रहे हैं। इसके अलावा वह समझता था कि "भारतीय सहयोगी" भारत में ब्रिटिश विजय में जितने सहायक हो सकते थे, उतने हो चुके हैं और अब उनसे छुटकारा पाने में ही लाभ है।

लॉर्ड डलहौज़ी ने अपनी अधिग्रहण की नीति के लिए जिस साधन का सहारा लिया, वह था राज्य विलय का सिद्धांत (डॉक्ट्रिन ऑफ़ लैप्स)। इस सिद्धांत के अनुसार, अगर किसी सुरक्षा प्राप्त राज्य का शासक बिना एक स्वाभाविक उत्तराधिकारी के मर जाए तो उसका राज्य उसके दत्तक उत्तराधिकारी को नहीं सौंपा जाएगा, जैसी कि सदियों से इस देश में परंपरा चलती आ रही थी। इसके बजाए, अगर उत्तराधिकारी गोद लेने के काम को पहले से अंग्रेज़ अधिकारियों की सहमति प्राप्त न होगी तो वह राज्य ब्रिटिश राज्य में मिला लिया जाएगा। 1848 में सतारा और 1854 में नागपुर और झांसी समेत अनेक राज्यों का इसी सिद्धांत के अनुसार अधिग्रहण कर लिया गया था।

डलहौज़ी ने अनेक भूतपूर्व शासकों के अधिकारों को मान्यता देने और उन्हें पेंशन देने से भी इनकार कर दिया। इस तरह कर्नाटक और सूरत के नवाबों और तंजौर के राजा की उपाधियां छीन ली गईं। इसी तरह भूतपूर्व पेशवा बाजीराव द्वितीय, जिसे बिठूर का राजा बना दिया गया था, जब मरा तो डलहौज़ी ने उसका वेतन या पेंशन उसके दत्तक पुत्र नाना साहब को देने से इनकार कर दिया।

लॉर्ड डलहौज़ी की निगाहें अवध के साम्राज्य को हड़पने पर भी लगी थीं। पर इस काम में कुछ बाधाएं थी। पहली यह कि बक्सर की लड़ाई के बाद से ही अवध के नवाब अंग्रेज़ों के सहयोगी रहे थे। इसके अलावा इन तमाम वर्षों में वे अंग्रेज़ों के सबसे अधिक आज्ञाकारी भी रहे थे। अवध के नवाब के कई उत्तराधिकारी थे और इसलिए उस पर राज्य विलय का सिद्धांत भी लागू नहीं किया जा सकता था। अवध के नवाब को राज्य से वंचित करने के लिए किसी और बहाने की ज़रूरत थी। अंत में लॉर्ड डलहौज़ी ने अवध की जनता की दशा

सुधारने के विचार का सहारा लिया। नवाब वाजिद अली शाह पर इल्ज़ाम लगाया गया कि उन्होंने अपना शासन ठीक से नहीं चलाया है और सुधार लागू करने से इनकार कर दिया है। इसके बाद अवध राज्य को 1856 में हड़प लिया गया। निःसंदेह अवध के शासन का पतन वहां की जनता के लिए कष्ट का कारण था। अवध के नवाब भी अपने समय के दूसरे शासकों की तरह स्वार्थी और अय्याशियों में डूबे हुए थे। उन्हें प्रशासन ठीक से चलाने या जनता की भलाई में कोई दिलचस्पी नहीं थी। पर इस हालात के लिए अंशतः अंग्रेज़ भी जिम्मेदार थे। वे 1801 से ही अवध पर नियंत्रण किए हुए थे और परोक्ष रूप से वहां राज्य कर रहे थे। वास्तव में, डलहौज़ी का लालच इस कारण से था कि अवध अपनी बेपनाह दौलत के साथ मैनचेस्टर में तैयार मालों के लिए एक अच्छा बाज़ार बन सकता था; यही मुख्य सोच उसकी तथाकथित ''मानवतावादी'' भावनाओं के पीछे काम कर रही थी। और ऐसे ही कारणों के ज़रिए, कच्चे कपास की ब्रिटेन की बढ़ती मांग को पूरा करने के लिए, डलहौज़ी ने 1853 में निज़ाम से बरार का कपास-उत्पादक प्रांत ले लिया था।

यह बात हमें स्पष्ट समझ लेनी चाहिए कि देशी राज्यों के बने रहने या हड़पे जाने का उस समय कोई अधिक महत्त्व नहीं रह गया था। वास्तव में तब कोई भारतीय राज्य था भी नहीं। सुरक्षा प्राप्त देशी राज्य भी उसी तरह ब्रिटिश साम्राज्य के भाग थे जिस तरह कंपनी के प्रत्यक्ष शासन वाले इलाके। अगर कुछ राज्यों पर ब्रिटिश नियंत्रण का स्वरूप बदला गया तो केवल अंग्रेज़ की सुविधा के लिए। वहां की जनता के हित का इस परिवर्तन से कोई संबंध नहीं था।

3

भारत में ब्रिटिश साम्राज्यः आर्थिक नीतियाँ और प्रशासनिक ढाँचा (1757-1857)

भारत के विशाल साम्राज्य को हथिया लेने के बाद इस पर नियंत्रण रखने और शासन चलाने के लिए ईस्ट इंडिया कंपनी को उपयुक्त तरीके ईजाद करने पड़े। 1757 से 1857 की लंबी अवधि के दौरान कंपनी की प्रशासनिक नीति अक्सर बदलती रही। फिर भी इसने अपना मुख्य लक्ष्य कभी आँखों से ओझल नहीं होने दिया। वे लक्ष्य थे – कंपनी के मुनाफ़े में बढ़ोतरी, भारत पर अधिकार को ब्रिटेन के लिए फायदेमंद बनाना तथा भारत पर ब्रिटिश पकड़ को कायम रखकर उसे सुदृढ़ बनाना। इसके अतिरिक्त अन्य लक्ष्य इन उद्देश्यों की मदद के लिए थे। भारत सरकार का प्रशासनिक ढांचा इन्हीं लक्ष्यों को पूरा करने के लिए बनाया और विकसित किया गया था। इस मामले में मुख्य ज़ोर कानून और व्यवस्था को बनाए रखने पर दिया जाता था ताकि बिना किसी व्यवधान के भारत के साथ व्यापार किया जा सके और देश के संसाधनों का दोहन किया जा सके।

सरकार का ढाँचा

ईस्ट इंडिया कंपनी के अधिकारियों ने 1765 में जब बंगाल पर नियंत्रण कर लिया तो इसके प्रशासनिक ढाँचे में कोई नया परिवर्तन करने का उनका नाममात्र को भी इरादा नहीं था। वह सिर्फ़ अपना लाभकारी व्यापार जारी रखना चाहते थे। उनकी यह भी मंशा थी कि कर वसूल कर उसको इंग्लैंड भेजते रहें। 1765 से 1772 तक दोनों सरकारें एक साथ काम कर रही थीं। भारतीय अधिकारियों को पहले की तरह काम करने की अनुमति थी लेकिन वे ऐसा ब्रिटिश गवर्नर तथा अधिकारियों की देखरेख में ही कर सकते थे। भारतीय अधिकारियों के पास दायित्व थे लेकिन अधिकार नहीं थे। इसके विपरीत कंपनी के अधिकारियों के पास अधिकार पूरे थे लेकिन उनका कोई दायित्व नहीं था। दोनों ही तरफ के

अधिकारी भ्रष्ट और दुराचारी लोग थे। 1772 में कंपनी ने दोहरी शासन व्यवस्था समाप्त कर दी और बंगाल का शासन अपने हाथ में लेकर अपने अधिकारी नियुक्त कर दिए। लेकिन विशुद्ध रूप से व्यापार करने वाली कंपनी में जो अंतर्निहित बुराइयां होती हैं, वे जल्दी ही स्पष्ट झलकने लगीं।

इस समय तक ईस्ट इंडिया कंपनी एक व्यापारी कंपनी थी जिसका ढाँचा पूर्वी देशों से व्यापार के लिए बनाया गया था। इसके साथ ही इसका सर्वोच्च अधिकारी भारत से हज़ारों मील की दूरी पर इंग्लैंड में रहता था। इसके बावजूद करोड़ों लोगों के ऊपर इसने राजनीतिक आधिपत्य कायम कर लिया था। इस असामान्य स्थिति के कारण ब्रिटिश सरकार के आगे अनेक समस्याएं खड़ी हो गईं। ईस्ट इंडिया कंपनी और उसके साम्राज्य का ब्रिटेन में बैठे कंपनी के अधिकारीगण, हज़ारों मील दूर से किस तरह नियंत्रण करें? भारत में स्थित अधिकारियों और सैनिकों की विशाल संख्या पर किस प्रकार अंकुश रखा जाए? बंगाल, मद्रास और बंबई में बिखरे हुए कंपनी के अधिकार-क्षेत्रों के लिए भारत में एक ही नियंत्रण केंद्र किस प्रकार स्थापित किया जाए?

इनमें से पहली समस्या सबसे विकट और सबसे महत्त्वपूर्ण थी। इसके अलावा यह समस्या ब्रिटेन में जारी दलगत और संसदीय दांव-पेंचों से अंग्रेज़ राजनेताओं की राजनीतिक महत्त्वाकांक्षाओं से और अंग्रेज़ व्यापारियों के व्यापारिक लोभ से भी घनिष्ठ रूप से जुड़ी हुई थी। बंगाल के भारी संसाधन कंपनी के हाथों में आ गए थे। उसके मालिकों ने फौरन ही लाभांश की दर बढ़ाकर 1767 में दस प्रतिशत कर दी थी। 1771 में उन्होंने इसे और भी बढ़ाकर साढ़े बारह प्रतिशत करने का प्रस्ताव रखा था। कंपनी के अंग्रेज़ सेवकों ने अपनी स्थिति का लाभ उठाकर गैरकानूनी और असमान व्यापार तथा भारतीय शासकों और ज़मींदारों से ज़बरदस्ती रिश्वत और "तोहफ़े" वसूल करके तेज़ी से धन कमाया था। क्लाइव जब 34 वर्ष की आयु में इंग्लैंड लौटा तो उसके पास इतनी संपत्ति थी कि उसे प्रतिवर्ष 40,000 पौंड की आय हो सके।

कंपनी द्वारा दिए जा रहे लाभांश की ऊंची दरों और उसके अधिकारियों द्वारा भारी संपत्ति लेकर स्वदेश लौटने ने ब्रिटिश समाज के दूसरे वर्गों में ईर्ष्या की आग भड़का दी। कंपनी के एकाधिकार के कारण पूर्व के साथ व्यापार नहीं कर पा रहे व्यापारी, उद्योगपतियों का उभरता वर्ग तथा आमतौर पर, ब्रिटेन में मुक्त उद्यम की उभरती शक्तियां—सभी उस लाभकारी भारतीय व्यापार और भारत की विशाल संपत्ति में हिस्सा चाहते थे जिसका अभी तक कंपनी और उसके सेवक ही उपयोग कर रहे थे। इसलिए इस व्यापार पर कंपनी के एकाधिकार को तोड़ने

के लिए जी-तोड़ कोशिश की गई और इस उद्देश्य को पूरा करने के लिए उन्होंने बंगाल में कंपनी के शासन पर हमला किया। उन्होंने भारत से ब्रिटेन लौटने वाले कंपनी के अधिकारियों को अपना खास निशाना बनाया। इन अधिकारियों को "नवाब" कहकर प्रेस और मंच पर उनका मज़ाक उड़ाया जाता था। अभिजात वर्ग ने उनका बहिष्कार किया और भारतीय जनता का शोषक और उत्पीड़क कहकर उनकी निंदा दी। उनके दो खास निशाने क्लाइव और वारेन हेस्टिंग्ज़ थे। कंपनी के विरोधियों को आशा थी कि "नवाबों" की निंदा करके वे कंपनी को अलोकप्रिय बना सकेंगे और फिर उसे स्थानच्युत कर सकेंगे।

अनेक मंत्री और संसद के दूसरे सदस्य भी बंगाल की संपत्ति से लाभ उठाने के लिए उत्सुक थे। उन्होंने जनसमर्थन पाने के लिए कंपनी को मजबूर किया कि वह ब्रिटिश सरकार को खिराज दे ताकि भारत से प्राप्त राजस्व के सहारे इंग्लैंड में टैक्सों या सार्वजनिक ऋणों का बोझ कम किया जा सके। 1767 में संसद ने एक कानून बनाकर कंपनी के लिए ब्रिटिश खज़ाने में प्रति वर्ष चार लाख पौंड देना अनिवार्य बना दिया। ब्रिटेन के अनेक राजनीतिक विचारक और राजनेता कंपनी और उसके अधिकारियों की गतिविधियों पर अंकुश लगाना चाहते थे क्योंकि उन्हें डर था कि शक्तिशाली बनकर कंपनी और उसके अधिकारी, अंग्रेज़ राष्ट्र और उसकी राजनीति को नष्ट कर देंगे। 18वीं सदी के उत्तरार्ध में ब्रिटेन की राजनीति अत्यंत ही भ्रष्ट हो चुकी थी। कंपनी और उसके अधिकारियों ने अपने एजेंटों के लिए पैसे के बल पर हाउस ऑफ़ कामंस की सदस्यताएं प्राप्त की थीं। अनेक अंग्रेज़ राजनेताओं को चिंता लगी थी कि भारत की लूट के बल पर कंपनी और उसके अधिकारी ब्रिटिश सरकार पर निर्णायक प्रभाव डालने की स्थिति में आ जाएंगे। कंपनी और उसके विशाल भारतीय साम्राज्य पर अंकुश लगाना आवश्यक है वरना भारत की स्वामिनी बनकर कंपनी ब्रिटिश प्रशासन पर नियंत्रण स्थापित कर लेगी और ब्रिटिश जनता की स्वतंत्रता का हनन करने की स्थिति में आ जाएगी।

मात्र कंपनी को प्राप्त विशेषाधिकारों पर अर्थशास्त्रियों के उस उभरते वर्ग ने भी चोट की जो मुक्त व्यापार और उद्योग पर आधारित पूंजीवाद का प्रतिनिधित्व करते थे। शास्त्रीय अर्थशास्त्र के संस्थापक, एडम स्मिथ ने भी अपनी प्रसिद्ध पुस्तक "वेल्थ ऑफ़ नेशंस" (राष्ट्रों की संपत्ति) में सीमित सदस्यता वाली कंपनियों की निंदा की–

> इस तरह, इस प्रकार की सीमित कंपनियां अनेक अर्थों में क्षतिकारी हैं। वे जिन देशों में स्थापित होती हैं उनके लिए कमोबेश असुविधाजनक होती

हैं और जिन देशों में दुर्भाग्य से उनकी सरकार स्थापित हो चुकी है, उनके लिए विध्वंस का कारण होती हैं।

इस तरह ब्रिटिश राज्य तथा कंपनी के अधिकारियों के पारस्परिक संबंधों का पुनर्गठन आवश्यक हो गया। फिर एक समय ऐसा आया जब कंपनी को सरकार से दस लाख पौंड का ऋण मांगना पड़ा। लेकिन अगर कंपनी के अनेक शक्तिशाली शत्रु थे तो संसद में उसके शक्तिशाली मित्र भी थे। इसके अलावा सम्राट जॉर्ज तृतीय उसके संरक्षक थे। इसलिए कंपनी ने जमकर शत्रुओं का सामना किया। अंत में संसद ने एक समझौते का रास्ता निकाला, जिसके अनुसार कंपनी के हितों तथा ब्रिटिश समाज के विभिन्न प्रभावशाली वर्गों के बीच एक नाज़ुक संतुलन कायम हो गया। यह तय किया गया कि कंपनी के भारतीय प्रशासन की बुनियादी नीतियों पर ब्रिटिश सरकार का नियंत्रण रहेगा ताकि भारत में ब्रिटिश शासन को ब्रिटेन के उच्च वर्गों के सामूहिक हित में चलाया जा सके। साथ ही पूर्व के साथ व्यापार पर कंपनी का एकाधिकार बना रहेगा तथा भारत में अपने अधिकारी नियुक्त करने का उसका बहुमूल्य हक भी उसी के हाथों में रहेगा। भारत के प्रशासन का विस्तृत ब्योरा कंपनी के डायरेक्टरों के लिए छोड़ दिया गया।

1773 का रेगुलेटिंग ऐक्ट कंपनी की गतिविधियों से संबंधित पहला महत्त्वपूर्ण संसदीय कानून था। इस कानून के कारण कंपनी के कोर्ट ऑफ़ डायरेक्टर्स के गठन में परिवर्तन हुआ तथा उनकी गतिविधियां ब्रिटिश सरकार की निगरानी में आ गईं। पर रेगुलेटिंग ऐक्ट व्यवहार में जल्दी ही बेकार सिद्ध हुआ। इसके कारण ब्रिटिश सरकार को कंपनी पर प्रभावी और निर्णायक नियंत्रण नहीं मिल सका। यह कानून कंपनी और उसके शक्तिशाली और मुखर होते जा रहे विरोधियों के झगड़े को भी नहीं सुलझा सका। इसके अलावा कंपनी अपने शत्रुओं के हमलों का निशाना बनी रही क्योंकि उसके भारतीय अधिकार-क्षेत्रों का प्रशासन भ्रष्ट, दमनकारी और आर्थिक दृष्टि से विनाशकारी ही बना रहा।

रेगुलेटिंग ऐक्ट के दोषों तथा ब्रिटिश राजनीति के उतार-चढ़ाव के कारण 1784 में एक और कानून बनाना पड़ा जिसे पिट का इंडिया ऐक्ट कहा जाता है। इस कानून के बल पर ब्रिटिश सरकार का कंपनी के मामलों तथा उसके भारतीय प्रशासन पर पूरा नियंत्रण स्थापित हो गया। उसने भारतीय मामलों की देख-रेख के लिए छह कमिश्नर नियुक्त किए। इसी को बोर्ड ऑफ़ कंट्रोल कहा जाता है, जिसमें दो केबिनेट मंत्री भी शामिल होते थे। अब कोर्ट ऑफ़ डायरेक्टर्स और भारत सरकार के कार्यों का मार्गदर्शन और संचालन इसी बोर्ड ऑफ़ कंट्रोल को करना था। इस कानून ने भारत के शासन को गवर्नर-जनरल तथा तीन सदस्यों

वाली एक काउंसिल के हाथों में दे दिया ताकि अगर एक सदस्य का समर्थन भी गवर्नर-जनरल को प्राप्त हो तो वह अपनी बात मनवा सके। इस कानून ने बंबई और मद्रास प्रेसिडेंसियों को युद्ध, कूटनीति और राजस्व के मामलों में स्पष्ट शब्दों में बंगाल के अधीन कर दिया। इस कानून के साथ भारत में ब्रिटिश विजय का एक नया युग आरंभ हुआ। इस प्रकार ईस्ट इंडिया कंपनी ब्रिटेन की राष्ट्रीय नीति का एक साधन बन गई। अब भारत का शासन इस प्रकार चलाया जाना था कि उससे ब्रिटेन के शासक वर्गों के सभी भागों के हित पूरे हो सकें। भारत और चीन के साथ व्यापार पर अपना एकाधिकार सुरक्षित पाकर कंपनी भी संतुष्ट हो गई। भारत में ब्रिटिश अधिकारियों को नियुक्त करने तथा सेवा मुक्त करने का लाभदायी अधिकार डायरेक्टरों के हाथों में बना रहा। इसके अलावा भारत की सरकार को भी उन्हीं के माध्यम से चलाए जाने की व्यवस्था थी।

पिट के इंडिया ऐक्ट ने यह सामान्य ढांचा तो निर्धारित कर दिया जिसमें भारत की सरकार 1857 तक चलाई गई, पर बाद में कानूनों में अनेक ऐसे महत्त्वपूर्ण परिवर्तन किए जिनसे कंपनी की शक्तियों और विशेषाधिकारों में धीरे-धीरे कमी आई। 1786 में गवर्नर-जनरल को यह अधिकार दे दिया गया कि वह भारतीय साम्राज्य की शांति, सुरक्षा या उसके हितों को प्रभावित करने वाले महत्त्वपूर्ण प्रश्नों पर अपनी काउंसिल की राय को ठुकरा सके।

1813 के चार्टर ऐक्ट के अनुसार, भारतीय व्यापार पर कंपनी का एकाधिकार समाप्त हो गया और सभी ब्रिटिश नागरिकों को भारत के साथ व्यापार करने की छूट दे दी गई। पर चाय के व्यापार और चीन के साथ व्यापार पर कंपनी का एकाधिकार बना रहा। भारत की सरकार तथा उसका राजस्व भी कंपनी के हाथों में ही बने रहे। भारत में अधिकारियों की नियुक्ति का अधिकार भी कंपनी के पास ही रहा। 1833 के चार्टर ऐक्ट ने चाय के व्यापार तथा चीन के साथ व्यापार पर कंपनी का एकाधिकार समाप्त कर दिया। साथ ही कंपनी के सभी ऋण भारत सरकार ने अपने ऊपर ले लिए। अब उसे कंपनी के सभी शेयर होल्डरों को उनकी पूंजी पर साढ़े दस प्रतिशत लाभांश भी देना था। बोर्ड ऑफ़ कंट्रोल के कड़े नियंत्रण में रहकर भारत में कंपनी सरकार चलाती रही।

इस तरह ऊपर वर्णित विभिन्न संसदीय कानूनों ने कंपनी तथा उसके भारतीय प्रशासन को पूरी तरह ब्रिटिश सरकार के अधीन बना दिया। साथ ही यह भी माना जाने लगा कि भारत का रोज़मर्रा का प्रशासन 6,000 मील दूर रहकर नहीं चलाया जा सकता, न ही उस पर निगरानी रखी जा सकती है। इसलिए गवर्नर-जनरल-इन-काउंसिल को सर्वोच्च अधिकार दे दिया गया। चूंकि महत्त्वपूर्ण

प्रश्नों पर काउंसिल की राय को ठुकराने का अधिकार भी गवर्नर जनरल को था, इसलिए अब वही भारत का वास्तविक और प्रभावी शासक बन गया और ब्रिटिश सरकार की निगरानी, नियंत्रण तथा मार्गदर्शन में शासन चलाने लगा।

अपने उद्देश्यों की पूर्ति के लिए अंग्रेज़ों ने भारत में प्रशासन की एक नई प्रणाली स्थापित की। लेकिन इस प्रणाली की प्रमुख विशेषताओं का वर्णन करने से पहले अच्छा यह होगा कि हम उन उद्देश्यों को समझ लें जिनकी पूर्ति के लिए यह प्रणाली बनाई गई। किसी देश की प्रशासन-प्रणाली का प्रमुख कार्य यह होता है कि वह उसके शासकों के उद्देश्यों और लक्ष्यों की पूर्ति कर सके। अंग्रेज़ों का प्रमुख उद्देश्य यह था कि कंपनी से लेकर लंकाशायर के उद्योगपतियों तक ब्रिटेन के विभिन्न वर्गों के अधिकतम लाभ के लिए वे भारत का आर्थिक शोषण कर सकें। 1793 में गवर्नर-जनरल लॉर्ड कॉर्नवॉलिस ने बंगाल सरकार के लिए दो प्रमुख उद्देश्य निर्धारित किए। ये उद्देश्य थे, ''राजनीतिक सुरक्षा सुनिश्चित करना'' तथा ''भारत पर अधिकार को ईस्ट इंडिया कंपनी तथा ब्रिटिश राष्ट्र के लिए यथासंभव लाभदायी बनाना।'' साथ ही, भारत पर विजय तथा उस पर विदेशी शासन का पूरा खर्च भी स्वयं भारत से ही निकाला जाना था। इसलिए भारत में अंग्रेज़ों की आर्थिक नीतियों की जांच-पड़ताल परम आवश्यक है।

भारत में अंग्रेज़ों की आर्थिक नीतियां (1757-1857)

वाणिज्य-नीति–1600 से 1757 तक भारत में ईस्ट इंडिया कंपनी की भूमिका एक ऐसे व्यापारिक निगम की थी जो भारत में माल या बहुमूल्य धातुएं लाता था तथा उसके बदले कपड़े, मसाले आदि भारतीय माल लेकर उन्हें विदेशों में बेचता था। इसके मुनाफ़े का मुख्य स्रोत विदेशों में भारतीय माल का विक्रय था। स्वाभाविक था कि कंपनी ब्रिटेन और दूसरे देशों में भारतीय मालों के लिए नए बाज़ार लगातार खोजती रहती थी। इस प्रकार उसने भारतीय मालों का निर्यात बढ़ाया तथा उनके उत्पादन को प्रोत्साहन मिला। यही कारण था कि भारतीय शासक भारत में कंपनी द्वारा फैक्टरियों की स्थापना को न सिर्फ सह लेते थे, बल्कि इसे प्रोत्साहित भी करते थे।

पर आरंभ से ही ब्रिटिश उद्योगपति ब्रिटेन में भारतीय वस्त्रों की लोकप्रियता से ईर्ष्या करते रहे। वस्त्रों का फैशन एकाएक बदल गया तथा अंग्रेज़ों के खुरदुरे ऊनी कपड़ों की जगह हल्के सूती वस्त्रों ने ले ली। प्रसिद्ध उपन्यास ''राबिन्सन क्रूसो'' के लेखक डेनियन डिफो की शिकायत थी कि 'भारतीय वस्त्र हमारे घरों, हमारे कक्षों तथा हमारे शयनागारों में भी प्रवेश कर चुके हैं। पर्दे, गद्दे, कुर्सियां और

अंत में हमारे बिस्तर भी मलमल या भारतीय वस्तुओं के अलावा कुछ नहीं रहे।' भारतीय मालों के ब्रिटेन में विक्रय को कम करने या समाप्त कराने के लिए ब्रिटिश उद्योगपतियों ने अपनी सरकार पर दबाव डाला। 1720 तक छापेदार या रंगे सूती वस्त्रों के व्यापार पर प्रतिबंध लगाने वाले कानून बन चुके थे। 1760 में एक भद्र महिला को आयातित रूमाल रखने पर दो सौ पौंड जुर्माना देना पड़ा था। इसके अलावा, सादे वस्त्रों के आयात पर भारी महसूल लगाए गए। हॉलैंड को छोड़कर दूसरे यूरोपीय देशों ने भी भारतीय वस्त्रों के आयात पर या तो प्रतिबंध लगा दिए या उन पर भारी आयात-शुल्क लगा दिए। लेकिन इन कानूनों के बावजूद भारत के रेशमी और सूती वस्त्र 18वीं सदी के मध्य तक विदेशी बाज़ारों में जमे रहे। मगर तब तक नई और विकसित प्रौद्योगिकी के आधार पर ब्रिटेन का वस्त्र उद्योग पनपने लगा था।

भारत के साथ कंपनी के व्यापारिक संबंधों में 1757 के प्लासी युद्ध के बाद एक गुणात्मक परिवर्तन आया। अब बंगाल पर अपने राजनीतिक नियंत्रण के सहारे कंपनी भारतीय व्यापार और उत्पादन पर एकाधिकारपूर्ण नियंत्रण स्थापित कर सकती थी और अपना भारतीय व्यापार भी बढ़ा सकती थी। इसके अलावा, कंपनी ने भारतीय मालों का निर्यात बढ़ाने के लिए, बंगाल से प्राप्त राजस्व का भी उपयोग किया। 1750-51 में भारतीय कारखानेदारों ने ब्रिटेन को 15 लाख पौंड का भारतीय माल निर्यात किया था, जिसे कंपनी की गतिविधियों के कारण 1797-98 तक बढ़कर 58 लाख पौंड हो जाना चाहिए था। पर ऐसा नहीं हुआ। कंपनी ने अपनी राजनैतिक शक्ति का उपयोग करके बंगाल के बुनकरों पर अपनी शर्तें लादीं और उन्हें अपना माल कम तथा निर्धारित दामों के साथ-साथ घाटे पर भी बेचने के लिए बाध्य किया। इसके अलावा, अब उन्हें श्रम की आज़ादी भी नहीं रही। उनमें से कई कंपनी के लिए कम मज़दूरी पर काम करने को मजबूर किए गए तथा भारतीय कारखानेदारों के लिए उनके काम करने पर रोक लगा दी गई। कंपनी ने अपने भारतीय या विदेशी प्रतिद्वंद्वी व्यापारियों को बाहर कर दिया तथा बंगाल के दस्तकारों को अधिक मज़दूरी या दाम देने से उन्हें रोके रखा। कंपनी के नौकरों ने कच्चे कपास की बिक्री पर एकाधिकार कर लिया तथा उसके लिए वे बंगाल के बुनकरों से मनमाने दाम वसूलने लगे। इस तरह बुनकर खरीददार तथा विक्रेता, दोनों ही रूप में घाटे में रहे। साथ ही इंग्लैंड में भारतीय वस्त्रों पर भारी आयात-शुल्क भी देने पड़ते थे। ब्रिटिश सरकार अपने उभरते हुए मशीनी उद्योग को सुरक्षा देने पर अडिग थी क्योंकि उसके माल अभी भी सस्ते और बेहतर भारतीय मालों का मुकाबला नहीं कर सकते थे। फिर

भी भारतीय मालों की कुछ साख बनी रही। भारतीय हस्तशिल्प को असल धक्का 1813 के बाद लगा, जब उसके हाथों से न केवल विदेशी बाज़ार छिन गए बल्कि भारतीय बाज़ार में भी उसके लिए कोई जगह नहीं रह गई।

ब्रिटेन की औद्योगिक क्रांति ने उसकी अर्थव्यवस्था तथा भारत के साथ उसके आर्थिक संबंधों को पूरी तरह बदलकर रख दिया। 18वीं सदी के उत्तरार्ध तथा 18वीं सदी के पहले कुछ दशकों में ब्रिटेन में महत्त्वपूर्ण सामाजिक-आर्थिक रूपांतरण हुए। आधुनिक मशीनों, कारखाना प्रणाली तथा पूंजीवाद के आधार पर ब्रिटिश उद्योगों का तेज़ी से विकास और प्रसार हुआ। इस विकास को अनेक कारणों से बल मिला।

इसके पहले की सदियों से ब्रिटेन का विदेशी व्यापार तेज़ी से फैलता आया था। युद्धों और उपनिवेशवाद के द्वारा ब्रिटेन ने अनेक विदेशी बाज़ारों पर एकाधिकार कायम कर लिया था। इन निर्यात-बाज़ारों के कारण ब्रिटेन के निर्यातक-उद्योगों का उत्पादन तेजी से बढ़ा जिसमें उत्पादन तथा संगठन की आधुनिकतम तकनीकों का उपयोग किया गया। अफ्रीका, वेस्ट इंडीज़, लातीनी अमरीका, कनाडा, आस्ट्रेलिया, चीन और सबसे बढ़कर भारत ने निर्यात के लिए असीम अवसर प्रदान किए। यह बात सूती वस्त्र उद्योग के लिए खास तौर पर सही थी जो ब्रिटेन की औद्योगिक क्रांति का प्रमुख वाहक बन गया। ब्रिटेन ने अब तक व्यापार की एक औपनिवेशिक प्रणाली स्थापित कर ली थी जिससे औद्योगिक क्रांति को बल मिला और औद्योगिक क्रांति ने बदले में इस प्रणाली को और भी मज़बूत बनाया। उपनिवेश तथा अल्पविकसित देश ब्रिटेन को अपने खेतों और खदानों के कच्चे माल का निर्यात करते और ब्रिटेन उन्हें अपने कारखानों का तैयार माल बेचता।

दूसरे, नई मशीनों और कारखानों में लगाने के लिए देश में पर्याप्त पूंजी जमा हो चुकी थी। इसके अलावा, यह पूंजी सामंत वर्ग के हाथों में न थी जो इसे विलासी जीवन और भोग में खर्च कर डालता, बल्कि यह व्यापारियों और उद्योगपतियों के हाथों में थी जो इसे उद्योग और व्यापार में लगाने के लिए उत्सुक थे। इस मामले में अफ्रीका एशिया, वेस्ट इंडीज़ तथा लातीनी अमरीका से तथा ईस्ट इंडिया कंपनी और उसके नौकरों द्वारा भारत से प्लासी-युद्ध के बाद ले जाई गई पूंजी ने औद्योगिक प्रसार में एक महत्त्वपूर्ण भूमिका निभाई।

तीसरे, जनसंख्या की तीव्र वृद्धि ने फलते-फूलते उद्योगों की अधिक और सस्ते श्रम की आवश्यकताएं पूरी कीं। 1740 के बाद ब्रिटेन की जनसंख्या तेज़ी से बढ़ी; 1780 के बाद के पचास वर्षों में यह दोगुनी हो गई।

चौथे, ब्रिटेन में एक ऐसी सरकार थी जिस पर व्यापारियों तथा उद्योगपतियों का प्रभाव था और इसलिए उसने बाज़ारों तथा उपनिवेशों के लिए दूसरे देशों से जमकर युद्ध किया।

पांचवें, अधिक उत्पादन की मांगें प्रौद्योगिकी के विकास द्वारा पूरी की गई। ब्रिटेन के उभरते उद्योगों ने हरग्रीव्स, वॉट, क्रांपटन, कार्टराइट तथा दूसरे लोगों के आविष्कारों का भरपूर उपयोग किया। इनमें से अनेक आविष्कार सदियों पहले हुए थे, मगर अब उनका उपयोग होने लगा। इन आविष्कारों तथा भाप की शक्ति का पूरा फायदा उठाने के लिए अब उत्पादन को अधिकाधिक कारखानों तक सीमित किया जाने लगा। यह भी ध्यान रहे कि इन आविष्कारों ने औद्योगिक क्रांति को जन्म नहीं दिया था बल्कि फैलते बाज़ारों के लिए उत्पादन तेज़ी से बढ़ाने की उद्योगपतियों की इच्छा तथा इसके लिए आवश्यक पूंजी लगा सकने की उनकी क्षमता के ही कारण, तब तक विद्यमान प्रौद्योगिकी का उपयोग किया जा सका और नए आविष्कारों की आवश्यकता का अनुभव किया गया। वास्तव में उद्योग के लिए संगठन ने तकनीकी परिवर्तनों को मानव विकास की एक स्थायी विशेषता बना दिया। इस दृष्टि से देखें तो औद्योगिक क्रांति कभी समाप्त ही नहीं हुई क्योंकि 18वीं सदी के मध्य से ही आधुनिक उद्योगों और प्रौद्योगिकी का लगातार एक चरण से दूसरे चरण तक विकास होता रहा है।

औद्योगिक क्रांति के कारण ब्रिटिश समाज में बुनियादी परिवर्तन आए। इसके कारण तीव्र आर्थिक विकास हुआ जो आज ब्रिटेन तथा यूरोप, सोवियत संघ, संयुक्त राज्य अमरीका, कनाडा, आस्ट्रेलिया और जापान के उच्च जीवन स्तर का आधार है। वास्तव में 19वीं सदी के आरंभ से पहले तक आज के आर्थिक दृष्टि से उन्नत और पिछड़े देशों के जीवन स्तरों में बहुत स्पष्ट अंतर नहीं था। पिछड़े देशों में औद्योगिक क्रांति का न होना ही वह कारण है जिसकी वजह से आज की दुनिया में आय के अधिक अंतर देखे जाते हैं।

औद्योगिक क्रांति के कारण ब्रिटेन का अधिकाधिक नगरीकरण होता गया। अधिकाधिक लोग कारखानों वाले नगरों में बसने लगे। 1750 में ब्रिटेन में 50,000 से अधिक जनसंख्या वाले केवल दो नगर थे जबकि 1851 में इनकी संख्या 29 हो चुकी थी।

समाज में एकदम नए दो वर्गों का उदय हुआ। एक वर्ग औद्योगिक पूंजीपतियों का था जो कारखानों के मालिक थे और दूसरा वर्ग मज़दूरों का था जो दैनिक मज़दूरी पर अपनी श्रम शक्ति बेचते थे। पहले वर्ग का तेज़ी से विकास हुआ और वह अभूतपूर्व समृद्धि का उपभोग करने लगा जबकि श्रम करने वाले गरीब

मज़दूरों को आरंभ से आंसू के घूंट पीने पड़े। वे अपने ग्रामीण वातावरण से उजाड़ दिए गए और उनकी परंपरागत जीवन-पद्धति छिन्न-भिन्न और नष्ट कर दी गई। अब उन्हें नगरों में रहना पड़ता था जो धूल-धक्कड़ और धुएं से भरे थे। उनके घरों में स्थान बहुत ही कम होता था और वे गंदगी से भरे होते थे। उनमें से अधिकांश को अंधेरे, धूप से वंचित गंदी बस्तियों में रहना पड़ता था। इन सबका मार्मिक वर्णन चार्ल्स डिकेंस ने अपने उपन्यासों में किया है। कारखानों और खदानों में काम के घंटे असहनीय सीमा तक लंबे होते थे; कभी-कभी प्रतिदिन 14-16 घंटों तक काम करना पड़ता था। कभी-कभी चार-पांच वर्ष के बच्चों को भी कारखानों और खदानों में लगा दिया जाता था। एक मज़दूर का जीवन आमतौर पर गरीबी, कड़ी मेहनत, बीमारियों और कुपोषण का जीवन होता था। केवल 19वीं सदी के उत्तरार्ध में ही उनकी आमदनी में थोड़ी-बहुत वृद्धि हो सकी।

उद्योगपतियों के एक शक्तिशाली वर्ग के उदय ने भी भारतीय प्रशासन और इसकी नीतियों पर गहरा प्रभाव डाला। साम्राज्य में इस वर्ग की दिलचस्पी ईस्ट इंडिया कंपनी की दिलचस्पी से बहुत भिन्न थी। भारतीय दस्तकारों के निर्यात पर एकाधिकार होने से या भारतीय धन के सीधे-सीधे दोहन से इस वर्ग को कोई लाभ नहीं मिला। जब इस वर्ग की संख्या शक्तिशाली और इसके राजनीतिक प्रभाव में वृद्धि हुई तो वह कंपनी के व्यापारिक एकाधिकार पर चोट करने लगा। चूंकि इस वर्ग का मुनाफ़ा व्यापार नहीं बल्कि कारखानों के उत्पादन की देन था, इसलिए वह तैयार भारतीय माल के आयात को नहीं बल्कि अपने माल का भारत को निर्यात तथा भारत के कपास जैसे कच्चे मालों के आयात को प्रोत्साहन देना चाहता था। 1769 में ब्रिटिश उद्योगपतियों ने एक कानून बनवाकर कंपनी को इस बात के लिए बाध्य कर दिया कि वह प्रति वर्ष 3,80,000 पौंड से अधिक मूल्य वाले ब्रिटिश कारखानों के माल का निर्यात करे। हालांकि इस सौदे में कंपनी को बहुत घाटा हुआ। 1793 में उन्होंने कंपनी को मजबूर किया कि वह अपने जहाज़ों में उन्हें प्रति वर्ष 3,000 टन माल ढोने की छूट दे। पूर्वी देशों, खासकर भारत को 1794 में 156 पौंड के ब्रिटिश सूती कपड़ों का निर्यात हुआ, मगर 1813 तक यह निर्यात बढ़कर 1,10,000 पौंड का, अर्थात् लगभग 700 गुना हो गया। लेकिन यह बढ़ोतरी भी लंकाशायर के उद्योगपतियों की आशा से कम सिद्ध हुई, जो अब भारत में अपना निर्यात बढ़ाने के नए-नए तरीके ढूंढ़ने लगे। जैसा कि आर. सी. दत्त ने अपनी प्रसिद्ध पुस्तक "दि इकॉनोमिक हिस्ट्री ऑफ़ इंडिया" में आगे चलकर लिखा, 1812 की पार्लियामेंटरी सेलेक्ट कमेटी के प्रयास का उद्देश्य 'यह पता लगाना था कि

उनकी (भारतीय कारखानेदारों) जगह ब्रिटिश कारखानेदारों को कैसे दी जाए और भारतीय उद्योगों की कीमत पर ब्रिटिश उद्योगों को कैसे प्रोत्साहित किया जाए।'

ईस्ट इंडिया कंपनी को, पूर्वी व्यापार पर कंपनी के एकाधिकार को तथा भारत के राजस्व और निर्यात-व्यापार पर नियंत्रण के जरिए कंपनी की शोषण पद्धति को, ब्रिटिश कारखानेदार अपनी आकांक्षाओं की पूर्ति में प्रमुख बाधा समझते थे। 1793 तथा 1813 के बीच उन्होंने कंपनी तथा उसके व्यापारिक विशेषाधिकारों के ख़िलाफ़ एक शक्तिशाली अभियान चलाया और अंतत: 1813 में भारतीय व्यापार पर उसका एकाधिकार समाप्त कराने में वे सफल रहे।

इस घटना के बाद भारत के साथ ब्रिटेन के आर्थिक संबंधों का एक नया युग आरंभ हुआ। खेतिहर भारत को अब औद्योगिक इंग्लैंड का आर्थिक उपनिवेश बनना पड़ा।

भारत सरकार ने अब मुक्त व्यापार अर्थात् ब्रिटिश माल के अबाध भारत-प्रवेश की नीति अपनाई। भारतीय दस्तकारियों को अब ब्रिटेन के मशीनों से बने माल के साथ भीषण और असमान प्रतियोगिता का सामना करना पड़ा तथा वे नष्ट होने लगीं। भारत में ब्रिटिश माल बिना किसी शुल्क के या मामूली आयात-शुल्क के साथ आने लगा। नए-नए इलाके जीतकर तथा अवध जैसे संरक्षित राज्यों पर सीधा कब्ज़ा करके ब्रिटिश सामान के खरीददारों की संख्या बढ़ाने का प्रयास भी भारत सरकार ने किया। अनेक ब्रिटिश अधिकारियों, राजनीतिक नेताओं तथा व्यापारियों ने ज़मीन का लगान घटाने की पैरवी भी की ताकि किसान बेहतर स्थिति में हों और विदेशी कारखानों में बना माल खरीद सकें। उन्होंने भारत के पश्चिमीकरण का समर्थन भी किया ताकि अधिकाधिक भारतीयों में पश्चिमी मालों के प्रति रुचि का विकास हो सके।

हाथ से तैयार भारतीय माल उन ब्रिटिश कारखानों के बहुत ही सस्ते मालों का मुकाबला न कर सके जो नए आविष्कारों तथा और बड़े पैमाने पर भाप की शक्ति का उपयोग करके अपनी उत्पादन क्षमता को तेज़ी से बढ़ा रहे थे। कोई भी सरकार अगर केवल भारतीयों के हितों की शुभचिंतक होती तो वह ऊंचे आयात-शुल्क लगाकर भारतीय उद्योगों को संरक्षण देती और इस प्रकार जो समय मिलता उसमें पश्चिम से नई तकनीकों का आयात कर चुकी होती। 18वीं सदी में ब्रिटेन ने अपने उद्योगों के लिए यही किया था; उस समय फ्रांस, जर्मनी और संयुक्त राज्य अमरीका यही कर रहे थे; अनेक दशकों बाद सोवियत संघ और जापान ने यही किया (और आज स्वतंत्र भारत यही कर रहा है। पर विदेशी शासकों ने भारतीय उद्योगों को संरक्षण नहीं दिया बल्कि उन्होंने विदेशी मालों

को भारत में प्रवेश की खुली छूट दे दी। विदेशों से आयात तेज़ी से बढ़ चला। केवल ब्रिटिश सूती कपड़ों का निर्यात 1813 में 1,10,000 पौंड था जो 1856 में बढ़कर 63,00,000 पौंड तक हो गया।

भारत पर लादी गई मुक्त व्यापार की यह नीति एकतरफा थी। भारत के दरवाज़े तो विदेशी मालों के लिए खुले छोड़ दिए गए, मगर जो भारतीय माल ब्रिटिश मालों से प्रतियोगिता कर सकते थे, उन पर ब्रिटेन में प्रवेश के लिए भारी आयात-शुल्क लगा दिए गए। अब अंग्रेज़ों का उद्योग भारतीय दस्तकारियों की तुलना में औद्योगिक श्रेष्ठता प्राप्त कर चुका था, फिर भी अंग्रेज़ वाजिब तथा समान शर्तों पर भारतीय माल नहीं खरीदते थे। ब्रिटेन में अनेक प्रकार के भारतीय मालों पर ऊंचा आयात-शुल्क तब तक जारी रहा जब तक उनका निर्यात लगभग बंद ही नहीं हो गया। उदाहरण के लिए, 1824 में भारत के मोटे सूती कपड़ों पर आयात-शुल्क की दर 67.5 प्रतिशत तथा भारतीय मलमल पर 37.5 प्रतिशत थी। ब्रिटेन में प्रवेश के लिए भारतीय चीनी पर जो शुल्क लगता था वह उसकी लागत के तीन गुने से भी अधिक होता था। कुछ मामलों में इंग्लैंड में यह शुल्क 400 प्रतिशत से भी अधिक हो गया। इस प्रकार के प्रतिबंधमूलक शुल्क तथा मशीन उद्योग के विकास के परिणामस्वरूप दूसरे देशों के लिए भारत का निर्यात तेज़ी से गिर गया। ब्रिटिश व्यापारिक नीति की बेईमानी का वर्णन ब्रिटिश इतिहासकार एच.एस. विल्सन ने इन शब्दों में किया है –

> यह साक्ष्य में कही गई कि उस समय तक भारत के सूती और रेशमी माल को इंग्लैंड में तैयार मालों की तुलना में 50 से 60 प्रतिशत कम कीमत पर भी बेचकर मुनाफ़ा कमाया जा सकता था। परिणामस्वरूप (भारतीय मालों पर) उनकी कीमतों का 70 से 80 प्रतिशत तक शुल्क लगाकर, इंग्लैंड के मालों को संरक्षण देना आवश्यक हो गया है। अगर ऐसा न होता और अगर ऐसे प्रतिबंधमूलक शुल्कों और आदेशों का उपयोग न किया जाता तो पैसेले तथा मैनचेस्टर के कारखाने अपने आरंभ काल में ही बंद हो चुके होते और भाप की शक्ति का उपयोग करके भी उनको शायद दोबारा आरंभ नहीं किया जा सकता था। उनका जन्म भारतीय कारखानेदारों का बलिदान देकर ही संभव हो सका। अगर भारत स्वतंत्र होता तो वह भी बदले की कार्रवाई करता, ब्रिटिश मालों पर प्रतिबंधमूलक शुल्क लगाता और इस तरह अपने उत्पादक उद्योगों को नष्ट होने से बचा लेता। पर उसे आत्मरक्षा का यह कदम उठाने की अनुमति न थी और वह विदेशियों की दया का मोहताज था। बिना कोई शुल्क चुकाए ब्रिटेन के माल उस पर लाद दिए गए और विदेशी कारखानेदारों ने राजनीतिक अन्याय का सहारा लेकर अपने उन प्रतियोगियों

को दबाए रखा और अंततः उनका गला घोंट दिया जिनके साथ बराबरी की शर्तों पर वे प्रतियोगिता नहीं कर सकते थे।

भारत को अब मजबूर किया गया कि अपने तैयार माल का निर्यात करने की जगह वह कच्चे कपास और कच्चे रेशम जैसे मालों का निर्यात करे जिनकी ब्रिटिश उद्योगों को सख्त ज़रूरत थी, या फिर नील या चाय जैसे बागानों के उत्पादनों या अनाजों का निर्यात करे जिनकी ब्रिटेन में कमी थी। 1856 में भारत ने 43,00,000 पौंड के कच्चे कपास का निर्यात किया मगर तैयार सूती माल का निर्यात केवल 8,10,000 पौंड का था। इसी वर्ष भारत द्वारा 29,00,000 पौंड के अनाज, 17,30,000 पौंड के नील तथा 7,70,000 पौंड के कच्चे रेशम का निर्यात भी किया गया। अंग्रेज़ों ने चीन में भारतीय अफ़ीम की बिक्री को भी प्रोत्साहन दिया और ऐसे समय में जबकि चीनियों ने अफ़ीम के ज़हरीले तथा हानिकारक गुणों के कारण अफ़ीम पर प्रतिबंध लगा दिया था। पर इस व्यापार से ब्रिटिश व्यापारियों को भारी मुनाफ़ा तथा कंपनी द्वारा नियंत्रित भारतीय प्रशासन को भारी राजस्व मिलते थे। दिलचस्प बात यह है कि ब्रिटेन में अफ़ीम के आयात पर कड़ा प्रतिबंध था। 19वीं सदी के अंत तक भारत का निर्यात मुख्यतः कच्चे कपास, जूट और रेशम, तिलहन, गेहूँ, खाल, चमड़ा, नील और चाय तक सीमित था।

इस तरह 1813 के बाद ईस्ट इंडिया कंपनी की व्यापारिक नीति का निर्धारण ब्रिटिश उद्योग की आवश्यकताओं के अनुसार होने लगा। इसका मुख्य उद्देश्य भारत को ब्रिटेन के कारखानों के माल का उपभोक्ता तथा कच्चे मालों का निर्यातक बनाना था।

संपत्ति का दोहन : भारत की संपत्ति और संसाधनों का एक हिस्सा अंग्रेज़ ब्रिटेन को भेज रहे थे और इसके बदले भारत को पर्याप्त आर्थिक या भौतिक लाभ नहीं मिल रहा था। यह आर्थिक दोहन ब्रिटिश शासन की खास विशेषता थी। इसके पहले बुरी से बुरी भारतीय सरकारों ने भी जनता से चूसी गई दौलत का उपयोग देश के अंदर ही किया था। चाहे उन्होंने इस धन को सिंचाई की नहरें या ट्रंक रोड बनाने पर खर्च किया, महल, मंदिर या मस्जिद बनाने में लगाया, युद्धों और विजयों के लिए उसका उपयोग किया या व्यक्तिगत भोग-विलास में उसे उड़ाया, मगर वह धन अंततः भारतीय उद्योग और व्यापार को ही प्रोत्साहित करता था और भारतीयों को रोज़गार देता था। इसका कारण यह था कि विदेशी विजेता, जैसे कि मुगल, भी जल्द ही भारत में बस गए और उन्होंने इसी को अपना घर बना लिया। पर अंग्रेज़ हमेशा विदेशी ही बने रहे। भारत में काम कर रहे या व्यापार कर रहे लगभग सभी अंग्रेज़ ब्रिटेन वापस जाने की

योजना बनाते रहते थे। भारत की सरकार पर नियंत्रण विदेशी व्यापारियों की एक कंपनी और ब्रिटेन की सरकार का था। परिणामस्वरूप भारतीय जनता से प्राप्त कर और आय का बहुत बड़ा हिस्सा अंग्रेज़ भारत में नहीं बल्कि अपने देश ब्रिटेन में खर्च करते थे।

बंगाल से संपत्ति का यह दोहन 1757 में आरंभ हुआ और इसके बाद कंपनी के नौकर भारतीय शासकों, ज़मींदारों, व्यापारियों और साधारण जनता से झटककर जमा की गई बेपनाह दौलत अपने देश ले जाने लगे। 1758 और 1765 के बीच उन्होंने लगभग 60 लाख पौंड की दौलत ब्रिटेन भेजी। 1765 में बंगाल के नवाब को ज़मीन की कुल जितनी मालगुज़ारी प्राप्त हुई, यह रकम उससे चार गुना से भी अधिक थी। इस भयानक दोहन में कंपनी के व्यापारिक मुनाफ़े शामिल नहीं थे और यह कमाई भी प्राय: गैरकानूनी कमाई से कम नहीं होती थी। 1765 में कंपनी ने बंगाल की दीवानी प्राप्त कर ली और इस तरह राजस्व पर उसका नियंत्रण स्थापित हो गया। जल्द ही कंपनी ने अपने नौकरों से भी बड़े पैमाने पर प्रत्यक्ष दोहन की व्यवस्था खड़ी कर ली। वह बंगाल के राजस्व से ही भारतीय माल खरीदकर उनका निर्यात करने लगी। इन खरीदों को ''पूंजी निवेश'' कहा जाता था। इस तरह इन ''पूंजी निवेशों'' के रूप में बंगाल का धन इंग्लैंड भेजा जाता था। मिसाल के लिए, 1765 से 1770 के बीच कंपनी ने मालों के रूप में लगभग 40 लाख पौंड का धन बाहर भेजा जो बंगाल मात्र के राजस्व का लगभग 33 प्रतिशत था। 18वीं सदी के अंत तक भारत की राष्ट्रीय आय का लगभग 9 प्रतिशत बाहर भेजा जा रहा था। पर वास्तविक दोहन और भी अधिक था क्योंकि अंग्रेज़ अधिकारियों के वेतन और दूसरी आय तथा अंग्रेज़ व्यापारियों के व्यापारिक लाभ का एक बड़ा हिस्सा भी इंग्लैंड ही जाता।

इस दोहन के परिणास्वरूप भारत का निर्यात उसके आयात से बढ़ गया। मगर इसका भारत को कोई लाभ न मिला। हालांकि वार्षिक दोहन की ठीक-ठीक रकम का हिसाब अभी तक नहीं लगाया जा सका है, पर कम से कम 1757 से 1857 के बीच इस दोहन की वास्तविकता को ब्रिटिश अधिकारी बड़े पैमाने पर स्वीकार करते थे। उदाहरण के लिए, हाउस ऑफ लॉर्ड्स की सेलेक्ट कमेटी के अध्यक्ष और बाद में भारत के गवर्नर-जनरल लॉर्ड एलनबरो ने 1840 में स्वीकार किया कि भारत से 'आशा की जाती थी कि वह इस देश (ब्रिटेन) को प्रति वर्ष 20 से 30 लाख पौंड-स्टर्लिंग के बीच कोई रकम भेजे और बदले में मामूली मूल्य के सैनिक भंडारों के अलावा किसी बात की आशा न करे।' मद्रास के बोर्ड ऑफ़ रेवेन्यू के अध्यक्ष जॉन सुलिवन ने यह टिप्पणी की, 'हमारी प्रणाली

बहुत कुछ स्पेन की तरह काम करती है जो गंगा के तटों से सभी अच्छी चीज़ें सोखकर टेम्स के तटों पर निचोड़ देती है।'

1858 के बाद यह दोहन बढ़ता ही गया, हालांकि अब ब्रिटिश प्रशासक और साम्राज्यवादी लेखक इसकी सच्चाई से इनकार करने लगे। 19वीं सदी के अंत में यह दोहन भारत की राष्ट्रीय बचत का लगभग एक-तिहाई था। खासकर 18वीं सदी में और 19वीं सदी के आरंभ में, अर्थात् ब्रिटेन के औद्योगीकरण के आरंभिक काल में भारत से बाहर ले जाए गए इस धन की ब्रिटेन में पूंजीवादी विकास के लिए पूंजी जुटाने में महत्त्वपूर्ण भूमिका रही। ऐसा अनुमान लगाया गया है कि उस काल में दोहन की यह रकम ब्रिटेन की राष्ट्रीय आय का लगभग 2 प्रतिशत होती थी। अगर हम इस बात को ध्यान में रखें कि उस समय अपनी राष्ट्रीय आय का लगभग सात प्रतिशत ब्रिटेन उद्योग और कृषि में लगाता था, तो इस आंकड़े का महत्त्व समझ में आ सकता है।

यातायात और संचार के साधनों का विकास : 19वीं सदी के मध्य तक भारत में यातायात के साधन बहुत पिछड़े हुए थे। यातायात बैलगाड़ी और तांगों तक सीमित था। ब्रिटिश शासकों ने महसूस किया कि अगर ब्रिटिश मालों को भारत में बड़े पैमाने पर खपाना है और ब्रिटिश उद्योगों के लिए यहां से कच्चा माल प्राप्त करना है तो यहां यातायात की एक सस्ती और आसान प्रणाली का विकास करना आवश्यक है। तब उन्होंने नदियों में स्टीमर चलाना और सड़कों को सुधारना आरंभ किया। कलकत्ता से दिल्ली तक ग्रैंड ट्रंक रोड पर 1839 में काम आरंभ हुआ जो 1850 के दशक में पूरा हुआ। सड़कों द्वारा देश के प्रमुख नगरों, बंदरगाहों और मंडियों को जोड़ने के प्रयास भी किए गए। पर यातायात में वास्तविक सुधार रेलों के आरंभ के बाद ही हो पाया।

जॉर्ज स्टीवेंसन का बनाया पहला रेल इंजन इंग्लैंड में 1814 में पटरियों पर चलाया गया। वहां 1830 तथा 1840 के दशक में रेलों का तेज़ी से विकास हुआ। जल्द ही भारत में भी तेज़ी से रेल लाइनें बिछाने के लिए दबाव पड़ने लगा। ब्रिटिश उद्योगपतियों को आशा थी कि इस प्रकार देश के भीतर के दूरदराज़ के इलाकों के विशाल तथा अभी तक पकड़ से बाहर रहे बाज़ार भी उन्हें मिल जाएंगे तथा उनकी भूखी मशीनों तथा उनके चलाने वालों के लिए भारतीय कच्चे माल तथा खाद्य सामग्री का निर्यात आसान हो जाएगा। ब्रिटिश बैंकरों और निवेशकर्ताओं को भी लगा कि उनकी अतिरिक्त पूंजी सुरक्षा के साथ भारत में रेलों के विकास में लगाई जा सकती थी। ब्रिटेन के इस्पात-उत्पादकों को लगा कि उनके उत्पादनों, जैसे पटरियों, इंजन डिब्बों तथा दूसरी मशीनों आदि की

बिक्री इससे बढ़ सकती है। जल्द ही भारत सरकार ने भी इस दृष्टिकोण को स्वीकार कर लिया। उसे रेलों के रूप में एक और अच्छी बात भी नज़र आई कि इनसे सैनिकों की भर्ती और आवाजाही और तेज़ी से हो सकेगी और इस प्रकार और भी प्रभावी और कुशल ढंग से देश का प्रशासन चलाना तथा आंतरिक विद्रोहों और बाहरी हमलों से अपने शासन की सुरक्षा कर सकना संभव हो सकेगा।

भारत में रेल लाइन बिछाने का पहला सुझाव 1831 में मद्रास में आया था। पर इस रेल के डिब्बों को घोड़े खींचने वाले थे। भारत में भाप से चलने वाली रेलों का पहला प्रस्ताव 1834 में इंग्लैंड में रखा गया। इंग्लैंड के रेलवे प्रोमोटरों, वित्तपतियों, भारत से व्यापार कर रहे व्यापारिक घरानों तथा कपड़ा उत्पादकों से इस प्रस्ताव को भारी राजनीतिक समर्थन मिला। तय हुआ कि प्राइवेट कंपनियां भारत में रेल लाइनें बिछाएं और रेलें चलाएं। भारत सरकार ने ज़मानत दी कि इन कंपनियों को उनकी पूंजी पर कम से कम पांच प्रतिशत लाभ मिलेगा। बंबई और ठाणे के बीच पहली रेल-लाइन यातायात के लिए 1853 में खोल दी गई।

1849 में भारत का गवर्नर-जनरल बनने वाला लॉर्ड डलहौज़ी यहां तेज़ी से रेल लाइन बिछाने के विचार का पक्का समर्थक था। 1853 में लिखे एक प्रसिद्ध नोट में उसने रेलों के विकास का एक व्यापक कार्यक्रम सामने रखा। उसने चार प्रमुख ट्रंक लाइनों के एक जाल का प्रस्ताव रखा जो देश के अंदरूनी भागों को बड़े बंदरगाहों से तथा देश के विभिन्न भागों को आपस में जोड़ सके।

1869 के अंत तक ज़मानत प्राप्त कंपनियां 4,000 मील से अधिक लाइन बिछा चुकी थीं। पर यह प्रणाली काफ़ी खर्चीली और धीमी साबित हुई। इसलिए 1869 में भारत सरकार ने सरकारी उद्यम के रूप में नई रेल लाइनें बिछाने का फैसला किया। लेकिन रेलों के प्रसार की गति अभी भी भारत के अधिकारियों तथा ब्रिटेन के व्यापारियों को संतुष्ट न कर सकी। 1880 के बाद प्राइवेट कंपनियों और सरकार दोनों ने रेल-लाइनें बिछाईं। 1905 तक लगभग 28,000 मील लंबी रेल लाइनें बिछाई जा चुकी थीं। भारतीय रेलवे के विकास के तीन महत्त्वपूर्ण पक्षों को ध्यान में रखना आवश्यक है। पहला, इन रेल लाइनों में 350 करोड़ रुपये से अधिक की पूंजी लगी थी और यह पूंजी लगभग पूरी की पूरी ब्रिटिश पूंजीनिवेशकों की थी; इसमें भारतीय पूंजी का भाग नगण्य था। दूसरा, आरंभ के 50 वर्षों में इनमें वित्तीय घाटा ही होता रहा तथा वे लगने वाली पूंजी पर ब्याज तक नहीं दे सकती थीं। प्राइवेट कंपनियों ने जो रेल लाइनें बिछाई थीं उनका घाटा तो भारत सरकार ने पूरा किया क्योंकि वह लगाई गई पूंजी पर एक निश्चित लाभ देने की ज़मानत दे चुकी थी। 1850 के दशक में ब्रिटेन में ब्याज की दर लगभग

तीन प्रतिशत थी; उसे देखते हुए लाभ की यह पांच प्रतिशत की दर आकर्षक थी। तीसरा, रेलों की योजना तैयार करने, उनका निर्माण करने तथा उनके प्रबंध में भारत और उसकी जनता के आर्थिक और राजनीतिक विकास को अधिक महत्त्व नहीं दिया गया था। इसके विपरीत खास ध्यान भारत में ब्रिटिश साम्राज्यवाद के आर्थिक, राजनीतिक तथा सैनिक हितों की पूर्ति का रखा गया था। ये रेल लाइनें मुख्यत: भारत के अंदरूनी भागों में स्थित कच्चे माल पैदा करने वाले क्षेत्रों को निर्यात करने वाले बंदरगाहों से जोड़ने के लिए बिछाई गई थीं। भारतीय उद्योग बाज़ारों तथा कच्चे मालों की आपूर्ति करने वाले क्षेत्रों की आवश्यकताओं को अनदेखा किया गया था। इसके अलावा, रेल भाड़े इस प्रकार तय किए गए थे कि आयात-निर्यात को बढ़ावा मिले तथा वस्तुओं के अंदरूनी आवागमन को हतोत्साहित किया जा सके। ब्रिटेन के साम्राज्यवादी हितों की पूर्ति करने के लिए बर्मा तथा पश्चिमोत्तर भारत में भारी लागत से अनेक रेल लाइनें बिछाई गईं।

अंग्रेज़ों ने एक कुशल और आधुनिक डाक प्रणाली भी कायम की तथा तार की व्यवस्था की शुरुआत की। 1853 में कलकत्ता और आगरा के बीच पहली तार लाइन का आरंभ किया गया। लॉर्ड डलहौज़ी ने डाक-टिकटों को भी आरंभ किया। इससे पहले जब भी कोई पत्र डाक के हवाले किया जाता तो नगद पैसा देना पड़ता था। उसने डाक की दरें भी घटा दीं तथा पूरे देश में कहीं भी पत्र भेजने के लिए एकसमान दर रखी जो एक अधन्नी (पुराने दो पैसे) थी। उसके सुधारों से पहले पत्र पर डाक-टिकट कितना लगेगा, यह इस पर निर्भर था कि वह कितनी दूर जाएगा। कभी-कभी तो एक पत्र पर इतना डाक-खर्च आता जो एक कुशल भारतीय मज़दूर की चार दिन की मज़दूरी के बराबर होता था।

मालगुज़ारी की नीति : आयात के लिए भारतीय दस्तकारों के तथा दूसरे माल खरीदने, पूरे भारत की विजय का खर्च उठाने, ब्रिटिश शासन को मज़बूत करने, आज के हिसाब से बहुत अधिक वेतन देकर ऊंचे प्रशासकीय तथा सैनिक पदों पर हज़ारों अंग्रेज़ों को नियुक्त करने तथा भारतीय ग्रामों और दूर-दराज के क्षेत्रों में उपनिवेशवाद की पूरी-पूरी घुसपैठ के लिए, आवश्यक आर्थिक और प्रशासकीय खर्च उठाने के लिए कंपनी को भारतीय राजस्व की आवश्यकता थी। इसका मतलब था भारतीय किसानों के लिए करों के बोझ में भारी बढ़ोतरी। वास्तव में 1813 तक प्रशासन और न्याय प्रणाली में जितने भी महत्त्वपूर्ण परिवर्तन हुए उनका लक्ष्य मालगुज़ारी का संग्रह बढ़ाना ही था। कंपनी के व्यापार और मुनाफ़ों के लिए, प्रशासन के खर्च के लिए तथा भारत में अंग्रेज़ों के प्रसार हेतु

युद्धों के खर्च के लिए धन जुटाने का भार मुख्यत: भारतीय किसान, अर्थात् रैयत को ही उठाना पड़ा। असल बात यह है कि अंग्रेज़ किसानों पर करों का भारी बोझ डाले बिना भारत जैसे विशाल देश को जीत ही नहीं सकते थे।

एक लंबे समय से भारत के शासक खेतिहर पैदावार का एक भाग ज़मीन की मालगुज़ारी के रूप में लेते आए थे। यह मालगुज़ारी या तो कर्मचारियों की सहायता से सीधे-सीधे ली जाती थी या अप्रत्यक्ष रूप से ऐसे बिचौलियों, जैसे ज़मींदारों, मालगुज़ारों, आदि के माध्यम से ली जाती थी। ये लोग काश्तकार से मालगुज़ारी वसूल करते और उसका एक भाग अपने कमीशन के रूप में रख लेते थे। ये बिचौलिए मुख्यत: मालगुज़ारी वसूल करने वाले ही होते थे; हालांकि कभी-कभी जिस क्षेत्र में वे मालगुज़ारी वसूल करते वहां उनकी कुछ ज़मीन भी होती थी।

इस्तमरारी बंदोबस्त : जैसा कि हम पढ़ चुके हैं, कंपनी ने 1765 में बंगाल, बिहार और उड़ीसा की दीवानी प्राप्त कर ली थी, अर्थात् उसे वहां मालगुज़ारी जमा करने का अधिकार मिल गया था। आरंभ में उसने मालगुज़ारी की वसूली की पुरानी प्रणाली को जारी रखने का ही प्रयास किया, हालांकि जमा की जाने वाली रकम उसने बढ़ा दी थी। वह रकम जो 1722 में 1,42,90,000 रुपए और 1764 में 1,81,80,000 रुपये थी, 1771 में बढ़कर 2,34,00,000 रुपए हो चुकी थी। 1773 में कंपनी ने अप्रत्यक्ष रूप से इस वसूली की व्यवस्था का निश्चय किया। वारेन हेस्टिंग्ज़ ने मालगुज़ारी की वसूली के अधिकार को नीलामी पर लगाकर सबसे बड़ी बोली लगाने वाले को दे दिया। पर यह प्रयोग सफल नहीं हुआ। चूंकि ज़मींदार तथा दूसरे सटोरिए एक-दूसरे से बढ़कर बोली लगाते, इसलिए मालगुज़ारी की रकम तो बढ़ गई, पर वास्तविक वसूली प्रति वर्ष घटती-बढ़ती रहती और अधिकारियों की आशाओं तक शायद ही कभी पहुंची। इससे कंपनी की आय एक ऐसे समय में अस्थिरता का शिकार हुई जबकि उसे पैसे की सख्त ज़रूरत थी। इसके अलावा, खेती में सुधार के लिए न तो रैयत कोई प्रबंध करती और न ही ज़मींदार, क्योंकि उन्हें पता ही नहीं होता था की अगले वर्ष कितने कि बोली लगेगी और अगले वर्ष वसूली का अधिकार किसे मिलेगा।

यही वह समय था जब स्थायी रूप से मालगुज़ारी की एक निश्चित रकम निर्धारित करने का विचार सामने आया। लंबे विचार-विमर्श के बाद अंतत: लॉर्ड कॉर्नवॉलिस ने 1793 में बंगाल और बिहार में इस्तमरारी बंदोबस्त की प्रथा का आरंभ किया। इसकी दो खास विशेषताएं थीं। पहली यह कि ज़मींदारों और

मालगुज़ारों को भूस्वामी बना दिया गया। उन्हें अब रैयतों से मालगुज़ारी की वसूली के लिए केवल सरकार के एजेंट का ही काम नहीं करना था, बल्कि अब वे अपनी ज़मींदारी के इलाके की सारी ज़मीन के मालिक बन गए। उनके स्वामित्व के अधिकार को वंशगत और हस्तांतरणीय बना दिया गया। दूसरी तरफ काश्तकारों का दर्जा गिर गया और अब वे बंटाईदार होकर रह गए और उन्हें ज़मीन पर लंबे समय से चले आ रहे अधिकारों तथा पारंपरिक फ़ायदों से वंचित कर दिया गया। चरागाहों और जंगलों की ज़मीनों, सिंचाई की नहरों, मछली-पालन के तालाबों तथा झोंपड़ी डालने की ज़मीनों के इस्तेमाल के अधिकार और लगान में वृद्धि से सुरक्षा–ये उनके कुछ ऐसे अधिकार थे जिनसे उन्हें वंचित कर दिया गया था। वास्तव में, बंगाल तथा बिहार के बंटाईदारों को अब पूरी तरह ज़मींदारों की दया पर छोड़ दिया गया। ऐसा करने का कारण यह था कि ज़मींदार कंपनी की मालगुज़ारी संबंधी बेहिसाब मांगें समय पर पूरी कर सकें।

दूसरे, ज़मींदारों को किसानों से जो भी लगान मिलता उनका 10/11 भाग उन्हें राज्य को दे देना पड़ता था और वे केवल 1/11 भाग अपने पास रख सकते थे। लेकिन मालगुज़ारी की जो रकम उन्हें देनी थी वह हमेशा के लिए निश्चित कर दी गई थी। अगर काश्त का क्षेत्र बढ़ने या खेती में सुधार आने के कारण, बंटाईदार को चूसने की ज़मींदार की क्षमता अधिक होने के कारण या किसी अन्य कारण से ज़मींदार की जागीर का लगान बढ़ जाए तो वह इसे अपने पास रख सकता था। इसमें राज्य कभी भी कोई हिस्सा नहीं मांगता था। साथ ही, अगर किसी कारण से फसल नष्ट हो जाए तो भी ज़मींदार को मालगुज़ारी निश्चित तिथि को नियमपूर्वक चुकानी पड़ती थी, वरना उसकी ज़मीनें बेच दी जाती थीं।

आरंभ में मालगुज़ारी की रकमों का निर्धारण मनमाने ढंग से और ज़मींदारों से परामर्श किए बिना किया गया। इसके पीछे अधिकारियों का उद्देश्य अधिकतम धन जमा करना था। फलस्वरूप मालगुज़ारी की बहुत अधिक दरें तय की गई। 1765-66 और 1793 के बीच मालगुज़ारी संबंधी मांग लगभग दोगुनी हो गई। इस्तमरारी बंदोबस्त की योजना तैयार करने वाले कॉर्नवॉलिस के बाद गवर्नर-जनरल बनने वाले जॉन शोर ने हिसाब लगाया कि अगर बंगाल के कुल उत्पादन को 100 मान लिया जाए तो इसमें 45 पर सरकार का दावा होता था, ज़मींदारों और उनके नीचे के बिचौलियों को 15 मिलता था तथा वास्तविक काश्तकार के पास केवल 40 ही रहता था। मालगुज़ारी की इस अत्यधिक तथा असंभव मांग का एक परिणाम यह हुआ कि 1794 और 1807 के बीच ज़मींदारों की लगभग आधी ज़मीनें बेच दी गईं।

बाद में अधिकारी और गैर-अधिकारी सभी ने आमतौर पर यह माना कि 1793 के पहले बंगाल और बिहार के ज़मींदारों के पास ज़मीन के अधिकांश भाग पर मालिकाना हक़ नहीं था। तब प्रश्न यह उठता है कि फिर अंग्रेज़ों ने उन्हें मालिकों के रूप में क्यों स्वीकार किया? इसकी व्याख्या यह है कि यह अंशत: एक गलतफ़हमी का नतीजा था। उस समय इंग्लैंड में खेती का केंद्रीय चरित्र भूस्वामी होता था और अंग्रेज़ अधिकारियों ने ज़मींदारों को इन्हीं भू-स्वामियों का भारतीय प्रतिरूप मान लिया। फिर भी यह ध्यान रहे कि अंग्रेज़ अधिकारी एक महत्त्वपूर्ण सिलसिले में इन दोनों की स्थिति में स्पष्ट अंतर करते थे। ब्रिटेन का भूस्वामी बंटाईदार ही नहीं बल्कि राज्य की निगाहों में भी ज़मीन का मालिक होता था। पर बंगाल में ज़मींदार बंटाईदार के लिए तो भूस्वामी होता था, पर स्वयं राज्य के अधीन होता था। वास्तव में, वह स्वयं ही ईस्ट इंडिया कंपनी का लगभग बंटाईदार होकर रह गया था। ब्रिटिश भूस्वामी के विपरीत जो अपनी आय का एक बहुत छोटा भाग ही भूमिकर के रूप में देता था, बंगाल का ज़मींदार अपनी मिल्कियत की ज़मीन से प्राप्त आय का 10/11 भाग कर के रूप में दे देता था। वह अगर समय पर मालगुज़ारी न जमा कर सके तो बड़ी ही बेमुरव्वती के साथ अपनी ज़मीन से बाहर फेंक दिया जाता था और उसकी जागीर बेच दी जाती थी।

दूसरे इतिहासकारों का विचार है कि ज़मींदारों को ज़मीनों के मालिक मानने का निर्णय मूलत: राजनीतिक, आर्थिक, वित्तीय और प्रशासकीय कारणों से प्रेरित था। इसके तीन मार्गदर्शक कारण थे। इनमें से पहला कारण, चतुराई भरी राजविद्या का परिणाम था अर्थात् इसके पीछे राजनीतिक सहयोगी बनाने की आवश्यकता काम कर रही थी। ब्रिटिश अधिकारी यह बात समझ रहे थे कि चूंकि वे भारत में विदेशी हैं, इसलिए उनका शासन तब तक अस्थायित्व का मारा रहेगा जब तक वे अपने और भारतीय जनता के बीच मध्यस्थों का काम करने वाले स्थानीय समर्थकों का सहारा नहीं लेते। इस तर्क का तात्कालिक महत्त्व भी था क्योंकि 18वीं सदी के आखिरी चतुर्थांश में बंगाल में बड़ी संख्या में जनविद्रोह हुए थे। इसलिए उन्होंने ज़मींदारों के एक ऐसे धनी और विशेषाधिकार प्राप्त वर्ग का सृजन किया जो अपने अस्तित्व का कारण ब्रिटिश शासन को समझते थे और इसलिए अपने बुनियादी हितों से बाध्य होकर उसका समर्थन करते थे। वास्तव में, यह आशा आगे चलकर एकदम सही साबित हुई क्योंकि स्वाधीनता के उभरते हुए आंदोलन का विरोध करते हुए एक वर्ग के रूप में ज़मींदारों ने विदेशी सरकार का समर्थन किया।

दूसरा और संभवत: सबसे महत्त्वपूर्ण विचार वित्तीय सुरक्षा का था। 1793 से पहले अपनी आय के प्रमुख स्रोत अर्थात् ज़मीन की मालगुज़ारी में होने वाले उतार-चढ़ावों से कंपनी लगातार पीड़ित रही। चूंकि प्रसार के लिए होने वाले युद्धों में लगी सेना का, बंगाल, मद्रास और बंबई के नागरिक प्रशासन का, और निर्यात के लिए तैयार मालों की खरीद का पूरा खर्च बंगाल के राजस्व से ही उठाया जाता था, इसलिए कंपनी लगातार वित्तीय संकट का शिकार रही। इस्तमरारी बंदोबस्त के कारण एक स्थायी आय की ज़मानत मिल गई। ज़मींदारों की नवसृजित संपत्ति ही इसकी ज़मानत थी। इसके अलावा, इस्तमरारी बंदोबस्त ने कंपनी की आय को बहुत अधिक बढ़ा दिया क्योंकि अब मालगुज़ारी की ऐसी दरें निर्धारित की गईं जैसी दरें पहले कभी भी नहीं थीं। थोड़े से ज़मींदारों के माध्यम से मालगुज़ारी की वसूली लाखों काश्तकारों से सीधे संबंध रखने की अपेक्षा बहुत आसान और कम खर्चीली भी लगी।

तीसरे, आशा की गई कि इस्तमरारी बंदोबस्त के कारण खेतिहर उत्पादन बढ़ा सकेगा। चूँकि यह तय था कि ज़मींदार की आय बढ़ने पर भी भविष्य में मालगुज़ारी नहीं बढ़ाई जाएगी, इसलिए ज़मींदारों को इस बात की प्रेरणा मिली कि वे खेती का क्षेत्रफल और कृषि की उत्पादकता बढ़ाएं जैसा कि ब्रिटेन में वहां के भू-स्वामी कर रहे थे।

ज़मींदारों के इस्तमरारी बंदोबस्त को बाद में उड़ीसा, मद्रास के उत्तरी ज़िलों और बनारस ज़िले में भी लागू कर दिया गया।

मध्य भारत के कुछ भागों और अवध में अंग्रेज़ों ने अस्थायी ज़मींदारी की एक व्यवस्था लागू की। इस व्यवस्था में ज़मींदारों को ज़मीन का मालिक तो बना दिया गया पर उन्हें मालगुज़ारी देनी पड़ती थी, उसका समय-समय पर पुनर्निर्धारण किया जाता था। विदेशी सरकार की ज़मीनें देने का सिलसिला जब सरकार ने आरंभ किया तो पूरे भारत में एक अन्य प्रकार का ज़मींदार वर्ग पैदा हुआ।

रैयतवारी बंदोबस्त : दक्षिणी और दक्षिण-पश्चिमी भारत में ब्रिटिश शासन की स्थापना से ज़मीन के बंदोबस्त की नई समस्याएं उठ खड़ी हुईं। अधिकारियों का मत था कि इन क्षेत्रों में बड़ी जागीरों वाले ऐसे ज़मींदार नहीं हैं जिनके साथ मालगुज़ारी के बंदोबस्त किए जा सकें और इसलिए वहां ज़मींदार प्रथा लागू करने से स्थिति उलट-पुलट जाएगी। रीड और मुनरो के नेतृत्व में मद्रास के अनेक अधिकारियों ने यह सिफ़ारिश की कि सीधे वास्तविक काश्तकारों के साथ बंदोबस्त किया जाए। उन्होंने यह भी बतलाया कि इस्तमरारी बंदोबस्त की प्रथा में कंपनी वित्तीय दृष्टि से घाटा उठा रही थी क्योंकि उसे मालगुज़ारी में

ज़मींदारों को हिस्सा देना पड़ता था और वह ज़मीन से होने वाली आमदनी के बढ़ने पर उसमें से हिस्सा नहीं मांग सकती थी। इसके अलावा, काश्तकार अब ज़मींदारों की दया पर छोड़ दिए गए थे जो उन पर मनमाना जुल्म ढा सकते थे। उन्होंने (मद्रास के अधिकारियों ने) जिस व्यवस्था का प्रस्ताव रखा उसे रैयतवारी बंदोबस्त कहा जाता है। इस प्रथा में काश्तकार ज़मीन के जिस टुकड़े को जोतता-बोतता था उसका मालिक मान लिया जाता था, शर्त यह थी कि वह उस ज़मीन की मालगुज़ारी देता रहे। रैयतवारी प्रथा के समर्थकों का दावा था कि यह पहले से ही मौजूद व्यवस्था को ही जारी रखती थी। मुनरो का कहना था : 'यह वह प्रथा है जो भारत में हमेशा ही रही है।' अंततः 19वीं सदी के आरंभ में मद्रास और बंबई प्रेसिडेंसियों के कुछ भागों में रैयतवारी बंदोबस्त लागू किया गया। इस प्रथा के अंतर्गत कोई स्थायी बंदोबस्त नहीं किया गया। प्रत्येक बीस-तीस वर्ष पर इसका पुनर्निर्धारण किया जाता था और तब आमतौर पर मालगुज़ारी बढ़ा दी जाती थी।

रैयतवारी बंदोबस्त ने कृषक स्वामित्व की किसी प्रथा को जन्म नहीं दिया। किसानों ने भी जल्द ही देख लिया कि अनेक ज़मींदारों की जगह एक दानवाकार ज़मींदार अर्थात् राज्य ने ले ली है; कि वे सरकार के बंटाईदार मात्र हैं जो नियमपूर्वक मालगुज़ारी न भरें तो उनकी ज़मींने बेच दी जाएंगी। वास्तव में आगे चलकर सरकार ने खुलकर यह दावा किया कि ज़मीन की मालगुज़ारी कोई कर न होकर लगान है। ज़मीन पर रैयत के मालिकाना हक़ को तीन अन्य कारणों ने भी समाप्त कर दिया :

(1) अधिकांश क्षेत्रों में निर्धारित मालगुज़ारी बहुत अधिक होती थी और अच्छे से अच्छे मौसमों से भी रैयत के पास किसी तरह गुज़र-बसर करने के साधन ही बचते थे। उदाहरण के लिए, मद्रास में जब यह व्यवस्था की गई सरकार ने कुल उत्पादन का 45 से 55 प्रतिशत भाग मालगुज़ारी के रूप में मांगा। बंबई में भी स्थिति लगभग इतनी ही बुरी थी।

(2) सरकार ने जब जी चाहे मालगुज़ारी बढ़ाने का अधिकार अपने हाथ में रखा।

(3) अगर रैयत की फसल सूखा या बाढ़ से थोड़ी बहुत या पूरी तरह नष्ट हो जाए तो भी उसे मालगुज़ारी देनी पड़ती थी।

महलवारी प्रथा : गंगा के दोआबा में पश्चिमोत्तर प्रांत में, मध्य भारत के कुछ भागों में और पंजाब में ज़मींदारी प्रथा का एक संशोधित रूप लागू किया गया जिसे महलवारी प्रथा कहा जाता है। इस व्यवस्था में मालगुज़ारी का बंदोबस्त अलग-अलग गांवों या जागीरों (महलों) के आधार पर उन ज़मींदारों या उन परिवारों के मुखियों के साथ किया गया जो सामूहिक रूप से उस गांव या महल

का भूस्वामी होने का दावा करते थे। पंजाब में ग्राम प्रथा के नाम से जानी जाने वाली एक संशोधित महलवारी प्रथा लागू की गई। महलवारी क्षेत्रों में भी मालगुज़ारी का समय-समय पर पुनर्निर्धारण किया जाता था।

ज़मींदारी तथा रैयतवारी, ये दोनों प्रथाएं देश की परंपरागत भूमि प्रथाओं से मूलत: भिन्न थीं। अंग्रेज़ों ने भूमि में एक नए प्रकार की निजी संपत्ति इस प्रकार पैदा की कि उसका लाभ काश्तकारों को नहीं मिला। पूरे देश में अब भूमि को बेचने, गिरवी रखने और हस्तांतरित की जा सकने वाली वस्तु बना दिया गया। ऐसा मुख्यत: सरकार के राजस्व को सुरक्षित रखने के लिए किया गया। अगर ज़मीन को हस्तांतरित तथा बिकने वाली वस्तु नहीं बनाया जाता तो सरकार के लिए काश्तकार से मालगुज़ारी वसूल कर सकना बहुत कठिन होता क्योंकि काश्तकार के पास रकम अदा करने के लिए कोई बचत या कोई वस्तु नहीं होती थी। अब वह मालगुज़ारी जमा करने के लिए ज़मीन की ज़मानत देकर धन उधार ले सकता था या उसका एक हिस्सा बेच भी सकता था। अगर वह ऐसा करने से इनकार करता तो सरकार मालगुज़ारी की रकम निकालने के लिए उसकी ज़मीन को नीलाम कर सकती थी और अक्सर ऐसा करती भी थी। ज़मीन को निजी संपत्ति बनाने का एक कारण यह विश्वास भी था कि स्वामित्व का अधिकार मिलने पर ही भूस्वामी रैयत उसमें सुधार करने के प्रयास करेगा।

ज़मीन को आसानी से खरीदा और बेचा जा सकने वाला एक माल बनाकर अंग्रेज़ों ने देश में प्रचलित भूमि प्रथाओं में एक बुनियादी परिवर्तन कर दिया। भारतीय ग्रामों का स्थायित्व और उनकी निरंतरता का ढाँचा चरमरा उठा। वास्तव में इससे ग्रामीण समाज का पूरा ढाँचा ही अब टूटकर बिखरने लगा।

4

ब्रिटिश भारत में प्रशासनिक गठन, सामाजिक तथा सांस्कृतिक नीति

इसके पहले हम पढ़ चुके हैं कि 1784 तक ईस्ट इंडिया कंपनी के भारतीय प्रशासन को ब्रिटिश सरकार ने अपने नियंत्रण में ले लिया था और उसकी आर्थिक नीतियां ब्रिटिश अर्थव्यवस्था की आवश्यकताओं को देखते हुए निर्धारित की जाने लगी थीं। अब हम उस संगठन की चर्चा करेंगे जिसके ज़रिए कंपनी ने अपने नव प्राप्त उपनिवेश की शासन व्यवस्था का संचालन किया।

आरंभ में, कंपनी ने भारत स्थित अपने इलाकों का प्रशासन भारतीयों के हाथों में छोड़ दिया था और तब उसकी गतिविधियां देख-रेख तक ही सीमित रह गई थीं। मगर उसने जल्द ही समझ लिया कि प्रशासन के पुराने तौर-तरीकों का अनुसरण करने से ब्रिटिश उद्देश्य ठीक से प्राप्त नहीं हो सकते। फलस्वरूप कपंनी ने प्रशासन के कुछ पहलुओं को अपने हाथों में ले लिया। वारेन हेस्टिंग्स और कॉर्नवॉलिस के शासनकाल में ऊपर के प्रशासन में आमूल परिवर्तन किया गया और नई व्यवस्था की नींव अंग्रेज़ी प्रशासन ढांचे की तर्ज पर रखी गई। नए क्षेत्रों में ब्रिटिश सत्ता के विस्तार, नई समस्याओं, नई आवश्यकताओं, नए अनुभवों और नए विचारों के फलस्वरूप उन्नीसवीं सदी में प्रशासन की व्यवस्था में अधिक गंभीर परिवर्तन हुए। मगर इन परिवर्तनों के दौरान साम्राज्यवाद के व्यापक उद्देश्यों को कभी नहीं भुलाया गया।

भारत में ब्रिटिश प्रशासन तीन खंभों पर टिका हुआ था। वे थे—नागरिक सेवा (सिविल सर्विस), सेना और पुलिस। ऐसा दो कारणों से था। पहला कारण, ब्रिटिश भारत के प्रशासन का मुख्य लक्ष्य कानून और व्यवस्था को बनाए रखना तथा ब्रिटिश शासन को स्थायी बनाना था। कानून और व्यवस्था के अभाव में ब्रिटिश सौदागर और ब्रिटिश विनिर्माता अपनी वस्तुओं को भारत के कोने-कोने में बेचने की उम्मीद नहीं रख सकते थे। फिर विदेशी होने के कारण अंग्रेज़ भारतीय जनता का स्नेह पाने की आशा नहीं कर सकते थे। इसीलिए उन्होंने भारत

पर अपना नियंत्रण बनाए रखने के लिए जन समर्थन के बदले शक्ति का सहारा लिया। ड्यूक ऑफ़ वेलिंग्टन ने अपने भाई लॉर्ड वेलेज़ली के मातहत भारत में काम किया था उसने यूरोप जाने पर लिखा–

> भारत में सरकार की व्यवस्था सत्ता की नींव और उसे संभाले रखने तथा सरकार के कार्यकलापों को चलाने के तौर-तरीके समान उद्देश्य के लिए यूरोप में अपनाए गए और तौर-तरीकों से बिल्कुल भिन्न हैं...वहां संपूर्ण सत्ता की नींव और उपकरण तलवार है।

नागरिक सेवा (सिविल सर्विस)

नागरिक सेवा (सिविल सर्विस) का जन्मदाता लॉर्ड कॉर्नवॉलिस था। जैसा कि पहले के एक अध्याय में हम देख चुके हैं, आरंभ से ही पूर्व में ईस्ट इंडिया कंपनी का व्यापार कर्मचारियों के ज़रिए होता था। कर्मचारियों को बहुत कम मज़दूरी दी जाती थी मगर उन्हें अपना निजी व्यापार करने की इजाज़त थी। बाद में जब कंपनी एक क्षेत्रीय शक्ति बन गई, तब उन्हीं कर्मचारियों ने प्रशासनिक कार्य करने आरंभ किए। वे तब अत्यंत भ्रष्ट हो गए। स्थानीय बुनकरों और दस्तकारों, सौदागरों और ज़मींदारों का उत्पीड़न कर, राजाओं और नवाबों से घूस और नज़राना ऐंठकर गैरकानूनी निजी व्यापार के ज़रिए उन्होंने अकथनीय संपदा इकट्ठी की, और उसे लेकर सेवानिवृत्त हो इंग्लैंड चले गए। क्लाइव और वारेन हेस्टिंग्स ने उनके भ्रष्टाचार को समाप्त करने के प्रयास किए मगर वे इस काम में आंशिक रूप से ही सफल रहे।

कॉर्नवॉलिस 1786 में भारत का गवर्नर-जनरल बनकर आया (वह प्रशासन को स्वच्छ बनाने के लिए दृढ़प्रतिज्ञ था)। मगर उसने महसूस किया कि कंपनी के कर्मचारी तब तक ईमानदारी और कुशलतापूर्वक काम नहीं कर सकते जब तक उन्हें पर्याप्त वेतन नहीं दिए जाते। इसीलिए उसने निजी व्यापार तथा अफसरों द्वारा नज़राने और घूस लिए जाने के ख़िलाफ़ सख्त कानून बनाए। साथ ही उसने कंपनी के कर्मचारियों के वेतन भी बढ़ा दिए। उदाहरण के लिए, ज़िले के कलक्टर का वेतन 1500 रुपये प्रति माह निर्धरित किया गया। इसके अतिरिक्त, उसे अपने ज़िले की कुल वसूल की गई राजस्व रकम का एक प्रतिशत दिया जाना तय हुआ। वस्तुतः कंपनी की नागरिक सेवा, संसार में सबसे अधिक भुगतान पाने वाली सेवा हो गई। कॉर्नवॉलिस ने यह भी निर्धारित किया कि नागरिक सेवा में पदोन्नति वरिष्ठता के आधार पर होगी जिससे उसके सदस्य बाहरी प्रभाव से मुक्त रहें।

लॉर्ड वेलेज़ली ने 1800 में नागरिक सेवा में आने वाले युवा लोगों के प्रशिक्षण के लिए कलकत्ता में फोर्ट विलियम कॉलेज खोला। कंपनी के निदेशकों ने उसकी कार्रवाई को पसंद नहीं किया और 1806 में उन्होंने कलकत्ता के कॉलेज की जगह इंग्लैंड में हैलीवरी के अपने ईस्ट इंडिया कॉलेज में प्रशिक्षण का काम आरंभ किया।

1853 तक नागरिक सेवा में सारी नियुक्तियां ईस्ट इंडिया कंपनी के निदेशक करते रहे। बोर्ड ऑफ़ कंट्रोल के सदस्यों को खुश करने के लिए उन्होंने उन्हें कुछ नियुक्तियां करने का मौका दिया। निदेशकों ने इस लाभप्रद और बहुमूल्य विशेषाधिकार को बनाए रखने के लिए बहुत संघर्ष किया। जब संसद ने उनके अन्य आर्थिक और राजनीतिक विशेषाधिकारों को छीन लिया, तब भी उन्होंने इस विशेषाधिकार को छोड़ने से इनकार कर दिया। अंततोगत्वा 1853 में वे उसे खो बैठे जब चार्टर ऐक्ट ने यह कानूनी व्यवस्था लागू कर दी कि नागरिक सेवा में सारे प्रवेश प्रतियोगी परीक्षाओं के द्वारा किए जाएंगे।

कॉर्नवॉलिस के ज़माने से ही भारतीय नागरिक सेवा की एक खास विशेषता थी – भारतीयों को बड़ी सख्ती से पूरी तरह अलग रखना। अधिकृत तौर पर 1793 में यह व्यवस्था की गई थी कि प्रशासन में उन सारे ऊंचे ओहदों पर जहां 500 पौंड सालाना से अधिक वेतन मिलता था, केवल अंग्रेज़ ही नियुक्त हो सकते हैं। इस नीति को सरकार की अन्य शाखाओं जैसे सेना, पुलिस, न्यायपालिका और इंजीनियरिंग में भी लागू किया गया। कॉर्नवॉलिस की जगह गवर्नर-जनरल बन कर भारत आने वाले जॉन शोर के शब्दों में –

> अंग्रेज़ों का बुनियादी सिद्धांत सारे भारतीय राष्ट्र को हर संभव तौर पर अपने हितों और फ़ायदों के लिए गुलाम बनाना था। भारतवासियों को हर सम्मान, प्रतिष्ठा या ओहदे से वंचित रखा गया है जिन्हें स्वीकार करने के लिए छोटे-से-छोटे अंग्रेज़ों की भी चिरौरी की जा सकती है।

अंग्रेज़ों ने ऐसी नीति का अनुसरण क्यों किया? इसके लिए अनेक कारक संयुक्त रूप से ज़िम्मेदार थे। सर्वप्रथम, उन्हें विश्वास था कि ब्रिटिश विचारों, संस्थानों, और व्यवहारों पर आधारित कोई प्रशासन केवल अंग्रेज़ कार्यकर्ताओं द्वारा ही पूरी तरह स्थापित किया जा सकता है। उन्हें भारतीय लोगों की योग्यता और ईमानदारी पर भरोसा नहीं था। उदाहरण के लिए, चार्ल्स ग्रांट ने भारतीय जनता की निंदा करते हुए कहा कि वह 'मनुष्यों की अत्यंत पतित और निकृष्ट नस्ल है जिसमें नैतिक ज़िम्मेदारी की भावना नाममात्र रह गई है...और जो अपने दुर्गुणों के कारण विपन्नता में धंसी हुई है।' इसी तरह कॉर्नवॉलिस का विश्वास

था कि "हिंदुस्तान का हर निवासी भ्रष्ट है।" उल्लेखनीय है कि यह आलोचना कुछ हद तक तत्कालीन भारतीय अफ़सरों और ज़मींदारों के एक छोटे वर्ग पर ज़रूर लागू होती थी। मगर यह आलोचना समान रूप से भारत स्थित ब्रिटिश अफ़सरों पर भी सटीक बैठती थी। वस्तुत: कॉर्नवॉलिस ने उन्हें ऊंचे वेतन देने का प्रस्ताव इसीलिए रखा था कि उन्हें प्रलोभन से दूर रखने में सहायता मिले और वे ईमानदार और आज्ञाकारी बन सकें। मगर उसने पर्याप्त वेतन का यह उपाय भारतीय अफ़सरों के बीच से भ्रष्टाचार हटाने के लिए लागू करने के बारे में कभी नहीं सोचा।

वास्तव में, सेवाओं के उच्च वेतनमानों से भारतीयों को वंचित रखने की नीति जानबूझकर अपनाई गई थी। इन सेवाओं की ज़रूरत उस समय भारत में ब्रिटिश शासन की स्थापना करने तथा उसे मज़बूत बनाने के लिए थी। ज़ाहिर है कि यह काम भारतीयों पर नहीं छोड़ा जा सकता था जिनमें अंग्रेज़ों की तरह ब्रिटिश हितों के लिए न तो एक सहज सहानुभूति थी और न उनकी सी समझदारी। वस्तुत: इन नियुक्तियों को लेकर उनके बीच घनघोर संघर्ष हुए। नियुक्ति करने का अधिकार कंपनी के निदेशकों और ब्रिटिश मंत्रिमंडल के बीच बहुत दिनों तक विवाद का विषय बना रहा। ऐसी स्थिति में अंग्रेज़ भारतवासियों को इन जगहों पर कैसे आने देते? मगर छोटे ओहदों के लिए भारतवासियों को बड़ी संख्या में भर्ती किया गया क्योंकि वे अंग्रेज़ों की अपेक्षा कम वेतन पर तथा आसानी से उपलब्ध थे।

भारतीय नागरिक सेवा (इंडियन सिविल सर्विस) धीरे-धीरे दुनिया की एक अत्यंत कुशल और शक्तिशाली सेवा के रूप में विकसित हो गई। उसके सदस्यों को काफ़ी अधिकार थे और बहुधा वे नीति-निर्माण के कार्य में भाग लेते थे। उन्होंने आज़ादी, ईमानदारी और कठिन परिश्रम की कतिपय परंपराएं विकसित कीं, यद्यपि इन गुणों ने स्पष्टतया भारतीय हितों को नहीं बल्कि ब्रिटिश हितों को साधा। उनको यह विश्वास हो गया कि भारत पर शासन करने का उन्हें लगभग दैविक अधिकार मिल गया है। भारतीय नागरिक सेवा (इंडियन सिविल सर्विस) को बहुधा "इस्पात का चौखटा" कहा गया है जिसने भारत में ब्रिटिश शासन का पोषण किया और लंबी अवधि तक बनाए रखा। कालक्रम से भारतीय जीवन में जो कुछ भी प्रगतिशील और उन्नत बातें थीं उनकी यह विरोधी बन गईं और इस प्रकार वह उदीयमान भारतीय राष्ट्रीय आंदोलन के हमले का निशाना बनीं।

सेना

भारत में ब्रिटिश राज के दूसरे महत्त्वपूर्ण स्तंभ के रूप में सेना थी। उसने तीन महत्त्वपूर्ण कार्य किए। वह भारतीय शक्तियों को जीतने के लिए औजार बनीं। उसने विदेशी प्रतिद्वंद्वियों से भारत में ब्रिटिश साम्राज्य की रक्षा की और सदा वर्तमान आंतरिक विद्रोह के खतरे से ब्रिटिश प्रभुसत्ता को बचाए रखा। एशिया और अफ्रीका में ब्रिटिश साम्राज्य की रक्षा का भी यही प्रमुख हथियार थी।

कंपनी की अधिकांश सेना भारतीय सिपाहियों की थी जिन्हें मुख्य रूप से उन क्षेत्रों से भर्ती किया गया था जो अभी उत्तर प्रदेश और बिहार में हैं। उदाहरण के लिए, 1857 में कंपनी की फौज में 3,11,400 सैनिक थे जिनमें से 2,65,900 भारतीय थे। मगर उसके अफ़सर निश्चित रूप से कॉर्नवॉलिस के ज़माने से केवल अंग्रेज़ होते थे। 1856 में सेना में केवल तीन ऐसे भारतीय थे जिनको 300 रुपए प्रति माह वेतन मिलता था और सबसे ऊंचा भारतीय अफ़सर एक सूबेदार था। बड़ी संख्या में भारतीय सैनिकों को काम पर लगाना पड़ता था क्योंकि ब्रिटिश सैनिक अपेक्षाकृत अधिक खर्चीले थे। इसके अलावा, ब्रिटेन की जनसंख्या इतनी कम थी कि वह शायद भारत को जीतने के लिए बड़ी संख्या में सैनिक नहीं दे सकती थी। संतुलन के लिए फौज के सारे अफ़सर अंग्रेज़ रखे जाते थे और भारतीय सैनिकों को नियंत्रण में रखने के लिए ब्रिटिश सैनिकों को एक निश्चित संख्या में रखा जाता था। अब इस पर बड़ा अचरज होता है कि मुट्‌ठी भर विदेशी ऐसी फौज के ज़रिए भारत को जीतने और नियंत्रित करने में सफल हो सके, जिसमें भारतीयों का ही बहुमत था। ऐसा दो कारणों से संभव हुआ। एक ओर उस समय देश में आधुनिक राष्ट्रीयता का अभाव था। बिहार या अवध के किसी सैनिक ने न यह सोचा और न ही वह यह सोच सकता था कि मराठों या पंजाबियों को हराने में कंपनी की सहायता कर वह भारत विरोधी हो रहा है। दूसरी ओर, भारतीय सैनिक की यह बड़ी पुरानी परंपरा रही थी कि वह जिससे वेतन पाए उसकी निष्ठापूर्वक सेवा करे। इसे आमतौर से ''नमकहलाली'' कहा जाता था। दूसरे शब्दों में, भारतीय सैनिक भाड़े का एक बढ़िया सिपाही था और कंपनी एक अच्छी वेतनदाता थी। उसने अपने सैनिकों को नियमित रूप से और अच्छा वेतन दिया। यह एक ऐसी चीज़ थी जो भारतीय शासक और सरदार उस समय नहीं कर रहे थे।

पुलिस

पुलिस ब्रिटिश शासन का तीसरा स्तंभ थी। उसका सृजन करने वाला भी कॉर्नवॉलिस ही था। उसने ज़मींदारों को पुलिस कार्यों से मुक्त कर दिया और

कानून तथा व्यवस्था बनाए रखने के लिए एक नियमित पुलिस दल की स्थापना की। इसके लिए उसने थानों की पुरानी भारतीय व्यवस्था को आधुनिक बनाया। दिलचस्प बात यह है कि पुलिस व्यवस्था के मामले में भारत ब्रिटेन से आगे हो गया। उस समय तक ब्रिटेन में पुलिस व्यवस्था विकसित नहीं हुई थी। कॉर्नवॉलिस ने थानों की व्यवस्था स्थापित की। हर थाने का प्रधान दरोगा था जो भारतीय होता था। बाद में, पुलिस के ज़िला सुपरिंटेंडेंट (अधीक्षक) का पद बनाया गया। सुपरिटेंडेंट ज़िले में पुलिस संगठन का प्रधान हो गया। पुलिस में भी भारतीयों को सभी ऊँचे ओहदों से अलग रखा गया। गांवों में पुलिस की ज़िम्मेदारियों को चौकीदार निभाते थे जिनका भरण-पोषण गांव वाले करते थे। पुलिस धीरे-धीरे डकैती जैसे प्रमुख अपराधों को कम करने में सफल हो गई। पुलिस ने विदेशी नियंत्रण के विरुद्ध बड़े पैमाने पर षड्यंत्रों को भी रोका और जब राष्ट्रीय आंदोलन का उदय हुआ तब पुलिस का इस्तेमाल उसे दबाने के लिए किया गया। लोगों के साथ व्यवहार में भारतीय पुलिस ने असहानुभूतिपूर्ण रुख अपनाया। संसद की एक समिति ने 1813 की अपनी एक रिपोर्ट में बताया कि 'पुलिस ने शांतिप्रिय निवासियों को उसी तरह लूटा-मारा जैसे डकैत करते थे जबकि डकैतों को दबाने के लिए उसका आयोजन किया गया था।' और गवर्नर-जनरल बैंटिक ने 1832 में लिखा-

> जहां तक पुलिस का सवाल है, वह जनता का रक्षक होने की स्थिति से कोसों दूर है। इस संबंध में जनता की भावना को बिना निम्नलिखित तथ्य का सहारा लिए मैं अच्छी तरह नहीं रख सकता। हाल के एक रेगुलेशन से बढ़कर कुछ भी अधिक लोकप्रिय नहीं हो सकता। इस रेगुलेशन के अनुसार, अगर कोई डकैती हुई हो तो पुलिस को तब तक जांच करने की मनाही है जब तक लूटे गए व्यक्ति उसे नहीं बुलाएं। कहने का मतलब यह है कि गड़ेरिया भेड़िए से बड़ा भुक्खड़ हिंसक पशु है।

न्यायिक संगठन

दीवानी और फौजदारी कचहरियों के श्रेणीबद्ध संगठन के ज़रिए न्याय प्रदान करने की एक नई व्यवस्था की नींव अंग्रेज़ों ने रखी। इस व्यवस्था को वारेन हेस्टिंग्स ने आरंभ किया मगर कॉर्नवॉलिस ने 1793 में इसे और सुदृढ़ बनाया। हर ज़िले में एक दीवानी अदालत कायम की गई जिसका प्रमुख ज़िला जज होता था, जो नागरिक सेवा का सदस्य होता था। इस तरह कॉर्नवॉलिस ने दीवानी जज और कलक्टर के ओहदों को अलग-अलग कर दिया। ज़िला अदालत के फ़ैसलों

के ख़िलाफ़ अपील पहले दीवानी अपील की चार प्रांतीय अदालतों में हो सकती थी। अपील की आखिरी सुनवाई सदर दीवानी अदालत ही कर सकती थी। ज़िला अदालत के नीचे रजिस्ट्रार की अदालतें थी जिनके प्रधान यूरोपवासी होते थे और अनेक छोटी अदालते थीं जिनके प्रधान भारतीय जज होते थे जिन्हें मुंसिफ़ और अमीन कहा जाता था। फौजदारी मुकदमों का निपटारा करने के लिए कॉर्नवॉलिस ने बंगाल प्रेसिडेंसी को चार डिविज़नों में बांट दिया। उसने उनमें से हर एक में एक क्षेत्रीय न्यायालय (कोर्ट ऑफ़ सर्किट) स्थापित किया जिनके प्रधान नागरिक सेवा के लोग होते थे। इन अदालतों के नीचे छोटे-छोटे मुकदमों का फ़ैसला करने के लिए बड़ी संख्या में भारतीय मजिस्ट्रेट होते थे। क्षेत्रीय न्यायालय (कोर्ट ऑफ़ सर्किट) के फ़ैसलों के ख़िलाफ़ सदर निज़ामत अदालत में अपील की जा सकती थी। फौजदारी अदालतों ने मुस्लिम फौजदारी कानून को संशोधित किया और कम सख्त रूप से लागू किया जिससे शरीर के अंगों को काटने या इस प्रकार की अन्य सजाएं देने की मनाही कर दी गई। दीवानी अदालतों ने उस पारंपरिक कानून को लागू किया जो किसी क्षेत्र या जनता के किसी हिस्से के बीच बहुत पुराने ज़माने से चला आ रहा था। विलियम बैंटिंक ने 1831 में अपील कर प्रांतीय अदालतों तथा क्षेत्रीय न्यायालयों को खत्म कर दिया। उनका काम पहले कमीशनों और बाद में ज़िला जजों और ज़िला कलक्टरों को सौंप दिया गया। बैंटिंक ने न्यायिक सेवा में काम करने वाले भारतीयों के दर्जे और अख्तियार बढ़ा दिए। उसने भारतीयों को डिप्टी मजिस्ट्रेट, सबॉर्डिनेट जज और प्रिंसिपल सदर अमीन नियुक्त किया। सदर दीवानी अदालत और सदर निज़ामत अदालत की जगह 1865 में कलकत्ता, मद्रास और बंबई में उच्च न्यायालय (हाई कोर्ट) स्थापित किए गए।

अधिनियम (enactment) तथा पुराने कानूनों को संहिताबद्ध (codification) करने की प्रक्रियाओं के द्वारा अंग्रेज़ों ने कानूनों की एक नई प्रणाली स्थापित की। भारत में न्याय की परंपरागत प्रणाली मुख्य रूप से प्रचलित कानून पर आधारित थी, जो लंबी परंपरा और रिवाज से निकली थी; यद्यपि उनके कानून शास्त्रों और शरियत तथा शाही फरमानों पर आधारित थे। हालांकि अंग्रेज़ आमतौर से प्रचलित कानून को लागू करते रहे, लेकिन धीरे-धीरे उन्होंने कानूनों की एक नई प्रणाली विकसित की। उन्होंने रेगुलेशन लागू किए, तत्कालीन कानूनों को संहिताबद्ध किया और उन्हें बहुधा न्यायिक व्याख्याओं के द्वारा सुव्यवस्थित करके आधुनिक बनाया। 1833 के चार्टर ऐक्ट के कानून बनाने के सारे अख्तियार काउंसिल की सहमति से गवर्नर-जनरल को दे दिए। इन सबका मतलब था कि अब भारतीय

उत्तरोत्तर मानव-निर्मित कानूनों के तहत रहेंगे जो अच्छे-बुरे कुछ भी हो सकते हैं। मगर वे स्पष्ट रूप से मानवीय तर्क की उपज थे। दूसरे शब्दों, में लोग उन कानूनों के तहत नहीं रहेंगे जिनका आंख मूंद कर पालन करना पड़ता था और उनके औचित्य पर इसलिए उंगली नहीं उठाई जाती थी क्योंकि वे दैवीय हैं और इसलिए पवित्र माने जाते थे।

सरकार ने 1833 में लॉर्ड मैकाले के नेतृत्व में भारतीय कानूनों को संहिताबद्ध करने के लिए एक विधि आयोग (Law Commission) नियुक्त किया। उसके परिश्रम के फलस्वरूप भारतीय दंड संहिता (Indian Penal Code) पश्चिम देशों से लाई गई दीवानी प्रक्रिया और दंड प्रक्रिया संहिताएं और कानूनों की अन्य संहिताएं आईं। अब सारे देश में एक ही प्रकार के कानून लागू हो गए और उन्हें न्यायालयों की समरूप प्रणाली के ज़रिए लागू किया गया। इस प्रकार कहा जा सकता है कि भारत को न्यायिक रूप से एक सूत्रबद्ध किया गया।

कानून का शासन : अंग्रेज़ों ने कानून के शासन या विधि-शासन (Rule of law) की आधुनिक अवधारणा को लागू किया। इसका तात्पर्य था कि उनका प्रशासन कम-से-कम सैद्धांतिक रूप में कानूनों के अनुसार चलाया जाएगा, न कि शासक की सनक या वैयक्तिक इच्छा के अनुसार। कानूनों ने प्रजा के अधिकारों, विशेषाधिकारों और ज़िम्मेदारियों को स्पष्ट रूप से परिभाषित किया था। बेशक, व्यवहार में अफ़सरशाही और पुलिस को मनमाने अख्तियार थे और उन्होंने जनता के अधिकारों और स्वतंत्रताओं में हस्तक्षेप किया। कानून का शासन कुछ हद तक व्यक्ति की वैयक्तिक स्वतंत्रता की गारंटी था। यह सही है कि भारत के पिछले शासक आमतौर से रीति-रिवाज से बंधे होते थे, मगर उन्हें अपनी इच्छानुसार कोई भी प्रशासनिक कदम उठाने का कानूनी अधिकार था और उनसे बड़ी कोई ऐसी सत्ता नहीं थी जिसके सामने उनकी कार्रवाइयों को चुनौती दी जा सके। कभी-कभी भारतीय शासकों और सरदारों ने अपनी इच्छानुसार इस शक्ति का प्रयोग किया। दूसरी ओर, ब्रिटिश शासन के अंतर्गत प्रशासन मुख्य रूप से कानूनों के आधार पर न्यायालयों द्वारा उनकी की गई व्याख्या के अनुसार चलाया जाता था। कानून बहुधा त्रुटिपूर्ण होते थे। कानून जनता द्वारा लोकतांत्रिक प्रक्रियाओं के द्वारा नहीं बल्कि विदेशी शासकों द्वारा निरंकुश तरीक़ों से बनाए जाते थे। कानून सरकारी कर्मचारियों तथा पुलिस के हाथों में काफ़ी अख्तियार दे देते थे। मगर शायद एक विदेशी राज के अंतर्गत यह अवश्यंभावी था। विदेशी राज स्वभावतः लोकतांत्रिक या स्वतंत्रतावादी नहीं हो सकता।

कानून के सम्मुख समानता : अंग्रेज़ी राज के दौरान भारतीय विधि प्रणाली कानून के सम्मुख समानता की अवधारणा पर आधारित थी। इसका मतलब था कि कानून की निगाहों में सारे मनुष्य बराबर हैं। जाति, धर्म या वर्ग के आधार पर बिना किसी भेदभाव के एक ही कानून सब लोगों पर लागू होता था। पहले न्यायप्रणाली जाति के भेदभावों का ख्याल करती थी और तथाकथित उच्च जाति और निम्न जाति के बीच भेदभाव करती थी। एक ही अपराध के लिए एक गैर-ब्राह्मण की अपेक्षा एक ब्राह्मण को हल्का दंड दिया जाता था। इसी प्रकार ज़मींदारों और सामंतों को वास्तविक रूप से इतना कड़ा दंड नहीं दिया जाता था, जितना एक आम आदमी को। वस्तुत: उनके ख़िलाफ़ उनकी कार्रवाइयों के लिए अक्सर मुकदमा नहीं चलाया जाता था। अब दीन-हीन लोग भी न्यायालय में जा सकते थे।

कानून के सम्मुख समानता के इस उत्कृष्ट सिद्धांत का एक अपवाद भी था। वह यह कि यूरोपवासियों और उनके वंशजों के लिए अलग-अलग अदालत और यहां तक कि अलग कानून भी थे। उनके ख़िलाफ़ फौजदारी मुकदमों की सुनवाई केवल यूरोपीय जज ही कर सकते थे। अनेक अंग्रेज़ अधिकारियों, सैनिक अधिकारियों, बागान मालिकों और सौदागरों ने भारतीय लोगों के साथ अहंकारी, निष्ठुर और क्रूर व्यवहार किया, लेकिन जब उनके ख़िलाफ़ मुकदमा चलाने के प्रयास हुए तब उन्हें अप्रत्यक्ष और अनुचित संरक्षण दिया गया। फलस्वरूप मुकदमों की सुनवाई करने वाले अनेक यूरोपीय जजों ने उन्हें हल्की सजा दी या ऐसे ही रिहा कर दिया। जैसा कि ऊपर कहा जा चुका है, उनके ख़िलाफ़ मुकदमे की सुनवाई केवल यूरोपीय जज ही कर सकते थे। फलस्वरूप प्राय: न्याय की हत्या होती थी।

व्यवहार में एक अन्य प्रकार की कानूनी समानता उभर कर आई। न्याय काफ़ी महंगा हो गया क्योंकि कोर्ट फीस का भुगतान करना पड़ता था, वकील करने पड़ते थे और गवाहों के खर्च को पूरा करना होता था। आमतौर से कचहरियां दूर शहरों में होती थीं। मुकदमे वर्षों तक चलते थे। जटिल कानून अशिक्षित और गैर-जानकार किसानों की समझदारी से बाहर थे। निरपवाद रूप से धनी लोग कानूनों और कचहरियों को अपने पक्ष में मोड़ सकते थे। किसी गरीब आदमी को, निचली अदालत से अपील सुनने वाली सबसे बड़ी अदालत तक न्याय की लंबी प्रक्रिया में ले जाने और फलस्वरूप उसे पूरी तरह बर्बाद करने की धमकी ही उसे घुटने टेकने के लिए मजबूर कर देती थी। इसके अलावा, पुलिस तथा शेष प्रशासकीय तंत्र के अंदर व्याप्त भ्रष्टाचार के कारण

न्याय नहीं मिल पाता था। अधिकारी बहुधा धनी लोगों का पक्ष लेते थे। बिना सरकारी कार्रवाई से डरे ज़मींदार रैयतों पर अत्याचार करते थे। इसके विपरीत, अंग्रेज़ी राज्य के पहले जो न्याय प्रणाली थी वह अपेक्षाकृत अनौपचारिक, शीघ्र और कम खर्चीली थी। यद्यपि नई न्याय प्रणाली प्रगतिशील थी, वह कानून के शासन और कानून के सम्मुख समानता के प्रशासकीय सिद्धांतों, विवेकपूर्ण और मानवोचित मानव निर्मित कानूनों पर आधारित थी, तथापि वह कुछ अन्य दृष्टियों से बहुत खराब थी। उदाहरण के लिए, वह अब अधिक खर्चीली हो गई थी और लोगों को न्याय पाने में काफ़ी विलंब होता था।

सामाजिक और सांस्कृतिक नीति

हम देख चुके हैं कि ब्रिटिश अधिकारियों ने भारतीय अर्थव्यवस्था का पुनर्गठन और विनियम, ब्रिटिश व्यापार और उद्योग के हितों में किया और व्यवस्था और सुरक्षा की गारंटी के लिए एक आधुनिक प्रशासन व्यवस्था की स्थापना की। 1813 तक अंग्रेज़ों ने देश के धार्मिक, सामाजिक और सांस्कृतिक जीवन में गैर हस्तक्षेप की नीति अपनाई। मगर 1813 के बाद उन्होंने भारतीय समाज और संस्कृति के रूपांतरण के लिए सक्रिय कदम उठाए। इसके पहले उन्नीसवीं सदी के दौरान ब्रिटेन में नए हितों और नए विचारों का उदय हुआ था। औद्योगिक क्रांति अठारहवीं सदी के मध्य में आरंभ हुई थी, जिसके फलस्वरूप औद्योगिक पूंजीवाद का विकास ब्रिटिश समाज के सभी पहलुओं को तेज़ी से बदल रहा है। उदीयमान औद्योगिक हितों ने भारत को अपनी वस्तुओं के लिए बड़े बाज़ार के रूप में बदलना चाहा। ऐसा केवल शांति बनाए रखने की नीति के ज़रिए नहीं हो सकता था बल्कि इसके लिए भारतीय समाज के आंशिक रूपांतरण और आधुनिकीकरण की आवश्यकता थी। इस प्रकार, इतिहासकारों थाम्पसन और गैरेंट के शब्दों में, 'पुरानी बटमारी की मनोदशा और तरीक़े, आधुनिक उद्योगवाद तथा पूंजीवाद की मनोदशा व तरीक़ों में बदल गए।'

विज्ञान और प्रौद्योगिकी ने भी मानवीय प्रगति की नई प्रत्याशाएं उत्पन्न कर दीं। अठारहवीं और उन्नीसवीं सदी के दौरान ब्रिटेन तथा यूरोप में नए विचारों का एक नया ज्वार देखा गया जिसने भारतीय समस्याओं के प्रति ब्रिटिश दृष्टिकोण को प्रभावित किया। सारे यूरोप में 'सोच-विचार, तौर-तरीक़ों और नैतिकता के नए दृष्टिकोण सामने आ रहे थे।' 1789 की महान फ्रांसीसी क्रांति ने अपने स्वतंत्रता, समता और बंधुत्व के संदेश द्वारा शक्तिशाली जनतांत्रिक भावनाएं उत्पन्न कीं और आधुनिक राष्ट्रीयता की शक्ति को फैलाया। नई प्रवृत्ति

के चिंतन के क्षेत्र में प्रतिनिधित्व बेकन, लॉक, वॉलटेयर, रूसो, कांट-एडम स्मिथ और बेंथम व साहित्य के क्षेत्र में वड्र्सवर्थ, बायरन, शैली और चार्ल्स डिकेंस ने किया। नया चिंतन अठारहवीं सदी की बौद्धिक क्रांति, फ्रांसीसी क्रांति और औद्योगिक क्रांति से उत्पन्न हुआ था। स्वाभाविक रूप से, इस नए चिंतन का प्रभाव भारत में महसूस किया गया तथा उसने सरकार की शासकीय धारणाओं को भी कुछ हद तक प्रभावित किया।

नए चिंतन की तीन मुख्य विशेषताएं थी : विवेकशीलता या तर्क और विज्ञान में विश्वास, मानवतावाद या मनुष्य के प्रति प्रेम, मानव की प्रगति करने की क्षमता में आस्था। विवेकशील और वैज्ञानिक दृष्टिकोण इस बात का सूचक था कि केवल वही चीज़ सही मानी जाएगी जो मानव तर्क के अनुकूल हो और व्यवहार में जिसकी परीक्षा की जा सके। सत्रहवीं, अठारहवीं सदियों की वैज्ञानिक प्रगति तथा उद्योग में विज्ञान के प्रयोग से प्राप्त उत्पादन की विशाल शक्तियां मानवीय तर्कशक्ति का प्रकट प्रमाण थीं। मानवतावाद इस धारणा पर आधारित था कि प्रत्येक मानव प्राणी अपने आप ही साध्य है और इसी रूप में उसका सम्मान किया जाना चाहिए और उसे महत्त्व दिया जाना चाहिए। किसी भी मनुष्य को यह अधिकार नहीं हो सकता कि वह दूसरे को अपने सुख का माध्यम समझे। मानवतावादी दृष्टिकोण ने व्यक्तिवाद, उदारतावाद और समाजवाद के सिद्धांतों को जन्म दिया। प्रगति के सिद्धांत के अनुसार, सभी समाजों को समय के साथ अवश्य बदलना होता है। कोई भी चीज़ न जड़ थी और न जड़ हो सकती है। इसके अलावा, मनुष्य में प्रकृति और समाज को विवेकशील तथा उचित रूपरेखा के अनुसार फिर से ढालने की क्षमता है।

यूरोप में चिंतन की नई लहरों का पुराने दृष्टिकोण से टकराव हुआ। भारत संबंधी नीति निर्धारित करने वालों तथा भारतीय प्रशासन चलाने वालों के बीच दृष्टिकोणों में संघर्ष हुआ। पुराने दृष्टिकोण को रूढ़िवादी या परंपरागत दृष्टिकोण कहा जाता था। यह दृष्टिकोण भारत में यथासंभव कम से कम परिवर्तन करने का पक्षपाती था। शुरूआत में इस दृष्टिकोण के प्रतिनिधि वारेन हेस्टिंग्स और प्रसिद्ध लेखक तथा सांसद एडमंड बर्क थे और बाद के प्रतिनिधि प्रसिद्ध अफ़सर मुनरो, मैलक, एल्फिंस्टन और मेटकाफ़ थे। रूढ़िवादियों का कहना था कि भारतीय सभ्यता यूरोपीय सभ्यता से भिन्न थी मगर अवश्यंभावी रूप से उससे निकृष्ट नहीं थी। उनमें से अनेक भारतीय दर्शन और संस्कृति की इज़्जत और प्रशंसा करते थे। यह महसूस करते हुए कि कुछ पश्चिमी विचारों और रिवाजों को लागू करना ज़रूरी हो सकता है उन्होंने प्रस्ताव किया कि उन्हें बहुत

सावधानीपूर्वक और धीरे-धीरे लागू किया जाए। सामाजिक स्थिरता को सर्वोपरि रखते हुए, उन्होंने तेज़ बदलाव के किसी भी कार्यक्रम का विरोध किया। उन्होंने महसूस किया कि व्यापक या जल्दबाज़ी में किए गए परिवर्तन देश में तीव्र प्रतिक्रिया उत्पन्न करेंगे। इंग्लैंड और ब्रिटिश शासन के बिल्कुल अंत तक भारत में रूढ़िवादी दृष्टिकोण प्रभावशाली बना रहा। वस्तुतः भारत में ब्रिटिश अफ़सरों का बहुमत आमतौर से रूढ़िवादी दृष्टिकोण वाला था।

1800 तक रूढ़िवादी दृष्टिकोण की जगह पर बड़ी तेज़ी से नया दृष्टिकोण आने लगा था जो भारतीय समाज और संस्कृति का कटु आलोचक था। भारतीय सभ्यता को गतिहीन कहकर उसकी निंदा की गई और उसे घृणा की दृष्टि से देखा जाने लगा। भारतीय रीति-रिवाजों को असभ्यता का प्रतीक माना गया, भारतीय संस्थानों को भ्रष्ट और पतनोन्मुख बतलाया गया तथा भारतीय चिंतन को संकीर्ण और अवैज्ञानिक कहा गया। ब्रिटेन के अधिकांश अफ़सरों और लेखकों तथा राजनेताओं ने इस आलोचनात्मक दृष्टिकोण का प्रयोग भारत की राजनीतिक और आर्थिक दासता को उचित बतलाने तथा यह घोषित करने के लिए किया कि वह उन्नति करने योग्य नहीं है और इसलिए उसे स्थायी रूप से ब्रिटिश संरक्षण में रहना चाहिए। मगर थोड़े से अंग्रेज़ जिन्हें "रेडिकल्स" (Radicals) कहा जाता था संकुचित आलोचना और साम्राज्यवादी दृष्टिकोण की सीमा से बाहर गए। उन्होंने विकसित मानवतावादी और विवेकशील चिंतन को भारतीय स्थिति पर लागू करने का प्रयत्न किया। विवेक बुद्धि के सिद्धांत के फलस्वरूप उनकी धारणा थी कि यह आवश्यक नहीं है कि भारत हमेशा पिछड़ा रहे क्योंकि विवेक, बुद्धि और विज्ञान के रास्ते पर चलकर सभी समाजों में उन्नति करने की क्षमता है। इस प्रकार ब्रिटिश समाज के श्रेष्ठतर तत्त्वों का प्रतिनिधित्व करने वाले "रेडिकल्स" ने भारत को विज्ञान और मानवतावाद के आधुनिक प्रगतिशील संसार का हिस्सा बनाना चाहा।

उनके अनुसार, आधुनिक पाश्चात्य विज्ञान, दर्शन और साहित्य को अपनाकर वस्तुतः व्यापक और नए तरीक़े से परिवर्तन के ज़रिए भारत की कुरीतियों का निराकरण हो सकता है। उन्नीसवीं सदी के तीसरे दशक में भारत आने वाले कुछ अफ़सर भी रेडिकल दृष्टिकोण से गंभीर रूप से प्रभावित थे। यही नहीं, 1830 के बाद इंग्लैंड में सुधारक व्हिग सत्तारूढ़ थे।

यहां पर इस बात पर बल देने की ज़रूरत है कि ऐसे ईमानदार और लोक हितैषी अंग्रेज़ों की संख्या बहुत कम थी और ब्रिटिश प्रशासन पर उनका प्रभाव कभी निर्णायक नहीं रहा। ब्रिटिश भारत के प्रशासन में शासक तत्त्व साम्राज्यवादी

और शोषक बने रहे। वे नए विचारों और सुधारवादी उपायों को तभी और उसी हद तक लागू करते थे, जब व्यापारिक हितों और मुनाफ़े की प्रवृत्तियों से वे नहीं टकराते थे। भारत का आधुनिकीकरण उस हद तक ही हो सकता था जिससे कि अपेक्षाकृत आसानी से और पूरे तौर पर ब्रिटिश भारत के संसाधनों का अपने हित में शोषण कर सकें। इस प्रकार, भारत के आधुनिकीकरण को अनेक अंग्रेज़ अधिकारियों, व्यावसायियों और राजनेताओं ने स्वीकार कर लिया था क्योंकि हिंदुस्तानियों को ब्रिटिश वस्तुओं का बेहतर ग्राहक बनाना था तथा उन्हें विदेशी शासन स्वीकार करने के लिए तैयार करना था। जैसा कि उन्होंने ब्रिटेन में किया उसी तरह जनतांत्रिक सरकार की स्थापना के लिए प्रयास करने के बदले उन्होंने भारत में एक अपेक्षाकृत अधिक सत्तावादी शासन की मांग की जिसे उन्होंने पितृसत्तावादी कहा। इस दृष्टि से वे रूढ़िवादियों के साथ थे। रूढ़िवादी भी पितृसत्तावाद के कट्टर हिमायती थे जिसके अंतर्गत भारतीय जनता के साथ बच्चों जैसा व्यवहार किया जाएगा और उन्हें प्रशासन से अलग रखा जाएगा। भारत स्थित ब्रिटिश प्रशासकों की मूल दुविधा यही थी कि कुछ सीमा तक आधुनिकीकरण के बिना भारत में ब्रिटिश हितों को नहीं साधा जा सकता था। परंतु पूर्ण आधुनिकीकरण ऐसी शक्तियों को जन्म देता जो उनके हितों के विरुद्ध जाती और आगे चलकर देश में ब्रिटिश प्रभुत्व के लिए खतरे पैदा कर देतीं। इसलिए, उन्हें आंशिक आधुनिकीकरण की अत्यंत सावधानी से संतुलित नीति अपनानी पड़ी। इस नीति का मतलब था : कुछ क्षेत्रों में उसके रास्ते में रोड़े अटकाना या उसे नहीं होने देना। दूसरे शब्दों में, आधुनिकीकरण को भी उपनिवेशवादी सीमा के भीतर रहना था।

भारतीय समाज और संस्कृति के आधुनिकीकरण की नीति को ही ईसाई धर्म प्रचारकों तथा विलियम विल्बर-फोर्स और ईस्ट इंडिया कंपनी के निदेशक मंडल के अध्यक्ष चार्ल्स ग्रांट जैसे धर्मपरायण लोगों ने बढ़ावा दिया, जो चाहते थे कि भारत में ईसाई धर्म फैले। उन्होंने भी भारतीय समाज के प्रति आलोचनात्मक रुख अपनाया मगर उन्होंने ऐसा धार्मिक आधार पर किया। उनका विश्वास था कि ईसाई धर्म ही एकमात्र सच्चा धर्म है और अन्य सारे धर्म झूठे हैं। उन्होंने पश्चिमीकरण के एक कार्यक्रम को इस उम्मीद से समर्थन दिया कि उसके परिणामस्वरूप अंततोगत्वा देश ईसाई धर्म को अपना लेगा। उन्होंने सोचा कि पाश्चात्य ज्ञान की रोशनी अपने धर्मों में लोगों के विश्वास को खत्म कर देगी और उन्हें ईसाई धर्म का स्वागत करने तथा उसे अपनाने के लिए प्रेरित करेगी। इसलिए उन्होंने देश में आधुनिक स्कूल, कॉलेज और अस्पताल खोले।

धर्मप्रचारकों को विवेकशील ''रेडिकल्स'' का बहुधा अनचाहे सहायक होना पड़ता था। ''रेडिकल्स'' का वैज्ञानिक दृष्टिकोण न केवल हिंदू या मुस्लिम पौराणिक गाथाओं की बल्कि ईसाई पौराणिक गाथाओं की भी जड़ें खोदता था। जैसा कि प्रोफेसर एच. एच. डाडवेल ने बतलाया है : 'अपने ही देवताओं की मान्यता पर शंका प्रकट करने की शिक्षा प्राप्त कर उन्होंने (पाश्चात्य प्रभाव में आए भारतीयों ने) बाइबल की प्रामाणिकता और उसके वृत्तांत की सच्चाई पर भी संदेह व्यक्त किया।' धर्मप्रचारकों ने पितृसत्तावादी, साम्राज्यवादी नीतियों का भी समर्थन किया क्योंकि वे कानून तथा व्यवस्था और ब्रिटिश प्रभुत्व को अपने धार्मिक प्रचार के काम के लिए आवश्यक समझते थे। यह आशा दिलाकर कि ईसाई धर्म ग्रहण करने वाले ब्रिटिश वस्तुओं के अच्छे ग्राहक होंगे, उन्होंने ब्रिटिश सौदागरों और विनिर्माताओं से उनका समर्थन प्राप्त करना चाहा।

''रेडिकल्स'' को राजा राममोहन राय और उसी तरह के अन्य भारतीयों ने अपना पूर्ण समर्थन दिया। ऐसे भारतीय इस तथ्य के प्रति सचेत थे कि उनका देश और समाज काफ़ी नीचे गिर गया है। वे जाति संबंधी पूर्वाग्रहों तथा अन्य सामाजिक कुरीतियों से ऊब गए थे और उनका विश्वास था कि भारत की मुक्ति विज्ञान और मानवतावाद के द्वारा ही हो सकती है। हम इन भारतीयों के दृष्टिकोण और गतिविधियों के बारे में अगले अध्याय में विस्तार से चर्चा करेंगे।

भारत सरकार ने व्यापक रूप से आधुनिकीकरण के बदले सावधानी और धीमी गति से नए परिवर्तन लाने की जो नीति अपनाई उसके लिए ज़िम्मेदार अन्य कारणों में भारत स्थित ब्रिटिश अधिकारियों में रूढ़िवादी दृष्टिकोण का बोलबाला और यह धारणा थी कि भारतीयों के धार्मिक विचारों तथा सामाजिक रिवाजों में हस्तक्षेप करने से भारतीय जनता के बीच क्रांतिकारी प्रतिक्रिया हो सकती है। यहां तक कि अत्यंत कट्टर ''रेडिकल्स'' ने भी इस चेतावनी की ओर ध्यान दिया क्योंकि ब्रिटिश शासक वर्ग के अन्य सदस्यों के साथ उन्होंने भी भारत में ब्रिटिश शासन की सुरक्षा और स्थायित्व की कामना की, जिसके सामने हर अन्य विचार का महत्त्व गौण था। वस्तुत: आधुनिकीकरण की नीति को 1858 के बाद धीरे-धीरे छोड़ दिया गया क्योंकि भारतीय योग्य शिष्य सिद्ध हुए और वे अपने समाज के आधुनिकीकरण तथा अपनी संस्कृति पर ज़ोर देने की दिशा में बढ़े। उन्होंने मांग की कि उन पर स्वतंत्रता, समानता और राष्ट्रीयता के आधुनिक सिद्धांत के अनुसार शासन किया जाए। ब्रिटिश लोगों ने सुधारकों को अपना समर्थन देना क्रमश: बंद कर दिया। धीरे-धीरे उन्होंने समाज के कट्टरपंथियों का पक्ष लेना शुरू किया। उन्होंने जातिवाद तथा सांप्रदायिकता को भी बढ़ावा दिया।

लोकोपकारी कार्रवाइयाँ

भारतीय समाज को उसकी कुरीतियों से मुक्त करने के लिए किए गए ब्रिटिश सरकार के प्रयास कुल मिलाकर बहुत कम थे और इसलिए उनका कुछ विशेष परिणाम नहीं हुआ। उनकी सबसे बड़ी उपलब्धि थी 1829 में सती प्रथा को गैरकानूनी घोषित करने की कार्रवाई। विलियम बैंटिंक ने घोषित किया कि पति की चिता पर विधवा के जल मरने की कार्रवाई में जो भी सहयोगी होंगे, उन्हें अपराधी माना जाएगा। इससे पहले ब्रिटिश शासकों ने सती प्रथा को रोकने के प्रश्न पर उदासीन रुख अपनाया था। उन्हें डर था कि सती प्रथा के ख़िलाफ़ किसी भी तरह की कार्रवाई करने से रूढ़िवादी भारतीय नाराज़ हो जाएंगे। जब राममोहन राय और अन्य प्रबुद्ध भारतीयों तथा धर्मप्रचारकों ने इस अमानवीय प्रथा को खत्म करने के लगातार आंदोलन किए तब जाकर सरकार सती प्रथा को रोकने के लोकोपकारी कदम उठाने के लिए सहमत हुई। भूतकाल में अकबर और औरंगज़ेब, पेशवाओं और जयपुर के राजा जयसिंह ने इस कुप्रथा को दबाने के लिए प्रयास किए, लेकिन वे असफल रहे। कुछ भी हो, इस प्रथा को गैरकानूनी घोषित करने के लिए बैंटिंक प्रशंसा का पात्र है। इस कुप्रथा के कारण 1815 और 1818 के बीच केवल बंगाल में ही 800 महिलाओं ने अपनी जान गंवाई थी। बैंटिंक इसलिए भी प्रशंसा का पात्र है कि उसने सती प्रथा के रूढ़िवादी समर्थकों के विरोध के सामने झुकने से इनकार कर दिया।

लड़कियों को पैदा होते ही मार देने की प्रथा कुछ राजपूत खानदानों तथा अन्य जातियों में प्रचलित थी। इसके मुख्य कारण थे लड़ाइयों में बड़ी संख्या में मरने के कारण नौजवानों की कमी तथा ऊसर क्षेत्रों में जीविकोपार्जन में कठिनाइयां। यह प्रथा पश्चिम और मध्य भारत में दहेज की कुप्रथा के भयंकर रूप में विद्यमान होने के कारण प्रचलित थी। शिशु हत्या को रोकने के संबंध में कानून 1795 और 1802 में बनाए गए थे मगर उन्हें सख्ती से बैंटिंक और हार्डिंग ने ही लागू किया। हार्डिंग ने नर बलि की प्रथा को खत्म करने के लिए भी कानून बनाया। यह प्रथा गोंड नाम की आदिम जाति में प्रचलित थी। भारत सरकार ने 1856 में हिंदू विधवाओं के पुनर्विवाह के लिए कानून पास किया। सरकार ने पंडित ईश्वरचंद्र विद्यासागर और अन्य सुधारकों द्वारा इसके पक्ष में लगातार आंदोलन चलाने के बाद यह कार्रवाई की। इस कानून के तात्कालिक प्रभाव कुछ विशेष नहीं हुए।

इन सब सरकारी सुधारों ने भारतीय समाज व्यवस्था को सतही तौर पर ही प्रभावित किया तथा जनता के विशाल बहुमत के जीवन पर इसका कोई खास

असर नहीं पड़ा। शायद एक विदेशी सरकार के लिए इससे अधिक कुछ करना संभव भी नहीं था।

आधुनिक शिक्षा का प्रसार

अंग्रेज़ आधुनिक शिक्षा आरंभ करने में अधिक सफल रहे। निःसंदेह आधुनिक शिक्षा का प्रसार केवल सरकार के प्रयास से ही नहीं हुआ। ईसाई धर्मप्रचारकों और बड़ी संख्या में प्रबुद्ध भारतीयों ने भी इस कार्य में महत्त्वपूर्ण भूमिका अदा की।

अपने शासन के पहले 60 वर्षों के दौरान ईस्ट इंडिया कंपनी ने अपनी प्रजा की शिक्षा में नाममात्र दिलचस्पी ली। वह मुनाफ़ा कमाने वाली एक व्यापारिक संस्था रही। परंतु इसके दो बहुत ही छोटे अपवाद रहे। वारेन हेस्टिंग्स ने 1781 में मुस्लिम कानून और संबद्ध विषयों के अध्ययन और पढ़ाई के लिए कलकत्ता मदरसा स्थापित किया। जोनाथन डंकन ने 1791 में हिंदू कानून और दर्शन के अध्ययन के लिए वाराणसी में संस्कृत कालेज स्थापित किया। वह वाराणसी में रेज़ीडेंट था। दोनों संस्थाओं की स्थापना इस उद्देश्य से की गई थी कि उनसे कंपनी की अदालतों में न्याय-प्रशासन के लिए योग्य भारतीय नियमित रूप से मिल सकें।

धर्मप्रचारकों और उनके समर्थकों तथा अनेक लोकोपकारी व्यक्तियों ने कंपनी पर तुरंत दबाव डालना आरंभ किया कि वह भारत में आधुनिक धर्मनिरपेक्ष पश्चिमी शिक्षा को बढ़ावा दे। यद्यपि अनेक भारतीयों सहित समाजसेवी लोगों की धारणा थी कि आधुनिक ज्ञान ही देश की सामाजिक, आर्थिक और राजनीतिक कुरीतियों की सर्वोत्तम दवा है। लेकिन धर्मप्रचारकों को विश्वास था कि आधुनिक शिक्षा अपने धर्मों में लोगों की आस्था को खत्म कर देगी और वे ईसाई धर्म ग्रहण करने के लिए प्रेरित होंगे। एक मामूली सी शुरूआत 1813 में की गई, जब चार्टर ऐक्ट में विद्वान भारतीयों को बढ़ावा देने तथा देश में आधुनिक विज्ञानों संबंधी ज्ञान को प्रोत्साहित करने का सिद्धांत शामिल कर लिया गया। इस ऐक्ट के तहत कंपनी को इस उद्देश्य के लिए एक लाख रुपए खर्च करने का निर्देश दिया। मगर 1823 तक कंपनी के अधिकारियों ने इस काम के लिए यह तुच्छ रकम भी नहीं दी।

वर्षों तक देश में इस प्रश्न को लेकर काफ़ी वाद-विवाद चलता रहा कि यह खर्च किस दिशा में किया जाए। कुछ लोगों का कहना था कि यह रकम केवल आधुनिक पाश्चात्य अध्ययनों को प्रोत्साहन देने के लिए खर्च की जाए। अन्य लोगों की इच्छा थी कि पाश्चात्य विज्ञान और साहित्य की पढ़ाई छात्रों को नौकरियों के लिए तैयार करने के लिए की जाए, मगर मुख्य ज़ोर परंपरागत भारतीय विद्या के प्रसार पर दिया जाए। जो पाश्चात्य विद्या का प्रसार चाहते थे,

उनके बीच इस मुद्दे पर विवाद खड़ा हो गया कि आधुनिक स्कूलों और कॉलेजों में शिक्षा का कौन-सा माध्यम अपनाया जाए। कुछ लोगों ने भाषाओं (जिन्हें उस समय vernaculars कहा जाता था) के प्रयोग की सिफारिश की, जबकि अन्य लोगों ने अंग्रेज़ी के इस्तेमाल की वकालत की। दुर्भाग्यवश, इस प्रश्न को लेकर काफ़ी उलझन पैदा हो गई। अनेक लोग माध्यम के रूप में अंग्रेज़ी तथा अध्ययन के विषय में अंग्रेज़ी के बीच, तथा माध्यम के रूप में भारतीय भाषाओं और अध्ययन की मुख्य विषयवस्तु के रूप में परंपरागत भारतीय विद्या के बीच भेद नहीं कर पाए।

दोनों विवाद 1835 में तब खत्म हुए, जब भारत सरकार ने निर्णय किया कि जो भी सीमित संसाधन वह देने को तैयार है, उसे वह पाश्चात्य विज्ञान और पाश्चात्य साहित्य को केवल अंग्रेज़ी भाषा के माध्यम से पढ़ाने के लिए लगाएगी। लॉर्ड मैकाले उस समय गवर्नर-जनरल की काउंसिल का विधि सदस्य था, उसने एक प्रसिद्ध आलोक पत्र (minute) में यह तर्क दिया कि भारतीय भाषाएं इतनी विकसित नहीं है कि इस उद्देश्य को पूरा कर सकें, और "प्राच्य विद्या यूरोपीय विद्या से बिल्कुल निकृष्ट है।" यह उल्लेखनीय है कि यद्यपि मैकाले के विचार विज्ञान तथा चिंतन के क्षेत्र में भारत की भूतकालीन उपलब्धियों के प्रति पूर्वाग्रह तथा अज्ञान से भरे हुए थे, फिर भी उसका यह दावा सही था कि भौतिक तथा सामाजिक विज्ञानों के क्षेत्रों में यूरोपीय ज्ञान तत्कालीन भारतीय ज्ञान से श्रेष्ठ था। एक ज़माना था जब भारतीय ज्ञान सबसे अधिक उन्नत था पर बहुत दिनों से वह गतिहीन हो गया था तथा वास्तविकता से उसका कोई संपर्क नहीं रह गया था। इसीलिए राजा राममोहन राय के नेतृत्व में उस समय के अधिकांश प्रगतिशील भारतीयों ने ज़ोरदार ढंग से पाश्चात्य ज्ञान के अध्ययन की वकालत की। वे पाश्चात्य ज्ञान को "आधुनिक पश्चिम के वैज्ञानिक तथा लोकतांत्रिक चिंतन के खज़ाने की कुंजी" के रूप में देखते थे। उन्होंने यह भी माना कि परंपरागत शिक्षा ने अंधविश्वास, डर और सत्तावाद को जन्म दिया है। दूसरे शब्दों में, उन्होंने माना कि देश की मुक्ति आगे बढ़ने में है पीछे जाने में नहीं। वस्तुतः उन्नीसवीं और बीसवीं सदी के किसी भी प्रमुख भारतीय ने इस दृष्टिकोण को कभी नहीं छोड़ा। इसके अतिरिक्त, आधुनिक इतिहास के संपूर्ण काल में पाश्चात्य ज्ञान को ग्रहण करने के लिए उत्सुक भारतीयों ने सरकार पर दबाव डाला कि वह आधुनिक ढर्रे पर अपनी शैक्षिक गतिविधियों का प्रसार करे।

भारत सरकार ने, विशेषकर बंगाल में, 1835 के निर्णय पर तेज़ी से कार्रवाई की और अपने स्कूलों और कॉलेजों में अंग्रेज़ी को शिक्षा का माध्यम बना दिया। उसने बड़ी संख्या में प्राथमिक स्कूल खोलने के बदले थोड़े से अंग्रेज़ी स्कूल

और कॉलेज खोले। लोक शिक्षा की उपेक्षा करने के कारण बाद में इस नीति की तीव्र आलोचनाएं हुई। वस्तुतः आधुनिक और उच्चतर शिक्षा संस्थान खोलने पर ज़ोर देने की नीति गलत नहीं थी। अगर और कुछ नहीं तो प्राथमिक स्कूलों के लिए शिक्षकों को शिक्षित और प्रशिक्षित करने के उद्देश्य से बड़ी संख्या में स्कूलों और कॉलेजों की आवश्यकता थी। मगर उच्च शिक्षा के प्रसार के साथ ही आम जनता को शिक्षित करने का काम भी हाथ में लिया जाना चाहिए था। सरकार इसके लिए तैयार नहीं थी क्योंकि वह शिक्षा पर मामूली रकम से अधिक खर्च नहीं करना चाहती थी। शिक्षा पर खर्च की कमी को पूरा करने के लिए अधिकारियों ने तथाकथित 'अधोगामी निस्यंदन सिद्धांत या नीचे की ओर छन कर जाने के सिद्धांत (downward filtration theory) का सहारा लिया।' चूंकि शिक्षा के मद में दी गई धनराशि के द्वारा मुट्ठी भर लोगों को ही शिक्षित किया जा सकता था, इसलिए यह तय हुआ कि उसे उच्च और मध्यम वर्गों के थोड़े से लोगों को शिक्षित करने पर खर्च किया जाए। उन लोगों से यह आशा की जाती थी कि वे जनसाधारण को शिक्षित करने और उनके बीच आधुनिक विचारों का प्रचार करने का काम अपने ऊपर लेंगे।

इस प्रकार यह समझा गया कि शिक्षा और आधुनिक विचार उच्च वर्गों से छन कर या निकल कर निचले वर्गों के लोगों को प्राप्त होंगे। यह नीति ब्रिटिश शासन के बिल्कुल अंत तक चली, हालांकि इसे सरकारी तौर पर 1854 में छोड़ दिया गया था। यहां इस बात का उल्लेख आवश्यक है कि यद्यपि शिक्षा रिसकर नीचे नहीं गई किंतु आधुनिक विचार बहुत हद तक आम लोगों के बीच फैले, पर शासकों ने जिस रूप में चाहा था, उस रूप में ऐसा नहीं हुआ। स्कूलों और पाठ्य-पुस्तकों के ज़रिए नहीं बल्कि राजनीतिक दलों, पत्र-पत्रिकाओं, पुस्तिकाओं और सार्वजनिक मंचों के माध्यम से शिक्षित भारतीयों में बुद्धिजीवियों ने ग्रामीण और शहरी जनता के बीच जनतंत्र, राष्ट्रीयता, साम्राज्यवाद विरोध और सामाजिक और आर्थिक समानता तथा न्याय के विचारों का प्रचार किया। यदि शिक्षा इन विचारों का वाहक बनी भी तो ऐसा उसने परोक्ष रूप से ही किया। इसने लोगों को भौतिक, समाजविज्ञानों तथा मानविकी में कुछ साहित्य उपलब्ध कराया। इससे उनकी सामाजिक विवेचन की क्षमता बढ़ी। अन्यथा इस शिक्षा का ढाँचा और खाका, इसके लक्ष्य, पद्धतियों और पाठ्यक्रम की रचना साम्राज्यवाद को सुरक्षित रखने के लिए की गई थी।

भारत में शिक्षा के विकास में भारत मंत्री (Secretary of State) की 1854 की शिक्षा विषयक विज्ञप्ति (Educational Dispatch) एक और महत्त्वूर्ण कदम

थी। इस विज्ञप्ति ने भारत सरकार से जन शिक्षा की ज़िम्मेदारी लेने को कहा। इस प्रकार उसने ''अधोगामी निस्यंदन सिद्धांत'' को कम से कम कागज़ी तौर पर तो छोड़ दिया। लेकिन व्यवहार में, सरकार ने शिक्षा के प्रसार के लिए कुछ भी नहीं किया और उस पर नाममात्र खर्च किया। विज्ञप्ति द्वारा दिए गए निर्देशों के अनुसार, सभी प्रांतों में शिक्षा विभाग बने और 1857 में कलकत्ता, बंबई और मद्रास में संबद्धकारी (affiliating) विश्वविद्यालयों की स्थापना हुई। प्रसिद्ध बांग्ला उपन्यासकार बंकिमचंद्र चटर्जी 1858 में कलकत्ता विश्वविद्यालय के प्रथम दो स्नातकों में से थे।

सभी बड़े-बड़े दावों के बावजूद, कंपनी और बाद में ब्रिटिश राज के अधीन भारत सरकार ने भारत में पाश्चात्य विद्या या किसी भी अन्य विद्या के प्रसार में वस्तुतः कोई गंभीर दिलचस्पी नहीं ली। यहां तक कि जो सीमित प्रयास किया गया, वह उन कारकों का परिणाम था, जिनका लोक कल्याण की भावनाओं से कोई संबंध नहीं था। इस दिशा में आधुनिक शिक्षा के पक्ष में, प्रगतिशील भारतीयों, विदेशी ईसाई धर्म प्रचारकों, लोकोपकारी अफ़सरों तथा अन्य अंग्रेज़ों का आंदोलन कुछ महत्त्व रखता है। मगर सबसे महत्त्वपूर्ण कारण था, प्रशासन का खर्च कम करने की चिंता। इसके लिए सरकार शिक्षित भारतीयों की संख्या बढ़ाना चाहती थी जिससे प्रशासन और ब्रिटिश व्यावसायिक प्रतिष्ठानों की छोटे कर्मचारियों की बड़ी और बढ़ती हुई ज़रूरतों को पूरा किया जा सके। शिक्षित भारतीय अपेक्षाकृत सस्ते पड़ते थे। इन कामों के लिए पर्याप्त संख्या में अंग्रेज़ों को बाहर से लाना बहुत ही खर्चीला था और असंभव भी।

सस्ते क्लर्कों की संख्या बढ़ाने पर ज़ोर देने के फलस्वरूप स्कूलों और कॉलेजों में आधुनिक शिक्षा दी जाने लगी, जिसने वहां शिक्षा प्राप्त करने वालों को कंपनी के प्रशासन में काम करने लायक बनाया। साथ ही इन संस्थानों ने अंग्रेज़ी पर ज़ोर दिया, जो स्वामियों और प्रशासन की भाषा थी। अंग्रेज़ों की शिक्षा नीति का एक अन्य प्रयोजन इस धारणा से निकला था कि शिक्षित भारतीय इंग्लैंड में बनी वस्तुओं के बाज़ार का भारत में विस्तार करेंगे। अंत में, पाश्चात्य शिक्षा भारतीय जनता को ब्रिटिश शासन स्वीकार करने के लिए प्रेरित करेगी, विशेषकर इस कारण से कि उसने भारत के ब्रिटिश विजेताओं और उनके प्रशासन की महिमा का गान किया था। उदाहरण के लिए, मैकाले ने निर्देश दिया था –

> हमें ऐसा वर्ग बनाने के लिए जी-जान से प्रयत्न करना चाहिए जो हमारे और उन करोड़ों लोगों के बीच, जिन पर हम शासन करते हैं, दुभाषिए का काम कर

> सके; यह उन लोगों का वर्ग हो जो रक्त और रंग की दृष्टि से भारतीय मगर रुचि, विचारों, आचरण तथा बुद्धि की दृष्टि से अंग्रेज़ हों।

इस प्रकार अंग्रेज़ों ने आधुनिक शिक्षा का उपयोग देश में अपनी राजनीतिक सत्ता को मज़बूत बनाने के लिए करना चाहा।

परंपरागत भारतीय शिक्षा प्रणाली धीरे-धीरे सरकारी समर्थन के अभाव और उससे भी अधिक, 1844 की सरकारी घोषणा के कारण समाप्त हो गई; जिसके अनुसार सरकारी रोज़गार के लिए आवेदन करने वालों को अंग्रेज़ी का ज्ञान होना चाहिए। इस घोषणा ने अंग्रेज़ी माध्यम वाले स्कूलों को अधिक लोकप्रिय बना दिया और अधिकाधिक छात्रों को परंपरागत स्कूलों को छोड़ने के लिए बाध्य कर दिया।

शिक्षा प्रणाली की एक मुख्य कमज़ोरी थी, आम जनता की शिक्षा की उपेक्षा। इसका परिणाम यह हुआ कि भारत में जन-साक्षरता की स्थिति 1821 की तुलना में 1921 में शायद ही अच्छी थी। 1911 में 94 प्रतिशत और 1921 में 92 प्रतिशत भारतीय निरक्षर थे। शिक्षा के माध्यम के रूप में भारतीय भाषाओं की जगह अंग्रेज़ी के ऊपर अधिक ज़ोर ने जनता में शिक्षा का प्रसार नहीं होने दिया। उसमें शिक्षित लोगों और जनता के बीच भाषा तथा संस्कृति की खाई पैदा करने की प्रवृत्ति भी नज़र आने लगी। चूंकि छात्रों को स्कूलों तथा कॉलेजों में फीस देनी पड़ती थी, इसलिए शिक्षा काफ़ी महंगी थी। अत: धनी वर्गों और शहरी लोगों का इस पर एकाधिकार हो गया था। लगभग एक सौ साल तक यह शिक्षा इतनी सीमित थी कि यह परंपरागत शिक्षा की क्षति की भरपाई करने में भी असफल रही।

प्रारंभिक शिक्षा नीति में सबसे बड़ी खामी थी लड़कियों की शिक्षा की अवेहलना। लड़कियों की शिक्षा के लिए धन की कोई व्यवस्था नहीं की गई थी। ऐसा अंशत: इसलिए हुआ कि सरकार चिंतित थी कि रूढ़िवादी भारतीयों की भावनाओं को चोट न पहुंचे। इससे भी बढ़कर यह बात थी कि विदेशी अधिकारियों की नज़र में स्त्री-शिक्षा की कोई तात्कालिक उपयोगिता नहीं थी क्योंकि स्त्रियों को सरकारी दफ्तरों में क्लर्क नहीं बनाया जा सकता था। परिणाम यह हुआ कि 1921 में भी केवल 2 प्रतिशत भारतीय स्त्रियां लिख-पढ़ सकती थीं और 1919 में केवल 490 लड़कियां बंगाल प्रेसिडेंसी के हाई स्कूलों की चार उच्च कक्षाओं में पढ़ रही थीं।

कंपनी के प्रशासन ने वैज्ञानिक और तकनीकी शिक्षा की भी उपेक्षा की। 1857 तक देश में कलकत्ता, बंबई और मद्रास में केवल तीन ही मेडिकल कॉलेज थे।

उच्चतर तकनीकी शिक्षा देने के लिए केवल एक ही इंजीनियरिंग कॉलेज, रुड़की में था। उसके दरवाज़े केवल यूरोपवासियों तथा यूरेशियन लोगों के लिए खुले हुए थे।

इन कमज़ोरियों में से अधिकांश की जड़ में वित्तीय समस्या थी। सरकार शिक्षा पर कभी एक मामूली रकम से अधिक खर्च करने को तैयार नहीं थी। यहां तक कि 1886 में भी उसने अपनी लगभग 47 करोड़ रुपयों की आय में से एक करोड़ रुपए ही शिक्षा पर खर्च किए।

5

उन्नीसवीं सदी के पूर्वार्ध में सामाजिक और सांस्कृतिक जागरण

उन्नीसवीं सदी के भारत की विशेषता ज़बर्दस्त बौद्धिक और सांस्कृतिक उथल-पुथल थी। आधुनिक पश्चिमी संस्कृति का प्रभाव और विदेशी शक्ति द्वारा पराजित होने की चेतना के चलते लोगों में नई जागृति पैदा हुई। जनता को इस बात का एहसास हो चुका था कि भारतीय सामाजिक ढाँचे और सांस्कृतिक दुर्बलताओं की वजह से मुट्ठी भर विदेशियों ने भारत को उपनिवेश में बदल दिया है। समझदार भारतीय लोगों ने अपने समाज की शक्ति तथा कमज़ोरी को जाना और इसकी कमज़ोरियों को दूर करने के उपाय भी खोजने लगे। भारत की बहुसंख्यक जनता ने पश्चिम के साथ समझौता करना अस्वीकार कर दिया। इन लोगों ने परंपरागत भारतीय विचारों और संस्थानों में अपनी आस्था व्यक्त की। दूसरी बात यह थी कि लोग धीरे-धीरे यह मानने लगे कि अपने समाज में फिर से प्राण फूंकने के लिए आधुनिक पश्चिमी विचारों के कुछ तत्त्वों को आत्मसात करना पड़ेगा। मानवतावाद और विवेक पर आधारित सिद्धांतों और आधुनिक विज्ञान ने उन्हें खासतौर से प्रभावित किया। हालांकि इस बात पर लोगों में मतभेद था कि किस प्रकार के सुधार किए जाएं तथा कितना सुधार किया जाना चाहिए। लेकिन उन्नीसवीं सदी के सभी बुद्धिजीवियों का विश्वास था कि सामाजिक और धार्मिक सुधारों की तत्काल ज़रूरत है।

राममोहन राय

इस जागरण के मुख्य नेता राममोहन राय थे जिन्हें आधुनिक भारत का प्रथम नेता मानना एकदम उचित है। अपने देश और जनता के प्रति गहरे प्रेम से प्रेरित होकर आजीवन उसके सामाजिक, धार्मिक, बौद्धिक और राजनीतिक नवोत्थान के लिए राममोहन राय ने कठिन परिश्रम किया। समसामयिक भारतीय समाज की जड़ता

और भ्रष्टाचार से उन्हें काफ़ी कष्ट हुआ। उस समय भारतीय समाज में जाति और परंपरा का बोलबाला था। लोकधर्म अंधविश्वासों से भरा हुआ था। इसका फायदा अज्ञानी लोग और भ्रष्ट पुरोहित उठाते थे। उच्च वर्ग के लोग स्वार्थी थे और उन लोगों ने अपने क्षुद्र स्वार्थों के लिए सामाजिक हितों की बलि दी। राममोहन राय के मन में प्राच्य दार्शनिक विचारधाराओं के प्रति गहन प्रेम और आदर था। लेकिन वे यह भी सोचते थे कि केवल पश्चिमी संस्कृति से ही भारतीय समाज का पुनरुत्थान संभव था।

खासतौर पर वे चाहते थे कि उनके देश के लोग विवेकशील दृष्टि और वैज्ञानिक सोच अपनाएं तथा नर-नारियों की मानवीय प्रतिष्ठा और सामाजिक समानता के सिद्धांत को स्वीकार कर लें। वे यह भी चाहते थे कि देश में आधुनिक पूंजीवादी उद्योग आरंभ किए जाएं।

राममोहन राय प्राच्य और पाश्चात्य चिंतन के संश्लिष्ट (मिले-जुले) रूप के प्रतिनिधि थे। वे विद्वान थे और संस्कृत, फारसी, अरबी, अंग्रेज़ी, फ्रांसीसी, ग्रीक और हिब्रू सहित एक दर्जन से अधिक भाषाएं जानते थे। युवावस्था में उन्होंने वाराणसी में संस्कृत साहित्य और हिंदू दर्शन, पटना में कुरान व फारसी तथा अरबी साहित्य का अध्ययन किया था। वे जैन धर्म और भारत के अन्य धार्मिक आंदोलनों तथा पंथों से अच्छी तरह परिचित थे। बाद में उन्होंने पाश्चात्य चिंतन और संस्कृति का गहरा अध्ययन किया। मूल बाइबिल का अध्ययन करने के लिए उन्होंने ग्रीक और हिब्रू भाषाएं सीखीं। उन्होंने 1809 में फारसी में अपनी प्रसिद्ध पुस्तक ''गिफ्ट टु मोनोथेसिस्ट'' (एकेश्वरवादियों का उपहार) लिखी, जिसमें उन्होंने अनेक देवी-देवताओं में विश्वास के विरुद्ध और एकेश्वरवाद के पक्ष में वज़नदार तर्क दिए।

वे 1814 में कलकत्ता में बस गए और उन्होंने जल्द ही युवाओं के एक समूह को अपनी ओर आकर्षित कर लिया, जिनके सहयोग से उन्होंने आत्मीय सभा आरंभ की। तब से लेकर जीवन भर बंगाल के हिंदुओं में प्रचलित धार्मिक और सामाजिक कुरीतियों के ख़िलाफ़ उन्होंने एक ज़ोरदार संघर्ष चलाया। विशेष रूप से उन्होंने मूर्तिपूजा, जाति की कट्टरता और निरर्थक धार्मिक कृत्यों के प्रचलन का ज़ोरदार विरोध किया। इन रिवाजों को बढ़ावा देने के लिए उन्होंने पुरोहित वर्ग की निंदा की। उनकी धारणा थी कि सभी प्रमुख प्राचीन हिंदू धर्मग्रंथों ने एकेश्वरवाद की शिक्षा दी है। अपने दावे को प्रमाणित करने के लिए उन्होंने वेदों और पांच प्रमुख उपनिषदों के बांग्ला अनुवाद प्रकाशित किए। उन्होंने एकेश्वरवाद के समर्थन में कई पुस्तक-पुस्तिकाएं लिखीं।

यद्यपि अपने दार्शनिक विचारों के समर्थन में उन्होंने प्राचीन विशेषज्ञों को उद्धृत किया तथापि अंततोगत्वा उन्होंने मानवीय तर्क शक्ति का सहारा लिया जो, उनके विचार से, किसी भी सिद्धांत-प्राच्य या पाश्चात्य की सच्चाई की अंतिम कसौटी है। उनकी धारणा थी कि वेदांत-दर्शन मानवीय तर्क शक्ति पर आधारित है। किसी भी स्थिति में आदमी को तब पवित्र ग्रंथों, शस्त्रों और विरासत में मिली परंपराओं से हट जाने में नहीं हिचकिचाना चाहिए, जब मानवीय तर्क शक्ति का वैसा तकाज़ा हो और वे परंपराएं समाज के लिए हानिकारक सिद्ध हो रही हों। इस बात का उल्लेख ज़रूरी है कि राममोहन राय ने अपने विवेकशील दृष्टिकोण का प्रयोग केवल भारतीय धर्मों और परंपराओं तक ही सीमित नहीं रखा। उससे उनके अनेक ईसाई धर्म प्रचारक मित्रों को निराशा हुई जिन्होंने उम्मीद लगाई थी कि हिंदू धर्म की विवेकशील समीक्षा उन्हें ईसाई धर्म स्वीकार करने के लिए प्रेरित करेगी। राममोहन राय ने ईसाई धर्म, विशेषकर उसमें निहित अंध आस्था के तत्त्वों को भी विवेक शक्ति के अनुसार देखने पर ज़ोर दिया। उन्होंने 1820 में ''प्रीसेप्ट्स ऑफ़ जीसस'' (Precepts of Jesus) नाम की पुस्तक प्रकाशित की, जिसमें उन्होंने ''न्यू टेस्टामेंट'' के नैतिक और दार्शनिक संदेश की प्रशंसा करते हुए उसको उसकी चमत्कारी कहानियों से अलग करने की कोशिश की। वे चाहते थे कि ईसा मसीह के उच्च नैतिक संदेश को हिंदू धर्म में समाहित कर लिया जाए। इससे ईसाई धर्म प्रचारक उनके विरोधी बन गए।

इस प्रकार राममोहन राय का मानना था कि न तो भारत के भूतकाल पर आंखें मूंदकर निर्भर रहा जाए और न ही पश्चिम का अंधानुकरण किया जाए। दूसरी ओर, उन्होंने ये विचार रखे कि विवेक-बुद्धि का सहारा लेकर नए भारत को सर्वोत्तम प्राच्य और पाश्चात्य विचारों को प्राप्त कर संजो रखना चाहिए। अत: उन्होंने चाहा कि भारत पश्चिमी देशों से सीखे, मगर सीखने की यह क्रिया एक बौद्धिक और सर्जनात्मक प्रक्रिया हो जिसके द्वारा भारतीय संस्कृति और चिंतन में जान डाल दी जाए। इस प्रक्रिया का अर्थ भारत पर पाश्चात्य संस्कृति को थोपना नहीं हो। इसलिए वे हिंदू धर्म में सुधार के हिमायती और हिंदू धर्म की जगह ईसाई धर्म लाने के विरोधी थे। उन्होंने ईसाई धर्म प्रचारकों को हिंदू धर्म और दर्शन पर अज्ञानपूर्ण आलोचनाओं का जवाब दिया। साथ ही, उन्होंने अन्य धर्मों के प्रति अत्यंत मित्रतापूर्ण रुख अपनाया। उनका विश्वास था कि बुनियादी तौर पर सभी धर्म एक ही संदेश देते हैं कि उनके अनुयायी भाई-भाई हैं।

ज़िंदगी भर राममोहन राय को अपने निडर धार्मिक दृष्टिकोण के लिए भारी कीमत चुकानी पड़ी। रूढ़िवादियों ने मूर्ति पूजा की आलोचना तथा ईसाई धर्म

और इस्लाम की दार्शनिक दृष्टिकोण से प्रशंसा करने के कारण उनकी निंदा की। उन्होंने उनका सामाजिक तौर पर बहिष्कार किया। उनकी मां ने भी बहिष्कार करने वालों का साथ दिया। उन्हें विधर्मी और जाति बहिष्कृत कहा गया।

उन्होंने 1828 में ब्रह्म सभा नाम की एक नई धार्मिक संस्था की स्थापना की जिसको बाद में ब्रह्म समाज कहा गया। इसका उद्देश्य हिंदू धर्म को स्वच्छ बनाना और एकेश्वरवाद की शिक्षा देना था। नई संस्था के दो आधार थे, तर्क शक्ति और वेद तथा उपनिषद्। उसे अन्य धर्मों की शिक्षाओं को भी समाहित करना था। ब्रह्म समाज ने मानवीय प्रतिष्ठा पर ज़ोर दिया, मूर्ति पूजा का विरोध किया तथा सती प्रथा जैसी सामाजिक कुरीतियों की आलोचना की।

राममोहन राय एक महान चिंतक और कर्मठ व्यक्ति थे। राष्ट्र-निर्माण का शायद ही कोई पहलू था जिसे उन्होंने अछूता छोड़ा हो। वस्तुतः जैसे उन्होंने हिंदू धर्म को अंदर रहकर सुधारने का काम आरंभ किया, वैसे ही उन्होंने भारतीय समाज के सुधार के लिए आधार तैयार किया। सामाजिक कुरीतियों के विरुद्ध उनके आजीवन जेहाद का सबसे बढ़िया उदाहरण अमानवीय सती प्रथा के ख़िलाफ़ ऐतिहासिक आंदोलन था। उन्होंने 1818 में इस प्रश्न पर जनमत खड़ा करने का काम आरंभ किया। एक ओर पुराने शास्त्रों का प्रमाण देकर दिखलाया कि हिंदू धर्म सती प्रथा के विरोध में था, दूसरी ओर उन्होंने लोगों की तर्क शक्ति, मानवीयता और दया भाव की दुहाई दी। वे कलकत्ता के श्मशानों में जाते और विधवाओं के रिश्तेदारों से उनके आत्मदाह के कार्यक्रम को त्याग देने के लिए समझाते-बुझाते। उन्होंने समान विचार वाले लोगों को संगठित किया जो इन कृत्यों पर कड़ी निगाह रखें और विधवाओं को सती होने के लिए मजबूर करने की हर कोशिश को रोकें। जब रूढ़िवादी हिंदुओं ने संसद को याचिका दी कि वह सती प्रथा पर पाबंदी लगाने संबंधी बैंटिंक की कार्रवाई को मंजूरी न दे तब उन्होंने बैंटिंक की कार्रवाई के पक्ष में प्रबुद्ध हिंदुओं की ओर से एक याचिका दिलवाई।

वे महिलाओं के पक्के समर्थक थे। उन्होंने महिलाओं की परवशता की निंदा की तथा इस प्रचलित विचार का विरोध किया कि महिलाएं पुरुषों से बुद्धि में या नैतिक दृष्टि से निकृष्ट हैं। उन्होंने बहुविवाह तथा विधवाओं की अवनत स्थिति की आलोचना की। महिलाओं की स्थिति को सुधारने के लिए उन्होंने मांग की कि उन्हें विरासत और संपत्ति संबंधी अधिकार दिए जाएं।

राममोहन राय आधुनिक शिक्षा के सबसे प्रारंभिक प्रचारकों में से थे। वे आधुनिक शिक्षा को देश में आधुनिक विचारों के प्रचार का प्रमुख साधन समझते

थे। डेविड हेअर ने 1817 में कलकत्ता में प्रसिद्ध हिंदू कॉलेज की स्थापना की। वह 1800 में एक घड़ीसाज़ के रूप में भारत आया था। मगर उसने अपनी सारी ज़िंदगी देश में आधुनिक शिक्षा के प्रसार में लगा दी। हिंदू कॉलेज की स्थापना और उसकी अन्य शिक्षा संबंधी परियोजनाओं के लिए राममोहन राय ने हेअर को अत्यंत ज़ोरदार समर्थन दिया। इसके अतिरिक्त उन्होंने कलकत्ता में 1817 से अपने खर्च से एक अंग्रेज़ी स्कूल चलाया जिसमें अन्य विषयों के साथ ही यांत्रिकी (Mechanics) और वाल्टेयर के दर्शन की पढ़ाई होती थी। उन्होंने 1825 में एक वेदांत कॉलेज की स्थापना की जिसमें भारतीय विद्या और पाश्चात्य सामाजिक तथा भौतिक विज्ञानों की पढ़ाई की सुविधाएं उपलब्ध थीं।

राममोहन राय बंगाल में बांग्ला को बौद्धिक संपर्क का माध्यम बनाने के लिए समान रूप से उत्सुक थे। उन्होंने बांग्ला व्याकरण पर एक पुस्तक की रचना की। अपने अनुवादों, पुस्तिकाओं तथा पत्र-पत्रिकाओं के ज़रिए बांग्ला भाषा की एक आधुनिक और सुरुचिपूर्ण शैली विकसित करने में उन्होंने सहायता दी।

भारत में राष्ट्रीय चेतना के उदय की पहली झलक का राममोहन प्रतिनिधित्व करते थे। एक स्वतंत्र और पुनरुत्थानशील भारत का स्वप्न उनके चिंतन और कार्यों का मार्गदर्शन करता था। उनका विश्वास था कि भारतीय धर्मों और समाज से भ्रष्ट तत्त्वों को जड़मूल से उखाड़ फेंकने की कोशिश कर और एकेश्वरवाद का वेदांतिक संदेश देकर, वे भिन्न-भिन्न समूहों में बंटे भारतीय समाज की एकता का आधार तैयार कर रहे हैं। उन्होंने जाति प्रथा की कट्टरता का विशेष रूप से विरोध किया, जो, उनके अनुसार, "हमारे बीच एकता के अभाव का स्रोत रहा है।" उनका ख्याल था कि जाति प्रथा दोहरी कुरीति है—उसने असमानता पैदा की है और जनता को विभाजित कर उसे "देशभक्ति की भावनाओं से वंचित रखा है।" इस प्रकार, उनके अनुसार, धार्मिक सुधार का एक लक्ष्य राजनीतिक उत्थान था।

राममोहन राय भारतीय पत्रकारिता के अग्रदूत थे। जनता के बीच वैज्ञानिक, साहित्यिक और राजनीतिक ज्ञान के प्रचार, तात्कालिक दिलचस्पी के विषयों पर जनमत तैयार करने और सरकार के सामने जनता की मांगों और शिकायतों को रखने के लिए उन्होंने बांग्ला, फारसी, हिंदी और अंग्रेज़ी में पत्र-पत्रिकाएं निकालीं।

वे देश के राजनीतिक प्रश्नों पर जन-आंदोलन के प्रवर्तक भी थे। बंगाल के ज़मींदारों की उत्पीड़क कार्रवाइयों की उन्होंने निंदा की जिन्होंने किसानों को दयनीय स्थिति में पहुंचा दिया था। उन्होंने मांग की कि वास्तविक किसानों द्वारा

दिए जाने वाले अधिकतम लगान को सदा के लिए निश्चित कर दिया जाना चाहिए, जिससे वे भी 1793 के स्थायी-बंदोबस्त से फायदा उठा सकें। उन्होंने लाखिराज (tax-free) ज़मीन पर लगान निर्धारित करने के प्रयासों के प्रति भी विरोध प्रकट किया। उन्होंने कंपनी के व्यापारिक अधिकारों को खत्म करने तथा भारतीय वस्तुओं पर से भारी निर्यात शुल्कों को हटाने की भी मांग की। उच्च सेवाओं के भारतीयकरण, कार्यपालिका और न्यायपालिका को एक-दूसरे से अलग करने, जूरी के ज़रिए मुकदमों की सुनवाई और भारतीयों तथा यूरोपवासियों के बीच न्यायिक समानता की भी मांग उन्होंने की।

अंतर्राष्ट्रीयता और राष्ट्रों के बीच मुक्त सहयोग में राममोहन का पक्का विश्वास था। कवि रवींद्रनाथ ठाकुर ने ठीक ही लिखा है, 'राममोहन अपने समय में, संपूर्ण मानव समाज में एकमात्र व्यक्ति थे जिन्होंने आधुनिक युग के महत्त्व को पूरी तरह समझा। वे जानते थे कि मानव सभ्यता का आदर्श अलग-अलग रहने में नहीं बल्कि चिंतन और क्रिया के सभी क्षेत्रों में व्यक्तियों तथा राष्ट्रों के आपसी भाईचारे में निहित है।' राममोहन राय ने अंतर्राष्ट्रीय घटनाओं में गहरी दिलचस्पी ली और हर जगह उन्होंने स्वतंत्रता, जनतंत्र और राष्ट्रीयता के आंदोलन का समर्थन तथा हर प्रकार के अन्याय, उत्पीड़न और जुल्म का विरोध किया। 1821 में नेपल्स में क्रांति की विफलता की खबर से वे इतने दुखी हो गए कि उन्होंने अपने सारे सामाजिक कार्यक्रमों को रद्द कर दिया। दूसरी ओर, स्पेनिश अमरीका से 1823 में क्रांति की सफलता पर उन्होंने एक सार्वजनिक भोज देकर अपनी प्रसन्नता व्यक्त की। आयरलैंड के दूरस्थ ज़मींदारों के उत्पीड़क राज में दयनीय स्थिति की उन्होंने निंदा की। उन्होंने सार्वजनिक रूप से घोषणा की कि अगर संसद रिफार्म बिल पास करने में असफल रही तो वे ब्रिटिश साम्राज्य छोड़कर चले जाएंगे।

सिंह की तरह राममोहन निडर थे। किसी उचित उद्देश्य का समर्थन करने में वे कभी नहीं हिचकिचाए। सारी ज़िंदगी व्यक्तिगत हानि और कठिनाई सहकर भी उन्होंने सामाजिक अन्याय और असमानता के ख़िलाफ़ संघर्ष किया। समाज सेवा करते हुए उनका बहुधा अपने परिवार, धनी ज़मींदार, शक्तिशाली धर्म प्रचारकों, उच्च अफ़सरों और विदेशी अधिकारियों से टकराव हुआ। मगर वे न तो कभी डरे और न ही कभी अपने अपनाए हुए रास्ते से विचलित हुए।

उन्नीसवीं सदी के पूर्वार्ध में वे भारतीय आकाश के सबसे चमकीले सितारे ज़रूर थे, मगर वे अकेले सितारे नहीं थे। उनके अनेक विशिष्ट सहयोगी, अनुयायी और उत्तराधिकारी थे। शिक्षा के क्षेत्र में डच घड़ीसाज़ डेविड हेअर

और स्कॉटिश धर्म प्रचारक अलेक्जेंडर डफ्फ ने उनकी बड़ी सहायता की। अनेक भारतीय सहयोगियों में द्वारका नाथ टैगोर सबसे प्रमुख थे। उनके अन्य प्रमुख अनुयायी थे, प्रसन्न कुमार टैगोर, चंद्रशेखर देव और ब्रह्म सभा के प्रथम मंत्री ताराचंद चक्रवर्ती।

डेरोज़िओ और यंग बंगाल

उन्नीसवीं सदी के तीसरे दशक के अंतिम वर्षों तथा चौथे दशक के दौरान बंगाली बुद्धिजीवियों के बीच एक आमूल परिवर्तनकारी प्रवृत्ति पैदा हुई। यह प्रवृत्ति राममोहन राय की अपेक्षा अधिक आधुनिक थी और उसे यंग बंगाल आंदोलन के नाम से जाना जाता है। उसका नेता और प्रेरक नौजवान एंग्लो इंडियन हेनरी विवियन डेरोज़िओ था। डेरोज़िओ का जन्म 1809 में हुआ था। उसने 1826 से 1831 तक हिंदू कॉलेज में पढ़ाया। डेरोज़िओ में आश्चर्यजनक प्रतिभा थी, उसने महान फ्रांसीसी क्रांति से प्रेरणा ग्रहण की और अपने ज़माने के अत्यंत क्रांतिकारी विचारों को अपनाया। वह अत्यंत प्रतिभाशाली शिक्षक था, जिसने अपनी युवावस्था के बावजूद अपने इर्द-गिर्द अनेक तेज़ और श्रद्धालु छात्रों को इकट्ठा कर लिया था। उसने उन छात्रों को विवेकपूर्ण और मुक्त ढंग से सोचने, सभी आधारों की प्रामाणिकता की जांच करने, मुक्ति, समानता और स्वतंत्रता से प्रेम करने तथा सत्य की पूजा करने के लिए प्रेरित किया। डेरोज़िओ और उनके प्रसिद्ध अनुयायी जिन्हें डेरोज़िअन और यंग बंगाल कहा जाता था, प्रचंड देशभक्त थे। डेरोज़िओ आधुनिक भारत का शायद प्रथम राष्ट्रवादी कवि था। 1827 में उन्होंने लिखा–

> My country! in the days of glory past
> A beautous halo circled round thy brow,
> and worshipped as a diety thou wast,
> Where is that glory, where that reverence now?
> Thy eagle pinion is chained down at last,
> And grovelling in the lowly dust art thou.
> Thy minstrel hath no wreath to wave for thee
> save the sad story of thy misery!

मेरे देश! बीती हुई गरिमा के दिनों में तुम्हारे ललाट के चारों ओर एक सुंदर प्रभामंडल व्याप्त था और तुम्हारी पूजा एक देवता के समान होती थी। वह गरिमा अब कहां है? अब वह श्रद्धा कहां है? आखिरकार गरुड़ के समान तुम्हारे पंखों

को ज़ंजीर से जकड़ दिया गया है और तुम नीचे धूल में औंधे पड़े हो। तुम्हारे चरणों को तुम्हारी विपन्नता की दुखद कहानी के सिवाय गूंथने के लिए कोई माला नहीं है।

उसके एक शिष्य काशीप्रसाद घोष ने (1861) लिखा–

Land of the Gods and lofty name;
Land of the fair and beauty's spell;
Land of the bards of mighty fame.
My native land! for e'ever farewell (1830)

देवताओं और उच्च नाम वाली भूमि, मनोहर और सौंदर्य से सम्मोहित करने वाली; अत्यधिक यशस्वी चरणों की भूमि; मेरी जन्मभूमि सदा के लिए अलविदा। (1830)

But woe me! I never shall live to behold,
That day of thy triumph, when firmly and
bold,

Thou shalt mount on the wings of an eagle
on high,
To the region of knowledge and blest liberty. (1861)

मगर हाय! तुम्हारी विजय का वह दिन देखने के लिए मैं कभी ज़िंदा नहीं रहूंगा, जब दृढ़ता और दिलेरी से तुम गरुड़ के पंखों पर बैठोगी और ऊपर ज्ञान और सुखद स्वतंत्रता के क्षेत्र में उड़ान भरोगी। (1831)

डेरोज़िओ को उसकी क्रांतिकारिता के कारण 1831 में हिंदू कॉलेज से हटा दिया गया और वह उसके तुरंत बाद 22 वर्ष की युवावस्था में हैजे से मर गया। उसके अनुयायियों ने पुरानी और ह्रासोन्मुख प्रथाओं, कृत्यों और रिवाजों की घोर आलोचना की। वे नारी अधिकारों के पक्के हिमायती थे। उन्होंने नारी–शिक्षा की मांग की, किंतु वे किसी आंदोलन को जन्म देने में सफल नहीं हुए क्योंकि उनके विचारों के फलने–फूलने के लिए सामाजिक स्थितियां उपयुक्त नहीं थीं। उन्होंने किसानों के मुद्दों से संबंधी सवाल को नहीं उठाया और उस समय भारतीय समाज में ऐसा कोई और वर्ग या समूह नहीं था जो उनके प्रगतिशील विचारों का समर्थन करता। यही नहीं, वे जनता के साथ अपने संपर्क नहीं बना सके। वस्तुतः उनकी क्रांतिकारिता किताबी थी; वे भारतीय वास्तविकता को पूरी तरह से समझने

में असफल रहे। इतना होते हुए भी, डेरोज़िओ के अनुयायियों ने जनता को सामाजिक, आर्थिक और राजनीतिक प्रश्नों पर समाचारपत्रों, पुस्तिकाओं और सार्वजनिक संस्थानों द्वारा शिक्षित करने की राममोहन राय की परंपरा को आगे बढ़ाया। उन्होंने कंपनी के चार्टर (सनद) के संशोधन, प्रेस की स्वतंत्रता, विदेश स्थित ब्रिटिश उपनिवेशों में भारतीय मज़दूरों के साथ बेहतर व्यवहार, जूरी द्वारा मुकदमों की सुनवाई, अत्याचारी ज़मींदारों से रैयतों की सुरक्षा और सरकारी सेवाओं के उच्चतर वेतनमानों से भारतीयों को रोज़गार देने जैसे सार्वजनिक प्रश्नों पर आम आंदोलन चलाए। राष्ट्रीय आंदोलन के प्रसिद्ध नेता सुरेंद्रनाथ बनर्जी ने डेरोज़िओ के अनुयायियों को "बंगाल में आधुनिक सभ्यता के अग्रदूत, हमारी जाति के पिता" कहा "जिनके सदगुण उनके प्रति श्रद्धा पैदा करेंगे और जिनकी कमज़ोरियों पर कुछ विशेष ध्यान नहीं दिया जाएगा।"

देवेंद्रनाथ ठाकुर, ईश्वरचंद्र विद्यासागर

ब्रह्म समाज बना रहा मगर उसमें कोई खास दम नहीं था। रवींद्रनाथ ठाकुर के पिता देवेंद्रनाथ ठाकुर ने उसे पुनर्जीवित किया। देवेंद्रनाथ भारतीय विद्या की सर्वोत्तम परंपरा तथा नवीन पाश्चात्य चिंतन की उपज थे। उन्होंने राममोहन राय के विचारों के प्रचार के लिए 1839 में तत्त्वबोधिनी सभा की स्थापना की। उसमें राममोहन राय और डेरोज़िओ के प्रमुख अनुयायी तथा ईश्वरचंद्र विद्यासागर और अक्षय कुमार दत्त जैसे स्वतंत्र चिंतक शामिल हो गए। तत्त्वबोधिनी सभा और उसके मुख्य पत्र "तत्त्वबोधिनी पत्रिका" ने बांग्ला भाषा में भारत के सुव्यवस्थित अध्ययन को बढ़ावा दिया। उसने बंगाल के बुद्धिजीवियों को विवेकशील दृष्टिकोण अपनाने के लिए प्रेरित किया। 1843 में देवेंद्रनाथ ठाकुर ने ब्रह्म समाज का पुनर्गठन किया और उसमें नया जीवन डाला। समाज ने सक्रिय रूप से विधवा पुनर्विवाह, बहुविवाह के उन्मूलन, नारी शिक्षा, रैयत की दशा में सुधार और आत्म संयम के आंदोलन का समर्थन किया।

भारत में उस समय एक दूसरा बड़ा व्यक्तित्व भी उभर कर सामने आया। यह व्यक्तित्व पंडित ईश्वरचंद्र विद्यासागर का था। विद्यासागर महान विद्वान और समाज सुधारक थे। उन्होंने अपना सारा जीवन समाज सुधार के कार्य में लगा दिया। उनका जन्म 1820 में एक गरीब परिवार में हुआ था। अपने को शिक्षित करने के लिए उन्होंने कठिनाइयों से संघर्ष किया और अंत में वे 1851 में संस्कृत कॉलेज के प्रिंसिपल के पद पर पहुंचे। यद्यपि वे संस्कृत के बहुत बड़े विद्वान थे तथापि उनके दिमाग के दरवाज़े, पाश्चात्य चिंतन में जो कुछ सर्वोत्तम था

उसके लिए खुले हुए थे। वे भारतीय और पाश्चात्य संस्कृति के एक सुखद संयोग का प्रतिनिधित्व करते थे। इन सब के अलावा उनकी महानता उनकी सच्चरित्रता और प्रखर प्रतिभा में निहित थी। उनमें असीम साहस था तथा उनके दिमाग में किसी प्रकार का भय नहीं था। जो कुछ भी उन्होंने सही समझा उसे कार्यान्वित किया। उनकी धारणाओं और कार्य, तथा उनके चिंतन और व्यवहार के बीच कोई खाई नहीं थी। उनका पहनावा सादा, उनकी आदतें स्वाभाविक और व्यवहार सीधा था। वे एक महान मानवतावादी थे। उनमें गरीबों, अभागों और उत्पीड़ित लोगों के लिए अपार सहानुभूति थी।

बंगाल में आज भी उनके उदार चरित्र, नैतिक गुणों और अगाध मानवतावाद के संबंध में अनेक कहानियां प्रचलित हैं। उन्होंने सरकारी सेवा से त्यागपत्र दे दिया क्योंकि वे अनुचित सरकारी हस्तक्षेप को बर्दाश्त नहीं कर सके। गरीबों के प्रति उनकी उदारता अचंभे में डालने वाली थी। शायद ही कभी उनके पास कोई गर्म कोट रहा क्योंकि निरपवाद रूप से उन्होंने अपना कोट जो भी नंगा सड़क पर पहले मिला, उसे दे दिया।

आधुनिक भारत के निर्माण में विद्यासागर का योगदान अनेक प्रकार का था। उन्होंने संस्कृत पढ़ाने के लिए नई तकनीक विकसित की। उन्होंने एक बांग्ला वर्णमाला लिखी जो आज तक इस्तेमाल की जाती है। उन्होंने अपनी रचनाओं द्वारा बांग्ला में आधुनिक गद्य शैली के विकास में सहायता दी। उन्होंने संस्कृत कॉलेज के दरवाज़े गैर-ब्राह्मण विद्यार्थियों के लिए खोल दिए क्योंकि वे संस्कृत के अध्ययन पर ब्राह्मण जाति के तत्कालीन एकाधिकार के विरोधी थे। संस्कृत अध्ययन को स्वगृहीत अलगाव के नुकसानदेह प्रभावों से बचाने के लिए उन्होंने संस्कृत कॉलेज में पाश्चात्य चिंतन का अध्ययन आरंभ किया। उन्होंने एक कॉलेज की स्थापना में सहायता दी जो अब उनके नाम पर है।

विद्यासागर को देशवासी, सबसे अधिक, भारत की पददलित नारी जाति को ऊंचा उठाने में उनके योगदान के कारण आज भी याद करते हैं। इस क्षेत्र में वे राममोहन राय के सुयोग्य उत्तराधिकारी सिद्ध हुए। उन्होंने विधवा पुनर्विवाह के लिए एक लंबा संघर्ष चलाया। उनके मानवतावाद को हिंदू विधवाओं के कष्टों ने पूरी तरह उभारा। उन्होंने उनकी दशा को सुधारने के लिए अपना सब कुछ दे दिया और अपने को वस्तुतः बरबाद कर लिया। उन्होंने 1855 में विधवा पुनर्विवाह के पक्ष में अपनी शक्तिशाली आवाज़ उठाई और इस काम में अगाध परंपरागत विद्या का सहारा लिया। जल्द ही विधवा पुनर्विवाह के पक्ष में एक शक्तिशाली आंदोलन आरंभ हो गया जो आज तक चल रहा है। 1855

के अंतिम दिनों में बंगाल, मद्रास, बंबई, नागपुर और भारत के अन्य शहरों से सरकार को बड़ी संख्या में याचिकाएं दी गईं जिनमें विधवाओं के पुनर्विवाह को कानूनी बनाने के लिए एक ऐक्ट पास करने का अनुरोध किया गया था। यह आंदोलन सफ़ल रहा और एक कानून बनाया गया। हमारे देश की उच्च जातियों में पहला कानूनी हिंदू विधवा पुनर्विवाह कलकत्ता में 7 दिसंबर 1856 को विद्यासागर की प्रेरणा से और उनकी ही देख-रेख में हुआ। देश के विभिन्न भागों में अनेक अन्य जातियों की विधवाओं को प्रचलित कानून के तहत यह अधिकार पहले से ही प्राप्त था। एक प्रत्यक्ष-द्रष्टा ने उपर्युक्त विधवा पुनर्विवाह समारोह का वर्णन निम्नलिखित शब्दों में किया है –

> मैं वह दिन कभी नहीं भुला पाऊंगा, जब पंडित विद्यासागर अपने मित्र, दुल्हे के साथ एक बड़ी बारात में आगे-आगे आए। तब दर्शकों की भीड़ इतनी ज्यादा थी कि घूमने-फिरने के लिए एक इंच जगह भी नहीं थी और कई लोग बड़े नालों में गिर गए, उन दिनों कलकत्ता की सड़कों के किनारे नाले बने होते थे। समारोह के बाद हर जगह चर्चा का यह विषय बन गया; बाज़ारों और दुकानों में, सड़कों पर, सार्वजनिक चौराहों पर, छात्रावासों में, भद्र लोगों की बैठकों में, दफ़्तरों और दूर ग्रामीण घरों में इसकी चर्चा होने लगी, जहां औरतों ने भी बड़ी गंभीरता से उस पर आपस में विचार-विमर्श किया। शांतिपुर के बुनकरों ने एक विचित्र प्रकार की साड़ी तैयार की जिसके किनारों पर एक नव-रचित गीत की पंक्ति बुनी गई थी जिसमें कहा गया था "विद्यासागर चिरंजीवी हो।"

विधवा पुनर्विवाह की वकालत करने के कारण विद्यासागर को पोंगापंथी हिंदुओं की कटु शत्रुता का सामना करना पड़ा। कभी-कभी उनकी जान लेने की धमकी दी गई। किंतु निडर होकर वे अपने रास्ते पर आगे बढ़े। उनके इस काम में ज़रूरतमंद दंपत्तियों की आर्थिक सहायता भी शामिल थी। उनके प्रयासों से, 1855 और 1860 के बीच 25 विधवा पुनर्विवाह हुए।

विद्यासागर ने 1850 में बालविवाह का विरोध किया। उन्होंने जीवन भर बहुविवाह के विरुद्ध आंदोलन चलाया। वे नारी-शिक्षा में भी गहरी दिलचस्पी रखते थे। स्कूलों के सरकारी निरीक्षक की हैसियत से उन्होंने 35 बालिका विद्यालयों की स्थापना की, जिनमें से कई को उन्होंने अपने खर्च से चलाया। बेथुन स्कूल के मंत्री की हैसियत से वे उच्च नारी-शिक्षा के अग्रदूतों में से थे।

बेथुन स्कूल की स्थापना 1849 में कलकत्ता में हुई। वह नारी-शिक्षा के लिए उन्नीसवीं सदी के पांचवें और छठे दशकों में चलाए गए शक्तिशाली आंदोलन

का पहला परिणाम था। यद्यपि नारी-शिक्षा भारत के लिए कोई नई बात नहीं थी, तथापि उसके विरुद्ध काफ़ी पूर्वाग्रह व्याप्त थे। कुछ लोगों की यह भी धारणा थी कि शिक्षित औरतें अपने पतियों को खो बैठेंगी। लड़कियों को आधुनिक शिक्षा देने की दिशा में सबसे पहले 1821 में ईसाई धर्म प्रचारकों ने कदम उठाए। मगर ईसाई धार्मिक शिक्षा पर ज़ोर देने के कारण उनके प्रयास सफ़ल नहीं हो सके। बेथुन स्कूल को विद्यार्थी प्राप्त करने में बड़ी कठिनाई हुई। युवा छात्राओं के ख़िलाफ़ नारे लगाए गए और उन्हें गालियां दी गई। कई बार उनके अभिभावकों का सामाजिक बहिष्कार किया गया। अनेक लोगों का ख्याल था कि पाश्चात्य शिक्षा पाने वाली लड़कियां अपने पतियों को अपना गुलाम बना देंगी।

पश्चिमी-भारत में सुधार आंदोलन के पथप्रदर्शक

पाश्चात्य विचारों का असर बंगाल पर काफ़ी पहले महसूस किया गया था, पश्चिमी भारत में यह असर अपेक्षाकृत बाद में देखा गया था। 1818 में ही बंगाल प्रभावशाली ब्रिटिश शासन के अंतर्गत आ गया था। बंबई के बाल शास्त्री, जाबेकर प्रथम सुधारकों में से थे जिन्होंने ब्राह्मणवादी कट्टरता की आलोचना की और हिंदुओं की आम प्रथाओं में सुधार लाने की कोशिश की। 1832 में उन्होंने ''दर्पण'' नाम के एक साप्ताहिक पत्र का प्रकाशन आरंभ किया था। इस पत्रिका के उद्देश्य इस प्रकार थे : 'अज्ञान और त्रुटियों की धुंध को दूर भगाना, जिनके कारण लोगों के दिमाग बंद हो गए थे तथा लोगों पर ऐसा प्रकाश डालना जिस प्रकाश से, दूसरे देशों की तुलना में यूरोप के लोग दुनिया में आगे बढ़ चुके थे।' 1849 में महाराष्ट्र में ''परमहंस मंडली'' की स्थापना की गई। इसके संस्थापक आस्तिक थे तथा मूल रूप से उनकी दिलचस्पी जात-पात के बंधनों को तोड़ने में थी। जब इसकी बैठक होती थी तब इसके सदस्य तथाकथित निम्न जातियों के हाथ का पकाया हुआ भोजन करते थे। विधवा विवाह और स्त्री शिक्षा में भी वे विश्वास करते थे। इस मंडली की शाखाएं पूना, सतारा और महाराष्ट्र के अन्य नगरों में भी स्थापित की गईं। नौजवानों पर इस मंडली के प्रभाव को याद करते हुए प्रसिद्ध इतिहासकार आर. जी. भंडारकर लिखते हैं – 'शाम के समय जब हम लोग बाहर टहलने के लिए निकलते थे तब जात-पात के भेदभाव के विषय में आपस में बातचीत करते थे और इस पर भी बात होती थी कि ऊंच-नीच के भेदभाव की वजह से देश का बहुत ज़्यादा नुकसान हुआ है। इस बात की भी चर्चा होती थी कि इनको दूर किए बिना देश की असली तरक्की हो ही नहीं सकती है।'

कुछ पढ़े-लिखे युवकों ने मिलकर 1848 में छात्रों की एक साहित्यिक और वैज्ञानिक संस्था बनाई। इसकी दो शाखाएं थीं : गुजराती और मराठी ध्यान प्रसारक मंडलियां। यह मंडलियां सामाजिक प्रश्नों और आम वैज्ञानिक विषयों पर व्याख्यान आयोजित किया करती थीं। महिलाओं की शिक्षा के लिए स्कूल आरंभ करना भी इस संस्था के लक्ष्यों में से एक लक्ष्य था। 1851 में ज्योतिबा फुले और उनकी पत्नी ने पूना में लड़कियों का एक स्कूल खोला। इसके तत्काल बाद और कई स्कूल खुल गए। इन स्कूलों को सक्रिय रूप से बढ़ावा देने वालों में जगन्नाथ सेठ और भाऊ दाजी का नाम विशेष रूप से उल्लेखनीय है। फुले महराष्ट्र में विधवा विवाह आंदोलन की अगली पंक्ति के नेता थे। 1850 में विष्णु शास्त्री पंडित ने "विधवा-विवाह समाज" स्थापित किया। करसोनदास मलजी इस क्षेत्र के दूसरे महत्त्वपूर्ण कार्यकर्ता थे। 1852 में उन्होंने गुजराती भाषा में विधवा विवाह के समर्थन के लिए "सत्य प्रकाश" नाम की पत्रिका निकाली।

महाराष्ट्र में नई शिक्षा और नए सामाजिक सुधारों के प्रवक्ता गोपाल हरि देशमुख थे, जो आगे चलकर "लोकहितवादी" उपनाम से विख्यात हुए। आधुनिक, मानवतावादी तथा धर्मनिरपेक्ष मूल्यों और विवेकसंगत सिद्धांतों के आधार पर भारतीय समाज के पुनर्गठन की उन्होंने वकालत की। ज्योतिबा फुले नीची मानी जाने वाली माली जाति में पैदा हुए थे। महाराष्ट्र के गैर-ब्राह्मण और अछूत जातियों की दयनीय सामाजिक स्थिति को वे भी अच्छी तरह समझते थे। ऊंची जातियों के प्रभुत्व और ब्राह्मणों की श्रेष्ठता के ख़िलाफ़ वे जीवन भर अभियान चलाते रहे।

दादाभाई नौरोजी बंबई के दूसरे प्रमुख समाज सुधारक थे। वे "पारसी धर्म सुधार संगठन" के संस्थापकों में थे। पारसी कानून संघ के जन्मदाताओं में भी वे थे। इस संगठन ने महिलाओं को कानूनी हक दिलाने के लिए तथा पारसी लोगों की शादी और उत्तराधिकार संबंधी समान कानून बनाने के लिए आंदोलन किए।

सुधारकों ने शुरू से अपना संघर्ष मुख्य रूप से भारतीय भाषाओं के अखबारों और साहित्य के माध्यम से चलाया। भारतीय भाषाएं अपनी भूमिका सफ़लतापूर्वक निभा सकें, इसके लिए उन्होंने प्रारंभिक पाठ्य-पुस्तकें बनाने जैसा काम भी अपने हाथ में लिया। उदाहरण के लिए, ईश्वरचंद्र विद्यासागर तथा रवींद्रनाथ ठाकुर, दोनों ही महानुभावों ने बांग्ला की प्रारंभिक कक्षाओं के लिए पाठ्य-पुस्तकें तैयार कीं। इन पुस्तकों का आज भी इस्तेमाल किया जा रहा है। वास्तव में, आम जनता के बीच आधुनिक तथा सुधारवादी विचारों का प्रसार मूलतः भारतीय भाषाओं के माध्यम से ही हुआ।

यह बात भी हमें ध्यान में रखनी चाहिए कि उन्नीसवीं शताब्दी के सुधारकों का महत्त्व उनकी संख्या के आधार पर नहीं तय किया जाना चाहिए। वास्तव में वे लोग तो नई धारा के प्रवर्तक थे। उन्हीं के विचारों और क्रियाकलापों का नए भारत की रचना पर निर्णायक असर पड़ा।

6

1857 का विद्रोह

उत्तरी और मध्य भारत में 1857 में एक शक्तिशाली जनविद्रोह उठ खड़ा हुआ और उसने ब्रिटिश शासन की जड़ें तक हिलाकर रख दीं। इसका आरंभ तो कंपनी की सेना के भारतीय सिपाहियों से हुआ, लेकिन जल्द ही इसने व्यापक रूप धारण कर लिया। लाखों-लाख किसान, दस्तकार तथा सिपाही एक साल से अधिक समय तक बहादुरी से लड़ते रहे और अपनी उल्लेखनीय वीरता और बलिदान से उन्होंने भारतीय इतिहास में एक नया शानदार अध्याय जोड़ा।

सामान्य कारण

सन् 1857 का विद्रोह सिपाहियों के असंतोष का परिणाम मात्र नहीं था। वास्तव में यह औपनिवेशिक शासन के चरित्र, उसकी नीतियों, उसके कारण कंपनी के शासन के प्रति जनता के संचित असंतोष का और विदेशी शासन के प्रति उनकी घृणा का परिणाम था। एक सदी से अधिक समय तक अंग्रेज़ इस देश पर धीरे-धीरे अपना अधिकार बढ़ाते जा रहे थे, और इस काल में भारतीय समाज के विभिन्न वर्गों में विदेशी शासन के प्रति जन-असंतोष तथा घृणा में वृद्धि होती रही। यही वह असंतोष था जो आखिर एक जनविद्रोह के रूप में भड़क उठा।

जन-असंतोष का संभवत: सबसे महत्त्वपूर्ण कारण अंग्रेज़ों द्वारा देश का आर्थिक शोषण तथा देश के परंपरागत आर्थिक ढाँचे का विनाश था। इन दोनों बातों ने बहुत बड़ी संख्या में किसानों, दस्तकारों तथा हस्तशिल्पियों को और साथ ही बड़ी संख्या में परंपरागत ज़मींदारों तथा मुखिया लोगों को निर्धनता के मुंह में झोंक दिया। हमने आरंभिक ब्रिटिश शासन के विनाशकारी आर्थिक प्रभाव का एक अन्य अध्याय में वर्णन किया है। अंग्रेज़ों की ज़मीन और राजस्व संबंधी नीतियां तथा कानून और प्रशासन की व्यवस्था इस असंतोष के अन्य सामान्य

कारण रहे। खासकर ज़मीन के बहुत अधिक लगान के कारण ज़मीन का मालिकाना अधिकार बहुत सारे किसानों के हाथ से निकलकर व्यापारियों तथा सूदखोरों के हाथों में चला गया और वे कर्ज़ के भारी बोझ तले दबकर रह गए। ये नए ज़मींदार उन परंपराओं से अपरिचित थे जो पुराने ज़मींदारों को किसानों से जोड़कर रखती थीं और इसलिए उन्होंने लगान को बेपनाह बढ़ाकर किसानों को तबाह कर दिया। जो किसान लगान अदा नहीं कर सके, उनसे ज़मीनें छीन ली गईं। किसानों की इस तबाही का नतीजा उन 12 बड़े तथा अनेक छोटे अकालों के रूप में सामने आया, जो 1770 और 1857 के बीच में पड़े। इसी तरह अनेक ज़मींदार भी भू-राजस्व की मांग बढ़ाने के कारण परेशान हुए और उन्हें खतरा पैदा हो गया कि उनकी ज़मींदारी की ज़मीनें तथा अधिकार जब्त हो जाएंगे तथा गांव में उनकी स्थिति कमज़ोर हो जाएगी। जब अधिकारियों, व्यापारियों तथा सूदखारों जैसे शुद्ध रूप से बाहरी लोगों ने उनकी जगह ले ली, तब अपनी स्थिति में गिरावट पर उनका असंतोष और बढ़ गया। इसके अलावा, निचले स्तरों पर प्रशासन में व्याप्त भ्रष्टाचार ने साधारण जनता को बुरी तरह प्रभावित किया। पुलिस, छोटे अधिकारी तथा निचली अदालतें भ्रष्टाचार के मामले में बहुत बदनाम रहे। विद्रोह के कारणों की चर्चा करते हुए 1859 में एक ब्रिटिश अधिकारी, विलियम एडवर्ड ने लिखा है कि पुलिस को ''जनता कोढ़-समान समझती थी'' और पुलिस का दमन और लूट-खसोट हमारी सरकार के प्रति जनता के असंतोष का एक प्रमुख कारण था। छोटे अधिकारी रैयत तथा ज़मींदारों को सताकर अपना घर भरने का कोई अवसर नहीं चूकते थे। न्याय की पेचीदा प्रणाली का लाभ उठाकर धनी लोग गरीबों का दमन करते रहे। लगान, भू-राजस्व या कर्ज़ पर चढ़ने वाले सूद का बकाया वसूल करने के लिए किसानों को कोड़े लगाना, कष्ट देना या जेल भेज देना आम बातें थीं। अपनी बढ़ती गरीबी के कारण लोग हताश हो गए तथा अपनी स्थिति में सुधार की आशा में आम विद्रोह में शामिल हो गए।

समाज के मध्य तथा उच्च वर्ग, खासकर उत्तर भारत में, प्रशासन के अच्छी आय वाले ऊंचे पदों में शामिल नहीं किए जाते थे। इसका उन पर बुरा असर पड़ा। एक के बाद एक देशी रजवाड़ों के नष्ट होने का नतीजा यह हुआ कि जो भारतीय इन रजवाड़ों के प्रशासन और अदालतों में ऊंचे पदों पर थे, वे जीविका के साधन खो बैठे। अंग्रेज़ों का अधिकार जमने के कारण जो लोग सांस्कृतिक गतिविधियों के ज़रिए जीविका कमाते थे, वे भी बरबाद हो गए। भारतीय शासक कला और साहित्य के संरक्षक थे और विद्वानों, धर्मगुरुओं तथा फकीरों आदि की

सहायता करते रहते। जब इन शासकों के अधिकार ईस्ट इंडिया कंपनी ने छीन लिए तो यह संरक्षण भी एकाएक समाप्त हो गया और जो लोग इस पर निर्भर थे, वे गरीबी के चंगुल में जा फंसे। धर्मोपदेशकों, पंडितों और मौलवियों ने, जो यह महसूस कर रहे थे कि उनका पूरा भविष्य खतरे में है, विदेशी शासन के प्रति घृणा पैदा करने में महत्त्वपूर्ण भूमिका निभाई।

ब्रिटिश सरकार की अलोकप्रियता का एक और प्रमुख कारण उसका विदेशी होना भी था। अंग्रेज़ भारत में लगातार परदेसी ही बने रहे। उनके और भारतीय लोगों के बीच कोई संबंध या संपर्क नहीं रहा। पहले के विदेशी शासकों की तरह अंग्रेज़ों ने उच्च वर्गों के भारतीयों से भी सामाजिक मेल-जोल नहीं बढ़ाया। उल्टे, वे प्रजातीय श्रेष्ठता के नशे में चूर रहे तथा भारतीयों के साथ अपमानजनक और धृष्टतापूर्ण बर्ताव करते रहे। जैसा कि सर सैयद अहमद खान ने बाद में लिखा है : 'उच्चतम श्रेणियों के देशी लोग तक भी बिना अंदरूनी डर के तथा बिना कांपे हुए कभी अधिकारियों के सामने उपस्थित नहीं हुए।' सबसे बड़ी बात यह है कि अंग्रेज़ भारत में बसने, इसे अपना घर बनाने नहीं आए थे। उनका प्रमुख उद्देश्य धन कमाना तथा उस धन को लेकर ब्रिटेन लौटना होता था। भारत की जनता अपने नए शासकों के इस मूल विदेशी चरित्र को अच्छी तरह पहचानती थी। उन्होंने कभी भी अंग्रेज़ों को अपना शुभचिंतक नहीं माना और उनके एक-एक क्रियाकलाप को शंका की दृष्टि से देखते रहे। इस तरह उनके अंदर एक धुंधली-सी ब्रिटिश-विरोधी भावना पहले से मौजूद थी जो 1857 के विद्रोह से पहले भी अनेक अंग्रेज़-विरोधी जनविद्रोहों में अभिव्यक्त होती रही।

जनता के बीच बढ़ते असंतोष के इस काल में कुछ ऐसी घटनाएं भी हुई जिनसे अंग्रेज़ सेनाओं की अपराजेयता का भ्रम टूट गया और लोगों में यह विश्वास पनपने लगा कि ब्रिटिश शासन के दिन अब बहुत थोड़े रह गए हैं। पहले अफ़गान युद्ध (1838-42), पंजाब के युद्धों (1845-49) तथा क्रीमियाई युद्ध (1854-56) में अंग्रेज़ सेनाओं की बुरी तरह पराजय हुई। 1855-56 में बिहार और बंगाल के संथाल कबीलों के लोग कुल्हाड़े तथा तीर-धनुष लेकर विद्रोह पर उतर आए और अपने क्षेत्र से कुछ समय के लिए ब्रिटिश शासन का सफ़ाया करके उन्होंने जनविद्रोह की क्षमताओं को स्पष्ट कर दिया। हालांकि इन युद्धों में जीत आखिरकार अंग्रेज़ों की ही हुई और उन्होंने संथाल विद्रोह को भी कुचल दिया, फिर भी प्रमुख मुकाबलों में हुए नुकसानों से स्पष्ट हो गया कि एक एशियाई सेना भी डटकर लड़े तो अंग्रेज़ सेना को हरा सकती है। वास्तव में, अंग्रेज़ों की शक्ति को कम समझकर भारतीयों ने इस समय एक बड़ी राजनीतिक

भूल की। इस भूल की एक बड़ी कीमत 1857 के विद्रोहियों को चुकानी पड़ी। परंतु साथ ही इस कारण के ऐतिहासिक महत्त्व को नहीं भूलना चाहिए। जनता केवल इसलिए विद्रोह नहीं करती कि वह अपने शासकों को उखाड़ फेंकना चाहती है; इसके साथ ही उसमें यह भरोसा भी होना चाहिए कि यह काम वह कामयाबी के साथ कर सकती है।

लॉर्ड डलहौज़ी ने 1856 में अवध को ब्रिटिश शासन में मिला लिया। पूरे भारत में तथा खासतौर पर अवध में इसकी तीखी प्रतिक्रिया हुई। विशेष रूप से, इसके कारण अवध में और कंपनी की सेना में विद्रोह का वातावरण बन गया। डलहौज़ी के इस काम से कंपनी के सिपाही नाराज़ हो गए, इन सिपाहियों में 75,000 अवध के थे। अखिल भारतीय भावना के अभाव में इन सिपाहियों ने शेष भारत को जीतने में अंग्रेज़ों की सहायता की थी। लेकिन उनके अंदर क्षेत्रीय और स्थानीय निष्ठा थी और उन्हें यह बात बुरी लगी कि उनका अपना प्रांत विदेशी अधिकार में आ गया था। इसके अलावा, अवध के अधिग्रहण के कारण सिपाहियों की आय पर बुरा असर पड़ा। अब अवध में उनके परिवारों के पास जो ज़मीनें थीं उन पर उन्हें अधिक टैक्स देने पड़ रहे थे।

अवध के अधिग्रहण के लिए डलहौज़ी ने जो तर्क दिया था, वह यह था कि वह जनता को नवाब के कुप्रबंध से तथा तालुकदारों के दमन से मुक्ति दिलाना चाहता था। परंतु वास्तव में जनता को कोई राहत नहीं मिली। उल्टे, साधारण जनता को अब पहले से अधिक भू-राजस्व तथा खाने-पीने की वस्तुओं, मकानों, खोमचों तथा ठेलों, अफ़ीम और न्याय पर अधिक टैक्स देने पड़ रहे थे। नवाब का प्रशासन तथा सेना भंग होने से हज़ारों कुलीन तथा भद्र लोग, अधिकारी तथा उनके साथ-साथ उनके अमले के लोग तथा सिपाही बेरोज़गार हो गए। लगभग हर किसान के घर में कोई न कोई बेरोज़गार हुआ। इसी तरह जो व्यापारी, दुकानदार तथा दस्तकार अवध के दरबार तथा कुलीनों की सेवा करते थे, उनकी भी जीविका चली गई। इसके अलावा, अधिकांश तालुकदारों तथा ज़मींदारों की जागीरें भी अंग्रेज़ों ने ज़ब्त कर लीं। संपत्तिहीन बने इन तालुकदारों की संख्या लगभग 21,000 थी। अपनी खोई जागीरों और सामाजिक स्थिति को पुनः प्राप्त करने के लिए बेचैन ये लोग ब्रिटिश शासन के सबसे खतरनाक दुश्मन बन गए।

डलहौज़ी द्वारा अवध तथा कई अन्य राज्यों के अधिग्रहण ने देशी रजवाड़ों के शासकों में खलबली मचा दी। अब उन्हें पता चला कि अंग्रेज़ों के प्रति उनके झुक-झुककर वफ़ादारी जताने के बाद राज्य फैलाने की अंग्रेज़ों की भूख शांत

नहीं हुई। इससे भी अधिक महत्त्वपूर्ण बात यह हुई कि अंग्रेज़ों की राजनीतिक प्रतिष्ठा को बहुत बड़ा धक्का लगा। इसका कारण था कि भारतीय शासकों के प्रति अपने मौखिक या लिखित वादों तथा समझौतों को उन्होंने बार-बार तोड़ा था, उनका राज्य हड़पा था, या उनको अपने अधीन बनाकर उनके सरों पर अपने आदमी बिठा दिए थे। राज्य हड़पने या उन्हें अधीन बनाने की यह नीति नानासाहब, झांसी की रानी तथा बहादुरशाह जैसे अनेक शासकों को अंग्रेज़ों का कट्टर दुश्मन बनाने के लिए सीधे-सीधे ज़िम्मेदार थी। नानासाहब पेशवा बाजीराव द्वितीय के दत्तक पुत्र थे। अंग्रेज़ बाजीराव द्वितीय को जो पेंशन दे रहे थे, उसे नानासाहब को देने से इनकार कर दिया तथा उनको अपनी पैतृक राजधानी पूना से बहुत दूर, कानपुर में रहने पर बाध्य किया। इसी तरह झांसी को हड़पने की अंग्रेज़ों की ज़िद ने स्वाभिमानी रानी लक्ष्मीबाई का गुस्सा भड़काया। रानी की इच्छा यह थी कि उनके स्वर्गीय पति के सिंहासन पर उनका दत्तक पुत्र बैठे। 1849 में डलहौज़ी ने मुगल वंश की प्रतिष्ठा पर यह घोषणा करके चोट की थी कि बहादुरशाह के उत्तराधिकारी को ऐतिहासिक लाल किला छोड़कर दिल्ली के बाहर कुतुबमीनार के पास एक बहुत छोटे निवास स्थान में रहना होगा। और 1856 में केनिंग ने यह घोषणा की कि बहादुरशाह की मृत्यु के बाद मुगलों से सम्राट की पदवी छीन ली जाएगी और वे सिर्फ़ राजा ही कहे जाएंगे।

ब्रिटिश शासन के विरोध में जनता के खड़े होने का एक प्रमुख कारण लोगों की यह धारणा भी थी कि इस शासन के कारण धर्म खतरे में है। इस भय का प्रमुख कारण उन ईसाई मिशनरियों की गतिविधियां थीं जो "हर जगह स्कूलों, अस्पतालों, जेलों और बाज़ारों-में देखे जाते थे"। ये मिशनरी लोगों को ईसाई बनाने का प्रयास करते तथा हिंदू धर्म और इस्लाम पर सार्वजनिक रूप से तीखा और भोंडा प्रहार करते थे। वे जनता की पुरानी और प्रिय परंपराओं और मान्यताओं की खुलकर हंसी उड़ाते और उनकी निंदा करते थे। साथ ही, उन्हें पुलिस का संरक्षण प्राप्त था। उन्होंने जब कुछ लोगों का सचमुच धर्म-परिवर्तन कराया तो जनता को अपने धर्म के सामने उपस्थित खतरे का जीता-जागता प्रमाण मिल गया। जनता को आशंका थी कि विदेशी सरकार इन मिशनरियों की गतिविधियों को संरक्षण देती है। सरकार के कुछ कामों तथा बड़े अधिकारियों की कुछ गतिविधियों से इस आशंका को और बल मिला। 1850 में सरकार ने एक कानून बनाया जिसके अनुसार धर्म बदलकर ईसाई बनने वालों को अपनी पैतृक संपत्ति में अधिकार मिल गया। इसके अलावा, सरकार अपने खर्च पर सेना में ईसाई उपदेशक या पादरी रखती थी। अनेक नागरिक और सैनिक अधिकारी मिशनरी

प्रचार को प्रोत्साहन देना तथा सरकारी स्कूलों और जेलों तक में ईसाई धर्म की शिक्षा की व्यवस्था करना अपना धार्मिक कर्तव्य मानते थे।

अनेक लोगों की रूढ़िवादी धार्मिक और सामाजिक भावनाएं उन मानवतावादी उपायों के कारण भी भड़कीं जो सरकार ने भारतीय सुधारकों की सलाह पर किए। उनका मत था कि एक विदेशी ईसाई सरकार को उनके धर्म और उनकी परंपराओं में हस्तक्षेप करने का कोई हक़ नहीं था। सती-प्रथा का उन्मूलन, विधवा-पुनर्विवाह संबंधी कानून, तथा लड़कियों के लिए पश्चिमी शिक्षा की व्यवस्था इन लोगों को ऐसे ही अनधिकारिक हस्तक्षेप की तरह लगे। पहले के भारतीय शासकों ने मंदिरों और मस्जिदों से जुड़ी ज़मीन को, उनके पुजारियों या सेवा-संस्थाओं को कर से मुक्त रखा था। अब इनसे कर वसूल करने की सरकारी नीति से भी लोगों की धार्मिक भावनाओं को चोट लगी। इसके अलावा, इन ज़मीनों पर निर्भर अनेक ब्राह्मण और मुस्लिम परिवार गुस्से से उबल उठे और यह प्रचार करने लगे कि अंग्रेज़ उनके धर्म को नष्ट करने पर तुले हुए हैं।

1857 का विद्रोह कंपनी के सिपाहियों के विद्रोह से आरंभ हुआ। इसलिए हमें यह देखना होगा कि ये सिपाही जिन्होंने अपनी निष्ठापूर्ण सेवा से कंपनी को भारत-विजय में समर्थ बनाया था और जिन्हें अच्छी प्रतिष्ठा तथा आर्थिक सुरक्षा प्राप्त थी, एकाएक विद्रोही क्यों हो उठे? यहां पहली बात ध्यान में रखने की यह है कि ये सिपाही कुछ भी हों, भारतीय समाज के अंग थे और इसलिए दूसरे भारतीयों पर जो गुज़रती थी उसे ये भी कुछ हद तक महसूस करके दुखी होते थे। समाज के दूसरे वर्गों, खासकर किसानों की आशाएं, इच्छाएं और दुख-दर्द इन सिपाहियों के बीच भी प्रतिबिंबित होते थे। यह सिपाही दरअसल "वर्दीधारी किसान" ही था। अगर ब्रिटिश शासन के विनाशकारी आर्थिक कृत्यों से उनके निकट संबंधी पीड़ित होते थे तो उस पीड़ा को ये सिपाही भी महसूस करते थे। वे भी इस सामान्य विश्वास से ग्रस्त थे कि अंग्रेज़ अनेक धर्मों में दखलअंदाजी कर रहे थे और सभी भारतीयों को ईसाई बनाने पर तुले हुए थे। उनके अपने अनुभव भी इस विश्वास को बल देते थे। वे जानते थे कि सेना में राज्य के खर्च पर ईसाई धर्मोपदेशक मौजूद थे। इसके अलावा, कुछ ब्रिटिश अधिकारी भी धार्मिक जोश में आकर सिपाहियों के बीच ईसाई धार्मिक प्रचार किया करते थे। सिपाहियों की अपनी धार्मिक या जातिगत शिकायतें भी थीं। उन दिनों भारतीय लोग जाति के नियमों आदि का कड़ाई से पालन करते थे। सैनिक अधिकारियों की तरफ से सिपाहियों का जाति या पंथ के चिह्नों के उपयोग पर, दाढ़ी रखने या पगड़ी पहनने पर प्रतिबंध था। 1856 में एक कानून बना जिसके अनुसार, हर

नए भर्ती होने वाले सिपाही को आवश्यकता हो तो समुद्र पार जाकर भी सेवा करने की ज़मानत देनी पड़ती थी। इससे भी सिपाहियों की भावनाओं को चोट पहुंची, क्योंकि उस समय की हिंदू धार्मिक मान्यताओं के अनुसार, समुद्र यात्रा पाप थी और इसके दंड में किसी को जाति बाहर भी कर दिया जाता था।

सिपाहियों को अनेक दूसरी शिकायतें भी थीं। अधिकारियों तथा सिपाहियों के बीच एक बहुत बड़ी खाई पैदा हो गई थी, तथा ब्रिटिश अधिकारी सिपाहियों से अक्सर अपमानजनक व्यवहार करते थे। एक तत्कालीन ब्रिटिश प्रेक्षक ने लिखा है कि 'अधिकारी और सिपाही परस्पर मित्र नहीं, बल्कि एक दूसरे के लिए अजनबी ही रहे हैं। सिपाही को एक हीन प्राणी माना जाता है। उसे डांटा-फटकारा जाता है। उसके साथ बुरा बर्ताव होता है उसे "नीग्रो" जैसा समझा जाता है। उसे "सुअर" कहकर पुकारा जाता है। .... छोटे अधिकारी ... उसे एक हीन प्राणी मानकर व्यवहार करते हैं।' अगर भारतीय सिपाही अपने अंग्रेज़ समकक्ष जितना श्रेष्ठ योद्धा हो तो भी उसे कम पैसा दिया जाता था और अंग्रेज़ सिपाही से भी बुरे ढंग से रखा या खिलाया-पिलाया जाता था। इसके अलावा, उसकी पदोन्नति की आशाएं भी नहीं के बराबर थीं। कोई भी भारतीय 60-70 रुपए मासिक पाने वाले सूबेदार से ऊपर नहीं उठ सकता था। वास्तव में, सिपाही का जीवन ही कठिनाइयों से भरा था। स्वाभाविक था कि सिपाही इस बनावटी तथा उन पर लादी गई हीनता से खुश नहीं थे। जैसा कि ब्रिटिश इतिहासकार टी. आर. होल्म्स ने लिखा है –

> अगर वह हैदर जैसी बहादुरी का परिचय दे भी तो वह जानता है कि वह एक मध्य स्तरीय अंग्रेज़ अधिकारी (Subaltern) जितना वेतन नहीं पा सकता। और लगभग 30 वर्ष तक निष्ठापूर्वक सेवा करने के बाद जो पद वह प्राप्त करेगा, वह भी उसे इंग्लैंड से नए-नए आए किसी रंगरूट की हुक्मअदायगी से सुरक्षित नहीं कर सकेगा।

सिपाहियों के असंतोष का एक और तात्कालिक कारण था, हाल में जारी वह आदेश कि सिंध या पंजाब में तैनाती के समय उन्हें विदेश सेवा भत्ता (बट्टा) नहीं मिलेगा। इस आदेश के कारण अधिसंख्यक सिपाहियों के वेतन में बड़ी कटौती हुई। अवध अनेक सिपाहियों का घर था, उसके हड़पे जाने ने उनकी भावनाओं को आग की तरह भड़का दिया।

वास्तव में, सिपाहियों के असंतोष के पीछे एक लंबा इतिहास रहा है। बंगाल में बहुत पहले, 1764 में ही एक सिपाही विद्रोह घटित हो चुका था। अधिकारियों ने 30 सिपाहियों को तोपों के मुंह पर बांध कर उड़ा दिया था और इस प्रकार

विद्रोह को दबा दिया था। 1806 में वेल्लूर में सिपाहियों ने विद्रोह किया था, मगर भयानक हिंसा का सहारा लेकर इसे दबा दिया गया था और कई सौ सिपाही युद्ध में मारे गए थे। 1824 में बैरकपुर में सिपाहियों की 47वीं रेजीमेंट के समुद्री रास्ते से बर्मा जाने से इनकार करने पर वह रेजीमेंट तोड़ दी गई थी। उसके निहत्थे सिपाहियों पर तोपखाने ने गोले बरसाए थे और सिपाहियों के नेताओं को फांसी दे दी गई थी। 1844 में वेतन और भत्ता के सवाल पर सात बटालियनों ने विद्रोह किया। इसी तरह अफ़गान युद्ध से कुछ ही पहले अफ़गानिस्तान में तैनात सिपाही विद्रोह करने ही वाले थे। सेना में व्याप्त असंतोष को समाप्त करने के लिए एक मुसलमान और एक हिंदू सूबेदार को गोली मार दी गई थी। सिपाहियों में असंतोष इस कदर व्यापक हो चुका था कि 1858 में बंगाल के लेफ्टिनेंट-गवर्नर, फ्रेडरिक हैलीडे, को कहना पड़ा था कि बंगाल की फौज 'कमोबेश बागी और हमेशा विद्रोह के लिए तैयार थी और तय है कि कभी न कभी अगर संयोगवश उत्तेजना तथा अवसर मिले तो वह विद्रोह कर बैठती।'

इस तरह बड़ी तादाद में भारतीय जनता तथा कंपनी के सिपाहियों के बीच विदेशी शासन के प्रति व्यापक और तीखी नापसंदगी बल्कि घृणा भी मौजूद थी। आगे चलकर सैयद अहमद खान ने अपनी पुस्तक ''काज़ेज ऑफ़ दि इंडियन म्यूटिनी'' में इस भावना को इस प्रकार व्यक्त किया–

> धीरे-धीरे यह सोच भारतीयों की आदत बन गई कि सभी कानून उन्हें नीचे गिराने और तबाह करने और उन्हें तथा उनके देशवासियों को उनके धर्म से वंचित करने की दृष्टि से बनाए गए थे ... अंत में एक समय वह आया जब सभी लोग अंग्रेज़ सरकार को एक धीमा ज़हर, रेत की रस्सी या आग की घातक लौ समझने लगे। वे यह मानने लगे कि अगर आज वे सरकार के चंगुल से बच भी निकलें तो कल तो वे फसेंगे ही और अगर कल भी बच निकले तो तीसरे दिन उनकी बरबादी अवश्यंभावी है ... लोग सरकार में परिवर्तन होते हुए देखना चाहते थे और ब्रिटिश शासन की जगह दूसरे शासन के आने के विचार से दिली खुशी महसूस करते थे।

इसी तरह, दिल्ली में विद्रोहियों द्वारा जारी एक घोषणा में कहा गया था–

> पहली बात यह कि हिंदुस्तान में जहां 200 रुपए मालगुज़ारी होनी चाहिए थी, वहां उन्होंने 300 रुपए वसूले हैं और जहां 400 रुपए होने चाहिए थे वहां उन्होंने 500 रुपए खसोटे हैं, और अभी भी वे अपनी मांगें बढ़ाते जाने पर अड़े हुए हैं। दूसरे, उन्होंने चौकीदारी टैक्स को दोगुना, चार गुना और दस गुना बढ़ा दिया है।

> वे जनता को तबाह करना चाहते हैं। तीसरे, सभी प्रतिष्ठित और विद्वान लोगों की रोज़ी मारी गई है तथा लाखों-लाख लोग जीवन की आवश्यकताओं से वंचित हैं। जब रोज़ी की तलाश में कोई एक ज़िले से दूसरे ज़िले में जाना चाहता है, तो हर प्राणी पर सड़क की चुंगी के नाम पर छह पाई ली जाती है तथा उसे हर गाड़ी पीछे 4 से 8 आने तक देने पड़ते हैं। केवल वे ही लोग जो ये सब चुकाते हैं, सार्वजनिक सड़कों पर यात्रा करने की छूट पाते हैं। हम अत्याचारों के दमन का कहां तक वर्णन करें। धीरे-धीरे स्थिति यहां तक आ गई कि यह सरकार हर व्यक्ति का धर्म नष्ट करने पर तुल चुकी है।

1857 का विद्रोह ब्रिटिश नीतियों और साम्राज्यवादी शोषण के प्रति जन-असंतोष का उभार था। परंतु यह आकस्मिक घटना नहीं थी। लगभग एक सदी तक पूरे भारत में ब्रिटिश आधिपत्य के विरुद्ध तीव्र जन-प्रतिरोध होते रहे थे। बंगाल और बिहार में जैसे ही ब्रिटिश शासन स्थापित हुआ, सशस्त्र विद्रोह शुरू हो गए, और जैसे-जैसे यह नए क्षेत्रों को जीतता गया, वहां भी ये विद्रोह फूटते गए। देश के किसी न किसी भाग में सशस्त्र विरोध के बिना शायद ही कोई साल या एक बड़े विद्रोह के बिना शायद ही कोई दशक गुज़रा हो। 1763 और 1856 के बीच 40 से अधिक बड़े विद्रोह और सैकड़ों छोटे विद्रोह हुए। इन विद्रोहों का नेतृत्व अक्सर राजे, नवाब, ज़मींदार, भू-स्वामी और पोलीगार करते थे, मगर लड़ने वाली फौजों में किसान, दस्तकार और पदच्युत भारतीय शासकों के या जागीर और शस्त्रागार से वंचित कर दिए गए ज़मींदारों और पोलीगारों के भूतपूर्व सैनिक होते थे। ये लगभग निरंतर चलने वाले विद्रोह कुल मिला कर बहुत भयानक होते थे, मगर अपने प्रसार में ये पूरी तरह स्थानीय तथा एक-दूसरे से असंबद्ध होते थे। उनके प्रभाव भी स्थानीय ही होते थे।

तात्कालिक कारण

1857 तक विद्रोह के लिए बारूद जमा हो चुका था, केवल इसमें एक चिंगारी की देर थी। चर्बी मिले कारतूसों की घटना ने यह चिंगारी भी बारूद को दिखा दी और सिपाहियों के विद्रोह पर उतर आने पर साधारण जनता भी उठ खड़ी हुई।

नई एनफील्ड राइफ़ल का उपयोग सबसे पहले सेना में ही आरंभ किया गया। इसके कारतूसों पर चर्बी सने कागज़ का खोल चढ़ा होता था और कारतूस को राइफल में भरने से पहले उसके सिरे को दांतों से काटना पड़ता था। कुछ उदाहरणों में इस खोल में गाय और सुअर की चर्बी का प्रयोग किया गया था। इससे हिंदू तथा मुसलमान सिपाही, दोनों भड़क उठे। उन्हें लगा कि चर्बीदार कारतूसों का प्रयोग उनके धर्म को भ्रष्ट कर देगा। इनमें से अनेकों का विश्वास

था कि सरकार जान-बूझकर उनके धर्म को नष्ट करने के तथा उन्हें ईसाई बनाने के प्रयत्न कर रही है। बगावत का वक्त आ पहुंचा था।

विद्रोह का आरंभ

1857 का विद्रोह स्वत: स्फूर्त और अनियोजित था या यह किसी सावधानीपूर्वक तथा गुप्त रूप से किए गए संगठन कार्य का परिणाम था? निश्चित रूप से इस सवाल का जवाब दे पाना कठिन है। 1857 के विद्रोह के इतिहास का एक अजीब पहलू यह है कि इसका अध्ययन लगभग पूरी तरह ब्रिटिश दस्तावेज़ों पर आधारित है। विद्रोही अपने पीछे कोई दस्तावेज़ नहीं छोड़ गए। चूंकि वे गैरकानूनी ढंग से काम कर रहे थे, इसलिए शायद वे कोई लिखित दस्तावेज़ नहीं रखते थे। फिर यह भी कि वे हरा दिए गए तथा कुचल दिए गए और घटनाओं के बारे में उनके विवरण उनके साथ ही नष्ट हो गए। अंतिम बात यह कि बाद में भी वर्षों तक अंग्रेज़ विद्रोह के बारे में किसी भी सहानुभूतिपूर्ण उल्लेख को दबाते रहे तथा जो भी विद्रोहियों का पक्ष प्रस्तुत करने का प्रयास करता उसके ख़िलाफ़ कड़ी कार्यवाही करते रहे।

इतिहासकारों तथा लेखकों के एक वर्ग का दावा है कि यह विद्रोह एक व्यापक तथा सुसंगठित षड्यंत्र का परिणाम था। इसके सबूत में वे चपातियों तथा लाल कमल के फूलों के गांव-गांव पहुंचने की घटनाओं तथा घुमक्कड़ संन्यासियों, फकीरों तथा मदारियों के प्रचार का उल्लेख करते हैं। दूसरे लेखक इतने ही दावे के साथ इस बात से इनकार करते हैं कि विद्रोह के पीछे कोई सुनियोजित तैयारी थी। उनका कहना है कि विद्रोह से पहले या बाद में भी रद्दी कागज़ का एक टुकड़ा तक ऐसा नहीं मिला जिससे सुसंगठित षड्यंत्र का संकेत मिलता हो। किसी गवाह तक ने इस तरह का कोई दावा कभी नहीं किया।

विद्रोह का आरंभ 10 मई, 1857 को दिल्ली से 36 मील दूर मेरठ में हुआ। फिर यह तेज़ी से बढ़ता हुआ पूरे उत्तर भारत में फैल गया। जल्द ही उत्तर में पंजाब से लेकर दक्षिण में नर्मदा तक तथा पूर्व में बिहार से लेकर पश्चिम में राजस्थान तक एक विस्तृत भू-भाग इसकी चपेट में आ गया।

मेरठ में विद्रोह के भड़कने से पहले ही बैरकपुर में मंगल पांडे शहीद हो चुके थे। वे एक नौजवान सिपाही थे जिनको अकेले विद्रोह करने तथा अपने अधिकारियों पर हमला करने के कारण 8 अप्रैल, 1857 को फांसी दे दी गई थी। इस तरह की अनेक घटनाएं इस बात का संकेत थीं कि सिपाहियों में असंतोष तथा विद्रोही भाव पनप रहे थे। फिर इसके बाद मेरठ में विस्फोट हुआ। 24 अप्रैल

को तीसरी देशी घुड़सवार सेना के 90 लोगों ने चर्बीदार कारतूस लेने से इनकार कर दिया। उनमें से 85 को 9 मई को बरखास्त करके दस-दस साल की बामशक्कत सजाएं दी गईं और ज़ंजीरों में जकड़ दिया गया। इससे मेरठ में तैनात भारतीय सिपाहियों में एक आम विद्रोह भड़क उठा। फिर अगले ही दिन, 10 मई को उन्होंने अपने कैदी साथियों को छुड़ा लिया, अपने अधिकारियों को मार डाला तथा विद्रोह का झंडा बुलंद कर लिया। फिर जैसे कि कोई चुंबक उनको खींच रहा हो, वे सूर्यास्त के बाद दिल्ली की ओर चल पड़े। मेरठ के सिपाही जब अगली सुबह दिल्ली में दिखाई पड़े तो वहां की पैदल सेना आकर उनके साथ मिल गई। उन्होंने अपने यूरोपीय अधिकारियों को मार डाला और शहर को घेर लिया। बागी सिपाहियों ने बूढ़े और शक्तिहीन बहादुरशाह जफ़र को भारत का सम्राट घोषित कर दिया। दिल्ली जल्द ही इस महान विद्रोह का केंद्र बन गई तथा बहादुरशाह इसके महान प्रतीक बन गए। इस अंतिम मुगल बादशाह को जिस तरह स्वत:स्फूर्त्त ढंग से देश का नेता बना दिया गया, वह इस तथ्य का प्रमाण था कि मुगल खानदान के लंबे शासन ने इस खानदान को भारत की राजनीतिक एकता का प्रतीक बना दिया था। केवल इस एक कार्य के द्वारा सिपाहियों ने एक फौजी विद्रोह को एक क्रांतिकारी युद्ध में बदल दिया। यही कारण है कि पूरे देश के विद्रोही सिपाहियों के कदम अपने आप दिल्ली की ओर मुड़ गए और विद्रोह में भाग लेने वाले सभी भारतीय राजाओं ने मुगल सम्राट के प्रति अपनी वफ़ादारी घोषित करने में कतई देर नहीं लगाई। फिर सिपाहियों के कहने पर या संभवत: उनके दबाव में बहादुरशाह ने भारत के सभी राजाओं और सरदारों को पत्र लिखा और उनसे आग्रह किया कि ब्रिटिश साम्राज्य से लड़ने और उसको हटाने के लिए वे भारतीय राज्यों का एक महासंघ स्थापित करें।

जल्द ही बंगाल की पूरी सेना विद्रोह में शामिल हो गई और यह तेज़ी से फैल गया। अवध, रूहेलखंड, दोआबा, बुंदेलखंड, मध्य भारत, बिहार का एक बड़ा भाग और पूर्वी पंजाब इन सभी जगहों पर ब्रिटिश साम्राज्य चरमरा उठा। अनेक रजवाड़ों में शासक तो अंग्रेज़ मालिकों के प्रति वफ़ादार बने रहे, मगर उनकी फौजों में विद्रोह भड़क उठा या भड़कने के करीब आ गया। इंदौर के अनेक फौजी विद्रोह करके सिपाहियों से आ मिले। इसी तरह ग्वालियर के 20,000 से अधिक फौजी तात्या टोपे और झांसी की रानी के साथ चले गए।

राजस्थान तथा महाराष्ट्र के अनेक छोटे सरदार अपनी जनता का भरोसा पाकर विद्रोही बन गए। उनकी यह जनता अंग्रेज़ों की कट्टर दुश्मन थी। हैदराबाद तथा बंगाल में भी छिटपुट विद्रोह हुए।

यह विद्रोह जितना अधिक व्यापक था उतनी ही इसमें गहराई भी थी। पूरे उत्तरी और मध्य भारत में सिपाहियों के विद्रोह ने नागरिक जनता को भी आम विद्रोह के लिए प्रेरित किया। सिपाहियों द्वारा ब्रिटिश सत्ता के समाप्त किए जाने के बाद साधारण जनता भी हथियार लेकर उठ खड़ी हुई और अक्सर बल्लमों, कुल्हाड़ों, तीर-धनुष, लाठियों और हंसियों तथा देशी बंदूकों के साथ लड़ती रही। लेकिन अनेक जगहों पर सिपाहियों से भी पहले या जहां कोई फौज तैनात नहीं थी, वहां भी जनता ने विद्रोह का आरंभ किया। किसानों, दस्तकारों, दुकानदारों, दिहाड़ी मज़दूरों और ज़मींदारों की व्यापक भागीदारी ऐसी एकजुट थी जिसने विद्रोह को उसकी वास्तविक शक्ति दी तथा इसे जन-विद्रोह का चरित्र भी दिया, खासकर उन क्षेत्रों में जो आज उत्तर प्रदेश तथा बिहार में शामिल हैं। इस क्षेत्र में किसानों तथा ज़मींदारों ने सूदखोरों तथा अपनी ज़मीन से बेदखल करने वाले नए ज़मींदारों पर हमले करके अपनी तकलीफ़ों को खुलकर ज़ाहिर किया।

विद्रोह का लाभ उठाकर उन्होंने सूदखोरों की खाता-बहियों तथा कर्ज़ों के दस्तावेज़ों को नष्ट कर दिया। उन्होंने अंग्रेज़ों द्वारा स्थापित अदालतों, तहसील, कार्यालयों, मालगुज़ारी के दस्तावेज़ों तथा थानों पर हमले किए। यह भी महत्त्वपूर्ण बात है कि अनेक लड़ाइयों में सामान्य जनता की संख्या सिपाहियों से बहुत ज़्यादा थी। एक अनुमान के अनुसार, अवध में अंग्रेज़ों से लड़ते हुए मरने वाले लगभग 1,50,000 लोगों में 1,00,000 से अधिक सामान्य नागरिक थे।

यह भी ध्यान रहे कि जहां जनता विद्रोह में शामिल नहीं हुई, वहां भी लोगों ने विद्रोहियों के साथ बहुत सहानुभूति का व्यवहार किया। वे विद्रोहियों की हर जीत पर खुश होते रहे तथा अंग्रेज़ों के वफ़ादार रहने वाले सैनिकों का सामाजिक बहिष्कार करते रहे। उन्होंने ब्रिटिश सेना के साथ सक्रिय शत्रुता का व्यवहार किया, उसे सहायता या सूचना देने से इनकार कर दिया और उसे गलत सूचना देकर गुमराह तक किया। ''लंदन टाइम्स'' अखबार के संवाददाता के रूप में 1858-59 में भारत का भ्रमण करने वाले डब्ल्यू. एच. रसल ने लिखा है –

> कोई भी मिसाल ऐसी नहीं कि किसी गोरे की गाड़ी पर दोस्ताना निगाह पड़ती हो...... उफ! ये आंखों की भाषा! शक की गुंजाइश कहां है? यही तो वह चीज़ है जिससे मैंने समझा कि हमारी जाति का अक्सर बहुत से लोगों को कोई डर नहीं होता और यह कि नफ़रत तो इससे सभी करते हैं।

1857 के विद्रोह का जन-चरित्र उस समय भी स्पष्ट हुआ जब अंग्रेज़ों ने इसे कुचलने की कोशिश की। उन्होंने विद्रोही सिपाहियों को ही नहीं दबाया, बल्कि

दिल्ली, अवध, पश्चिमोत्तर प्रांत, आगरा, मध्य भारत और पश्चिम बिहार की जनता के ख़िलाफ़ भी एक भरपूर और निर्मम लड़ाई उनको लड़नी पड़ी। पूरे के पूरे गांव जला दिए गए तथा ग्रामीण और नगरीय जनता का कत्ले-आम किया गया। अंग्रेज़ों को एक-एक करके गांवों से लड़ना पड़ा तथा उत्तरी भारत के अनेक भागों को फिर से जीतना पड़ा। लोगों को बिना किसी मुकदमे के फांसी देना तथा फांसी के बाद सबके सामने पेड़ों से लटकाना पड़ा, इन सबसे पता चलता है कि इन क्षेत्रों में विद्रोह कितना फैल चुका था।

इस विद्रोह की शक्ति बहुत कुछ हिंदू-मुस्लिम एकता में निहित थी। सैनिक तथा जनता हो या नेता, हिंदुओं तथा मुसलमानों के बीच पूरा-पूरा सहयोग देखा गया। सभी विद्रोहियों ने एक मुसलमान बहादुरशाह को अपना सम्राट स्वीकार कर लिया था। मेरठ के हिंदू सिपाहियों के मन में पहला विचार दिल्ली की ओर कूच करने का ही आया। हिंदू और मुसलमान विद्रोही और सिपाही एक-दूसरे की भावनाओं का पूरा-पूरा सम्मान करते थे। उदाहरण के लिए, विद्रोह जहां भी सफल हुआ वहीं हिंदुओं की भावनाओं का आदर करते हुए फौरन ही गौ-हत्या बंद करने के आदेश जारी कर दिए गए। इसके अलावा, नेतृत्व में हर स्तर पर हिंदुओं तथा मुसलमानों को समान प्रतिनिधित्व प्राप्त था। विद्रोह में हिंदू-मुस्लिम एकता की भूमिका को परोक्ष रूप से एक वरिष्ठ ब्रिटिश अधिकारी, एचिंसन ने स्वीकार किया है। बहुत कड़वे मन से वह लिखता है : इस मामले में हम मुसलमानों को हिंदुओं से नहीं लड़ा सकते। वास्तव में, 1857 की घटनाओं से यह तथ्य स्पष्ट हो जाता है कि मध्य काल में तथा 1858 से पहले भारत की जनता और राजनीति अपने मूल रूप में सांप्रदायिक नहीं थी।

1857 के विद्रोह के प्रमुख केंद्र दिल्ली, कानपुर, लखनऊ, बरेली, झांसी तथा आरा (बिहार) थे। दिल्ली में प्रतीक रूप में कहने को विद्रोह के नेता सम्राट बहादुरशाह थे, परंतु वास्तविक नियंत्रण एक सैनिक समिति के हाथों में था जिसके प्रमुख जनरल बख़्त खान थे। इन्होंने ही बरेली के सैनिकों का नेतृत्व किया था तथा उनको दिल्ली ले आए थे। ब्रिटिश सेना में वे तोपखाने के एक मामूली सूबेदार थे। बख़्त खान विद्रोह के प्रमुख केंद्र में साधारण तथा निम्न वर्गीय जनता के प्रतिनिधि थे। विद्रोह के नेतृत्व की ज़ंजीर में सबसे कमज़ोर कड़ी शायद सम्राट बहादुरशाह ही थे। उनका कमज़ोर व्यक्तित्व, उनकी अधिक आयु और नेतृत्व के गुणों का अभाव इन्हीं कारणों से विद्रोह के प्रमुख केंद्र में ही राजनीतिक दुर्बलता आई तथा इससे विद्रोह को अकथनीय हानि पहुंची।

कानपुर में विद्रोह के नेता नानासाहब थे जो पेशवा, बाजीराव द्वितीय के दत्तक पुत्र थे। सिपाहियों की सहायता से अंग्रेज़ों को कानपुर से खदेड़कर नानासाहब ने स्वयं को पेशवा घोषित कर दिया। साथ-ही-साथ बहादुरशाह को भारत का सम्राट घोषित करके उन्होंने स्वयं को उनका प्रतिनिधि घोषित किया। नानासाहब की ओर से लड़ने का भार मुख्यत: उनके विश्वसनीय सेवक तात्या टोपे के सिपाहियों पर था। अपनी देशभक्ति, शौर्यमय युद्ध तथा कुशल छापामार कार्यवाहियों के कारण तात्या टोपे अमर हो चुके हैं। नानासाहब के एक और विश्वसनीय सेवक अज़ीमुल्लाह थे। वे राजनीतिक प्रचार-कार्य के माहिर थे। दुर्भाग्य से, नानासाहब ने कानपुर में अंग्रेज़ों को सुरक्षित निकाल देने का वादा करने के बावजूद, उन्हें धोखे से मारकर अपनी बहादुरी पर कलंक का टीका लगा दिया।

लखनऊ में विद्रोह का नेतृत्व अवध की महारानी बेगम हज़रतमहल कर रही थीं। उन्होंने अपने नाबालिग बेटे बिरजीश कदर को अवध का नवाब घोषित कर दिया। लखनऊ के सिपाहियों तथा अवध के किसानों और ज़मींदारों की सहायता से बेगम ने अंग्रेज़ों के ख़िलाफ़ चौतरफ़ा युद्ध छेड़ दिया। जब अंग्रेज़ शहर छोड़ने के लिए मजबूर हो गए तो उन्होंने रेज़ीडेंसी की इमारत में शरण ले ली। आखिर में, रेज़ीडेंसी का घेरा कामयाब नहीं हुआ क्योंकि छोटी-सी ब्रिटिश सेना उदाहरणीय धैर्य तथा बहादुरी से लड़ती रही।

1857 के विद्रोह के महान नेताओं में भारतीय इतिहास की महानतम वीरांगनाओं में से एक थीं—झांसी की युवा महारानी लक्ष्मीबाई। जब अंग्रेज़ों ने झांसी की गद्दी के लिए एक उत्तराधिकारी गोद लेने के रानी के अधिकार को नहीं माना, उनके राज्य का अधिग्रहण कर लिया तथा उन्हें धमकी दी कि झांसी के सैनिकों को विद्रोह के लिए भड़काने के लिए उन्हें उत्तरदायी माना जाएगा, तब रानी विद्रोहियों से आ मिलीं। रानी कुछ समय तक अनिश्चय की स्थिति में रहीं। लेकिन जब उन्होंने विद्रोहियों का साथ देने का फैसला कर लिया तो बहुत बहादुरी के साथ उन्होंने अपने सैनिकों का नेतृत्व किया। तब से लेकर आज तक उनके शौर्य, साहस तथा सैन्य कुशलता की गाथाएं देशवासियों को प्रेरणा देती आ रही हैं। अंग्रेज़ों के साथ उनकी एक भयानक लड़ाई हुई जिसमें स्त्रियां तोपें चलाते और गोला-बारूद बांटती देखी गईं। उसके बाद रानी को झांसी से बाहर भागना पड़ा। तब उन्होंने अपने अनुयायियों को शपथ दिलाई कि हम अपने हाथों अपनी आज़ाद शाही (स्वतंत्र राज्य) की कब्र नहीं खोदेंगे। तात्या टोपे तथा अपने अफ़गान रक्षकों की सहायता से उन्होंने ग्वालियर पर कब्ज़ा कर लिया। अंग्रेज़ों के वफ़ादार महाराज सिंधिया ने रानी से लड़ने की एक कोशिश की, मगर

उनके अधिकांश सैनिक रानी से जा मिले। सिंधिया ने आगरा जाकर अंग्रेज़ों की शरण ली। यह बहादुर रानी सिपाही के वेश में, एक घोड़े पर सवार होकर लड़ते हुए 17 जून, 1858 को वीरगति को प्राप्त हुई। उनके साथ एक मुस्लिम लड़की भी शहीद हुई जो उनकी बचपन की साथी थी।

बिहार में विद्रोह के प्रमुख नेता कुंवरसिंह थे जो आरा के पास जगदीशपुर के एक तबाह और असंतुष्ट ज़मींदार थे। लगभग 80 वर्ष के होते हुए भी वे विद्रोह के संभवतः सबसे प्रमुख सैनिक नेता तथा रणनीतिज्ञ थे। फैज़ाबाद के मौलवी अहमदुल्लाह विद्रोह के एक और प्रमुख नेता थे। वे मद्रास के रहने वाले थे और वहीं से उन्होंने सशस्त्र विद्रोह का प्रचार कार्य शुरू कर दिया था। जनवरी 1857 में वे उत्तर में फैज़ाबाद आ गए। यहां उन्होंने ब्रिटिश सैनिकों की उस कंपनी से एक भीषण लड़ाई लड़ी जो उनको राजद्रोह के प्रचार से रोकने के लिए भेजी गई थी। जब मई में आम बगावत भड़क उठी तो वे अवध में इसके एक मान्य नेता के रूप में उभरे।

विद्रोह के सबसे महान वीर, सिपाही ही थे। इनमें से अनेकों ने युद्धक्षेत्र में अद्‌भुत साहस का परिचय दिया। हज़ारों सैनिकों ने निःस्वार्थ भाव से अपने प्राणों को होम कर दिया। सबसे बड़ी बात यह है कि इन सैनिकों का दृढ़ निश्चय तथा बलिदान ही था जिसने अंग्रेज़ों को भारत से लगभग खदेड़ ही दिया था। इस देशभक्तिपूर्ण संघर्ष में उन्होंने अपने मन में गहरे बैठे धार्मिक पूर्वाग्रहों की भी कुर्बानी दे दी। उन्होंने विद्रोह तो किया था चर्बीदार कारतूसों के सवाल पर, मगर घृणित विदेशियों को बाहर भगाने की धुन में वे लड़ाइयों में जमकर इन्हीं चर्बीदार कारतूसों का प्रयोग करते रहे।

विद्रोह की कमज़ोरियां और उसका दमन

1857 का विद्रोह बहुत बड़े क्षेत्र मे फैला हुआ था और जनता का व्यापक समर्थन इसे प्राप्त था। फिर भी यह पूरे देश को या भारतीय समाज के सभी अंगों तथा वर्गों को अपनी लपेट में नहीं ले सका। यह दक्षिणी भारत तथा पूर्वी और पश्चिमी भारत के अधिकांश भागों में नहीं फैल सका, क्योंकि इन क्षेत्रों में पहले अनेक विद्रोह हो चुके थे। भारतीय रजवाड़ों के अधिकांश शासक तथा बड़े ज़मींदार पक्के स्वार्थी तथा अंग्रेज़ों की शक्ति से भयभीत थे और वे विद्रोह में शामिल नहीं हुए। इसके विपरीत, ग्वालियर के सिंधिया, इंदौर के होल्कर, हैदराबाद के निज़ाम, जोधपुर के राजा तथा दूसरे राजपूत शासक, भोपाल के नवाब, पटियाला, नाभा और जींद के सिख शासक तथा पंजाब के दूसरे सिख सरदार, कश्मीर के

महाराजा, नेपाल के राणा तथा दूसरे अनेक सरदारों और कई बड़े ज़मींदारों ने विद्रोह को कुचलने में अंग्रेज़ों की सक्रिय सहायता की। वास्तव में, भारतीय शासकों में एक प्रतिशत से अधिक विद्रोह में शामिल नहीं हुए। गवर्नर-जनरल केनिंग ने बाद में टिप्पणी की, 'इन शासकों तथा सरदारों ने तूफान के आगे बांध की तरह काम किया, वर्ना यह तूफान एक ही लहर में हमें बहा ले जाता।' मद्रास, बंबई, बंगाल तथा पश्चिमी पंजाब में जनता विद्रोहियों से हमदर्दी रखती थी, फिर भी ये प्रांत अप्रभावित रहे। इसके अलावा, असंतुष्ट तथा बेदखल ज़मींदारों को छोड़कर उच्च तथा मध्य वर्गों के अधिकांश लोग विद्रोहियों के आलोचक थे। संपन्न वर्गों के अधिकांश लोग विद्रोहियों के प्रति ठंडे बने रहे या उनका सक्रिय विरोध किया। यहां तक कि विद्रोह में शामिल अवध के बहुत से तालुकदारों (बड़े ज़मींदारों) ने, अंग्रेज़ों से यह आश्वासन पाकर कि उनकी जागीरें उन्हें वापस दे दी जाएंगी, विद्रोह से किनारा कर लिया। इससे एक लंबा खिंचता हुआ छापामार संघर्ष चला सकना अवध के किसानों और सिपाहियों के लिए बहुत कठिन हो गया।

ग्रामीण जनता के हमलों का खास निशाना सूदखोर थे। इसलिए वे स्वाभाविक तौर पर विद्रोह के शत्रु थे। लेकिन धीरे-धीरे व्यापारी भी इसके शत्रु बन गए। युद्ध का खर्च जुटाने के लिए विद्रोहियों को उन पर भारी कर लगाने पड़े थे या सेना को भोजन देने के लिए उनके अनाज-गोदामों पर कब्ज़ा करना पड़ा था। व्यापारी प्रायः अपनी दौलत और माल छिपा देते थे तथा विद्रोहियों को मुफ़्त में सामान देने से मना कर देते थे। बंगाल के ज़मींदार भी अंग्रेज़ों के वफ़ादार बने रहे। आखिरकार वे अंग्रेज़ों की ही पैदावार थे। इसके अलावा, बिहार में ज़मींदारों के प्रति किसानों की शत्रुता ने बंगाल के ज़मींदारों को भी डरा दिया था। इसी तरह बंबई, कलकत्ता तथा मद्रास के बड़े व्यापारियों ने भी अंग्रेज़ों का साथ दिया। कारण कि उनका अधिकांश मुनाफ़ा अंग्रेज़ व्यापारियों के साथ होने वाले विदेशी व्यापार तथा आर्थिक संबंधों से होता था।

आधुनिक शिक्षा प्राप्त भारतीयों ने भी विद्रोह का साथ नहीं दिया। विद्रोही जिस प्रकार अंधविश्वासों का उपयोग करते या प्रगतिशील सामाजिक उपायों का विरोध करते थे, उससे ये भारतीय बिदककर दूर हो गए। जैसा कि हमने देखा है, शिक्षित भारतीय देश का पिछड़ापन समाप्त करना चाहते थे। उनके मन में यह गलत विश्वास भरा था कि अंग्रेज़ आधुनिकीकरण के ये काम पूरा करने में उनकी सहायता करेंगे, जबकि ज़मींदारों, पुराने शासकों और सरदारों तथा दूसरे सामंती तत्त्वों के नेतृत्व में लड़ने वाले विद्रोही देश को पीछे ले जाएंगे। कुछ

समय बाद ही शिक्षित भारतीयों ने अपने अनुभवों से जाना कि विदेशी शासन देश का आधुनिकीकरण करने में न सिर्फ़ असमर्थ साबित हुआ, बल्कि उसने उसे गरीब और पिछड़ा बनाए रखा। इस मामले में 1857 के क्रांतिकारी अधिक दूरदर्शी सिद्ध हुए। उन्हें विदेशी शासन की बुराइयों तथा उससे मुक्ति पाने की आवश्यकता की कहीं बेहतर और सहज समझ हासिल थी। दूसरी ओर, शिक्षित लोगों की तरह उन्होंने यह बात नहीं समझी कि देश विदेशियों के चंगुल में ठीक इसीलिए फंसा था कि वह सड़े-गले रिवाजों, परंपराओं तथा संस्थाओं से चिपका हुआ था। वे यह समझ सकने में असफल रहे कि देश की मुक्ति पुराने सामंती राजतंत्र की ओर पलटने में नहीं, बल्कि आगे बढ़कर एक आधुनिक समाज, आधुनिक अर्थव्यवस्था, वैज्ञानिक शिक्षा तथा आधुनिक राजनीतिक संस्थाओं को गले लगाने से ही संभव थी। कुछ भी हो, यह नहीं कहा जा सकता कि शिक्षित भारतीय राष्ट्रद्रोही या विदेशी शासन के भक्त थे। जैसा कि 1858 के बाद की घटनाओं के ख़िलाफ़ एक शक्तिशाली और आधुनिक आंदोलन का नेतृत्व उन्होंने संभाल लिया।

भारतीयों में एकता के अभाव के चाहे जो कारण रहे हों, यह विद्रोह के लिए घातक सिद्ध हुआ। लेकिन विद्रोहियों के लक्ष्य को धक्का पहुंचाने वाली यह अकेली कमज़ोरी नहीं थी। उनके पास आधुनिक अस्त्र-शस्त्रों तथा अन्य युद्ध सामग्री का भी अभाव था। अधिकांश तो भालों और तलवारों जैसे पुराने हथियारों से ही लड़ रहे थे। उनका संगठन भी ठीक नहीं था। सिपाही बहादुर तथा स्वार्थरहित तो थे मगर उनमें अनुशासन की कमी भी थी। कभी-कभी तो वे अनुशासित सेना के बजाए दंगाई भीड़ की तरह व्यवहार करते। विद्रोही इकाइयों के पास सैनिक कार्यवाही की साझी योजनाओं, अधिकार संपन्न प्रमुखों या केंद्रीकृत नेतृत्व का भी अभाव था। देश के विभिन्न भागों में हो रहे विद्रोहों के बीच कोई तालमेल नहीं था। विदेशी शासन के प्रति एक साझी घृणा को छोड़कर और कोई संबंध-सूत्र नेताओं के बीच नहीं था। किसी क्षेत्र विशेष से ब्रिटिश सत्ता को उखाड़ फेंकने के बाद उन्हें पता भी नहीं होता था कि उसकी जगह किस प्रकार की राजनीतिक सत्ता या संस्थाएं स्थापित की जाएं। वे एक-दूसरे के प्रति शंकित तथा ईर्ष्याग्रस्त थे और अक्सर आत्मघाती झगड़ों में उलझ पड़ते थे। इसी तरह किसान मालगुज़ारी के दस्तावेज़ों तथा सूदखोरों के बही-ख़ातों को नष्ट करने तथा नए ज़मींदारों को खदेड़ चुकने के बाद समझ नहीं पाते थे कि आगे क्या करें और इसलिए निष्क्रिय हो जाते थे।

वास्तव में विद्रोह की कमज़ोरियां व्यक्तियों की कमियों से भी कहीं अधिक गहराई में निहित थीं। इस आंदोलन को भारत को गुलाम बनाने वाले उपनिवेशवाद

की या आधुनिक विश्व की कोई खास समझ नहीं थी। इसके पास एक भविष्योन्मुख कार्यक्रम, सुसंगत, विचारधारा, राजनीतिक परिप्रेक्ष्य या भावी समाज और अर्थव्यवस्था के प्रति एक स्पष्ट दृष्टिकोण का अभाव था। विद्रोह सत्ता पर अधिकार के बाद लागू किए जाने वाले किसी सामाजिक विकल्प से रहित था। इस तरह, इस आंदोलन में तरह-तरह के तत्त्व शामिल थे जो केवल ब्रिटिश शासन के प्रति अपनी घृणा द्वारा ही जुड़े हुए थे। इनमें से हर एक की अपनी-अपनी शिकायतें थीं और स्वतंत्र भारत की राजनीति की अपनी-अपनी धारणाएं थीं। एक आधुनिक, प्रगतिशील कार्यक्रम के अभाव में प्रतिक्रियावादी राजा और ज़मींदार क्रांतिकारी आंदोलन का नेतृत्व हथियाने में सफल हो गए। लेकिन विद्रोह के सामंती चरित्र पर हमें बहुत ज़ोर नहीं देना चाहिए। सिपाही तथा साधारण जनता धीरे-धीरे एक भिन्न प्रकार का नेतृत्व विकसित कर रहे थे। विद्रोह को सफल बनाने का प्रयास भी उन्हें नए प्रकार का संगठन तैयार करने को बाध्य कर रहा था। उदाहरण के लिए, दिल्ली में प्रशासकों की एक समिति बनाई गई थी जिसके दस सदस्यों में छह सिपाही तथा चार नागरिक थे। इसमें सभी निर्णय बहुमत द्वारा लिए जाते थे। यह समिति सभी सैनिक तथा प्रशासकीय निर्णय सम्राट के नाम पर करती थी। नई सांगठनिक संरचनाएं तैयार करने की इस तरह की कोशिशें विद्रोह के दूसरे केंद्रों में भी की गईं। बेंजामिन डिज़राइली ने उस समय ब्रिटिश सरकार को चेतावनी दी थी कि 'अगर समय रहते विद्रोह नहीं कुचला गया तो हर रंगमंच पर भारतीय राजाओं के अलावा कुछ और पात्र भी दिखाई देंगे तथा उनसे भी उन्हें (अंग्रेज़ों को) जूझना पड़ेगा।'

भारतीयों में एकता का यह अभाव भारतीय इतिहास के इस चरण में संभवतः अपरिहार्य था। भारत अभी आधुनिक राष्ट्रवाद से अपरिचित था। देश प्रेम का मतलब अपनी छोटी-सी बस्ती, क्षेत्र या अधिक-से-अधिक अपनी राजसत्ता के प्रति प्रेम था। सांझे अखिल भारतीय हितों का तथा इस चेतना का कि ये हित सभी भारतीयों को परस्पर जोड़ते हैं, अभी उदय नहीं हुआ था। वास्तव में 1857 के विद्रोह ने भारतीय जनता को एक साथ जोड़ने में तथा उनमें एक देश का वासी होने की चेतना जगाने में महत्त्वपूर्ण भूमिका निभाई।

अंत में, ब्रिटिश साम्राज्यवाद जिसके पास एक विकासमान पूंजीवादी अर्थव्यवस्था थी, जो दुनिया भर में शक्ति के शिखर पर बैठा था तथा जिसे अधिकांश भारतीय शासकों तथा सरदारों का सहयोग प्राप्त था, सैनिक दृष्टि से विद्रोहियों से अधिक शक्तिशाली सिद्ध हुआ। ब्रिटिश सरकार ने देश में भयानक संख्या में सेना, धन तथा अस्त्र-शस्त्रों को झोंक दिया, हालांकि खुद अपने इस दमन के लिए

भारतीयों को बाद में पूरी-पूरी कीमत चुकानी पड़ी। विद्रोह कुचल दिया गया। मात्र साहस एक ऐसे शक्तिशाली तथा दृढ़ निश्चय शत्रु के आगे नहीं ठहर सका जिसका हर कदम सुनियोजित था। विद्रोहियों को बहुत पहले ही एक भारी धक्का तब लगा, जब अंग्रेज़ों ने एक लंबे तथा भयानक युद्ध के बाद 20 सितंबर, 1857 को दिल्ली पर दोबारा कब्ज़ा कर लिया। बूढ़े सम्राट बहादुरशाह बंदी बना लिए गए। उनके राजकुमार पकड़कर वहीं मार डाले गए। सम्राट पर मुकद्दमा चला तथा उन्हें निर्वासित कर रंगून भेज दिया गया। वहीं अपनी किस्मत पर आंसू बहाते हुए कि उन्हें उनकी जन्मभूमि से बहुत दूर कर दिया गया था, वे 1862 में स्वर्गवासी हुए। इस तरह महान मुगल वंश आखिरकार पूरी तरह समाप्त हो गया।

दिल्ली के पतन के साथ विद्रोह का केंद्र बिंदु नष्ट हो गया। विद्रोह के दूसरे नेता बहादुरी से यह असमान युद्ध लड़ते रहे, मगर अंग्रेज़ों ने उनके ख़िलाफ़ एक शक्तिशाली हमला केंद्रित कर दिया था। जॉन लॉरेंस, आउट्रम, हेवलाक, नील, केंपबेल और हयूरोज़ कुछ ऐसे ब्रिटिश कमानदार थे, जिन्होंने इस युद्ध में सैनिक ख्याति प्राप्त की। विद्रोह के सभी महान नेता एक के बाद एक खोते रहे। नानासाहब की कानपुर में हार हुई। अंत तक हार न मानकर तथा आत्मसमर्पण से इनकार करके वे 1859 के आरंभ में नेपाल की ओर कूच कर गए, जिसके बाद उनका कोई पता नहीं चला। तात्या टोपे मध्य भारत के जंगलों में जा छिपे और वहीं से एक भयानक और शानदार छापामार युद्ध चलाते रहे, जब तक कि अप्रैल 1859 में वे सोते समय एक ज़मींदार दोस्त की गद्दारी के कारण पकड़े नहीं गए। जल्दी-जल्दी उन पर मुकदमा चलाकर उन्हें 15 अप्रैल, 1859 को मौत की सज़ा दे दी गई। झांसी की रानी पहले ही, 17 जून 1858 को युद्धभूमि में लड़ते हुए शहीद हो चुकी थीं। 1859 तक कुंवरसिंह, बख्त खान, बरेली के खान बहादुरखान, नानासाहब के भाई रावसाहब और मौलवी अहमदुल्लाह सभी स्वर्गवासी हो चुके थे, जबकि अवध की बेगम हज़रत महल मजबूर होकर नेपाल में जा छिपी थीं।

1859 के अंत तक भारत पर ब्रिटिश सत्ता पूरी तरह पुनर्स्थापित हो चुकी थी। परंतु विद्रोह व्यर्थ नहीं गया। यह हमारे इतिहास का एक शानदार पड़ाव है। यह पुराने ढंग के भारत को तथा उसके परंपरागत नेतृत्व को बचाने का एक हताशापूर्ण प्रयास तो था ही, परंतु यह ब्रिटिश साम्राज्यवाद से मुक्ति के लिए भारतीय जनता का पहला महान संघर्ष भी था। इसने एक आधुनिक राष्ट्रीय आंदोलन के विकास का आधार तैयार कर दिया। 1857 के वीरतापूर्ण तथा देशभक्तिपूर्ण विद्रोह तथा उसके पहले के अनेक विद्रोहों ने भारतीय जनता के मन पर एक अमिट छाप

छोड़ी। उन्होंने ब्रिटिश शासन के प्रतिरोध की शानदार स्थानीय परंपराएं कायम कीं तथा आगे के स्वाधीनता संग्राम में भारतीय जनता के लिए प्रेरणा का एक अक्षुण्ण स्रोत प्रदान किया। इस विद्रोह के वीरों की गाथाएं जल्द ही घर-घर में गूंजने लगीं, भले ही उनके नामों के उच्चारण मात्र से शासक बौखलाते रहे हों।

7

1858 के बाद प्रशासनिक परिवर्तन

1857 के विद्रोह ने भारत में ब्रिटिश प्रशासन को गहरा धक्का पहुंचाया और उसका पुनर्गठन अनिवार्य बना दिया। विद्रोह के बाद के दशकों में भारत सरकार के ढांचे और नीतियों में महत्त्वपूर्ण परिवर्तन हुए। लेकिन भारतीय अर्थव्यवस्था और सरकार में परिवर्तन के लिए भारत में उपनिवेशवाद के एक नए चरण का आरंभ अधिक महत्त्वपूर्ण था।

उन्नीसवीं सदी के उत्तरार्ध में औद्योगिक क्रांति का प्रसार और विकास हुआ। धीरे-धीरे यूरोप के दूसरे देश, अमरीका और जापान का भी औद्योगीकरण हुआ और विश्व की अर्थव्यवस्था में ब्रिटेन की उत्पादन संबंधी और वित्तीय श्रेष्ठता समाप्त हो गई। अब बाज़ारों, कच्चे माल के स्रोतों और विदेशी पूंजी-निवेश के अवसरों के लिए दुनिया भर में तेज़ प्रतियोगिता आरंभ हो गई। उपनिवेशों और अर्ध-उपनिवेशों के लिए प्रतियोगिता और कड़ी और तीखी हो गई, क्योंकि नई औपनिवेशिक विजयों के लिए क्षेत्र कम होते गए। ब्रिटेन को अब विश्व पूंजीवाद में अपनी प्रमुख स्थिति बनाए रखने के लिए नए-नए विकसित हो रहे देशों की चुनौती का सामना करना पड़ रहा था। इसलिए उसने अपने वर्तमान साम्राज्य पर अपने नियंत्रण को मज़बूत बनाने और उसे और फैलाने के लिए ज़ोरदार कोशिशें आरंभ कर दीं।

इसके अलावा, 1850 के बाद रेलवे में और भारत सरकार को दिए गए ऋणों के रूप में बहुत अधिक ब्रिटिश पूंजी लगी थी। कुछ पूंजी चाय के बागानों, कोयला, खदानों, जूट मिलों, जहाज़रानी, व्यापार और बैंकिंग में भी लगी थी। इस ब्रिटिश पूंजी को आर्थिक और राजनीतिक खतरों से सुरक्षित बनाने के लिए आवश्यक था कि भारत में ब्रिटिश शासन को और ठोस बनाया जाए। परिणामस्वरूप साम्राज्यवादी नियंत्रण को और भी सख्त बनाया गया और

साम्राज्यवादी विचारधारा भी और मज़बूती से स्थापित हुई। इसको लिटन, डफ़रिन, लांसडाउन, एल्गिन और सबसे बढ़कर कर्ज़न के वायसरॉय-काल की प्रतिक्रियावादी नीतियों में भी देखा जा सकता था।

प्रशासन

ब्रिटिश संसद द्वारा 1858 में पारित एक कानून ने शासन का अधिकार ईस्ट इंडिया कंपनी से लेकर ब्रिटिश सम्राट को दे दिया। इसके पहले भारत पर सत्ता कंपनी के डायरेक्टरों और बोर्ड ऑफ़ कंट्रोल की थी। पर अब शासन का भार ब्रिटिश सरकार के एक मंत्री जिसे भारत मंत्री अथवा सेक्रेटरी ऑफ़ स्टेट कहा जाता था, को दे दिया और उसकी सहायता के लिए एक काउंसिल नियुक्त कर दी गई। यह भारत-सचिव ब्रिटिश कैबिनेट का सदस्य और इस प्रकार संसद के प्रति उत्तरदायी होता था। इस तरह भारत पर सत्ता अंतत: संसद के ही हाथों में थी।

इस कानून के अनुसार, भारत का शासन पहले की ही तरह एक गवर्नर-जनरल को चलाना था, हालाँकि अब उसे वायसरॉय, अर्थात् सम्राट के व्यक्तिगत प्रतिनिधि की पदवी दे दी गई। समय के साथ-साथ नीतियों और उनको लागू करने के मामले में वायसरॉय अधिकाधिक ब्रिटिश सरकार के अधीन होता गया। प्रशासन के तमाम छोटे-छोटे मामलों पर भी भारत-सचिव का नियंत्रण होता था। इस तरह भारत के मामलों पर अंतिम और व्यापक नियंत्रण जिस अधिकारी का था वह भारत से हज़ारों मील दूर लंदन में बैठा होता था। इस स्थिति में सरकार की नीतियों पर भारतीय जनमत का प्रभाव पहले से भी कम हो गया। दूसरी ओर, ब्रिटिश उद्योगपतियों, व्यापारियों और बैंकरों का भारत सरकार पर प्रभाव और भी बढ़ गया। इस तरह भारतीय प्रशासन 1858 के पहले की तुलना में और भी प्रतिक्रियावादी हो गया, क्योंकि अब उदारतावाद का दिखावा भी धीरे-धीरे बंद कर दिया गया।

भारत के लिए 1858 के कानून में व्यवस्था थी कि गवर्नर-जनरल के साथ एक एक्ज़िक्यूटिव काउंसिल (कार्यकारी परिषद) होगी, जिसके सदस्य विभिन्न विभागों के प्रमुख और गवर्नर-जनरल के आधिकारिक सलाहकार होंगे। यही काउंसिल सारे महत्त्वपूर्ण विषयों पर विचार करके बहुमत से निर्णय लेती थी, हालांकि गवर्नर-जनरल काउंसिल के किसी भी महत्त्वपूर्ण फैसले को रद्द कर सकता था।

1861 के इंडियन काउंसिल ऐक्ट में गवर्नर-जनरल की काउंसिल को कानून बनाने की गरज से और भी बड़ा बना दिया गया और इसलिए उसे इंपीरियल

लेजिस्लेटिव काउंसिल नाम दिया गया। गवर्नर-जनरल को एक्ज़िक्यूटिव काउंसिल में 6 से 12 सदस्य तक बढ़ाने का अधिकार था, जिनमें से कम-से-कम आधे का गैर-अधिकारी होना अनिवार्य था। ये भारतीय भी हो सकते थे और अंग्रेज़ भी। इंपीरियल लेजिस्लेटिव काउंसिल को कोई वास्तविक अधिकार प्राप्त नहीं थे, इसलिए उसे आरंभिक कोटि का या कमज़ोर संसद भी नहीं माना जा सकता। यह मात्र एक सलाहकार समिति थी जो सरकार की पूर्व अनुमति के बिना किसी भी महत्त्वपूर्ण प्रश्न पर विचार नहीं कर सकती थी और वित्तीय प्रश्नों पर तो हर्गिज़ ही नहीं कर सकती थी। बजट पर तो इसका कतई नियंत्रण नहीं था। यह प्रशासन के कामों पर विचार नहीं कर सकती थी और सदस्य उनके बारे में कोई सवाल नहीं कर सकते थे। दूसरे शब्दों में, लेजिस्लेटिव काउंसिल का एक्ज़िक्यूटिव पर कोई नियंत्रण न था। इसके अलावा, इसके द्वारा पारित कोई भी विधेयक गवर्नर-जनरल के अनुमोदन के बिना कानून नहीं बन सकता था। सबसे बड़ी बात यह थी कि भारत-सचिव इसके द्वारा बनाए गए किसी भी कानून को रद्द कर सकता था। इस तरह लेजिस्लेटिव काउंसिल का एकमात्र महत्त्वपूर्ण काम यह था कि वह सरकारी कदमों पर हां करे और यह आभास कराए कि ये सभी कदम एक संसदीय संस्था द्वारा बनाए गए कानून हैं। सिद्धांततः भारतीय दृष्टिकोण का प्रतिनिधित्व करने के लिए कुछ गैर-अधिकारी भारतीय सदस्य भी काउंसिल में शामिल कर लिए गए थे। लेकिन लेजिस्लेटिव काउंसिल में भारतीय सदस्यों की संख्या बहुत कम थी, और वे भारतीय जनता द्वारा चुने हुए न होकर गवर्नर-जनरल द्वारा नामजद किए जाते थे। गवर्नर-जनरल भी हमेशा ही इसके लिए राजा-महाराजाओं और उनके मंत्रियों, बड़े ज़मींदारों, बड़े व्यापारियों या सेवानिवृत्त वरिष्ठ सरकारी अधिकारियों का ही चयन करता था। वे भारतीय जनता या विकसित हो रही राष्ट्रवादी भावना का कोई प्रतिनिधित्व नहीं करते थे। भारत की सरकार अभी भी 1858 के पहले की तरह विदेशी और निरंकुश सरकार बनी रही। फिर यह सब आकस्मिक भी न था बल्कि सोची-समझी नीति का अंग था। 1861 में संसद में इंडियन काउंसिल बिल पेश करते हुए भारत सचिव चार्ल्स वुड ने कहा था 'सारे अनुभव हमें यही बतलाते हैं कि जब एक विजेता जाति दूसरी जाति पर शासन करती है तो एक निरंकुश सरकार ही शासन का सबसे नरम रूप हो सकती है।'

प्रांतीय प्रशासन : शासन की सुविधा के लिए अंग्रेज़ों ने भारत को प्रांतों में बांट रखा था। इनमें से बंगाल, मद्रास और बंबई प्रांतों को प्रेसिडेंसी कहा जाता था। इन प्रेसिडेंसियों का प्रशासन एक गवर्नर तीन सदस्यों वाली एक काउंसिल

की सहायता से चलाता था और उनकी नियुक्ति सम्राट करता था। प्रेसिडेंसियों की सरकारों को दूसरी प्रांतीय सरकारों से अधिक अधिकार और शक्तियां प्राप्त थीं। इन दूसरे प्रांतों का शासन गवर्नर-जनरल द्वारा नियुक्त लेफ्टिनेंट गवर्नर और चीफ़ कमिश्नर चलाते थे।

1833 के पहले प्रांतीय सरकारों को बहुत स्वायत्तता प्राप्त थी। पर 1833 में उनसे कानून बनाने के अधिकार ले लिए गए थे और उनके व्यय पर सख्त केंद्रीय नियंत्रण लगा दिया गया था। पर अनुभवों से जल्द ही पता चल गया कि भारत जैसे विशाल देश का शासन सख्त केंद्रीकरण के सिद्धांत पर कुशलतापूर्वक नहीं चलाया जा सकता।

अति-केंद्रीकरण की यह बुराई वित्त के मामलों में सबसे अधिक स्पष्ट थी। पूरे देश से और अनेक स्रोतों से राजस्व जमा होकर केंद्र में पहुंचता था और तब केंद्र उसे प्रांतीय सरकारों में बांटता था। प्रांतों के व्यय की छोटी-छोटी बातों पर भी केंद्र सरकार का सख्त नियंत्रण होता था। लेकिन यह प्रणाली व्यवहार में बहुत बर्बादी का कारण सिद्ध हुई। प्रांतीय सरकारों द्वारा राजस्व के कुशलतापूर्वक संग्रह पर निगरानी रखना या उनके खर्च पर पर्याप्त नियंत्रण रखना केंद्रीय सरकार के लिए संभव न था। इसलिए अधिकारियों ने सार्वजनिक वित्त का विकेंद्रीकरण करने का फैसला किया।

प्रांतीय वित्त को केंद्रीय वित्त से अलग करने की दिशा में पहला कदम 1870 में लॉर्ड मेयो ने उठाया। पुलिस, जेल, शिक्षा, चिकित्सा सेवाओं और सड़कों जैसी कुछ सेवाओं के प्रशासन के लिए प्रांतीय सरकारों को निर्धारित रकम दे दी जाती थी। उनको इस धन का अपनी इच्छानुसार उपयोग करने को कहा जाता था। 1877 में लॉर्ड मेयो की इस योजना को लॉर्ड लिटन ने और फैलाया। उसने प्रांतीय सरकारों को भू-राजस्व (उत्पादन शुल्क), सामान्य प्रशासन और कानून तथा न्याय-व्यवस्था जैसी कुछ और सेवाएं भी सौंप दीं। इस अतिरिक्त व्यय का भार उठाने के लिए प्रांतीय सरकार को उस प्रांत विशेष से स्टैंप, उत्पादन कर तथा आय कर जैसे कुछ स्रोतों से प्राप्त आय का एक निश्चित भाग दिया जाने लगा। इस व्यवस्था में 1882 में और भी परिवर्तन किए गए। प्रांतों को निर्धारित धन देने की प्रणाली समाप्त कर दी गई और उसके बजाए यह किया गया कि किसी प्रांत को कुछ स्रोतों से प्राप्त पूरी आय दे दी जाएगी और साथ ही अन्य स्रोतों से प्राप्त आय का एक निश्चित भाग दिया जाएगा। इस तरह, राजस्व के सारे स्रोतों को तीन भागों में बांट दिया गया – सामान्य, प्रांतीय, तथा वे जिनसे प्राप्त आय केंद्र और प्रांतों के बीच बंटनी थी।

वित्तीय विकेंद्रीकरण के ऊपर वर्णित विभिन्न कदमों का अर्थ यह नहीं था कि एक वास्तविक प्रांतीय स्वायत्तता का आरंभ हो गया था या प्रांतीय प्रशासन में भारतीयों की भागीदारी होने लगी थी। इसके बजाए उनकी प्रकृति प्रशासकीय पुनर्गठन की थी जिसका उद्देश्य व्यय कम कराना और आय को बढ़ाना था। सिद्धांत और व्यवहार दोनों में केंद्र सरकार का वर्चस्व बना रहा और केंद्र का प्रांतीय सरकारों पर प्रभावी और व्यापक नियंत्रण जारी रहा। यह अपरिहार्य था क्योंकि केंद्रीय और प्रांतीय, दोनों ही सरकारें पूरी तरह भारत सचिव और ब्रिटिश सरकार के अधीन थीं।

स्थानीय संस्थाएं : वित्तीय कठिनाइयों के कारण सरकार ने प्रशासन का और भी विकेंद्रीकरण किया और नगरपालिकाओं तथा ज़िला परिषदों के द्वारा स्थानीय शासन को प्रोत्साहित किया। औद्योगिक क्रांति ने 19वीं सदी में यूरोपीय अर्थव्यवस्था और समाज को धीरे-धीरे बदलकर रख दिया था। यूरोप के साथ भारत के बढ़ते संपर्कों तथा साम्राज्यवाद और आर्थिक शोषण की नई विधियों के कारण आवश्यक हो गया था कि अर्थव्यवस्था, सफ़ाई व्यवस्था और शिक्षा के क्षेत्र में यूरोप में हुई प्रगति को भारत में भी लागू किया जाए। इसके अलावा, उभरता हुआ भारतीय राष्ट्रवादी आंदोलन भी नागरिक जीवन में आधुनिक सुधारों को लागू किए जाने की मांग कर रहा था। इस तरह जनता के लिए शिक्षा, सफ़ाई व्यवस्था, जल की आपूर्ति, बेहतर सड़कों तथा अन्य नागरिक सुविधाओं की ज़रूरत अधिकाधिक महसूस की जा रही थी। सरकार अब इनको और अनदेखा नहीं कर सकती थी। लेकिन सेना और रेलवे पर हो रहे भारी खर्चों के कारण वित्त व्यवस्था पहले ही डावांडोल हो रही थी। चूंकि गरीब जनता पर करों का बोझ पहले ही बहुत अधिक था और इसमें और बढ़ोतरी करने से सरकार के ख़िलाफ़ जन असंतोष बढ़ने का डर था, इसलिए सरकार नए कर लगाकर आय भी नहीं बढ़ा सकती थी। दूसरी तरफ सरकार उच्च वर्गों, खासकर ब्रिटिश नागरिक अधिकारियों, बागानों के मालिकों और व्यापारियों पर कर लगाना नहीं चाहती थी। पर अधिकारियों को लग रहा था कि अगर जनता को यह लगे कि उन पर लगे नए करों से प्राप्त आमदनी का इस्तेमाल उसी के कल्याण के लिए होना है, तो वह कर देने में नहीं हिचकिचाएगी। इसलिए निर्णय किया गया कि शिक्षा, स्वास्थ्य, सफ़ाई और जल आपूर्ति जैसे विषय स्थानीय संस्थाओं को दे दिए जाएं और वे स्थानीय कर लगाकर उनका खर्च निकालें। अनेक अंग्रेज़ों ने एक और आधार पर भी स्थानीय संस्थाओं की स्थापना के लिए ज़ोर डाला। उनका मत था कि किसी-न-किसी रूप में प्रशासन से भारतीयों को जोड़ने से

वे राजनीतिक रूप से असंतुष्ट नहीं होंगे। भारत में सत्ता पर अंग्रेज़ों के एकाधिकार को खतरे में डाले बिना भारतीयों को केवल स्थानीय संस्थाओं के स्तर पर ही जोड़ा जा सकता था।

सबसे पहले 1864 और 1868 के बीच स्थानीय संस्थाओं की स्थापना हुई। पर लगभग हर मामले में इनके सदस्य नामजद होते थे। इसलिए ये संस्थाएं किसी भी तरह स्थानीय स्वशासन नहीं कही जा सकती थीं और प्रबुद्ध भारतीयों ने भी उन्हें ऐसा नहीं माना। वे इन्हें जनता से नए कर उगाहने का साधन मात्र समझते थे।

इस दिशा में बहुत हिचकते हुए एक अपर्याप्त कदम 1882 में लॉर्ड रिपन की सरकार ने उठाया। एक सरकारी प्रस्ताव में ग्रामीण और नगरीय स्थानीय संस्थाओं द्वारा, जिनके अधिकांश सदस्य गैर-अधिकारी हों, स्थानीय मामलों के प्रबंध की एक नीति निर्धारित की गई। जहां भी अधिकारियों को चुनाव प्रणाली लागू करना संभव लगे, वहां इन गैर-अधिकारी सदस्यों को जनता द्वारा चुना जाना था। इस प्रस्ताव में किसी स्थानीय संस्था के अध्यक्ष के रूप में किसी गैर-अधिकारी के चुनाव की छूट भी दी गई। लेकिन सभी ज़िला परिषदों और अनेक नगरपालिकाओं में चुने हुए सदस्य अल्पमत में होते थे। इसके अलावा वे बहुत थोड़े से मतदाताओं द्वारा चुने जाते थे, क्योंकि मत देने का अधिकार बहुत ही सीमित था। ज़िलों के अधिकारी ही ज़िला परिषदों के अध्यक्ष बने रहे, हालांकि धीरे-धीरे गैर-अधिकारी नगरपालिका समितियों के अध्यक्ष बनने लगे। सरकार ने स्थानीय संस्थाओं की गतिविधियों पर कड़ा नियंत्रण लगाने और उनको अपने विवेक के अनुसार निलंबित या भंग करने का अधिकार अपने हाथ में रखा। नतीजा यह हुआ कि कलकत्ता, मद्रास और बंबई के प्रेसिडेंसी नगरों को छोड़कर हर जगह स्थानीय संस्थाएं सरकारी विभाग बनकर रह गईं और स्थानीय स्वशासन के अच्छे उदाहरण न बन सकीं। तो भी राजनीतिक रूप से जागरूक भारतीयों ने रिपन के प्रस्ताव का स्वागत किया और इन स्थानीय संस्थाओं में सक्रिय रूप से इस आशा के साथ भाग लिया कि समय आने पर उनको स्थानीय स्वशासन के कारगर साधन के रूप में परिवर्तित किया जा सकेगा।

सेना में परिवर्तन

1858 के बाद सेना का सावधानी के साथ पुनर्गठन किया गया जिसका प्रमुख उद्देश्य एक और विद्रोह न होने देना था। शासकों ने देखा कि उनकी संगीनें ही उनके शासन का एकमात्र सुरक्षित आधार थीं। भारतीय सैनिकों की विद्रोह की क्षमता को अगर एकदम समाप्त न किया जा सके तो उसे यथासंभव कम करने

के लिए अनेक कदम उठाए गए। पहली बात यह कि सेना पर यूरोपीय सैनिकों का वर्चस्व सावधानी के साथ सुनिश्चित किया गया। सेना में भारतीयों के मुकाबले यूरोपीयों का भाग बढ़ा दिया गया। बंगाल की सेना में अब यह अनुपात एक और दो का तथा मद्रास और बंबई की सेनाओं में दो और पांच का था। इसके लिए भौगोलिक और सैनिक महत्त्व के स्थानों पर यूरोपीय सेनाओं को तैनात किया गया। तोपखाने (और बाद में बीसवीं सदी में टैंकों तथा बख्तर-बंद गाड़ियों) जैसे सेना के महत्त्वपूर्ण विभाग पूरी तरह यूरोपीयों के हाथों में रखे गए। अधिकारी वर्ग से भारतीयों को बाहर रखने की पुरानी नीति का सख्ती से पालन किया जाने लगा। 1914 तक कोई भी भारतीय कभी सूबेदार के पद से ऊपर नहीं उठ सका। दूसरे, सेना के भारतीय अंग का संगठन ''संतुलन और जवाबी संतुलन'' तथा ''बांटो और राज करो'' की नीति के आधार पर किया गया ताकि किसी ब्रिटिश-विरोधी विद्रोह के लिए एकजुट होने का उनको अवसर न मिल सके। सेना की भर्ती में जाति, क्षेत्र और धर्म के आधार पर भेदभाव किए जाने लगे। यह कहानी गढ़ी गई कि भारतीयों में कुछ ''लड़ाकू'' जातियां और कुछ ''गैर-लड़ाकू'' जातियां हैं। अवध, बिहार, मध्य भारत और दक्षिण भारत के सैनिकों ने ही आरंभ में अंग्रेज़ों की भारत-विजय में सहायता की थी, पर 1857 के विद्रोह में उनके भाग लेने के कारण उनको ''गैर-लड़ाकू'' घोषित कर दिया गया। अब बड़ी संख्या में सेना में उनको भर्ती करना बंद कर दिया गया। दूसरी ओर, विद्रोह को कुचलने में सहायता देने वाले पंजाबियों, गोरखों और पठानों को ''लड़ाकू'' जाति घोषित किया गया और उनको बड़ी संख्या में भर्ती किया जाने लगा। 1875 तक ब्रिटिश भारत की सेना का आधा भाग पंजाबियों का था। साथ ही भारतीय रेजीमेंटों को तमाम जातियों और वर्गों का मिश्रण बना दिया गया कि वे सभी एक-दूसरे को संतुलित करती रहें। सैनिकों की सांप्रदायिक, जातिगत, कबीलाई और क्षेत्रीय निष्ठाओं को प्रोत्साहित किया गया ताकि उनके बीच राष्ट्रवाद की भावना न फैल सके। उदाहरण के लिए, अनेक रेजीमेंटों में जातियों और संप्रदायों के आधार पर कंपनियां बनाई गईं। भारत-सचिव चार्ल्स वुड ने 1861 में वायसरॉय केनिंग को एक पत्र में लिखा– 'मैं एक ऐसी बड़ी सेना कभी देखना नहीं चाहता जिसकी भावनाएं, पूर्वाग्रह और संपर्क वैसे ही हों, जिसे अपनी शक्ति का भरोसा है और जो मिलकर विद्रोह करने को इतनी उत्सुक हो। अगर एक रेजीमेंट विद्रोह करे तो दूसरी रेजीमेंट को उससे इतना कटा हुआ देखना पसंद करूंगा कि वह उस पर गोली चलाने के लिए भी तैयार हो।' इस तरह भारतीय सेना शुद्ध रूप से भाड़े की सेना बनी रही। इसके

अलावा उसे बाकी जनता के जीवन और विचारों से अलग रखने के सारे प्रयास किए गए। हरसंभव उपाय द्वारा उसे राष्ट्रवादी विचारों से दूर रखा गया। समाचार-पत्रों, पत्रिकाओं और राष्ट्रवादी प्रकाशनों को सैनिकों तक नहीं पहुंचने दिया जाता था। लेकिन जैसा कि हम आगे देखेंगे, ऐसे सभी उपाय अंततः नाकाम रहे और भारतीय सेना के अंगों ने भारत के स्वाधीनता-संग्राम में महत्त्वपूर्ण भूमिका निभाई।

भारतीय सेना आगे चलकर बहुत ही खर्चीली सैनिक शक्ति बन गई। 1904 में भारतीय राजस्व का लगभग 52 प्रतिशत इस पर खर्च हो रहा था। इसका कारण यह था कि यह एक से अधिक उद्देश्य पूरे कर रही थी। उस समय सबसे महत्त्वपूर्ण उपनिवेश होने के नाते भारत की रूसी, फ्रांसीसी और जर्मन साम्राज्यवादियों से लगातार रक्षा करनी पड़ती थी। इससे भारतीय सेना की संख्या में बहुत वृद्धि हुई। दूसरे, भारतीय सैनिकों को केवल भारत की रक्षा ही नहीं करनी पड़ती थी। भारतीय सेना एशिया और अफ्रीका में ब्रिटिश सत्ता और शासन को फैलाने और मज़बूत बनाने का प्रमुख साधन थी। अंतिम बात, यह कि सेना का ब्रिटिश भाग कब्ज़ा बनाए रखने वाली सेना का काम कर रहा था। देश पर ब्रिटिश अधिकार की आखिरी ज़मानत यही था। मगर इसका खर्च भारत के राजस्व से पूरा किया जाता था और यह भारत के लिए बहुत बड़ा बोझ था।

सार्वजनिक सेवाएं

हम ऊपर देख चुके हैं कि भारत सरकार पर भारतीयों का नियंत्रण नहीं के बराबर था। कानून बनाने या प्रशासन की नीतियां लागू करने में उनकी कोई भूमिका नहीं रखी गई थी। साथ ही, उन्हें नौकरशाही से अलग रखा जाता था, जो इन नीतियों को लागू करती थी। प्रशासन में अधिकार और उत्तरदायित्व के सारे पदों पर इंडियन सिविल सर्विस के सदस्य बैठे होते थे, जिनकी भर्ती लंदन में होने वाली खुली वार्षिक प्रतियोगिता-परीक्षाओं के द्वारा की जाती थी। इन परीक्षाओं में भारतीय भी बैठ सकते थे। 1863 में यह परीक्षा उत्तीर्ण करने वाले पहले भारतीय सत्येंद्रनाथ ठाकुर थे जो रवींद्रनाथ ठाकुर के बड़े भाई थे। उसके बाद लगभग हर साल एक-दो भारतीय सिविल सर्विस के गौरवपूर्ण पदों पर पहुंचते रहे, मगर अंग्रेज़ों की अपेक्षा उनकी संख्या बहुत ही नगण्य थी। वास्तव में, सिविल सर्विस के दरवाज़े भारतीयों के लिए बंद ही रहे क्योंकि वे अनेक बाधाओं से ग्रस्त थे। यह परीक्षा अंग्रेज़ी के माध्यम से होती थी जो एक विदेशी भाषा थी। यह प्राचीन ग्रीक और लैटिन के ज्ञान पर आधारित थी जिसे इंग्लैंड

में लंबे और खर्चीले अध्ययन के बाद ही प्राप्त किया जा सकता था। साथ ही सिविल सर्विस परीक्षा में बैठने की आयु जो 1859 में 23 वर्ष थी, 1878 में घटाकर 19 वर्ष कर दी गई। अगर 23 वर्ष के भारतीय युवक के लिए सिविल सर्विस प्रतियोगिता में सफल होना कठिन था तो 19 वर्ष के भारतीय युवक के लिए यह असंभव ही था।

इसी तरह प्रशासन के दूसरे विभागों, जैसे पुलिस, सार्वजनिक निर्माण, चिकित्सा, डाक और तार, जंगल, इंजीनियरिंग, कस्टम और बाद में रेलवे में भी बड़े और अधिक वेतन वाले पद ब्रिटिश नागरिकों के लिए सुरक्षित रखे जाते थे।

सभी महत्त्वपूर्ण पदों पर यूरोपीयों का वह वर्चस्व आकस्मिक न था। भारत के शासकों का मत था कि भारत में ब्रिटिश शासन को बनाए रखने के लिए यह आवश्यक था। इस तरह 1893 में भारत सचिव लॉर्ड किंबरले ने यह व्यवस्था रखी के 'सिविल सर्विस के सदस्यों में यूरोपीयों की हमेशा एक पर्याप्त संख्या का होना अत्यंत आवश्यक है।' वायसरॉय लांसडाउन ने इस बात पर ज़ोर दिया कि 'अगर इस विशालकाय साम्राज्य को सुरक्षित रखना है तो इसकी सरकार का यूरोपीयों के हाथों में होना एक अनिवार्यता है।'

भारतीयों के दबाव में 1918 के बाद प्रशासकीय सेवाओं का धीरे-धीरे भारतीयकरण किया गया। लेकिन नियंत्रण और अधिकार के पद फिर भी अंग्रेज़ों के हाथों में बने रहे। इसके अलावा, लोगों को जल्दी ही पता चल गया कि इन सेवाओं के भारतीयकरण से उनके हाथों में राजनीतिक शक्ति तो आई ही नहीं है। इन सेवाओं में शामिल भारतीय ब्रिटिश शासन के एजेंट का काम करते थे और वफ़ादारी के साथ ब्रिटेन के साम्राज्यवादी उद्देश्यों की पूर्ति करते थे।

रजवाड़ों के साथ संबंध

अंग्रेज़ों ने 1857 के विद्रोह के कारण भारतीय रजवाड़ों के प्रति अपनी नीति बदल दी। 1857 के पहले वे भारतीय राज्यों को हड़पने का कोई भी अवसर नहीं चूकते थे। अब यह नीति छोड़ दी गई। अनेक भारतीय शासक अंग्रेज़ों के वफ़ादार ही नहीं रहे थे बल्कि विद्रोह को कुचलने में उनकी सक्रिय रूप से सहायता भी की थी। जैसा कि वायसरॉय केनिंग ने कहा था, इन शासकों ने "तूफान में तरंगरोधकों" का काम किया था। उनकी वफ़ादारी का इनाम अब इस घोषणा के रूप में दिया गया कि उनके उत्तराधिकारी गोद लेने के अधिकार को मान्यता दी जाएगी तथा भविष्य में उनके राज्यों का कभी भी अधिग्रहण नहीं किया

जाएगा। इसके अलावा, विद्रोह के अनुभव ने ब्रिटिश अधिकारियों को विश्वास दिला दिया था कि जनता के विरोध या विद्रोह की स्थिति में ये रजवाड़े उनके कारगर सहयोगी हो सकते हैं। 1860 में केनिंग ने लिखा था :

> बहुत पहले सर जान मालकोम ने यह बात कही थी कि अगर हम पूरे भारत को ज़िलों में बांट दें तो भी वास्तविकता ऐसी नहीं है कि हमारा साम्राज्य पचास वर्षों तक भी जारी रह सके। पर अगर हम बिना किसी राजनीतिक सत्ता दिए, मात्र शाही उपकरणों के रूप में अनेक देशी रजवाड़ों को बनाए रखें तो भारत में हम तब तक बने रहेंगे जब तक कि समुद्र पर हमारा वर्चस्व बना रहेगा। इस मत की ठोस सच्चाई में, मुझे कोई संदेह नहीं है और हाल की घटनाओं के बाद इस मत पर ध्यान देना पहले से कहीं अधिक आवश्यक हो गया है।

इसलिए रजवाड़ों को भारत में ब्रिटिश शासन के ठोस स्तंभ बनाकर रखने का निर्णय किया गया। जैसा कि ब्रिटिश इतिहासकार पी. ई. राबर्ट्स ने कहा है : 'साम्राज्य के आधार के रूप में उनको बनाए रखना तब से ब्रिटिश नीति का एक सिद्धांत रहा है।'

फिर भी रजवाड़ों को बनाए रखना रजवाड़ों के प्रति ब्रिटिश नीति का केवल एक पक्ष है। ब्रिटिश अधिकारियों का उन पर पूर्ण नियंत्रण इस नीति का दूसरा पक्ष है। 1857 के विद्रोह से पहले अंग्रेज़ व्यवहार में इन रजवाड़ों के आंतरिक मामलों में हमेशा दखल देते रहे थे, मगर फिर भी सैद्धांतिक रूप में उनको सहयोगी और स्वाधीन शक्ति माना जाता रहा था। अब यह स्थिति एकदम बदल दी गई। अपना अस्तित्व बनाए रखने के लिए राजाओं को अब ब्रिटेन को सर्वोपरि शक्ति मानना पड़ता था। 1876 में पूरे भारतीय उपमहाद्वीप पर ब्रिटेन की सत्ता पर ज़ोर देने के लिए रानी विक्टोरिया ने भारत की साम्राज्ञी का पद भी संभाल लिया। बाद में लॉर्ड कर्ज़न ने भी यह बात स्पष्ट की कि राजा-महाराजा अपने राज्यों का शासन केवल ब्रिटिश सम्राट के एजेंटों के रूप में करेंगे। राजाओं ने इस अधीनता की स्थिति को भी स्वीकार कर लिया और स्वेच्छापूर्वक साम्राज्य के पिछलग्गू बन गए क्योंकि ऐसा करने पर उन्हें अपने राज्यों के शासक बने रहने का आश्वासन दिया गया था।

अंग्रेज़ों ने सर्वोपरि शक्ति के रूप में रजवाड़ों के आंतरिक शासन पर निगरानी के अधिकार का भी दावा किया। वे रेज़ीडेंटों के माध्यम से रजवाड़ों के रोज़मर्रा के प्रशासन में दखल ही नहीं देते रहे, बल्कि मंत्रियों और दूसरे बड़े अधिकारियों को नियुक्त करने और हटाने के अधिकार पर भी उन्होंने ज़ोर दिया। कभी-कभी शासकों को ही हटा दिया जाता था। या उन्हें उनकी शक्तियों से वंचित कर दिया

जाता था। इस तरह के हस्तक्षेप का एक कारण अंग्रेज़ों की यह इच्छा थी कि इन राज्यों में एक आधुनिक प्रशासन स्थापित किया जाए ताकि ब्रिटिश भारत से उनका पूर्ण एकीकरण हो सके। इसके अलावा अखिल भारतीय पैमाने पर रेलों, डाक-तार व्यवस्था, मुद्रा-प्रणाली और एक सांझे आर्थिक जीवन के विकास ने भी इस एकीकरण को और उसके फलस्वरूप हस्तक्षेप को और बढ़ाया। हस्तक्षेप का एक दूसरा कारण अनेक राज्यों में लोकतांत्रिक-जन आंदोलनों और राष्ट्रवादी आंदोलनों का उभरना था। एक ओर, तो ब्रिटिश अधिकारियों ने राजाओं को इन आंदोलनों को दबाने में सहायता दी और दूसरी ओर, उन्होंने इन राज्यों में प्रशासन के गंभीर दुरुपयोगों को समाप्त करने के प्रयास भी किए।

प्रशासन संबंधी नीतियां

भारत के प्रति अंग्रेज़ों का दृष्टिकोण और फलस्वरूप उनकी नीतियां 1857 के विद्रोह के बाद और भी बदतर हो गईं। 1857 के पहले उन्होंने, आधे दिल से और झिझक-झिझककर ही सही, भारत का आधुनिकीकरण करने की कोशिशें की थीं। पर अब वे समझ-बूझकर प्रतिक्रियावादी नीतियां अपनाने लगे। जैसा कि इतिहासकार पर्सीवल स्पियर ने लिखा है : 'प्रगति के साथ भारत की सरकार का प्रेम भाव अब समाप्त हो गया।'

हम पहले ही देख चुके हैं कि प्रशासन में भारतीयों को प्रभावी ढंग से भाग लेने से रोकने के लिए किस प्रकार भारत और इंग्लैंड में प्रशासनिक संस्थाओं, भारतीय सेवा और सिविल सर्विस को पुनर्गठित किया गया था। पहले कम से कम यही कहा जाता था कि अंग्रेज़ भारतीयों को स्वशासन के लिए "प्रशिक्षित" और तैयार कर रहे हैं और अंततः राजनीतिक सत्ता भारतीयों को सौंप देंगे। पर अब यह बात खुलकर कही जाने लगी कि अपने सामाजिक और सांस्कृतिक दोषों के कारण भारतीय अपना शासन चला सकने में अयोग्य हैं और उन पर अंग्रेज़ों का शासन अनिश्चित काल तक बना रहना चाहिए। यह प्रतिक्रियावादी नीति अनेक क्षेत्रों में दिखाई पड़ी।

बांटो और राज करो : अंग्रेज़ों ने भारत पर, विजय भारतीय शासकों की फूट का लाभ उठाकर और उन्हें एक-दूसरे से लड़ाकर प्राप्त की थी। 1858 के बाद उन्होंने जनता के ख़िलाफ़ राजाओं को, एक प्रांत के ख़िलाफ़ दूसरे प्रांत को, एक जाति के ख़िलाफ़ दूसरी जाति को, एक समूह के ख़िलाफ़ दूसरे समूह को और सबसे अधिक, मुसलमानों के विरुद्ध हिंदुओं को खड़ा करके "बांटो और राज करो" की इस नीति को जारी रखने का फैसला किया।

1857 के विद्रोह में हिंदुओं और मुसलमानों की जो एकता देखने को मिली थी उसमें विदेशी शासक दरार डाल चुके थे। वे उभरते राष्ट्रवादी आंदोलन को कमज़ोर बनाने के लिए इस एकता को तोड़ने पर आमादा थे। सच यह है कि उन्होंने इसका कोई अवसर नहीं छोड़ा। विद्रोह के फौरन बाद उन्होंने मुसलमानों का दमन करना, बड़े पैमाने पर उनकी ज़मीन-जायदाद ज़ब्त करना आरंभ कर दिया और हिंदुओं को अपना तरफदार घोषित किया। 1870 के बाद यह नीति उलट दी गई और उच्च तथा मध्य वर्गीय मुसलमानों को राष्ट्रवादी आंदोलन के ख़िलाफ़ खड़ा करने की कोशिश की गई।

शिक्षित भारतीयों को धार्मिक आधार पर बांटने के लिए सरकारी सेवाओं में सरकार ने बहुत चालाकी के साथ लोभ का इस्तेमाल किया। औद्योगिक-वाणिज्यिक पिछड़ेपन के कारण तथा सामाजिक सेवाओं के लगभग पूर्ण अभाव के कारण शिक्षित भारतीय तकरीबन पूरी तरह सरकारी सेवा पर निर्भर थे। उनके सामने दूसरे उपाय नहीं के बराबर थे। इस कारण उनके बीच सरकारी पदों के लिए तीखी प्रतियोगिता आरंभ हो गई। सरकार ने इस प्रतियोगिता का लाभ उठाकर प्रांतीय और सांप्रदायिक विद्वेष और घृणा को भड़काया। उसने वफ़ादारी के बदले सांप्रदायिक आधार पर सरकारी कृपा का आश्वासन दिया और इस प्रकार शिक्षित मुसलमानों को शिक्षित हिंदुओं के ख़िलाफ़ उभारा।

शिक्षित भारतीयों के प्रति शत्रुता : 1833 के बाद भारत सरकार ने आधुनिक शिक्षा को जमकर प्रोत्साहन दिया था। 1857 में कलकत्ता, बंबई और मद्रास में विश्वविद्यालय स्थापित किए गए थे और उसके बाद उच्च शिक्षा तेज़ी से फैली थी। 1857 के विद्रोह में शिक्षित भारतीयों के भाग लेने से इनकार करने पर अनेक अंग्रेज़ अधिकारियों ने उनकी प्रशंसा की थी। परंतु शिक्षित भारतीयों के प्रति यह अनुकूल सरकारी दृष्टिकोण जल्द ही उलट गया। कारण कि उनमें से अनेक लोग हाल में प्राप्त आधुनिक ज्ञान का उपयोग करके ब्रिटिश शासन के साम्राज्यवादी चरित्र का विश्लेषण करने लगे थे और उन्होंने प्रशासन में भारतीयों की भागीदारी की मांगें सामने रखी थीं। इसलिए जब वे जनता के बीच राष्ट्रवादी आंदोलन का संगठन करने लगे और उन्होंने 1885 में भारतीय राष्ट्रीय कांग्रेस की स्थापना की तो अधिकारी उच्च शिक्षा के पक्के दुश्मन बन बैठे। अब सरकारी अधिकारी उच्च शिक्षा को फैलने से रोकने के लिए सक्रिय उपाय करने लगे। वे शिक्षित भारतीयों पर अब नाक-भौं सिकोड़ने तथा उनको "बाबू" कहकर उनका मज़ाक उड़ाते।

इस तरह जो भारतीय आधुनिक पश्चिमी ज्ञान प्राप्त कर चुके थे तथा आधुनिकता के आधार पर प्रगति के पक्ष में थे, अंग्रेज़ उनके ख़िलाफ़ हो गए। ऐसी प्रगति भारत में ब्रिटिश साम्राज्यवाद के बुनियादी हितों और नीतियों के ख़िलाफ़ थी। शिक्षित भारतीयों और उच्च शिक्षा के प्रति इस सरकारी विरोध से पता चलता है कि भारत में ब्रिटिश शासन में आरंभ में प्रगति की जो भी संभावनाएं थीं, वे इस समय तक समाप्त हो चुकी थीं।

ज़मींदारों के प्रति दृष्टिकोण : भविष्य के प्रति सचेत शिक्षित भारतीयों के प्रति शत्रुता की भावना रखने के साथ ही अंग्रेज़ों ने अब भारतीयों के सबसे प्रतिक्रियावादी वर्गों, जैसे राजाओं, ज़मींदारों और भूस्वामियों की ओर दोस्ती का हाथ बढ़ाया। हम ऊपर पहले ही देख चुके हैं कि सरकार ने अब राजाओं के प्रति अपना दृष्टिकोण बदल दिया था और वह उभरते हुए जन आंदोलनों और राष्ट्रवादी आंदोलनों के ख़िलाफ़ उनका उपयोग करने का प्रयास कर रही थी। इसी ढंग से ज़मींदारों और भूस्वामियों को भी खुश किया गया। उदाहरण के लिए, अवध के अधिकांश ताल्लुकदारों की ज़मीनें उन्हें लौटा दी गईं। ज़मींदारों और भूस्वामियों को भारतीय जनता के परंपरागत और ''स्वाभाविक'' नेता कहकर उछाला गया। उनके हितों और विशेषाधिकारों की रक्षा की जाने लगी। किसानों के ख़िलाफ़ ज़मीन पर उनके अधिकार को सुरक्षा दी गई और राष्ट्रवादी रुझान वाले शिक्षित वर्ग के ख़िलाफ़ उनका इस्तेमाल किया जाने लगा। 1876 में वायसरॉय लॉर्ड लिटन ने खुलकर घोषणा की कि 'अब आगे इंग्लैंड के सम्राट को एक शक्तिशाली देशी अभिजात वर्ग की आशाओं, आकांक्षाओं, सहानुभूतियों और हितों से संबद्ध समझा जाना चाहिए। बदले में ज़मींदारों और भूस्वामियों ने यह स्वीकार किया कि समाज में उनकी स्थिति तभी तक है जब तक ब्रिटिश शासन बना रहेगा', और इस तरह वे इसके पक्के समर्थक हो गए।

समाज सुधार के प्रति दृष्टिकोण : रूढ़िवादी वर्गों से सहयोग की इस नीति के अनुसार अंग्रेज़ों ने समाज सुधारकों की सहायता करने की पुरानी नीति छोड़ दी। उनका मत था कि सती प्रथा का उन्मूलन, विधवा पुनर्विवाह की आज्ञा, आदि समाज सुधार के कदम, 1857 के विद्रोह के एक प्रमुख कारण थे। इसलिए धीरे-धीरे उन्होंने रूढ़िवादियों का पक्ष लेना आरंभ कर दिया और समाज सुधारकों का समर्थन बंद कर दिया।

अपनी पुस्तक ''भारत : एक खोज'' में जवाहरलाल नेहरू ने लिखा है : 'भारत के प्रतिक्रियावादियों के साथ इस स्वाभाविक गठजोड़ के कारण ब्रिटिश शासन अनेक बुरी प्रथाओं और कर्मकांडों का रक्षक तथा समर्थक बन गया,

हालांकि वह अन्यथा इनकी निंदा करता था।' वास्तव में अंग्रेज़ इस मामले में सांप-छछूंदर वाली स्थिति में थे। अगर वे समाज-सुधार का समर्थन करें और इसके लिए कानून बनाएं तो रूढ़िवादी भारतीय उनका विरोध करेंगे और यह कहेंगे कि एक विदेशी सरकार को भारतीयों के अंदरूनी सामाजिक मामलों में दखल देने का कोई अधिकार नहीं है। दूसरी ओर, अगर वे ऐसे कानून न बनाएं तो सामाजिक बुराइयों के बने रहने में सहायक होंगे और सामाजिक दृष्टि से प्रगतिशील भारतीय उनकी निंदा करेंगे। फिर भी यह ध्यान रहे कि अंग्रेज़ सामाजिक प्रश्नों पर हमेशा उदासीन ही नहीं रहे। यथास्थिति को बनाए रखकर उन्होंने अप्रत्यक्ष रूप से सामाजिक बुराइयों को सुरक्षित ही रखा। इसके अलावा, राजनीतिक लाभ के लिए जातिवाद और संप्रदायवाद को प्रोत्साहित करके उन्होंने सामाजिक प्रतिक्रिया को भी जमकर प्रोत्साहन दिया।

सामाजिक सेवाओं का अत्यधिक पिछड़ापन : उन्नीसवीं सदी में यूरोप में शिक्षा, सफाई और जन स्वास्थ्य, जल-आपूर्ति और ग्रामीण सड़कों जैसी सामाजिक सेवाओं के क्षेत्र में बहुत प्रगति हुई थी, पर भारत में ये सेवाएं अत्यधिक पिछड़ी बनी रहीं। भारत सरकार अपनी भारी आमदनी का अधिकांश भाग सेना, युद्धों और प्रशासकीय सेवाओं पर खर्च कर रही थी और सामाजिक सेवाएं पैसे के लिए तरस रही थीं। उदाहरण के लिए, 1886 में भारत सरकार को कुल 47 करोड़ रुपयों का राजस्व प्राप्त हुआ। इसमें लगभग 19.41 करोड़ सेना पर और 17 करोड़ प्रशासन पर खर्च किए गए, मगर शिक्षा, चिकित्सा और जन-स्वास्थ्य पर 2 करोड़ रुपये से भी कम और सिंचाई पर केवल 65 लाख खर्च किए गए। सफाई, जल-आपूर्ति और जन-स्वास्थ्य पर झिझक-झिझककर जो थोड़े-बहुत काम किए गए, वे भी आमतौर पर नगरों तक और उनमें भी तथाकथित सिविल लाइनों अर्थात् नगरों के ब्रिटिश या आधुनिक भाग तक सीमित रहे। ये सेवाएं मुख्यतः यूरोपीय तथा नगरों के यूरोपीय भागों में रहने वाले थोड़े से उच्चवर्गीय भारतीयों के लिए ही थीं।

श्रम संबंधी कानून : उन्नीसवीं सदी में आधुनिक कारखानों और बागानों के मज़दूरों की हालत बहुत ही दयनीय थी। प्रतिदिन उनको 12 से 16 घंटों तक काम करना पड़ता और आराम के लिए सप्ताह में एक दिन की छुट्टी भी न मिलती। स्त्रियों और बच्चों को भी पुरुषों जितना ही काम करना पड़ता था। मज़दूरी बहुत कम, प्रति माह 4 से 20 रुपये तक थी। कारखाने लोगों से भरे होते, उनमें प्रकाश और हवा की कमी होती और वे बेहद गंदे होते, मशीनों पर काम करना खतरे से भरा था और आए दिन दुर्घटनाएं होती रहती थीं।

यूं तो भारत सरकार पूंजीपतियों की समर्थक थी, फिर भी उसे आधुनिक कारखानों की बुरी स्थिति के प्रभावों को कम करने के लिए आधे मन से कुछ कदम उठाने पड़े जो एकदम अपर्याप्त थे। इन कारखानों में से अनेक भारतीयों के थे। इस बारे में सरकार मानवीय भावनाओं से अंशतः ही प्रेरित हुई। ब्रिटेन के उद्योगपति फैक्ट्री कानून बनाने के लिए सरकार पर लगातार दबाव डाल रहे थे। उन्हें डर था कि भारत में मज़दूरी कम होने के कारण भारतीय उद्योगपति भारतीय बाज़ार में उन्हें जल्द ही प्रतियोगिता में पीट देंगे। पहला इंडियन फैक्ट्री ऐक्ट 1881 में बनाया गया। यह कानून मुख्यतः बाल श्रम से संबंधित था। इसमें कहा गया कि 7 वर्ष से कम के बच्चों को कारखानों में नहीं लगाया जाएगा और 7 से 12 वर्ष तक के बच्चों से प्रतिदिन 9 घंटे से अधिक काम नहीं लिया जाएगा। बच्चों को महीने में चार छुट्टियां भी मिलेंगी। इस कानून में खतरनाक मशीनों को अच्छी तरह अलग-थलग रखने की व्यवस्था भी थी। दूसरा इंडियन फैक्ट्रीज़ ऐक्ट 1891 में बनाया गया। इसमें सभी मज़दूरों के लिए साप्ताहिक छुट्टी की व्यवस्था थी। स्त्रियों के लिए प्रतिदिन काम के 11 घंटे निश्चित किए गए तथा बच्चों के लिए काम का समय घटाकर 7 घंटे कर दिया गया। मगर पुरुषों के काम के घंटों के लिए अभी भी कोई सीमा नहीं तय की गई।

चाय और कॉफ़ी के जिन बागानों के मालिक अंग्रेज़ थे उन पर इन दोनों में से कोई भी कानून नहीं लागू किया गया उल्टे विदेशी बागान मालिकों को मज़दूरों का अत्यधिक निर्मम शोषण करने में सरकार ने हर तरह की सहायता दी। अधिकांश चाय बागान असम में स्थित थे जिसकी आबादी बहुत कम थी और जहां जलवायु स्वास्थ्य के लिए हानिकर थी। इसलिए बागानों पर काम करने के लिए बाहर से मज़दूर लाने पड़ते थे। मगर बाहरी मज़दूरों को बागानों के मालिक अच्छा वेतन देकर नहीं लाते थे। इसके बजाय धोखाधड़ी करके और बलपूर्वक उन्हें भर्ती किया जाता और बागानों पर उन्हें लगभग गुलामों की तरह रखा जाता। भारत सरकार ने इन बागान मालिकों की पूरी सहायता की तथा उनकी सहायता के लिए 1863, 1865, 1870, 1873 और 1882 में दंड कानून बनाए। कोई मज़दूर किसी बाग पर जाकर काम करने के समझौते पर दस्तखत करने के बाद काम करने से इनकार नहीं कर सकता था। मज़दूर द्वारा समझौते का कोई भी उल्लंघन एक दंडनीय अपराध था। बाग के मालिक को उसे गिरफ़्तार करने तक का अधिकार था।

फिर भी, उभरते हुए ट्रेड यूनियन आंदोलन के दबाव में बीसवीं सदी में कुछ बेहतर श्रम कानून बने। फिर भी भारतीय मज़दूर वर्ग की हालत अत्यंत दयनीय

बनी रही। औसत मज़दूर को पूरा भोजन-वस्त्र भी नहीं मिलता था। ब्रिटिश शासन में भारतीय मज़दूरों की हालत का वर्णन जर्मनी के प्रसिद्ध आर्थिक इतिहासकार प्रोफेसर युर्गेन कुत्सींस्की ने 1938 में इन शब्दों में किया था : 'आधा पेट खाकर रहने वाला, जानवरों की तरह प्रकाश, हवा और पानी से रहित घरों में रहने वाला भारतीय औद्योगिक मज़दूर औद्योगिक पूंजीवाद की पूरी दुनिया में सबसे अधिक शोषित मज़दूरों में से है।'

प्रेस पर प्रतिबंध : भारत में छापाखाने की शुरुआत अंग्रेज़ों ने की थी और इस तरह एक आधुनिक प्रेस की बुनियाद उन्होंने डाली थी। शिक्षित भारतीयों ने जल्दी ही समझ लिया कि जनमत को शिक्षित करने तथा आलोचना और निंदा के द्वारा सरकार की नीतियों को प्रभावित करने में प्रेस की एक महत्त्वपूर्ण भूमिका हो सकती है। समाचार-पत्र आरंभ करने तथा उन्हें एक सशक्त राजनीतिक साधन बनाने में राममोहन रॉय, विद्यासागर, दादाभाई नौरोजी, जस्टिस रानाडे, सी. कर्झनकार मेनन, मदनमोहन मालवीय, लाला लाजपतराय, विपिनचंद्र पाल और दूसरे भारतीयों ने एक महत्त्वपूर्ण भूमिका निभाई। प्रेस धीरे-धीरे राष्ट्रवादी आंदोलन का एक प्रमुख अस्त्र बन गया।

चार्ल्स मेटकाफ़ ने 1835 में भारतीय प्रेस को प्रतिबंधों से मुक्त कर दिया था। इस कदम का शिक्षित भारतीयों ने उत्साहपूर्वक स्वागत किया था। लेकिन राष्ट्रवादी धीरे-धीरे प्रेस का इस्तेमाल जनता में राष्ट्रवादी चेतना जगाने के लिए और सरकार की प्रतिक्रियावादी नीतियों की कड़ी आलोचना करने के लिए करने लगे। इससे अधिकारी भारतीय प्रेस के विरोधी हो गए और उसकी आज़ादी को कम करने का उन्होंने फैसला किया। इसके लिए 1878 में वर्नाक्यूलर प्रेस ऐक्ट बनाया गया। इस कानून ने भारतीय भाषाओं के समाचारपत्रों की आज़ादी पर कड़ी बंदिशें लगाई। भारतीय राष्ट्रवादी जनमत तब तक जागरूक हो चुका था और उसने इस कानून के बनाए जाने का ज़ोरदार विरोध किया। इस विरोध का तात्कालिक प्रभाव पड़ा और इस कानून को 1882 में रद्द कर दिया गया। इसके बाद लगभग 25 वर्षों तक भारतीय प्रेस को पर्याप्त स्वतंत्रता प्राप्त रही। लेकिन 1905 में जुझारू स्वदेशी और बहिष्कार आंदोलन के बाद 1908 और 1910 में कड़े प्रेस कानून फिर बनाए गए।

जातीय शत्रुता

भारतीयों पर हुकूमत बनाए रखने के लिए उनसे सामाजिक दूरी बनाए रखना आवश्यक है, यह मानकर अंग्रेज़ हमेशा भारतीयों से कटे-कटे रहे। वे स्वयं को

जातीय दृष्टि से श्रेष्ठ भी मानते थे। 1857 के विद्रोह ने तथा विद्रोह के दौरान दोनों पक्षों द्वारा किए गए अत्याचारों ने भारतीयों और अंग्रेज़ों के बीच की खाई को और चौड़ा कर दिया। अब अंग्रेज़ खुलकर जातीय दंभ दिखाने लगे। ''केवल यूरोपीयों के लिए'' आरक्षित रेलों के डिब्बे, रेलवे स्टेशनों के प्रतीक्षालय, पार्क, होटल, स्विमिंग पूल, क्लब, आदि इस नस्लवाद के स्पष्ट उदाहरण थे। इससे भारतीय स्वयं को अपमानित महसूस करते। जवाहरलाल नेहरू के शब्दों में –

> हम भारतीयों को नस्लवाद के सभी रूपों का ज्ञान ब्रिटिश शासन के आरंभ काल से ही रहा है। इस शासन की पूरी विचारधारा भद्रजन और स्वामी जाति की रही है और सरकार का पूरा ढांचा इसी विचारधारा पर आधारित रहा है (बल्कि स्वामी जाति का विचार साम्राज्यवाद में ही निहित है।) इस बारे में कोई दुराव-छिपाव नहीं था तथा शक्ति संपन्न लोग खुलकर इसकी घोषणा करते थे। शब्दों से भी कहीं अधिक प्रभावी यह व्यवहार था जो इन शब्दों के साथ जुड़ा होता था और पीढ़ी-दर-पीढ़ी, साल-दर-साल एक राष्ट्र के रूप में भारत को और व्यक्तिगत रूप से भारतीयों को अपमान, घृणा और अपमानजनक व्यवहार का शिकार बनाया जाता रहा। हमसे कहा जाता कि अंग्रेज़ एक शासक जाति हैं और उन्हें हम पर शासन करने तथा हमें बंधन में रखने का ईश्वर-प्रदत्त अधिकार है, और अगर हम विरोध करते तो हमें ''शासक जाति के सिंह-समान गुणों'' की याद दिला दी जाती थी।

विदेश नीति

ब्रिटिश शासन में पड़ोसियों के साथ भारत के संबंध एक नए आधार पर विकसित हुए। इसके दो कारण थे। संचार के आधुनिक साधनों के विकास तथा देश के राजनीतिक और प्रशासकीय सुदृढ़ीकरण ने भारत सरकार को प्रेरित किया कि वह देश की प्राकृतिक भौगोलिक सीमाओं तक अपना विस्तार करे। यह सुरक्षा और आंतरिक दृढ़ता, दोनों के लिए आवश्यक था। इसके फलस्वरूप सीमाओं पर अनिवार्य रूप से कुछ टकराव हुए। दुर्भाग्य से, भारत सरकार प्राकृतिक और परंपरागत सीमाओं के बाहर भी कभी-कभी चली जाती थी। दूसरा और नया कारण भारत सरकार का विदेशी चरित्र था। एक स्वतंत्र देश की विदेश नीति विदेशियों द्वारा शासित किसी देश की विदेश नीति से मूलतः भिन्न होती है। एक स्वतंत्र देश की विदेश नीति उसकी जनता की आवश्यकताओं और हितों पर आधारित होती है। जबकि एक पराधीन देश की विदेश नीति शासक देश के हितों की पूर्ति करती है। भारत के मामले में सरकार ने जिस विदेश नीति को

अपनाया उसका संचालन लंदन में बैठी ब्रिटिश सरकार करती थी। एशिया और अफ्रीका में ब्रिटिश सरकार के दो प्रमुख लक्ष्य थे– अपने बहुमूल्य भारतीय साम्राज्य की रक्षा करना और एशिया तथा अफ्रीका में ब्रिटेन के व्यापार और अन्य आर्थिक हितों को आगे बढ़ाना। इन दो लक्ष्यों के कारण अंग्रेज़ों ने भारत की प्राकृतिक सीमाओं से बाहर भी अपना प्रसार किया और नए इलाके जीते। इसके अलावा, इन लक्ष्यों के कारण ब्रिटिश सरकार का यूरोप के दूसरे साम्राज्यवादी राष्ट्रों से टकराव भी हुआ क्योंकि ये राष्ट्र भी एशिया और अफ्रीका में अपने इलाके बढ़ाना और व्यापार फैलाना चाहते थे।

भारतीय साम्राज्य की रक्षा करने, ब्रिटेन के आर्थिक हितों को आगे बढ़ाने तथा दूसरी यूरोपीय शक्तियों को भारत से दूर रखने की धुन में भारत की ब्रिटिश सरकार ने अक्सर भारत के पड़ोसी देशों पर आक्रमण किए। दूसरे शब्दों में, ब्रिटिश शासन के दिनों में पड़ोसियों के साथ भारत के संबंध अंततः ब्रिटिश साम्राज्यवाद की आवश्यकताओं से निर्धारित होते थे।

लेकिन भारत की विदेश नीति ब्रिटिश साम्राज्यवाद की आवश्यकता पूरी तो करती थी, पर उसे लागू करने का खर्च भारत को बरदाश्त करना पड़ता था। ब्रिटिश हितों की पूर्ति के लिए भारत को अपने पड़ोसियों के साथ अनेक युद्ध करने पड़े उसके भारी खर्च पूरे करने के लिए भारतीयों को कर चुकाने पड़ते थे।

नेपाल के साथ युद्ध (1814) : भारतीय साम्राज्य को उसकी प्राकृतिक भौगोलिक सीमा तक फैलाने की अंग्रेज़ों की धुन के साथ पहले उनका उत्तर में स्थित नेपाल से टकराव हुआ। अक्तूबर 1814 में दोनों देशों की सीमा पुलिस के बीच झड़प हुई जिससे खुला युद्ध आरंभ हो गया। सैनिक शक्ति, धन और सामग्री, सभी दृष्टियों से अंग्रेज़ नेपालियों से श्रेष्ठ थे। अंत में, नेपाल सरकार को ब्रिटेन की शर्तों पर शांति की बातचीत करनी पड़ी। उसे अपने यहां एक ब्रिटिश रेज़ीडेंट रखना पड़ा। उसे गढ़वाल तथा कुमाऊं के ज़िले छोड़ने पड़े तथा तराई के क्षेत्रों पर भी अपना दावा त्यागना पड़ा। उसे सिक्किम से भी हट जाना पड़ा। इस समझौते से अंग्रेज़ों को अनेक लाभ हुए। उनका भारतीय साम्राज्य अब हिमालय तक फैल गया। मध्य एशिया के साथ व्यापार में उन्हें अब अधिक सुविधा हो गई। उन्हें हिल स्टेशन बनाने के लिए शिमला, मसूरी और नैनीताल जैसे महत्त्वपूर्ण स्थान भी मिल गए। इसके अलावा, भारी संख्या में ब्रिटिश भारत की सेना में शामिल होकर गोरखों ने उसकी शक्ति और भी बढ़ा दी।

बर्मा पर विजय : उन्नीसवीं सदी में तीन बार स्वतंत्र बर्मा से युद्ध करके अंततः उस पर कब्ज़ा कर लिया। बर्मा और ब्रिटिश भारत का टकराव सीमा संबंधी

झड़पों से आरंभ हुआ। उसे प्रसारवादी आकांक्षाओं ने और उकसाया। बर्मा के जंगल संबंधी संसाधनों पर ब्रिटिश व्यापारियों की लालची निगाहें बहुत पहले से गड़ी थीं और वे उसकी जनता को भी अपने कारखानों के माल निर्यात करने के लिए बेचैन थे। ब्रिटिश अधिकारी भी बर्मा तथा शेष दक्षिण-पूर्व एशिया में फ्रांसीसियों के व्यापारिक और राजनीतिक प्रभाव को बढ़ने से रोकना चाहते थे। अठारहवीं सदी में जब बर्मा और ब्रिटिश भारत अपनी शक्ति बढ़ा रहे थे, तो दोनों की सीमाएं आ मिली। सदियों की अंदरूनी कलह के बाद बर्मा में सम्राट अलौंगपाय ने 1752-60 में एकता स्थापित करने में सफलता पाई थी। इरावती नदी के तट पर स्थित अवा में शासन कर रहे उसके उत्तराधिकारी बोदावपाय ने बार-बार स्याम पर आक्रमण किया, अनेक चीनी हमलों को नाकाम बनाया, 1785 में अराकान और 1813 में मणिपुर के सीमावर्ती राज्यों पर अधिकार किया और इस प्रकार बर्मा की सीमा को ब्रिटिश भारत की सीमा, तक फैला दिया। पश्चिम की ओर बढ़ना जारी रखते हुए उसने असम और ब्रह्मपुत्र घाटी के लिए एक खतरा पैदा कर दिया। अंततः 1822 में बर्मियों ने असम को जीत लिया। अराकान और असम पर बर्मा की विजय के बाद उसकी और बंगाल की अस्पष्ट सीमाओं पर लगातार झड़पों का एक युग आरंभ हो गया।

1824 में ब्रिटिश भारत के शासकों ने बर्मा के ख़िलाफ़ युद्ध छेड़ दिया। आरंभ में कुछ समय तक हारते रहने के बाद ब्रिटिश सेनाओं ने अंततः असम, कछार, मणिपुर और अराकान से बर्मियों को बाहर कर दिया। मई 1824 में ब्रिटिश नौसेना ने समुद्र के रास्ते रंगून पर अधिकार कर लिया और राजधानी अवा से 45 मील दूर तक पहुंच गए। यंदाबू की संधि के द्वारा फरवरी 1826 में शांति स्थापित हुई। बर्मा की सरकार ने (1) लड़ाई के हर्ज़ाने के रूप में एक करोड़ रुपए देने (2) अराकान और तनासरिम के समुद्र तटीय प्रांतों पर से अधिकार छोड़ने (3) असम, कछार और जयंतिया पर सारे दावे छोड़ देने (4)मणिपुर को स्वतंत्र राज्य स्वीकार करने (5)ब्रिटेन के साथ एक व्यापारिक संधि की बातचीत चलाने (6)अवा में एक ब्रिटिश रेज़ीडेंट रखने तथा कलकत्ता में एक बर्मा का दूत नियुक्त करने की शर्तें मान लीं। इस संधि के द्वारा अंग्रेज़ों ने बर्मा को उसके अधिकांश समुद्र तट से वंचित कर दिया और भावी प्रसार के लिए बर्मा में अपनी जड़ें मज़बूत कर लीं।

1852 में जो दूसरा बर्मा युद्ध छिड़ा, वह लगभग पूरी तरह ब्रिटेन के व्यापारिक लोभ का परिणाम था। लकड़ी का व्यापार करने वाली ब्रिटिश फर्मों ने अब तक ऊपरी बर्मा के जंगलों की इमारती लकड़ी में दिलचस्पी लेनी शुरू कर दी थी।

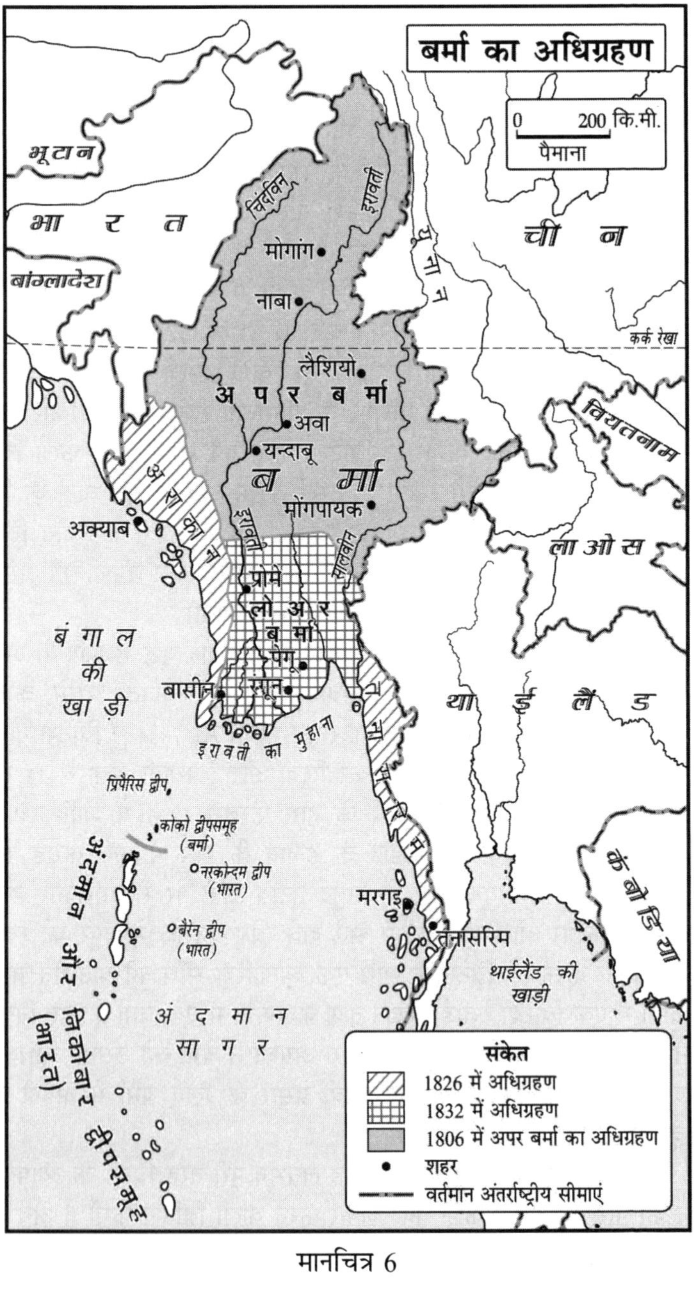
बर्मा का अधिग्रहण
0 200 कि.मी.
पैमाना
भूटान
भारत
बांग्लादेश
चीन
चिंदविन
इरावती
मोगांग
नाबा
लैशियो
अपर बर्मा
अवा
यन्दाबू
बर्मा
मोंगपायक
वियतनाम
कर्क रेखा
लाओस
अक्याब
अराकान
प्रोमे
लोअर बर्मा
पेगू
रंगून
बासीन
सालवीन
बंगाल की खाड़ी
इरावती का मुहाना
थाईलैंड
तेनासरिम
प्रिपैरिस द्वीप
कोको द्वीपसमूह (बर्मा)
नरकोन्दम द्वीप (भारत)
बैरेन द्वीप (भारत)
अंदमान और निकोबार द्वीपसमूह (भारत)
मरगइ
थाईलैंड की खाड़ी
कंबोडिया
अंदमान सागर
संकेत
1826 में अधिग्रहण
1832 में अधिग्रहण
1806 में अपर बर्मा का अधिग्रहण
शहर
वर्तमान अंतर्राष्ट्रीय सीमाएं

मानचित्र 6

इसके अलावा अंग्रेज़ों को लगा कि बर्मा की विशाल जनसंख्या ब्रिटेन के सूती कपड़ों और दूसरे औद्योगिक मालों की बिक्री के लिए एक बहुत बड़ा बाज़ार उपलब्ध करा सकती है। अंग्रेज़ जो बर्मा के दो तटीय प्रांतों पर पहले ही कब्ज़ा जमाए बैठे थे, अब बाकी देश के व्यापारिक संबंधों पर भी अपना नियंत्रण स्थापित करना चाह रहे थे। वे यह भी चाहते थे कि शांति से हो या युद्ध से, वे अपने व्यापारिक प्रतियोगियों, अर्थात् फ्रांसीसियों या अमरीकियों के पैर जमाने से पहले बर्मा पर अपनी पकड़ को मज़बूत बना लें। अंग्रेज़ी सेना की एक बड़ी टुकड़ी अप्रैल 1852 को बर्मा रवाना कर दी गई। इस बार का युद्ध 1824-26 के युद्ध की अपेक्षा कम समय तक चला और अंग्रेज़ों की विजय भी बहुत निर्णायक रही। अंग्रेज़ों ने अब बर्मा के अकेले बचे तटीय प्रांत पेगू को भी हड़प लिया। फिर भी दक्षिणी बर्मा पर प्रभावी नियंत्रण जमाने से पहले अंग्रेज़ों को तीन साल तक जनता की एक भयानक छापामार लड़ाई का सामना करना पड़ा। अब बर्मा के पूरे समुद्र तट पर और उसके पूरे समुद्री व्यापार पर अंग्रेज़ों का नियंत्रण हो चुका था। इस लड़ाई को लड़ने की मुख्य ज़िम्मेदारी भारतीय सैनिकों को उठानी पड़ी और इसका खर्च भारतीय धन से पूरा किया गया।

पेगू के अधिग्रहण के बाद अनेक वर्षों तक बर्मा और ब्रिटेन के बीच शांति बनी रही। फिर भी, अंग्रेज़ ऊपरी बर्मा में पैर फैलाने की कोशिशें करते रहे। ब्रिटेन के व्यापारियों और उद्योगपतियों को खास लोभ इसका था कि बर्मा के रास्ते चीन से व्यापार संभव था। बर्मा में फ्रांसीसियों का बढ़ता हुआ प्रभाव भी अंग्रेज़ों को जलन का शिकार बनाए हुए था। ब्रिटिश व्यापारियों को डर था कि कहीं उनके फ्रांसीसी और अमरीकी प्रतिद्वंद्वी बर्मा के विशाल बाज़ार पर अधिकार न कर लें। अब ब्रिटेन में चैंबर ऑफ़ कॉमर्स ने तथा रंगून में बैठे ब्रिटिश व्यापारियों ने ब्रिटिश सरकार पर दबाव डाला कि वह ऊपरी बर्मा पर फौरन कब्ज़ा करे। ब्रिटिश सरकार स्वयं भी इसकी इच्छुक थी। 13 नवंबर 1885 को अंग्रेज़ों ने बर्मा पर हमला किया। 28 नवंबर 1885 को सम्राट थिबाऊ ने आत्मसमर्पण कर दिया तथा उसके राज्य को जल्द ही भारतीय साम्राज्य में मिला लिया गया।

बर्मा की विजय तो बहुत आसान रही पर उस पर शासन करना इतना आसान नहीं रहा। देशभक्त सैनिकों और अधिकारियों ने आत्मसमर्पण करने से इनकार कर दिया। उन्होंने घने जंगलों में शरण ले ली और वहीं से एक व्यापक छापामार युद्ध करते रहे। दक्षिण बर्मा की जनता भी विद्रोह के लिए उठ खड़ी हुई। जनविद्रोह को कुचलने के लिए अंग्रेज़ों को लगातार पांच वर्षों तक 40,000 की सेना का

प्रयोग करना पड़ा। इस लड़ाई तथा इसके बाद विद्रोह को कुचलने का खर्च भी भारतीय खज़ाने से ही लिया गया।

प्रथम विश्वयुद्ध के बाद बर्मा में आधुनिक प्रकार का एक ज़ोरदार राष्ट्रवादी आंदोलन उठ खड़ा हुआ। ब्रिटिश माल और प्रशासन के बहिष्कार का एक व्यापक अभियान चला और ''होमरूल'' की मांग सामने रखी गई। बर्मा के राष्ट्रवदियों ने जल्द ही भारतीय राष्ट्रीय कांग्रेस से हाथ मिला लिया। बर्मा के स्वाधीनता संग्राम को कमज़ोर कर सकने की आशा में 1935 में अंग्रेज़ों ने बर्मा को भारत से अलग कर दिया। बर्मी राष्ट्रवादियों ने इस कदम का विरोध किया। बर्मा का राष्ट्रवादी आंदोलन द्वितीय विश्वयुद्ध के दौरान ऊं आंग सान के नेतृत्व में अपनी चरम सीमा पर जा पहुंचा। अंततः 4 जनवरी 1948 को बर्मा ने अपनी स्वाधीनता प्राप्त की।

अफ़गानिस्तान के साथ संबंध : अफ़गानिस्तान के साथ संबंधों के स्थायी बनने से पहले भारत की ब्रिटिश सरकार के उससे दो युद्ध हुए। ब्रिटिश दृष्टिकोण से अफ़गानिस्तान की भौगोलिक स्थिति बहुत ही महत्त्वपूर्ण थी। रूस की ओर से संभावित सामरिक चुनौती का सामना करना तथा मध्य एशिया में ब्रिटेन के व्यापारिक हितों को आगे बढ़ाने के लिए अफ़गानिस्तान भारत की सीमा के बाहर एक अगली चौकी का काम कर सकता था। और कुछ नहीं तो वह दो शत्रु शक्तियों के बीच एक सुविधाजनक तटस्थ देश ही हो सकता था। अंग्रेज़ अफ़गानिस्तान में रूस के प्रभाव को कमज़ोर बनाना और समाप्त करना तो चाहते थे, पर वे अफ़गानिस्तान को मज़बूत बनते भी नहीं देखना चाहते थे। वे उसे एक कमज़ोर तथा बंटा हुआ देश ही बनाए रखना चाहते थे ताकि आसानी से उसका नियंत्रण कर सकें।

अंग्रेज़ अफ़गानिस्तान के स्वतंत्र शासक दोस्त मुहम्मद को हटा कर उसकी जगह किसी ''मित्र'' अर्थात् पिट्ठू शासक को बिठाना चाहते थे। उनकी निगाह अब शाह शुजा पर पड़ी जिससे 1809 में गद्दी छिन गई थी और जो लुधियाना में अंग्रेज़ों का पेंशनखोर बनकर रह रहा था। अंग्रेज़ों ने अफ़गानिस्तान की गद्दी के लिए उसी का समर्थन करने का निश्चय किया। अब उन्होंने बिना किसी कारण या बहाने के अफ़गानिस्तान के अंदरूनी मामलों में दखल देने तथा इस छोटे से पड़ोसी देश पर हमला करने का निश्चय किया। यह हमला फरवरी 1839 में किया गया। अधिकांश अफ़गान कबीलों को अब तक रिश्वत देकर खरीदा जा चुका था। 7 अगस्त 1839 को काबुल पर अंग्रेज़ों का कब्ज़ा हुआ और उन्होंने फौरन गद्दी पर शाह शुजा को बिठा दिया। पर शाह शुजा को

अफ़गानिस्तान की जनता घृणा की दृष्टि से देखती थी, खासकर इसलिए कि वह विदेशी संगीनों का सहारा लेकर फिर से शासक बना था। अनेक अफ़गान कबीलों ने विद्रोह कर दिया। फिर एकाएक 2 नवंबर 1841 को काबुल में विद्रोह छिड़ गया और हट्ट-कट्टे अफ़गान ब्रिटिश सेनाओं पर टूट पड़े।

अंग्रेज़ों ने मजबूर होकर 11 दिसंबर 1841 को अफ़गान सरदारों से एक समझौता किया और बात मान ली कि वे अफ़गानिस्तान से चले जाएंगे और दोस्त मुहम्मद को फिर से गद्दी पर बिठाया जाएगा। पर बात यहीं खत्म नहीं हुई। जब अंग्रेज़ अफ़गानिस्तान छोड़ रहे थे, पूरे रास्ते भर उन पर जगह-जगह हमले हुए। 16,000 सैनिकों में से केवल एक ही ज़िंदा सीमा तक पहुंचा और अनेक जीवित रहे पर युद्धबंदी बनकर। इस तरह अंग्रेज़ों का अफ़गान अभियान बुरी तरह असफल रहा। अब ब्रिटिश भारत की सरकार ने एक नए अभियान की तैयारी की। 16 सितंबर 1842 को उन्होंने दोबारा काबुल पर अधिकार कर लिया। पर उन्होंने पिछले अनुभव से अच्छी तरह सबक लिया था। हाल की हार और अपमान का बदला ले चुकने के बाद उन्होंने दोस्त मुहम्मद से समझौता कर लिया तथा काबुल को खाली करके उन्होंने दोस्त मुहम्मद को अफ़गानिस्तान का स्वतंत्र शासक मान लिया।

प्रथम अफ़गान युद्ध में डेढ़ करोड़ रुपए से अधिक का खर्च आया था तथा लगभग 20,000 सैनिक मारे गए थे।

अंग्रेज़ों ने अब अफ़गानिस्तान के अंदरूनी मामलों में दखल न देने की नीति अपनाई। 1860 के दशक में क्रीमियाई युद्ध में हारने के बाद जब रूस ने मध्य एशिया पर ध्यान देना आरंभ किया तो अंग्रेज़ों ने अफ़गानिस्तान को एक तटस्थ देश के रूप में मज़बूत बनाने की नीति अपनाई। उन्होंने काबुल के अमीर को अपने अंदरूनी दुश्मनों पर काबू पाने तथा विदेशी शत्रुओं से अपनी स्वाधीनता बनाए रखने में हर तरह की सहायता दी। इस तरह हस्तक्षेप न करने तथा कभी-कभी सहायता देने की नीति अपनाकर उन्होंने अमीर को रूस के साथ हाथ मिलाने से रोके रखा।

1870 के बाद पूरी दुनिया में साम्राज्यवाद का पुनरुत्थान हुआ। अंग्रेज़ों और रूस की शत्रुता भी बढ़ी। अब एक बार फिर ब्रिटिश राजनेताओं ने अफ़गानिस्तान को अपने प्रत्यक्ष राजनीतिक नियंत्रण में लाने की बात सोची ताकि वे मध्य एशिया में ब्रिटेन के प्रसार के लिए एक आधार का काम दे सकें। अफ़गान शासक शेर अली पर ब्रिटेन की शर्तें लादने के लिए उन्होंने 1878 में अफ़गानिस्तान पर एक और हमला किया। इसे ही दूसरा अफ़गान युद्ध कहा जाता

है। मई 1879 में शांति स्थापित हुई, जब शेर अली के बेटे याकूब खान ने गंदमक की संधि पर हस्ताक्षर किए। इस संधि के द्वारा अंग्रेज़ों को वह सब कुछ मिल गया जो वे चाहते थे। उन्हें कुछ सीमावर्ती ज़िले मिल गए, काबुल में एक रेज़ीडेंट रखने का अधिकार मिल गया और अफ़गानिस्तान की विदेश नीति पर उनका नियंत्रण स्थापित हो गया।

अंग्रेज़ों की सफलता बहुत समय तक बनी नहीं रही। चूंकि अफ़गानों के राष्ट्रीय स्वाभिमान को चोट पहुंची थी, इसलिए अपनी स्वतंत्रता की रक्षा के लिए वे एक बार फिर उठ खड़े हुए। विद्रोही अफ़गान सैनिकों ने 3 सितंबर 1879 को ब्रिटिश रेज़ीडेंट मेजर केवान्यारी तथा उसके सैनिक के अंगरक्षक पर हमला करके उन्हें मार डाला। अफ़गानिस्तान पर अंग्रेज़ों ने एक बार फिर हमला करके उस पर अधिकार कर लिया। पर अफ़गान अपनी बात स्पष्ट कर चुके थे। अंग्रेज़ों ने एक बार अपनी नीति बदली तथा एक मज़बूत और दोस्त अफ़गानिस्तान के अंदरूनी मामलों में दखल न देने की पुरानी नीति अपनाई। दोस्त मुहम्मद के पोते अब्दुर्रहमान को अफ़गानिस्तान का नया शासक स्वीकार किया गया। अब्दुर्रहमान ने भी ब्रिटेन को छोड़कर किसी और शक्ति से राजनीतिक संबंध न रखने की बात मान ली। इस तरह अफ़गानिस्तान के अमीर का अपनी विदेशी नीति पर नियंत्रण नहीं रहा और इस सीमा तक वह एक पराधीन शासक बन गया। पर साथ ही अपने देश के अंदरूनी मामलों पर उसका पूरा अधिकार बना रहा।

प्रथम विश्वयुद्ध तथा 1917 की रूसी क्रांति ने आंग्ल-अफ़गान संबंधों को एक नया मोड़ दिया। अफ़गान अब ब्रिटिश नियंत्रण से पूर्ण स्वाधीनता की मांग करने लगे। हबीबुल्ला जो 1901 में अब्दुर्रहमान के बाद अमीर बना था, की 20 फरवरी 1919 को हत्या कर दी गई। इसके बाद उसके बेटे अमानुल्ला, जो नया अमीर बना, ने ब्रिटिश भारत के ख़िलाफ़ युद्ध छेड़ दिया। 1921 में शांति स्थापित हुई और एक संधि के द्वारा अफ़गानिस्तान को अपने विदेशी मामलों में अपनी स्वाधीनता वापस मिल गई।

8 ब्रिटिश शासन का आर्थिक प्रभाव

ब्रिटिश विजय का भारत पर स्पष्ट और गहरा आर्थिक प्रभाव पड़ा। भारतीय अर्थव्यवस्था का शायद ही कोई ऐसा पहलू रहा जिसमें अच्छी या बुरी दिशा में पूरे ब्रिटिश शासन काल में परिवर्तन नहीं हुआ।

परंपरागत अर्थव्यवस्था का विघटन

अंग्रेज़ों ने जो आर्थिक नीतियां अपनाई उनसे भारत की अर्थव्यवस्था का रूपांतरण एक औपनिवेशिक अर्थव्यवस्था में हो गया, जिसके स्वरूप और ढांचे का निर्धारण ब्रिटिश अर्थव्यवस्था की ज़रूरतों के अनुसार हुआ। इस दृष्टि से ब्रिटिश विजय पहले की सभी विदेशी जीतों से भिन्न थी। पहले के सभी विजेताओं ने भारतीय राजनीतिक शाक्तियों को उखाड़ फेंका, मगर उन्होंने देश के आर्थिक ढांचे में कोई बुनियादी परिवर्तन नहीं किए। वे धीरे-धीरे भारतीय राजनीतिक तथा आर्थिक जीवन का भाग बन गए। किसान, दस्तकार, और व्यापारी अपनी ज़िंदगी पहले की तरह ही जीते रहे। स्वावलंबी ग्राम अर्थव्यवस्था की बुनियादी आर्थिक बनावट को सदा बनाए रखा गया। शासकों के बदलने का मतलब था उन कर्मचारियों में परिवर्तन जो किसान के अधिशेष को वसूल करते थे। मगर ब्रिटिश विजेता बिल्कुल भिन्न थे। उन्होंने भारतीय अर्थव्यवस्था के परंपरागत ढांचे को पूरी तरह छिन्न-भिन्न कर दिया। इसके अलावा, वे कभी भी भारतीय जीवन का अभिन्न अंग नहीं बन सके। वे भारत में हमेशा विदेशी बने रहे, भारतीय संसाधनों का उपयोग करते रहे और भारतीय समृद्धि को नज़राने के रूप में ले जाते रहे।

भारतीय अर्थव्यवस्था को ब्रिटिश व्यापार और उद्योग के हितों के अधीन करने के अनेक व विविध परिणाम हुए।

दस्तकारों और शिल्पकारों की बर्बादी : शहरी हस्तशिल्प का एकाएक और बहुत जल्द पतन हो गया। इन शिल्पों के कारण भारत का नाम समूची सभ्य दुनिया में सदियों से लिया जाता रहा था। इस पतन का मुख्य कारण था : इंग्लैंड से आयात की जाने वाली मशीनों द्वारा बनाई गई सस्ती वस्तुओं के साथ प्रतिद्वंद्विता। जैसा कि हम देख चुके हैं, अंग्रेज़ों ने 1813 के बाद एकतरफा मुक्त व्यापार की नीति भारत पर लाद दी और ब्रिटिश विनिर्मित वस्तुओं, विशेषकर सूती वस्त्रों की तुरंत बड़ी भरमार हो गई। आदिम तरीकों से बनी भारतीय वस्तुएं भाप से चलने वाली शक्तिशाली मशीनों द्वारा बड़े पैमाने पर बनाई गई वस्तुओं की प्रतिद्वंद्विता में नहीं टिक सकीं।

भारतीय उद्योगों, विशेषकर ग्रामीण दस्तकार उद्योगों की बर्बादी, रेलवे के बनते ही काफ़ी तेज़ी से हुई। रेलवे द्वारा ब्रिटिश विनिर्मित वस्तुओं के देश के सुदूर गांवों में पहुंचने और परंपरागत उद्योगों की जड़ें खोदने में सहायता मिली। जैसा कि अमरीकी लेखक डी. एच. बुकानन ने लिखा है : 'अलग-थलग रहने वाले स्वावलंबी गांव के कवच को इस्पात की रेल ने बेध दिया तथा उसकी प्राण शक्ति को क्षीण कर दिया।'

सूत कातने तथा सूती कपड़ा बुनने के उद्योगों को सबसे अधिक धक्का लगा। रेशमी और ऊनी वस्त्र उद्योगों की हालत भी कोई अच्छी नहीं रही। लोहा, मिट्टी के बर्तन, शीशा, कागज, धातु, बंदूकें, जहाज़रानी, तेलघानी, चमड़ा शोधन और रंगाई उद्योगों की हालत भी बुरी हो गई।

विदेशी वस्तुओं की भरमार के अलावा कुछ अन्य कारक भी थे जिनका जन्म ब्रिटिश जीत के कारण हुआ और जिन्होंने भारतीय उद्योगों के विनाश में योगदान दिया। ईस्ट इंडिया कंपनी और उसके कर्मचारियों ने अठारहवीं सदी के उत्तरार्ध में बंगाल के दस्तकारों पर अत्याचार किए। उन्होंने दस्तकारों को अपनी वस्तुएं बाज़ारी कीमत से कम पर बेचने तथा अपनी सेवाओं को प्रचलित मज़दूरी से कम पर देने के लिए मजबूर किया। उन्होंने अनेक दस्तकारों को अपने पुश्तैनी पेशे छोड़ने के लिए विवश किया। सामान्यतया कंपनी द्वारा निर्यात को दिए गए प्रोत्साहन से भारतीय हस्तशिल्पों को फायदा होता, मगर इस अत्याचार के कारण प्रतिकूल प्रभाव पड़ा।

अठारहवीं और उन्नीसवीं सदी के दौरान ब्रिटेन तथा यूरोप में भारतीय वस्तुओं के आयात पर लगाए गए उच्च आयात-शुल्कों तथा अन्य प्रतिबंधों और उनके साथ ही ब्रिटेन में आधुनिक विनिर्माण उद्योगों के विकास के फलस्वरूप, 1820 के बाद यूरोपीय बाज़ारों के दरवाज़े भारतीय विनिर्माताओं के लिए वस्तुतः बंद

हो गए। भारतीय शासकों और उनके राजदरबारों के जो शहरी हस्तशिल्प की वस्तुओं के मुख्य ग्राहक थे, धीरे-धीरे लुप्त हो जाने से भी इन उद्योगों को बड़ा धक्का लगा। उदाहरण के लिए, सैनिक हथियारों का उत्पादन पूरी तरह भारतीय राज्यों पर निर्भर था। इसके अलावा, शासक वर्ग के रूप में भारतीय शासकों और कुलीन पुरुषों का स्थान ब्रिटिश अधिकारियों तथा सैनिक अफ़सरों ने लिया, जिन्होंने बिल्कुल निरपवाद रूप से अपने देश के उत्पादनों को अपनाया। कच्चे माल को निर्यात करने की ब्रिटिश नीति से भी भारतीय हस्तशिल्पों को धक्का लगा क्योंकि कपास और चमड़े जैसे कच्चे मालों की कीमतें चढ़ गईं। इससे हस्तशिल्प की वस्तुओं की लागत बढ़ गई तथा विदेशी के साथ प्रतियोगिता में ठहरने की उनकी क्षमता घट गई।

भारतीय हस्तशिल्पों की तबाही उन शहरों की तबाही के रूप में सामने आई जो अपनी विनिर्मित वस्तुओं के लिए मशहूर थे। जो शहर युद्ध तथा लूट-खसोट के विध्वंस के बाद भी टिके रहे थे, वे ब्रिटिश विजय के कारण ज़िंदा नहीं रह सके। ढाका, सूरत, मुर्शिदाबाद और कई अन्य घनी आबादी वाले समृद्ध औद्योगिक केंद्र जन-शून्य हो गए तथा खंडहर बन गए। उन्नीसवीं सदी के अंत तक नगर की जनसंख्या मुश्किल से कुल जनसंख्या का 10 प्रतिशत रह गई थी। गवर्नर-जनरल विलियम बैंटिंक ने 1834-35 में लिखा-

> इस दरिद्रता के समान दरिद्रता वाणिज्य के इतिहास में शायद ही कभी रही है। बुनकरों की हड्डियां भारत के मैदानों को विरंजित कर रही हैं।

यह महाविपदा इस कारण भी बढ़ गई कि परंपरागत उद्योगों के पतन के साथ ब्रिटेन और पश्चिम यूरोप की तरह आधुनिक मशीन उद्योगों का विकास नहीं हुआ। फलस्वरूप, तबाह हस्तशिल्पी और दस्तकार वैकल्पिक रोज़गार पाने में असफल रहे। उनके सामने एक ही रास्ता था – कृषि को अपनाना। इसके अलावा, ब्रिटिश शासन ने गांवों में आर्थिक जीवन के संतुलन को बिगाड़ दिया। ग्रामीण शिल्पों के धीरे-धीरे विनाश ने ग्रामीण क्षेत्र में कृषि तथा घरेलू उद्योग की एकता को तोड़ दिया और इस प्रकार, स्वावलंबी ग्रामीण अर्थव्यवस्था के विनाश में योगदान दिया। एक ओर, करोड़ों किसानों को, जो अंशकालिक कताई तथा बुनाई द्वारा अपनी आय को पूरा करते थे, अब मुख्य रूप से खेती पर निर्भर रहना पड़ा। दूसरी ओर, करोड़ों दस्तकार अपनी परंपरागत जीविका को खो बैठे तथा खेतिहर मज़दूर या छोटे काश्तकार बन गए जिनके पास छोटे-छोटे खेत थे। उनके कारण ज़मीन पर बोझ बढ़ा।

इस प्रकार ब्रिटिश जीत के कारण देश में अव-औद्योगीकरण (de-industrialization) आया और कृषि पर लोगों की निर्भरता बढ़ी। पहले के काल के लिए कोई आंकड़े उपलब्ध नहीं हैं, मगर जनगणना की रिपोर्टों के अनुसार, 1901 और 1941 के बीच कृषि पर निर्भर जनसंख्या का प्रतिशत 63.7 प्रतिशत से बढ़कर 70 प्रतिशत हो गया। कृषि पर बढ़ता हुआ यह दबाव ब्रिटिश शासन के दौरान भारत की घोर गरीबी के मुख्य कारणों में से एक था।

वस्तुत: भारत अब औद्योगिक ब्रिटेन का एक कृषि उपनिवेश बन गया। ब्रिटेन को भारत की आवश्यकता अपने उद्योगों के लिए कच्चे मालों के स्रोत के रूप में थी। भारत सदियों से सूती वस्तुओं का संसार में सबसे बड़ा निर्यातकर्ता था, मगर अब वह ब्रिटिश सूती उत्पादनों का आयात करने वाला तथा कपास का निर्यात करने वाला बन गया।

किसानों की दरिद्रता : ब्रिटिश शासन के अंतर्गत किसान भी धीरे-धीरे दरिद्र हो गए। यद्यपि वे अब अंदरूनी लड़ाइयों से मुक्त थे तथापि उनकी आर्थिक हालत खराब हो गई और वह लगातार गरीबी में धंसते गए।

बंगाल में ब्रिटिश शासन के आरंभ में ही यथासंभव अधिकतम भू-राजस्व उगाहने की क्लाइव और वॉरेन हेस्टिंग्स की नीति के कारण इतना विध्वंस हुआ कि कॉर्नवॉलिस ने भी शिकायत भरे लहजे में कहा कि एक-तिहाई बंगाल 'एक जंगल में बदल गया है जिसमें केवल वनचर ही रहते हैं।' बाद में भी कोई सुधार नहीं हुआ। दोनों, स्थायी बंदोबस्त तथा अस्थायी बंदोबस्त वाले ज़मींदारी क्षेत्रों में किसानों की हालत अत्यंत दयनीय रही। उन्हें ज़मींदारों की दया पर छोड़ दिया गया जिन्होंने लगानों को असहनीय सीमाओं तक बढ़ा दिया तथा उन्हें अब्वाब देने और बेगार करने के लिए मजबूर किया। ज़मींदारों ने किसानों पर तरह-तरह के अत्याचार किए।

रैयतवारी और महलवारी क्षेत्रों में किसानों की हालत कोई बेहतर नहीं थी। वहां सरकार ने ज़मींदारों का स्थान लिया तथा अत्यधिक भू-राजस्व निर्धारित किया। शुरू में भू-राजस्व उत्पादन का एक-तिहाई से लेकर आधा तक होता था। भारी मात्रा में भू-राजस्व का निर्धारण उन्नीसवीं सदी के दरिद्रता की वृद्धि तथा कृषि की अवनति के मुख्य कारणों में से एक था। अनेक समसामयिक लेखकों और अधिकारियों ने इस तथ्य का उल्लेख किया है। उदाहरण के लिए, बिशप हेवर ने 1826 में लिखा–

> मेरा ख्याल है कि न तो देशी और न ही यूरोपीय कृषक कराधान की वर्तमान दर पर समृद्ध बन सकता है। ज़मीन की आधी सकल पैदावार सरकार ले लेती

> है.......हिंदुस्तान (उत्तर भारत) में मैंने शाही अफ़सरों में यह आम भावना पाई. .....कि देशी राज्यों की प्रजा की तुलना में कंपनी के प्रांतों के किसान, कुल मिलाकर बदतर, गरीब और पस्तहिम्मत हैं, और यहां मद्रास में जहां ज़मीन आमतौर से कम उपजाऊ है, विषमता और स्पष्ट है। तथ्य यह है कि कोई भी देशी राजा हमारे जितना लगान नहीं मांगता।

यद्यपि भू-राजस्व की रकम वर्ष प्रति वर्ष बढ़ती गई (वह 1857-58 में 15.3 करोड़ रुपए थी जो बढ़कर 1936-37 में 35.8 करोड़ रुपए हो गई), तथापि कीमतों और उत्पादन के बढ़ने के साथ-साथ कुल उत्पादन के अनुपात के रूप में खासतौर से बीसवीं शताब्दी में भू-राजस्व की प्रवृत्ति घटने की थी। भू-राजस्व में कोई समानुपातिक वृद्धि नहीं की गई क्योंकि अतिशय राजस्व वसूल करने के विनाशकारी परिणाम स्पष्ट हो गए। मगर अब तक कृषि पर जनसंख्या का दबाव इतना बढ़ गया था कि बाद के वर्षों में किसानों का अपेक्षाकृत कम भू-राजस्व भी कंपनी के प्रारंभिक वर्षों के उच्च भू-राजस्व के समान ही भारी सिद्ध हुआ। बहरहाल बीसवीं सदी में कृषि अर्थव्यवस्था नष्ट हो चुकी थी तथा भू-स्वामियों, सूदखोरों और सौदागरों का सुदूर गांवों तक में प्रवेश हो चुका था।

उच्च भू-राजस्व निर्धारण इसलिए भी विनाशकारी साबित हुआ कि उसके बदले किसानों को कोई आर्थिक प्रतिफल नहीं मिला। कृषि-सुधार पर सरकार ने बहुत कम खर्च किया। उसने अपनी लगभग सारी आय ब्रिटिश भारत के प्रशासन की आवश्यकताओं को पूरा करने, इंग्लैंड को प्रत्यक्ष और अप्रत्यक्ष नज़राना भेजने तथा ब्रिटिश व्यापार और उद्योग के हितों को साधने में लगा दी। यहां तक कि कानून और व्यवस्था बनाए रखने से किसान की अपेक्षा सौदागर तथा महाजन को फायदा पहुंचा।

अत्यधिक भू-राजस्व की रकम के नुकसानदेह परिणामों को उसको वसूल करने के कठोर तरीके ने और भी भयंकर बना दिया। भू-राजस्व निर्धारित तारीखों पर तत्परता के साथ भुगतान करना पड़ता था। भले ही पैदावार सामान्य से कम रही हो या बिल्कुल ही न हुई हो। खराब फसल वाले वर्षों में किसानों के लिए भू-राजस्व की अदायगी बड़ी कठिन थी, भले ही वह अच्छी फसल के सालों में भू-राजस्व आसानी से दे पाए हों।

जब भी किसान भू-राजस्व अदा करने में असफल रहे, तब सरकार ने राजस्व की बकाया रकम वसूल करने के लिए उसकी ज़मीन को नीलाम कर दिया। मगर अधिकतर स्थितियों में किसान ने अपनी ज़मीन का कुछ हिस्सा बेचकर भू-राजस्व अदा किया। नीलामी की स्थिति में उसे अपनी ज़मीन से हाथ धोना पड़ा।

बहुधा राजस्व भुगतान करने में असमर्थता के कारण किसान को महाजन से ब्याज की ऊंची दरों पर कर्ज़ लेना पड़ता था। ज़मीन से सदा के लिए हाथ धोने के बदले किसान अपनी ज़मीन किसी महाजन या अपने पड़ोसी धनी किसान के पास गिरवी रख कर्ज़ लेना बेहतर समझते थे। जब भी उनका खर्च उनकी आय से नहीं चल पाता था उन्हें महाजन के पास जाना पड़ता था। मगर एक बार कर्ज़ में फंसने के बाद उनके लिए उससे निकल पाना मुश्किल था। महाजन ऊंची दरों पर ब्याज लेता था और गलत हिसाब-किताब, जाली दस्तखतों और कर्ज़दार को कर्ज़ की वास्तविक रकमों से अधिक पर दस्तखत करने जैसी धूर्ततापूर्ण कारवाईयों द्वारा किसानों को तब तक कर्ज़ में फंसाता जाता था, जब तक वह अपनी ज़मीन से हाथ नहीं धो बैठते।

महाजन को नई कानून प्रणाली तथा नई कानून राजस्व नीति से बहुत मदद मिली। अंग्रेजी राज के पहले महाजन ग्राम समुदाय के अधीन होता था। वह ऐसा आचरण नहीं कर सकता था जिसे गांव के बाकी लोग बिल्कुल ही पसंद न करें। उदाहरण के लिए, वह बहुत अधिक दरों पर ब्याज नहीं ले सकता था। वस्तुतः ब्याज की दरों का निर्धारण चलन तथा जनमत द्वारा होता था। इसके अलावा, वह कर्ज़दार की ज़मीन पर कब्ज़ा नहीं कर सकता था। अधिक से अधिक वह कर्ज़दार की व्यक्तिगत चल संपत्ति जैसे– गहनों या खेतों में खड़ी फसलों के कुछ हिस्से ले सकता था। ज़मीन को हस्तांतरण योग्य बनाकर ब्रिटिश भू-राजस्व व्यवस्था ने महाजन या धनी किसान को ज़मीन हथियाने में समर्थ बना दिया। यहां तक कि अंग्रेज़ों द्वारा अपनी कानून प्रणाली और पुलिस के फलस्वरूप स्थापित शांति और सुरक्षा के फायदे महाजन को मिले जिसके हाथों में कानून ने अपार शक्ति दे दी थी, उसने पैसे की ताकत का इस्तेमाल मुकदमे की खर्चीली प्रक्रिया को अपने पक्ष में अपने हित को साधने के लिए कर लिया। इसके अतिरिक्त, साक्षर और चालाक महाजन ने आसानी से किसान की अज्ञानता तथा निरक्षरता का इस्तेमाल कानून की जटिल प्रक्रियाओं को तोड़-मरोड़ कर अनुकूल न्यायिक निर्णय प्राप्त करने के लिए किया। धीरे-धीरे रैयतवारी और महलवारी क्षेत्रों के किसान कर्ज़ में डूबते ही चले गए और अधिकाधिक ज़मीन महाजनों, सौदागरों, धनी किसानों और अन्य धनी वर्गों के हाथों में चली गई। यही प्रक्रिया ज़मींदारी क्षेत्रों में भी हुई जहां किसान अपने काश्तकारी अधिकार खो बैठे और उन्हें ज़मीन से बेदखल कर दिया गया या वे महाजन के बंटाईदार बन गए।

किसानों के हाथों से ज़मीन के हस्तांतरण की प्रक्रिया अभाव तथा अकाल के कालों में तेज़ हो गई। भारतीय किसान के पास संकट के समय के लिए

शायद ही कोई बचत होती थी और जब भी फसल खराब हो जाती थी तब उसे महाजन का आश्रय लेना पड़ता था। उसे महाजन का सहारा न केवल भू-राजस्व अदा करने बल्कि अपने तथा अपने परिवार के भोजन की व्यवस्था करने के लिए भी लेना पड़ता था।

उन्नीसवीं सदी के अंत तक महाजन ग्रामीण क्षेत्र का मुख्य अभिशाप तथा ग्रामीण जनता की बढ़ती हुई दरिद्रता का एक महत्त्वपूर्ण कारण बन गया था। 1911 में कुल ग्रामीण ऋण तीन अरब रुपए आंका गया था। 1937 तक वह 18 अरब रुपए पर पहुंच गया। पूरी प्रक्रिया एक दुश्चक्र बन गई थी। कराधान तथा बढ़ती हुई गरीबी के बोझ ने किसानों को कर्ज़ में फंसा दिया था। वस्तुतः किसान बहुधा यह नहीं समझ सके कि महाजन साम्राज्यवादी शोषण तंत्र में एक अवश्यंभावी दांता है और उन्होंने अपना गुस्सा उसी पर उतारा क्योंकि वही उन्हें अपनी दरिद्रता का स्पष्ट कारण लगा। उदाहरण के लिए, 1857 के विद्रोह के दौरान जहां भी किसानों ने विद्रोह किया, वहां उनके हमले का पहला निशाना था महाजन और उसकी बहियां। किसानों की ये कार्रवाइयां आम बात हो गई।

कृषि के बढ़ते हुए वाणिज्यीकरण ने भी महाजन सह-सौदागर को किसान का शोषण करने में मदद दी। गरीब किसान को फसल तैयार होते ही जो भी कीमत मिले उस पर अपनी पैदावार बेचने के लिए मजबूर कर दिया जाता था क्योंकि उसे सरकार, ज़मींदार तथा महाजन की मांगों को समय पर पूरा करना पड़ता था। इस कारण वह अनाज के व्यापारी की दया पर निर्भर हो जाता था। व्यापारी अपनी शर्तों पर अनाज खरीदता था। व्यापारी बाज़ार की कीमत से कम पर अनाज खरीद लेता था। इस प्रकार कृषि की पैदावारों के बढ़ते हुए व्यापार का अधिक लाभ व्यापारी को मिला, जो बहुधा गांव का महाजन भी होता था।

ज़मीन हाथों से निकलने तथा अव-औद्योगीकरण और आधुनिक उद्योग के अभाव के कारण ज़मीन पर बढ़ते हुए बोझ से भूमिहीन किसानों और तबाह दस्तकारों तथा हस्तशिल्पियों को काफ़ी ऊंचे लगान पर महाजनों तथा ज़मींदारों के रैयत या कम से कम मज़दूरी पर खेतिहर मज़दूर बनने के लिए मजबूर किया। इस प्रकार किसान वर्ग को सरकार, ज़मींदार या भू-स्वामी और महाजन के तिहरे बोझ से कुचल दिया गया। इन तीनों द्वारा अपने हिस्से ले लेने के बाद इतना नहीं बचता था कि खेतिहर तथा उसके परिवार का निर्वाह हो सके। यह हिसाब लगाया गया कि 1950-51 में भू-लगान तथा महाजन का ब्याज 14 अरब रुपए था, यानी उस साल के कुल कृषि उत्पादन का लगभग एक-तिहाई; परिणामस्वरूप किसान वर्ग की गरीबी बढ़ती गई। साथ ही अकालों की बारंबारता

तथा भयंकरता भी बढ़ गई; जब भी सूखे या बाढ़ के कारण फसलें खराब हो गईं तथा अभाव की स्थिति आई तब लाखों की संख्या में लोग मरे।

पुराने ज़मींदारों की तबाही तथा नई व्यवस्था का उदय

ब्रिटिश शासन के पिछले कुछ दशकों में बंगाल तथा मद्रास के पुराने ज़मींदार तबाह हो गए, ऐसा खासकर सबसे ऊंची बोली लगाने वाले को ही राजस्व वसूली के अधिकार नीलाम करने की वॉरेन हेस्टिंग्स की नीति के कारण हुआ। आरंभ में 1793 के स्थायी बंदोबस्त का ऐसा ही प्रभाव हुआ। भू-राजस्व का भारी बोझ (सरकार कुल लगान का 10/11 ले लेती थी) और वसूली संबंधी सख्त कानून ने, जिसके तहत राजस्व की अदायगी में विलंब होने पर ज़मींदारी संपत्तियां बड़ी कठोरता से नीलाम कर दी गईं, शुरू के कुछ वर्षों के दौरान बड़ी ही विध्वंसकारी भूमिका अदा की। बंगाल के अनेक बड़े ज़मींदार बिल्कुल तबाह हो गए तथा अपने ज़मींदारी अधिकारों को बेचने पर मजबूर किए गए। 1815 तक बंगाल की लगभग आधी भू-संपत्ति पुराने ज़मींदारों के हाथों से निकलकर सौदागरों तथा अन्य धनी वर्गों के पास जा चुकी थी। पुराने ज़मींदार गांवों में रहते आए थे और रैयतों के प्रति कुछ नरमी दिखाने की उनकी परंपरा रही थी। सौदागर तथा पैसे वाले अन्य वर्ग आमतौर से शहरों में रहते थे और कठिन परिस्थितियों का बिना ख्याल किए वे रैयत से पाई-पाई निष्ठुरता से वसूल करते थे। वे बिल्कुल बेईमान थे और रैयतों के प्रति उनके मन में कोई सहानुभूति नहीं थी। वे किसानों से बहुत अधिक ऐंठते तथा जब भी चाहते उन्हें बेदखल कर देते थे।

उत्तर मद्रास में स्थायी बंदोबस्त और उत्तर प्रदेश में अस्थायी ज़मींदारी बंदोबस्त भी स्थानीय ज़मींदार के लिए समान रूप से कठोर थे।

मगर ज़मींदारों की दशा में जल्द ही तेज़ी से सुधार हुआ। ज़मींदार भू-राजस्व समय पर अदा कर सकें, इसके लिए अधिकारियों ने रैयतों पर उनके अधिकार बढ़ा दिए। फलस्वरूप रैयतों के परंपरागत अधिकार समाप्त हो गए। अब ज़मींदारों ने लगान को अधिकतम सीमा तक बढ़ाने के लिए कमर कस ली। फलस्वरूप वे जल्द ही समृद्ध हो गए।

रैयतवारी क्षेत्रों में भी ज़मींदार-रैयत संबंधों की प्रणाली धीरे-धीरे असफल हो गई। जैसा कि हम ऊपर देख चुके हैं, अधिकाधिक ज़मीन महाजनों, सौदागरों और धनी किसानों के हाथ में चली गई, जो रैयतों के द्वारा खेती करवाते थे। भारतीय धनी वर्गों द्वारा ज़मीन खरीदने और ज़मींदार बनने का एक कारण यह भी था कि उद्योग में पूंजी के निवेश की कोई खास गुंजाइश नहीं थी। बंटाईदारी

एक अन्य प्रक्रिया थी, जिसके ज़रिए इस जमींदारी प्रथा का प्रसार हुआ। अनेक मालिक किसानों तथा काश्तकारी अधिकार प्राप्त रैयतों ने जिनका ज़मीन पर स्थायी अधिकार था, स्वयं खेती करने के बदले ज़मीन के लिए उतावले रैयतों को, अत्यधिक लगान लगाकर पट्टे पर, ज़मीन देना अधिक सुविधाजनक पाया। कालक्रम से ज़मींदारी प्रथा न सिर्फ़ ज़मींदारी क्षेत्रों में बल्कि रैयतवारी क्षेत्रों में भी कृषि की मुख्य विशेषता बन गई।

ज़मींदारी प्रथा के प्रसार की एक उल्लेखनीय विशेषता थी बिचौलियों का उदय। चूंकि खेतिहर रैयतों को आमतौर से कोई सुरक्षा नहीं थी और ज़मीन पर जनसंख्या के बढ़ते हुए दबाव के कारण रैयतों में ज़मीन के लिए परस्पर प्रतियोगिता थी, इसलिए ज़मीन का लगान बढ़ता गया। ज़मींदारी और नए भू-स्वामियों ने लगान वसूल करने के अपने अधिकार को लाभदायक शर्तों पर अन्य इच्छुक लोगों को दे दिया। मगर लगान बढ़ने के साथ-साथ भाड़े पर ज़मीन लेने वालों ने ज़मीन संबंधी अपने अधिकारों को भी किराए पर लगा दिया। अत: इस प्रक्रिया की एक शृंखला बन गई जिससे वास्तविक किसान तथा सरकार के बीच लगान पाने वाले उनके बिचौलिए आ गए। बंगाल में कुछ स्थितियों में उनकी संख्या पचास तक पहुंच गई। असहाय खेतिहर रैयतों की दशा, जिन्हें अंततोगत्वा उच्च, ज़मींदारों के झुंड का असहनीय बोझ उठाना पड़ता था, इतनी खराब थी कि उसकी कल्पना भी नहीं की जा सकती। उनमें से अनेक की हालत तो गुलामों जैसी थी।

ज़मींदारी तथा भू-स्वामियों के उदय और फलने-फूलने का एक अत्यंत नुकसानदेह परिणाम था स्वतंत्रता के लिए भारतीय संघर्ष के दौरान उनकी राजनीतिक भूमिका। संरक्षित राज्यों के राजाओं के साथ वे विदेशी शासकों के मध्य राजनीतिक समर्थक बन गए तथा उन्होंने उदीयमान राष्ट्रीय आंदोलन का विरोध किया। यह महसूस कर, कि उनका अस्तित्व ब्रिटिश शासन के कारण है, उन्होंने ब्रिटिश सरकार को सदा बनाए रखने के लिए जी-तोड़ कोशिश की।

कृषि में ठहराव और उसकी अवनति

कृषि पर जनसख्या के बढ़ते हुए दबाव, अत्यधिक भू-राजस्व निर्धारण, ज़मींदारी प्रथा के पनपने, बढ़ती ऋणग्रस्तता और किसानों की बढ़ती दरिद्रता के फलस्वरूप भारतीय कृषि गतिहीन होने लगी और यहां तक कि उसका अपकर्ष भी होने लगा। परिणामस्वरूप प्रति एकड़ पैदावार बहुत ही कम होने लगी। 1901 तथा 1939 के बीच कुल कृषि उत्पादन 14 प्रतिशत कम हो गया।

कृषि पर जनसंख्या के बढ़ते दबाव तथा बिचौलियों की बढ़ती हुई जनसंख्या के कारण ज़मीन न सिर्फ़ छोटे-छोटे टुकड़ों में बंट गई बल्कि उसका अपखंडन भी हो गया। ज़मीन इतने छोटे-छोटे टुकड़ों में बंट गई कि उनमें से अधिकांश अपने जोतने वालों का भरण-पोषण भी नहीं कर सकते थे। बहुसंख्यक किसानों की अति दरिद्रता के कारण उनके पास इतने संसाधन नहीं होते थे जिनसे वे अच्छे मवेशी, बीजों, खाद, उर्वरकों और उत्पादन की उन्नत तकनीकों का इस्तेमाल कर कृषि में सुधार लाते। सरकार और ज़मींदार दोनों द्वारा चूसे जाने वाले किसान को कृषि में सुधार लाने के लिए कोई प्रेरणा नहीं होती थी। आखिरकार जिस ज़मीन पर वह खेती करता था, वह विरले ही उसकी अपनी संपत्ति होती थी और कृषि में सुधारों के कारण जो भी फायदा होता, उसका अधिकांश दूरस्थ ज़मींदारों और महाजनों का गिरोह ले लेता। ज़मीन के उपविभाजन तथा अपखंडन ने भी सुधारों को मुश्किल बना दिया था।

इंग्लैंड और अन्य यूरोपीय देशों में धनी ज़मींदारों ने बहुधा ज़मीन में पूंजी लगाई जिससे उसकी उत्पादकता बढ़ सके और बढ़ी हुई आय में उनको हिस्सा मिल सके। मगर भारत में दूरस्थ ज़मींदारों ने, वे चाहे नए रहे हों या पुराने कोई उपयोगी कार्य नहीं किया। वे केवल लगान प्राप्तकर्ता ही रहे। बहुधा ज़मीन में उनकी कोई जड़ें नहीं होती थीं और उन्होंने लगान वसूल करने के सिवाय उसमें कोई व्यक्तिगत दिलचस्पी भी नहीं ली। इसलिए, ज़मीन में उत्पादक निवेश करने की अपेक्षा अपने रैयतों को और भी चूसकर अपनी आय को बढ़ाना उन्होंने न सिर्फ़ संभव माना बल्कि श्रेयस्कर भी समझा।

सरकार कृषि के सुधार और आधुनिकीकरण में सहायता कर सकती थी मगर सरकार ने अपने ऊपर इस प्रकार की कोई भी ज़िम्मेदारी स्वीकार करने से इनकार कर दिया। ब्रिटिश भारत की वित्तीय व्यवस्था की एक विशेषता यह थी कि कराधान का मुख्य बोझ किसान के कंधों पर पड़ा। सरकार ने उस पर उसका एक छोटा हिस्सा ही खर्च किया। किसान और कृषि की अवहेलना का एक उदाहरण था, लोक कार्यों और कृषि सुधारों की उपेक्षा। भारत सरकार ने 1905 तक रेलवे पर 3 अरब 60 करोड़ रुपए से अधिक खर्च किए, मगर उसी दौरान सिंचाई पर उसने 50 करोड़ रुपए से कम खर्च किए। रेलवे की मांग ब्रिटिश व्यवसायी कर रहे थे, जबकि सिंचाई से करोड़ों भारतीय किसानों का भला होता। तो भी सिंचाई ही एक ऐसा क्षेत्र था जिसमें सरकार ने आगे की ओर कुछ कदम बढ़ाए।

ऐसे समय जब सारे संसार में कृषि को आधुनिक बनाया जा रहा था तथा कृषि क्षेत्र में क्रांतिकारी परिवर्तन लाए जा रहे थे। भारतीय कृषि टेक्नोलॉजी की दृष्टि

से निश्चल बनी हुई थी, उसमें शायद ही किसी आधुनिक मशीन का इस्तेमाल हो रहा था। सबसे खराब बात यह थी कि साधारण उपकरण भी सदियों पुराने थे। उदाहरण के लिए, 1951 में केवल 9,30,000 लोहे के हल इस्तेमाल किए जा रहे थे जबकि काठ के हलों की संख्या 3 करोड़ 18 लाख थी। अजैव उर्वरकों का प्रयोग बिल्कुल ही नहीं होता था जबकि अधिकांश पशु खाद (उदाहरण के लिए गोबर, मल और मवेशियों की हड्डियां) बरबाद हो जाती थीं। 1922-23 में कुल फसल वाली ज़मीन के केवल 1.9 प्रतिशत में ही उन्नत बीज का प्रयोग होता था। 1938-39 तक यह प्रतिशत बढ़कर केवल 11 प्रतिशत पर ही पहुंच पाया था। इतना ही नहीं, कृषि शिक्षा पूर्णतया उपेक्षित थी। 1939 में पूरे भारत में केवल छह कृषि कॉलेज थे जिनमें सिर्फ़ 1,306 विद्यार्थी पढ़ते थे। बंगाल, बिहार, उड़ीसा और सिंध में एक भी कृषि कॉलेज नहीं था। स्वाध्याय के ज़रिए सुधार लाने में भी किसान समर्थ नहीं थे। ग्रामीण क्षेत्रों में प्राथमिक शिक्षा या यहां तक कि साक्षरता तक का कुछ प्रसार नहीं हुआ था।

आधुनिक उद्योगों का विकास

उन्नीसवीं सदी के उत्तरार्ध की एक महत्त्वपूर्ण घटना मशीनों के बड़े पैमाने पर आधारित उद्योगों की स्थापना थी। भारत में मशीन युग का आरंभ तब हुआ, जब उन्नीसवीं सदी के छठे दशक में सूती कपड़ा, जूट और कोयला खान उद्योगों की स्थापना हुई। पहली कपड़ा मिल 1853 में कावसजी नाना भाई ने बंबई में शुरू की, और पहली जूट मिल 1855 में रिशरा ''बंगाल'' में स्थापित की गई। इन उद्योगों का विस्तार धीरे-धीरे मगर सतत रूप से हुआ। 1879 में भारत में 56 सूती कपड़ा मिलें थीं जिनमें लगभग 43,000 लोग काम करते थे। 1882 में 20 जूट मिलें थीं, जो अधिकतर बंगाल में थीं और उनमें लगभग 20,000 लोग काम करते थे। 1905 तक भारत में 206 सूती मिलें हो गई थीं जिनमें करीब 1,96,000 लोग काम करते थे। 1901 में 36 से भी अधिक जूट मिलें थीं जिनमें करीब 1,15,000 लोग काम पर लगे थे। कोयला खान उद्योगों में 1906 में करीब एक लाख लोगों को रोज़गार मिला हुआ था। अन्य यांत्रिक उद्योग जो उन्नीसवीं सदी के उत्तरार्ध तथा बीसवीं सदी के शुरू में विकसित हुए उनमें कपास की ओटाई तथा दबाने, चावल, आटे तथा इमारती लकड़ी की मिलें, चर्म शोधनालय, ऊनी कपड़े के कारखाने, कागज और चीनी की मिलें, लोहा और इस्पात के कारखाने, नमक, अभ्रक और शोरे जैसे खनिज

उद्योग थे। बीसवीं सदी के चौथे दशक में सीमेंट, कागज़, दियासलाई, चीनी और शीशा उद्योग विकसित हुए। मगर इन सब उद्योगों का अवरुद्ध विकास हुआ।

अधिकतर आधुनिक भारतीय उद्योगों पर ब्रिटिश पूंजी का स्वामित्व या नियंत्रण था। विदेशी पूंजीपति भारतीय उद्योग में ऊंचे मुनाफ़ों की संभावनाओं के कारण उसकी ओर आकर्षित हुए। श्रम अत्यंत सस्ता था; कच्चे माल तुरंत और सस्ती दरों पर उपलब्ध थे; और अनेक वस्तुओं के लिए भारत और उसके पड़ोसियों ने तैयार बाज़ार उपलब्ध कराया। चाय, जूट और मैंगनीज़ जैसे अनेक भारतीय उत्पादनों के लिए सारे संसार में बना-बनाया बाज़ार था। दूसरी ओर, अपने देश में विदेशी पूंजीपतियों को लाभप्रद निवेश के अवसर कम मिल रहे थे। उस समय, औपनिवेशिक सरकार और उसके अधिकारी सभी प्रकार की सहायता तथा रियायतें देने को तैयार थे।

विदेशी पूंजी ने अनेक उद्योगों में भारतीय पूंजी को दबा दिया। केवल सूती कपड़ा उद्योग में आरंभ में भारतीयों का बहुत बड़ा हिस्सा था और बीसवीं सदी के चौथे दशक में चीनी उद्योग का विकास, भारतीयों ने किया। भारतीय पूंजीपतियों को आरंभ से ही ब्रिटिश मैनेजिंग एजेंसियों और ब्रिटिश बैंकों की ताकत के ख़िलाफ़ संघर्ष करना पड़ा। किसी भी उद्यम के क्षेत्र में प्रवेश करने के लिए भारतीय व्यावसायियों को उस क्षेत्र में प्रबल ब्रिटिश मैनेजिंग एजेंसियों के सामने झुकना पड़ता था। अनेक स्थितियों में भारतीयों की कंपनियों पर भी विदेशी स्वामित्व और नियंत्रण वाली मैनेजिंग एजेंसियों का दबदबा होता था। भारतीयों को बैंकों से ऋण मिलने में भी कठिनाई होती थी। अधिकतर बैंकों पर ब्रिटिश अर्थपतियों का प्रभाव था। अगर उनको कर्ज़ मिलते भी थे तो उन्हें ऊंची दरों पर ब्याज देने पड़ते थे, जबकि विदेशी काफ़ी आसान शर्तों पर कर्ज़ ले सकते थे। निःसंदेह, भारतीयों ने धीरे-धीरे अपने बैंक और बीमा कंपनियां विकसित करनी शुरू कर दीं। 1914 में भारत की कुल बैंक जमा के 70 प्रतिशत से भी अधिक पर विदेशी बैंकों का अधिकार था; 1937 तक उनका हिस्सा बढ़कर 57 प्रतिशत हो गया।

भारतीय आर्थिक जीवन में अपना बोलबाला बनाए रखने के लिए भारत स्थित ब्रिटिश उद्यम ने मशीन और उपकरण देने वाले ब्रिटिश संभरणकर्ताओं, जहाज़रानी, बीमा कंपनियों, विपणन संगठनों, सरकारी अधिकारियों तथा राजनीतिक नेताओं से भी घनिष्ठ संबंध बनाए रखे। इसके अलावा, सरकार ने भारतीय पूंजी के विपरीत विदेशी पूंजी का पक्ष लेने की नीति जानबूझ कर अपनाई।

भारत सरकार की रेलवे नीति ने भी भारतीय उद्यमों के प्रति भेदभाव किया; रेलवे भाड़े की दरों ने देशी उत्पादनों की तुलना में विदेशों से आई वस्तुओं को प्रोत्साहन दिया। आयातित वस्तुओं की अपेक्षा भारतीय वस्तुओं का वितरण कठिन और खर्चीला था।

भारतीयों द्वारा उद्योग स्थापित करने में एक अन्य गंभीर कठिनाई यह थी कि देश में भारी या पूंजीगत वस्तुओं के उद्योगों का लगभग पूरा अभाव था। इन उद्योगों के बिना अन्य उद्योगों का तेज़ और स्वतंत्र विकास नहीं हो सकता था। लोहा और इस्पात उत्पन्न करने या मशीन बनाने के लिए भारत के पास बड़े संयंत्र नहीं थे। इंजीनियरिंग उद्योगों के नाम पर कुछ छोटी-छोटी मरम्मत वाली वर्कशाप थी और धातु उद्योगों के नाम पर थोड़ी सी लोहा और पीतल की फाउंड्रियां थीं। भारत में इस्पात का उत्पादन सबसे पहले 1913 में हुआ। इस प्रकार भारत में इस्पात, धातुकर्म, मशीन, रसायन और तेल जैसे बुनियादी उद्योगों का अभाव था। विद्युत शक्ति के विकास में भी भारत पिछड़ा हुआ था।

मशीनों पर आधारित उद्योगों के अलावा, उन्नीसवीं सदी में नील, चाय और कॉफ़ी जैसे बागान उद्योगों का भी विकास हुआ। उन पर पूरी तरह से यूरोपीय स्वामित्व था। नील का इस्तेमाल सूती कपड़ा उद्योग में रंगाई के लिए होता था। नील से रंग बनाने का उद्योग भारत में अठारहवीं सदी के अंत में शुरू किया गया। वह बंगाल और बिहार में फला-फूला। किसानों पर अत्याचार करने के कारण निलहे (Indigo planters) बदनाम हो गए। उन्होंने नील की खेती करने के लिए किसानों को मजबूर किया। इस उत्पीड़न का सजीव चित्रण प्रसिद्ध बांग्ला लेखक दीनबंधु मित्र ने अपने नाटक ''नील दर्पण'' में 1860 में किया। एक संश्लिष्ट रंग के आविष्कार से नील उद्योग को बड़ा धक्का लगा और धीरे-धीरे ह्रास हो गया। चाय उद्योग का विकास 1850 के बाद असम, बंगाल, दक्षिण भारत तथा हिमाचल प्रदेश की पहाड़ियों में हुआ। चाय उद्योग पर विदेशी स्वामित्व होने के कारण सरकार ने लगान मुक्त ज़मीन तथा अन्य सुविधाएं देकर उनकी सहायता की। कालक्रम से चाय का उपयोग सारे भारत में होने लगा। चाय निर्यात की एक महत्त्वपूर्ण वस्तु बन गई। इस दौरान कॉफ़ी बागानों का विकास दक्षिण भारत में हुआ।

बागान तथा विदेशी स्वामित्व वाले अन्य उद्योगों से भारतीय जनता को कोई खास फायदा नहीं हुआ। उनके वेतन और मुनाफ़े देश से बाहर जाते थे। उन्होंने अपने वेतन का एक बड़ा भाग उच्च वेतनभोगी विदेशियों पर लगाया। उन्होंने अपने अधिकांश उपकरण विदेशों में खरीदे। उनके अधिकतर तकनीकी कर्मचारी

विदेशी थे। उनके अधिकांश उत्पादन विदेशी बाज़ारों में बिकते थे और बिक्री से प्राप्त विदेशी मुद्रा का इस्तेमाल ब्रिटेन करता था। इन उद्योगों से भारतीयों को एक ही फायदा हुआ कि अकुशल लोगों के लिए रोज़गार के अवसर पैदा हुए। मगर इन उद्योगों में अधिकांश मज़दूरों को बहुत कम मज़दूरी मिलती थी तथा उन्हें अत्यंत कठिन स्थितियों में लंबे समय तक काम करना पड़ता था। इसके अलावा, बागानों में भी लगभग गुलामी की स्थिति थी।

कुल मिलाकर, भारत में औद्योगिक प्रगति बड़ी धीमी और दु:खदायी रही। औद्योगिक प्रगति उन्नीसवीं सदी में सूती कपड़ा और जूट उद्योगों तथा चाय बागानों तथा बीसवीं सदी के चौथे दशक में चीनी और सीमेंट तक ही सीमित रही। 1946 में भी, कारखानों में काम करने वाले 40 प्रतिशत मज़दूर सूती कपड़ा और जूट उद्योगों में लगे हुए थे। उत्पादन और रोज़गार दोनों दृष्टियों से भारत का आधुनिक औद्योगिक विकास अन्य देशों के आर्थिक विकास या भारत की आवश्यकताओं की तुलना में नगण्य था। वस्तुत: उसने देशी हस्तशिल्पों के ह्रास को भी पूरा नहीं किया। उससे गरीबी और ज़मीन पर जनसंख्या के बढ़ते हुए दबाव की समस्याओं पर कोई खास असर नहीं पड़ा। भारत के औद्योगीकरण की नगण्यता इस तथ्य से स्पष्ट होती है कि 1951 में 35 करोड़ 70 लाख की कुल जनसंख्या में से केवल 23 लाख लोग आधुनिक औद्योगिक उद्यमों में लगे थे। इसके अलावा, 1858 के बाद शहरी और ग्रामीण हस्तशिल्पों का ह्रास अनवरत जारी रहा। भारतीय योजना आयोग ने हिसाब लगाया है कि प्रोसेसिंग तथा विनिर्माण में लगे लोगों की संख्या 1901 में 1 करोड़ 3 लाख थी जो घटकर 1951 में 88 लाख हो गई, यद्यपि इस दौरान जनसंख्या में लगभग 40 प्रतिशत वृद्धि हुई। सरकार ने पुराने देशी उद्योगों के संरक्षण, पुनर्स्थापना, पुन:संगठन तथा आधुनिक उद्योग आधुनिकीकरण के लिए कोई प्रयास नहीं किया।

इसके अलावा, आधुनिक उद्योग भी सरकारी सहायता के बिना और बहुधा ब्रिटिश नीति के विरुद्ध विकसित हुए। ब्रिटिश विनिर्माता भारतीय सूती कपड़ा उद्योग तथा अन्य उद्योगों को अपना प्रतिद्वंद्वी समझते थे। उन्होंने सरकार पर दबाव डाला कि वह भारत में औद्योगिक विकास को प्रोत्साहित न करे बल्कि उसे सक्रिय रूप से अनुत्साहित करे। इस प्रकार ब्रिटिश नीति ने भारतीय उद्योगों के विकास को कृत्रिम रूप से प्रतिबंधित तथा धीमा किया।

इतना ही नहीं, भारतीय उद्योगों को अपने शैशव काल में संरक्षण की आवश्यकता थी। उनका विकास उस समय हुआ जब ब्रिटेन, फ्रांस, जर्मनी

और संयुक्त राज्य अमरीका ने शक्तिशाली उद्योग स्थापित कर लिए थे और इसलिए भारतीय उद्योग उनकी प्रतिस्पर्धा में नहीं टिक सकते थे। वस्तुतः ब्रिटेन सहित सभी अन्य देशों ने विदेशी विनिर्मित वस्तुओं के आयात पर भारी आयात शुल्क लगाकर अपने शिशु उद्योगों को संरक्षण दिया था। मगर भारत स्वतंत्र देश नहीं था। उसकी नीतियों को ब्रिटेन निर्धारित करता था। नीति-निर्धारण ब्रिटिश उद्योगपतियों के हितों में किया जाता था। ब्रिटिश उद्योगपतियों ने अपने उपनिवेश पर मुक्त व्यापार की नीति लाद दी थी। इसी कारण भारत सरकार ने, जिस प्रकार यूरोप और जापान की सरकारें अपने शिशु-उद्योगों को सहायता दे रही थीं उस प्रकार नव-स्थापित भारतीय उद्योगों को वित्तीय तथा अन्य सहायता देने से इनकार कर दिया। उसने तकनीकी शिक्षा के लिए पर्याप्त इंतज़ाम नहीं किए। 1951 तक तकनीकी शिक्षा बहुत पिछड़ी रही। इससे देश का औद्योगिक पिछड़ापन और भी बढ़ गया। 1939 में देश भर में केवल 7 इंजीनियरिंग कालेज थे जिनमें 2,217 विद्यार्थी पढ़ते थे। अनेक भारतीय परियोजनाएँ, उदाहरण के लिए, जहाजों, रेल इंजनों, मोटर गाड़ियों और हवाई जहाज़ों के निर्माण से संबंधित परियोजनाएं इसलिए शुरू नहीं की जा सकीं क्योंकि सरकार ने कोई सहायता देने से इनकार कर दिया।

अंततोगत्वा बीसवीं सदी के तीसरे और चौथे दशकों में, उदीयमान राष्ट्रीय आंदोलन और भारतीय पूंजीपति वर्ग के दबावों के कारण भारत सरकार को मजबूर होकर भारतीय उद्योगों को तटकर संबंधी कुछ संरक्षण देना पड़ा। मगर फिर यहां भी सरकार ने भारतीयों के उद्योगों के प्रति सौतेला व्यवहार किया। भारतीयों के उद्योगों जैसे सीमेंट, लोहा, इस्पात और शीशा को या तो संरक्षण ही नहीं दिया गया या दिया गया तो वह बहुत अपर्याप्त था। इसके अलावा, ब्रिटिश आयातित वस्तुओं को "साम्राज्यीय वरीयता" (imperial preferences) की प्रणाली के अंतर्गत भारतीयों के ज़ोरदार विरोध के बावजूद, विशेष रियायतें दी गईं।

भारतीय औद्योगिक विकास की एक खास बात यह थी कि वह क्षेत्रीय दृष्टि से अत्यंत असंतुलित था। भारतीय उद्योग देश के कुछ क्षेत्रों और शहरों में ही संकेंद्रित थे। देश के अधिकतर भाग बिल्कुल अर्ध-विकसित थे। इस असमान क्षेत्रीय आर्थिक विकास के कारण न केवल आय के वितरण में असमानता आई बल्कि राष्ट्रीय एकीकरण के स्तर पर भी प्रभाव पड़ा। इससे एक एकीकृत भारत के निर्माण का कार्य अधिक कठिन हो गया।

देश के सीमित औद्योगिक विकास का भी एक महत्त्वपूर्ण सामाजिक परिणाम यह हुआ कि भारतीय समाज में दो नए सामाजिक वर्गों ने जन्म लिया और उनका

विकास हुआ। ये वर्ग थे–औद्योगिक पूंजीपति वर्ग तथा आधुनिक मज़दूर वर्ग। ये दोनों वर्ग भारतीय इतिहास में बिल्कुल नए थे क्योंकि आधुनिक खानें, उद्योग और परिवहन के साधन नए थे।

यद्यपि वे वर्ग भारतीय जनसंख्या के अत्यंत छोटे भाग थे तथापि उन्होंने नई टेक्नोलॉजी, आर्थिक संगठन की नई प्रणाली, नए सामाजिक संबंधों, नए विचारों और नए दृष्टिकोण का प्रतिनिधित्व किया। वे नई परंपराओं, रीति-रिवाजों, जीवन के तौर-तरीकों से दबे हुए नहीं थे। सर्वोपरि बात यह थी कि उनका दृष्टिकोण अखिल भारतीय था। इसके अलावा देश के औद्योगिक विकास में दोनों की गहरी दिलचस्पी थी, इसलिए उनका आर्थिक और राजनीतिक महत्त्व तथा उनकी भूमिकाएं उनकी संख्या के अनुपात में काफ़ी अधिक थीं।

दरिद्रता और अकाल

भारत में ब्रिटिश शासन की एक प्रमुख बात तथा ब्रिटिश आर्थिक नीतियों का एक खास परिणाम हुआ भारतीय जनता में अत्यंत दरिद्रता का साम्राज्य। यद्यपि इतिहासकारों में इस बात को लेकर मतभेद है कि ब्रिटिश शासन के दौरान भारत में गरीबी बढ़ती जा रही थी या नहीं। तथापि इस तथ्य पर कोई मतभेद नहीं है कि पूरे ब्रिटिश शासनकाल के दौरान अधिकतर भारतीय हमेशा भुखमरी के कगार पर रहते थे। समय बीतने के साथ-साथ भारतीयों के लिए रोज़गार या जीविका प्राप्त करना कठिन होता गया। ब्रिटिश आर्थिक शोषण देशी उद्योगों का ह्रास, उनकी जगह लेने में आधुनिक उद्योगों की विफलता, करों की ऊंची दरें, भारत से धन ढोकर ब्रिटेन ले जाना, और कृषि का एक पिछड़ा हुआ ढांचा तथा गरीब किसानों का ज़मींदारों, भू-स्वामियों, राजाओं, महाजनों, व्यापारियों और राज्य द्वारा शोषण–इन सबने भारतीय जनता को अत्यंत दरिद्र बना दिया तथा उसे प्रगति करने नहीं दी। भारत की औपनिवेशिक अर्थव्यवस्था एक निम्न आर्थिक स्तर पर ठहरी रही।

जनता की दरिद्रता की पराकाष्ठा अकालों की एक शृंखला में हुई, जिन्होंने उन्नीसवीं सदी के उत्तरार्ध में भारत के सभी हिस्सों में अपनी विनाशकारी लीला दिखाई। इनमें से पहला अकाल पश्चिमी उत्तर प्रदेश में 1860-61 में पड़ा जिसमें दो लाख जानें गईं। 1865-66 में अकाल ने उड़ीसा, बंगाल, बिहार और मद्रास को धर दबोचा और 20 लाख जानें ले लीं। केवल उड़ीसा में 10 लाख लोग मर गए। 1868-70 के अकाल में 14 लाख से अधिक लोग पश्चिमी उत्तर प्रदेश, बंबई और पंजाब में मर गए। राजपूताना भी अकाल से

प्रभावित था। वहां के अनेक राज्यों को अपनी एक-चौथाई से एक-तिहाई जनसंख्या तक से हाथ धोना पड़ा।

उस समय तक का शायद सबसे भयंकर अकाल 1876-78 में मद्रास, मैसूर, हैदराबाद, महाराष्ट्र, पश्चिमी उत्तर प्रदेश और पंजाब में पड़ा। महाराष्ट्र में 8 लाख लोग मारे गए। मद्रास से लगभग 35 लाख लोगों की जानें गईं। मैसूर को अपनी करीब 20 प्रतिशत जनंसख्या से हाथ धोना पड़ा तथा उत्तर प्रदेश में 12 लाख से अधिक लोग मर गए। सूखे के कारण 1896-97 और फिर 1899-1900 में देशव्यापी अकाल पड़ा। 1896-97 के अकाल से साढ़े नौ करोड़ से अधिक लोग प्रभावित हुए जिनमें से करीब 45 लाख मर गए। 1899-1900 का अकाल उसके तुरंत ही बाद आया और उससे व्यापक तबाही हुई। राहत कार्यों द्वारा लोगों की जानें बचाने में सरकारी प्रयत्नों के बावजूद 25 लाख से अधिक व्यक्ति मर गए। इन बड़े अकालों के अलावा अनेक स्थानीय अकाल पड़े तथा अभाव की स्थितियां आईं। एक ब्रिटिश लेखक विलियम डिग्बी ने हिसाब लगाया है कि 1854 से 1901 तक कुल मिलाकर 2,88,25000 से अधिक लोग अकाल से मरे। एक और अकाल 1943 में बंगाल में पड़ा जिसमें करीब 30 लाख लोग मर गए। ये अकाल और उनमें मरने वालों की भारी संख्या इस बात का संकेत देती है कि गरीबी और भुखमरी की जड़ें भारत में कितनी गहरी हो गई थीं।

भारत स्थित अनेक अंग्रेज़ अधिकारियों ने उन्नीसवीं सदी के दौरान भारत की दरिद्रता की भयंकर वास्तविकता को स्वीकार किया। उदाहरण के लिए, गवर्नर-जनरल की काउंसिल के एक सदस्य चार्ल्स इलियट ने टिप्पणी की –

> मुझे यह कहने में कोई हिचकिचाहट नहीं है कि आधी कृषि जनसंख्या को एक साल के अंत में से दूसरे साल के अंत तक यह पता नहीं होता कि पेट भर खाना कैसा होता है।

''इंपीरियल गज़ेटियर'' के संकलनकर्ता विलियम हंटर ने स्वीकार किया कि 'भारत के 4 करोड़ लोगों को अपर्याप्त भोजन पर जीवन बिताने की आदत हो गई है।' बीसवीं सदी में स्थिति और भी खराब हो गई एक भारतीय को उपलब्ध भोजन की मात्रा में 1911 और 1941 के बीच 30 वर्षों के दौरान 29 प्रतिशत तक की कमी हुई।

भारत के आर्थिक पिछड़ेपन और गरीबी के अनेक अन्य संकेत हैं। राष्ट्रीय आय संबंधी प्रसिद्ध विशेषज्ञ, कोलिन क्लर्क ने हिसाब लगाया है कि 1925-34 के दौरान संसार में सबसे कम प्रति व्यक्ति आय भारत और चीन की थी। एक अंग्रेज़ की आय एक भारतीय की आय से 5 गुना थी। इसी प्रकार बीसवीं सदी

के चौथे दशक के दौरान, आधुनिक चिकित्सा विज्ञानों तथा सफाई के कारण हुई प्रगति के बावजूद एक भारतीय की औसत जीवन प्रत्याशा केवल 32 वर्ष थी। अधिकतर पश्चिम यूरोपीय और उत्तर अमरीकी देशों में औसत आयु 60 वर्ष से ऊपर थी।

भारत का आर्थिक पिछड़ापन और उसकी निर्धनता प्राकृतिक संसाधनों की कमी के कारण नहीं थी, वह मनुष्य निर्मित थी। भारत के प्राकृतिक संसाधन भरपूर मात्रा में थे। यदि उनका ठीक प्रकार से प्रयोग किया जाता तो वे जनता में पर्याप्त समृद्धि ला सकते थे। भारत एक विरोधाभासी चित्र प्रकट करता था– एक समृद्ध देश, जिसमें निर्धन लोग रहते थे। इस स्थिति के कारण थे– विदेशी शासन और शोषण और एक पिछड़ी हुई कृषि और औद्योगिक आर्थिक व्यवस्था जो वस्तुतः उसके पूरे ऐतिहासिक और सामाजिक विकास का परिणाम थी।

भारत की भौगोलिक स्थिति या प्राकृतिक संसाधनों की कमी या यहां के लोगों में अंतर्निहित कोई चारित्रिक कमी अथवा क्षमता का अभाव भारत की गरीबी का कारण नहीं था। यह मुगल काल का अवशेष भी नहीं था और न ही यहां की गरीबी ब्रिटिश पूर्व अतीत का नतीजा था। मुख्य रूप से यह पिछली दो सदियों के इतिहास का नतीजा था। भारत इसके पहले किसी भी रूप में पश्चिमी देशों की तुलना में पिछड़ा हुआ देश नहीं था। उस समय दुनिया के देशों के बीच रहन-सहन के स्तर में बहुत ज़्यादा फ़र्क़ नहीं था। संक्षेप में, इस दौरान पश्चिमी देशों का विकास हुआ, उनमें संपन्नता आई और भारत को आधुनिक उपनिवेशवाद के अधीन होना पड़ा तथा इसका विकास अवरुद्ध कर दिया गया। जिन दिनों भारत ब्रिटिश शासन के अधीन था, आज के सभी विकसित देशों ने लगभग उसी दौरान अपना विकास किया था। अधिकांश विकसित देशों का विकास 1850 के बाद हुआ। इस संबंध में ध्यान देने की दिलचस्प बात यह है कि ब्रिटेन में औद्योगिक क्रांति के शुरू होने की तिथियां और बंगाल पर ब्रिटेन की विजय की तिथि बहुत पास-पास है।

एक आधारभूत तथ्य यह है कि जिस सामाजिक, राजनीतिक और आर्थिक प्रक्रिया ने ब्रिटेन में औद्योगिक विकास और सामाजिक तथा सांस्कृतिक प्रगति को जन्म दिया, उसी ने भारत में आर्थिक अल्पविकास और सामाजिक तथा सांस्कृतिक पिछड़ेपन को जन्म देकर उसको कायम रखा। इसकी वजह साफ़ है – ब्रिटेन ने भारतीय अर्थव्यवस्था को अपनी अर्थव्यवस्था के अधीन रखा तथा

अपनी ज़रूरतों के मुताबिक और उनके हिसाब से भारत की आधारभूत सामाजिक प्रवृत्तियों को उसने निर्धारित किया। इसका नतीजा यह हुआ कि भारतीय कृषि और उद्योग में ठहराव आया। ज़मींदार, भू-स्वामियों, राजे-रजवाड़ों, सूदखोरों, सौदागरों, पूंजीपतियों और विदेशी शासकों तथा उनके अधिकारियों ने किसानों और मज़दूरों का जमकर शोषण किया। देश में गरीबी और बीमारी फैली और लोग अर्धभुखमरी की कगार पर पहुंच गए।

9

भारत में राष्ट्रवादी आंदोलन 1858-1905

उन्नीसवीं सदी के उत्तरार्ध में राष्ट्रीय राजनीतिक चेतना बहुत तेज़ी से विकसित हुई और भारत में एक संगठित राष्ट्रीय आंदोलन का आरंभ हुआ। दिसंबर 1885 में भारतीय राष्ट्रीय कांग्रेस की नींव पड़ी। आगे चल कर इसी के नेतृत्व में विदेशी शासन से स्वतंत्रता के लिए भारतीयों ने एक लंबा और साहसपूर्ण संघर्ष चलाया, और अंत में 15 अगस्त, 1947 को भारत मुक्त हो गया।

विदेशी प्रभुत्व के परिणाम

आधुनिक भारतीय राष्ट्रवाद बुनियादी तौर पर विदेशी आधिपत्य की चुनौती के जवाब के रूप में उदित हुआ। स्वयं ब्रिटिश शासन की परिस्थितियों ने भारतीय जनता में राष्ट्रीय भावना विकसित करने में सहायता दी। ब्रिटिश शासन तथा उसके प्रत्यक्ष और परोक्ष परिणामों ने ही भारत में राष्ट्रीय आंदोलन के विकास के लिए भौतिक, नैतिक और बौद्धिक परिस्थितियां तैयार कीं।

इस आंदोलन की जड़ें भारतीय जनता के हितों तथा भारत में ब्रिटिश हितों के टकराव में थीं। अंग्रेज़ों ने अपने हितों को पूरा करने के लिए ही भारत को अधीन बनाया था और इसी उद्देश्य को ध्यान में रखकर वे भारत का शासन चलाते थे। वे अक्सर ब्रिटेन के लाभ के लिए भारतीयों की भलाई को भी ध्यान में नहीं रखते थे। धीरे-धीरे भारतीयों ने अनुभव किया कि लंकाशायर के उद्योगपतियों तथा अंग्रेज़ों के दूसरे प्रमुख वर्गों के हितों के लिए उनके अपने हितों का बलिदान दिया जाता रहा है।

स्वयं ब्रिटिश शासन भारत के आर्थिक पिछड़ेपन का प्रमुख कारण बनता गया और भारत में राष्ट्रीय आंदोलन का आधार यही तथ्य था। यह भारत के आर्थिक, सामाजिक, सांस्कृतिक, बौद्धिक तथा राजनीतिक विकास में प्रमुख बाधक तत्त्व

बन चुका था। इससे भी बड़ी बात यह है कि अधिक संख्या में भारतीय इस तथ्य को स्वीकार करने लगे थे और उनकी यह संख्या बढ़ती जा रही थी।

भारतीय समाज के प्रत्येक वर्ग और प्रत्येक समूह ने धीरे-धीरे यह देखा कि उसके हित अंग्रेज़ शासकों के हाथों में असुरक्षित हैं। किसान देख रहे थे कि सरकार ज़मीन की मालगुज़ारी के नाम पर उनकी उपज का एक बड़ा हिस्सा उनसे ले लेती थी। सरकार और उसकी पुलिस, उसकी अदालतें और अधिकारी, सभी उन ज़मींदारों और भू-स्वामियों के समर्थक और रक्षक जो किसान से जमकर लगान वसूलते थे, वे उन व्यापारियों तथा सूदखोरों के रक्षक थे जो तरह-तरह से किसान को धोखा देते, उसका शोषण करते तथा उसकी ज़मीन उससे छीन लेते थे। जब कभी किसान ज़मींदारों और सूदखोरों के दमन के ख़िलाफ़ उठ खड़े होते, पुलिस तथा सेना कानून और व्यवस्था के नाम पर उनको कुचल दिया करती थी।

दस्तकार और शिल्पी यह महसूस कर रहे थे कि सरकार विदेशी प्रतियोगिता को प्रोत्साहन देकर उनको तबाह कर रही थी और उनके पुनर्वास के लिए कुछ नहीं कर रही थी।

आगे चलकर बीसवीं सदी में आधुनिक कारखानों, खदानों तथा बागानों के मज़दूरों ने भी पाया कि सारी ज़ुबानी हमदर्दी के बावजूद सरकार पूंजीपतियों का, खासकर विदेशी पूंजीपतियों का ही साथ देती थी। जब कभी मज़दूर ट्रेड यूनियन बनाने तथा हड़तालों, प्रदर्शनों और दूसरे संघर्षों के द्वारा अपनी स्थिति को सुधारने के प्रयत्न करते, सरकार का पूरा तंत्र उनके ख़िलाफ़ उठ खड़ा होता। इसके अलावा, उन्होंने यह भी महसूस किया कि बढ़ती बेरोज़गारी का समाधान केवल तीव्र औद्योगीकरण से संभव है और यह कार्य केवल एक स्वाधीन सरकार कर सकती है।

भारतीय समाज के दूसरे समूह भी कुछ कम असंतुष्ट नहीं थे। शिक्षित भारतीयों का उभरता हुआ वर्ग अपने देश की दयनीय आर्थिक व राजनीतिक स्थिति को समझने के लिए नए-नए प्राप्त आधुनिक ज्ञान का उपयोग कर रहा था। पहले जिन लोगों ने 1857 में ब्रिटिश शासन का इस आशा में समर्थन किया था कि विदेशी होने के बावजूद यह शासन देश को एक आधुनिक तथा औद्योगिक देश बनाएगा, वे अब धीरे-धीरे निराश होने लगे थे। आर्थिक दृष्टि से उन्हें आशा थी कि ब्रिटिश पूंजीवाद ने जैसे ब्रिटेन में उत्पादक शक्तियों को विकसित किया था, उसी प्रकार वह भारत की उत्पादक शक्तियों को भी विकसित करेगा। लेकिन उन्होंने यह पाया कि ब्रिटेन के पूंजीवाद के इशारों पर भारत में ब्रिटिश शासन ने जो नीतियां अपनाई थीं वे देश को आर्थिक दृष्टि

से पिछड़ा या अल्पविकसित बनाए हुए थीं और उसकी उत्पादक शक्तियों के विकास में बाधक हो रही थीं।

राजनीतिक स्तर पर शिक्षित भारतीय समुदाय को यह लगा कि अंग्रेज़ों ने पहले भारत को स्वशासन का मार्ग दिखाने के जो भी दावे किए थे, उन सबको वे भूल चुके थे। अधिकांश ब्रिटिश अधिकारियों तथा राजनीतिक नेताओं ने खुली घोषणा की थी कि अंग्रेज़ भारत में बने रहेंगे। इसके अलावा भाषण, प्रेस तथा व्यक्ति को और अधिक स्वतंत्रता देने की जगह अंग्रेज़ उन पर अधिकाधिक प्रतिबंध लगाते जा रहे थे। अंग्रेज़ अधिकारियों तथा लेखकों ने भारतीयों को जनतंत्र या स्वशासन की दृष्टि से अयोग्य घोषित कर दिया था। संस्कृति के क्षेत्र में भी शासक उच्च शिक्षा और आधुनिक विचारों के प्रसार के बारे में अधिकाधिक नकारात्मक, बल्कि शत्रुतापूर्ण रवैया अपना रहे थे।

उभरते हुए भारतीय पूंजीपति वर्ग में बहुत धीरे-धीरे राष्ट्रीय राजनीतिक चेतना विकसित हुई। लेकिन इस वर्ग ने भी धीरे-धीरे पाया कि वह साम्राज्यवाद के कारण नुकसान उठा रहा था। सरकार की व्यापार, चुंगी, कर तथा यातायात संबंधी नीतियों के कारण इसके विकास में भारी बाधाएं आ रही थीं। नया तथा कमज़ोर वर्ग होने के नाते इसे अपनी कमज़ोरियों की भरपाई के लिए सरकार की सक्रिय सहायता की ज़रूरत थी। इसके बजाय सरकार और उसकी नौकरशाही उन विदेशी पूंजीपतियों का साथ दे रही थी जो अपने विशाल संसाधनों के साथ भारत आकर यहां के सीमित औद्योगिक क्षेत्र को हथिया रहे थे। भारतीय पूंजीपतियों का विशेष विरोध विदेशी पूंजीपतियों की सख्त प्रतियोगिता के प्रति था। इस तरह भारतीय पूंजीपतियों ने भी महसूस किया कि उनके अपने स्वतंत्र विकास तथा साम्राज्यवाद के बीच एक अंतर्विरोध था। एक राष्ट्रीय सरकार ही भारतीय व्यापार और उद्योगों के तीव्र विकास की परिस्थितियां तैयार कर सकती थी।

जैसा कि हमने इसके पहले देखा है, भारतीय समाज में केवल ज़मींदार, भू-स्वामी तथा राजे-महाराजे ही ऐसे वर्ग थे जिनके हित विदेशी शासकों के हितों से मेल खाते थे और इसलिए वे अंत तक विदेशी शासन का साथ देते रहे। लेकिन इन वर्गों से भी बहुत से लोग राष्ट्रीय आंदोलन में आए। उस समय के राष्ट्रवादी वातावरण में देशभक्ति की भावना ने बहुतों को प्रभावित किया। इसके अलावा, प्रजातीय भेदभाव तथा श्रेष्ठता की नीतियों ने प्रत्येक विचारशील, स्वाभिमानी भारतीय में घृणा जगाकर उसे उठा खड़ा किया, चाहे वह किसी भी वर्ग का क्यों न रहा हो। सबसे बड़ी बात यह है कि स्वयं ब्रिटिश शासन

के विदेशी चरित्र ने भी राष्ट्रवादी प्रतिक्रिया को जन्म दिया। इसका कारण यह है कि विदेशी दासता गुलाम जनता के दिलों में हमेशा ही देशभक्ति की भावनाएं पैदा करती है।

संक्षेप में, विदेशी साम्राज्यवाद का अपना चरित्र तथा भारतीय जनता पर उसका हानिकारक प्रभाव, इन बातों के कारण ही भारत में एक शक्तिशाली साम्राज्यवाद-विरोधी आंदोलन का धीरे-धीरे जन्म और विकास हुआ। यह आंदोलन एक राष्ट्रीय आंदोलन था क्योंकि यह समाज के विभिन्न वर्गों और समुदायों के लोगों को प्रेरित कर रहा था कि वे अपने मतभेद भुलाकर अपने शत्रु के ख़िलाफ़ एकजुट हों।

देश का प्रशासकीय और आर्थिक एकीकरण

उन्नीसवीं और बीसवीं सदी में भारत का एकीकरण हो चुका था और वह एक राष्ट्र के रूप में उभर चुका था। इसलिए भारतीय जनता में राष्ट्रीय भावनाओं का विकास आसानी से हुआ। अंग्रेज़ों ने धीरे-धीरे पूरे देश में सरकार की एकसमान, आधुनिक प्रणाली लागू कर दी थी और इस तरह इसका प्रशासकीय एकीकरण हो चुका था। ग्रामीण और स्थानीय आत्मनिर्भर अर्थव्यवस्था के विनाश तथा अखिल भारतीय पैमाने पर आधुनिक व्यापार तथा उद्योग की स्थापना के कारण, भारत का आर्थिक जीवन निरंतर एक इकाई के रूप में ढलता चला गया तथा देश के विभिन्न भागों में रहने वाले लोगों के आर्थिक हित परस्पर संबद्ध हुए। उदाहरण के लिए, भारत के किसी एक भाग में अकाल पड़ता या वस्तुओं की कमी होती तो दूसरे सभी भागों में भी खाद्य-सामग्री की कीमतों तथा उपलब्धता पर उसका प्रभाव पड़ता था। इसके अलावा, रेलवे, तार, तथा एकीकृत डाक व्यवस्था की शुरूआत ने भी देश को एकजुट बना दिया था और जनता, खासकर नेताओं के पारस्परिक संपर्क को बढ़ावा दिया था।

इस सिलसिले में भी, विदेशी शासन का अस्तित्व ही एकता का कारण बन गया, हालांकि यह शासन सामाजिक वर्ग, जाति, धर्म या क्षेत्र का भेद किए बिना पूरी भारतीय जनता का दमन करता था। पूरे देश के लोगों ने देखा कि वे एक ही शत्रु अर्थात् ब्रिटिश शासन, के हाथों पीड़ित थे। एक तरफ तो यह भारतीय राष्ट्रवाद के उदय का एक प्रमुख कारण बन गया और दूसरी तरफ साम्राज्यवाद-विरोधी संघर्ष तथा उस संघर्ष के दौरान उपजी एकजुटता की भावना ने भारतीय राष्ट्र के निर्माण में महत्त्वपूर्ण योगदान दिया।

पश्चिमी विचार और शिक्षा

उन्नीसवीं सदी में आधुनिक पाश्चात्य शिक्षा और विचारधारा के प्रसार के फलस्वरूप बहुत बड़ी संख्या में भारतीयों ने एक आधुनिक, बुद्धिसंगत, धर्मनिरपेक्ष, जनतांत्रिक तथा राष्ट्रवादी राजनीतिक दृष्टिकोण अपनाया। वे यूरोपीय राष्ट्रों के समसामयिक राष्ट्रवादी आंदोलनों का अध्ययन, उसकी प्रशंसा तथा उनका अनुकरण करने के प्रयत्न भी करने लगे। रूसो, पेन, जॉन स्टुअर्ट मिल तथा दूसरे पाश्चात्य विचारक उनके राजनीतिक मार्गदर्शक बन गए जबकि मैजिनी, गैरीबाल्डी तथा आयरलैंड के राष्ट्रवादी नेता उनके राजनीतिक आदर्श हो गए।

विदेशी दासता के अपमान की चुभन को सबसे पहले इन्हीं शिक्षित भारतीयों ने महसूस किया। विचारों से आधुनिक बनकर इन लोगों ने विदेशी शासन की बुराइयों के अध्ययन की योग्यता भी प्राप्त कर ली। उन्हें एक आधुनिक, मज़बूत, समृद्ध और एकताबद्ध भारत की कल्पना से प्रेरणा प्राप्त होती रही। कालांतर में, इन्हीं में से बेहतरीन तत्त्व राष्ट्रीय आंदोलन के नेता और संगठनकर्ता बने।

हमें यह बात स्पष्ट रूप से समझ लेनी चाहिए कि राष्ट्रीय आंदोलन आधुनिक शिक्षा प्रणाली की उपज नहीं था, बल्कि वह ब्रिटेन तथा भारत के हितों के टकराव से उत्पन्न हुआ था। इस प्रणाली ने शिक्षित भारतीयों को पाश्चात्य विचार अपनाकर राष्ट्रीय आंदोलन का नेतृत्व संभालने तथा उसे एक जनतांत्रिक और आधुनिक दिशा देने में समर्थ बनाया। वास्तविकता यह है कि स्कूलों तथा कॉलेजों में अधिकारीगण विदेशी शासन के प्रति विनम्रता और सेवा का भाव ही जगाने के प्रयत्न करते थे। राष्ट्रवादी विचार तो आधुनिक विचारों के सामान्य प्रसार के कारण आए। चीन तथा इंडोनेशिया जैसे दूसरे एशियाई देशों में तथा पूरे अफ्रीका में भी आधुनिक और राष्ट्रवादी विचार फैले हालांकि वहां आधुनिक स्कूलों और कॉलेजों की संख्या बहुत ही कम थी।

आधुनिक शिक्षा ने शिक्षित भारतीयों के दृष्टिकोणों तथा हितों में एक सीमा तक एकजुटता और समानता पैदा की। इस सिलसिले में अंग्रेज़ी भाषा की एक महत्त्वपूर्ण भूमिका रही। यह आधुनिक विचारों के प्रसार का साधन बन गई। यह देश के विभिन्न भाषाई क्षेत्रों के शिक्षित भारतीयों के बीच विचारों के आदान-प्रदान तथा संपर्क का भी माध्यम बन गई। लेकिन जल्दी ही अंग्रेज़ी साधारण जनता में आधुनिक ज्ञान के प्रसार में बाधक भी बन गई। यह शिक्षित नागरिक वर्गों को साधारण जनता, खासकर ग्रामीण जनता से अलग रखने का काम भी करने लगी। भारत के राजनीतिक नेताओं ने इस तथ्य को अच्छी तरह समझा दादाभाई नौरोजी, सैयद अहमद खान, और जस्टिस रानाडे से लेकर तिलक और

गांधी जी तक सभी ने शिक्षा प्रणाली में भारतीय भाषाओं को एक बड़ी भूमिका दिए जाने की मांग पर आंदोलन किए। वास्तव में, जहां तक साधारण जनता का सवाल था, आधुनिक विचारों का प्रसार विकासमान भारतीय भाषाओं, उनमें विकसित हो रहे साहित्य तथा सबसे अधिक तो भारतीय भाषाओं के लोकप्रिय प्रेस के कारण हुआ।

प्रेस तथा साहित्य की भूमिका

वह प्रमुख साधन प्रेस था जिसके द्वारा राष्ट्रवादी भारतीयों ने देशभक्ति की भावनाओं, आधुनिक आर्थिक-सामाजिक-राजनीतिक विचारों का प्रचार किया तथा एक अखिल भारतीय चेतना जगाई। उन्नीसवीं सदी के उत्तरार्ध में बड़ी संख्या में राष्ट्रवादी समाचारपत्र निकले। उनके पन्नों पर सरकारी नीतियों की लगातार आलोचना होती थी, भारतीय दृष्टिकोण को सामने रखा जाता था, लोगों को एकजुट होकर राष्ट्रीय कल्याण के काम करने को कहा जाता था तथा जनता के बीच स्वशासन, जनतंत्र, औद्योगीकरण आदि विचारों को लोकप्रिय बनाया जाता था। देश के विभिन्न भागों में रहने वाले राष्ट्रवादी कार्यकर्ताओं को भी परस्पर विचारों का आदान-प्रदान करने में प्रेस ने समर्थ बनाया।

उपन्यासों, निबंधों और देशभक्तिपूर्ण काव्य आदि के रूप में राष्ट्रीय साहित्य ने भी राष्ट्रीय चेतना जगाने में प्रमुख भूमिका निभाई। बांग्ला में बंकिमचंद्र चट्टोपाध्याय तथा रवींद्रनाथ ठाकुर, असमी में लक्ष्मीनाथ बेज़बरुआ, मराठी में विष्णु शास्त्री चिपलुणकर, तमिल में सुब्रमण्यम भारती, हिंदी में भारतेंदु हरिश्चंद्र और उर्दू में अल्ताफ़ हुसैन हाली इस काल के कुछ प्रमुख राष्ट्रवादी लेखक थे।

भारत के अतीत की खोज

अनेक भारतीय इस कदर पस्त हो चुके थे कि वे अपनी स्वशासन की क्षमता में एकदम भरोसा खो बैठे थे। इसके अलावा, उस समय के अधिकांश ब्रिटिश अधिकारी और लेखक लगातार यह बात दोहराते रहते थे कि भारतीय लोग कभी भी अपना शासन चलाने के योग्य नहीं थे। वे लगातार भारतीयों की निंदा करने वाली बातें फैलाते रहते थे। मसलन हिंदू और मुसलमान हमेशा आपस में लड़ते रहे हैं, भारतीयों के भाग्य में ही विदेशियों के अधीन रहना लिखा है, उनका धर्म और सामाजिक जीवन पतित और असभ्य रहे हैं और इस कारण वे लोकतंत्र या

स्वशासन तक के काबिल नहीं हैं। इस प्रचार का जवाब देकर अनेक राष्ट्रवादी नेताओं ने जनता में आत्मविश्वास और आत्मसम्मान जगाने के प्रयत्न किए। वे गर्व से भारत की सांस्कृतिक धरोहर की ओर संकेत करते और आलोचकों का ध्यान अशोक, चंद्रगुप्त विक्रमादित्य और अकबर जैसे शासकों की ओर खींचने का प्रयास करते। इन शासकों ने विद्वानों, कला, स्थापत्य, साहित्य, दर्शन, विज्ञान और राजनीति में भारत की राष्ट्रीय धरोहर की फिर से खोज करने में जो कुछ किया, उससे इन राष्ट्रवादी नेताओं को बल तथा प्रोत्साहन मिला। दुर्भाग्य से कुछ राष्ट्रवादी नेता दूसरे छोर तक चले गए तथा भारत के अतीत की कमज़ोरियों और पिछड़ेपन से आंखें चुराकर गैर-आलोचनात्मक ढंग से उसे महिमामंडित करने लगे। खासतौर पर प्राचीन भारत की उपलब्धियों का प्रचार करने तथा मध्यकालीन भारत की उतनी ही महान उपलब्धियों को अनदेखा करने की प्रवृत्ति ने भी बहुत नुकसान पहुंचाया। इसके कारण हिंदुओं में सांप्रदायिक भावनाओं के विकास को प्रोत्साहन मिला। साथ ही, इसकी जवाबी प्रवृत्ति के रूप में मुसलमान, सांस्कृतिक और ऐतिहासिक प्रेरणा पाने के लिए, अरबों तथा तुर्कों के इतिहास की ओर नज़र करने लगे। इसके अलावा, पश्चिम के सांस्कृतिक साम्राज्यवाद की चुनौती का जवाब देते समय बहुत से भारतीय यह बात भी भूल जाते थे कि भारत की जनता कई क्षेत्रों में सांस्कृतिक दृष्टि से पिछड़ी थी। इससे गर्व तथा आत्मसंतोष की एक झूठी भावना पनपी जो भारतीयों को अपने समाज के आलोचनात्मक अध्ययन से रोकती थी। इसके कारण सामाजिक-सांस्कृतिक पिछड़ेपन के ख़िलाफ़ संघर्ष कमज़ोर हुआ तथा अनेक भारतीय दूसरी जातियों की स्वस्थ और नई प्रवृत्तियों और नए विचारों से विमुख रहे।

शासकों का जातीय दंभ

भारत में राष्ट्रीय भावना के विकास का एक गौण परंतु महत्त्वपूर्ण कारण जातीय श्रेष्ठता का वह दंभ था जो भारतीयों के प्रति अनेक अंग्रेज़ों के व्यवहार में पाया जाता था। इस जातीय दंभ का एक कड़वा और प्रचलित रूप तब देखने को मिलता था, जब कोई अंग्रेज़ किसी भारतीय से किसी विवाद में उलझा होता था और न्याय व्यवस्था अंग्रेज़ का पक्ष लेती थी। जैसा कि जी. ओ. ट्रेवेलियन ने 1864 में लिखा है : 'हमारे अपने देश के एक व्यक्ति का बयान भी अदालतों में अनेक भारतीयों से अधिक महत्त्व रखता है। यह एक ऐसी परिस्थिति है जिसमें शक्ति का एक भयानक साधन एक बेईमान और चालाक अंग्रेज़ के हाथों में पहुंच जाता है।'

यह जातीय दंभ जाति, धर्म, प्रांत या वर्ग का भेदभाव किए बिना तमाम भारतीयों को एकसमान हीन करार देता था। वे यूरोपीय लोगों के क्लबों में नहीं जा सकते थे और अक्सर उन्हें किसी गाड़ी के उस डिब्बे में यात्रा की अनुमति नहीं थी जिसमें यूरोपीय यात्री जा रहे हों। इससे उनमें राष्ट्रीय अपमान का बोध हुआ तथा अंग्रेज़ों के मुकाबले वे अपने-आपको एकसमान जन के रूप में देखने लगे।

भारतीय राष्ट्रीय कांग्रेस की पूर्ववर्ती संस्थाएं

1870 के दशक तक यह बात स्पष्ट हो चुकी थी कि भारतीय राष्ट्रवाद इतनी ताकत और गति अर्जित कर चुका है कि वह भारतीय राजनीति में एक प्रमुख शक्ति के रूप में उभर सके।

दिसंबर 1885 में स्थापित भारतीय राष्ट्रीय कांग्रेस में अखिल भारतीय पैमाने पर भारतीय राष्ट्रीय आंदोलन की पहली संगठित अभिव्यक्ति हुई। लेकिन इसके पहले भी अनेक संस्थाएं स्थापित हो चुकी थीं।

जैसा कि हमने इसके पहले पढ़ा है, राजा राममोहन राय पहले ऐसे भारतीय नेता थे जिन्होंने भारत में राजनीतिक सुधारों के लिए आंदोलन चलाया। 1836 के बाद देश के विभिन्न भागों में अनेक सार्वजनिक समितियां स्थापित हुईं। इन सभी समितियों पर धनी तथा अभिजात लोगों का प्रभुत्व था जिनको तब ''गणमान्य व्यक्ति'' कहा जाता था और इसका चरित्र प्रांतीय या स्थानीय था। इन्होंने प्रशासन में सुधार और प्रशासन में भारतीय लोगों की भागीदारी के लिए काम किया तथा ब्रिटिश संसद को लंबे-लंबे प्रार्थना पत्र भेजे जिनमें भारतीयों की मांगें रखी जाती थीं।

1858 के बाद के काल में शिक्षित भारतीयों तथा अंग्रेज़ों के भारतीय प्रशासन के बीच की खाई धीरे-धीरे गहरी होती गई। ब्रिटिश शासन के चरित्र तथा भारतीयों के लिए उसके दुष्परिणामों का अध्ययन करने के बाद ये शिक्षित भारतीय जनता में ब्रिटिश नीतियों के अधिकाधिक मुखर आलोचक बन गए। उनका असंतोष धीरे-धीरे राजनीतिक कार्यकलाप में अभिव्यक्त हुआ। उस समय तक मौजूद समितियां राजनीतिक चेतना-प्राप्त भारतीयों को संतुष्ट करने में असफल रहीं।

लंदन में 1866 में दादाभाई नौरोजी ने ईस्ट इंडिया एसोसिएशन की स्थापना की। इसका उद्देश्य भारतीय प्रश्नों पर विचार करना तथा भारत के कल्याण की दिशा में ब्रिटेन के नेताओं को प्रभावित करना था। बाद में उन्होंने प्रमुख भारतीय नगरों में भी इस एसोसिएशन की शाखाएं स्थापित कीं। 1825 में जन्मे दादाभाई ने अपना पूरा जीवन राष्ट्रीय आंदोलन को समर्पित कर दिया। जल्द ही उन्हें

भारत का पितामह ''ग्रैंड ओल्ड मैन ऑफ़ इंडिया'' कहा जाने लगा। वे भारत के पहले आर्थिक विचारक भी थे। अपने अर्थशास्त्रीय लेखन में उन्होंने सिद्ध किया कि भारत की गरीबी का कारण अंग्रेज़ों द्वारा उसका शोषण तथा यहां का धन ब्रिटेन भेजना था। तीन बार दादाभाई नौरोजी को भारतीय राष्ट्रीय कांग्रेस ने अपना अध्यक्ष चुनकर उनका सम्मान किया। वास्तव में, वे भारत के उन जनप्रिय राष्ट्रवादी नेताओं की लंबी कतार के अग्रणी नेता थे जिनका नाम भर जनता के हृदय में हलचल मचाने के लिए काफ़ी था।

कांग्रेस-पूर्व राष्ट्रवादी संगठनों में सबसे महत्त्वपूर्ण कलकत्ता का इंडियन एसोसिएशन था। बंगाल के कम अवस्था के राष्ट्रवादी ब्रिटिश इंडिया एसोसिएशन की रूढ़िवादी और ज़मींदार-समर्थक नीतियों से धीरे-धीरे ऊब रहे थे। वे व्यापक सार्वजनिक महत्त्व के सवालों पर लंबा राजनीतिक आंदोलन छेड़ना चाहते थे। प्रतिभाशाली लेखक-वक्ता सुरेंद्रनाथ बनर्जी के रूप में उन्हें एक नेता भी मिल गया। बनर्जी अपने अधिकारियों द्वारा बहुत ही अन्यायपूर्ण ढंग से इंडियन सिविल सर्विस से बाहर कर दिए गए थे क्योंकि ये अधिकारी अपनी सर्विस में किसी स्वतंत्र विचारों वाले भारतीय की उपस्थिति बरदाश्त नहीं कर सके। बनर्जी ने 1875 में कलकत्ता के छात्रों के सामने राष्ट्रवादी विषयों पर प्रभावशाली भाषण देकर अपना राजनीतिक जीवन शुरू किया। सुरेंद्रनाथ तथा आनंदमोहन बोस के नेतृत्व में बंगाल के इन युवा राष्ट्रवादियों ने जुलाई 1876 में इंडियन एसोसिएशन की नींव रखी। इस एसोसिएशन ने अपने सामने राजनीतिक प्रश्नों पर भारतीय जनता को एकताबद्ध करने का लक्ष्य रखा। अपनी ओर बड़ी संख्या में जनता को खींचने के लिए इसने निर्धन वर्गों के लिए कम सदस्यता शुल्क निर्धारित किया। बंगाल के शहरों और गांवों तथा बंगाल से बाहर अनेक शहरों में भी इस एसोसिएशन की कई शाखाएं खोली गईं।

भारत के दूसरे भागों में भी युवक सक्रिय थे। जस्टिस रानाडे तथा उनके साथियों ने 1870 के दशक में पूना सार्वजनिक सभा की स्थापना की। एम. वीर. राघवाचारी, जी. सुब्रामन्य अय्यर, आनंद चारुलु तथा दूसरों ने 1884 में मद्रास महाजन सभा की नींव डाली। फिरोजशाह मेहता, के. टी. तेलंग, बदरुद्दीन तैयबजी तथा दूसरों ने 1885 में बांबे प्रेसीडेंसी एसोसिएशन बनाया।

इस तरह जो राष्ट्रवादी एक साझे शत्रु अर्थात् विदेशी शासन और शोषण के ख़िलाफ़ राजनीतिक एकता की आवश्यकता महसूस कर रहे थे, उनके लिए एक अखिल भारतीय राजनीतिक संगठन की स्थापना का समय आ चुका था। तब तक मौजूद संगठनों ने एक महत्त्वपूर्ण उद्देश्य पूरा किया था, परंतु उनका क्षेत्र

और कार्यकलाप बहुत सीमित थे। वे अधिकतर स्थानीय प्रश्नों को उठाते थे तथा उनकी सदस्यता और नेतृत्व एक शहर या एक प्रांत के ही थोड़े से लोगों तक सीमित थे। यहां तक कि इंडियन एसोसिएशन भी एक अखिल भारतीय संस्था नहीं बन सकी थी।

भारतीय राष्ट्रीय कांग्रेस

राष्ट्रवादी कार्यकर्ताओं का एक अखिल भारतीय संगठन बनाने की योजनाएं अनेक भारतीय तैयार करते आ रहे थे। लेकिन इस विचार को एक ठोस और अंतिम रूप देने का श्रेय एक सेवानिवृत्त अंग्रेज़ सिविल सर्वेंट, ए. ओ. ह्यूम को जाता है। उन्होंने प्रमुख भारतीय नेताओं से संपर्क किया और उनके सहयोग से बंबई में दिसंबर 1885 में भारतीय राष्ट्रीय कांग्रेस के पहले अधिवेशन का आयोजन किया। इसकी अध्यक्षता डब्ल्यू. सी. बनर्जी ने की तथा इसमें कई प्रतिनिधि शामिल थे। राष्ट्रीय कांग्रेस के उद्देश्य इस प्रकार घोषित किए गए–देश के विभिन्न भागों के राष्ट्रवादी राजनीतिक कार्यकर्ताओं के बीच मैत्रीपूर्ण संबंध विकसित करना, जाति-धर्म-प्रांत का भेद किए बिना राष्ट्रीय एकता की भावना को विकसित तथा मज़बूत करना, जनप्रिय मांगों का निरूपण तथा उन्हें सरकार के सामने रखना और सबसे महत्त्वपूर्ण यह कि देश में जनमत को प्रशिक्षित और संगठित करना।

कहा जाता है कि कांग्रेस की स्थापना के पीछे ह्यूम का प्रमुख उद्देश्य शिक्षित भारतीयों में बढ़ रहे असंतोष की सुरक्षित निकासी के लिए एक ''सेफ्टी वॉल्व'' बनाना था। वे असंतुष्ट राष्ट्रवादी शिक्षित वर्गों तथा असंतुष्ट किसान जनता के आपसी मेल को रोकना चाहते थे।

मगर यह ''सेफ्टी वॉल्व'' का सिद्धांत सच्चाई का बहुत छोटा अंश है और यह पूरी तरह अपर्याप्त तथा भ्रामक है। राष्ट्रीय कांग्रेस सबसे बढ़कर राजनीतिक चेतना-प्राप्त भारतीयों की इस आकांक्षा का प्रतिनिधित्व करती थी कि उनकी आर्थिक और राजनीतिक प्रगति के लिए कार्यरत एक राष्ट्रीय संगठन बनाया जाए। हम पहले ही देख चुके हैं कि कुछ ज़बरदस्त शक्तियों के कार्यरत होने के परिणामस्वरूप देश में राष्ट्रीय आंदोलन पहले से ही फैल रहा था। इस आंदोलन के जन्म के लिए किसी एक व्यक्ति या कुछ एक व्यक्तियों को श्रेय नहीं दिया जा सकता। ह्यूम के अपने उद्देश्य भी मिले-जुले थे। वे ''सेफ्टी वॉल्व'' बनाने के विचार से कहीं अधिक श्रेष्ठ विचारों से प्रेरित थे। वे भारत से तथा इसके गरीब किसानों से सचमुच प्यार करते थे। कुछ भी हो, राष्ट्रीय कांग्रेस को जन्म

देने में जिन भारतीयों नेताओं ने ह्यूम से सहयोग किया, वे ऊंचे चरित्र वाले देशभक्त लोग थे। उन्होंने जान-बूझकर ह्यूम की सहायता इसलिए ली कि वे राजनीतिक कार्यकलाप के आरंभ में ही अपने प्रयासों के प्रति सरकार की शत्रुता मोल लेना नहीं चाहते थे। उन्हें आशा थी कि एक सेवानिवृत्त सिविल सर्वेंट की उपस्थिति अधिकारियों की आशंकाओं का समाधान करेगी। अगर ह्यूम कांग्रेस का उपयोग एक ''सेफ्टी वॉल्व'' के रूप में करना चाहते थे तो कांग्रेस के आरंभिक नेताओं को आशा थी कि वे ह्यूम का उपयोग एक ''तड़ित चालक'' के रूप में कर सकेंगे।

इस तरह 1885 में राष्ट्रीय कांग्रेस की स्थापना के साथ छोटे पैमाने पर लेकिन संगठित रूप में, विदेशी शासन से भारत की मुक्ति का संघर्ष आरंभ हो गया। इसके बाद तो राष्ट्रीय आंदोलन बढ़ता ही गया तथा देश और देश की जनता ने स्वाधीन होने तक आराम को हराम जाना। आरंभ से ही कांग्रेस ने एक पार्टी नहीं, बल्कि एक आंदोलन का काम किया। 1886 में कांग्रेस के 436 प्रतिनिधि विभिन्न स्थानीय संगठनों तथा समूहों द्वारा चुने गए थे। इसके बाद कांग्रेस हर वर्ष दिसंबर में और हर बार देश के एक नए भाग में अपने अधिवेशन करती रही। जल्द ही इसके प्रतिनिधियों की संख्या बढ़कर हज़ारों में पहुंच गई। इसके प्रतिनिधियों में अधिकांश लोग वकील, पत्रकार, व्यापारी, उद्योगपति, अध्यापक और ज़मींदार होते थे। 1890 में कलकत्ता विश्वविद्यालय की पहली महिला स्नातक कादंबिनी गांगुली ने कांग्रेस के अधिवेशन को संबोधित किया। यह इस बात का प्रतीक था कि भारत का स्वाधीनता संग्राम स्त्रियों को उस पतित अवस्था से उबारेगा जिसमें वे सदियों के कालक्रम में पहुंचा दी गई थीं।

भारतीय राष्ट्रीय कांग्रेस कोई एक धारा नहीं थी जिसमें राष्ट्रवाद की नदी आगे बढ़ी। प्रांतीय सम्मेलन और स्थानीय समितियां और राष्ट्रवादी समाचारपत्र भी बढ़ते हुए राष्ट्रवादी आंदोलन के प्रमुख उद्‌घोषक थे। खासकर प्रेस राष्ट्रवादी विचारों तथा राष्ट्रवादी आंदोलन को फैलाने का प्रमुख साधन बन गई थी। इस काल के अधिकांश समाचारपत्र निश्चित ही व्यापार के रूप में नहीं चलाए जाते थे, बल्कि राष्ट्रवादी गतिविधियों के मुखपत्र के रूप में आरंभ किए जाते थे। राष्ट्रीय कांग्रेस के आरंभिक वर्षों में इसके कुछ महान अध्यक्षों के नाम इस प्रकार थे : दादाभाई नौरोजी, बदरुद्दीन तैयबजी, फिरोजशाह मेहता, पी. आनंद चारुलु, सुरेंद्रनाथ बनर्जी, रमेशचंद्र दत्त, आनंदमोहन बोस और गोपाल कृष्ण गोखले। इस काल में कांग्रेस तथा राष्ट्रीय आंदोलन के कुछ और प्रमुख नेता

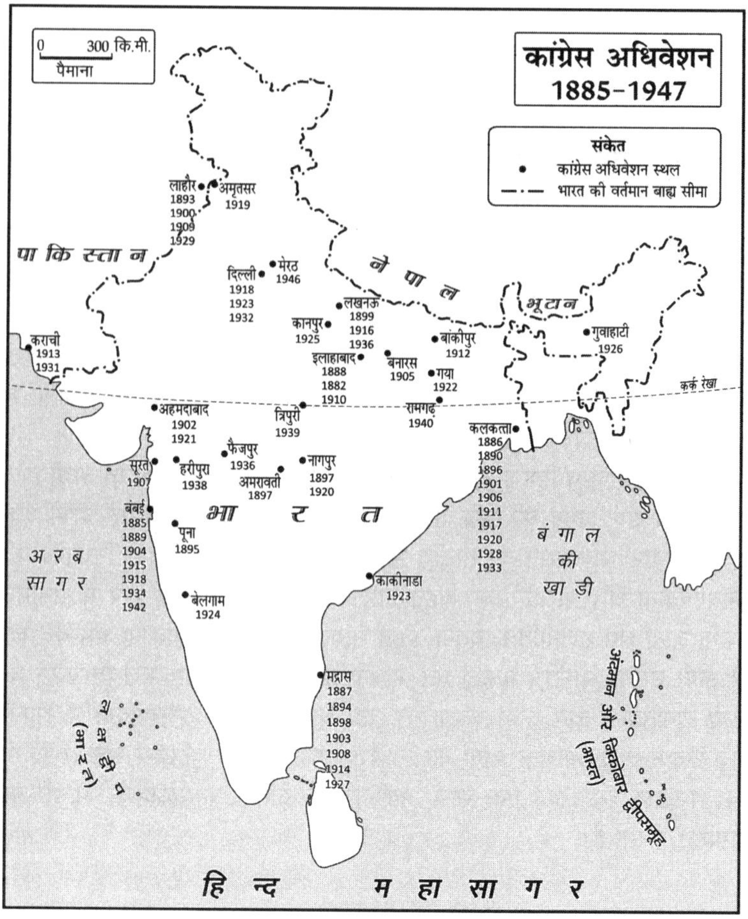
0 300 कि.मी.
पैमाना
कांग्रेस अधिवेशन 1885-1947
संकेत
कांग्रेस अधिवेशन स्थल
भारत की वर्तमान बाह्य सीमा
लाहौर 1893 1900 1909 1929
अमृतसर 1919
पा कि स्ता न
दिल्ली 1918 1923 1932
मेरठ 1946
ने पा ल
लखनऊ 1899 1916 1936
कानपुर 1925
भूटान
गुवाहाटी 1926
बांकीपुर 1912
कराची 1913 1931
इलाहाबाद 1888 1882 1910
बनारस 1905
गया 1922
कर्क रेखा
अहमदाबाद 1902 1921
त्रिपुरी 1939
रामगढ़ 1940
कलकत्ता 1886 1890 1896 1901 1906 1911 1917 1920 1928 1933
फैजपुर 1936
सूरत 1907
हरीपुरा 1938
अमरावती 1897
नागपुर 1897 1920
बंबई 1885 1889 1904 1915 1918 1934 1942
भा र त
पूना 1895
अ र ब सा ग र
बं गा ल की खा ड़ी
काकीनाडा 1923
बेलगाम 1924
मद्रास 1887 1894 1898 1903 1908 1914 1927
अंडमान और निकोबार द्वीपसमूह (भारत)
हि न्द म हा सा ग र

मानचित्र 7

महादेव गोविंद रानाडे, बाल गंगाधर तिलक, शिशिर कुमार तथा मोतीलाल घोष नामक दो भाई, मदनमोहन मालवीय, जी. सुब्रामन्य अय्यर, सी. विजयराघवाचारी और दिनशा ई. वाचा थे।

आरंभिक राष्ट्रवादियों के कार्यक्रम और कार्यकलाप

आरंभ के राष्ट्रवादी नेताओं का विश्वास था कि देश की राजनीतिक मुक्ति के लिए सीधी लड़ाई लड़ना अभी व्यावहारिक नहीं था। जो कुछ व्यावहारिक था, वह यह था कि राष्ट्रीय भावनाओं को जगाया तथा मज़बूत किया जाए, बड़ी संख्या में भारतीय जनता को राष्ट्रवादी राजनीति की धारा में लाया जाए और राजनीति तथा राजनीतिक आंदोलन के लिए उन्हें शिक्षित किया जाए। इस बारे में पहला महत्त्वपूर्ण कार्य राजनीतिक प्रश्नों में जनता की रुचि विकसित करना तथा देश में जनमत का संगठन करना था। दूसरे, राष्ट्रीय स्तर पर लोकप्रिय मांगों का निरूपण किया जाना था ताकि उभरते हुए जनमत को एक अखिल भारतीय स्वरूप मिल सके। सबसे महत्त्वपूर्ण बात यह थी कि पहले-पहल राजनीतिक चेतना-प्राप्त भारतीयों तथा राजनीतिक कार्यकर्ताओं और नेताओं में राष्ट्रीय एकता पैदा की जाए।

आरंभिक राष्ट्रीय नेता इस बात को अच्छी तरह समझते थे कि भारत अभी हाल ही में एक राष्ट्र बनने की प्रक्रिया में पहुंचा है; दूसरे शब्दों में, भारत अभी एक नवोदित राष्ट्र था। भारत के राष्ट्रीय स्वरूप को बहुत सावधानी से निखारने की आवश्यकता थी। भारतीयों को बहुत होशियारी से एक राष्ट्र के रूप में संगठित किया जाना था। राजनीतिक चेतना-प्राप्त भारतीयों को क्षेत्र, जाति या धर्म के भेदों से ऊपर उठकर राष्ट्रीय एकता की भावना को विकसित और मज़बूत करने के लिए लगातार डटकर काम करना पड़ रहा था। आरंभिक राष्ट्रवादियों ने अपनी राजनीतिक तथा आर्थिक मांगों का निर्धारण इस बात को दृष्टि में रखकर किया कि भारतीय जनता को एक साझे आर्थिक-राजनीतिक कार्यक्रम के आधार पर संगठित करना है।

साम्राज्यवाद की अर्थशास्त्रीय आलोचना

साम्राज्यवाद की अर्थशास्त्रीय आलोचना आरंभिक राष्ट्रवादियों का संभवतः सबसे महत्त्वपूर्ण राजनीतिक कार्य था। उन्होंने तत्कालीन औपनिवेशिक आर्थिक शोषण के सभी तीनों रूपों, अर्थात् व्यापार, उद्योग तथा वित्त के द्वारा शोषण पर ध्यान

दिया। उन्होंने अच्छी तरह समझा कि ब्रिटेन के आर्थिक साम्राज्यवाद का मूल तत्त्व भारतीय अर्थव्यवस्था को ब्रिटिश अर्थव्यवस्था के अधीन बनाना था। भारत में एक औपनिवेशिक अर्थव्यवस्था के मूल तत्त्वों को विकसित करने के ब्रिटिश प्रयासों का उन्होंने तीखा विरोध किया। ये तत्त्व थे – कच्चा माल पैदा करने वाले देश, ब्रिटिश उद्योगों में पैदा माल के लिए मंडी, तथा विदेशी पूंजी के निवेश के क्षेत्र के रूप में भारत का रूपांतरण। उन्होंने इस औपनिवेशिक ढांचे पर आधारित सरकार की लगभग सभी महत्त्वपूर्ण आर्थिक नीतियों के ख़िलाफ़ एक शक्तिशाली आंदोलन खड़ा किया।

आरंभिक राष्ट्रवादी भारत की बढ़ती गरीबी तथा आर्थिक पिछड़ेपन और यहां आधुनिक उद्योग-धंधों तथा कृषि के विकास की असफलता को लेकर दुखी थे। उन्होंने अंग्रेज़ों द्वारा भारत के आर्थिक शोषण को इसके लिए ज़िम्मेदार ठहराया। दादाभाई नौरोजी ने 1881 में ही घोषित कर दिया था कि ब्रिटिश शासन "एक स्थायी, बढ़ता हुआ तथा लगातार बढ़ता हुआ विदेशी आक्रमण" है जो "धीरे-धीरे सही, मगर पूरी तरह देश को नष्ट कर रहा है।" भारत के परंपरागत हस्त उद्योगों को नष्ट करने तथा आधुनिक उद्योगों के विकास में बाधा डालने के लिए राष्ट्रवादियों ने सरकार की आर्थिक नीतियों की आलोचना की। उनमें अधिकांश ने भारतीय रेलवे, बागानों तथा उद्योगों में विदेशी पूंजी के भारी निवेश का विरोध किया। उनका तर्क यह था कि इससे भारतीय पूंजीपतियों का उत्पीड़न होगा और भारत की अर्थव्यवस्था तथा राजनीतिक प्रणाली पर ब्रिटेन का दबदबा और मज़बूत होगा। उन्हें विश्वास था कि विदेशी पूंजी के निवेश से मौजूदा पीढ़ी ही नहीं, बल्कि भावी पीढ़ियों के लिए भी गंभीर आर्थिक और राजनीतिक खतरे पैदा होंगे। उन्होंने बताया कि भारत की निर्धनता को दूर करने का प्रमुख उपाय आधुनिक उद्योगों का तीव्र विकास है। वे चाहते थे कि सरकार चुंगी द्वारा संरक्षण तथा प्रत्यक्ष आर्थिक सहायता देकर आधुनिक उद्योगों को प्रोत्साहन दे। भारतीय उद्योगों को बढ़ावा देने के लिए उन्होंने स्वदेशी, अर्थात् भारतीय मालों के उपयोग तथा ब्रिटिश मालों के बहिष्कार के विचार को प्रोत्साहित किया। उदाहरण के लिए, 1896 में एक व्यापक स्वदेशी कार्यक्रम के अंग के रूप में पूना तथा महाराष्ट्र के दूसरे नगरों में विदेशी वस्त्रों की खुलेआम होली जलाई गई।

राष्ट्रवादियों को शिकायत थी कि भारत की दौलत इंग्लैंड ले जाई जा रही है और उन्होंने मांग की कि इस दोहन को रोका जाए। किसानों पर करों का बोझ कम करने के लिए उन्होंने ज़मीन की मालगुज़ारी घटाने के सवाल पर निरंतर आंदोलन चलाया। इनमें से कुछ ने उन अर्ध-सामंती कृषि संबंधों की भी

आलोचना की जिनको अंग्रेज़ बनाए रखना चाहते थे। बागान-मज़दूरों के काम की परिस्थितियों में सुधार के लिए भी राष्ट्रवादियों ने आंदोलन छेड़े। उन्होंने भारी करों को भारत की गरीबी का एक कारण बताया और नमक कर खत्म करने तथा ज़मीन की मालगुज़ारी घटाने की मांग की। उन्होंने भारत सरकार के भारी फौजी खर्चों की निंदा की तथा इसे घटाने की मांग की। समय गुज़रने के साथ-साथ अधिकाधिक राष्ट्रवादी इस निष्कर्ष पर पहुंचते गए कि विदेशी साम्राज्यवाद द्वारा देश का आर्थिक शोषण, उसे निर्धन बनाना तथा उसके आर्थिक पिछड़ेपन को बनाए रखना, ये ऐसी बातें थीं जो विदेशी शासन के कुछ लाभकारी पहलुओं पर पानी फेर देती थीं। उदाहरण के लिए, जीवन तथा संपत्ति की सुरक्षा के लाभों के प्रश्न पर दादाभाई नौरोजी ने इस प्रकार की टिप्पणी की –

> मज़े की बात यह है कि भारत में जीवन तथा संपत्ति की सुरक्षा प्राप्त है, मगर यथार्थ में ऐसी कोई बात नहीं है। केवल एक ही अर्थ या रूप में जीवन और संपत्ति की सुरक्षा प्राप्त है, अर्थात् लोग एक-दूसरे की या देशी तानाशाहों की हिंसा से सुरक्षित हैं.........परंतु इंग्लैंड की अपनी जकड़ से संपत्ति को और परिणामस्वरूप जीवन को बिलकुल सुरक्षा प्राप्त नहीं है। भारत की संपत्ति सुरक्षित नहीं है। जो कुछ सुरक्षित और अच्छी तरह सुरक्षित है, वह यह है कि इंग्लैंड पूरी तरह सुरक्षित तथा निश्चिंत है और इस तरह पूरी सुरक्षा पाकर वह इस समय तीन या चार करोड़ पौंड प्रति वर्ष की दर से भारत की संपत्ति बाहर ले जा रहा है, या यहीं उसका भक्षण कर रहा है.......इसलिए मैं यह कहने की जुर्रत करूंगा कि भारत की संपत्ति या उसके जीवन को सुरक्षा प्राप्त नहीं है......भारत के लाखों-लाख लोगों के लिए जीवन का अर्थ ''आधा-पेट भोजन'', या भुखमरी, या अकाल और महामारी है।

कानून और व्यवस्था के बारे में दादाभाई ने लिखा–

> भारत में एक कहावत प्रचलित है : 'पीठ पर मार लो भैया, मगर पेट पर मत मारो।' देशी तानाशाह के अधीन जनता जो कुछ पैदा करती है उसे अपने पास रखती और उपयोग करती है, हालांकि कभी-कभी उसे पीठ पर कुछ हिंसा झेलनी पड़ती है। ब्रिटिश भारत की तानाशाही में मनुष्य शांति के साथ रह रहा है और ऐसी कोई हिंसा यहां नहीं है। परंतु उसका सहारा उससे अनदेखे, शांतिपूर्ण तथा बहुत बारीक ढंग से छिनता जा रहा है। वह शांति के साथ भूखा रहता है तथा शांति के साथ मर जाता है और यह सब पूरे कानून और व्यवस्था के साथ हो रहा है।

आर्थिक प्रश्नों पर राष्ट्रवादी आंदोलन के कारण अखिल भारतीय स्तर पर यह विचार फैला कि ब्रिटिश शासन भारत के शोषण पर आधारित है। भारत को गरीब बना रहा है तथा आर्थिक पिछड़ापन और अल्पविकास पैदा कर रहा है। ब्रिटिश शासन से परोक्ष ढंग से जो भी लाभ हुए हों, उनके मुकाबले ये हानियां कहीं बहुत अधिक थीं।

सांविधानिक सुधार

शुरू के राष्ट्रवादियों का आरंभ से ही यह विश्वास था कि भारत में अंततः लोकतांत्रिक स्वशासन लागू होना चाहिए। लेकिन उन्होंने इस लक्ष्य को फौरन प्राप्त किए जाने की मांग नहीं की। उनकी तात्कालिक मांगें अत्यधिक साधारण थीं। वे एक-एक कदम उठाकर स्वाधीनता की मंज़िल तक पहुंचना चाहते थे। वे बहुत सावधान भी थे कि सरकार उनकी गतिविधियों को कुचल न दे। 1885 से 1892 तक वे विधायी परिषदों के प्रसार और सुधार की ही मांग उठाते रहे।

उनके आंदोलन के दबाव में ब्रिटिश सरकार को 1892 में भारतीय परिषद् कानून पास करना पड़ा। इस कानून द्वारा शाही विधायी परिषद तथा प्रांतीय परिषदों में सदस्यों की संख्या बढ़ा दी गई। इनमें से कुछ सदस्यों को भारतीय अप्रत्यक्ष चुनाव द्वारा चुन सकते थे, मगर बहुमत सरकारी सदस्यों का ही रहता। राष्ट्रवादी 1892 के कानून से पूरी तरह असंतुष्ट थे तथा उन्होंने इसे मज़ाक बतलाया। उन्होंने परिषदों में भारतीय सदस्यों की संख्या बढ़ाने तथा उन्हें अधिक अधिकार दिए जाने की मांग उठाई। खासतौर पर उन्होंने सार्वजनिक धन पर भारतीयों के नियंत्रण की मांग की तथा वह नारा दिया जो इससे पहले अमरीकी जनता ने अपने स्वाधीनता के युद्ध के दौरान लगाया था। यह नारा था : "प्रतिनिधित्व नहीं, तो कर भी नहीं।" पर साथ ही साथ वे अपनी लोकतांत्रिक मांगों के आधार को व्यापक बनाने में असफल रहे; उन्होंने जनता के लिए या स्त्रियों के लिए मताधिकार की मांग नहीं की।

बीसवीं सदी के आरंभ तक राष्ट्रवादी नेता और आगे बढ़ चुके थे और उन्होंने ऑस्ट्रेलिया और कनाडा जैसे स्वशासित उपनिवेशों की तर्ज पर ब्रिटिश साम्राज्य के अंदर रहकर ही स्वशासन (स्वराज्य) का दावा पेश किया। कांग्रेस के मंच से इस मांग को 1905 में गोखले और 1906 में दादाभाई नौरोजी ने उठाया।

प्रशासकीय और अन्य सुधार

आरंभिक राष्ट्रवादी व्यक्तिवादी प्रशासकीय फैसलों के निर्भीक आलोचक थे। उन्होंने भ्रष्टाचार, निकम्मापन और दमन से ग्रस्त शासन प्रणाली के सुधार के लिए अथक प्रयास किए। जो सबसे महत्त्वपूर्ण प्रशासकीय सुधार वे चाहते

थे, वह यह था कि प्रशासकीय सेवाओं के उच्चतर पदों का भारतीयकरण हो। उन्होंने आर्थिक, राजनीतिक और नैतिक आधारों पर यह मांग उठाई। आर्थिक, दृष्टि से उच्चतर पदों पर यूरोपीय एकाधिकार दो कारणों से हानिकारक था : (अ) यूरोपीय लोगों को बहुत ऊंचे वेतन दिए जाते थे और इसी से भारत का प्रशासन बहुत खर्चीला हो जाता था, जबकि समान योग्यता वाले भारतीयों को कम वेतन पर रखा जा सकता था और (ब) यूरोपीय लोग अपने वेतन का एक बड़ा भाग भारत से बाहर भेज देते थे और उनको पेंशन भी इंग्लैंड में अदा की जाती थी। इससे भारत की संपत्ति का दोहन और बढ़ता था। राजनीतिक दृष्टि से राष्ट्रवादियों का मत था कि इन सेवाओं का भारतीयकरण करने पर प्रशासन भारत की आवश्यकताओं के प्रति और सजग होता। इस प्रश्न के नैतिक पक्ष को 1897 में गोपालकृष्ण गोखले ने इस प्रकार रखा –

> विदेशी प्रशासन का अत्यधिक खर्चीलापन बहरहाल इसकी अकेली बुराई नहीं है। यह एक नैतिक बुराई भी है और बल्कि यह बड़ी बुराई है। वर्तमान व्यवस्था में भारतीय जाति का कद घटने या उसकी वृद्धि के रुकने की प्रक्रिया चल रही है। हमें अपना पूरा जीवन, उसका एक-एक दिन हीनता के वातावरण में जीना पड़ रहा है और हममें जो श्रेष्ठता है उसे भी झुकना पड़ रहा है........हमारी मनुष्यता जिन महानता की ऊंचाइयों को छू सकती है, वहां तक वर्तमान व्यवस्था में हम कभी नहीं पहुंच सकेंगे। प्रत्येक स्वशासी जनगण को जिस नैतिक ऊंचाई का अनुभव होता है, उसे हम महसूस नहीं कर सकते। हमारी प्रशासकीय और सैनिक योग्यताएं उपयोग के बिना धीरे-धीरे नष्ट हो जाएंगी और हम अपने ही देश में लकड़ी काटने वालों या कुएं से पानी निकालने वालों के रूप में जड़ होकर रह जाएंगे।

राष्ट्रवादियों की मांग थी कि न्यायिक अधिकारों को कार्यकारी अधिकारों से अलग किया जाए ताकि पुलिस तथा नौकरशाही के मनमाने अत्याचारों से जनता को कुछ सुरक्षा मिले। उन्होंने जनता के साथ पुलिस या दूसरे सरकारी अमलों के दमनकारी और निरंकुश व्यवहार के ख़िलाफ़ आंदोलन छेड़े। उन्होंने कानूनी प्रक्रिया में लगने वाली देरी तथा न्याय-व्यवस्था के ऊंचे खर्च की आलोचना की। उन्होंने भारत के पड़ोसी देशों के प्रति आक्रामक विदेश नीति का विरोध किया। उन्होंने बर्मा के अपहरण, अफ़गानिस्तान पर हमले तथा पश्चिमोत्तर भारत की आदिवासी जनता के दमन का भी विरोध किया।

उन्होंने सरकार से आग्रह किया कि वह राज्य की ओर से कल्याणकारी गतिविधियां चलाएं। उन्होंने जनता में प्राथमिक शिक्षा के प्रसार पर बहुत अधिक

ज़ोर दिया। उन्होंने तकनीकी और उच्च शिक्षा की सुविधाएं बढ़ाने की मांग भी उठाई।

सूदखोरों के चंगुल से किसानों को बचाने के लिए उन्होंने कृषि बैंकों की स्थापना की मांग की। वे चाहते थे कि सरकार खेती के विकास तथा देश को अकाल से बचाने के लिए बड़े पैमाने पर सिंचाई की योजनाएं लागू करे। उन्होंने चिकित्सा तथा स्वास्थ्य सुविधाओं को बढ़ाने तथा पुलिस को ईमानदार, कुशल तथा जनप्रिय बनाने के लिए पुलिस व्यवस्था में सुधार की मांगें भी उठाईं।

राष्ट्रवादी नेताओं ने उन भारतीय मज़दूरों के पक्ष में भी आवाज़ उठाई जो गरीबी से मजबूर होकर, रोज़गार की तलाश में दक्षिण अफ्रीका, मलाया, मॉरीशस, वेस्ट इंडीज़ या ब्रिटिश गुयाना चले जाते थे। इनमें से अधिकांश देशों में उन्हें निर्मम दमन तथा जातीय भेदभाव का सामना करना पड़ता था। यह बात दक्षिण अफ्रीका के बारे में खासतौर पर सच थी, जहां भारतीयों के मूलभूत मानव अधिकारों की रक्षा के लिए मोहनदास करमचंद गांधी एक जनसंघर्ष चला रहे थे।

नागरिक अधिकारों की रक्षा

आरंभ में ही राजनीतिक चेतना-प्राप्त भारतीय लोकतंत्र ही नहीं, बल्कि भाषण, प्रेस, विचार तथा संगठन की स्वतंत्रता जैसे आधुनिक नागरिक अधिकारों के प्रति भी आकर्षित थे। जब भी सरकार इन नागरिक अधिकारों को सीमित करने के प्रयास करती, वे जमकर उनका बचाव करते। यही वह काल था जिसमें राष्ट्रवादी राजनीतिक कार्य के फलस्वरूप आमतौर पर पूरी भारतीय जनता तथा खासतौर पर शिक्षित वर्गों में लोकतांत्रिक विचार अपनी जड़ें जमाने लगे। वास्तव में, लोकतांत्रिक स्वतंत्रता का संघर्ष स्वाधीनता के लिए राष्ट्रीय संघर्ष का अभिन्न अंग बन गया। 1897 में बंबई की सरकार ने बाल गंगाधर तिलक, दूसरे कई नेताओं और समाचारपत्रों के संपादकों को सरकार के ख़िलाफ़ असंतोष भड़काने के लिए गिरफ़्तार कर लिया और उन पर मुकदमा चलाया। उनको लंबी-लंबी कैद की सज़ाएं दी गईं। इसी के साथ पूना के दो नाटू भाइयों को बिना किसी मुकदमे के अंडमान भेज दिया गया। जनता की स्वतंत्रता पर इस हमले का पूरे देश में विरोध हुआ। तिलक जिन्हें अभी तक मुख्यत: महाराष्ट्र में ही जाना जाता था, रातों-रात अखिल भारतीय नेता बन गए।

राजनीतिक कार्य की विधियां

1905 तक भारत के राष्ट्रीय आंदोलन पर उन लोगों का वर्चस्व था जिनको प्रायः नरमपंथी राष्ट्रवादी कहा जाता है। कानून की सीमा में रहकर सांविधानिक आंदोलन तथा धीरे-धीरे, व्यवस्थित ढंग से राजनीतिक प्रगति–इन शब्दों में नरमपंथियों की राजनीतिक कार्यपद्धति को संक्षेप में रखा जा सकता है। उनका विश्वास था कि अगर जनमत को उभारा और संगठित किया जाए और प्रार्थनापत्रों, सभाओं, प्रस्तावों तथा भाषणों के द्वारा अधिकारियों तक जनता की मांगों को पहुंचाया जाए तो वे धीरे-धीरे एक-एक करके इन मांगों को पूरा करेंगे।

इसलिए उनके राजनीतिक कार्य की दो दिशाएं थीं। प्रथम, भारत की जनता में राजनीतिक चेतना तथा राष्ट्रीय भावना जगाने के लिए एक शक्तिशाली जनमत तैयार करना, तथा जनता को राजनीतिक प्रश्नों पर शिक्षित और एकताबद्ध करना। राष्ट्रीय कांग्रेस के प्रस्ताव तथा प्रार्थनापत्र भी मूलतः इसी लक्ष्य द्वारा निर्देशित थे। हालांकि देखने में तो उनके स्मरणपत्र और प्रार्थनापत्र सरकार को संबोधित थे, मगर उनका वास्तविक उद्देश्य भारतीय जनता को शिक्षित करना था। उदाहरण के लिए जब 1891 में युवक गोखले ने पूना सार्वजनिक सभा द्वारा सावधानी के साथ तैयार करके भेजे गए एक स्मरण पत्र के बाद सरकार द्वारा दिए गए दो पंक्तियों के उत्तर पर अपनी निराशा व्यक्त की तो जस्टिस रानाडे ने इसकी व्याख्या इस प्रकार की–

> आप अपने देश के इतिहास में हमारे स्थान को नहीं समझते। ये स्मरण पत्र कहने को सरकार के नाम संबोधित है। वास्तव में ये जनता को संबोधित है ताकि वह जान सकें कि इन विषयों पर कैसे विचार करना चाहिए। यह काम किसी परिणाम की आशा किए बिना अभी अनेक वर्षों तक चलाया जाना चाहिए, क्योंकि इस तरह की राजनीति इस देश के लिए एकदम नई बात है।

दूसरे, आरंभिक राष्ट्रवादी ब्रिटिश सरकार तथा ब्रिटिश जनमत को प्रभावित करना चाहते थे ताकि जिस प्रकार के सुधार राष्ट्रवादियों द्वारा सुझाए गए थे उनको लागू किया जा सके। नरमपंथी राष्ट्रवादियों का विश्वास था कि ब्रिटिश जनता और संसद भारत के साथ न्याय तो करना चाहती थी, मगर उन्हें यहां की वास्तविक स्थिति की जानकारी नहीं थी। इसलिए भारतीय जनमत को शिक्षित करने के साथ-साथ नरमपंथी राष्ट्रवादी ब्रिटिश जनमत को शिक्षित करने के प्रयास भी कर रहे थे। इस उद्देश्य से उन्होंने ब्रिटेन में जमकर प्रचार-कार्य किया। भारतीय पक्ष को सामने रखने के लिए प्रमुख भारतीयों के दल ब्रिटेन भेजे गए। 1889 में भारतीय राष्ट्रीय कांग्रेस की एक ब्रिटिश समिति बनाई गई। इस समिति

ने 1890 में "इंडिया" नामक एक पत्रिका भी निकालनी आरंभ की। दादाभाई नौरोजी ने अपने जीवन तथा आय का एक बड़ा हिस्सा इंग्लैंड में रहकर वहां की जनता में भारत की मांगों का प्रचार करने में लगा दिया।

भारतीय राष्ट्रीय आंदोलन के अध्ययनकर्ता कभी-कभी भ्रम में पड़ जाते हैं, जब वे पाते हैं कि प्रमुख भारतीय नेता अंग्रेज़ों के प्रति वफ़ादारी की बड़ी-बड़ी कसमें खाते थे। इन कसमों का अर्थ हर्गिज़ यह नहीं है कि वे सच्चे देशभक्त नहीं थे या वे कायर लोग थे। उनका दिल से विश्वास था कि ब्रिटेन के साथ भारत का राजनीतिक संबंध बने रहना, इतिहास के उस चरण में भारत के हित में था। इसलिए उनकी योजना अंग्रेज़ों को भगाने की नहीं बल्कि ब्रिटिश शासन का रूपांतरण करके, उसे एक राष्ट्रीय शासन के समान बनाने की थी। बाद में जब उन्होंने ब्रिटिश शासन की बुराइयों को तथा सुधार की राष्ट्रवादी मांगों को स्वीकार करने में सरकार की असफलता को समझा, तो उनमें से अनेक ने ब्रिटिश शासन के प्रति वफ़ादारी की कसम खाना बंद करके भारत के लिए स्वशासन की मांग उठानी आरंभ कर दी। इसके अलावा, उनमें से अनेक केवल इसलिए नरमपंथी थे क्योंकि वे समझते थे कि विदेशी शासकों को खुलकर चुनौती देने का समय अभी नहीं आया था।

जनता की भूमिका

संकुचित सामाजिक आधार आरंभिक राष्ट्रीय आंदोलन की बुनियादी कमज़ोरी थी। अभी जनता में इस आंदोलन की पैठ नहीं हुई थी। वास्तव में जनता में नेताओं की कोई राजनीतिक आस्था नहीं थी। सक्रिय राजनीतिक संघर्ष छेड़ने की समस्याओं का वर्णन करते हुए गोपालकृष्ण गोखले ने कहा कि 'देश में विभाजन तथा उपविभाजन की एक अंतहीन शृंखला है, जनता का अधिकांश भाग अज्ञान से भरा हुआ तथा विचार और भावना के पुराने तरीकों से कसकर चिपका हुआ है और यह जनता हर प्रकार के परिवर्तन की विरोधी है और परिवर्तन को समझती नहीं है।' इस प्रकार नरमपंथी नेताओं का विश्वास था कि औपनिवेशिक शासन के ख़िलाफ़ जुझारू जन-संघर्ष तभी छेड़ा जा सकता है जब भारतीय समाज के बहुविध तत्त्वों को एक राष्ट्र के सूत्र में बांधा जा चुका हो। परंतु वास्तव में यही तो वह संघर्ष था जिसके दौरान भारतीय राष्ट्र का निर्माण हो सकता था। जनता के प्रति इस गलत दृष्टिकोण का नतीजा यह हुआ कि राष्ट्रीय आंदोलन के आरंभिक चरण में जनता की भूमिका निष्क्रिय ही रही। इससे राजनीतिक नरमी का जन्म हुआ। जनता के समर्थन के अभाव में वे जुझारू राजनीतिक उपाय

नहीं अपना सकते थे। हम आगे देखेंगे कि बाद के राष्ट्रवादी लोग नरमपंथियों से ठीक इसी अर्थ में भिन्न थे।

फिर भी आरंभिक राष्ट्रीय आंदोलन के संकुचित सामाजिक आधार से हमें यह निष्कर्ष नहीं निकालना चाहिए कि यह उन्हीं सामाजिक वर्गों के संकुचित हितों तक सीमित था जो इसमें शामिल थे। इसके कार्यक्रम और इसकी नीतियां भारतीय जनता के सभी वर्गों के हितों से जुड़ी थीं और औपनिवेशिक वर्चस्व के विरुद्ध उदीयमान भारतीय राष्ट्र का प्रतिनिधित्व करती थीं।

सरकार का रवैया

आरंभ से ही ब्रिटिश अधिकारी उभरते हुए राष्ट्रवादी आंदोलन के ख़िलाफ़ तथा राष्ट्रीय कांग्रेस के प्रति शंकालु थे। वायसरॉय डफ़रिन ने ह्यूम को यह सुझाव दिया कि कांग्रेस राजनीतिक नहीं बल्कि सामाजिक मामलों को देखे और इस तरह उसने राष्ट्रीय आंदोलन को दिशाभ्रष्ट करना चाहा। लेकिन कांग्रेस के नेताओं ने ऐसा परिवर्तन करने से इनकार कर दिया। परंतु जल्दी ही यह स्पष्ट हो गया कि राष्ट्रीय कांग्रेस अधिकारियों के हाथों का खिलौना नहीं बन सकती और यह धीरे-धीरे भारतीय राष्ट्रवाद का केंद्रबिंदु बनती जा रही थी। अब ब्रिटिश अधिकारी खुलकर राष्ट्रीय कांग्रेस तथा दूसरे राष्ट्रवादी प्रवक्ताओं की आलोचना और निंदा करने लगे। डफरिन से लेकर नीचे तक के सभी ब्रिटिश अधिकारी राष्ट्रवादी नेताओं को "बेवफा बाबू", "राजद्रोही ब्राह्मण" तथा "हिंसक खलनायक" कहने लगे। कांग्रेस को "राजद्रोह का कारखाना" कहा जाने लगा। डफरिन ने 1887 में एक सार्वजनिक भाषण में राष्ट्रीय कांग्रेस पर हमला किया तथा उसे "जनता के एक बहुत सूक्ष्म भाग" का प्रतिनिधि बताकर उसकी हंसी उड़ाई।

लॉर्ड कर्ज़न ने 1900 में विदेश सचिव को बतलाया कि 'कांग्रेस का महल भरभरा रहा है और भारत में रहते हुए मेरी मुख्य महत्त्वाकांक्षा यह है कि मैं शांति के साथ इसे मरने में सहयोग दे सकूं।' भारतीय जनता की बढ़ती एकता उनके शासन के लिए एक बड़ा खतरा है, यह महसूस करके अंग्रेज़ अधिकारियों ने "बांटो और राज करो" की नीति को और भी जमकर लागू किया। उन्होंने सैयद अहमद खान, बनारस के राजा शिवप्रसाद तथा दूसरे ब्रिटिश-समर्थक व्यक्तियों को प्रोत्साहित किया कि वे कांग्रेस के ख़िलाफ़ आंदोलन चलाएं। उन्होंने हिंदुओं और मुसलमानों में भी फूट डालने की कोशिश की। राष्ट्रवाद का विकास रोकने के लिए उन्होंने एक तरफ छोटी-छोटी छूटें देने और दूसरी तरफ निर्मम दमन

करने की नीति अपनाई। फिर भी, अधिकारियों का यह विरोध राष्ट्रीय आंदोलन का विकास रोकने में असफल रहा।

आरंभिक राष्ट्रीय आंदोलन का मूल्यांकन

कुछ आलोचकों का विचार है कि राष्ट्रवादी आंदोलन और राष्ट्रीय कांग्रेस को आरंभिक चरण में अधिक सफलता नहीं मिली। जिन सुधारों के लिए राष्ट्रवादियों ने आंदोलन छेड़े उनमें से बहुत थोड़े सुधार ही सरकार ने लागू किए।

इस आलोचना में बहुत कुछ सच्चाई है। मगर आरंभिक राष्ट्रीय आंदोलन को असफल घोषित करना भी आलोचकों के लिए सही नहीं है। ऐतिहासिक दृष्टि से देखें तो जो काम उन्होंने हाथ में लिए थे, उसकी तात्कालिक कठिनाइयों को देखते हुए, इस आंदोलन का इतिहास बहुत उज्ज्वल है। यह अपने समय की सबसे प्रगतिशील शक्ति का सूचक था। यह एक व्यापक राष्ट्रीय जागृति लाने तथा जनता में एक ही भारतीय राष्ट्र के सदस्य होने की भावना जगाने में सफल रहा। इसने भारतीय जनता को उनके सांझे राजनीतिक, आर्थिक, सामाजिक और सांस्कृतिक हितों से जुड़े होने तथा साम्राज्यवाद के रूप में एक सांझे शत्रु के अस्तित्व के प्रति जागरूक किया और इस प्रकार उनको एक राष्ट्र में एकताबद्ध किया। इसने जनता को राजनीतिक कार्य में प्रशिक्षित किया, उनमें जनतंत्र, नागरिक स्वतंत्रताओं, धर्मनिरपेक्षता तथा राष्ट्रवाद के विचारों को लोकप्रिय बनाया, उनमें आधुनिक दृष्टिकोण जगाया तथा ब्रिटिश शासन की बुराइयों को उनके सामने रखा।

सबसे बड़ी बात यह है कि भारत में ब्रिटिश साम्राज्यवाद के सही चरित्र को निर्ममतापूर्वक उजागर करने में आरंभिक राष्ट्रवादियों ने अग्रगामी भूमिका निभाई। उन्होंने लगभग प्रत्येक महत्त्वपूर्ण आर्थिक प्रश्न को देश की राजनीतिक रूप से पराधीन स्थिति से जोड़ा। साम्राज्यवाद की उनकी शक्तिशाली अर्थशास्त्रीय आलोचना ब्रिटिश शासन के ख़िलाफ़ बाद के सक्रिय जनसंघर्ष के दौरान राष्ट्रवादी आंदोलन का एक प्रमुख अस्त्र बन गई। अपने आर्थिक आंदोलनों के द्वारा ब्रिटिश शासन के निर्मम व शोषक चरित्र को बेनकाब करके उन्होंने उसके नैतिक आधारों को भी कमज़ोर किया। आरंभिक राष्ट्रवादी आंदोलन ने एक साझा राजनीतिक-आर्थिक कार्यक्रम भी पेश किया जिसके आधार पर भारतीय जनता एकजुट होकर बाद में राजनीतिक संघर्ष चला सकी। इसने यह राजनीतिक सत्य सामने रखा कि भारत का शासन भारतीयों के हित में चलना चाहिए। इसने राष्ट्रवाद के प्रश्न को भारतीय जीवन का एक प्रमुख प्रश्न बना दिया। इसके

अलावा, नरमपंथियों का राजनीतिक कार्य धर्म, भावुकता या खोखली भावना की दुहाई न देकर जनता के जीवन की ठोस वास्तविकता के ठोस अध्ययन और विश्लेषण पर आधारित था। आरंभिक आंदोलन की कमज़ोरियों को तो बाद की पीढ़ियों ने दूर कर दिया और उसकी उपलब्धियां आगे के वर्षों में एक और ज़ोरदार राष्ट्रीय आंदोलन का आधार बन गईं। इसलिए हम कह सकते हैं कि अपनी तमाम कमियों के बावजूद आरंभिक राष्ट्रवादियों ने वह बुनियाद बनाई जिस पर राष्ट्रीय आंदोलन आगे और भी विकसित हुआ। इसलिए उन्हें आधुनिक भारत के निर्माताओं में ऊंचा स्थान मिलना चाहिए।

10

धार्मिक और सामाजिक सुधार: 1858 के बाद

राष्ट्रवाद तथा लोकतंत्र की वह उठती लहर, जिसने स्वतंत्रता के संघर्ष को जन्म दिया था, उन आंदोलनों के रूप में भी सामने आई जिनका उद्देश्य सामाजिक संस्थाओं तथा भारतीय जनता के धार्मिक दृष्टिकोण का सुधार करना और उनका लोकतांत्रिकरण करना था। अनेक भारतीयों ने यह अनुभव किया कि सामाजिक और धार्मिक सुधार आधुनिक ढंग से देश का चौतरफा विकास करने तथा राष्ट्रीय एकता और एकजुटता को विकसित करने के लिए आवश्यक हैं। राष्ट्रवादी भावनाओं का विकास, नई आर्थिक शक्तियों का उदय, शिक्षा का प्रसार, आधुनिक पश्चिमी विचारों तथा संस्कृति का प्रभाव, तथा दुनिया के बारे में पहले से अधिक जानकारी; इन सभी बातों ने भारतीय समाज के पिछड़ेपन तथा पतन के बारे में लोगों की चेतना को बढ़ाया ही नहीं बल्कि सुधार के संकल्प को और मज़बूत किया। उदाहरण के लिए, केशवचंद्र सेन ने कहा–

> आज हम जो कुछ अपने इर्द-गिर्द देखते हैं वह एक पतित राष्ट्र है–एक ऐसा राष्ट्र जिसकी प्राचीन महानता ध्वंस होकर बिखरी पड़ी है। इसका राष्ट्रीय साहित्य और विज्ञान, इसका धर्मशास्त्र और दर्शन, इसका उद्योग और वाणिज्य, इसकी सामाजिक समृद्धि और घरेलू सरलता तथा मधुरता, यह सभी समाप्त हो चुकी बातों के साथ लगभग जा ही चुकी हैं। जब हम अपने चारों ओर बढ़ते आध्यात्मिक, सामाजिक तथा बौद्धिक सूनेपन के दुखदायी तथा निराशाजनक दृश्य देखते हैं तो हम इसमें कालिदास के काव्य के, विज्ञान तथा सभ्यता के देश को पहचानने का व्यर्थ प्रयत्न करते हैं।

इसी तरह स्वामी विवेकानंद ने भारतीय जनता की स्थिति को इन शब्दों में व्यक्त किया–

> चिथड़ों में लिपटे वृद्धों और युवकों के यहां-वहां भटकते कृशकाय ढांचे, जिनके चेहरों पर सैकड़ों वर्षों की निराशा तथा गरीबी ने गहरी झुर्रियां डाल रखी हैं,

> हर जगह पाए जाने वाले गाय, बैल तथा भैंस जैसे पशु–उनकी आंखों में वही गहरी उदासी, वही दुर्बल शरीर; सड़क के किनारे बिखरा कूड़ा और गर्द-क्या यही हमारा आज का भारत है? महलों के ठीक पड़ोस में चरमराती झोपड़ियां; मंदिर के ठीक पास कूडे के ढेर; तड़क-भड़क वस्त्रों में सजे व्यक्ति के साथ-साथ चलता हुआ लंगोट पहने संन्यासी; अच्छे भोजन तथा तमाम सुविधाओं से संपन्न व्यक्ति से दया की भीख मांगती और बेचमक निगाहों से देखता हुआ एक भूख का मारा व्यक्ति – क्या हमारा अपना देश है। भयानक प्लेग तथा कॉलरा के कारण भयानक तबाही; देश के पोर-पोर को चबाता हुआ मलेरिया; मनुष्य की दूसरी प्रकृति बन चुकी भुखमरी और अर्ध-भुखमरी; तांडव-नृत्य करता हुआ अकाल का दानव ... तीस करोड़ लोगों का यह समूह जो कहने भर को मनुष्य हैं, अपने ही देशवासियों तथा विदेशी राष्ट्रों द्वारा पीड़ित होकर जीवनहीन ... किसी आशा, किसी अतीत, किसी भविष्य से वंचित ... ऐसे कुटिल चरित्र के लोग जो केवल गुलामों को शोभा दे, जिनके लिए अपने ही भाइयों की संपत्ति असह्य है ... उन बलवानों के तलवे चाटते हुए जो बलहीनों को प्राणघातक चोटें पहुंचा रहे हैं ... ऐसे भोंडे तथा निकृष्ट अंधविश्वासों से ग्रस्त जो स्वाभाविक तौर पर कमज़ोर तथा भविष्य से निराश लोगों में आ जाते हैं... किसी भी नैतिक मानदंड से रहित ... इन तरहों के तीन करोड़ प्राणी जो भारत के शरीर पर इस तरह रेंग रहे हैं जैसे कि सड़ती और बदबू देती लाशों के ऊपर कीड़े रेंगते हैं – हमारे बारे में यही वह तस्वीर है जो स्वाभाविक तौर पर अंग्रेज़ अधिकारियों के सामने उभरती है।

इस तरह 1858 के बाद पहले की सुधारवादी प्रवृत्ति का आधार और व्यापक हुआ। राजा राममोहन राय तथा ईश्वरचंद्र विद्यासागर जैसे आरंभिक सुधारवादियों के काम को धार्मिक तथा सामाजिक सुधार के प्रमुख आंदोलनों ने और आगे बढ़ाया।

धार्मिक सुधार

विज्ञान, जनतंत्र तथा राष्ट्रवाद की आधुनिक दुनिया की आवश्यकताओं के अनुसार अपने समाज को ढालने की इच्छा लेकर तथा यह संकल्प करके कि इस रास्ते में कोई बाधा नहीं रहने दी जाएगी, विचारशील भारतीयों ने अपने पारंपरिक धर्मों के सुधार का काम आरंभ किया। इसका कारण था कि धर्म उन दिनों जनता के जीवन का एक अभिन्न अंग था और धार्मिक सुधार के बिना सामाजिक सुधार भी कुछ खास संभव नहीं था। अपने धर्मों के आधार के प्रति सच्चे रहकर भी उन्होंने उनको भारतीय जनता की नई आवश्यकताओं के अनुसार ढाला।

ब्रह्म समाज : राजा राममोहन राय की ब्रह्म परंपरा को 1843 के बाद देवेंद्रनाथ ठाकुर ने आगे बढ़ाया। उन्होंने इस सिद्धांत का भी खंडन किया कि वैदिक ग्रंथ अनुल्लंघनीय हैं। 1866 के बाद इस आंदोलन को केशवचंद्र सेन ने आगे जारी रखा। ब्रह्म समाज ने हिंदू धर्म की कुरीतियों को हटाकर, उसे एक ईश्वर की पूजा पर आधारित करके तथा वेदों को अनुल्लंघनीय न मानकर भी वेदों तथा उपनिषदों की शिक्षाओं के आधार पर उसमें सुधार लाने की कोशिश की। इसने आधुनिक पाश्चात्य दर्शन के बेहतरीन तत्त्वों को अपनाने की भी कोशिश की। सबसे बड़ी बात यह है कि उसने अपना आधार मानव-बुद्धि को बनाया तथा उसे यह जांचने की कसौटी बतलाया कि प्राचीन या वर्तमान धार्मिक सिद्धांतों और व्यवहारों में क्या उपयोगी तथा क्या अनुपयोगी है। इस कारण धार्मिक ग्रंथों की व्याख्या के लिए पुरोहित वर्ग को भी ब्रह्म समाज ने अनावश्यक बताया। प्रत्येक व्यक्ति को यह अधिकार तथा क्षमता प्राप्त है कि वह अपनी बुद्धि की सहायता से यह देखे कि किसी धार्मिक ग्रंथ या सिद्धांत में क्या गलत है और क्या सही है। इस तरह ब्रह्म समाजी मूलत: मूर्तिपूजा तथा अंधविश्वासपूर्ण कर्मकांडों के, बल्कि पूरी ब्राह्मणवादी परंपरा के विरोधी थे। वे बिना किसी पुरोहित की मध्यस्थता के एक ईश्वर की पूजा करते थे।

ब्रह्म लोग महान समाज सुधारक भी थे। उन्होंने जाति प्रथा तथा बाल विवाह का जमकर विरोध किया। विधवा पुनर्विवाह समेत स्त्री-कल्याण के सभी उपायों तथा स्त्री-पुरुषों के बीच आधुनिक शिक्षा के प्रसार के वे समर्थक थे।

ब्रह्म समाज अपने आंतरिक कलह के कारण उन्नीसवीं सदी के उत्तरार्ध में कमज़ोर पड़ गया। इसके अलावा, इसका प्रभाव अधिकांश नगरीय शिक्षित वर्ग तक ही सीमित था। फिर भी उन्नीसवीं तथा बीसवीं सदी में बंगाल तथा शेष भारत के बौद्धिक, सामाजिक, सांस्कृतिक तथा राजनीतिक जीवन पर इसका गहरा प्रभाव पड़ा।

महाराष्ट्र में धार्मिक सुधार : बंबई प्रांत में धार्मिक सुधार कार्य का आरंभ 1840 में परमहंस मंडली ने किया। इसका उद्देश्य मूर्तिपूजा तथा जाति प्रथा का विरोध करना था। पश्चिमी भारत के पहले धार्मिक सुधारक संभवत: गोपाल हरि देशमुख थे जिन्हें जनता "लोकहितवादी" कहती थी। वे मराठी भाषा में लिखते थे। उन्होंने हिंदू कट्टरपंथ पर भयानक बुद्धिवादी आक्रमण किए और धार्मिक तथा सामाजिक समानता का प्रचार किया। उदाहरण के लिए, 1840 के दशक में उन्होंने लिखा –

> पुरोहित बहुत ही अपवित्र हैं क्योंकि कुछ बातों को बिना उनका अर्थ समझे दुहराते रहते हैं और ज्ञान को इसी रटंत तक भौंडे ढंग से सीमित करके रख

> देते हैं। ... पंडित तो पुरोहितों से भी बुरे हैं क्योंकि वे और भी अज्ञानी हैं तथा अहंकारी भी हैं ... ब्राह्मण कौन है और किन अर्थों में वे हमसे भिन्न हैं? क्या उनके बीस हाथ हैं और क्या हममें कोई कमी है? अब जब ऐसे सवाल पूछे जाएं तो ब्राह्मणों को अपनी मूर्खतापूर्ण धारणाएं त्याग देनी चाहिए, उन्हें यह मान लेना चाहिए कि सभी मनुष्य बराबर हैं तथा हर व्यक्ति को ज्ञान प्राप्त करने का अधिकार है।

उन्होंने यह भी कहा कि अगर धर्म सामाजिक सुधार की अनुमति नहीं देता तो उसे बदल दिया जाना चाहिए। इसका कारण है कि धर्म को मनुष्य ने ही बनाया है और बहुत पहले लिखे गए धर्मग्रंथ हो सकता है कि बाद के काल के लिए प्रासंगिक न रह जाएं। बाद में आधुनिक ज्ञान के प्रकाश में हिंदू धार्मिक विचारों तथा व्यवहारों में सुधार लाने के लिए प्रार्थना समाज की स्थापना हुई। इसने एक ईश्वर की पूजा का प्रचार किया तथा धर्म को जाति प्रथा की रूढ़ियों से और पुरोहितों के वर्चस्व से मुक्त करने का प्रयास किया। संस्कृत के प्रसिद्ध विद्वान तथा इतिहासकार आर. जी. भंडारकर और महादेव गोविंद रानाडे (1842-1901) इसके प्रमुख नेता थे। इस पर ब्रह्म समाज का गहरा प्रभाव था। तेलुगू सुधारक वीरेशलिंगम के प्रयासों से इसका प्रसार दक्षिण भारत में भी हुआ। इसी समय महाराष्ट्र में गोपाल गणेश आगरकर भी कार्यरत थे जो आधुनिक भारत के महानतम बुद्धिवादी विचारकों में एक थे। ये मानव-बुद्धि की क्षमता के प्रचारक थे। परंपरा पर अंध-श्रद्धा तथा भारत के अतीत के झूठे महिमामंडन की भी उन्होंने कड़ी आलोचना की।

रामकृष्ण और विवेकानंद : रामकृष्ण परमहंस (1834-1886) एक संत चरित्र व्यक्ति थे, जो त्याग-ध्यान-भक्ति की पारंपरिक विधियों से धार्मिक मुक्ति पाने में विश्वास रखते थे। धार्मिक सत्य की खोज तथा स्वयं में ईश्वर का अनुभव करने के उद्देश्य से वे मुस्लिम तथा ईसाई दरवेशों के साथ भी रहे। उन्होंने बार-बार इस बात पर ज़ोर दिया कि ईश्वर तक पहुंचने तथा मुक्ति पाने के कई मार्ग हैं और यह कि मनुष्य की सेवा ईश्वर की सेवा है, क्योंकि मनुष्य ईश्वर का ही मूर्तिमान रूप है।

उनके धार्मिक संदेशों को उनके महान शिष्य स्वामी विवेकानंद (1863-1902) ने प्रचारित किया तथा उनको समकालीन भारतीय समाज की आवश्यकताओं के अनुसार ढालने का प्रयास किया। विवेकानंद का सबसे अधिक ज़ोर सामाजिक क्रिया पर था। उन्होंने कहा कि ज्ञान अगर वास्तविक दुनिया में, जिसमें हम रहते हैं, कर्म से हीन हो तो व्यर्थ है। अपने गुरु की तरह उन्होंने भी सभी धर्मों की बुनियादी एकता की घोषणा की तथा धार्मिक बातों में संकुचित दृष्टिकोण की

निंदा की। जैसा कि 1898 में उन्होंने लिखा था : 'हमारी अपनी मातृभूमि के लिए दो महान धर्मों-हिंदुत्व तथा इस्लाम का संयोग ही ... एकमात्र आशा है।' साथ ही वे भारतीय दर्शन-परंपरा के श्रेष्ठकर दृष्टिकोण में भी विश्वास रखते थे। वे खुद वेदांत के अनुयायी थे जिसे उन्होंने एक पूर्णतः बुद्धिसंगत प्रणाली बतलाया।

विवेकानंद ने भारतीयों की आलोचना की कि बाकी दुनिया से कटकर वे जड़ तथा मृतप्राय हो गए हैं। उन्होंने लिखा: 'दुनिया के सभी दूसरे राष्ट्रों से हमारे अलगाव ही हमारे पतन का कारण है और शेष दुनिया की धारा में समा जाना ही इसका एकमात्र समाधान है। गति जीवन का चिह्न है।'

विवेकानंद ने जाति-प्रथा तथा कर्मकांड, पूजा-पाठ और अंधविश्वास पर हिंदू धर्म के ज़ोर देने की निंदा की तथा जनता से स्वाधीनता, समानता तथा स्वतंत्र चिंतन की भावना अपनाने का आग्रह किया। इस बारे में उनकी तीखी टिप्पणी इस प्रकार थी–

> हमारे सामने खतरा यह है कि हमारा धर्म रसोईघर में न बंद हो जाए। हम, अर्थात् हममें से अधिकांश न वेदांती हैं, न पौराणिक और न ही तांत्रिक। हम केवल "हमें मत छुओ" के समर्थक हैं। हमारा ईश्वर भोजन के बर्तन में है और हमारा धर्म यह है कि "हम पवित्र हैं, हमें छूना मत।" अगर यह सब कुछ एक शताब्दी और चलता रहा तो हमसे से हर एक व्यक्ति पागलखाने में होगा।

विचारों की स्वतंत्रता के बारे में उन्होंने कहा–

> विचार और धर्म की स्वतंत्रता जीवन, विकास तथा कल्याण की अकेली शर्त है। जहां यह न हो वहां मनुष्य, जाति तथा राष्ट्र सभी पतन के शिकार होते हैं।

अपने गुरु की तरह विवेकानंद भी एक महान मानवतावादी थे। देश की साधारण जनता की गरीबी, बदहाली और पीड़ा से दुखी होकर उन्होंने लिखा है–

> मैं एक ही ईश्वर को मानता हूं, जो सभी आत्माओं की एक आत्मा है और सबसे ऊपर है। मेरा ईश्वर दुखी मानव है, मेरा ईश्वर पीड़ित मानव है, मेरा ईश्वर हर जाति का निर्धन मनुष्य है।

शिक्षित भारतीयों से वे कहते हैं–

> जब तक लाखों लोग भूख तथा अज्ञान से ग्रस्त हैं, मैं हर उस व्यक्ति को देशद्रोही कहूंगा जो उसके खर्च पर शिक्षा पाकर भी उन पर कोई ध्यान नहीं देता।

मानवतावादी राहत-कार्य तथा समाज-कार्य को जारी रखने के लिए 1897 में विवेकानंद ने रामकृष्ण मिशन की स्थापना की। देश के विभिन्न भागों में इस मिशन की अनेक शाखाएं थीं और इसने स्कूल, अस्पताल और दवाखाने, अनाथालय, पुस्तकालय, आदि खोलकर सामाजिक सेवा के कार्य किए। इस तरह इसका ज़ोर व्यक्ति की मुक्ति नहीं बल्कि सामाजिक कल्याण और समाज सेवा पर था।

स्वामी दयानंद और आर्यसमाज : उत्तर भारत में हिंदू धर्म के सुधार का बीड़ा आर्यसमाज ने उठाया। इसकी स्थापना 1875 में स्वामी दयानंद (1824-1883) ने की थी। उनका मानना था कि तमाम झूठी शिक्षाओं से भरे पुराणों की सहायता से स्वार्थी व अज्ञानी पुरोहितों ने हिंदू धर्म को भ्रष्ट कर रखा था। दयानंद ने वेदों से प्रेरणा प्राप्त की जिनको ईश्वर-कृत होने के नाते वे अनुल्लंघनीय तथा सभी तरह के ज्ञान का भंडार मानते थे। उन्होंने बाद के उन सभी धार्मिक विचारों को रद्द कर दिया जो वेदों से मेल नहीं खाते थे। वेदों तथा उनकी अनुल्लंघनीयता पर इस तरह की पूर्ण निर्भरता ने उनकी शिक्षाओं को रूढ़िवादी रंग में रंग दिया क्योंकि उनकी अनुल्लंघनीयता का अर्थ यह है कि मानव-बुद्धि अंतिम निर्णायक नहीं रही।

फिर भी, इस दृष्टिकोण का एक बुद्धिसंगत पक्ष भी था। कारण कि ईश्वर-प्रदत्त होने के बावजूद वेदों की व्याख्या उन्हें तथा दूसरे मनुष्यों को ही बुद्धिसंगत ढंग से करनी होगी। वे मानते थे कि प्रत्येक को ईश्वर तक सीधे पहुंचने का अधिकार है। इसके अलावा, हिंदू कट्टरपंथ का समर्थन करने की बजाय उन्होंने इस पर हमला किया तथा इसके ख़िलाफ़ एक विद्रोह छेड़ा। परिणास्वरूप वेदों की अपनी व्याख्या से उन्होंने जो भी शिक्षाएं ग्रहण कीं वे दूसरे भारतीय सुधारकों द्वारा प्रचारित किए जा रहे धार्मिक व सामाजिक सुधारों से मिलती-जुलती थीं। वे मूर्तिपूजा, कर्मकांड और पुरोहितवाद के तथा खासकर जाति प्रथा और ब्राह्मणों द्वारा प्रचलित हिंदू धर्म के विरोधी थे। उन्होंने इसी वास्तविक जगत में रह रहे मनुष्यों की समस्याओं की ओर ध्यान दिया तथा दूसरी दुनिया में परंपरागत विश्वास से लोगों का ध्यान हटाया। वे पश्चिमी विज्ञानों के अध्ययन के भी समर्थक थे।

दिलचस्प बात यह है कि स्वामी दयानंद ने केशवचंद्र सेन, ईश्वरचंद्र विद्यासागर, जस्टिस रानाडे, गोपाल हरि देशमुख तथा दूसरे आधुनिक धर्म-समाज-सुधारकों से मिलकर उनसे वाद-विवाद भी किए थे। वास्तव में, आर्यसमाज का इतवारी सभाओं का विचार इस विषय में ब्रह्म समाज तथा प्रार्थनासमाज के व्यवहार से मिलता-जुलता था।

स्वामी दयानंद के कुछ शिष्यों ने बाद में पश्चिमी ढंग की शिक्षा के प्रसार के लिए देश भर में स्कूलों तथा कालेजों का एक पूरा जाल-सा बिछा दिया। इस प्रयास में लाला हंसराज की एक प्रमुख भूमिका रही। दूसरी तरफ, कुछ

अधिक परंपरावादी शिक्षा के प्रसार के लिए स्वामी श्रद्धानंद ने 1902 में हरिद्वार के निकट गुरुकुल की स्थापना की।

आर्यसमाजी सुधार के प्रखर समर्थक थे। स्त्रियों की दशा सुधारने तथा उनमें शिक्षा का प्रसार करने के लिए उन्होंने बहुत से काम किए। उन्होंने छुआछूत तथा वंश-परंपरा पर आधारित जाति-प्रथा की कठोरताओं का विरोध किया। वे सामाजिक समानता के प्रचारक थे तथा उन्होंने सामाजिक एकता को मज़बूत बनाया। उन्होंने जनता में आत्मसम्मान तथा स्वावलंबन की भावना भी जगाई। इससे राष्ट्रवाद को बढ़ावा मिला। साथ ही साथ, आर्यसमाज का एक मुख्य उद्देश्य हिंदुओं को धर्म-परिवर्तन से रोकना भी था। इसके कारण उन्होंने दूसरे धर्मों के ख़िलाफ़ एक जेहाद छेड़ दिया। यह जेहाद बीसवीं सदी में भारत में सांप्रदायिकता के प्रसार में सहायक कारण बन गया। आर्यसमाज के सुधार-कार्य ने समाज की बुराइयां खत्म करके जनता को एकबद्ध करने का प्रयास किया, मगर उसके धार्मिक कार्य में संभवत: अचेतन रूप में ही विकासमान हिंदुओं, मुसलमानों, पारसियों, सिखों और ईसाइयों के बीच पनप रही राष्ट्रीय एकता को भंग करने की ही प्रवृत्ति थी। उसे यह बात स्पष्ट नहीं थी कि भारत में राष्ट्रीय एकता धर्मनिरपेक्ष आधार पर तथा धर्म से परे रहकर ही संभव है ताकि यह सभी धर्मों के लोगों को समेट सके।

थियोसोफ़िकल सोसायटी : थियोसोफ़िकल सोसायटी की स्थापना संयुक्त राज्य अमरीका में मैडम एच. पी. ब्लावात्सकी तथा कर्नल एच. एस. ओलकाट द्वारा की गई। बाद में ये भारत आ गए तथा 1886 में मद्रास के करीब, अदियार में उन्होंने सोसायटी का मुख्यालय स्थापित किया। 1893 में भारत आने वाली श्रीमती ऐनी बेसेंट के नेतृत्व में थियोसोफ़ी आंदोलन जल्द ही भारत में फैल गया। थियोसोफ़िस्ट प्रचार करते थे कि हिंदुत्व, जरथुस्त्र मत (पारसी धर्म) तथा बौद्ध मत जैसे प्राचीन धर्मों को पुनर्स्थापित तथा मज़बूत किया जाए। उन्होंने आत्मा के पुनरागमन के सिद्धांत का भी प्रचार किया। धार्मिक पुनर्स्थापनावादियों के रूप में थियोसोफ़िस्टों को बहुत सफलता नहीं मिली। लेकिन आधुनिक भारत के घटनाक्रमों में उनका एक विशिष्ट योगदान रहा। यह पश्चिमी देशों के ऐसे लोगों द्वारा चलाया जा रहा एक आंदोलन था जो भारतीय धर्मों तथा दार्शनिक परंपरा का महिमामंडन करते थे। इससे भारतीयों को अपना खोया आत्मविश्वास फिर से पाने में सहायता मिली।

भारत में श्रीमती ऐनी बेसेंट के प्रमुख कार्यों में एक था बनारस में केंद्रीय हिंदू विद्यालय की स्थापना, जिसे बाद में मदनमोहन मालवीय ने बनारस हिंदू विश्वविद्यालय के रूप में विकसित किया।

सैयद अहमद खान तथा अलीगढ़ आंदोलन : मुलसमानों में धार्मिक सुधार आंदोलनों का आरंभ कुछ देर से उभरा। उच्च वर्गों के मुसलमानों ने पश्चिमी शिक्षा व संस्कृति के संपर्क से बचने की ही कोशिशें कीं। केवल 1857 के महाविद्रोह के बाद ही धार्मिक सुधार के आधुनिक विचार उभरने शुरू हुए। इस दिशा में आरंभ 1863 में कलकत्ता में स्थापित मुहम्मडन लिटरेरी सोसायटी ने किया। इस सोसायटी ने आधुनिक विचारों के प्रकाश में धार्मिक, सामाजिक तथा राजनीतिक प्रश्नों पर विचार-विमर्श को बढ़ावा दिया तथा पश्चिमी शिक्षा अपनाने के लिए उच्च तथा मध्य वर्गों के मुसलमानों को प्रेरित किया।

मुसलमानों में सबसे प्रमुख सुधारक सैयद अहमद खान (1817-1898) थे। वे आधुनिक वैज्ञानिक विचारों से काफ़ी प्रभावित थे तथा जीवन भर इस्लाम के साथ उनका तालमेल करने के लिए प्रयासरत रहे। इसके लिए उन्होंने सबसे पहले यह घोषित किया कि इस्लाम की एकमात्र प्रामाणिक पुस्तक कुरान है और सभी इस्लामी लेखन गौण महत्त्व का है। उन्होंने कुरान की व्याख्या भी समकालीन बुद्धिवाद तथा विज्ञान की रोशनी में की। उनके अनुसार, कुरान की कोई भी व्याख्या अगर मानव-बुद्धि, विज्ञान या प्रकृति से टकरा रही है तो वह वास्तव में गलत व्याख्या है। उन्होंने कहा कि धर्म के तत्त्व भी अपरिवर्तनीय नहीं हैं। धर्म अगर समय के साथ नहीं चलता तो वह जड़ हो जाएगा जैसा कि भारत में हुआ है। जीवन भर वे परंपरा के अंधानुकरण, रिवाजों पर भरोसा, अज्ञान तथा अबुद्धिवाद के ख़िलाफ़ संघर्ष करते रहे। उन्होंने लोगों से आलोचनात्मक दृष्टिकोण तथा विचार की स्वतंत्रता अपनाने का आग्रह किया। उन्होंने घोषणा की कि 'जब तक विचार की स्वतंत्रता विकसित नहीं होती, सभ्य जीवन संभव नहीं है।' उन्होंने कट्टरपंथ, संकुचित दृष्टि तथा अलग-थलग रहने के ख़िलाफ़ भी चेतावनी दी तथा छात्रों और दूसरे लोगों से खुले दिल वाला तथा सहिष्णु बनने का आग्रह किया। उन्होंने कहा कि बंद दिमाग सामाजिक-बौद्धिक पिछड़ेपन की निशानी है। विश्व भर के अमर साहित्य के अध्ययन की प्रशंसा करते हुए उन्होंने कहा–

> (इससे) छात्र उस मानसिकता को समझ सकेगा जिसके सहारे महान व्यक्ति महान प्रश्नों पर विचार करते हैं। उसे पता चलेगा कि सत्य के अनेक पक्ष होते हैं और यह व्यक्तिगत मत का पर्याप्त या मात्र समकक्ष नहीं होता और यह कि दुनिया उसके अपने पंथ, समाज या वर्ग से कहीं बहुत अधिक व्यापक है।

सैयद अहमद खान का विश्वास था कि मुसलमानों का धार्मिक और सामाजिक जीवन आधुनिक, पाश्चात्य, वैज्ञानिक ज्ञान और संस्कृति को अपनाकर ही सुधर

सकता है। इसलिए आधुनिक शिक्षा का प्रचार जीवन-पर्यंत उनका प्रथम ध्येय रहा। एक अधिकारी के रूप में उन्होंने अनेक नगरों में विद्यालय स्थापित किए थे और अनेक पश्चिमी ग्रंथों का उर्दू में अनुवाद कराया था। उन्होंने 1875 में अलीगढ़ में मुहम्मडन एंग्लो-ओरियंटल कॉलेज की स्थापना, पाश्चात्य विज्ञान तथा संस्कृति का प्रचार करने वाले एक केंद्र के रूप में की। बाद में इस कॉलेज का विकास अलीगढ़ मुस्लिम विश्वविद्यालय के रूप में हुआ।

सैयद अहमद खान धार्मिक सहिष्णुता के पक्के समर्थक थे। उनका विश्वास था कि सभी धर्मों में एक बुनियादी एकता मौजूद है जिसे व्यावहारिक नैतिकता कहा जा सकता है। वे मानते थे कि धर्म व्यक्ति का अपना निजी मामला है और इसलिए वे वैयक्तिक संबंधों में धार्मिक कट्टरता की निंदा करते थे। वे सांप्रदायिक टकराव के भी विरोधी थे। हिंदुओं और मुसलमानों से एकता का आग्रह करते हुए उन्होंने 1883 में कहा था–

> हम दोनों भारत की हवा में सांस लेते हैं और गंगा-यमुना का पवित्र जल पीते हैं। हम दोनों भारत की धरती का अनाज खाकर जीवित रहते हैं। जीवन और मृत्यु, दोनों में हम एक साथ हैं। भारत में हमारे निवास ने हम दोनों का खून बदल डाला है, हमारे शरीरों के रंग एक हो चुके हैं, हमारे हुलिए समान हो चुके हैं। मुसलमानों ने अनेक हिंदू रिवाजों को अपना लिया है तथा हिंदुओं ने मुसलमानों के आचार-विचार की बहुत सी बातें ले ली हैं। हम इस कदर एक हो चुके हैं कि हमने एक नई भाषा उर्दू को विकसित किया है जो न हमारी भाषा है और न हिंदुओं की। इसलिए हम अपने जीवन के उन पक्षों को छोड़ दें जो ईश्वर से संबंधित हैं तो निःसंदेह इस आधार पर कि हम दोनों एक ही देश में रहते हैं, हमारा एक राष्ट्र तथा देश है, हम दोनों की प्रगति और कल्याण हमारी एकता, पारस्परिक सहानुभूति और प्रेम पर निर्भर है जबकि हमारे पारस्परिक मतभेद, अकड़, विरोध तथा दुर्भावना निश्चित ही हमें नष्ट कर देंगी।

इसके अलावा, इस कॉलेज के कोष में हिंदुओं, पारसियों और ईसाइयों ने भी दिल खोलकर दान दिया और इसके दरवाज़े भी सभी भारतीयों के लिए खुले थे। उदाहरण के लिए 1898 में इस कॉलेज में 64 हिंदू और 285 मुसलमान छात्र थे। सात भारतीय अध्यापकों में दो हिंदू थे और इनमें एक संस्कृत का प्रोफ़ेसर था। मगर अपने जीवन के अंतिम वर्षों में अपने अनुयायियों को उभरते राष्ट्रीय आंदोलन में शमिल होने से रोकने के लिए सैयद अहमद खान हिंदुओं के वर्चस्व की शिकायतें करने लगे थे। यह दुर्भाग्य की बात थी। फिर भी वे बुनियादी तौर

पर सांप्रदायिक नहीं थे। वे केवल यह चाहते थे कि मध्य तथा उच्च वर्गों के मुसलमानों का पिछड़ापन खत्म हो। उनकी राजनीति उनके इस दृढ़ विश्वास की उपज थी कि ब्रिटिश सरकार को आसानी से नहीं हटाया जा सकता और इसलिए तात्कालिक राजनीतिक प्रगति संभव नहीं है। दूसरी तरफ, अधिकारियों की ज़रा सी भी शत्रुता शिक्षा-प्रसार के प्रयास के लिए घातक हो सकती थी जबकि वे इसे वक्त की जरूरत समझते थे। उनका विश्वास था कि जब भारतीय भी विचार व कर्म से अंग्रेज़ों जितने आधुनिक बन जाएंगे, केवल तभी वे सफलता के साथ विदेशी शासन को ललकार सकेंगे। इसलिए उन्होंने सभी भारतीयों तथा खासकर शैक्षिक रूप से पिछड़े मुसलमानों को सलाह दी कि वे कुछ समय के लिए राजनीति से दूर रहें। उनके अनुसार राजनीति का समय अभी नहीं आया था।

वास्तव में वे अपने कॉलेज तथा शिक्षा-प्रसार के उद्देश्य के प्रति इस तरह समर्पित हो चुके थे कि इसके लिए अन्य सभी हितों का बलिदान करने को तैयार थे। परिणामस्वरूप, रूढ़िवादी मुसलमानों को कॉलेज का विरोध करने से रोकने के लिए उन्होंने धार्मिक सुधार के आंदोलन को भी लगभग त्याग दिया था। इसी कारण से वे कोई ऐसा काम नहीं करते थे जिससे सरकार रुष्ट होती तथा दूसरी ओर वे सांप्रदायिकता और अलगाववाद को प्रोत्साहन देने लगे थे। निश्चित ही यह एक गंभीर राजनीतिक त्रुटि थी जिसके बाद में हानिकारक परिणाम निकले। इसके अलावा उनके कुछ अनुयायी उनकी तरह खुले दिल वाले नहीं रहे और वे बाद में इस्लाम का तथा उसके अतीत का महिमामंडन करने लगे तथा दूसरे धर्मों की आलोचना करने लगे।

सैयद अहमद ने सामाजिक सुधार के काम में भी उत्साह दिखाया। उन्होंने मुसलमानों से मध्यकालीन रीति-रिवाज तथा विचार व कर्म की पद्धतियों को छोड़ देने का आग्रह किया। उन्होंने समाज में महिलाओं की स्थिति सुधारने के बारे में लिखा। उन्होंने पर्दा प्रथा खत्म करने तथा स्त्रियों में शिक्षा का प्रसार करने का समर्थन किया। उन्होंने बहुविवाह प्रथा तथा मामूली-मामूली बातों पर तलाक के रिवाज की भी निंदा की।

सैयद अहमद खान की सहायता उनके कुछ वफ़ादार अनुयायी किया करते थे। इन्हें सामूहिक रूप से अलीगढ़ समूह कहा जाता है। चिराग अली, उर्दू शायर अल्ताफ़ हुसैन हाली, नज़ीर अहमद तथा मौलाना शिबली नुमानी आदि अलीगढ़ आंदोलन के कुछ और प्रमुख नेता थे।

मुहम्मद इकबाल : आधुनिक भारत के महानतम कवियों में एक, मुहम्मद इकबाल (1876-1938) ने भी अपनी कविता द्वारा नौजवान मुसलमानों तथा हिंदुओं के दार्शनिक एवं धार्मिक दृष्टिकोण पर गहरा प्रभाव डाला। स्वामी

विवेकानंद की तरह उन्होंने भी निरंतर परिवर्तन तथा अबाध कर्म पर बल दिया और विराग, ध्यान तथा एकांतवास की निंदा की। उन्होंने एक गतिमान दृष्टिकोण अपनाने का आग्रह किया जो दुनिया को बदलने में सहायक हो। वे मूलतः एक मानवतावादी थे। वास्तव में उन्होंने मानव कर्म को प्रमुख धर्म की स्थिति तक पहुंचा दिया। उन्होंने कहा कि मनुष्य को प्रकृति या सत्ताधीशों के अधीन नहीं होना चाहिए बल्कि निरंतर कर्म द्वारा इस विश्व को नियंत्रित करना चाहिए। उनके विचार में स्थिति को निष्क्रिय रूप से स्वीकार करने से बड़ा पाप कोई नहीं है। कर्मकांड, विराग तथा दूसरी दुनिया में विश्वास की प्रवृत्ति की निंदा करते हुए उन्होंने कहा कि मनुष्य को इसी जीती-जागती दुनिया में सुख प्राप्त करने का प्रयास करना चाहिए। अपनी आरंभिक कविता में उन्होंने देशभक्ति के गीत गाए हैं, हालांकि बाद में उन्होंने मुस्लिम अलगाववाद का समर्थन किया।

पारसियों में धार्मिक सुधार : पारसी लोगों में धार्मिक सुधार की शुरूआत बंबई में उन्नीसवीं सदी के आरंभ में हुई। 1851 में रहमानी मज़्दायासन सभा (रिलीजस रिफ़ार्म एसोसिएशन) का आरंभ नौरोजी फरदूनजी, दादाभाई नौरोजी, एस. एस. बंगाली तथा अन्य लोगों ने किया। इन सभी ने धर्म के क्षेत्र में हावी रूढ़िवाद के ख़िलाफ़ आंदोलन चलाया और स्त्रियों की शिक्षा तथा विवाह और कुल मिलाकर स्त्रियों की सामाजिक स्थिति के बारे में पारसी सामाजिक रीति-रिवाजों के आधुनिकीकरण का आरंभ किया। कालांतर में पारसी लोग सामाजिक क्षेत्र में पश्चिमीकरण की दृष्टि से भारतीय समाज के सबसे अधिक विकसित अंग बन गए।

सिखों में धार्मिक सुधार : सिख लोगों में धार्मिक सुधार का आरंभ उन्नीसवीं सदी के अंत में हुआ, जब अमृतसर में खालसा कॉलेज की स्थापना हुई। लेकिन सुधार के प्रयासों को बल 1920 के बाद मिला जब पंजाब में अकाली आंदोलन का आरंभ हुआ। अकालियों का मुख्य उद्देश्य गुरुद्वारों के प्रबंध का शुद्धीकरण करना था। इन गुरुद्वारों को भक्त सिखों की ओर से ज़मीनें और धन दानस्वरूप मिलते थे, परंतु इनका प्रबंध भ्रष्ट तथा स्वार्थी महंतों द्वारा मनमाने ढंग से किया जा रहा था। अकालियों के नेतृत्व में सिख जनता ने इन महंतों तथा इनकी सहायता करने वाली सरकार के ख़िलाफ़ एक शक्तिशाली सत्याग्रह आंदोलन छेड़ दिया।

जल्द ही अकालियों ने सरकार को मजबूर कर दिया कि वह एक सिख गुरुद्वारा कानून बनाए। यह कानून 1922 में बना और 1925 में इसमें संशोधन किए गए।

कभी-कभी इस कानून की सहायता से मगर अधिकतर सीधी कार्यवाही के द्वारा सिखों ने गुरुद्वारों से भ्रष्ट महंतों को धीरे-धीरे बाहर खदेड़ दिया, हालांकि इस आंदोलन में सैकड़ों लोगों को जान से हाथ धोना पड़ा।

ऊपर जिन सुधार आंदोलनों तथा विशिष्ट सुधारकों का वर्णन किया गया है उनसे अलग बहुत से दूसरे इसी तरह के आंदोलन और सुधारक भी उन्नीसवीं तथा बीसवीं सदी में हुए हैं।

आधुनिक युग के धार्मिक सुधार के आंदोलन में एक बुनियादी समानता पाई जाती है। ये सभी आंदोलन बुद्धिवाद तथा मानवतावाद के दो सिद्धांतों पर आधारित थे, हालांकि अपनी ओर लोगों को खींचने के लिए कभी-कभी वे आस्था तथा प्राचीन ग्रंथों का सहारा भी लेते थे। इसके अलावा, उन्होंने उभरते हुए मध्य वर्ग आधुनिक शिक्षा-प्राप्त प्रबुद्ध लोगों को सबसे अधिक प्रभावित किया। उन्होंने बुद्धिविरोधी धार्मिक कठमुल्लापन तथा अंध श्रद्धा से मानव बुद्धि की तर्क-विचार की क्षमता को मुक्त कराने का प्रयास किया। उन्होंने भारतीय धर्मों के कर्मकांडी, अंधविश्वासी, बुद्धिविरोधी तथा पुराणपंथी पक्षों का विरोध किया। उनमें से अनेक ने, किसी ने कम और किसी ने अधिक, धर्म को अंतिम सत्य का भंडार मानने से इनकार कर दिया तथा किसी भी धर्म या उसके ग्रंथों में उपस्थित सत्य को तर्क, बुद्धि तथा विज्ञान की कसौटी पर परखा। स्वामी विवेकानंद ने कहा–

> क्या धर्म बुद्धि के उन आविष्कारों द्वारा अपना औचित्य सिद्ध करेगा जिनके द्वारा प्रत्येक विज्ञान अपना औचित्य स्थापित करता है? क्या जांच-पड़ताल की वे विधियां जो विज्ञानों तथा ज्ञान के लिए प्रयुक्त होती हैं, धर्म के विज्ञान पर भी लागू की जाएंगी? मेरे विचार में ऐसा ही होना चाहिए और मैं यह भी मानता हूं कि यह जितनी जल्दी हो उतना ही बेहतर है।

इनमें से कुछ धर्म सुधारकों ने परंपरा का सहारा लिया और यह दावा किया कि वे केवल अतीत के वास्तविक सिद्धांतों, मान्यताओं और व्यवहारों को ही पुनर्जीवित कर रहे हैं। पर वास्तव में अतीत को पुनर्जीवित नहीं किया जा सका। प्रायः अतीत के बारे में सबकी समझ भी एक जैसी न थी। अतीत का सहारा लेने पर जो समस्याएं उठती हैं उनका वर्णन जस्टिस रानाडे ने किया है, हालांकि खुद उन्होंने अक्सर जनता से आग्रह किया था कि वह अतीत की बेहतरीन परंपराओं को पुनर्जीवित करें। वे लिखते हैं–

> पुनर्जीवित हम करें तो क्या? क्या हम अपनी जनता की पुरानी आदतों को पुनर्जीवित करें, जब हमारी जातियों में सबसे पवित्र जाति भी पशु के मांस तथा

> नशीली शराब का सेवन करती थी जिन्हें हम आज घृणित समझते हैं? क्या हम पुत्रों की बारह श्रेणियों तथा आठ प्रकार के विवाह को पुनर्जीवित करें, जिसमें राक्षस-विवाह भी शामिल था तथा जो मुक्त तथा अवैध यौन संबंध को मान्यता देता था?...क्या हम प्रति वर्ष होने वाले शतमेध को पुनर्जीवित करें जिसमें मनुष्यों तक का देवता के आगे बलिदान दिया जाता था।? क्या हम सती और शिशु-हत्या की प्रथाओं को पुनर्जीवित करें?

फिर रानाडे इस निष्कर्ष पर पहुंचते हैं कि समाज एक निरंतर परिवर्तनशील जीवित सत्ता है और कभी अतीत की ओर नहीं पलट सकती। उन्होंने लिखा है: 'मृत तथा दफ़नाए या जलाए जा चुके लोग हमेशा के लिए मरकर दफ़नाए या जलाए जा चुके हैं और इसलिए मुर्दा अतीत को पुनर्जीवित नहीं किया जा सकता।' अतीत का नाम लेने वाले प्रत्येक सुधारक ने इसकी व्याख्या इस प्रकार की कि वह उसके द्वारा सुझाए गए सुधारों के अनुरूप लगे। सुधार तथा उनके दृष्टिकोण प्राय: नवीन होते थे, अतीत के नाम पर केवल उनको उचित ठहराया जाता था। अनेक विचारों को जो आधुनिक वैज्ञानिक ज्ञान से मेल खाते थे, यह कहा गया कि ये बाद में जोड़े गए हैं यह गलत व्याख्या के परिणाम हैं। चूंकि रूढ़िवादी लोग इस दृष्टिकोण से सहमत नहीं होते थे इसलिए उनसे सामाजिक सुधारकों का टकराव हुआ और ये सुधारक कम से कम आरंभिक चरण में धार्मिक और सामाजिक विद्रोहियों के रूप में सामने आए। उदाहरण के लिए, रूढ़िवादियों द्वारा स्वामी दयानंद के विरोध के बारे में लाला लाजपतराय ने यह बात लिखी है-

> स्वामी दयानंद को अपने जीवन में जितने निंदा वचनों तथा उत्पीड़न का निशाना बनना पड़ा उनका अंदाज़ा इसी एक तथ्य से लगाया जा सकता है कि रूढ़िवादी हिंदुओं ने उनकी जान लेने के अनेक प्रयास किए। उनकी हत्या के लिए हत्यारों को भाड़े पर लिया गया,उनके भाषणों तथा वाद-विवाद के बीच न केवल उन पर निषिद्ध वस्तुएं फेंकी गई, बल्कि उनको ईसाइयों का भाड़े का प्रचारक, धर्म विरोधी, नास्तिक, आदि-आदि कहा गया।

इसी तरह सैयद अहमद खान को भी परंपरावादियों के गुस्से का शिकार होना पड़ा। उन्हें गालियां दी गईं, उनके विरुद्ध फ़तवे जारी किए गए, तथा जान से मारने की धमकियां तक दी गईं।

धार्मिक सुधारों के आंदोलनों के मानवतावादी चरित्र की अभिव्यक्ति पुरोहितवाद तथा कर्मकांड पर उनके हमलों में तथा मानव कल्याण तथा मानव बुद्धि की दृष्टि से धर्मग्रंथों की व्याख्या के व्यक्ति के अधिकार पर दिए गए

ज़ोर में हुई। इस मानवतावाद की एक खास बात एक नई मानवतावादी नैतिकता थी। इसमें यह धारणा भी शामिल थी कि मानवता प्रगति कर सकती है और करती रही है और अंततः वे ही मूल्य नैतिक मूल्य हैं जो मानव-प्रगति में सहायक हों। सामाजिक सुधार के आंदोलन इस नई, मानवतावादी नैतिकता के मूर्त रूप थे।

हालांकि सुधारकों ने अपने-अपने धर्मों में ही सुधार लाने के प्रयत्न किए, मगर सामान्य दृष्टिकोण सर्वव्यापक था। राममोहन राय विभिन्न धर्मों को एक ही सर्वव्यापी ईश्वर तथा एक धार्मिक सत्य के विशिष्ट रूप समझते थे। सैयद अहमद खान ने कहा कि सभी पैगंबरों का एक ही धर्म या दीन था और अल्लाह ने हर कौम को अपना एक पैगंबर भेजा है। इसी बात को केशवचंद्र सेन इस प्रकार रखते हैं : 'हमारा मत यह नहीं है कि सत्य सभी धर्मों में पाए जाते हैं, बल्कि यह है कि सभी स्थापित धर्म सत्य हैं।'

शुद्ध रूप से धार्मिक विचारों के अलावा धर्म-सुधार के इन आंदोलनों ने भारतीयों के आत्मविश्वास, आत्मसम्मान तथा अपने देश पर उनके गर्व को बढ़ाया। उनके धार्मिक अतीत की आधुनिक बुद्धिवादी शब्दों में व्याख्या करके तथा उन्नीसवीं सदी के धार्मिक विश्वासों में अनेक भ्रामक तथा बुद्धिविरोधी तत्त्वों को बाहर फेंककर, इन सुधारकों ने अपने अनुयायियों को, अधिकारियों के इस व्यंग्य का उत्तर देने योग्य बनाया कि यहां के धर्म व समाज पतनशील और हीन हैं। जवाहरलाल नेहरू के अनुसार–

> उभरते हुए मध्य वर्गों का राजनीतिक रुझान था और उन्हें धर्म की खोज उतनी नहीं थी, लेकिन उनमें इच्छा थी कि वे किसी सांस्कृतिक मूल का सहारा ले सकें–किसी ऐसी वस्तु का जो उनको उनकी अपनी शक्ति का अनुभव कराए, कोई ऐसी वस्तु जो कुंठा तथा अपमान की उस भावना को कम करे जो विदेशियों की विजय तथा उनके शासन ने उनके अंदर उपजा दिए थे।

धर्म-सुधार के आंदोलनों ने अनेक भारतीयों को इस योग्य बनाया कि वे आधुनिक विश्व से तालमेल बिठा सकें। वास्तव में उनका जन्म ही पुराने धर्मों को एक नए, आधुनिक सांचे में ढालकर उनको समाज के नए वर्गों की आवश्यकताओं के अनुरूप बनाने के लिए हुआ था। इस तरह अतीत पर गर्व करके भी भारतीयों ने आमतौर पर आधुनिक विश्व तथा खासतौर पर आधुनिक विज्ञान की मूलभूत श्रेष्ठता को मानने से इनकार नहीं किया।

यह सही है कि कुछ लोगों ने दावा किया कि वे तो केवल मूल, प्राचीनतम धर्मग्रंथों का सहारा ले रहे हैं और इन ग्रंथों की उन्होंने समुचित व्याख्या की। सुधारमूलक दृष्टिकोण के परिणामस्वरूप अनेक भारतीय जाति-धर्म के विचारों पर आधारित एक संकुचित दृष्टिकोण की जगह एक आधुनिक, इहलौकिक,

धर्मनिरपेक्ष तथा राष्ट्रीय दृष्टिकोण अपनाने लगे, हालांकि पहले के संकुचित दृष्टिकोण एकदम समाप्त नहीं हो सके। इसके अलावा, अधिकाधिक संख्या में लोग अपने भाग्य को निष्क्रिय रहकर स्वीकार करने तथा मर कर दूसरे जीवन के सुधरने की आशा लगाने के बजाय, इसी दुनिया में अपने भौतिक व सांस्कृतिक कल्याण की बाते सोचने लगे। इन आंदोलनों ने बाकी दुनिया से भारत के सांस्कृतिक और बौद्धिक अलगाव को भी कुछ हद तक खत्म किया और विश्वव्यापी विचारों में भारतीयों को भागीदार बनाया। साथ ही साथ, वे पश्चिम की हर बात के रोब में नहीं आए, और जो लोग आंखें मूंदकर पश्चिम की नकल करते थे उनकी खुलकर हंसी उड़ाई गई।

वास्तव में परंपरागत धर्मों व संस्कृति के पिछड़े तत्त्वों के प्रति आलोचनात्मक दृष्टिकोण अपनाकर तथा आधुनिक संस्कृति के सकारात्मक तत्त्वों का स्वागत करने के बावजूद, अधिकांश धर्म-सुधारकों ने पश्चिम की अंधी नकल का विरोध किया और भारतीय संस्कृति व विचार परंपरा के उपनिवेशीकरण के ख़िलाफ़ एक विचारधारात्मक संघर्ष चलाया। यहां समस्या दोनों पक्षों के बीच संतुलन स्थापित करने की थी। कुछ लोग आधुनिकीकरण की दिशा में बहुत आगे बढ़ गए तथा संस्कृति संबंधी उपनिवेशवाद को प्रोत्साहित करने लगे। कुछ और लोग थे जो परंपरागत विचारों, संस्कृति और संस्थाओं का पक्ष लेते और उनका महिमामंडन करते थे और आधुनिक विचारों व संस्कृति के समावेश का विरोध कर रहे थे। सुधारकों में जो श्रेष्ठ थे उनका तर्क यह था कि आधुनिक विचारधारा तथा संस्कृति को अच्छी तरह तभी अपनाया जा सकता है जब उन्हें भारतीय सांस्कृतिक धारा का अंग बना लिया जाए।

धर्म-सुधार आंदोलनों के दो नकारात्मक पक्षों को भी ध्यान में रखना चाहिए। प्रथम, ये सभी समाज के एक बहुत छोटे भाग की यानी नगरीय उच्च और मध्य वर्गों की आवश्यकताएं पूरी करते थे। इनमें से कोई भी बहुसंख्य किसानों तथा नगरों की गरीब जनता तक नहीं पहुंचा और ये लोग अधिकांशतः परंपरागत रीति-रिवाजों में ही जकड़े रहे। कारण यह है कि ये आंदोलन मूलतः भारतीय समाज के शिक्षित व नगरीय भागों की आकांक्षाओं को ही प्रतिबिंबित करते थे।

इनकी दूसरी कमी तो आगे चलकर एक प्रमुख नकारात्मक प्रवृत्ति बन गई। यह कमी पीछे घूमकर अतीत की महानता का गुणगान करने तथा धर्मग्रंथों को आधार बनाने की प्रवृत्ति थी। यह बात इन आंदोलनों की अपनी सकारात्मक शिक्षाओं की विरोधी बन गई। इसने मानव बुद्धि तथा वैज्ञानिक दृष्टिकोण की श्रेष्ठता के विचार को ही धक्का पहुंचाया। इससे नए-नए रूपों में रहस्यवाद तथा

नकली वैज्ञानिक चिंतन को बल मिला। अतीत की महानता के गुणगान ने एक झूठे गर्व तथा दंभ को बढ़ावा दिया। अतीत में एक "स्वर्ण युग" पाने की इच्छा के कारण आधुनिक विज्ञान को पूरी तरह नहीं अपनाया जा सका और वर्तमान को सुधारने के प्रयत्नों में बाधा पड़ी।

लेकिन सबसे महत्त्वपूर्ण बात यह है कि इससे हिंदू, मुसलमान, सिख और पारसी फूट के शिकार होने लगे। ऊंची तथा नीची जातियों के हिंदुओं में भी दरार पड़ने लगी। अनेक धर्मों वाले एक देश में धर्म पर ज़रूरत से ज़्यादा ज़ोर देने से फूट की प्रवृत्ति बढ़नी स्वाभाविक थी। इसके अलावा, सुधारकों ने सांस्कृतिक धरोहर के धार्मिक-दार्शनिक पक्षों पर एकतरफा ज़ोर दिया। फिर ये पक्ष सभी लोगों की सांझी धरोहर भी नहीं थे। दूसरी तरफ, कला, साहित्य, संगीत, विज्ञान, प्रौद्योगिकी, आदि पर पूरा ज़ोर नहीं दिया गया, हालांकि इनमें जनता के सभी भागों की बराबर भूमिका रही थी। इसके अलावा हर एक हिंदू सुधारक ने भारतीय अतीत के गुणगान को प्राचीन काल तक सीमित रखा। स्वामी विवेकानंद जैसे खुले दिमाग के व्यक्ति तक ने भारत की आत्मा या भारत की उपलब्धियों की चर्चा केवल इसी अर्थ में की। ये सुधारक भारतीय इतिहास के मध्य काल को मूलत: पतन का काल मानते थे। यह विचार अनैतिहासिक ही नहीं था बल्कि सामाजिक-राजनीतिक दृष्टि से हानिकारक भी था। इससे दो कौमों की धारणा पनपी। इसी तरह प्राचीन काल और प्राचीन धर्मों की अनौपचारिक प्रशंसा को निचली जातियों के लोग भी पचा नहीं सके, जो सदियों से उसी विध्वंसक जाति-प्रथा के दमन के शिकार रहे जो ठीक उसी प्राचीन काल की उपज थी।

इन सबका परिणाम यह हुआ कि सभी भारतीय अतीत की भौतिक-सांस्कृतिक उपलब्धियों पर समान रूप से गर्व करने और उससे प्रेरणा प्राप्त करने के स्थान पर अतीत कुछ एक लोगों की संपत्ति बनकर रह गया। इसके अलावा, अतीत भी अनेक खंडों में विभाजित होने लगा। मुस्लिम मध्य वर्ग के अनेक लोगों ने तो अपनी परंपरा और अपनी धरोहर को पश्चिमी एशिया के इतिहास में खोजना आरंभ कर दिया। हिंदू, मुसलमान, सिख और पारसी तथा बाद में निचली जाति के हिंदू-ये सब सुधार आंदोलनों से प्रभावित हुए थे, मगर अब ये एक-दूसरे से कटने लगे। दूसरी तरफ, सुधार आंदोलनों के प्रभाव से दूर रहकर परंपरागत रीति-रिवाजों को मानने वाले हिंदुओं और मुसलमानों में आपसी भाईचारा बना रहा, हालांकि वे अपने-अपने कर्मकांड का पालन करते रहे।

एक समन्वित संस्कृति के विकास की वह प्रक्रिया जो सदियों से चली आ रही थी, उस पर इस कारण से कुछ अंकुश लगा, हालांकि दूसरे क्षेत्रों में भारतीय

जनता के राष्ट्रीय एकीकरण की प्रक्रिया तेज़ हुई। इस प्रवृत्ति का दुष्परिणाम तब स्पष्ट हो गया जब यह पाया गया कि मध्य वर्गों में राष्ट्रीय चेतना के तीव्र विकास के साथ-साथ एक और चेतना, अर्थात् सांप्रदायिक चेतना, का विकास भी हो रहा था। आधुनिक काल में सांप्रदायिकता के विकास के अनेक दूसरे कारण भी थे, परंतु अपनी प्रकृति के कारण धर्म-सुधार के आंदोलनों ने निश्चय ही इसमें कुछ योगदान किया।

सामाजिक सुधार

उन्नीसवीं सदी के राष्ट्रीय जागरण का प्रमुख प्रभाव सामाजिक सुधार के क्षेत्र में देखने को मिला। नवशिक्षित लोगों ने बढ़-चढ़कर रूढ़िवादी सामाजिक रीतियों तथा पुरानी प्रथाओं से विद्रोह किया। वे अब बुद्धिविरोधी और अमानवीय सामाजिक व्यवहारों को और सहने को तैयार न थे। उनका विद्रोह सामाजिक समानता तथा सभी व्यक्तियों की समान क्षमता के मानवतावादी आदर्शों से प्रेरित था।

समाज-सुधार के आंदोलन में लगभग सभी धर्म-सुधारकों का योगदान रहा। कारण यह कि भारतीय समाज के पिछड़ेपन की तमाम निशानियों – जैसे जाति प्रथा या स्त्रियों की असमानता को अतीत में धार्मिक मान्यता प्राप्त रही है। साथ ही सोशल कांफ्रेंस, भारत सेवक समाज जैसे कुछ अन्य संगठनों तथा ईसाई मिशनरियों ने भी समाज-सुधार के लिए काफ़ी काम किया। ज्योतिबा गोविंद फुले, गोपाल हरि देशमुख, जस्टिस रानाडे, के.टी. तेलंग,बी. एम. मलाबारी, डी. के. कर्वे. शशिपद बनर्जी, विपिनचंद्र पाल, वीरेशलिंगम, ई. वी. रामास्वामी नायकर 'पेरियार' और भीमराव अंबेडकर तथा दूसरे प्रमुख व्यक्तियों की भी एक प्रमुख भूमिका रही। बीसवीं सदी में, और खासकर 1919 के बाद राष्ट्रीय आंदोलन समाज-सुधार का प्रमुख प्रचारक बन गया। जनता तक पहुंचने के लिए सुधारकों ने प्रचार-कार्य में भारतीय भाषाओं का अधिकाधिक सहारा लिया। उन्होंने अपने विचारों को फैलाने के लिए उपन्यासों, नाटकों, काव्य, लघु कथाओं, प्रेस तथा 1930 के दशक में फ़िल्मों का भी उपयोग किया।

उन्नीसवीं सदी में कुछ मामलों में समाज-सुधार का कार्य धर्म-सुधार से जुड़ा था, मगर बाद के वर्षों में यह अधिकाधिक धर्मनिरपेक्ष होता गया। इसके अलावा रूढ़िवादी धार्मिक दृष्टिकोण वाले अनेक व्यक्तियों ने भी इसमें भाग लिया। इसी तरह आरंभ में समाज-सुधार बहुत कुछ ऊंची जातियों के नवशिक्षित भारतीयों द्वारा अपने सामाजिक व्यवहार का आधुनिक पश्चिमी संस्कृति व मूल्यों के साथ तालमेल बिठाने के प्रयासों का परिणाम था। लेकिन धीरे-धीरे इसका क्षेत्र

व्यापक होकर समाज के निचले वर्गों तक फैल गया और यह सामाजिक क्षेत्र की क्रांतिकारी पुनर्रचना करने लगा। कालांतर में सुधारकों के विचारों व आदर्शों को लगभग सार्वभौमिक मान्यता मिली तथा आज वे भारतीय संविधान के अंग हैं।

समाज-सुधार के आंदोलनों ने मुख्यत: दो लक्ष्यों को पूरा करने के प्रयास किए : (अ) स्त्रियों की मुक्ति तथा उनको समान अधिकार देना, तथा (ब) जाति-प्रथा की जड़ताओं को समाप्त करना तथा खासकर छुआछूत का खात्मा।

स्त्रियों की मुक्ति

भारत में स्त्रियां अनगिनत सदियों से पुरुषों की अधीनता तथा सामाजिक उत्पीड़न का शिकार रही हैं। भारत में प्रचलित विभिन्न धर्मों व उन पर आधारित गृहस्थ-नियमों ने स्त्रियों को पुरुषों से हीन स्थान दिया। इस संबंध में उच्च वर्गों की स्त्रियों की स्थिति किसान औरतों से भी बदतर थी। चूंकि किसान स्त्रियां अपने पुरुषों के साथ खेतों में काम करती थीं, इसलिए उनको बाहर आने-जाने की कुछ अधिक स्वतंत्रता प्राप्त थी और परिवार में उनकी स्थिति उच्च वर्गों की स्त्रियों से कुछ मामलों में बेहतर थी। उदाहरण के लिए, वे शायद ही कभी पर्दे में रहती हों तथा उनमें से अनेक को पुनर्विवाह के अधिकार प्राप्त थे।

पारंपरिक विचारधारा में पत्नी और मां की भूमिका में स्त्री की प्रशंसा तो की गई है, मगर व्यक्ति के रूप में उसे बहुत हीन सामाजिक स्थान दिया गया है। अपने पति से अपने संबंधों से अलग उसका भी एक व्यक्तित्व है, ऐसा कभी नहीं माना गया। अपनी प्रतिभा या इच्छाओं की अभिव्यक्ति के लिए घरेलू महिला से भिन्न कोई अन्य भूमिका उसे प्राप्त न थी। वास्तव में, उसे पुरुष का पुंछल्ला मात्र माना गया। उदाहरण के लिए, हिंदुओं में किसी स्त्री का एक ही विवाह संभव था, मगर किसी पुरुष को अनेक पत्नियां रखने का अधिकार था। मुसलमानों में भी यह बहुपत्नी प्रथा प्रचलित थी। देश के काफ़ी बड़े भाग में स्त्रियों को पर्दे में रखा जाता था। बाल-विवाह की प्रथा आम थी, आठ-नौ वर्ष के बच्चे भी ब्याह दिए जाते थे। विधवाएं पुनर्विवाह नहीं कर सकती थीं और उन्हें त्यागी व बंदी जीवन बिताना पड़ता था। देश के अनेक भागों में सती-प्रथा प्रचलित थी जिसमें एक विधवा स्वयं को पति की लाश के साथ जला लेती थी।

हिंदू स्त्री को उत्तराधिकार में सपंत्ति पाने का हक़ नहीं था, न उसे अपने दुखमय विवाह को रद्द करने का कोई अधिकार था। मुस्लिम स्त्री को संपत्ति में

अधिकार मिलता तो था, मगर पुरुषों का केवल आधा और तलाक के बारे में स्त्री और पुरुष के बीच सैद्धांतिक समानता भी न थी। वास्तव में, मुस्लिम स्त्रियां तलाक से भयभीत रहती थीं। हिंदू व मुस्लिम स्त्रियों की सामाजिक स्थिति तथा उनके मान-सम्मान भी मिलते-जुलते थे। इसके अलावा, दोनों ही सामाजिक व आर्थिक दृष्टि से पुरुषों पर पूरी तरह निर्भर थीं। अंतिम बात यह कि शिक्षा के लाभ उनमें से अधिकांश को प्राप्त नहीं थे। साथ ही, स्त्रियों को अपनी दासता को स्वीकार कर लेने, बल्कि इसे सम्मान का प्रतीक समझने के पाठ भी पढ़ाए जाते थे। यह सही है कि भारत में कभी-कभी रज़िया सुल्ताना, चांद बीबी तथा अहिल्याबाई होल्कर जैसी स्त्रियां भी हो गुज़री हैं। मगर ये उदाहरण मात्र अपवाद हैं और इनसे सामान्य स्थिति में कोई अंतर नहीं आता।

उन्नीसवीं सदी के मानवतावादी व समानतावादी विचारों से प्रेरित होकर समाज-सुधारकों ने स्त्रियों की दशा सुधारने के लिए एक शक्तिशाली आंदोलन छेड़ा। कुछ सुधारकों ने व्यक्तिवाद तथा समानता के सिद्धांतों का सहारा लिया, तो दूसरों ने घोषणा की कि हिंदू धर्म, इस्लाम या जरथुस्त्र मत स्त्रियों की ही स्थिति के प्रचारक नहीं है और यह कि सच्चा धर्म उन्हें एक ऊंचा सामाजिक दर्जा देता है।

अनेकानेक व्यक्तियों, सुधार समितियों तथा धार्मिक संगठनों ने स्त्रियों में शिक्षा का प्रसार करने, विधवाओं के पुनर्विवाह को प्रोत्साहन देने, विधवाओं की दशा सुधारने, बाल-विवाह रोकने, स्त्रियों को पर्दे से बाहर लाने, एकपत्नी-प्रथा प्रचलित करने और मध्यवर्गीय स्त्रियों को व्यवसाय या सरकारी रोज़गार में जाने के योग्य बनाने के लिए कड़ी मेहनत की। 1880 के दशक में तत्कालीन वायसरॉय लॉर्ड डफ़रिन की पत्नी लेडी डफ़रिन के नाम पर जब अस्पताल खोले गए तो आधुनिक औषधियों तथा प्रसव की आधुनिक तकनीकों के लाभ भारतीय स्त्रियों को उपलब्ध कराने के प्रयास भी किए गए।

बीसवीं सदी में जुझारू राष्ट्रीय आंदोलन के उदय से स्त्री-मुक्ति के आंदोलन को बहुत बल मिला। स्वतंत्रता के संघर्ष में स्त्रियों ने एक सक्रिय और महत्त्वपूर्ण भूमिका अदा की। बंग-भंग विरोधी आंदोलन तथा होम रूल आंदोलन में उन्होंने बड़ी संख्या में भाग लिया। 1918 के बाद वे राजनीतिक जुलूसों में भी चलने लगीं, विदेशी वस्त्र और शराब बेचने वाली दुकानों पर धरने देने लगीं और खादी बुनने तथा उसका प्रचार करने लगीं। असहयोग आंदोलनों में वे जेल गईं तथा जन-प्रदर्शनों में उन्होंने लाठी, आंसू-गैस और गोलियां भी झेलीं। उन्होंने क्रांतिकारी आंदोलन में सक्रिय भाग लिया। वे विधानमंडलों के चुनावों में वोट देने तथा उम्मीदवारों के रूप में खड़ी भी होने लगीं। प्रसिद्ध कवयित्री

सरोजिनी नायडू राष्ट्रीय कांग्रेस की अध्यक्ष बनीं। अनेक स्त्रियां 1937 में बनी जनप्रिय सरकारों में मंत्री या संसदीय सचिव बनीं। उनमें से सैकड़ों नगरपालिकाओं तथा स्थानीय शासन की दूसरी संस्थाओं की सदस्या तक बनीं। 1920 के दशक में जब ट्रेड यूनियन और किसान आंदोलन खड़े हुए तो अक्सर स्त्रियां उनकी पहली पंक्तियों में दिखाई देतीं। भारतीय स्त्रियों की जागृति तथा मुक्ति में सबसे महत्त्वपूर्ण योगदान राष्ट्रीय आंदोलन में उनकी भागीदारी का रहा। कारण यह कि जिन्होंने ब्रिटिश जेलों तथा गोलियों को झेला था उन्हें ही भला कौन क्या कह सकता था। और उन्हें अब और कब तक घरों में कैद रखकर "गुड़िया" या "दासी" के जीवन से बहलाया जा सकता था? मनुष्य के रूप में अपने अधिकारों का दावा उन्हें करना ही करना था।

एक और प्रमुख घटनाक्रम देश में महिला आंदोलन का जन्म था। 1920 के दशक तक प्रबुद्ध पुरुषगण स्त्रियों के कल्याण के लिए कार्यरत रहे। अब आत्मचेतन तथा आत्मविश्वास प्राप्त स्त्रियों ने यह काम संभाला। इस उद्देश्य से उन्होंने अनेक संस्थाओं और संगठनों को खड़ा किया। इनमें सबसे प्रमुख था ऑल इंडिया विमेंस कांफ्रेंस जो 1927 में स्थापित हुआ।

स्वतंत्रता प्राप्ति के बाद समानता के लिए स्त्रियों के संघर्ष में बहुत तेज़ी आई। भारतीय संविधान (1950) की धारा 14 व 15 में स्त्री व पुरुष की पूर्ण समानता की गारंटी दी गई है। 1956 के हिंदू उत्तराधिकार कानून ने पिता की संपत्ति में बेटी को बेटे के बराबर अधिकार दिया। 1955 के हिंदू विवाह कानून में कुछ विशिष्ट आधारों पर विवाह-संबंध भंग करने की छूट दी गई। स्त्री-पुरुष दोनों के लिए एक विवाह अनिवार्य बना दिया गया। लेकिन दहेज प्रथा की बुराई अभी तक जारी है, हालांकि दहेज लेने और देने, दोनों पर प्रतिबंध है। संविधान स्त्रियों को भी काम करने तथा सरकारी संस्थाओं में नौकरी करने के समान अधिकार प्रदान करता है। संविधान के नीति-निदेशक सिद्धांत में स्त्री-पुरुष दोनों के लिए समान काम के लिए समान वेतन का सिद्धांत भी शामिल है। स्त्रियों की समानता के सिद्धांत को व्यवहार में लागू करने में अभी भी निश्चित ही अनेक स्पष्ट और अस्पष्ट बाधाएं हैं। इसके लिए एक समुचित सामाजिक वातावरण का निर्माण आवश्यक है। फिर भी समाज-सुधार आंदोलन, स्वाधीनता संग्राम, स्त्रियों के अपने आंदोलन तथा स्वतंत्र भारत के संविधान ने इस दिशा में महत्त्वपूर्ण योगदान दिया है।

जाति प्रथा के विरुद्ध संघर्ष

जाति-व्यवस्था समाज-सुधार आंदोलन के हमले का एक और प्रमुख निशाना थी। इस समय हिंदू अनगिनत जातियों में बंटे थे। कोई व्यक्ति जिस जाति में जन्म लेता था उसी के नियमों से उसके जीवन का एक बड़ा भाग संचालित होता था। व्यक्ति किससे विवाह करे तथा किसके साथ भोजन करे, इसका निर्धारण उसकी जाति से ही होता था। उसके पेशे तथा उसकी सामाजिक प्रतिबद्धता का निर्धारण भी बहुत कुछ इसी से होता था। इसके अलावा, जातियों को भी सावधानीपूर्वक अनेक ऊंचे-नीचे दर्जे में रखा गया था। इस व्यवस्था में सबसे नीचे अछूत आते थे जो हिंदू आबादी का लगभग 20 प्रतिशत भाग थे; इन्हीं को बाद में अनुसूचित जातियां कहा गया। ये अछूत अनेक कठोर निर्योग्यताओं और प्रतिबंधों से पीड़ित थे जो विभिन्न जगहों में भिन्न-भिन्न थीं। उनके स्पर्श मात्र से किसी व्यक्ति को अपवित्र माना जाता था।

देश के कुछ भागों में और खासकर दक्षिण में लोग उनकी छाया तक से बचते थे और इसलिए किसी ब्राह्मण को आता जानकर इन अछूतों को बहुत दूर हट जाना पड़ता था। अछूतों के खाने-पहनने और रहने के स्थान पर भी कड़े प्रतिबंध थे। वह ऊंची जातियों के कुंओं व तालाबों से पानी नहीं ले सकता था, इसके लिए अछूतों के लिए कुछ तालाब और कुंएं निश्चित होते थे। जहां ऐसे कुंएं और तालाब न होते वहां उनको पोखरों और सिंचाई की नलियों का गंदा पानी पीना होता था। वे हिंदू मंदिरों में जा नहीं सकते और न शास्त्र पढ़ सकते थे। अक्सर उनके बच्चे ऊंची जातियों के बच्चों के स्कूल में नहीं जा पाते थे। पुलिस तथा सेना जैसी सरकारी नौकरियां उनके लिए नहीं थीं। अछूतों को ''अपवित्र'' समझे जाने वाले गंदे काम, जैसे झाड़ू-बुहारु, जूते बनाना, मुर्दे उठाना, मुर्दा जानवरों की खाल निकालना, खालों तथा चमड़ों को पकाना-कमाना, आदि काम करने पड़ते थे। वे ज़मीन के मालिक नहीं बन सकते थे और उनमें से अनेक को बंटाईदारी या खेत-मज़दूरी करनी पड़ती थी।

जाति प्रथा की एक और बुराई भी थी। यह अपमानजनक, अमानवीय और जन्मगत असमानता के जनतंत्र-विरोधी सिद्धांत पर आधारित तो थी ही, साथ ही यह सामाजिक विघटन का कारण भी थी। इसने लोगों को अनेक समूहों में बांटकर रख दिया था। आधुनिक काल में यह प्रथा एकता की राष्ट्रीय भावना के विकास और जनतंत्र के प्रसार में एक प्रमुख बाधा रही है। यहां यह भी कह दिया जाए कि जातिगत चेतना, खासकर विवाह-संबंधों के बारे में, मुसलमानों,

ईसाइयों तथा सिखों में भी रही है तथा वे भी कम उग्र रूप में ही सही, छुआछूत का पालन करते रहे हैं।

ब्रिटिश शासन ने ऐसी अनेक शक्तियों को जन्म दिया जिन्होंने धीरे-धीरे जाति प्रथा की जड़ों को कमज़ोर किया। आधुनिक उद्योगों, रेलों व बसों के आरंभ ने तथा बढ़ते नगरीकरण के कारण खासकर शहरों में विभिन्न जातियों के लोगों के बीच संपर्क को अपरिहार्य बना दिया है। आधुनिक व्यापार-उद्योग ने आर्थिक कार्यकलाप के नए क्षेत्र सभी के लिए पैदा किए हैं। उदाहरण के लिए, एक ब्राह्मण या किसी और ऊंची जाति का व्यापारी चमड़े या जूते के व्यापार का अवसर भी शायद ही छोड़े और न ही वह डॉक्टर या सैनिक बनने का अवसर छोड़ेगा। ज़मीन की खुली बिक्री ने अनेक गांवों में जातीय संतुलन को बिगाड़कर रख दिया। एक आधुनिक औद्योगिक समाज में जाति और व्यवसाय का पुराना संबंध चल सकना कठिन है क्योंकि इस समाज में मुनाफ़ा प्रमुख प्रेरणा बनता जा रहा है।

प्रशासन के क्षेत्र में, अंग्रेज़ों ने कानून के सामने सबकी समानता का सिद्धांत लागू किया, जातिगत पंचायतों से उनके न्यायिक काम छीन लिए, और प्रशासकीय सेवाओं के दरवाज़े धीरे-धीरे सभी जातियों के लिए खोल दिए। इसके अलावा, नई शिक्षा प्रणाली पूरी तरह धर्मनिरपेक्ष है और इसलिए वह मूलत: जातिगत भेदों तथा जातिगत दृष्टिकोण की विरोधी है।

जब भारतीयों के बीच आधुनिक जनतांत्रिक व बुद्धिवादी विचार फैले तो उन्होंने जाति प्रथा के ख़िलाफ़ आवाज़ उठाना शुरू किया। ब्रह्मसमाज, प्रार्थना समाज, आर्य समाज, रामकृष्ण,मिशन, थियोसोफ़ी, सोशल कांफ्रेंस तथा उन्नीसवीं सदी के लगभग सभी महान सुधारकों ने इस पर हमले किए। हालांकि उनमें से बहुतों ने चार वर्णों की प्रथा का पक्ष भी लिया, मगर वे भी जाति-प्रथा के आलोचक थे। उन्होंने खास तौर पर छुआछूत की अमानवीय प्रथा की निंदा की। उन्होंने यह भी महसूस किया कि राष्ट्रीय एकता तथा राजनीतिक-सामाजिक-आर्थिक क्षेत्रों में राष्ट्रीय प्रगति तब तक असंभव है जब तक कि लाखों-लाख लोग सम्मान से जीने के अधिकार से वंचित हैं।

राष्ट्रीय आंदोलन के विकास ने भी जाति प्रथा को कमज़ोर बनाने में महत्त्वपूर्ण भूमिका निभाई। राष्ट्रीय आंदोलन उन तमाम संस्थाओं का विरोधी था जो भारतीय जनता को बांटकर रखती थी। जन-प्रदर्शनों, विशाल जनसभाओं तथा सत्याग्रह के संघर्षों में सबकी भागीदारी ने भी जातिगत चेतना को कमज़ोर बनाया। कुछ भी हो, वे लोग जो स्वाधीनता और स्वतंत्रता के नाम पर विदेशी

शासन से मुक्ति के लिए लड़ रहे थे, जाति प्रथा का समर्थन नहीं कर सकते थे क्योंकि यह उन सिद्धांतों की विरोधी थी। इस तरह आरंभ से ही भारतीय राष्ट्रीय कांग्रेस, बल्कि पूरे राष्ट्रीय आंदोलन ने जातिगत, विशेषाधिकारों का विरोध किया और जाति-लिंग-धर्म के भेदभाव के बिना व्यक्ति के विकास के लिए समान नागरिक अधिकारों तथा समान स्वतंत्रता की लड़ाई लड़ते रहे।

गांधीजी अपनी सार्वजनिक गतिविधियों में छुआछूत के खात्मे को जीवन भर एक प्रमुख काम मानते रहे। 1932 में उन्होंने इस उद्देश्य से अखिल भारतीय हरिजन संघ की स्थापना की। अस्पृश्यता का जड़-मूल से उन्मूलन का उनका आंदोलन मानवतावाद और बुद्धिवाद पर आधारित था। उनका तर्क था कि हिंदू शास्त्रों में छुआछूत को कोई मान्यता नहीं दी गई है। लेकिन अगर कोई शास्त्र छुआछूत का समर्थन करे तो उसे नहीं मानना चाहिए क्योंकि यह सब मानव सम्मान के विरुद्ध है। उन्होंने कहा कि सत्य किसी पुस्तक के पन्नों तक सीमित नहीं होता।

उन्नीसवीं सदी के मध्य से अनेक व्यक्तियों व संगठनों ने अछूतों के बीच शिक्षा-प्रसार का काम आरंभ किया (इन अछूतों को बाद में कमज़ोर वर्ग या अनुसूचित जातियां कहा गया)। उनके लिए स्कूलों तथा मंदिरों के दरवाज़े खुलवाने, सार्वजनिक कुओं और तालाबों से उन्हें पानी भरने का अधिकार दिलाने तथा उनको उत्पीड़ित करने वाली अन्य सामाजिक निर्योग्यताओं और भेदभावों को नष्ट करनेके प्रयास किए गए।

शिक्षा तथा जागृति फैली तो निचली जातियों में भी हलचल होने लगी। वे अपने मूल मानव-अधिकारों के प्रति सचेत हुए तथा उनकी रक्षा के लिए उठकर खड़े होने लगे। धीरे-धीरे उन्होंने ऊंची जातियों के परंपरागत उत्पीड़न के ख़िलाफ़ एक शक्तिशाली आंदोलन खड़ा किया। महाराष्ट्र में उन्नीसवीं सदी के उत्तरार्ध में एक निचली जाति में जन्मे ज्योतिबा फुले ने ब्राह्मणों की धार्मिक सत्ता के ख़िलाफ़ जीवन-भर आंदोलन चलाया। यह ऊंची जातियों के प्रभुत्व के ख़िलाफ़ उनके संघर्ष का एक अंग था। वे आधुनिक शिक्षा को निचली जातियों की मुक्ति का सबसे शक्तिशाली अस्त्र समझते थे। वे पहले व्यक्ति थे जिन्होंने निचली जातियों की लड़कियों के लिए अनेक स्कूल खोले। डॉक्टर भीमराव अंबेडकर ने जो खुद अनुसूचित जाति के थे, अपना पूरा जीवन जातिगत अत्याचार विरोधी संघर्ष को समर्पित कर दिया। इसके लिए उन्होंने अखिल भारतीय अनुसूचित जाति महासंघ की स्थापना की। अनुसूचित जातियों के दूसरे अनेक नेताओं ने अखिल भारतीय वंचित वर्ग संघ की स्थापना की।

केरल में श्री नारायण गुरु ने जाति प्रथा के ख़िलाफ़ जीवन भर संघर्ष चलाया। उन्होंने ही "मानव जाति के लिए एक धर्म, एक जाति और एक ईश्वर" का प्रसिद्ध नारा दिया। दक्षिण भारत में ब्राह्मणों द्वारा लादी गई निर्योग्यताओं का मुकाबला करने के लिए गैर-ब्राह्मणों ने 1920 के दशक में एक आत्मसम्मान आंदोलन चलाया। पूरे भारत में मंदिरों में अछूतों के प्रवेश की मनाही तथा दूसरे प्रतिबंधों के ख़िलाफ़ ऊंची तथा निचली जातियों के लोगों ने मिलकर अनेक सत्याग्रह आंदोलन चलाए।

फिर भी, छुआछूत विरोधी संघर्ष विदेशी शासन में पूरी तरह सफल नहीं हो सकता था। विदेशी सरकार समाज के रूढ़िवादी तत्त्वों की शत्रुता मोल लेने से डरती थी। समाज के मूलभूत सुधार का काम केवल स्वतंत्र भारत की सरकार कर सकती थी। इसके अलावा, सामाजिक कल्याण का काम राजनीतिक-आर्थिक कल्याण से गहराई से जुड़ा होता है। उदाहरण के लिए, कमज़ोर वर्गों की सामाजिक स्थिति सुधारने के लिए आर्थिक प्रगति आवश्यक है; शिक्षा तथा राजनीतिक अधिकारों के लिए प्रसार के साथ भी यही बात है। इस बात को भारतीय नेताओं ने अच्छी तरह समझा था। उदाहरण के लिए, डॉ. भीमराव अंबेडकर लिखते हैं –

> आपके दुखों को कोई इतनी अच्छी तरह दूर नहीं कर सकता जिस तरह आप कर सकते हैं और आप इन्हें तब तक दूर नहीं कर सकते जब तक कि राजनीतिक सत्ता आपके हाथों में न आए ... हमारे पास एक ऐसी सरकार होनी चाहिए जिसमें सत्ता में बैठे लोग जीवन के सामाजिक व आर्थिक नियमों को संशोधित करने से न डरते हों, जिसकी मांग न्याय और व्यावहारिकता करती हैं। इस भूमिका को ब्रिटिश सरकार कभी नहीं निभा सकती। केवल जनता की, जनता के लिए, जनता द्वारा चलाई जा रही सरकार, अर्थात् दूसरे शब्दों में, केवल एक स्वराज्य सरकार, इस काम को संभव बना सकती है।

1950 के संविधान ने अंततः छुआछूत (अस्पृश्यता) के खात्मे के लिए एक कानूनी आधार तैयार किया। इसने घोषणा की कि अस्पृश्यता समाप्त की जा चुकी है और किसी भी रूप में इसका पालन मना है। छुआछूत के आधार पर किसी पर कोई भी निर्योग्यता लादना एक अपराध होगा, जिसके लिए कानून के अनुसार दंड दिया जाएगा। संविधान कुंओं, तालाबों या नहाने के घाटों के उपयोग पर या दुकानों, रेस्तरांओं, होटलों और सिनेमाघरों में किसी के प्रवेश पर रोक लगाने से भी मना करता है। इसके अलावा, भावी सरकारों के मार्गदर्शन के लिए जो नीति-निदेशक

सिद्धांत निर्धारित किए गए हैं उनमें से एक में यह बात कही गई है...'राज्य जनकल्याण को प्रोत्साहित करने का प्रयास करेगा और इसके लिए जितने प्रभावी ढंग से संभव हो सके, एक ऐसी सामाजिक व्यवस्था लाने तथा उसकी रक्षा करने का प्रयास करेगा जिसमें राष्ट्रीय जीवन की सभी संस्थाओं का आधार सामाजिक, आर्थिक और राजनीतिक न्याय हो।' फिर भी जाति-प्रथा की बुराइयों के ख़िलाफ़ संघर्ष, खासकर ग्रामीण क्षेत्रों में, अभी भी भारतीय जनता का एक प्रमुख कार्यभार है।

11

राष्ट्रवादी आंदोलन : उग्र राष्ट्रवाद का विकास (1905-1918)

वर्षों के कालक्रम में देश में धीरे-धीरे उग्र राष्ट्रवाद (जिसे गरमपंथ भी कहते हैं) का विकास होता आ रहा था। यह 1905 के बंगाल-विभाजन-विरोधी आंदोलन में अभिव्यक्त हुआ।

अपने आरंभिक काल में भारतीय राष्ट्रीय आंदोलन ने अधिकाधिक लोगों को विदेशी प्रभुत्व की बुराइयों तथा देशभक्ति की भावना विकसित करने की आवश्यकता के प्रति जागरूक बनाया था। उसने शिक्षित भारतीयों को आवश्यक राजनीतिक प्रशिक्षण दिया था। वास्तव में उसने जनता की भावना को ही बदल दिया था तथा देश में एक नए जीवन का संचार किया था।

साथ ही साथ, राष्ट्रवादियों की एक मांग मानने में ब्रिटिश सरकार की असफलता ने, राजनीतिक चेतना-प्राप्त लोगों में, उस समय वर्चस्व प्राप्त नरमपंथी नेतृत्व के सिद्धांतों व विधियों के प्रति असंतोष पैदा कर दिया था। नरमपंथी राष्ट्रवादियों की मांगें मानने की जगह ब्रिटिश शासक उनकी हंसी उड़ाते और उन्हें नीची निगाहों से देखते थे। परिणामस्वरूप सभाओं, प्रार्थनापत्रों, स्मरण पत्रों और विधायिकाओं में भाषणों की जगह और भी ज़ोरदार राजनीतिक कार्रवाइयों और तरीकों की मांगें उठने लगीं।

ब्रिटिश शासन के सही चरित्र की पहचान : नरमपंथी राष्ट्रवादियों की राजनीति इस विश्वास पर आधारित थी कि ब्रिटिश शासन को अंदर से सुधारा जा सकता है। लेकिन राजनीतिक और आर्थिक प्रश्नों से संबंधित ज्ञान जब फैला धीरे-धीरे यह विश्वास टूट गया। इसके लिए काफ़ी हद तक नरमपंथियों का आंदोलन स्वयं उत्तरदायी था। राष्ट्रवादी लेखकों और आंदोलनकारियों ने जनता की निर्धनता का दोषी ब्रिटिश शासन को ठहराया। राजनीतिक रूप से चेतन भारतीयों को विश्वास था कि ब्रिटिश शासन का उद्देश्य भारत का आर्थिक शोषण करना

अर्थात् भारत की संपत्ति से इंग्लैंड को समृद्ध बनाना है। उन्हें महसूस हुआ कि जब तक भारतीयों द्वारा नियंत्रित और संचालित कोई सरकार ब्रिटिश साम्राज्यवाद की जगह नहीं ले लेती, आर्थिक क्षेत्र में भारत शायद ही कुछ प्रगति कर सके। राष्ट्रवादियों ने खासकर यह भी देखा कि भारत के उद्योग तब तक फल-फूल नहीं सकते जब तक कि उन्हें सुरक्षा और प्रोत्साहन देने वाली कोई भारतीयों की सरकार न हो। भारत में 1896 और 1900 के बीच जो भयानक अकाल फूटे और जिनमें 90 लाख से ऊपर लोग मरे, वे जनता की दृष्टि में विदेशी शासन के आर्थिक दुष्परिणामों के जीते-जागते प्रतीक थे।

1892 और 1905 के बीच घटित राजनीतिक घटनाओं ने भी राष्ट्रवादियों को निराश करके उन्हें और भी उग्र राजनीति के बारे में सोचने को बाध्य किया। 1892 का इंडियन काउंसिल ऐक्ट, जिसका वर्णन हम कर चुके हैं, घोर निराशा का कारण सिद्ध हुआ। दूसरी ओर, जनता को जो थोड़े से राजनीतिक अधिकार प्राप्त थे, उन पर भी हमले किए गए। 1898 में एक कानून बनाया गया जिसमें विदेशी शासन के प्रति ''असंतोष की भावना'' फैलाने को अपराध घोषित किया गया। 1899 में कलकत्ता नगर निगम में भारतीय सदस्यों की संख्या घटा दी गई। 1904 में इंडियन ऑफ़िशियल सीक्रेटस ऐक्ट बना जिसने प्रेस की स्वतंत्रता को सीमित कर दिया। 1897 में नाटू भाइयों को बिना मुकदमा चलाए देश से बाहर कर दिया गया और उन पर लगाए गए आरोपों की जानकारी भी जनता को नहीं दी गई। उसी वर्ष लोकमान्य तिलक और दूसरे समाचार-संपादकों को विदेशी सरकार के प्रति जनता को भड़काने के लिए लंबी-लंबी जेल सजाएं दी गई। इन सबसे जनता को लगा कि सरकार और भी अधिक राजनीतिक अधिकार देने के बजाय उन्हें मिले थोड़े से अधिकार भी छीने ले रही थी। लॉर्ड कर्ज़न के कांग्रेस-विरोधी दृष्टिकोण ने अधिकाधिक लोगों को विश्वास दिलाया कि भारत में ब्रिटिश शासन के रहते राजनीतिक और आर्थिक प्रगति की आशा करना व्यर्थ है। यहां तक कि नरमपंथी नेता गोखले को भी शिकायत थी कि 'नौकरशाही खुलकर स्वार्थी और राष्ट्रीय आकांक्षाओं की शत्रु बनती जा रही है।'

सामाजिक-सांस्कृतिक दृष्टिकोण से भी ब्रिटिश शासन अब प्रगतिशील नहीं रहा था। प्राथमिक और तकनीकी शिक्षा में कोई प्रगति नहीं हो रही थी। साथ ही, अधिकारीगण उच्च शिक्षा के प्रति शंकित हो रहे थे और देश में उसके प्रसार में बाधा डालने की कोशिश तक कर रहे थे। 1904 के भारतीय विश्वविद्यालय कानून से राष्ट्रवादियों को लगा कि भारत के विश्वविद्यालयों पर और भी सख्त

सरकारी नियंत्रण स्थापित करने तथा उच्च शिक्षा का प्रसार रोकने का प्रयास किया जा रहा है।

इस तरह अधिकाधिक संख्या में भारतीयों को विश्वास होता जा रहा था कि देश की आर्थिक, राजनीतिक और सांस्कृतिक प्रगति के लिए स्वशासन आवश्यक है और राजनीतिक पराधीनता का मतलब भारतीय जनता के विकास का अवरुद्ध होना है।

आत्मसम्मान और आत्मविश्वास का प्रसार : उन्नीसवीं सदी के अंत तक भारतीय राष्ट्रवादियों का आत्मविश्वास और आत्मसम्मान बहुत बढ़ चुका था। उन्हें अपना शासन तथा देश का विकास खुद कर सकने की अपनी क्षमता में विश्वास हो चुका था। तिलक, अरविंद घोष और विपिनचन्द्र पाल जैसे नेताओं ने राष्ट्रवादियों को आत्मविश्वास का संदेश दिया और उनसे आग्रह किया कि वे भारतीय जनता के चरित्र व क्षमताओं पर भरोसा करें। उन्होंने जनता को बतलाया कि उनकी दुर्दशा का हल उनके अपने हाथों में है और इसके लिए उन्हें निर्भय और बलवान होना चाहिए। स्वामी विवेकानंद कोई राजनीतिक नेता न थे, मगर यह संदेश उन्होंने बार-बार दिया। उन्होंने घोषणा की–

> दुनिया में अगर कोई पाप है तो वह निर्बलता है। निर्बलता का त्याग करो; निर्बलता पाप है और निर्बलता मृत्यु है ... सत्य की कसौटी यह है–कोई भी वस्तु अगर तुम्हें शारीरिक, बौद्धिक और आध्यात्मिक दृष्टि से निर्बल बनाती है तो उसे विष समझ उसका त्याग करो। उसमें कोई जीवन नहीं है, और वह सत्य नहीं हो सकती।

उन्होंने जनता से यह भी कहा कि वह अतीत के महिमामंडन के भरोसे जीना छोड़ें और मर्दों की तरह भविष्य का निर्माण करें। उन्होंने कहा, 'हे भगवान, हमारा यह देश अतीत के ऊपर अपनी शाश्वत निर्भरता से कब मुक्त होगा?'

आत्मप्रयास में इस विश्वास के कारण राष्ट्रीय आंदोलन का विस्तार करने की आकांक्षा भी जागी। यह विचार फैला कि राष्ट्रवाद के उद्देश्य को ऊंचे वर्गों के थोड़े से शिक्षित भारतीयों तक अब और सीमित नहीं रहना चाहिए। इसके बजाय, जनता की राजनीतिक चेतना को उभारा जाना चाहिए। उदाहरण के लिए, स्वामी विवेकानंद ने लिखा– 'भारत की एकमात्र आशा उसकी जनता है। ऊंचे वर्ग शारीरिक और नैतिक दृष्टि से मृतप्राय हैं।' यह महसूस किया जाने लगा था कि स्वाधीनता पाने के लिए जो व्यापक बलिदान आवश्यक है वह केवल जनता ही कर सकती है।

शिक्षा और बेरोज़गारी में वृद्धि : उन्नीसवीं सदी के अंत तक शिक्षित भारतीयों की संख्या में स्पष्ट वृद्धि हुई थी। इनका एक बड़ा भाग प्रशासन में बहुत कम वेतन पर काम कर रहा था और दूसरे बहुत से लोग बेरोज़गार घूम रहे थे। अपनी आर्थिक स्थिति के कारण ये लोग ब्रिटिश सरकार के चरित्र को आलोचनात्मक दृष्टि से देखने लगे। उनमें से अनेक उग्र राष्ट्रवादी नीतियों से आकर्षित हुए।

इससे भी महत्त्वपूर्ण था शिक्षा-प्रसार का विचारधारात्मक पक्ष। शिक्षित भारतीयों की संख्या जितनी बढ़ी, उतना ही लोकतंत्र, राष्ट्रवाद और आमूल परिवर्तन के पश्चिमी विचारों का प्रभाव भी फैला। ये शिक्षित भारतीय उग्र राष्ट्रवाद के बेहतरीन प्रचारक और अनुयायी सिद्ध हुए। इसके दो कारण थे–वे कम वेतन पाने वाले या बेरोज़गार थे और साथ ही आधुनिक विचार प्रणाली और राजनीति की तथा यूरोपीय और विश्व इतिहास की शिक्षा भी उन्हें मिली थी।

अंतर्राष्ट्रीय प्रभाव : इस काल की अनेक विदेशी घटनाओं ने भी भारत में उग्र राष्ट्रवाद के विकास को प्रोत्साहित किया। 1868 के बाद एक आधुनिक जापान के उदय ने दिखा दिया कि एक पिछड़ा हुआ एशियाई देश भी बिना किसी पश्चिमी नियंत्रण के अपना विकास कर सकता है। कुछ ही दशकों की अवधि में जापान के नेताओं ने अपने देश को पहले दर्जे की औद्योगिक और सैनिक शक्ति बना दिया था, व्यापक प्राथमिक शिक्षा का आरंभ किया था और एक सक्षम और आधुनिक प्रशासन खड़ा किया था। 1896 में इथियोपिया के हाथों इटली की सेना तथा 1905 में जापान के हाथों रूस की हार ने यूरोपीय श्रेष्ठता के भ्रम को तोड़कर रख दिया। एशिया में हर जगह एक छोटे से एशियाई देश के हाथों यूरोप की सबसे बड़ी सैनिक शक्ति की पराजय की खबर को उत्साह के साथ सुना गया।

18 जून 1905 को ''कराची क्रोनिकल'' नामक समाचारपत्र ने जनता की भावनाओं को इस प्रकार व्यक्त किया–

> जो कुछ एक एशियाई देश ने किया है वह दूसरे भी कर सकते हैं ... अगर जापान रूस की धुनाई कर सकता है तो भारत भी उतनी ही आसानी से इंग्लैंड को धुन सकता है ... आइए, हम अंग्रेज़ों को समुद्र में फेंक दें और विश्व की महान शक्तियों के बीच जापान के बराबर अपना स्थान ग्रहण करें।

आयरलैंड, रूस, मिस्र, तुर्की और जापान के क्रांतिकारी आंदोलनों तथा दक्षिण अफ्रीका के बोअर युद्ध ने भारतीयों को विश्वास दिला दिया कि अगर जनता

एकजुट और बलिदान के लिए तैयार हो तो शक्तिशाली निरंकुश सरकारों को भी चुनौती दे सकती है। जिस बात की सबसे अधिक आवश्यकता थी वह थी देशभक्ति और आत्मबलिदान की भावना।

उग्र राष्ट्रवादी विचार-संप्रदाय का अस्तित्व : राष्ट्रीय आंदोलन के लगभग आरंभ से ही उग्र राष्ट्रवाद का एक संप्रदाय देश में मौजूद था। इस संप्रदाय के प्रतिनिधि बंगाल में राजनारायण बोस और अश्विनीकुमार दत्त तथा महाराष्ट्र में विष्णु शास्त्री, चिपलुणकर जैसे नेता थे। इस संप्रदाय के सबसे महत्त्वपूर्ण प्रतिनिधि बाल गंगाधर तिलक थे जिन्हें आमतौर पर लोकमान्य तिलक कहते हैं। उनका जन्म 1856 में हुआ था। बंबई विश्वविद्यालय से स्नातक-परीक्षा उत्तीर्ण करने के बाद से ही उन्होंने पूरा जीवन देश-सेवा के लिए समर्पित कर दिया। 1880 के बाद के दशक में उन्होंने न्यू इंग्लिश स्कूल की स्थापना में भाग लिया; यही स्कूल बाद में फर्ग्युसन कॉलेज के नाम से प्रसिद्ध हुआ। उन्होंने अंग्रेज़ी में ''मरहठा'' तथा मराठी में ''केसरी'' नामक पत्रों की स्थापना की। 1889 से वे केसरी का संपादन करने लगे और इस पत्र के पृष्ठों में वे राष्ट्रवाद का प्रचार करने लगे। उन्होंने जनता को भारत की स्वाधीनता के लिए साहसी, स्वावलंबी और निःस्वार्थ योद्धा होने का पाठ पढ़ाया। 1893 में उन्होंने एक परंपरागत धार्मिक उत्सव, अर्थात् गणपति उत्सव का उपयोग गीतों और भाषणों के द्वारा राष्ट्रवादी विचारों के प्रचार के लिए करना आरंभ कर दिया। 1895 में उन्होंने शिवाजी उत्सव का आयोजन आरंभ किया। इसका उद्देश्य महाराष्ट्रियन युवकों के अनुकरण के लिए शिवाजी का उदाहरण सामने रखकर उनमें राष्ट्रवाद की भावना पैदा करना था। 1896-97 में उन्होंने महाराष्ट्र में कर न चुकाने का अभियान चलाया। उन्होंने महाराष्ट्र के अकाल-पीड़ित किसानों से कहा कि अगर उनकी फसल चौपट हो जाए तो वे मालगुज़ारी न दें। जब सरकार के ख़िलाफ़ घृणा और असंतोष भड़काने के आरोप में अधिकारियों ने उन्हें 1897 में गिरफ़्तार किया तो उन्होंने दिलेरी और बलिदान का एक शानदार उदाहरण सामने रखा। उन्होंने सरकार से क्षमा मांगने से इनकार कर दिया जिस पर उन्हें 18 महीनों की कड़ी कैद की सज़ा हुई। इस तरह वे आत्म-बलिदान की नई राष्ट्रीय भावना के जीते-जागते प्रतीक बन गए।

बीसवीं सदी के आरंभ में उग्र राष्ट्रवादी संप्रदाय को एक अनुकूल राजनीतिक वातावरण प्राप्त हुआ। अब इसके समर्थक भी राष्ट्रीय आंदोलन के दूसरे चरण का नेतृत्व करने के लिए आगे बढ़े। तिलक के अलावा उग्र राष्ट्रवाद के दूसरे महत्त्वपूर्ण नेता विपिनचंद्र पाल, अरविंद घोष और लाला

लाजपतराय थे। उग्र राष्ट्रवादियों के कार्यक्रम के विशिष्ट राजनीतिक पहलू इस प्रकार थे–

उनका मत था कि भारतीयों को मुक्ति स्वयं अपने प्रयासों से प्राप्त करनी होगी तथा उन्हें अपनी पतित स्थिति से उबरने के प्रयत्न करने होंगे। उन्होंने घोषणा की कि इस कार्य के लिए बड़े-बड़े बलिदान करने होंगे और तकलीफ़ें सहनी होंगी। उनके भाषण, लेख और राजनीतिक कार्य दिलेरी और आत्मविश्वास से भरपूर थे और अपने देश की भलाई के लिए किसी भी व्यक्तिगत बलिदान को कम समझते थे।

भारत अंग्रेज़ों के "कृपापूर्ण मार्गदर्शन" और नियंत्रण में प्रगति कर सकता है, इसे मानने से उन्होंने इनकार कर दिया। वे विदेशी शासन से दिल से नफ़रत करते थे और उन्होंने स्पष्ट शब्दों में घोषणा की कि राष्ट्रीय आंदोलन का लक्ष्य स्वराज्य या स्वाधीनता है।

उन्हें जनता की शक्ति में असीम विश्वास था और उनकी योजना जनता की कार्रवाई के द्वारा स्वराज्य प्राप्त करने की थी। इसलिए उन्होंने जनता के बीच राजनीतिक कार्य पर और जनता की सीधी राजनीतिक कार्रवाई पर ज़ोर दिया।

प्रशिक्षित नेतृत्व : 1905 तक भारत में ऐसे अनेक नेता थे जो राजनीतिक आंदोलनों के मार्गदर्शन तथा राजनीतिक संघर्षों के नेतृत्व संबंधी बहुमूल्य अनुभव प्राप्त कर चुके थे। राजनीतिक कार्यकर्ताओं की एक प्रशिक्षित टुकड़ी के बिना राष्ट्रीय आंदोलन को एक उच्चतर राजनीतिक स्तर तक ले जाना बहुत कठिन होता।

बंगाल का विभाजन (बंग-भंग)

इस तरह 1905 में जब बंगाल को दो टुकड़ों में बांट दिया गया तब तक उग्र राष्ट्रवाद की उदय की परिस्थितियां विकसित हो चुकी थीं। इसी के साथ भारत के राष्ट्रीय आंदोलन का दूसरा चरण आरंभ होता है। 20 जुलाई 1905 को लॉर्ड कर्ज़न ने एक आज्ञा जारी करके बंगाल को दो भागों में बांट दिया। पहले भाग में पूर्वी बंगाल और असम थे और उसकी आबादी 3.1 करोड़ थी, जबकि दूसरे भाग में, शेष बंगाल था और उसकी जनसंख्या 5.4 करोड़ थी जिसमें 1.8 करोड़ बंगाली और 3.6 करोड़ बिहारी और उड़िया थी। तर्क यह दिया था कि बंगाल का प्रांत इतना बड़ा था कि एक प्रांतीय सरकार के लिए उसका प्रशासन चला सकना असंभव था। लेकिन जिन अधिकारियों ने यह योजना तैयार की उनके दूसरे राजनीतिक उद्देश्य भी थे। बंगाल तब भारतीय राष्ट्र विवाद का केंद्र माना

जाता था और इस कदम के द्वारा अधिकारीगण बंगाल में राष्ट्रवाद के प्रसार को रोकना चाहते थे। भारत सरकार के गृहसचिव रिसले ने 6 दिसंबर 1904 को एक अधिकारिक टिप्पणी में लिखा–

> एकजुट बंगाल अपने-आप में एक शक्ति है। बंगाल और विभाजित हो तो सभी भागों की दिशाएं अलग-अलग होंगी। यही बात कांग्रेस के नेता महसूस करते हैं; उनकी आशंकाएं पूरी तरह सही हैं और इस योजना का महत्त्व इसी में है ... हमारा एक उद्देश्य हमारे शासन के विरोधियों को तोड़ना और इस प्रकार उन्हें कमज़ोर करना है।

भारतीय राष्ट्रीय कांग्रेस और बंगाल के राष्ट्रवादियों ने विभाजन का जमकर विरोध किया। बंगाल के भीतर भी ज़मींदार, व्यापारी, वकील, छात्र, नगरों के गरीब लोग और स्त्रियां तक, समाज के विभिन्न वर्ग अपने प्रांत के विभाजन के विरोध में स्वतःस्फूर्त ढंग से उठ खड़े हुए।

राष्ट्रवादियों ने बंगाल के विभाजन को एक प्रशासकीय उपाय ही नहीं, बल्कि भारतीय राष्ट्रवाद के लिए एक चुनौती समझा। उन्होंने इसे बंगाल को क्षेत्रीय और धार्मिक आधार पर बांटने का प्रयास माना; धार्मिक आधार पर इसलिए कि पूर्वी भाग में मुसलमानों और पश्चिमी भाग में हिंदुओं का बहुमत था। उन्होंने समझा कि इस प्रकार बंगाल में राष्ट्रवाद को कमज़ोर और नष्ट करने का प्रयास किया जा रहा है। इससे बंगाली भाषा और संस्कृति को ज़बर्दस्त धक्का लगता। उनका तर्क था कि प्रशासन में कुशलता लाने के लिए हिंदी भाषी, बिहार और उड़िया भाषी, उड़ीसा को प्रांत के बंगाली भाषी क्षेत्र से अलग किया जा सकता है। इसके लिए सरकार ने यह कदम जनमत की पूरी तरह उपेक्षा करके उठाया था। विभाजन के ख़िलाफ़ बंगाल के विरोध की तीव्रता का कारण यह कि इसने एक बहुत संवेदनशील व साहसी जनता की भावनाओं को चोट पहुंचाई थी।

बंग-भंग-विरोधी आंदोलन : बंग-भंग-विरोधी आंदोलन या स्वदेशी और बहिष्कार आंदोलन बंगाल के पूरे राष्ट्रीय नेतृत्व के प्रयासों के कारण था, न कि आंदोलन के किसी एक भाग के आरंभ में इसके प्रमुखतम नेता सुरेंद्रनाथ बनर्जी और कृष्ण कुमार मित्र जैसे नरमपंथी नेता थे, मगर बाद में इसका नेतृत्व उग्र और क्रांतिकारी राष्ट्रवादियों ने संभाल लिया। वास्तव में, आंदोलन के दौरान नरमपंथी और उग्र राष्ट्रवादियों दोनों ने एक दूसरे से सहयोग किया।

विभाजन-विरोधी आंदोलन 7 अगस्त 1905 को आरंभ हुआ। उस दिन कलकत्ता के टाउनहाल में विभाजन के ख़िलाफ़ एक बहुत बड़ा प्रदर्शन

हुआ। इस सभा के बाद प्रतिनिधि आंदोलन को फैलाने के लिए पूरे प्रांत में फैल गए।

विभाजन 16 अक्तूबर 1905 को लागू किया गया। आंदोलन के नेताओं ने इस दिन को पूरे बंगाल में शोक दिवस के रूप में मनाने की घोषणा की। उस दिन लोगों ने उपवास रखे। कलकत्ता में हड़ताल हुई। लोग बहुत तड़के ही नंगे पैर चलकर गंगा में स्नान करने पहुंचे। इस अवसर के लिए रवींद्रनाथ ठाकुर ने अपना प्रसिद्ध गीत "आमार सोनार बांग्ला" लिखा जिसे सड़कों पर चलने वाली भीड़ गाती। बाद में इस गीत को बांग्लादेश ने 1971 में अपनी मुक्ति के बाद अपने राष्ट्रीय गीत के रूप में अपनाया। कलकत्ता की सड़कें "वंदे मातरम" की आवाज़ से गूंज उठी और यह गीत रातों-रात बंगाल का राष्ट्रीय गान बन गया (बाद में यही पूरे राष्ट्रीय आंदोलन का राष्ट्रगान बन गया)। रक्षाबंधन के उत्सव का एक नए ढंग से उपयोग किया गया। बंगालियों और बंगाल के दो टुकड़ों की अटूट एकता के प्रतीक के रूप में हिंदू-मुसलमानों ने एक-दूसरे की कलाइयों पर राखियां बांधी।

दोपहर को एक बहुत बड़ा प्रदर्शन किया और वयोवृद्ध नेता, आनंदमोहन बोस ने बंगाल की अटूट एकता जतलाने के लिए फेडरेशन हाल की बुनियाद रखी। इस अवसर पर उन्होंने 50,000 लोगों की सभा को संबोधित किया।

स्वेदशी और बहिष्कार : बंगाल के नेताओं को लगा कि केवल प्रदर्शनों, सार्वजनिक सभाओं और प्रस्तावों से शासकों पर बहुत ज़्यादा प्रभाव पड़ने वाला नहीं है। इसके लिए और भी सकारात्मक उपाय करने होंगे जिनसे जनता की भावनाओं की तीव्रता का अच्छी तरह पता चले। इसका परिणाम था स्वदेशी और बहिष्कार। पूरे बंगाल में जनसभाएं की गईं जिनमें स्वदेशी अर्थात् भारतीय वस्तुओं का उपयोग तथा ब्रिटिश वस्तुओं के बहिष्कार का निर्णय किया गया और शपथ ली गई। अनेक जगहों पर विदेशी कपड़ों की होली जलाई गई और विदेशी कपड़े बेचने वाली दुकानों पर धरने दिए गए। स्वदेशी आंदोलन को व्यापक सफलता मिली। सुरेंद्रनाथ बनर्जी के अनुसार-

> स्वदेशीवाद जब शक्तिमान था तब उसने हमारे सामाजिक व पारिवारिक जीवन के पूरे ताने-बाने को प्रभावित किया। अगर विवाहों में ऐसी विदेशी वस्तुएं उपहार में दी जातीं जिनके समान वस्तुएं देश में बन सकती हों, तो वे लौटा दी जाती थीं। पुरोहित अक्सर ऐसे समारोहों में धार्मिक कार्य करने से इनकार कर देते जिनमें ईश्वर को भेंट में विदेशी वस्तुएं दी जाती थीं। जिन उत्सवों में विदेशी नमक या विदेशी चीनी का उपयोग किया जाता उसमें भाग लेने से मेहमान इनकार कर देते थे।

स्वदेशी आंदोलन का एक महत्त्वपूर्ण पक्ष आत्मनिर्भरता या आत्मशक्ति पर दिया जाने वाला ज़ोर था। आत्मनिर्भरता का मतलब था राष्ट्र की गरिमा, सम्मान और आत्मविश्वास की घोषणा। आर्थिक क्षेत्र में इसका अर्थ था देशी उद्योगों व अन्य उद्यमों को बढ़ावा देना। अनेक कपड़ा मिलें, साबुन और माचिस के कारखाने, हैंडलूम के उद्यम, राष्ट्रीय बैंक और बीमा कंपनियां खुलीं। आचार्य पी.सी. राय ने प्रसिद्ध बंगाल केमिकल स्वदेशी स्टोर्स की स्थापना की। महान कवि रवींद्रनाथ ठाकुर तक ने एक स्वदेशी स्टोर खुलवाने में सहायता की।

संस्कृति के क्षेत्र में स्वदेशी आंदोलन के अनेक परिणाम सामने आए। राष्ट्रवादी काव्य, गद्य और पत्रकारिता का विकास हुआ। इस समय रवींद्रनाथ ठाकुर, राजनीकांत सेन, सैयद अबू मुहम्मद और मुकुंद दास ने देशभक्ति के जो गीत लिखे वे बंगाल में आज तक गाए जाते हैं। उस दौरान आत्मनिर्भरता के लिए रचनात्मक उपाय किए गए। साहित्यिक, तकनीकी और शारीरिक शिक्षा देने के लिए राष्ट्रवादियों ने राष्ट्रीय शैक्षिक संस्थाएं स्थापित कीं क्योंकि वे शिक्षा की तत्कालीन प्रणाली को राष्ट्रवाद से विमुख करने वाली या कम से कम अपर्याप्त मानते थे। 15 अगस्त 1906 को एक राष्ट्रीय शिक्षा परिषद् की स्थापना की गई, कलकत्ता में एक राष्ट्रीय कॉलेज का आरंभ हुआ जिसके प्रधानाचार्य अरविंद घोष थे।

छात्रों, स्त्रियों, मुसलमानों और जनता की भूमिकाएं : स्वदेशी आंदोलन में एक प्रमुख भूमिका बंगाल के युवकों ने निभाई। उन्होंने स्वदेशी का प्रयोग और प्रचार किया तथा विदेशी वस्त्र बेचने वाली दुकानों के आगे धरने आयोजित करने में आगे-आगे रहे। सरकार ने छात्रों को दबाने की हर संभव कोशिश की। जिन स्कूलों ओर कॉलेजों के छात्र स्वदेशी आंदोलन में सक्रिय हों उन्हें दंडित करने के आदेश जारी किए गए, उन्हें प्राप्त सहायताएं व विशेषाधिकार छीन लिए गए, उन्हें विश्वविद्यालय से असंबद्ध कर दिया गया। आंदोलन में शामिल छात्रों को छात्रवृति की परीक्षाओं में बैठने से रोक दिया गया तथा उन्हें हर सरकारी नौकरी से वंचित रखने का निर्णय किया गया। राष्ट्रवादी आंदोलन में भाग लेने के दोषी छात्रों के ख़िलाफ़ अनुशासन की कार्रवाइयां की गईं। अनेक पर जुर्माने किए गए, अनेक स्कूलों व कॉलेजों से निकाल दिए गए, अनेक गिरफ़्तार किए गए और कभी-कभी पुलिस द्वारा लाठियों से पीटे भी गए। फिर भी छात्रों ने झुकने से इनकार कर दिया।

स्वदेशी आंदोलन की एक महत्त्वपूर्ण बात इसमें स्त्रियों की सक्रिय भागीदारी थी। शहरी मध्य वर्ग की सदियों से घरों में कैद महिलाएं जुलूसों

और धरनों में शामिल हुईं। इसके बाद से राष्ट्रवादी आंदोलन में वे बराबर सक्रिय रहीं।

अनेक प्रमुख मुसलमान नागरिकों ने भी स्वदेशी आंदोलन में भाग लिया। इनमें प्रसिद्ध वकील अब्दुर्रसूल, लोकप्रिय आंदोलनकारी लियाकत हुसैन और व्यापारी गज़नबी प्रमुख थे। मौलाना अबुलकलाम आज़ाद एक क्रांतिकारी संगठन में शामिल हुए। फिर भी मध्य और उच्च वर्गों के अनेक दूसरे मुसलमान आंदोलन से अलग रहे या ढाका के नवाब के नेतृत्व में (जिसे भारत सरकार ने 14 लाख रुपयों का एक ऋण दिया था) उन्होंने इस आधार पर विभाजन का समर्थन किया कि पूर्वी बंगाल में मुसलमानों का बहुमत होगा। ढाका के नवाब और दूसरों को यह सांप्रदायिक दृष्टिकोण अपनाने के लिए अधिकारियों ने प्रोत्साहित किया। ढाका में भाषण देते हुए लॉर्ड कर्ज़न ने कहा कि बंगाल के विभाजन का एक कारण था कि 'पूर्वी बंगाल के मुसलमानों में ऐसी एकता स्थापित की जाए जैसी कि पुराने मुसलमान सूबेदार और सम्राटों के समय से देखने को नहीं मिली है।'

आंदोलन का अखिल भारतीय चरित्र : स्वदेशी और स्वराज की गूंज जल्द ही देश के दूसरे प्रांतों में भी गूंजने लगी। बंबई, मद्रास और उत्तर भारत में बंगाल की एकता के समर्थन में तथा विदेशी मालों के बहिष्कार के लिए आंदोलन को देश के दूसरे भागों तक पहुंचाने में प्रमुख भूमिका तिलक की रही। तिलक ने जल्द ही समझ लिया कि बंगाल में इस आंदोलन के उभरने के कारण भारतीय राष्ट्रवाद के इतिहास का एक नया अध्याय आरंभ हुआ है। ब्रिटिश शासन के ख़िलाफ़ जनसंघर्ष चलाने तथा आपसी सहानुभूति के बंधन में पूरे देश को बांधने की चुनौती सामने थी और यह एक अच्छा अवसर था।

क्रांतिकारी संघर्ष का विकास : विभाजन-विरोधी आंदोलन की कमान जल्द ही तिलक, विपिनचंद्र पाल और अरविंद घोष जैसे क्रांतिकारी राष्ट्रवादियों के हाथों में पहुंच गई। इसके अनेक कारण थे।

प्रथम, नरमपंथियों के नेतृत्व में पहले के विरोध आंदोलन का कोई खास परिणाम नहीं निकाला था। यहां तक कि नरमपंथी जिस उदारवादी भारत-सचिव लॉर्ड मार्ले से बहुत आशाएं लगाए बैठे थे, उसने भी कह दिया कि विभाजन अब एक अंतिम सत्य है जिसे बदला नहीं जा सकता। दूसरे, बंगाल के दोनों भागों, खासकर पूर्वी बंगाल की सरकार ने हिंदुओं और मुसलमानों में फूट डालने के बड़े प्रयत्न किए। बंगाल में हिंदू-मुस्लिम वैमनस्य के बीज संभवतः इसी समय पड़े। इससे राष्ट्रवादियों का जी खट्टा हो गया। लेकिन जनता को जुझारू और

क्रांतिकारी राजनीति की ओर जिस बात ने सबसे अधिक धकेला वह थी सरकार की दमन की नीति। खासकर पूर्वी बंगाल की सरकार ने राष्ट्रवादी आंदोलन को दबाने की बहुत कोशिश की। स्वदेशी आंदोलन में छात्रों को भाग लेने से रोकने के लिए सरकार के प्रयासों का वर्णन हम पहले ही कर चुके हैं। पूर्वी बंगाल में सड़कों पर "वंदे मातरम्" का नारा लगाने पर प्रतिबंध लगा दिया गया। जनसभाओं को सीमित कर दिया गया और कभी-कभी उनकी अनुमति भी नहीं दी जाती थी। प्रेस पर नियंत्रण के लिए भी कानून बनाए गए। स्वदेशी कार्यकर्ताओं पर मुकदमे चलाए गए और उन्हें लंबी-लंबी जेल-सज़ाएं दीं गई। अनेक छात्रों को शारीरिक दंड तक दिए गए। 1906 से 1909 के बीच बंगाल की अदालतों में 550 से अधिक राजनीतिक मुकदमे आए। बहुत से राष्ट्रवादी समाचारपत्रों पर मुकदमे चलाए गए और प्रेस की स्वतंत्रता पूरी तरह समाप्त कर दी गई। अनेक शहरों में सैनिक पुलिस लगा दी गई जहां जनता से उसकी झड़पें हुईं। दमन की सबसे बदनाम मिसालों में से एक है, अप्रैल 1906 में, बारीसाल में आयोजित बंगाल प्रांतीय सम्मेलन पर पुलिस का हमला। अनेक युवक स्वयंसेवकों को बुरी तरह पीटा गया और सम्मेलन को ज़बर्दस्ती भंग कर दिया गया। दिसंबर 1908 में बंगाल के नौ नेताओं को देशबाहर कर दिया गया (इनमें आदरणीय नेता कृष्ण कुमार मित्र और अश्विनी कुमार दत्त भी थे।) इसके पहले 1907 में पंजाब के नहरी इलाकों में हुए दंगों के बाद लाला लाजपतराय और सरदार अजीतसिंह देशबाहर कर दिए गए थे। 1908 में महान नेता तिलक को दोबारा गिरफ्तार करके छह वर्ष जेल की वहशियाना सज़ा दी गई। मद्रास में चिदंबरम पिल्लै और आंध्र में हरि सर्वोत्तम राव तथा दूसरे लोग बंदी बनाए गए।

जब उग्र राष्ट्रवादियों ने मोर्चा संभाला तो उन्होंने स्वदेशी और बहिष्कार के अलावा निष्क्रिय प्रतिरोध का आह्वान भी किया। उन्होंने जनता से आग्रह किया कि वह सरकार के साथ सहयोग न करे और सरकारी सेवाओं, अदालतों, सरकारी स्कूल-कॉलेजों, नगरपालिकाओं और विधानमंडलों का बहिष्कार करें, अर्थात् अरविंद घोष के शब्दों में, 'वर्तमान परिस्थितियों में प्रशासन चला सकना असंभव बना दें।' उग्र राष्ट्रवादियों ने स्वदेशी और विभाजन-विरोधी आंदोलन को जन-आंदोलन बनाने की कोशिश की और विदेशी शासन से मुक्ति का नारा दिया। अरविंद घोष ने खुलकर घोषणा की कि 'राजनीतिक स्वतंत्रता किसी भी राष्ट्र की प्राण वायु है।' इस तरह बंगाल के विभाजन का प्रश्न गौण हो गया और भारत की स्वतंत्रता का प्रश्न भारतीय राजनीति का केंद्रीय प्रश्न बन गया।

क्रांतिकारी राष्ट्रवादियों ने आत्म-बलिदान का आह्वान भी किया कि इसके बिना कोई भी महान उद्देश्य प्राप्त नहीं किया जा सकता।

फिर भी यह बात याद रखनी चाहिए कि क्रांतिकारी राष्ट्रवादी भी जनता को सकारात्मक नेतृत्व देने में असफल रहे। वे आंदोलन चलाने के लिए आवश्यक कुशल नेतृत्व और संगठन नहीं दे सके। उन्होंने जनता को जागृत तो कर दिया मगर यह नहीं समझ सके कि जनता की इस नई-नई निकली शक्ति का उपयोग कैसे करें या राजनीतिक संघर्ष के नए रूप क्या हों? निष्क्रिय प्रतिरोध और असहयोग विचार मात्र बनकर रह गए। वे देश की वास्तविक जनता, अर्थात् किसानों तक पहुंचने में भी असफल रहे। उनका आंदोलन नगरों के निम्न और मध्य वर्गों तथा ज़मींदारों तक सीमित रहा। 1908 के अंत तक उनकी राजनीति एक बंद गली में समा चुकी थी। फलस्वरूप उन्हें दबाने में सरकार काफ़ी हद तक सफल रही। उनका आंदोलन उनके प्रमुख नेता तिलक की गिरफ़्तारी तथा विपिनचंद्र पाल और अरविंद घोष द्वारा सक्रिय राजनीति से संन्यास का धक्का नहीं झेल सका।

लेकिन राष्ट्रवादी भावनाओं का उभार दब न सका। जनता सदियों पुरानी नींद से जाग चुकी थी और राजनीति में निर्भीक तथा दिलेर रवैया अपनाना सीख चुकी थी। उसने आत्मविश्वास और आत्मनिर्भरता का पाठ पढ़ लिया था और जनता की लामबंदी तथा राजनीतिक कार्रवाई के नए रूपों को समझ लिया था। अब उसे एक नया आंदोलन उभरने की प्रतीक्षा थी। इसके अलावा अपने अनुभव से जनता ने कीमती सबक सीखे। गांधीजी ने बाद में लिखा था कि 'विभाजन के बाद जनता ने समझ लिया कि प्रार्थना पत्रों के पीछे कुछ शक्ति भी होनी चाहिए और यह कि उसे कष्ट उठाने में समर्थ बनना चाहिए।' वास्तव में विभाजन-विरोधी आंदोलन के कारण भारतीय राष्ट्रवाद में एक महान और क्रांतिकारी परिवर्तन आया। बाद के राष्ट्रीय आंदोलन ने इस पूंजी का खूब उपयोग किया।

क्रांतिकारी राष्ट्रवाद का विकास

सरकार का दमन और साथ में जनता को कुशल नेतृत्व देने में नेताओं की असफलता के कारण उपजी कुंठा जैसी बातों ने क्रांतिकारी संघर्ष को जन्म दिया। बंगाल के युवकों ने देखा कि शांतिपूर्ण प्रतिरोध और राजनीतिक कार्रवाई के सारे रास्ते बंद हैं। हताश होकर उन्होंने व्यक्तिगत बहादुरी के कार्यों और बम की राजनीति का सहारा लिया। अब उन्हें यह भरोसा नहीं रहा था कि निष्क्रिय प्रतिरोध से राष्ट्रवादी उद्देश्यों को प्राप्त किया जा सकता है। जैसा कि बारीसाल

सम्मेलन के बाद समाचारपत्र "युगांतर" ने 22 अप्रैल 1906 को लिखा : 'समस्या का समाधान जनता के अपने हाथों में है। उत्पीड़न के इस अभिशाप को रोकने के लिए भारत के तीस करोड़ लोगों को अपने 60 करोड़ हाथ ऊपर उठाने होंगे। ताकत का सामना ताकत से करना होगा।' लेकिन इन क्रांतिकारी युवकों ने जनक्रांति लाने की कोई कोशिश नहीं की। इसके बजाय उन्होंने आयरलैंड के आतंकवादियों और रूसी ध्वंसवादियों की विधियां अपनाने का फैसला किया यानी कि अलोकप्रिय अधिकारियों का वध किया जाए। इस सिलसिले का आरंभ 1897 में ही हो चुका था। जब चापेकर भाइयों ने पूना में दो बदनाम ब्रिटिश अधिकारियों का वध कर डाला था। 1904 में विनायक दामोदर सावरकर ने "अभिनव भारत" नाम से क्रांतिकारियों का एक गुप्त संगठन बनाया था। 1905 के बाद अनेक समाचारपत्र क्रांतिकारी संघर्ष की पैरवी करने लगे थे। इनमें बंगाल के "संध्या" और "युगांतर" तथा महाराष्ट्र के "काल" सबसे प्रमुख थे।

दिसंबर 1907 में बंगाल के लेफ़्टिनेंट-गवर्नर को जान से मारने की कोशिश की गई। अप्रैल 1908 में खुदीराम बोस तथा प्रफुल्ल चाकी ने मुजफ़्फरपुर में एक बग्घी पर बम फेंका जिसमें वे समझते थे कि बदनाम जज, किंग्सफोर्ड बैठा है। बाद में प्रफुल्ल चाकी ने गिरफ्तारी से बचने के लिए खुद को गोली मार ली, जबकि खुदीराम बोस पर मुकदमा चलाकर उसको फांसी दे दी गई। क्रांतिकारी आंदोलन अब आरंभ हो चुका था। क्रांतिकारी युवकों की अनेक गुप्त संस्थाएं अब बन गईं। इनमें सबसे प्रमुख थी अनुशीलन समिति जिसके ढाका खंड की ही अकेली 500 शाखाएं थीं। क्रांतिकारी समितियां जल्द ही देश के दूसरे भागों में भी सक्रिय हो उठीं। उनका हौसला इतना बढ़ चुका था कि जब वायसरॉय लॉर्ड हार्डिंग्ज़ दिल्ली में एक सरकारी जुलूस में हाथी पर बैठा था तब उस पर भी उन्होंने बम फेंका। इस हमले में वायसरॉय घायल हो गया।

क्रांतिकारियों ने अपनी गतिविधियों के केंद्र विदेशों में भी खोले। इसकी पहल लंदन में श्यामजी कृष्ण वर्मा, विनायक दामोदर सावरकर और हरदयाल ने की जबकि यूरोप में उनके प्रमुख नेता मादाम भीखाजी कामा और अजीतसिंह थे।

क्रांतिकारी आंदोलन भी धीरे-धीरे ठंडा पड़ गया। वास्तव में एक राजनीतिक अस्त्र के रूप में क्रांतिकारियों की असफलता निश्चित थी। इसने जनता को गतिमान नहीं बनाया और वास्तव में जनता में इसका कोई आधार न था। लेकिन भारत में राष्ट्रवाद के विकास में क्रांतिकारियों का बहुमूल्य योगदान रहा है। जैसा कि एक इतिहासकार ने कहा है, 'उन्होंने हमें अपने मनुजत्व पर गर्व करना

फिर से सिखाया।' हालांकि राजनीतिक रूप से चेतन अधिकांश लोग क्रांतिकारी राजनीतिक दृष्टिकोण से सहमत न थे, फिर भी ये क्रांतिकारी अपनी वीरता के कारण अपने देशवासियों में बेहद लोकप्रिय हुए।

भारतीय राष्ट्रीय कांग्रेस (1905-1914)

बंग-भंग-विरोधी आंदोलन ने भारतीय राष्ट्रीय कांग्रेस पर एक गहरा प्रभाव छोड़ा। विभाजन का विरोध करने के लिए राष्ट्रीय कांग्रेस के सभी भाग एक हो गए। 1905 के कांग्रेस अधिवेशन में कांग्रेस अध्यक्ष गोखले ने विभाजन की और कर्ज़न के प्रतिक्रियावादी शासन की खुलकर निंदा की। राष्ट्रीय कांग्रेस ने बंगाल के स्वदेशी और बहिष्कार आंदोलन का भी समर्थन किया।

नरमपंथी व गरमपंथी राष्ट्रवादियों के बीच जमकर सार्वजनिक बहसें हुईं और मतभेद उभरे। गरमपंथी कार्यकर्ताओं ने स्वदेशी और बहिष्कार आंदोलन को बंगाल से बाहर भी देश में फैलाया तथा औपनिवेशिक सरकार के साथ वे किसी भी रूप में जुड़ने का बहिष्कार करना चाहते थे। नरमपंथी बहिष्कार को बंगाल तक और वहां भी केवल विदेशी मालों तक सीमित रखना चाहते थे। वर्ष 1906 में राष्ट्रीय कांग्रेस के अध्यक्ष-पद के लिए दोनों दलों में रस्साकशी हुई। अंत में समझौता दादाभाई नौरोजी के नाम पर हुआ जिन्हें सभी राष्ट्रवादी एक महान देशभक्त मानते थे। दादाभाई ने अपने अध्यक्षीय भाषण में घोषणा की कि भारत के राष्ट्रीय आंदोलन का उद्‌देश्य 'ग्रेट ब्रिटेन या उपनिवेशों की तरह का स्वशासन या स्वराज्य है।' इस घोषणा ने राष्ट्रवादियों में बिजली की लहर-सी दौड़ा दी।

लेकिन राष्ट्रवादी आंदोलन के दोनों भागों के मतभेदों को बहुत समय तक दबाकर नहीं रखा जा सका। अनेक नरमपंथी राष्ट्रवादी घटनाओं के साथ ताल-मेल बिठाकर नहीं चल सके। वे यह नहीं समझ सके कि उनके जिस दृष्टिकोण और जिन विधियों ने पीछे एक ठोस लक्ष्य प्राप्त किया था, अब आगे के लिए पर्याप्त नहीं रह गए थे। वे राष्ट्रीय आंदोलन के नए चरण तक नहीं पहुंच सके। दूसरी ओर उग्र राष्ट्रवादियों को रोका जाना पसंद न था। अंत में दिसंबर 1907 में सूरत अधिवेशन में राष्ट्रीय कांग्रेस के दो टुकड़े हो गए। नरमपंथी नेता कांग्रेस संगठन पर कब्ज़ा करने तथा उससे गरमपंथियों को निष्कासित करने में सफल रहे।

लेकिन अंततः इस विभाजन से लाभ किसी भी दल को नहीं हुआ। नरमपंथी नेताओं का राष्ट्रवादियों की नई पीढ़ियों से संपर्क टूट गया। ब्रिटिश सरकार ने भी ''बांटो और राज करो'' का खेल खूब खेला। उन्होंने गरमपंथी राष्ट्रवादियों का दमन किया तथा इसके लिए उन्होंने नरमपंथी राष्ट्रवादियों को अपने पक्ष

में लाने के प्रयत्न किए। नरमपंथी राष्ट्रवादियों को खुश करने के लिए उन्होंने 1909 के इंडियन काउंसिल ऐक्ट के रूप में सांविधानिक सुधारों की घोषणा की। इसी कानून को 1909 के मार्ले-मिंटो सुधारों के नाम से जाना जाता है। 1911 में सरकार ने बंगाल का विभाजन समाप्त कर देने की घोषणा भी की। पश्चिमी और पूर्वी बंगाल फिर से मिला दिए गए तथा बिहार और उड़ीसा नाम से दो प्रांत इससे अलग बना दिए गए। इसी के साथ केंद्र सरकार की राजधानी कलकत्ता से हटाकर दिल्ली लाई गई।

मॉर्ले-मिंटो सुधारों में इंपीरियल लेजिस्लेटिव काउंसिल और प्रांतीय परिषदों में चुने हुए सदस्यों की संख्या बढ़ा दी गई। लेकिन ऐसे अधिकांश सदस्यों का चुनाव अप्रत्यक्ष रूप से होना था, अर्थात् इंपीरियल काउंसिल के मामले में प्रांतीय परिषदों के द्वारा और प्रांतीय परिषदों के मामले में नगरपालिकाओं और ज़िला परिषदों द्वारा चुने हुए सदस्यों में कुछ सीटें ज़मींदारों और भारत में रह रहे ब्रिटिश पूंजीपतियों के लिए आरक्षित थीं। उदाहरण के लिए, इंपीरियल लेजिस्लेटिव काउंसिल के 68 सदस्यों में 36 अधिकारी होते और 5 ऐसे नामजद सदस्य होते जो अधिकारी न हों। शेष 27 सदस्य चुने हुए होते जिनमें 6 बड़े ज़मींदारों के और 2 ब्रिटिश पूंजीपतियों के प्रतिनिधि होते। इसके अलावा, सुधार के बाद भी ये परिषदें वास्तविक शक्ति से वंचित होतीं और केवल सलाहकार समितियों का काम करतीं। इन सुधारों से ब्रिटिश शासन के लोकतंत्र-विरोधी और विदेशी चरित्र में या विदेशियों द्वारा देश के आर्थिक शोषण में कोई भी परिवर्तन नहीं आया। वास्तव में भारत के प्रशासन को लोकतांत्रिक स्वरूप देना उनका उद्‌देश्य था ही नहीं। इस समय मॉर्ले ने खुलकर कहा कि 'अगर यह कहा जा रहा हो कि वर्तमान सुधार प्रत्यक्ष या अनिवार्य रूप से भारत में एक संसदीय प्रणाली की स्थापना की ओर हमें ले जाएंगे, तो कम से कम मेरा इनसे कुछ भी लेना-देना नहीं होगा।' भारत-सचिव के रूप में उसका स्थान लेने वाले लॉर्ड क्रेव ने 1912 में स्थिति और भी साफ कर दी : 'भारत में एक वर्ग ऐसा है जो स्वशासन की आशा लिए हुए है जैसा कि दूसरे डोमिनियनों को दी गई है। मैं भारत के लिए इस तरह का कोई भविष्य नहीं देखता।' 1909 के सुधारों का वास्तविक उद्‌देश्य नरमपंथियों को भ्रमित करना, राष्ट्रवादियों में फूट डालना और भारतीयों के बीच एकता को बढ़ने से रोकना था।

इन सुधारों ने अलग-अलग चुनाव मंडलों की प्रणाली भी आरंभ की। इसमें सभी मुसलमानों को मिलाकर उनके अलग चुनाव क्षेत्र बनाए गए थे और इन क्षेत्रों से केवल मुसलमान ही चुने जा सकते थे। यह काम अल्पसंख्यक मुस्लिम

संप्रदाय की सुरक्षा के नाम पर किया गया। पर वास्तव में यह हिंदुओं और मुसलमानों में फूट डालने और भारत में ब्रिटिश शासन को बनाए रखने की नीति का ही अंग था। अलग-अलग चुनाव मंडलों की यह प्रणाली इस धारणा पर आधारित थी कि हिंदुओं और मुसलमानों के राजनीतिक और आर्थिक हित अलग-अलग हैं। यह एक अवैज्ञानिक धारणा थी, क्योंकि धर्म कभी राजनीतिक या आर्थिक हितों का या राजनीतिक संगठन का आधार नहीं हो सकता। इससे भी अधिक महत्त्वपूर्ण बात यह है कि इस प्रणाली के व्यवहार में बहुत घातक परिणाम निकले। इसने भारत के एकीकरण की निरंतर ऐतिहासिक प्रक्रिया में बाधा खड़ी की। यह प्रणाली देश में हिंदू और मुस्लिम, दोनों ही तरह की सांप्रदायिकता के विकास का प्रमुख कारण सिद्ध हुई। मध्यवर्गीय मुसलमानों के शैक्षिक और आर्थिक पिछड़ेपन को दूर करने तथा इस प्रकार उनको भारतीय राष्ट्रवाद की मुख्यधारा में शामिल करने के बजाय, अलग-अलग चुनाव मंडलों की इस प्रणाली ने विकसित होते हुए राष्ट्रवादी आंदोलन से उनके अलगाव को और स्थायी बनाया। इससे अलगाववादी प्रवृत्तियों को बढ़ावा मिला। इसने हिंदू-मुसलमान, सभी भारतीयों की सांझी आर्थिक और राजनीतिक समस्याओं पर ध्यान केंद्रित करने से लोगों को रोका।

नरमपंथी राष्ट्रवादियों ने मार्ले-मिंटो सुधारों को पूरा समर्थन नहीं दिया। जल्द ही उन्हें लगने लगा कि इन सुधारों से बहुत अधिक कुछ प्राप्त नहीं हुआ है। फिर भी सुधारों को लागू कराने के लिए उन्होंने सरकार से सहयोग का निर्णय किया। सरकार से यह सहयोग और उग्र राष्ट्रवादियों के कार्यक्रम का विरोध उनके लिए बहुत महंगा सिद्ध हुआ। धीरे-धीरे जनता में उनकी प्रतिष्ठा और समर्थन कम होते गए और वे एक मामूली से राजनीतिक समूह बनकर रह गए।

संप्रदायवाद का विकास

उन्नीसवीं सदी के अंत तक राष्ट्रवाद के उदय के साथ-साथ संप्रदायवाद ने भी सिर उठाया और इसके कारण भारतीय जनता और राष्ट्रीय आंदोलन की एकता के लिए सबसे बड़ा खतरा पैदा हुआ। इसके पहले कि हम संप्रदाय के उदय और विकास का वर्णन करें, इस शब्द की परिभाषा जान लेना उचित होगा।

संप्रदायवाद मूल रूप से एक विचारधारा है। सांप्रदायिक दंगे इस विचारधारा के अनेक परिणामों में से केवल एक परिणाम हैं। संप्रदायवाद इस विश्वास का नाम है कि चूंकि कुछ लोग किसी एक विशेष धर्म को मानते हैं, इसलिए उनके पार्थिव अर्थात् सामाजिक, राजनीतिक और आर्थिक हित भी समान होते हैं। यह

इस विश्वास का नाम है कि भारत में हिंदू, मुसलमान, सिख और ईसाई अलग-अलग और विशिष्ट समुदाय हैं, कि किसी धर्म के मानने वालों के धार्मिक हित ही नहीं बल्कि पार्थिव हित भी समान होते हैं, कि भारतीय राष्ट्र नाम की कोई वस्तु न है और न हो सकती है बल्कि इसके बजाय यहां केवल हिंदू राष्ट्र, मुस्लिम राष्ट्र, आदि हैं। भारत उपरोक्त कारण से धार्मिक समुदाय का एक महासंघ मात्र है। संप्रदायवाद में यह दूसरी धारणा भी निहित है कि किसी धर्म के अनुयायियों के सामाजिक, सांस्कृतिक, आर्थिक और राजनैतिक हित किसी दूसरे धर्म के मानने वालों के हितों से भिन्न होते हैं। संप्रदायवाद का तीसरा चरण तब आरंभ होता है जब विभिन्न धर्मों के अनुयायियों या विभिन्न धार्मिक ''समुदायों'' के हितों को परस्पर विरोधी और शत्रुतापूर्ण समझा जाने लगता है। इस चरण में संप्रदायवादी यह दावा करते हैं कि हिंदुओं और मुसलमानों के पार्थिव हित समान नहीं हो सकते और उनके पार्थिव हितों का एक दूसरे से टकराना निश्चित है।

यह बात सही नहीं है कि संप्रदायवाद मध्य काल का अवशेष है या तब से चला आ रहा है। हालांकि धर्म लोगों के जीवन का एक महत्त्वपूर्ण अंग रहा है और धर्म को लेकर कभी-कभी वे झगड़ते भी रहे हैं, फिर भी 1870 के दशक के पहले तक शायद ही किसी सांप्रदायिक विचारधारा और सांप्रदायिक राजनीति का अस्तित्व रहा हो। संप्रदायवाद एक आधुनिक प्रवृत्ति है। इसकी जड़ें आधुनिक औपनिवेशिक, सामाजिक, आर्थिक और राजनीतिक संरचना में निहित हैं।

संप्रदायवाद का उदय जनता और उसकी भागीदारी पर आधारित एक नई, आधुनिक राजनीति का परिणाम है। इसके कारण जनता से व्यापक संबंध बनाने और उसकी आस्था जीतने तथा नई पहचान कायम करने की आवश्यकता उत्पन्न हुई। यह प्रक्रिया अनिवार्यतः कठिन, धीमी और जटिल रही। इस प्रक्रिया के लिए राष्ट्र, वर्ग और सांस्कृतिक भाषायी पहचानों के आधुनिक विचारों का उदय और प्रसार आवश्यक था। नई और अपरिचित होने के कारण ये नई पहचानें भी धीमे-धीमे और उतार-चढ़ाव के साथ विकसित हुईं। अक्सर लोग नई वास्तविकता को समझने, व्यापक संबंध बनाने और नई पहचानें कायम करने के लिए जाति, स्थान, पंथ और धर्म की पुरानी और परिचित पहचानों का उपयोग करते रहे। ऐसा पूरी दुनिया में हुआ है। लेकिन धीरे-धीरे राष्ट्र, जातीयता और वर्ग की नई, आधुनिक और ऐतिहासिक रूप से आवश्यक पहचानें स्थापित हुई हैं। दुर्भाग्य से भारत में अनेक दशकों के बाद भी यह प्रक्रिया अभी तक अधूरी है क्योंकि, जैसा

कि कहा जा चुका है, भारत पिछले 150 वर्षों से भी अधिक समय से एक निर्माणाधीन राष्ट्र ही बना रहा है। खासकर धार्मिक चेतना देश के कुछ भागों और जनता के कुछ वर्गों में सांप्रदायिक चेतना बनकर रह गई है। प्रश्न यह है कि ऐसा क्यों हुआ?

> आधुनिक राजनीतिक चेतना खासतौर पर मुसलमानों में देर से विकसित हुई। निम्न मध्य वर्ग के हिंदुओं और पारसियों में राष्ट्रवाद का प्रसार तो हुआ पर उसी वर्ग के मुसलमानों में वह उतनी तेजी से नहीं बढ़ सका।

जैसा कि हम देख आए हैं, 1857 के विद्रोह में हिंदू-मुसलमान कंधे से कंधा मिलाकर लड़े। वास्तव में, विद्रोह को कुचलने के बाद ब्रिटिश अधिकारियों ने मुसलमानों से खासतौर पर बदला चुकाया था। अकेले दिल्ली में 27,000 मुसलमान फांसी से लटका दिए गए थे। इसके बाद से मुसलमानों को लगातार शंका की दृष्टि से देखा जाता रहा। पर 1870 के दशक में इस दृष्टिकोण में परिवर्तन आया। राष्ट्रवादी आंदोलन के उदय के कारण ब्रिटिश राजनेता भारत में अपने साम्राज्य की सुरक्षा के प्रति चिंतित हो उठे। देश में एकजुट राष्ट्रीय भावना के विकास को रोकने के लिए उन्होंने ''बांटो और राज करो'' की नीति पर और भी सक्रियता से काम करने और जनता को धार्मिक आधारों पर बांटने का, अर्थात् दूसरे शब्दों में भारत की राजनीति में सांप्रदायिक और अलगाववादी प्रवृत्तियों को प्रोत्साहित करने का फैसला किया। इस कारण से उन्होंने मुसलमानों के''मसीहा'' के रूप में सामने आने तथा मुसलमान ज़मींदारों, भू-स्वामियों और नवशिक्षित वर्गों को अपनी तरफ खींचने का फैसला किया। उन्होंने भारतीय समाज में दूसरी तरह की फूटें भी डालीं। बंगाली वर्चस्व का नाम ले-लेकर उन्होंने प्रांतवाद को हवा दी। गैर-ब्राह्मण जातियों को ब्राह्मणों और निचली जातियों को ऊंची जातियों के ख़िलाफ़ खड़ा करने के लिए उन्होंने जाति-प्रथा का इस्तेमाल करने की कोशिशें भी कीं। संयुक्त प्रांत और बिहार में हिंदू और मुसलमान हमेशा से शांतिपूर्वक रहते आए थे। वहां उन्होंने राजभाषा के पद से उर्दू को हटाकर हिंदी को दिए जाने के आंदोलन को खुलकर प्रोत्साहन दिया। दूसरे शब्दों में, भारतीय समाज के विभिन्न वर्गों की उचित मांगों का भी भारतीय जनता में फूट डालने के लिए इस्तेमाल करने की कोशिश की। औपनिवेशिक सरकार ने हिंदुओं, मुसलमानों और सिखों को अलग-अलग समुदाय माना। उन्होंने सांप्रदायिक नेताओं को उनके सहधर्मियों के वास्तविक प्रतिनिधि मानने में कोई देर नहीं लगाई। उन्होंने प्रेस, पुस्तिकाओं, पोस्टरों, साहित्य और सार्वजनिक मंचों से ज़हरीले सांप्रदायिक विचार और सांप्रदायिक घृणा फैलाने की पूरी छूट दी। राष्ट्रवादी

समाचारपत्रों और लेखकों आदि को जिस तरह अक्सर उत्पीड़ित किया जाता था, यह बात उसके ठीक विपरीत थी।

धार्मिक अलगाववाद की प्रवृत्ति के विकास में सैयद अहमद खान की महत्त्वपूर्ण भूमिका रही। सैयद अहमद खान एक महान शिक्षाशास्त्री और समाज-सुधारक थे, मगर अपने जीवन के अंतिम दिनों में वे रूढ़िवादी विचारों के हो गए थे। 1880 के दशक में अपने विचारों को छोड़कर उन्होंने घोषणा की कि हिंदुओं और मुसलमानों के राजनीतिक हित समान न होकर भिन्न-भिन्न बल्कि एकदम अलग-अलग हैं। उन्होंने ब्रिटिश शासन के प्रति पूर्ण भक्ति का उपदेश भी दिया। 1885 में जब भारतीय राष्ट्रीय कांग्रेस की स्थापना हुई तो उन्होंने उसका विरोध करने का और बनारस के राजा शिवप्रसाद के साथ मिलकर ब्रिटिश राज्य के प्रति वफ़ादारी का आंदोलन चलाने का निश्चय किया। वे अब ये भी कहने लगे कि चूंकि हिंदू भारतीय जनता का बहुमत भाग है इसलिए ब्रिटिश शासन के कमज़ोर पड़ने या समाप्त होने पर वे मुसलमानों को दबाकर रखेंगे। उन्होंने मुसलमानों से आग्रह किया कि वे बदरुद्दीन तैयबजी की कांग्रेस में शामिल होने की अपील पर कोई ध्यान न दें।

ये विचार निःसंदेह अवैज्ञानिक और वास्तविकता से दूर थे। हिंदू और मुसलमान अलग-अलग धर्मों को मानते अवश्य थे, फिर भी इसके कारण उनके आर्थिक और राजनीतिक हित अलग-अलग न थे। भाषा, संस्कृति, जाति, वर्ग, सामाजिक स्थिति, खान-पान और वस्त्र-परिधान, सामाजिक कृत्यों, आदि में हिंदू अपने साथी हिंदुओं से और मुसलमान दूसरे मुसलमानों से अलग थे। सामाजिक और सांस्कृतिक दृष्टि से भी हिंदू और मुसलमान जनता तथा वर्गों ने समान जीवन-प्रणालियां विकसित कर ली थीं। एक बंगाली मुसलमान और एक पंजाबी मुसलमान की तुलना में एक बंगाली मुसलमान और एक बंगाली हिंदू में बहुत सी बातें सांझी थीं। इसके अलावा ब्रिटिश साम्राज्यवाद हिंदू-मुसलमान दोनों का बराबर और मिलकर दमन और शोषण कर रहा था। यहां तक कि 1884 में सैयद खान ने भी लिखा था–

> क्या आप एक ही देश में नहीं रहते? क्या आप एक ही धरती पर जलाए और दफ़नाए नहीं जाते? क्या आप एक ही ज़मीन पर नहीं चलते या एक ही धरती पर नहीं रहते? याद रखिए कि हिंदू और मुसलमान शब्द केवल धार्मिक अंतर के लिए हैं, वर्ना सभी लोग, चाहे हिंदू हों या मुसलमान, बल्कि इस देश में रहने वाले ईसाई भी, इस खास अर्थ में एक ही राष्ट्र के सदस्य हैं। इसलिए इन सभी विभिन्न मतों को एक राष्ट्र कहा जा सकता है और इसलिए देश के

जो सबका देश है, उसके भले के लिए एक-एक व्यक्ति को एकता के सूत्र में बंध जाना चाहिए।

तो प्रश्न यह है : मुसलमानों में सांप्रदायिक और अलगाववादी विचार-प्रवृत्ति कैसे विकसित हुई?

कुछ हद तक इसका कारण शिक्षा, व्यापार और उद्योग में मुसलमानों का तुलनात्मक पिछड़ापन था। मुस्लिम उच्च वर्गों में अधिकांशतः ज़मींदार और अभिजात लोग थे। चूंकि उन्नीसवीं सदी के पहले 70 वर्षों में उच्च वर्ग के मुसलमान बहुत ब्रिटिश-विरोधी, रूढ़िवादी और आधुनिक शिक्षा के दुश्मन थे, इसलिए देश में शिक्षित मुसलमानों की संख्या बहुत कम रही। फलस्वरूप आधुनिक पश्चिमी विचार जिनका आधार विज्ञान, लोकतंत्र और राष्ट्रवाद था मुसलमान बुद्धिजीवियों में नहीं फैले और वे परंपरा के दास और पिछड़े बने रहे। बाद में सैयद अहमद खान, नवाब अब्दुल लतीफ़, बदरुद्दीन तैयबजी और दूसरे लोगों के प्रयासों के कारण मुसलमानों में आधुनिक शिक्षा का प्रसार हुआ। लेकिन मुसलमानों में शिक्षित लोगों का भाग हिंदुओं, पारसियों और ईसाइयों से बहुत कम रहा। इसी तरह उद्योग-व्यापार के विकास में भी मुसलमानों में शिक्षितों, उद्योगपतियों और व्यापारियों की कम संख्या के कारण प्रतिक्रियावादी बड़े ज़मींदार मुस्लिम जनता पर अपना प्रभाव बनाए रखने में सफल रहे। जैसा कि हम देख चुके हैं, भू-स्वामी और ज़मींदार चाहे हिंदू हों या मुसलमान, अपने स्वार्थ के कारण ब्रिटिश शासन का समर्थन करते थे। पर हिंदुओं में आधुनिक बुद्धिजीवियों तथा उभरते हुए व्यापारी और उद्योगपति वर्ग ने ज़मींदारों से नेतृत्व छीन लिया था। दुर्भाग्य से मुसलमानों की स्थिति इसके ठीक विपरीत रही।

मुसलमानों के शैक्षिक पिछड़ेपन का एक और घातक परिणाम हुआ। चूंकि सरकारी नौकरियों या व्यवसायों के लिए आधुनिक शिक्षा आवश्यक थी, इसलिए इन क्षेत्रों में भी मुसलमान दूसरों से पीछे रहे। इसके अलावा, मुसलमानों को 1857 की बगावत के लिए प्रमुख रूप से ज़िम्मेदार मानकर सरकार उनके खिलाफ़ 1858 से ही जान-बूझकर भेदभाव करती आ रही थी। जब मुसलमानों में आधुनिक शिक्षा कुछ फैली भी, तब भी एक शिक्षित मुसलमान के सामने व्यवसाय या व्यापार के बहुत कम अवसर थे। तब वह अनिवार्य रूप से सरकारी नौकरी का मुंह देखता था। और कुछ भी हो, एक पिछड़ा उपनिवेश होने के कारण भारत में जनता के लिए रोज़गार के बहुत कम अवसर थे। इन हालात में ब्रिटिश अधिकारियों और जी-हुज़ूर मुसलमान नेताओं के लिए शिक्षित मुसलमानों

को शिक्षित हिंदुओं के ख़िलाफ़ भड़काना बहुत आसान था। सैयद अहमद खान और अन्य नेताओं ने यह मांग उठाई कि सरकारी नौकरियों में मुसलमानों के साथ खास व्यवहार किया जाए। उन्होंने ऐलान किया कि अगर शिक्षित मुसलमान ब्रिटिश शासन के वफ़ादार रहे तो सरकार नौकरियों तथा दूसरी विशेष कृपाओं के रूप में उन्हें इसका समुचित पुरस्कार देगी। कुछ जी-हुज़ूर हिंदू और पारसी भी इसी तरह के तर्क देने की कोशिश करते थे, मगर वे हमेशा मामूली अल्पमत में बने रहे। नतीजा यह हुआ कि जब पूरे देश में व्यापक पैमाने पर स्वतंत्र और राष्ट्रवादी वकील, पत्रकार, छात्र, व्यापारी और उद्योगपति राजनीतिक नेता बन रहे थे तब भी मुसलमानों में वफ़ादार ज़मींदार और सेवानिवृत्त सरकारी नौकर ही राजनीतिक जनमत को प्रभावित करते रहे। बंबई वह पहला प्रांत था जहां बहुत पहले ही मुसलमानों ने व्यापार और शिक्षा को अपनाया था और वहां राष्ट्रीय कांग्रेस की कतारों में बदरुद्दीन तैयबजी, आर.एम. सयानी, ए. भीमजी और युवा वकील मुहम्मद अली जिन्ना जैसे प्रतिभाशाली मुसलमान मौजूद थे। समस्या के इस पक्ष को संक्षेप में सामने रखने के लिए हम जवाहरलाल नेहरू की पुस्तक ''भारत : एक खोज'' से एक उद्धरण देते हैं–

> हिंदू और मुसलमान मध्य वर्गों के विकास में एक पीढ़ी या इससे कुछ अधिक समय का अंतर रहा है, और यह अंतर आज भी अनेक राजनीतिक, आर्थिक और दूसरी दिशाओं में दिखाई दे रहा है। यही वह पिछड़ापन है जो मुसलमानों में भय की मानसिकता पैदा करता है।

इतिहास का छात्र होने के नाते हमें यह भी जानना चाहिए कि उन दिनों स्कूलों और कॉलेजों में जिस तरह से भारतीय इतिहास की शिक्षा दी जाती थी उसके कारण भी शिक्षित हिंदुओं और मुसलमानों में सांप्रदायिक भावनाओं का विकास हुआ। ब्रिटिश इतिहासकारों और उनका अनुकरण करने वाले भारतीय इतिहासकारों ने भारतीय इतिहास के मध्य काल को मुस्लिम काल कहा। तुर्क, अफ़गान और मुगल शासकों के शासन को मुस्लिम शासन कहा गया। मुस्लिम जनता भी हिंदू जनता जितनी ही पीड़ित और करों के बोझ से दबी थी और दोनों को शासक, दरबारी, सरदार और ज़मींदार, चाहे वे हिंदू हों या मुसलमान, एकसमान अपमान की दृष्टि से देखते थे तथा उन्हें कीड़े-मकोड़े समझते थे। फिर भी इन लेखकों ने ऐलान किया कि मध्यकालीन भारत में सारे मुसलमान शासक थे और सारे ही गैर-मुसलमान शासित थे। वे यह बात सामने न ला सके कि हर जगह की तरह भारत में भी प्राचीन और मध्यकालीन युग में राजनीति का आधार आर्थिक और राजनीतिक हित थे, न कि धार्मिक विचार। शासकों और विद्रोहियों, दोनों

ने धर्म का उपयोग अपने भौतिक हितों और महत्त्वाकांक्षाओं को छिपाने के लिए एक बाहरी खोल या आवरण के रूप में किया। इसके अलावा ब्रिटिश और सांप्रदायिक इतिहासकारों ने भारत में एक समन्वित संस्कृति की धारणा पर भी चोट की। निश्चित ही भारत में अनेक प्रकार की संस्कृतियां मौजूद थीं। लेकिन इस विविधता का कोई धार्मिक आधार न था। किसी एक क्षेत्र के लोगों तथा एक ही क्षेत्र के उच्च और निम्न वर्गों के सांझे सांस्कृतिक इतिहासकारों का दावा था कि भारत में हिंदू और मुस्लिम संस्कृति का अलग-अलग अस्तित्व है।

इतिहास के प्रति हिंदू सांप्रदायिक दृष्टिकोण इस भ्रामक धारणा का भी सहारा होता था कि भारतीय समाज और संस्कृति प्राचीन काल में महानता और आदर्श की ऊंचाइयों पर विराजमान थी, पर मध्य काल में ''मुस्लिम'' शासन और प्रभुत्व के कारण उसका निरंतर पतन आरंभ हो गया। भारतीय अर्थव्यवस्था और टेक्नोलॉजी, धर्म और दर्शन, कला और साहित्य, संस्कृति और समाज, फलों, सब्ज़ियों और वस्त्रों में मध्य काल का जो भी बुनियादी योगदान था, उसे नकारा जाने लगा।

इस बात को अनेक समकालीन प्रेक्षकों ने देखा-समझा। उदाहरण के लिए, गांधीजी लिखते हैं : 'जब तक स्कूलों और कॉलेजों में इतिहास की पाठ्यपुस्तकों के द्वारा अत्यंत विकृत इतिहास पढ़ाया जाता है, तब तक सांप्रदायिक सद्भाव स्थायी रूप से स्थापित नहीं हो सकता।' साथ ही, इतिहास के प्रति, सांप्रदायिक दृष्टिकोण को कविता, नाटकों, ऐतिहासिक उपन्यासों और कहानियों, समाचारपत्रों व लोकप्रिय पत्रिकाओं, बच्चों की पत्रिकाओं, पुस्तिकाओं और सबसे बढ़कर सार्वजनिक मंचों से मौखिक रूप से, कक्षाओं में अध्यापन, परिवार द्वारा होने वाले समाजीकरण तथा आपसी बातचीत के द्वारा भी व्यापक रूप से प्रचारित किया गया।

भारतीय राष्ट्रवाद के निर्माताओं ने इस बात को अच्छी तरह समझा कि एक राष्ट्र के रूप में भारतीयों को ढालना एक धीमा और कठिन काम है और इसके लिए जनता को लंबे समय तक राजनीतिक शिक्षा देनी होगी। इसलिए उन्होंने अल्पसंख्यकों को यह विश्वास दिलाने की कोशिश की कि राष्ट्रवादी आंदोलन सभी भारतीयों को सांझे राष्ट्रीय, आर्थिक और राजनीतिक हितों के आधार पर एकताबद्ध करने का प्रयास करते हुए उनके धार्मिक और सामाजिक अधिकारों की सावधानीपूर्वक रक्षा करेगा। राष्ट्रीय कांग्रेस के 1886 के अधिवेशन में अध्यक्षीय भाषण देते हुए दादाभाई नौरोजी ने स्पष्ट आश्वासन दिया कि कांग्रेस केवल राष्ट्रीय प्रश्न उठाएगी और धार्मिक तथा सामाजिक मामलों में दखल नहीं

देगी। 1889 में कांग्रेस ने यह सिद्धांत स्वीकार किया कि अगर किसी प्रस्ताव को कांग्रेस के मुस्लिम प्रतिनिधियों का बहुमत मुसलमानों के लिए हानिकारक समझता है तो उसे स्वीकार नहीं किया जाएगा। कांग्रेस के आरंभिक वर्षों में अनेक मुसलमान इसमें शामिल हुए। दूसरे शब्दों में, यह समझकर कि राजनीति का आधार धर्म और समुदाय नहीं होने चाहिए, आरंभिक राष्ट्रवादियों ने जनता के राजनीतिक दृष्टिकोण को आधुनिक बनाने की कोशिश की।

उग्र राष्ट्रवाद जहां सभी दूसरी बातों में आगे की ओर बढ़ा हुआ एक कदम था, वहीं राष्ट्रीय एकता के विकास की दृष्टि से यह एक पिछड़ा हुआ कदम था। कुछ उग्र राष्ट्रवादियों के भाषण और लेखन धार्मिक रंगत में रंगे हुए होते थे। उन्होंने मध्यकालीन भारतीय संस्कृति को नकारकर प्राचीन भारतीय संस्कृति पर ज़ोर दिया। उन्होंने भारतीय संस्कृति और भारतीय राष्ट्र को एक धर्म विशेष से जोड़ा। उन्होंने समन्वित संस्कृति के तत्त्वों को छोड़ने के प्रयत्न किए। उदाहरण के लिए, तिलक ने शिवाजी और गणपति उत्सवों का प्रचार किया, अरविंद घोष ने अर्धरहस्यवादी ढंग से भारत को माता और राष्ट्रवाद को धर्म बतलाया, क्रांतिकारी देवी काली के आगे शपथ लेते थे और बंगाल-विभाजन-विरोधी आंदोलन का आरंभ गंगा में डुबकियां लगाकर किया गया। ये बातें शायद ही मुसलमानों को पसंद आतीं। वास्तव में, ऐसे काम उनके धर्म के विपरीत थे और यह आशा नहीं की जा सकती थी कि वे मुसलमान होते हुए भी इन या ऐसी दूसरी गतिविधियों से अपने को जोड़ें। मुसलमानों से यह उम्मीद भी नहीं की जा सकती थी कि वे शिवाजी और राणा प्रताप का गुणगान उनकी ऐतिहासिक भूमिकाओं के कारण नहीं, बल्कि ''विदेशियों'' के ख़िलाफ़ लड़ने वाले ''राष्ट्रीय'' नायकों के रूप में किया जाता देखें और उत्साह के साथ वही काम स्वयं करें। अकबर या औरंगजेब को बमुश्किल विदेशी कहा जा सकता है। वास्तव में, आवश्यकता इस बात की थी कि प्रताप और अकबर या शिवाजी और औरंगज़ेब की लड़ाई को उसकी विशिष्ट ऐतिहासिक पृष्ठभूमि में एक राजनीतिक संघर्ष के रूप में देखा जाए। अकबर और औरंगज़ेब को ''विदेशी'' कहने तथा प्रताप और शिवाजी को ''राष्ट्रीय नायक'' का दर्जा देने का मतलब यह है कि हम बीसवीं सदी के भारत में प्रचलित सांप्रदायिक दृष्टिकोण को पीछे के इतिहास पर लागू कर रहे हैं। यह एक विकृति का इतिहास ही नहीं बल्कि राष्ट्रीय एकता के लिए धक्का भी था।

इसका मतलब यह नहीं है कि उग्र राष्ट्रवादी मुस्लिम विरोधी या पूरी तरह संप्रदायवादी थे। ऐसा कुछ भी नहीं है। तिलक समेत उनमें से अधिकांश हिंदू-मुस्लिम एकता के समर्थक थे। उनमें से अधिकांश के लिए मातृभूमि या भारत-माता की धारणा एक आधुनिक धारणा थी जिसका धर्म से कोई संबंध न था। उनमें से अधिकांश का राजनीतिक चिंतन अतीत के मोह में ग्रस्त न होकर आधुनिक था। आर्थिक बहिष्कार का उनका प्रमुख राजनीतिक अस्त्र और उनका राजनीतिक संगठन, दोनों वास्तव में बहुत आधुनिक थे। उदाहरण के लिए, 1916 में तिलक ने घोषणा की कि 'जो भी इस देश की जनता की भलाई का काम करता है वह चाहे मुसलमान हो या अंग्रेज़, विदेशी नहीं है। ''विदेशीपन'' का संबंध हितों से है। विदेशीपन का संबंध निश्चित ही गोरी या काली चमड़ी से या धर्म से नहीं है।' यहां तक कि क्रांतिकारी भी आयरलैंड, रूस या इटली जैसे यूरोपीय देशों के क्रांतिकारी आंदोलनों से प्रभावित थे, न कि काली-पूजा या भवानी-पूजा से। पर जैसा कि पहले कहा जा चुका है उग्र राष्ट्रवादियों के राजनीतिक कार्यों और विचारों की कुछ-कुछ हिंदू रंगत हुआ करती थी। यह बात खासतौर पर हानिकारक सिद्ध हुई क्योंकि चालाक ब्रिटिश और ब्रिटिश-समर्थक प्रचारकों ने इस हिंदू रंगत का लाभ उठाकर मुसलमानों के मन में ज़हर भरा। नतीजा यह हुआ कि शिक्षित मुसलमान बड़ी संख्या में उभरते राष्ट्रवादी आंदोलन से अलग रहे या उसके शत्रु बन गए। इस तरह वे आसानी से अलगाववादी दृष्टिकोण के शिकार हो गए। इससे राष्ट्रवादी आंदोलन के लिए अपने बीच से हिंदू-सांप्रदायिक राजनीति और विचारधारा के तत्त्वों का विनाश कर सकना कठिन हो गया। फिर भी वकील अब्दुर्रसूल और हसरत मोहानी जैसे प्रगतिशील मुस्लिम बुद्धिजीवी स्वदेशी आंदोलन में बड़ी संख्या में शामिल हुए, मौलाना अबुल कलाम आज़ाद क्रांतिकारियों में शामिल हुए और मुहम्मद अली जिन्ना कांग्रेस के प्रमुख युवक नेताओं में से एक के रूप में विख्यात हुए। इसका कारण यह था कि राष्ट्रीय आंदोलन दृष्टिकोण व विचारधारा में मूलतः धर्मनिरपेक्ष ही बना रहा। जब गांधीजी, चितरंजन दास, मोतीलाल नेहरू, जवाहरलाल नेहरू, मौलाना अबुल कलाम आज़ाद, एम.ए. अंसारी, हकीम अजमल खान, खान अब्दुल गफ्फार खान, सुभाष चंद्र बोस, सरदार पटेल, राजेंद्र प्रसाद और चक्रवर्ती राजगोपालाचारी जैसे नेता सामने आए तो यह धर्मनिरपेक्षता और भी मज़बूत हुई।

देश के आर्थिक पिछड़ेपन ने भी, जो औपनिवेशिक अल्प विकास की देन था, संप्रदायवाद के उदय में सहायता की। आधुनिक औद्योगिक विकास के अभाव में बेरोज़गारी भारत में और खासकर शिक्षित लोगों के लिए एक तीखी समस्या बन गई। नतीजा यह हुआ कि जो भी नौकरियां थीं उनके लिए प्रतियोगिता बहुत कड़ी थी। दूरदृष्टि रखने वाले भारतीयों ने इस बीमारी को पहचाना और एक ऐसी आर्थिक-राजनीतिक प्रणाली के लिए कार्यरत रहे जिसमें देश का आर्थिक विकास हो और रोज़गार की कोई कमी न रहे। लेकिन दूसरे बहुत से लोगों ने इसके लिए नौकरियों में संप्रदाय, प्रांत या जाति के आधार पर आरक्षण जैसे अल्पदर्शी और अल्पावधि वाले हल सुझाए। रोज़गार के उपलब्ध और सीमित अवसरों में एक बड़ा हिस्सा पाने के लिए उन्होंने सांप्रदायिक और धार्मिक भावनाएं तथा बाद में जातिगत और प्रांतीय भावनाएं भी भड़काने की कोशिशें कीं। जो लोग हताश होकर रोज़गार ढूंढ रहे थे उनके लिए ऐसे संकुचित विचारों के प्रति कुछ तात्कालिक आकर्षण अवश्य था। इस स्थिति में सांप्रदायिक हिंदू-मुसलमान नेताओं, जातियों के नेताओं और "बांटो तथा राज करो" की नीति चलाने वाले अधिकारीगण को कुछ सफलता अवश्य मिली। अनेक हिंदू, हिंदू राष्ट्रवाद की और अनेक मुसलमान, मुस्लिम राष्ट्रवाद की बातें करने लगे। राजनीतिक रूप से अपरिपक्व लोग यह नहीं समझ सके कि उनकी आर्थिक, शैक्षिक और सांस्कृतिक कठिनाइयां विदेशी शासन में उनकी सांझी पराधीनता और आर्थिक पिछड़ेपन की उपज थीं और यह कि केवल सांझे प्रयासों के द्वारा ही वे देश को मुक्त करा सकते हैं, उसका आर्थिक विकास कर सकते हैं और इस तरह बेरोज़गारी जैसी सांझी समस्याओं को हल कर सकते हैं। कुछ लोगों का मत है कि सांप्रदायिकता के विकास का एक प्रमुख कारण यह है कि देश में अनेक धर्म मौजूद हैं। ऐसा नहीं है। किसी बहुधार्मिक समाज में सांप्रदायिकता का विकास अनिवार्य है, यह बात सही नहीं है। यहां हमें धर्म और संप्रदायवाद में अंतर करना होगा। धर्म एक विश्वास-प्रणाली है और लोग अपने व्यक्तिगत विश्वासों के एक अंग के रूप में उसका पालन करते हैं। इसके विपरीत संपद्रायवाद धर्म पर आधारित सामाजिक और राजनीतिक पहचान की विचारधारा का नाम है। धर्म संप्रदायवाद का कारण नहीं है और न ही संप्रदायवाद धर्म से प्रेरित होता है। धर्म संप्रदायवाद में वहीं तक शामिल होता है जहां तक धर्म बाहर के क्षेत्रों में उपजी राजनीति के साधन के रूप में काम करता है। संप्रदायवाद का एक बहुत सही वर्णन यह किया गया है कि यह धर्म का राजनीतिक व्यापार है। 1937 के बाद धर्म का उपयोग संप्रदायवादियों ने जनता को गतिमान

बनाने के लिए किया था। इसलिए धर्मनिरपेक्षता का धर्म से कोई विरोध नहीं है। धर्मनिरपेक्षता का अर्थ केवल यह है कि धर्म व्यक्ति के निजी जीवन तक सीमित रहे और राजनीति तथा राज्य से उसका कोई सरोकार न रहे। जैसा कि गांधीजी ने बार-बार कहा है : 'धर्म हर व्यक्ति का निजी मामला है। इसे राजनीति या राष्ट्रीय मामलों से नहीं जोड़ना चाहिए।' शिक्षित मुसलमानों और बड़े मुस्लिम नवाबों और ज़मींदारों के बीच अलगाववादी और वफ़ादारी की प्रवृत्तियां तब चरम सीमा पर पहुंची जब 1906 में आगा खान, ढाका के नवाब और नवाब मोहसिन-उल-मुल्क के नेतृत्व में अखिल भारतीय मुस्लिम लीग की स्थापना की गई। मुस्लिम लीग की स्थापना एक वफ़ादार, सांप्रदायिक और रूढ़िवादी राजनीतिक संगठन के रूप में हुई और उसने उपनिवेशवाद की कोई आलोचना नहीं की। बंगाल के विभाजन का समर्थन किया और सरकारी नौकरियों में मुसलमानों के लिए विशेष सुरक्षा प्रावधानों की मांग की। बाद में वायसरॉय लॉर्ड मिंटो की सहायता से उसने अलग-अलग चुनाव मंडलों की मांग उठाई और उसे मनवा भी लिया। इस तरह जब राष्ट्रीय कांग्रेस साम्राज्यवाद-विरोधी आर्थिक और राजनीतिक प्रश्न उठा रही थी तब मुस्लिम लीग और प्रतिक्रियावादी नेता यह प्रचार कर रहे थे कि मुसलमानों के हित हिंदुओं के हित से अलग हैं। मुस्लिम लीग की राजनीतिक गतिविधियां विदेशी शासन के ख़िलाफ़ नहीं बल्कि हिंदुओं और राष्ट्रीय कांग्रेस के ख़िलाफ़ थी। इसके बाद लीग लगातार कांग्रेस की हर राष्ट्रवादी और लोकतांत्रिक मांग का विरोध करती रही। इस तरह वह अंग्रेज़ों के हाथों में कठपुतली बनी रही जो कहते रहे कि वे मुसलमानों के ''विशेष हितों'' की सुरक्षा करेंगे। लीग जल्द ही उन प्रमुख अस्त्रों में से एक बन गई जिसकी सहायता से अंग्रेज़ उभरते हुए राष्ट्रवादी आंदोलन से निपटने तथा मुस्लिम शिक्षित वर्ग को राष्ट्रीय आंदोलन में शामिल होने से रोकने की आशा करते थे।

मुस्लिम लीग की उपयोगिता बढ़ाने के लिए जनता से संपर्क करने तथा उनका नेतृत्व संभालने में भी अंग्रेज़ों ने उसे प्रोत्साहित किया। यह सही है कि उस समय राष्ट्रवादी आंदोलन पर भी शिक्षित नगरवासियों का वर्चस्व था, मगर उसका साम्राज्यवाद विरोधी अमीर-गरीब, हिंदू-मुसलमान, सभी भारतीयों के हितों का प्रतिनिधित्व था। दूसरी ओर, मुस्लिम लीग और उसके उच्चवर्गीय नेताओं के हितों की मुस्लिम जनता के हितों से बहुत कम समानता थी और यह मुस्लिम जनता भी हिंदू जनता की ही तरह विदेशी साम्राज्यवाद से पीड़ित थी।

लीग की यह बुनियादी कमज़ोरी देशभक्त मुसलमानों पर धीरे-धीरे स्पष्ट होती गई। शिक्षित मुसलमान युवक खासतौर पर उग्र राष्ट्रवादी विचारों से

आकर्षित थे। इसी समय मौलाना मुहम्मद अली, हकीम अजमल खान और मजहरुल-हक के नेतृत्व में उग्र राष्ट्रवादी अहरार आंदोलन की स्थापना हुई। ये युवक अलीगढ़ संप्रदाय तथा बड़े नवाबों और ज़मींदारों की वफ़ादारी की राजनीति को नापसंद करते थे। स्वशासन के आधुनिक विचारों से प्रेरित होकर उन्होंने उग्र राष्ट्रवादी आंदोलन में सक्रिय भागीदारी के पक्ष में प्रचार किया।

ऐसी ही राष्ट्रवादी भावनाएं पारंपरिक मुसलमान उलेमाओं के एक भाग में भी उभर रही थीं। इनका नेतृत्व मरदसा देवबंद करता था। इन विद्वानों में सबसे प्रमुख थे मौलाना अबुल कलाम आज़ाद जिन्होंने अपने समाचारपत्र ''अल-हिलाल'' में बुद्धिवादी और राष्ट्रीय विचारों का प्रचार किया। इस पत्र की स्थापना उन्होंने 1912 में की थी, जब वे केवल 24 वर्ष के थे। मौलाना मुहम्मद अली, आज़ाद और दूसरे युवकों ने साहस और निर्भयता का संदेश दिया और कहा कि इस्लाम और राष्ट्रवाद का आपस में कोई विरोध नहीं है।

1911 में तुर्की की उस्मानिया सल्तनत और इटली के बीच लड़ाई छिड़ गई और 1912-13 में तुर्की का बाल्कन के देशों से युद्ध हुआ। उस समय तुर्की का शासक स्वयं को खलीफ़ा यानी तमाम मुसलमानों का धर्मगुरु भी कहता था। इसके अलावा, मुसलमानों के लगभग सभी धर्म-स्थल तुर्की के साम्राज्य में स्थित थे। भारत में तुर्की के प्रति सहानुभूति की लहर दौड़ गई। डॉ. एम. ए. अंसारी के नेतृत्व में तुर्की की सहायता के लिए एक मेडिकल मिशन भेजा गया। चूंकि बाल्कन युद्ध के दौरान और उसके बाद भी ब्रिटेन की नीति तुर्की के प्रति सहानुभूतिपूर्ण न थी, इसलिए तुर्की-समर्थक और खलीफ़ा-समर्थक, यानी मुखालफ़त की भावनाएं साथ ही साम्राज्यवाद-विरोधी भी हो गईं। वास्तव में अनेक वर्षों तक, अर्थात् 1912 से 1924 तक मुस्लिम लीग राष्ट्रवादी युवकों के सामने पूरी तरह दबे रहे।

दुर्भाग्य से, बुद्धिवादी विचारों वाले आज़ाद जैसे कुछ एक लोगों को छोड़कर अधिकांश उग्र राष्ट्रवादी मुस्लिम युवकों ने राजनीति के प्रति आधुनिक धर्मनिरपेक्ष दृष्टिकोण को भी पूरी तरह स्वीकार नहीं किया। परिणाम यह हुआ कि जिस प्रश्न को सबसे महत्त्वपूर्ण प्रश्न के रूप में उन्होंने उठाया वह राजनीतिक स्वाधीनता का नहीं, बल्कि धर्मस्थानों और तुर्क साम्राज्य की रक्षा का प्रश्न था। साम्राज्यवाद के आर्थिक और राजनीतिक दुष्परिणामों को समझने और उनका विरोध करने के बजाय वे साम्राज्यवाद से इस बात पर लड़ रहे थे कि वह खलीफ़ा और उनके धर्मस्थानों के लिए एक खतरा था। तुर्की के प्रति उनकी सहानुभूति का आधार भी धार्मिक था। उनकी राजनीतिक अपील धार्मिक

भावनाओं को संबोधित थी। इसके अलावा जिन नायकों, कथाओं और सांस्कृतिक परंपराओं का सहारा लिया वे प्राचीन या मध्यकालीन भारतीय इतिहास की न थीं बल्कि पश्चिमी एशिया के इतिहास से ली गई थीं। यह सही है कि इस दृष्टिकोण का भारतीय राष्ट्रवाद से तत्काल कोई टकराव नहीं हुआ। बल्कि उसने अपने समर्थकों को साम्राज्यवाद-विरोधी ही बनाया और शिक्षित मुसलमानों में राष्ट्रवाद की प्रवृत्ति को बल पहुंचाया। लेकिन कालांतर में यह दृष्टिकोण भी हानिकारक सिद्ध हुआ क्योंकि इसने राजनीतिक प्रश्नों को धार्मिक दृष्टिकोण से देखने की आदत को मज़बूत बनाया। खैर कुछ भी हो, इस तरह की राजनीतिक गतिविधि मुस्लिम जनता में आर्थिक और राजनीतिक प्रश्नों पर एक आधुनिक और धर्मनिरपेक्ष दृष्टिकोण के विकास में सहायक नहीं हुई।

इसी के साथ हिंदू सांप्रदायिकता का भी जन्म हो रहा था और हिंदू-सांप्रदायिक विचार फैल रहे थे। अनेक हिंदू लेखकों और राजनीतिक कार्यकर्ताओं ने मुस्लिम सांप्रदायिकता और मुस्लिम लीग के विचारों और कार्यक्रमों को ही दोहराया। 1870 के बाद से ही हिंदू ज़मींदारों, सूदखोरों और मध्यवर्गीय पेशेवर लोगों ने मुस्लिम-विरोधी भावनाएं भड़काना आरंभ कर दिया था। भारतीय इतिहास की औपनिवेशिक समझ को पूरी तरह अपनाकर ये लोग मध्यकाल में "निरंकुश" मुस्लिम शासन की और "मुसलमानों के उत्पीड़न" से हिंदुओं को "बचाने" के संबंध में अंग्रेज़ों की "मुक्तिदायी" भूमिका की बातें करते थे और उसके बारे में लिखते थे। संयुक्त, प्रांत और बिहार में उन्होंने सही तौर पर हिंदी का सवाल उठाया मगर उसे एक सांप्रदायिक रंग दे दिया और इस अनैतिहासिक धारणा का प्रचार किया कि उर्दू, मुसलमानों की तथा हिंदी, हिंदुओं की भाषा है। 1890 के तत्काल बाद के वर्षों में पूरे भारत में गौहत्या-विरोधी प्रचार अभियान चलाया गया। यह अभियान अंग्रेज़ों के नहीं बल्कि मुसलमानों के ख़िलाफ़ था। उदाहरण के लिए, ब्रिटिश फौजी छावनियों को बड़े पैमाने पर गौहत्या करने के लिए खुला छोड़ दिया गया।

1909 में पंजाब हिंदू सभा की स्थापना हुई। इसके नेताओं ने राष्ट्रीय कांग्रेस पर इस बात के लिए चोटें की कि वे सभी भारतीयों को एक राष्ट्र के रूप में एकजुट करना चाहते हैं। उन्होंने कांग्रेस की साम्राज्यवाद-विरोधी राजनीति का विरोध किया। इसके बजाय, उन्होंने कहा कि मुसलमानों के ख़िलाफ़ संघर्ष में हिंदू विदेशी सरकार को खुश रखें। इसके एक नेता लालचंद ने घोषणा की कि हिंदू स्वयं को "पहले हिंदू और फिर भारतीय" मानें। अप्रैल 1915 में कासिम बाज़ार के महाराजा की अध्यक्षता में अखिल भारतीय हिंदू महासभा का पहला

अधिवेशन हुआ। पर वर्षों तक यह कुछ कमज़ोर संगठन ही बना रहा। इसका एक कारण यह था कि आधुनिक धर्मनिरपेक्ष बुद्धिजीवियों और मध्य वर्ग का हिंदुओं में ज़्यादा असर था। दूसरी ओर, मुसलमानों पर प्रमुख प्रभाव अभी भी ज़मींदारों, नौकरशाहों और पारंपरिक धार्मिक मुल्लाओं का ही था। इसके अलावा औपनिवेशिक सरकार हिंदू संप्रदायवाद को कम सहायता और समर्थन देती थी क्योंकि वह मुस्लिम संप्रदायवाद पर बुरी तरह निर्भर थी और एक ही साथ दोनों तरह के संप्रदायवाद को आसानी से खुश नहीं रख सकती थी।

राष्ट्रवादी और प्रथम विश्वयुद्ध

जून 1914 में पहला विश्वयुद्ध आरंभ हुआ। इसमें एक ओर ब्रिटेन, फ्रांस, इटली, रूस और जापान थे और अमरीका भी बाद में उनसे आ मिला, तथा दूसरी ओर जर्मनी, आस्ट्रिया-हंगरी और तुर्की थे। युद्ध के ये वर्ष भारत में राष्ट्रवाद के परिपक्व होने के दिन थे।

आरंभ में लोकमान्य तिलक समेत, जो जून 1914 में जेल से छूटे थे, भारतीय राष्ट्रवादी नेताओं ने सरकार के युद्ध प्रयासों में सहयोग का निश्चय किया। यह निश्चय इस गलत धारणा पर आधारित था कि कृतज्ञ होकर ब्रिटेन भारत की वफ़ादारी का पुरस्कार देगा और भारत स्वशासन की ओर एक लंबी छलांग लगाने में समर्थ होगा। उन्होंने इस बात को पूरी तरह नहीं समझा कि प्रथम विश्वयुद्ध की विभिन्न शक्तियां अपने उपनिवेशों को सुरक्षित रखने के लिए ही लड़ रही थीं।

होम रूल लीग : साथ ही, अनेक भारतीय नेताओं ने स्पष्ट रूप से समझा कि सरकार तब तक कुछ वास्तविक अधिकार नहीं देगी जब तक कि उसके ऊपर जनता का दबाव न डाला जाए। इसलिए एक वास्तविक राजनीतिक जन-आंदोलन आवश्यक था, कुछ और कारण भी राष्ट्रवादी आंदोलन को इसी दिशा में धकेल रहे थे। प्रथम विश्वयुद्ध ने, जिसमें यूरोप की साम्राज्यवादी शक्तियां आपस में लड़ रही थीं, एशियाई जनता के मुकाबले यूरोप के कारण भारत के निर्धन वर्गों की बदहाली और भयानक हुई। उनके लिए युद्ध का मतलब था करों का भारी बोझ और रोज़मर्रा की ज़रूरतों का लगातार महंगा होना। ये वर्ग किसी भी जुझारू विरोध आंदोलन में शामिल होने के लिए तैयार थे। परिणामस्वरूप, युद्ध के ये वर्ष तीखे राष्ट्रवादी राजनीतिक आंदोलन के वर्ष थे।

लेकिन ऐसा कोई जन-आंदोलन भारतीय राष्ट्रीय कांग्रेस के नेतृत्व में नहीं चल सकता था, क्योंकि वह नरमपंथियों के नेतृत्व में एक निष्क्रिय और जड़ संगठन बन चुकी थी और जनता के बीच उसका कोई राजनीतिक कार्य नहीं रह

गया था। इसलिए 1915-16 में दो होम रूल लीगों की स्थापना हुई। इनमें एक के नेता लोकमान्य तिलक थे, तो दूसरा भारतीय संस्कृति और भारतीय जनता की अंग्रेज़ प्रशंसिका, श्रीमती ऐनी बेसेंट और एस. सुब्रामन्य अय्यर के नेतृत्व में था। इन दो होम रूल लीगों ने आपसी सहयोग से पूरे देश में इस मांग को प्रचारित किया कि युद्ध के बाद भारत को होम रूल या स्वशासन दिया जाए। यही वह आंदोलन था जिसके दौरान तिलक ने अपना प्रसिद्ध नारा दिया था कि "होम रूल मेरा जन्मसिद्ध अधिकार है और मैं इसे लेकर रहूंगा।" इन दो लीगों ने बहुत तेज़ी से प्रगति की और होम रूल की मांग पूरे देश में गूंजने लगी। कांग्रेस की निष्क्रियता से दुखी अनेक नरमपंथी राष्ट्रवादी भी होम रूल लीग में शामिल हो गए। इन होम रूल लीगों पर जल्द ही सरकार का प्रकोप टूटा। जून 1917 में ऐनी बेसेंट को गिरफ़्तार कर लिया गया। जनता के विरोध के कारण सरकार ने मजबूर होकर सितंबर 1917 में उन्हें छोड़ दिया।

युद्ध के इस काल में क्रांतिकारी आंदोलन का भी विकास हुआ। क्रांतिकारी संगठन बंगाल और महाराष्ट्र से लेकर पूरे उत्तरी भारत तक फैल गए। इसके अलावा, अनेक भारतीय ब्रिटिश शासन को उखाड़ फेंकने के लिए सशस्त्र विद्रोह की योजना बनाने लगे। अमरीका और कनाडा में बसे भारतीय क्रांतिकारियों ने 1913 में गदर पार्टी की स्थापना की। इस पार्टी के अधिकांश सदस्य पंजाब के सिख किसान और भूतपूर्व सैनिक थे जो वहां रोजी-रोटी की तलाश में गए थे और जिनको वहां खुले रूप से नस्ली और आर्थिक भेदभाव का सामना करना पड़ता था। लाला हरदयाल, मुहम्मद बरकतुल्लाह, भगवान सिंह, रामचंद्र और सोहनसिंह भखना गदर पार्टी के कुछ प्रमुख नेता थे। पार्टी का आधार उसका साप्ताहिक पत्र "गदर" था जिसके सिरे पर "अंग्रेज़ी राज का दुश्मन" शब्द लिखे होते थे। पत्र "गदर" ने एक विज्ञापन छापा : "भारत में विद्रोह फैलाने के लिए बहादुर सिपाहियों की आवश्यकता है। तनख्वाह-मौत (इनाम-शहादत: पेंशन-आज़ादी) लड़ाई का मैदान भारत है।" इस पार्टी की विचारधारा बहुत ही धर्मनिरपेक्ष थी। सोहनसिंह भखना, जो बाद में पंजाब के एक प्रमुख किसान नेता बने, के शब्दों में, 'हम सिख या पंजाबी नहीं थे। हमारा धर्म देशभक्ति था।' मेक्सिको, जापान, चीन, फिलीपीन, मलाया, सिंगापुर, थाईलैंड, हिंदचीन तथा पूर्वी और दक्षिणी अफ्रीका जैसे दूसरे देशों में भी पार्टी के सक्रिय सदस्य मौजूद थे।

गदर पार्टी ने भारत में अंग्रेज़ों से लड़ने के लिए एक क्रांतिकारी युद्ध चलाने का संकल्प किया था। 1914 में जैसे ही प्रथम विश्वयुद्ध फूटा, गदरपंथी हथियार

और धन भारत भेजने लगे कि यहां के सैनिकों और स्थानीय क्रांतिकारियों की सहायता से विद्रोह आरंभ किया जाए। कई हज़ार लोगों ने भारत वापस जाने की इच्छा प्रकट की। उनके खर्च के लिए कई लाख डालर की रकम जमा हो गई। कइयों ने अपनी जीवन भर की बचाई रकम दे दी या ज़मीन-जायदाद बेच दी। गदरपंथियों ने सुदूर-पूर्व, दक्षिण-पूर्वी एशिया और पूरे भारत में सैनिकों से संपर्क किया और अनेक रेजीमेंटों को विद्रोह के लिए तैयार कर लिया। अंततः पंजाब में सशस्त्र विद्रोह के लिए 21 फरवरी 1915 की तारीख निश्चित हुई। दुर्भाग्य से अधिकारियों को इन योजनाओं का पता चल गया और उन्होंने तत्काल कार्रवाई की। विद्रोही रेजीमेंटों को तोड़ दिया गया और उनके नेताओं को जेल या फांसी की सज़ाएं दी गई। उदाहरण के लिए, 23वें घुड़सवार दस्ते के 12 लोगों को फांसी दी गई। पंजाब में गदर पार्टी के नेता और सदस्य बड़े पैमाने पर गिरफ़्तार कर लिए गए। उन पर मुकदमा चलाया गया जिसमें 42 को फांसी, 114 को उम्र कैद और 93 को लंबी-लंबी जेल-सज़ाएं दी गई। उनमें से अनेक ने रिहा होने के बाद पंजाब में किरती (मज़दूर) और कम्युनिस्ट आंदोलनों की स्थापना की। कुछ प्रमुख गदर नेता इस प्रकार थे : बाबा गुरमुख सिंह, करतार सिंह सराभा, सोहन सिंह भखना, रहमत अली शाह, भाई परमानंद और मौलवी बरकतुल्लाह।

गदर पार्टी से प्रेरित होकर सिंगापुर में पांचवीं लाइट इन्फ़ैंट्री के 700 लोगों ने जमादार चिश्ती खान और सूबेदार डुंडे खान के नेतृत्व में विद्रोह किया। एक तीखी लड़ाई के बाद वे कुचल दिए गए। इस लड़ाई में अनेक लोग मारे गए। दूसरे 37 लोगों को सार्वजनिक रूप से फांसी दी गई और 41 को उम्र कैद की सज़ा मिली।

भारत में और बाहर दूसरे क्रांतिकारी भी सक्रिय थे। 1915 में एक असफल क्रांतिकारी प्रयास में जतीन मुखर्जी, जिन्हें "बाघा जतीन" कहा जाता था, बालासौर में पुलिस से लड़ते हुए मारे गए। रासबिहारी बोस, राजा महेंद्रप्रताप, लाला हरदयाल, अब्दुर्रहीम, मौलाना उबैदुल्लाह सिंधी, चंपक रमन पिल्लै, सरदार सिंह राणा और मादाम भीखाजी कामा कुछ ऐसे प्रमुख भारतीय थे, जिन्होंने भारत से बाहर क्रांतिकारी गतिविधियां चलाईं; क्रांतिकारी प्रचार किया और समाजवादियों तथा दूसरे साम्राज्यवाद-विरोधियों का समर्थन भारत की स्वाधीनता के लिए प्राप्त किया।

कांग्रेस का लखनऊ अधिवेशन (1916) : राष्ट्रवादियों को जल्द ही पता चल गया कि उनकी फूट से उनके उद्देश्य की हानि हो रही थी और इसलिए उन्हें सरकार के विरोध में एकजुट होना चाहिए। देश में बढ़ रही राष्ट्रवादी भावना और राष्ट्रीय एकता की आकांक्षा के कारण 1916 में कांग्रेस के लखनऊ अधिवेशन में ऐतिहासिक महत्त्व की दो घटनाएं हुईं। पहली, यह कि कांग्रेस के दोनों हिस्से

फिर से एक हो गए। पुराने विवादों का अब कोई अर्थ नहीं रह गया था और फूट के कारण कांग्रेस राजनीतिक निष्क्रियता का शिकार हो गई थी। 1914 में जेल से रिहा होने के बाद तिलक ने फौरन बदली हुई स्थिति को समझा और कांग्रेसियों के दोनों समूहों को एकजुट करने में लग गए। नरमपंथी राष्ट्रवादियों को मनाने के लिए उन्होंने यह घोषणा की : 'मैं हमेशा-हमेशा के लिए यह बात कह दूं कि जैसा कि आयरलैंड में आयरिश होम रूलवादी कर रहे हैं, हम भी भारत में प्रशासन-प्रणाली में सुधार के प्रयास कर रहे हैं, न कि सरकार को उखाड़ फेंकने के ।' मुझे यह कहने में कोई हिचक नहीं है कि देश के विभिन्न भागों में हिंसा के जो काम किए गए हैं वे न केवल मुझे अरुचिकर हैं बल्कि मेरी राय में उन्होंने दुर्भाग्य से हमारी राजनीतिक प्रगति की गति को काफ़ी हद तक धीमा किया है। दूसरी तरफ, राष्ट्रवाद की उभरती लहर ने पुराने नेताओं को भी मजबूर किया कि वे लोकमान्य तिलक और अन्य उग्र राष्ट्रवादियों के कांग्रेस में दोबारा आने का स्वागत करें। कांग्रेस का लखनऊ अधिवेशन 1907 के बाद एकता का पहला अधिवेशन था। इसने स्वशासन के लिए और भी संवैधानिक सुधारों की मांग की।

दूसरे, लखनऊ में अपने पुराने मतभेद भुलाकर कांग्रेस और मुस्लिम लीग ने सरकार के सामने सांझी राजनीतिक मांगें रखीं। युद्ध और दो होम रूल लीगों के कारण जब देश में एक नई भावना पैदा हो रही थी और कांग्रेस का चरित्र बदल रहा था, तब मुस्लिम लीग में भी धीरे-धीरे परिवर्तन आ रहे थे। हमने पहले ही देखा है कि शिक्षित मुसलमान युवक उग्र राष्ट्रवादी राजनीति को अपना रहा था। युद्ध के कारण इस दिशा में और भी विकास हुआ। फलस्वरूप 1914 में सरकार ने अबुल कलाम आज़ाद के पत्र ''अल-हिलाल'' और मौलाना मुहम्मद अली के पत्र ''कॉमरेड'' को बंद कर दिया। उसने अली भाइयों (मौलाना मुहम्मद अली और शौकत अली), हसरत मोहानी और अबुल कलाम आज़ाद को नज़रबंद कर लिया। कम से कम अंशतः ही सही युवकों की इस राजनीतिक उग्रता की अभिव्यक्ति लीग में भी हुई। धीरे-धीरे उसने अलीगढ़ संप्रदाय के सीमित राजनीतिक दृष्टिकोण के खोल से बाहर निकलना आरंभ किया और कांग्रेस की नीतियों के करीब आने लगी।

कांग्रेस और लीग की यह एकता कांग्रेस-लीग समझौते पर हस्ताक्षर के साथ स्थापित हुई (उसे आमतौर पर लखनऊ समझौते के नाम से जाना जाता है। इन दोनों को करीब लाने में एक महत्त्वपूर्ण भूमिका लोकमान्य तिलक और मुहम्मद अली जिन्ना की रही क्योंकि दोनों मानते थे कि केवल हिंदू-मुस्लिम

एकता के द्वारा ही भारत को स्वशासन प्राप्त हो सकता है। तब तिलक ने घोषणा की थी:

> महानुभावों, कुछ लोगों ने यह बात कही है कि हम हिंदुओं ने अपने मुसलमान भाइयों को बहुत सी छूटें दी हैं। मुझे विश्वास है कि जब मैं यह कहता हूं कि हम बहुत कुछ दे ही नहीं सकते तो मैं पूरे भारत के हिंदू समुदाय की भावना का प्रतिनिधित्व कर रहा हूं। अगर स्वशासन के अधिकार केवल मुस्लिम समुदाय को दिए जाएं तो भी मुझे परवाह नहीं होगी ... अगर ये अधिकार हिंदू जनता के निचले और सबसे निचले वर्गों को दिए जाए तो भी मुझे परवाह नहीं होगी, जब हम एक तीसरे दल से लड़ रहे हों तो यह आवश्यक है कि हम इस मंच पर नस्ल से एकजुट, धर्म से एकजुट और सभी तरह के राजनीतिक विश्वासों से एकजुट होकर खड़े हों।

कांग्रेस और मुस्लिम लीग, दोनों ने अपने अधिवेशन में एक ही प्रस्ताव पारित किए, अलग-अलग चुनाव मंडलों के आधार पर राजनीतिक सुधारों की एक सांझी योजना सामने रखी और मांग की कि ब्रिटिश सरकार यथाशीघ्र भारत को स्वशासन देने की घोषणा करे। लखनऊ समझौता हिंदू-मुस्लिम एकता के विकास में एक महत्त्वपूर्ण कदम था। दुर्भाग्य से इसने हिंदू और मुस्लिम जनता को शामिल नहीं किया और अलग-अलग चुनाव मंडलों के घातक सिद्धांत को स्वीकार कर लिया। यह इस धारणा पर आधारित था कि शिक्षित हिंदुओं और मुसलमानों को दो अलग-अलग राजनीतिक इकाइयां मानकर फिर उनको साथ लाया जाए। दूसरे शब्दों में, उनके राजनीतिक दृष्टिकोण को धर्मनिरपेक्ष बनाने का प्रयास नहीं किया गया जिससे वे समझ सकें कि राजनीति में हिंदू या मुसलमान के रूप में उनके अलग-अलग हित नहीं हैं। इसलिए लखनऊ समझौते के बाद भी भविष्य में भारतीय राजनीति में संप्रदायवाद के फिर से सिर उठाने की गुंजाइश बनी रह गई।

फिर भी, लखनऊ की घटनाओं का अत्यधिक तात्कालिक प्रभाव पड़ा। नरमपंथी और उग्र राष्ट्रवादियों के बीच तथा राष्ट्रीय कांग्रेस और मुस्लिम लीग के बीच एकता स्थापित होने से देश अत्यधिक राजनीतिक उत्साह से भर उठा। यहां तक कि ब्रिटिश सरकार ने भी राष्ट्रवादियों को खुश करना अब ज़रूरी समझा। अभी तक वह राष्ट्रवादी आंदोलन को कुचलने के लिए भयानक दमन का सहारा लेती आ रही थी। उग्र राष्ट्रवादियों और क्रांतिकारियों को बड़ी संख्या में जेलों में डाला गया था या बदनाम भारत रक्षा कानून और ऐसे ही दूसरे कानूनों के अंतर्गत नज़रबंद

किया गया था। अब सरकार ने राष्ट्रवादी जनमत को संतुष्ट करने का फैसला किया और 20 अगस्त 1917 को उसने घोषणा की कि "ब्रिटिश साम्राज्य के एक अभिन्न अंग के रूप में भारत में एक उत्तरदायी सरकार की अधिकारिक स्थापना की दृष्टि से स्वशासी संस्थाओं का क्रमिक विकास करना" उसकी नीति थी। फिर जुलाई 1918 में मांटेग्यू-चेम्सफोर्ड सुधारों की घोषणा की गई। पर भारतीय राष्ट्रवाद इतने से ही संतुष्ट न हो सका। वास्तव में, अब राष्ट्रीय आंदोलन इस स्थिति में था कि शीघ्र ही अपने तीसरे और अंतिम चरण में प्रवेश कर सके। यह चरण गांधीवादी युग के जनसंघर्षों का चरण था।

12 स्वराज्य के लिए संघर्ष – I

राष्ट्रीय आंदोलन का तीसरा और अंतिम चरण 1919 में शुरू हुआ जब विशाल जन-आंदोलन का युग आरंभ हुआ। इस काल में भारतीय जनता ने संभवतः विश्व इतिहास के सबसे बड़े जन-संघर्ष लड़े और भारत की राष्ट्रीय क्रांति विजयी हुई।

जैसा कि हमने पीछे के अध्याय में देखा, प्रथम महायुद्ध (1914-18) के दौरान एक नई स्थिति विकसित हो रही थी। राष्ट्रवाद की ताकत बढ़ी थी। राष्ट्रवादियों को युद्ध के बाद बड़े राजनीतिक लाभ मिलने की आशाएं थी और वे आशाएं पूरी न हो पाने पर वे लड़ने को भी तैयार थे। महायुद्ध के बाद के वर्षों में आर्थिक स्थिति और बिगड़ी। पहले तो कीमतें बढ़ीं और फिर आर्थिक गतिविधियां मंद होने लगी। युद्ध के दौरान विदेशी आयात के रुक जाने के कारण भारतीय उद्योग फले-फूले थे, मगर अब उनको घाटे होने लगे और वे बंद होने लगे। इसके अलावा, भारत में अब विदेशी पूंजी बड़े पैमाने पर लगाई जाने लगी। भारतीय उद्योगपति चाहते थे कि सरकार आयातों पर भारी कस्टम ड्यूटी लगाकर तथा मदद देकर उनके उद्योगों को सुरक्षा प्रदान करे। अब उन्हें भी महसूस होने लगा कि केवल एक मज़बूत राष्ट्रवादी आंदोलन तथा एक स्वाधीन भारतीय सरकार के द्वारा ही ये लक्ष्य प्राप्त किए जा सकते हैं। बेरोज़गारी तथा महंगाई की मार से पीड़ित मज़दूर तथा दस्तकार भी राष्ट्रीय आंदोलन में सक्रिय हो उठे। अफ्रीका, एशिया और यूरोप में कुछ जीतें हासिल करके देश लौटे भारतीय सैनिकों ने भी अपने आत्मविश्वास तथा दुनिया के बारे में अपना ज्ञान ग्रामीण क्षेत्रों में फैलाया। बढ़ती गरीबी तथा भारी करों के बोझ से कराहते किसान भी नेतृत्व पाने की प्रतीक्षा कर रहे थे। नगरों के शिक्षित भारतीय भी बढ़ती बेरोज़गारी से त्रस्त थे। इस तरह भारतीय समाज के सभी वर्ग आर्थिक कठिनाइयां महसूस

कर रहे थे और इन कठिनाइयों को सूखा, महंगाई और महामारियों ने और बढ़ा दिया था।

अंतर्राष्ट्रीय स्थिति भी राष्ट्रवाद के पुनरोदय के अनुकूल थी। प्रथम महायुद्ध ने पूरे एशिया और अफ्रीका में राष्ट्रवाद को बहुत बल पहुंचाया था। अपने युद्ध-प्रयासों में जन-समर्थन पाने के लिए मित्र राष्ट्रों अर्थात् ब्रिटेन, अमरीका, फ्रांस, इटली और जापान ने दुनिया के सभी राष्ट्रों के लिए जनतंत्र तथा राष्ट्रीय आत्मनिर्णय का एक नया युग आरंभ करने का वचन दिया था। लेकिन युद्ध के बाद उन्होंने अपना उपनिवेशवाद खत्म करने में कोई दिलचस्पी नहीं दिखाई। उल्टे, पेरिस शांति सम्मेलन तथा दूसरी सभी संधियों ने युद्धकालीन वचन न सिर्फ़ भुला दिए बल्कि वे तोड़ भी दिए गए। अफ्रीका, पश्चिमी एशिया तथा पूर्वी एशिया में युद्ध में हारने वाली शक्तियों, अर्थात् जर्मनी और तुर्की के सारे उपनिवेशों को विजेताओं ने आपस में बांट लिया। इससे एशिया और अफ्रीका में हर जगह जुझारू और भ्रममुक्त राष्ट्रवाद उठ खड़ा होने लगा। भारत में ब्रिटिश सरकार ने संविधानिक सुधारों के कुछ प्रयास बेदिली से किए, मगर साथ ही यह भी स्पष्ट कर दिया कि उसका राजनीतिक सत्ता छोड़ने या उसमें भारतीयों को साझेदार बनाने का कोई इरादा नहीं था।

महायुद्ध का एक महत्त्वपूर्ण परिणाम यह भी हुआ कि गोरों की प्रतिष्ठा घटी। साम्राज्यवाद के आरंभ से ही यूरोपीय शक्तियों ने अपनी सत्ता बनाए रखने के लिए जातीय-सांस्कृतिक श्रेष्ठता का स्वांग रचा था। लेकिन युद्ध के दौरान दोनों पक्षों ने एक-दूसरे के ख़िलाफ़ धुआंधार प्रचार किया तथा अपने विरोधियों द्वारा उपनिवेशों में बर्बर और असभ्य व्यवहार का पर्दाफाश किया। स्वाभाविक तौर पर उपनिवेशों की जनता ने दोनों पक्षों पर विश्वास किया और गोरों की श्रेष्ठता का भय उनके मन से उठने लगा।

रूसी क्रांति के प्रभाव से भी राष्ट्रीय आंदोलनों को बहुत बल मिला। रूस में व्लादिमीर इल्यिच लेनिन के नेतृत्व में वहां की बोल्शेविक (कम्युनिस्ट) पार्टी ने ज़ार का 7 नवंबर 1917 में तख्ता पलट दिया और वहां दुनिया के पहले समाजवादी राज्य, सोवियत संघ की स्थापना की घोषणा की। चीन और एशिया के दूसरे भागों में अपने साम्राज्यवादी अधिकारों को एकतरफ़ा तौर पर छोड़कर, एशिया में ज़ार के पुराने उपनिवेशों को आत्मनिर्णय का अधिकार देकर, नई सोवियत सत्ता ने उपनिवेशों की जनता में बिजली की लहर दौड़ा दी। रूस की क्रांति ने उपनिवेशों की जनता में एक नई जान फूंकी। इसने उपनिवेशों की जनता को यह महान पाठ पढ़ाया कि साधारण जनता में बेपनाह शक्ति निहित होती

है। अगर निहत्थे किसान और मज़दूर अपने यहां के अत्याचारियों के ख़िलाफ़ एक क्रांति कर सकते हैं तो गुलाम राष्ट्रों की जनता भी अपनी आज़ादी के लिए लड़ सकती है, बशर्ते कि वह भी उतनी ही एकताबद्ध, संगठित तथा आज़ादी के लिए लड़ने पर दृढ़ हो।

भारत का राष्ट्रवादी आंदोलन इस बात से भी प्रभावित हुआ कि एशिया और अफ्रीका के दूसरे भाग भी युद्ध के बाद राष्ट्रवादी आंदोलनों से आंदोलित हो रहे थे। भारत ही नहीं बल्कि आयरलैंड, तुर्की, मिस्र तथा अफ्रीका और पश्चिमी एशिया के दूसरे अरब देशों, ईरान, अफ़गानिस्तान, बर्मा, मलाया, इंडोनेशिया, हिंदचीन, फिलीपीन, चीन और कोरिया में भी राष्ट्रवाद की लहर आगे बढ़ी।

राष्ट्रवादी और सरकार विरोधी भावनाओं की उठती लहर से परिचित ब्रिटिश सरकार ने एक बार फिर गुड़ खिलाकर डंडे मारने की, अर्थात् कुछ छूट और दमन की नीति अपनाने का फैसला किया। इस नीति में गुड़ का काम मांटेग्यू-चेम्सफोर्ड सुधारों से लिया गया।

मांटेग्यू-चेम्सफोर्ड सुधार

ब्रिटिश सरकार के भारत मंत्री एडविन मांटेग्यू तथा वायसरॉय लॉर्ड चेम्सफोर्ड ने 1918 में संविधान-सुधारों की एक योजना सामने रखी जिनके आधार पर 1919 का भारत सरकार कानून बनाया गया। इस कानून में प्रांतीय विधायी परिषदों का आकार बढ़ा दिया गया तथा निश्चित किया गया कि उनके अधिकांश सदस्य चुनाव जीत कर आएंगे। दोहरी शासन प्रणाली के तहत प्रांतीय सरकारों को अधिक अधिकार दिए गए। इस प्रणाली में वित्त, कानून और व्यवस्था, आदि कुछ विषय "आरक्षित" घोषित करके गवर्नर के प्रत्यक्ष नियंत्रण में रखे गए तथा शिक्षा, जन-स्वास्थ्य तथा स्थानीय स्वशासन जैसे कुछ विषयों को हस्तांरित घोषित करके, उन्हें विधायिकाओं के सामने उत्तरदायी मंत्रियों के नियंत्रण में दे दिया गया। इसका अर्थ यह भी था कि जिन विभागों में काफ़ी धन खर्च होता तो वे हस्तांतरित तो होंगे मगर उनमें भी वित्त पर पूरा नियंत्रण गवर्नर का होगा। इसके अलावा, गवर्नर अपनी समझ से विशिष्ट किसी भी आधार पर मंत्रियों की आज्ञा को रद्द कर सकता था। केंद्र में दो सदनों की व्यवस्था थी। निचले सदन अर्थात् लेजिस्लेटिव असेंबली में कुल 144 सदस्यों में से 41 सदस्य नामजद होते थे। ऊपरी सदन अर्थात् काउंसिल ऑफ़ स्टेट्स में 26 नामजद तथा 34 चुने हुए सदस्य होते थे। गवर्नर जनरल और उनकी एक्ज़ीक्यूटिव काउंसिल पर विधानमंडल का कोई नियंत्रण न था। दूसरी ओर, केंद्र सरकार का प्रांतीय सरकारों पर अबाध नियंत्रण था। इसके अलावा वोट

का अधिकार बहुत अधिक सीमित था। 1920 में निचले सदन के लिए कुल 909,874 तथा ऊपरी सदन के लिए 17,364 मतदाता थे।

मगर भारतीय राष्ट्रवादी इन मामूली छूटों से बहुत आगे बढ़ चुके थे। वे अब राजनीतिक सत्ता की छाया मात्र से संतुष्ट होने वाले नहीं थे। अगस्त 1918 में भारतीय राष्ट्रीय कांग्रेस ने बंबई में एक विशेष सत्र बुलाया ताकि सुधार के प्रस्तावों पर विचार किया जा सके। इस अधिवेशन के अध्यक्ष हसन इमाम थे। इस सत्र ने इन प्रस्तावों को ''निराशाजनक और असंतोषजनक'' बतलाकर इनकी जगह प्रभावी स्वशासन की मांग रखी। सुरेंद्रनाथ बनर्जी के नेतृत्व में कांग्रेस के कुछ वयोवृद्ध नेता सरकार के प्रस्ताव को स्वीकार करने के पक्ष में थे। उन्होंने कांग्रेस छोड़कर इंडियन लिबरल एसोसिएशन की स्थापना की। ये लोग ''उदारवादी''कहे गए तथा भारत की राजनीति में आगे चलकर उनकी बहुत नगण्य भूमिका रही।

रोलट कानून

भारतीयों को संतुष्ट करने के प्रयास करते समय भी भारत सरकार दमन के लिए तैयार थी। युद्ध के पूरे काल में राष्ट्रवादियों का दमन जारी रहा था। क्रांतिकारियों को खोज-खोज कर फांसी पर लटकाया या जेलों में बंद किया गया था। अबुल कलाम आज़ाद जैसे दूसरे अनेक राष्ट्रवादी भी सींखचों के पीछे बंद रखे गए थे। अब सरकार ने स्वयं को ऐसी भयानक शक्तियों से लैस करने का फैसला किया जो कानून के शासन के स्वीकृत सिद्धांतों के प्रतिकूल थीं, ताकि वह सरकारी सुधारों से संतुष्ट न होने वाले राष्ट्रवादियों को कुचल सके। मार्च 1919 में सरकार ने केंद्रीय विधान परिषद् के एक-एक भारतीय सदस्य द्वारा विरोध के बावजूद रोलट ऐक्ट बनाया। इस कानून में सरकार को अधिकार प्राप्त था कि वह किसी भी भारतीय पर अदालत में मुकदमा चलाए और बिना दंड दिए जेल में बंद कर सके। कैदी को अदालत में प्रत्यक्ष उपस्थित करने का जो कानून ब्रिटेन में नागरिक स्वाधीनताओं की बुनियाद था उसे भी निलंबित करने का अधिकार सरकार ने रोलट कानून से प्राप्त कर लिया।

महात्मा गांधी ने नेतृत्व संभाला

रोलट कानून बादल से बिजली की तरह लोगों पर गिरा। युद्ध के दौरान सरकार ने भारत की जनता से जनतंत्र का विस्तार करने का वादा किया था, मगर यह

कानून तो एक बेरहम मज़ाक था। जैसे कि भूखे आदमी को भोजन की आशा हो मगर उसे कंकड़ परोसे गए हों। लोकतांत्रिक प्रगति तो नहीं हुई, मगर नागरिक स्वतंत्रताएं और भी कम कर दी गईं। देश में असंतोष फैल गया और इस कानून के ख़िलाफ़ एक शक्तिशाली आंदोलन उठ खड़ा हुआ। इस आंदोलन के दौरान मोहनदास करमचंद गांधी नामक एक नए नेता ने राष्ट्रीय आंदोलन की बागडोर संभाल ली। इस नए नेता ने पुराने नेताओं की एक बुनियादी कमजोरी को खूब पहचाना। दक्षिण अफ्रीका में नस्लवाद से लड़ते हुए उन्होंने संघर्ष का एक नया रूप असहयोग और एक नई तकनीक सत्याग्रह का विकास किया था जिसे अब भारत में अग्रेज़ों के खिलाफ़ आजमाया जा सकता था। इसके अलावा उन्हें भारतीय किसानों की समस्याओं तथा मानसिकता की बुनियादी समझ भी थी और उनके साथ हमदर्दी भी। इसलिए वे किसानों को आकर्षित करके राष्ट्रीय आंदोलन की मुख्यधारा में लाने में समर्थ रहे। इस तरह वे भारतीय जनता के सभी वर्गों को उभारकर और उनमें एकता कायम करके एक जुझारू राष्ट्रीय जन-आंदोलन खड़ा करने में समर्थ रहे।

गांधीजी और उनके विचार : मोहनदास करमचंद गांधी का जन्म गुजरात के पोरबंदर नामक स्थान पर 2 अक्तूबर 1869 को हुआ था। ब्रिटेन में कानून की शिक्षा प्राप्त करने के बाद वे वकालत करने के लिए दक्षिण अफ्रीका चले गए। न्याय की उच्च भावना से प्रेरित होकर उन्होंने उस नस्लवादी अन्याय, भेदभाव और हीनता के ख़िलाफ़ संघर्ष किया जिसका शिकार दक्षिण अफ्रीका के उपनिवेशों में भारतीयों को होना पड़ रहा था। भारत से दक्षिण अफ्रीका पहुंचे मज़दूरों और व्यापारियों को मत देने का अधिकार नहीं था और उन्हें पंजीकरण कराना तथा चुनाव-कर देना पड़ता था। उनको गंदी और भीड़ भरी उन बस्तियों में ही रहना होता था जो उनके लिए निर्धारित थीं। कुछ दक्षिण अफ्रीकी उपनिवेशों में एशियाई और अफ्रीकी लोग रात के नौ बजे के बाद घर से बाहर नहीं निकल सकते थे और न ही सार्वजनिक फुटपाथों का प्रयोग कर सकते थे। गांधीजी इन स्थितियों के विरोध में चलने वाले संघर्ष के शीघ्र ही नेता बन गए और 1893-1914 में वे दक्षिण अफ्रीका के नस्लवादी अधिकारियों के ख़िलाफ़ एक बहादुराना मगर असमान संघर्ष चला रहे थे। लगभग दो दशक लंबा यही वह संघर्ष था जिसके दौरान उन्होंने सत्य और अहिंसा पर आधारित सत्याग्रह नामक तकनीकों का विकास किया। उनके अनुसार, एक आदर्श सत्याग्रही सत्य और शांति प्रेमी होता है, मगर वह जिस बात को गलत समझता है, उसे स्वीकार करने से दृढ़तापूर्वक इनकार कर देता है। वह गलत काम करने वालों के

ख़िलाफ़ संघर्ष करते हुए हंसकर कष्ट सहन करता है। यह संघर्ष उसके सत्य प्रेम का ही अंग होता है। लेकिन बुराई का विरोध करते हुए भी वह बुरे से प्रेम करता है। एक सच्चे सत्याग्रही की प्रकृति में घृणा के लिए कोई स्थान नहीं होता। इसके अलावा, वह एकदम निडर होता है। चाहे जो परिणाम हो, वह बुराई के सामने नहीं झुकता। गांधीजी की दृष्टि में अहिंसा कायरों और कमज़ोरों का अस्त्र नहीं है। केवल निडर और बहादुर लोग ही इसका उपयोग कर सकते है। वे हिंसा को कायरता से अधिक स्वीकार्य समझते थे। 1920 में अपने साप्ताहिक पत्र "यंग इंडिया" में एक प्रसिद्ध लेख में वे लिखते हैं कि "अहिंसा हमारी प्रजाति का धर्म है जैसे हिंसा पशु का धर्म है, परंतु अगर केवल कायरता और हिंसा में किसी एक को चुनना हो तो मैं हिंसा को चुनने की सलाह दूंगा... भारत कायरतापूर्वक, असहाय होकर अपने सम्मान का अपहरण होते देखता रहे, इसके बजाय मैं उसे अपने सम्मान की रक्षा के लिए हथियार उठाते देखना अधिक पसंद करूंगा।" एक जगह उन्होंने अपने पूरे जीवन-दर्शन की व्याख्या इस प्रकार की है:

> सत्य और अहिंसा ही वह अकेला धर्म है जिसका मैं दावा करना चाहता हूं। मैं किसी भी परामानवीय शक्ति का दावा नहीं करता, ऐसी कोई शक्ति मुझमें नहीं है।

गांधीजी के दृष्टिकोण का एक महत्त्वपूर्ण पक्ष यह भी था कि वे विचार और कर्म में कोई अंतर नहीं रखते थे। उनका सत्य-अहिंसा-दर्शन जोशीले भाषणों और लेखों के लिए न होकर रोज़मर्रा के जीवन के लिए था।

इसके अलावा साधारण जनता की संघर्ष की क्षमता पर गांधीजी को अटूट भरोसा था। उदाहरण के लिए, 1915 में जब मद्रास में उनका स्वागत किया गया तो दक्षिण अफ्रीका में अपने साथ संघर्ष करने वाले साधारण लोगों के बारे में उन्होंने कहा–

> आप कहते हैं कि इन महान स्त्री-पुरुषों को प्रेरणा मैंने दी, मगर मैं इस सम्मान को स्वीकार नहीं कर सकता। उल्टे, ज़रा से भी इनाम की आशा किए बिना श्रद्धा के साथ कोई काम करने वाले इन सीधे-सादे लोगों ने ही मुझे प्रेरणा दी, मुझे अपनी जगह पर अडिग रखा तथा जिन्होंने अपने बलिदान और महान श्रद्धा के द्वारा तथा महान ईश्वर में अपने महान विश्वास के द्वारा मुझसे वह सब कराया जो मैं कर सका।

इसी तरह 1942 में जब उनसे पूछा गया कि वे "साम्राज्य की शक्ति का सामना" कैसे कर सकेंगे, तो उन्होंने उत्तर दिया: "लाखों-लाख मूक जनता की शक्ति के द्वारा।"

गांधीजी 46 वर्ष की आयु में 1915 में भारत लौटे। पूरे एक वर्ष तक उन्होंने देश का भ्रमण किया और भारतीय जनता की दशा को समझा। फिर उन्होंने 1916 में अहमदाबाद के पास साबरमती आश्रम की स्थापना की जहां उनके मित्रों और अनुयायियों को रहकर सत्य-अहिंसा को समझना तथा व्यवहार करना पड़ता था। उन्होंने संघर्ष की अपनी नई विधि के साथ यहां प्रयोग भी करना आरंभ किया।

चंपारन का सत्याग्रह (1917): गांधीजी ने सत्याग्रह का अपना पहला बड़ा प्रयोग बिहार के चंपारन ज़िले में 1917 में किया। यहां नील के खेतों में काम करने वाले किसानों पर यूरोपीय निलहे बहुत अधिक अत्याचार करते थे। किसानों को अपनी ज़मीन के कम से कम 3/20 भाग पर नील की खेती करना तथा निलहों द्वारा तय दामों पर उन्हें बेचना पड़ता था। इसी तरह की परिस्थितियां पहले बंगाल में भी रही थीं, मगर 1859-61 के काल में एक बड़े विद्रोह के द्वारा वहां के किसानों ने निलहे साहबों से मुक्ति पा ली थी।

गांधीजी के दक्षिण अफ्रीका के संघर्षों की कहानी सुनकर चंपारन के अनेक किसानों ने उन्हें वहां आकर उनकी सहायता का निमंत्रण दिया। गांधीजी, बाबू राजेंद्र प्रसाद, मज़हरुल-हक, जे. बी. कृपलानी, नरहरि पारिख और महादेव देसाई के साथ 1917 में वहां पहुंचे और किसानों की हालत की विस्तृत जांच-पड़ताल करने लगे। ज़िले के अधिकारियों ने जल-भुनकर उन्हें चंपारन छोड़ने का आदेश दिया, मगर उन्होंने आदेश का उल्लंघन किया और जेल-मुकदमे के लिए तैयार रहे। सरकार ने मजबूर होकर पिछला आदेश रद्द कर दिया और एक जांच समिति बिठाई जिसके एक सदस्य स्वयं गांधीजी थे। अंतत: किसान जिन समस्याओं से पीड़ित थे उनमें कमी हुई। इस तरह भारत में "सविनय अवज्ञा आंदोलन" की पहली लड़ाई गांधीजी ने जीत ली। चंपारन में उन्होंने वह भयानक गरीबी भी देखी जो भारतीय किसानों के जीवन का अंग थी।

अहमदाबाद में मज़दूरों की हड़ताल

सन् 1918 में गांधीजी ने अहमदाबाद में मज़दूरों और मिल मालिकों के एक विवाद में हस्तक्षेप किया। उन्होंने मज़दूरी में 35 प्रतिशत वृद्धि की मांग करने तथा इसके लिए हड़ताल पर जाने की राय दी। लेकिन उन्होंने ज़ोर देकर कहा कि हड़ताल के दौरान मज़दूर मालिकों के ख़िलाफ़ हिंसा का प्रयोग न करें। मज़दूरों के हड़ताल जारी रखने के संकल्प को बल देने के लिए उन्होंने आमरण अनशन किया। उनके अनशन ने मिल मालिकों पर दबाव डाला और वे नर्म पड़कर मज़दूरी 35 प्रतिशत बढ़ाने पर सहमत हो गए।

सन् 1918 में गुजरात के खेड़ा ज़िले के किसानों की फसल चौपट हो गई। मगर सरकार ने लगान छोड़ने से एकदम इनकार कर दिया और पूरा लगान वसूल करने पर उतारू हो गई। गांधीजी ने किसानों का साथ दिया और उन्हें राय दी कि जब तक लगान में छूट नहीं मिलती, वे लगान देना बंद कर दें। जब यह खबर मिली कि सरकार ने केवल उन्हीं किसानों से लगान वसूलने के आदेश दिए हैं जो लगान दे सकते हों, तभी यह संघर्ष वापस लिया गया। सरदार वल्लभाई पटेल उन्हीं अनेक नौजवानों में एक थे जो खेड़ा के किसान–संघर्ष के दौरान गांधीजी के अनुयायी बने थे।

इन अनुभवों ने गांधीजी को जनता के घनिष्ठ संपर्क में ला दिया, और वे जीवन भर उनके हितों की सक्रिय रूप से रक्षा करते रहे। वे वास्तव में भारत के ऐसे पहले राष्ट्रवादी नेता थे, जिन्होंने अपने जीवन और जीवन–पद्धति को साधारण जनता के जीवन से एकाकार कर लिया था। जल्द ही वे गरीब भारत, राष्ट्रवादी भारत और विद्रोही भारत के प्रतीक बन गए। गांधीजी को तीन दूसरे लक्ष्य भी जान से प्यारे थे। इनमें पहला था हिंदू–मुसलमान एकता, दूसरा था छुआछूत विरोधी संघर्ष, और तीसरा था देश की स्त्रियों की सामाजिक स्थिति को सुधारना। अपने लक्ष्यों को उन्होंने एक बार संक्षेप में इस प्रकार रखा था–

> मैं ऐसे भारत के लिए काम करूंगा जिसमें सबसे निर्धन व्यक्ति भी इसे अपना देश समझे और इसके निर्माण में उसकी प्रभावी भूमिका हो–एक ऐसा भारत जिसमें लोगों का कोई उच्च वर्ग और निम्न वर्ग न हो, जिसमें सभी समुदाय पूरे सद्‌भाव के साथ रहते हों... स्त्रियों को पुरुषों के बराबर अधिकार होंगे... मेरे सपनों का भारत यही है।

गांधी जी एक धर्मपरायण हिंदू थे, मगर उनका सांस्कृतिक–धार्मिक दृष्टिकोण संकुचित न होकर बहुत व्यापक था। उन्होंने लिखा है : 'भारतीय संस्कृति न तो पूरी तरह हिंदू है, न ही इस्लामी और न ही कोई और संस्कृति। यह सबका समन्वय है।' वे चाहते थे कि भारतीय अपनी सस्कृति में पूरी तरह लीन हों मगर साथ ही दूसरी विश्व–सस्कृतियों से जो कुछ अच्छे तत्त्व मिलते हों उन्हें स्वीकार करें।
उन्होंने लिखा है–

> मैं चाहता हूं जितनी स्वतंत्रता के साथ संभव हो सभी देशों की संस्कृतियों की बयारें मेरे घर में से गुज़रें। लेकिन इनमें से किसी बयार के आगे लड़खड़ा जाना मुझे मंजूर नहीं है। दूसरे, जनगण के घर में किसी घुसपैठिए, किसी भिखारी या किसी दास की तरह रहना, मुझे मंजूर नहीं है।

रोलट कानून के विरुद्ध सत्याग्रह

दूसरे राष्ट्रवादियों की तरह गांधीजी को भी रोलट कानून से धक्का लगा। फरवरी 1919 में उन्होंने एक सत्याग्रह सभा बनाई जिसके सदस्यों ने इस कानून का पालन न करने तथा गिरफ़्तारी और जेल जाने का सामना करने की शपथ ली। संघर्ष का यह एक नया रूप था। राष्ट्रवादी आंदोलन, चाहे नरमपंथियों के नेतृत्व में हुआ हो या गरमपंथियों के, अभी तक आंदोलनों तक ही सीमित था। बड़ी सभाएं और प्रदर्शन, सरकार से सहयोग करने से इनकार, विदेशी वस्त्रों तथा स्कूलों का बहिष्कार, या व्यक्तिगत हिंसक कार्यवाही, अभी तक राजनीतिक कार्य के यही रूप राष्ट्रवादियों को ज्ञात थे। सत्याग्रह ने फौरन ही आंदोलन को एक नए और उच्चतर स्तर तक उठा दिया। अब मात्र आंदोलन करने तथा अपने असंतोष और क्रोध को मौखिक रूप से अभिव्यक्त करने की जगह, राष्ट्रवादी सक्रिय कार्य भी कर सकते थे।

इसके अलावा, इस विधि को किसानों, दस्तकारों और शहरी गरीबों के राजनीतिक समर्थन पर अधिकाधिक निर्भर रहना था। गांधी जी ने राष्ट्रवादी कार्यकर्ताओं से गांवों में जाने का आग्रह किया। उन्होंने समझाया कि भारत वहीं बसता है। उन्होंने राष्ट्रवाद को अधिकाधिक साधारण जनता की ओर मोड़ा। खादी (यानी घर में सूत कातकर घर में बुना गया कपड़ा) इस रूपांतरण का प्रतीक थी और जल्द ही यह सभी राष्ट्रवादियों का लिबास बन गई। श्रम की महिमा और आत्मनिर्भरता का महत्त्व समझाने के लिए गांधीजी स्वयं रोज़ सूत कातते थे। उन्होंने कहा कि भारत की मुक्ति तभी संभव है जब जनता नींद से जाग उठे और राजनीति में सक्रिय हो। जनता ने भी गांधीजी के आह्वान का ज़ोरदार उत्तर दिया।

1919 में मार्च और अप्रैल महीनों में भारत में अभूतपूर्व राजनीतिक जागरण आया। लगभग पूरा देश एक नई शक्ति से भर उठा। हड़तालें, काम रोको अभियान, जुलूस और प्रदर्शन होने लगे। हिंदू-मुसलमान एकता के नारे हवाओं में गूंजने लगे। पूरे देश में बिजली की लहर दौड़ गई। भारतीय जनता अब विदेशी शासन के अपमान को और सहने को तैयार नहीं थी।

जलियांवाला बाग हत्याकांड

सरकार इस जन-आंदोलन को कुचल देने पर आमादा थी। बंबई, अहमदाबाद, कलकत्ता, दिल्ली तथा दूसरे नगरों में निहत्थे प्रदर्शनकारियों पर बार-बार लाठियों और गोलियों से प्रहार हुआ। गांधीजी ने 6 अप्रैल 1919 को एक व्यापक हड़ताल का आह्वान किया। जनता ने अभूतपूर्व उत्साह से इसका अनुसरण किया। सरकार ने इस जन-प्रतिरोध का सामना, खासकर पंजाब में, दमन से करने का निश्चय

किया। इस समय सरकार ने आधुनिक अपराध भी किया। पंजाब में अमृतसर में 13 अप्रैल, 1919 को एक निहत्थी मगर भारी भीड़ अपने लोकप्रिय नेताओं डॉक्टर सैफ़ुद्दीन किचलू और डॉक्टर सत्यपाल की गिरफ़्तारी का विरोध करने के लिए जलियांवाला बाग में जमा हुई। अमृतसर के फौजी कमांडर जनरल डायर ने शहर की जनता को आतंक द्वारा वश में करने का निश्चय किया। जलियांवाला बाग बहुत बड़ा बाग था, मगर इसमें से निकलने का केवल एक रास्ता था। शेष तीन ओर से वह मकानों से घिरा था। डायर ने बाग को फौज द्वारा घेर लिया और निकास द्वार पर एक फौजी दस्ता खड़ा कर दिया। उसके बाद उसने अपने फौजियों को राइफलों और मशीनगनों द्वारा अंदर घिरी भीड़ पर गोली बरसाने का हुक्म दिया। वे तब तक गोली बरसाते रहे जब तक कि गोलियां खत्म नहीं हो गईं। हज़ारों लोग मरे और घायल हुए। इस हत्याकांड के बाद पूरे पंजाब में मार्शल लॉ लगा दिया गया और लोगों पर अत्यंत जंगली किस्म के अत्याचार किए गए। एक उदारवादी वकील शिवस्वामी अय्यर ने, जिन्हें सरकार ने नाइट (Knight) की उपाधि दी थी, पंजाब के अत्याचारों के बारे में लिखा है–

> जलियांवाला बाग में लोगों को बिखरने का अवसर दिए बिना सैंकड़ों निहत्थे लोगों का कत्लेआम, गोलीबारी में घायल सैंकड़ों लोगों की दशा के प्रति जनरल डायर की बेरुखी, जो लोग बिखरकर भागने लगे थे उन पर मशीनगनों से गोलीबारी, लोगों पर सार्वजनिक रूप से कोड़े बरसाना; हज़ारों छात्रों को उपस्थिति जताने के लिए 16 मील दूर प्रतिदिन जाने का आदेश, 500 छात्रों और प्रोफ़ेसरों की गिरफ़्तारी और नज़रबंदी, 5 से 7 वर्ष के स्कूली बच्चों को भी झंडे की सलामी के लिए परेड में उपस्थित रहने के लिए बाध्य करना; एक विवाह-मंडली पर कोड़ों की बारिश, डाक पर सेंसर, छह सप्ताहों तक बादशाही मस्जिद पर ताला, किसी ठोस कारण के बिना लोगों की गिरफ़्तारी और नज़रबंदी, इस्लामिया स्कूल के 6 सबसे बड़े बच्चों पर कोड़ों की मार, केवल इसलिए कि वे स्कूली बच्चे थे; और बड़े थे; गिरफ़्तार लोगों को खुलेआम बंद रखने के लिए बड़े पिंजड़े का निर्माण, दंड के नए-नए रूपों जैसे सड़क पर रेंगकर चलने के आदेश, कूदते हुए चलने के आदेश का आविष्कार आदि जो नागरिक या सैनिक किसी भी कानून-प्रणाली के लिए अज्ञात हैं, लोगों को एक ही बेड़ी में आपस में जकड़कर रखना; और उन्हें खुली ट्रकों में 15-15 घंटों तक रखना, निहत्थे नागरिकों के ख़िलाफ़ हवाई जहाज़ों और लेविस गनों तथा वैज्ञानिक युद्ध प्रणाली के नवीनतम ताम-झाम का उपयोग, लोगों

> को बंधक बनाना, गैरहाज़िर लोगों को हाज़िर कराने के लिए उनकी संपत्ति को जब्त और नष्ट करना; हिंदू-मुस्लिम एकता के परिणाम जताने के लिए एक हिंदू और एक मुसलमान को एक ही बेड़ी में जकड़कर रखना; भारतीय घरों का पानी और बिजली काट देना, भारतीय घरों से पंखे हटाकर यूरोपीयों को उपयोग के लिए दे देना, भारतीयों के सभी वाहनों को लेकर उपयोग के लिए यूरोपीयों को देना; ये सब उस मार्शल लॉ प्रशासन की अनेक घटनाओं में से कुछ-एक हैं, जिसने पंजाब में आंतक का राज कायम किया तथा जनता को हिलाकर रख दिया था।

पंजाब की घटनाएं जब लोगों को ज्ञात हुईं तो पूरे देश में भय की एक लहर-सी दौड़ गई। साम्राज्यवाद तथा विदेशी शासन जिस सभ्यता का दावा करते थे उसके पर्दे में छिपे घिनौने चेहरे और बर्बरता का जीता-जागता रूप लोगों ने देखा। जनता के इस कष्ट का वर्णन महान कवि और मानवतावादी रचनाकार रवींद्रनाथ ठाकुर ने किया है जिन्होंने इसके विरोध में अपनी "नाइट" की उपाधि लौटा दी थी। उन्होंने घोषणा की कि –

> वह समय आ गया है जब सम्मान के प्रतीक अपमान अपने बेमेल संदर्भ में हमारी शर्म को उजागर करते हैं और मैं, जहां तक मेरा सवाल है, सभी विशिष्ट उपाधियों से रहित होकर अपने उन देशवासियों के साथ खड़ा होना चाहता हूं जो अपनी तथाकथित क्षुद्रता को सहने के लिए बाध्य हो सकते हैं।

ख़िलाफ़त और असहयोग आंदोलन (1919-22)

ख़िलाफ़त आंदोलन से राष्ट्रीय आंदोलन में एक नई धारा बही। हम देख चुके हैं कि शिक्षित मुसलमानों की नई पीढ़ियां तथा पारंपरिक मौलवियों और धर्मशास्त्रियों का एक भाग अधिकाधिक उग्रपंथी और राष्ट्रवादी बनते जा रहे थे। लखनऊ समझौते ने हिंदुओं और मुसलमानों की सांझी राजनीतिक गतिविधियों के लिए पहले ही ज़मीन तैयार कर रखी थी। रोलट कानून विरोधी राष्ट्रीय आंदोलन ने समूची भारतीय जनता को एकसमान रूप से प्रभावित किया था और हिंदू-मुसलमान दोनों को राजनीतिक आंदोलन में ले आया था।

उदाहरण के लिए, राजनीतिक गतिविधियों के क्षेत्र में हिंदू-मुसलमान एकता की मिसाल दुनिया के सामने रखने के लिए मुसलमानों ने कट्टर आर्यसमाजी नेता, स्वामी श्रद्धानंद को आमंत्रित किया था कि वे दिल्ली की जामा मस्जिद के मिंबर से अपना उपदेश दें। इसी तरह, अमृतसर में सिखों ने अपने पवित्र स्थान स्वर्ण मंदिर की चाभियां एक मुसलमान नेता डॉ. किचलू को सौंप दी थीं।

अमृतसर में यह राजनीतिक एकता, सरकार के दमन के कारण थी। हिंदुओं और मुसलमानों को एक ही बेड़ियां पहनाई गई थीं, एक साथ ज़मीन पर रेंगकर चलने के आदेश दिए गए थे और एक साथ ही पानी पीने को कहा गया था जबकि एक हिंदू आमतौर पर किसी मुसलमान के हाथों से पानी नहीं पीता था, इस वातावरण में मुसलमानों के बीच राष्ट्रवादी प्रवृत्ति ने ख़िलाफ़त आंदोलन की शक्ल ले ली। ब्रिटेन तथा उसके सहयोगियों ने तुर्की की उस्मानिया सल्तनत के साथ जो व्यवहार किया था और जिस तरह उसके टुकड़े करके थ्रेस को हथिया लिया था, राजनीतिक-चेतना प्राप्त मुसलमान उसके आलोचक थे। यह कार्य भूतपूर्व ब्रिटिश प्रधानमंत्री लॉयड जॉर्ज के वादे के विपरीत था कि 'हम तुर्की को एशिया माइनर और थ्रेस की उस समृद्ध और प्रसिद्ध भूमि से वंचित करने के लिए युद्ध नहीं कर रहे हैं जो नस्ली दृष्टि से मुख्य रूप से तुर्क हैं।' मुसलमानों का यह भी मत था कि तुर्की के सुलतान को अनेक लोग खलीफ़ा अर्थात् धार्मिक मामलों में मुसलमानों के प्रमुख मानते थे और उनकी स्थिति पर आंच नहीं आनी चाहिए। शीघ्र ही अली भाइयों (मुहम्मद अली और शौकत अली), मौलाना आज़ाद, हकीम अजमल खान और हसरत मोहानी के नेतृत्व में एक ख़िलाफ़त कमेटी गठित हो गई और देशव्यापी आंदोलन छेड़ दिया गया।

दिल्ली में नवंबर 1919 में आयोजित अखिल-भारतीय ख़िलाफ़त सम्मेलन ने फैसला किया कि अगर उनकी मांगें न मानी गईं तो वे सरकार से सहयोग करना बंद कर देंगे। इस समय मुस्लिम लीग पर राष्ट्रवादियों का नेतृत्व था। उसने राजनीतिक प्रश्नों पर राष्ट्रीय कांग्रेस और उसके आंदोलन का पूरा-पूरा समर्थन किया। अपनी तरफ से लोकमान्य तिलक और महात्मा गांधी समेत तमाम कांग्रेसी नेताओं ने भी ख़िलाफ़त आंदोलन को हिंदू-मुसलमान एकता स्थापित करने का मुसलमान जनता को राष्ट्रीय आंदोलन में लाने का सुनहरा अवसर जाना। वे समझते थे कि हिंदू और मुसलमान, सिख और ईसाई, पूंजीपति और मज़दूर, किसान और दस्तकार, महिलाएं और युवक, विभिन्न क्षेत्रों के आदिवासी तथा अन्य लोग, अर्थात् भारतीय जनता के सभी अंग, अपनी विभिन्न मांगों के लिए संघर्ष करते हुए उसके अनुभव के द्वारा तथा विदेशी शासन को अपना विरोधी समझने के बाद ही राष्ट्रीय आंदोलन में आएंगे। गांधीजी ने ख़िलाफ़त आंदोलन को 'हिंदुओं और मुसलमानों में एकता स्थपित करने का ऐसा अवसर जाना जो कि आगे सौ वर्षों तक नहीं मिलेगा।' उन्होंने 1920 के आरंभ में घोषणा की, कि ख़िलाफ़त का प्रश्न सांविधानिक सुधारों तथा पंजाब के अत्याचारों से अधिक महत्त्वपूर्ण है। उन्होंने यह भी घोषणा की कि अगर तुर्की के साथ शांति-संधि

की शर्तें भारतीय मुसलमानों को संतुष्ट नहीं करतीं तो वे असहयोग आंदोलन छेड़ेंगे। वास्तव में, गांधीजी शीघ्र ही ख़िलाफ़त आंदोलन के एक नेता के रूप में उभरे।

इस बीच सरकार ने रोलट कानून को रद्द करने, पंजाब के अत्याचारों की भरपाई करने या राष्ट्रवादियों की स्वशासन की आकांक्षा को संतुष्ट करने से इनकार कर दिया था। जून 1920 में इलाहाबाद में सभी दलों का एक सम्मेलन हुआ जिसमें स्कूलों, कॉलेजों और अदालतों के बहिष्कार का एक कार्यक्रम किया गया। ख़िलाफ़त आंदोलन ने 31 अगस्त, 1920 को एक असहयोग आंदोलन का आरंभ किया।

सितंबर 1920 में कलकत्ता में कांग्रेस का एक विशेष अधिवेशन हुआ। कुछ ही सप्ताह पहले इसे एक भयानक नुकसान हुआ था जब 1 अगस्त को 64 वर्ष की आयु में लोकमान्य तिलक का निधन हो गया था। जल्द ही इस कमी को गांधीजी, चितरंजन दास और मोतीलाल नेहरू ने पूरा कर दिया। कांग्रेस ने गांधीजी की इस योजना को स्वीकार कर लिया कि जब तक पंजाब तथा ख़िलाफ़त सम्बन्धी अत्याचारों की भरपाई नहीं होती और स्वराज्य स्थापित नहीं होता, सरकार से असहयोग किया जाए। लोगों से आग्रह किया गया कि वे सरकारी शिक्षा संस्थाओं, अदालतों और विधानमंडलों का बहिष्कार करें, विदेशी वस्त्रों का त्याग करें, सरकार से प्राप्त उपाधियां और सम्मान वापस करें तथा हाथ से सूत कातकर और बुनकर खादी का इस्तेमाल करें। बाद में सरकारी नौकरी से इस्तीफ़ा तथा कर चुकाने से इनकार करने को भी इस कार्यक्रम में शामिल कर लिया गया। फौरन ही कांग्रेस वालों ने चुनाव से नाम वापस ले लिए और जनता ने भी अधिकांशतः उसका बहिष्कार ही किया। सरकार तथा उसके कानूनों के इस अत्यंत शांतिपूर्ण उल्लंघन के इस निर्णय को दिसंबर 1920 में नागपुर में आयोजित कांग्रेस के वार्षिक अधिवेशन में अनुमोदित भी कर दिया गया। गांधीजी ने नागपुर में घोषणा की कि 'ब्रिटिश जनता यह बात चेत ले कि अगर वह न्याय नहीं करना चाहती तो साम्राज्य को नष्ट करना प्रत्येक भारतीय का परम कर्त्तव्य होगा।' नागपुर अधिवेशन में कांग्रेस के संविधान में परिवर्तन किए गए। प्रांतीय कांग्रेस कमेटियों को अब भाषायी आधार पर पुनर्गठित किया गया। कांग्रेस का नेतृत्व अब 15 सदस्यों की एक वर्किंग कमेटी को सौंपा गया जिसमें अध्यक्ष और सचिव शामिल थे। इससे कांग्रेस एक निरंतर विद्यमान राजनीतिक संगठन के रूप में काम करने लगी और उसके प्रस्तावों को लागू करने के लिए उसे एक उपकरण भी मिल गया। कांग्रेस का संगठन अब गांवों, छोटे कस्बों और मुहल्लों तक भी फैलने वाला था। सदस्यता शुल्क घटाकर प्रति वर्ष चार आने (आज

के 25 पैसे) कर दिया गया ताकि निर्धन ग्रामीण और नगर के निर्धन लोग भी उसके सदस्य बन सकें।

अब कांग्रेस का चरित्र बदल गया। वह विदेशी शासन से मुक्ति के राष्ट्रीय संघर्ष में जनता की संगठनकर्ता और नेतृत्वकर्ता बन गई। प्रसन्नता की एक लहर चारों ओर फैल गई। राजनीतिक स्वाधीनता भले ही बाद में आए, अब जनता ने गुलामी की मनोवृत्ति को त्यागना आरंभ कर दिया था; मानो कि भारत अब किसी और हवा में सांस ले रहा हो। उन दिनों का उल्लास और उत्साह कुछ विशेष ही था, क्योंकि अब सोया हुआ शेर उठने ही वाला था। इसके अलावा, हिंदू और मुसलमान कंधे से कंधा मिलाकर आगे बढ़ रहे थे। साथ ही, कुछ पुराने नेताओं ने अब कांग्रेस छोड़ भी दी थी। राष्ट्रीय आंदोलन में जो मोड़ आया था, वह उन्हें पसंद न था। वे आंदोलन तथा राजनीतिक कार्यकलाप के उसी पुराने ढर्रे में विश्वास करते थे जो कानून की चारदीवारी का रत्ती भर भी उल्लंघन न करे। वे जनता के संगठन हड़तालों, कामबंदियों, सत्याग्रह, कानूनशिकनी, गिरफ़्तारी और जुझारू संघर्ष के दूसरे रूपों के विरोध में थे। इस काल में जिन लोगों ने कांग्रेस छोड़ी उनमें मुहम्मद अली जिन्ना, जी. एस खपर्डे, विपिनचंद्र पाल और ऐनी बेसेंट प्रमुख थे।

1921–22 में भारतीय जनता एक अभूतपूर्व हलचल के दौर से गुज़री। हज़ारों की संख्या में छात्रों ने सरकारी स्कूल–कॉलेज छोड़कर राष्ट्रीय स्कूलों और कॉलेजों में प्रवेश ले लिया। यही समय था जब अलीगढ़ के जामिया मिलिया इस्लामिया (राष्ट्रीय मुस्लिम विश्वविद्यालय), बिहार विद्यापीठ, काशी विद्यापीठ और गुजरात विद्यापीठ का जन्म हुआ। जामिया मिलिया बाद में दिल्ली चला गया। इन राष्ट्रीय कॉलेजों और विश्वविद्यालयों में आचार्य नरेंद्र देव, डॉ. जाकिर हुसैन और लाला लाजपतराय जैसे विख्यात व्यक्ति शिक्षक का कार्य करते थे। सैकड़ों वकीलों ने अपनी मोटी कमाई वाली वकालतें छोड़ दीं। इनमें देशबंधु चितरंजन दास, मोतीलाल नेहरू, राजेंद्र प्रसाद, सैफुद्दीन किचलू, सी. राजगोपालाचारी, सरदार पटेल, टी. प्रकाशम् और आसफ़ अली जैसे लोग शामिल थे। असहयोग आंदोलन चलाने के लिए तिलक स्वराज्य कोष स्थापित किया गया और छह माह के अंदर इसमें एक करोड़ रुपया जमा हो गया। स्त्रियों ने बहुत उत्साह दिखाया और अपने गहनों व जेवरों का खुलकर दान किया। विदेशी वस्त्रों का बहिष्कार एक जन–आंदोलन बन गया। पूरे देश में विदेशी वस्त्रों की होलियां जलाई गईं। खादी स्वतंत्रता का प्रतीक बन गई। जुलाई 1921 में एक प्रस्ताव पारित करके ख़िलाफ़त आंदोलन ने घोषणा की कि कोई मुसलमान ब्रिटिश भारत की सेना में

भरती नहीं होगा। सितंबर में 'राजद्रोह' का आरोप लगाकर अली भाइयों को कैद कर लिया गया। गांधीजी ने फौरन आह्वान किया कि इस प्रस्ताव को सैकड़ों सभाओं में पढ़कर सुनाया जाए। अखिल भारतीय कांग्रेस कमेटी के 50 सदस्यों ने ऐसी ही एक घोषणा की कि जो सरकार सामाजिक, आर्थिक और राजनीतिक दृष्टि से भारत का उत्पीड़न कर रही है उसकी सेवा कोई भारतीय न करे। ऐसा ही एक बयान कांग्रेस वर्किंग कमेटी ने भी जारी किया।

कांग्रेस ने अब आंदोलन को और ऊंचे स्तर तक ले जाने का फैसला किया। इसने हर एक प्रांतीय कांग्रेस कमेटी को अनुमति दी कि अगर उसकी राय में उस प्रांत की जनता तैयार हो तो वह नागरिक अवज्ञा आंदोलन या ब्रिटिश कानूनों के उल्लघंन का आंदोलन आरंभ कर सकती है और इसमें करों का भुगतान रोकने का आंदोलन भी शामिल किया जा सकता है।

सरकार ने एक बार फिर दमन का सहारा लिया। तब तक कांग्रेस और ख़िलाफ़त के स्वयंसेवक निचले स्तरों पर हिंदू और मुसलमान राजनीतिक कार्यकर्ताओं को एकताबद्ध करने के लिए साथ-साथ ड्रिल का आयोजन करने लगे थे। ऐसे सारे ड्रिल गैरकानूनी घोषित कर दिए गए। 1921 के अंत तक गांधीजी को छोड़कर सारे महत्त्वपूर्ण राष्ट्रवादी नेता तथा 3,000 दूसरे लोग जेलों में बंद किए जा चुके थे। नवंबर 1921 में ब्रिटिश सिंहासन के उत्तराधिकारी, प्रिंस ऑफ़ वेल्स जब भारत-भ्रमण पर आए तो उनका स्वागत बड़े-बड़े विरोध-प्रदर्शनों द्वारा किया गया। सरकार ने उनसे निवेदन किया था कि जनता और राजा-महाराजों में वफ़ादारी की भावना जगाने के लिए वे भारत की यात्रा पर आएं। बंबई में एक प्रदर्शन को कुचलने का प्रयास सरकार ने किया और इसमें 53 लोग मारे गए तथा लगभग 400 घायल हुए। दिसंबर 1921 में अहमदाबाद में कांग्रेस के वार्षिक अधिवेशन में एक प्रस्ताव पारित किया गया। इस प्रस्ताव में कांग्रेस ने अपना 'यह दृढ़ मत दोहराया कि जब तक पंजाब और ख़िलाफ़त की गलतियों की भरपाई नहीं की जाती और स्वराज्य स्थापित नहीं होता... वह पहले से भी अधिक ज़ोरदार ढंग से अहिंसक असहयोग आंदोलन जारी रखेगी।' इस प्रस्ताव में सभी भारतीयों और खासकर छात्रों, से आग्रह किया गया था कि वे "स्वंयसेवक संगठनों में भरती होकर चुपचाप और बिना किसी प्रदर्शन के अपनी गिरफ्तारी दें। ऐसे सभी सत्याग्रहियों को 'मनसा-वाचा-कर्मणा अहिंसक रहने"', हिंदुओं, मुसलमानों, सिखों, पारसियों, ईसाइयों और यहूदियों में एकता की भावना मज़बूत बनाने, तथा स्वदेशी का व्यवहार करने और केवल खादी पहनने की शपथ लेनी पड़ती थी। हिंदू स्वयंसेवकों को सक्रिय रूप से छुआछूत से लड़ने

की शपथ भी लेनी होती थी। प्रस्ताव में जनता से यह भी आग्रह किया गया था कि जहां भी संभव हो, वह अहिंसक रहकर व्यक्तिगत या सामूहिक अवज्ञा आंदोलन चलाए।

लोग अब संघर्ष के अगले आह्वान का बेचैनी से इंतज़ार कर रहे थे। आंदोलन भी अब जनता में गहरी जड़ें जमा चुका था। संयुक्त प्रांत तथा बंगाल के हज़ारों किसानों ने असहयोग के आह्वान का पालन किया था। संयुक्त प्रांत के कुछ भागों में बंटाईदारों ने ज़मींदारों की अनुचित मांगें पूरी करने से इनकार कर दिया था। पंजाब में गुरुद्वारों पर भ्रष्ट महंतों का कब्ज़ा खत्म करने के लिए सिख अकाली आंदोलन नामक एक अहिंसक आंदोलन चला रहे थे। असम के चाय बागानों के मज़दूरों ने हड़ताल की। मिदनापुर के किसानों ने यूनियन बोर्ड के कर देने से इनकार कर दिया था। चिराला की पूरी जनता नगरपालिका के कर चुकाने से इनकार करके शहर छोड़ चुकी थी। पेडन्नापाडु में गांवों के सारे अधिकारियों ने इस्तीफ़ा दे दिया था। डुग्गीराला गोपालकृष्णय्या के नेतृत्व में गुंटूर ज़िले में एक शक्तिशाली आंदोलन उठ खड़ा हुआ था। उत्तरी केरल के मालाबार क्षेत्र में मोपला कहे जाने वाले मुस्लिम किसानों ने एक शक्तिशाली ज़मींदार-विरोधी आंदोलन छेड़ रखा था। फरवरी 1919 में वायसरॉय ने विदेश सचिव को पत्र लिखा कि 'शहरों के निम्न वर्गों पर असहयोग आंदोलन का गहरा प्रभाव पड़ा है.. कुछ क्षेत्रों में, खासकर असम घाटी के कुछ भागों, संयुक्त प्रांत, बिहार, उड़ीसा और बंगाल में किसान भी प्रभावित हुए हैं।' फरवरी 1922 में महात्मा गांधी ने घोषणा की कि अगर सात दिनों के अंदर राजनीतिक बंदी रिहा नहीं किए जाते और प्रेस पर सरकार का नियंत्रण समाप्त नहीं होता तो वे करों की गैर-अदायगी समेत एक सामूहिक नागरिक अवज्ञा आंदोलन छेड़ेंगे।

लेकिन संघर्ष की यह लहर शीघ्र ही ठंडी पड़ने लगी। संयुक्त प्रांत के गोरखपुर जिले में चौरी-चौरा नामक गांव में 3,000 किसानों के एक कांग्रेसी जुलूस पर पुलिस ने गोली चलाई। क्रुद्ध भीड़ ने पुलिस थाने पर हमला करके उसमें आग लगा दी, जिससे 22 पुलिसकर्मी मारे गए। इसके पहले भी देश के विभिन्न भागों में भीड़ द्वारा हिंसा की कुछ घटनाएं हो चुकी थीं। गांधीजी को भय था कि जन उत्साह और जोश के इस वातावरण में आंदोलन आसानी से एक हिंसक मोड़ ले सकता है। उन्हें पूरा विश्वास था कि राष्ट्रवादी कार्यकर्ता अभी भी अहिंसा के पाठ को समझ और व्यवहार में अपना नहीं सके हैं और इस समझ के बिना तो नागरिक अवज्ञा आंदोलन सफल हो ही नहीं सकता। हिंसा से उनका कोई संबंध न था, इस बात के अलावा शायद उन्हें यह भी विश्वास था कि

अंग्रेज़ आसानी से किसी भी हिंसक आंदोलन को कुचल सकते हैं, क्योंकि जनता में भारी सरकारी दमन के प्रतिरोध की शक्ति अभी भी विकसित नहीं हो सकी थी। इसलिए उन्होंने राष्ट्रीय आंदोलन को रोक देने का फैसला किया। कांग्रेस वर्किंग कमेटी ने 12 फरवरी को गुजरात के बारदोली नामक स्थान पर अपनी मीटिंग की और एक प्रस्ताव द्वारा उन सभी गतिविधियों पर रोक लगा दी जिनसे कानून का उल्लंघन हो सकता था। उसने कांग्रेसजनों से आग्रह किया कि वे अपना समय चरखा को लोकप्रिय बनाने, राष्ट्रीय विद्यालय चलाने, छूआछूत मिटाने तथा हिंदू-मुसलमान एकता को प्रोत्साहित करने जैसे रचनात्मक कार्यों में लगाएं।

बारदोली के प्रस्ताव ने पूरे देश को सकते में डाल दिया। आश्चर्यचकित राष्ट्रवादियों में इसकी मिली-जुली प्रतिक्रिया हुई। कुछ को तो गांधीजी में पूरी श्रद्धा थी और उन्हें विश्वास था कि आंदोलन पर यह रोक, संघर्ष की गांधीवादी रणनीति का ही एक भाग है। परंतु दूसरों ने खासकर युवक राष्ट्रवादियों ने आंदोलन रोके जाने के निर्णय का कड़ा विरोध किया। सुभाषचंद्र बोस कांग्रेस के एक अत्यंत लोकप्रिय युवक नेता थे, उन्होंने अपनी आत्मकथा ''दि इंडियन स्ट्रगल'' में लिखा है–

> जिस समय जनता का उत्साह अपनी चरम सीमा को छूने वाला था, उस समय पीछे हट जाने का आदेश देना राष्ट्रीय अनर्थ से कम नहीं था। महात्माजी के प्रमुख सहयोगी देशबंधु दास, पंडित मोतीलाल नेहरू और लाला लाजपतराय, जो सब जेलों में थे, भी इस सामूहिक खिन्नता में भागीदार थे। मैं उस समय देशबंधु के साथ था और मैंने देखा कि जिस तरह महात्मा गांधी बार-बार गोलमाल कर रहे थे, उस पर वे क्रोध और दुःख से आपे से बाहर हो रहे थे।

जवाहरलाल नेहरू जैसे दूसरे युवक नेताओं ने भी ऐसी ही प्रतिक्रिया व्यक्त की। लेकिन जनता और नेतागण, दोनों को गांधीजी में आस्था थी और वे सार्वजनिक रूप से उनके आदेश का उल्लंघन नहीं करना चाहते थे। खुलकर विरोध किए बिना उन्होंने उनके फैसले को स्वीकार कर लिया। इस तरह पहला असहयोग और नागरिक अवज्ञा (सिविल डिसओबीडिएंस) आंदोलन लगभग समाप्त ही हो गया।

इस नाटक का आखिरी अंक यह था कि स्थिति का पूरा लाभ उठाकर सरकार ने तीखा प्रहार करने का निश्चय किया। उसने 10 मार्च 1922 को महात्मा गांधी को गिरफ़्तार करके उन पर सरकार के प्रति असंतोष भड़काने का आरोप लगाया। गांधीजी को छह वर्षों की कैद की सज़ा सुनाई गई। अदालत में उन्होंने जो बयान दिया उसके कारण यह मुकद्दमा ऐतिहासिक बन गया। अभियोग पक्ष के आरोपों को स्वीकार करते हुए उन्होंने अदालत से निवेदन किया कि 'कानून में

जिस बात को स्वेच्छापूर्वक किया गया अपराध समझा जाता है और जो मुझे किसी नागरिक का परम कर्त्तव्य लगता है, उसके लिए मुझे जितनी कड़ी सज़ा दी जा सकती है, दी जाए।' उन्होंने ब्रिटिश शासन के एक समर्थक से उसके एक कट्टर आलोचक के रूप में अपने रूपांतरण की विस्तार से व्याख्या की और कहा–

> अनिच्छापूर्वक इस निष्कर्ष पर पहुंचा कि राजनीतिक और आर्थिक दृष्टि से भारत पहले जितना असहाय था, उससे उसे कहीं अधिक असहाय ब्रिटेन के साथ संबंध ने बना दिया है। निहत्थे भारत के पास किसी भी आक्रमण के प्रतिरोध की शक्ति नहीं है।... वह इतना निर्धन हो चुका है कि अकालों के प्रतिरोध के लिए उसमें शायद ही कोई शक्ति बची है। ... नगरवासियों को शायद ही पता हो कि भारत की आधे पेट खाकर जीवित रहने वाली जनता किस तरह जीवनहीन होती जा रही है। शायद ही उन्हें पता हो कि जो क्षुद्र आराम उन्हें प्राप्त हैं, वह उस काम की दलाली है जो वे विदेशी शोषकों के लिए करते हैं और यह कि ये मुनाफ़ा और दलाली जनता से चूसी जाती है। शायद ही उन्हें महसूस होता हो कि ब्रिटिश भारत में कानून द्वारा स्थापित सरकार जनता के शोषण के लिए चलाई जाती है। कोई भी लफ्फाज़ी, आंकड़ों का कोई भी खेल उस साक्ष्य को नहीं मिटा सकते जो अनेक ग्रामों में हड्डियों के ढांचों के रूप में दिखाई देता है।... मेरे विचार में कानून के प्रशासन को चेतन या अचेतन रूप से शोषक के लाभार्थ भ्रष्ट किया जा रहा है। इससे भी बड़ा दुर्भाग्य यह है कि अंग्रेज़ों तथा देश के प्रशासन में लगे उनके भारतीय सहयोगियों को यह नहीं मालूम है कि वे वही अपराध कर रहे हैं जिसका वर्णन करने का मैंने प्रयास किया है। मुझे विश्वास है कि अनेक अंग्रेज़ और भारतीय अधिकारी ईमानदारी के साथ यह मानते हैं कि वे दुनिया की सबसे अच्छी प्रणालियों में से एक को यहां लागू कर रहे हैं और यह कि भारत धीमी गति से ही सही, निरंतर प्रगति कर रहा है। वे यह नहीं जानते कि एक ओर आतंकवाद की एक सूक्ष्म पर प्रभावशाली प्रणाली और शक्ति के संगठित प्रदर्शन और दूसरी ओर जवाबी आक्रमण या आत्मरक्षा की सारी शक्तियों से (भारतीयों के) वंचित कर दिए जाने के कारण जनता को शक्तिहीन बना दिया है तथा उनमें अनुकरण की आदत पैदा कर दी है।

निष्कर्ष रूप में गांधीजी ने यह मत व्यक्त किया कि 'बुराई के साथ असहयोग उतना ही पुनीत कर्त्तव्य है जितना कि भलाई के साथ सहयोग।' न्यायाधीश ने कहा कि वह गांधीजी को वही दंड दे रहा है जो 1908 में लोकमान्य तिलक को दिया गया था।

ख़िलाफ़त का प्रश्न भी बहुत जल्द अप्रासंगिक हो गया। तुर्की की जनता मुस्तफा कमाल पाशा के नेतृत्व में उठ खड़ी हुई और उसने नवंबर 1922 में सुलतान को सत्ता से वंचित कर दिया। कमाल पाशा ने तुर्की के आधुनिकीकरण के लिए तथा उसे धर्मनिरपेक्ष राज्य बनाने के लिए अनेक कदम उठाए। उसने ख़िलाफ़त (खलीफ़ा का पद) समाप्त कर दिया और संविधान से इस्लाम को निकालकर राज्य को धर्म से अलग कर दिया। उसने शिक्षा का राष्ट्रीयकरण किया, स्त्रियों को व्यापक अधिकार दिए, यूरोपीय ढंग के कानून बनाए और खेती के विकास तथा आधुनिक उद्योग-धंधों की स्थापना के लिए कदम उठाए। इन सभी कदमों ने ख़िलाफ़त आंदोलन की बुनियाद ही नष्ट कर दी।

असहयोग आंदोलन में ख़िला फ़त आंदोलन की एक महत्त्वपूर्ण भूमिका रही। इसके कारण नगरों के मुसलमान राष्ट्रीय आंदोलन में शामिल हुए और इस तरह देश में उन दिनों राष्ट्रवादी उत्साह तथा उल्लास का जो वातावरण था उसे बनाने में इसका भी एक हद तक योगदान था। परिणामस्वरूप ऐसा कहा जाता है कि धार्मिक चेतना का राजनीति में समावेश हुआ और अंततः सांप्रदायिक शक्तियां मज़बूत हुईं। यह बात कुछ हद तक सही भी है। राष्ट्रवादी आंदोलन द्वारा केवल मुसलमानों की एक मांग उठाना कोई गलत नहीं था। समाज के विभिन्न अंग अपनी विशिष्ट मांगों और अनुभवों के द्वारा स्वतंत्रता की आवश्यकता को समझें, ऐसा अपरिहार्य था। फिर भी मुसलमानों की धार्मिक, राजनीतिक चेतना को ऊपर उठाकर धर्मनिरपेक्ष राजनीतिक चेतना के स्तर तक ले जाने में राष्ट्रवादी नेतृत्व कुछ सीमा तक असफल रहा। इसके साथ ही यह भी ध्यान रहे कि खलीफ़ा के प्रति मुसलमानों की चिंता से भी बड़े पैमाने पर उनकी भावनाओं का प्रतिनिधित्व ख़िलाफ़त आंदोलन ने किया। वास्तव में यह मुसलमानों में साम्राज्यवाद-विरोधी भावनाओं के प्रसार का ही एक पक्ष था। ख़िलाफ़त आंदोलन में इन भावनाओं को ही ठोस अभिव्यक्ति मिली। आखिरकार, जब कमाल पाशा ने 1924 में ख़िलाफ़त को समाप्त कर दिया तो भारत में कोई प्रतिरोध नहीं हुआ।

यहां यह बात ध्यान रहे कि देखने में असहयोग और नागरिक अवज्ञा आंदोलन तो असफल रहे थे, मगर इसके कारण राष्ट्रीय आंदोलन अनेक अर्थों में और मजूबत हुआ था। राष्ट्रीय भावना और राष्ट्रीय आंदोलन अब देश के दूर-दराज के स्थानों तक पहुंच चुके थे। लाखों-लाख किसान, दस्तकार और शहरी गरीब राष्ट्रीय आंदोलन में शामिल हुए थे। भारतीय समाज के सभी वर्गों का राजनीतिकरण हुआ था। स्त्रियां आंदोलन में उतरी थीं। लाखों-लाख स्त्री-पुरुषों

के इसी राजनीतिकरण तथा सक्रियता ने भारतीय राष्ट्रीय आंदोलन को क्रांतिकारी चरित्र प्रदान किया।

ब्रिटिश शासन दो धारणाओं पर आधारित था–प्रथम, अंग्रेज़ भारतीयों के भले के लिए ही भारत में शासन कर रहे थे और द्वितीय, यह अजेय था और इसे उखाड़ फेंकना असंभव था। जैसा कि हम देख चुके हैं, पहली धारणा को चुनौती नरमपंथी राष्ट्रवादियों ने दी थी जिन्होंने औपनिवेशिक शासन की एक शक्तिशाली अर्थशास्त्रीय आलोचना सामने रखी थी। अब राष्ट्रीय आंदोलन के सामूहिक चरण में यह हुआ कि इस आलोचना को भाषणों, पर्चों, नाटकों, गीतों, प्रभातफेरियों और समाचारपत्रों के द्वारा जोशीले आंदोलनकारियों ने जन-जन तक पहुंचा दिया।

ब्रिटिश शासन की अजेयता की धारणा को चुनौती सत्याग्रह और जनसंघर्ष से मिली। जैसा कि अपनी पुस्तक ''भारत: एक खोज'' में जवाहरलाल नेहरू ने लिखा है–

> उनकी (गांधीजी की) शिक्षा का मूल तत्त्व निर्भीकता थी... शारीरिक साहस ही नहीं बल्कि मन में भी भय का अभाव... परंतु भारत में ब्रिटिश शासन का प्रमुख आवेग भय था–व्यापक, दमतोड़, गलाघोंटू भय; सेना, पुलिस, चारों ओर फैली, खुफ़िया पुलिस का भय; अधिकारी वर्ग का भय; दमनकारी कानूनों और जेल का भय; बेरोज़गारी और भुखमरी का भय जो हमेशा आस-पास मंडराते रहते थे। यही वह सर्वव्यापी भय था जिसके ख़िलाफ़ गांधीजी की शांत और दृढ़ वाणी गूंजी–भय न करो।

असहयोग आंदोलन का एक प्रमुख परिणाम यह हुआ कि भारतीय जनता के मन से भय की भावना दूर हो गई। भारत में ब्रिटिश सत्ता की अमानवीय ताकत अब उनके लिए डर का कारण न रही। जनता में ऐसा बेपनाह आत्मविश्वास और आत्मसम्मान जागा जो किसी भी हार या धक्के से नष्ट न हो। इसे गांधीजी ने इस घोषणा द्वारा व्यक्त किया कि '1920 में जो संघर्ष आरंभ हुआ वह एक समझौता विहीन संघर्ष है चाहे वह एक माह चले या एक साल, या कई माह या कई साल।'

स्वराज्यवादी

1922-28 के दौरान भारतीय राजनीति में बड़ी-बड़ी घटनाएं घटीं। असहयोग आंदोलन के रोके जाने से तात्कालिक रूप में राष्ट्रवादियों के बीच हताशा की भावना फैली। इसके अलावा जिन नेताओं को यह फैसला करना था कि आंदोलन को निष्क्रिय बनने से कैसे बचाया जाए, उनके बीच गहरे मतभेद उभर आए। इनमें से एक विचार के प्रतिनिधि चितरंजन दास और मोतीलाल नेहरू थे

जिन्होंने बदली हुई परिस्थितियों में एक नए प्रकार की राजनीतिक गतिविधि का सुझाव दिया। उनका कहना था कि राष्ट्रवादियों को विधानमंडलों का बहिष्कार समाप्त करके उनमें भाग लेना चाहिए, सरकारी योजनाओं के अनुसार उनके चलने में बाधा डालनी चाहिए, उनकी कमज़ोरियों को सामने लाना चाहिए, उनको राजनीतिक संघर्ष का क्षेत्र बनाना चाहिए तथा इस प्रकार जन-उत्साह जगाने में उनका उपयोग करना चाहिए। "अपरिवर्तनवादी" कहे जाने वाले सरदार वल्लभभाई पटेल, डॉ. अंसारी, बाबू राजेंद्र प्रसाद तथा दूसरे लोगों ने विधानमंडलों मे जाने का विरोध किया। उन्होंने चेतावनी दी कि संसदीय राजनीति में भाग लेने से जनता के बीच काम की उपेक्षा होगी, राष्ट्रवादी उत्साह कमज़ोर पड़ेगा और नेताओं के बीच प्रतिद्वंद्विता पैदा होगी। इसलिए ये लोग चरखा चलाने, चरित्र-निर्माण, हिंदू-मुस्लिम एकता, छुआछूत का खात्मा तथा गांवों में और गरीबों के बीच निचले स्तरों पर कार्य जैसे रचनात्मक कार्यों पर ज़ोर देते रहे। उनका कहना था कि इससे देश धीरे-धीरे जन-संघर्ष के एक और दौर के लिए तैयार होगा।

दिसंबर 1922 में चित्तरंजन दास और मोतीलाल नेहरू ने कांग्रेस-ख़िलाफ़त स्वराज्य पार्टी की स्थापना की। इसके अध्यक्ष दास थे और मोतीलाल नेहरू इसके सचिवों में से एक थे। नई पार्टी को कांग्रेस के अंदर ही एक समूह के रूप में काम करना था। इसने कांग्रेस के कार्यक्रम को ही पूरी तरह स्वीकार किया, सिवाय एक बात छोड़कर यह पार्टी काउंसिल के चुनावों में भाग लेगी।

स्वराज्यवादियों तथा "अपरिवर्तनवादियों" के बीच अब एक तीखा राजनीतिक विवाद उठ खड़ा हुआ। गांधीजी इस बीच स्वास्थ्य-संबंधी आधार पर 5 फरवरी 1924 को रिहा कर दिए गए थे, मगर वे भी इनमें एकता कायम करने में असफल रहे। लेकिन दोनों ही पक्ष सूरत में 1907 में हुए विभाजन के कड़वे अनुभव को दोहराने से बचना चाहते थे। गांधीजी की सलाह पर दोनों समूहों ने कांग्रेस में ही रहकर अलग-अलग ढंग से काम करने का फैसला किया।

स्वराज्यवादियों को तैयारी के लिए बहुत कम समय मिला था, मगर नवंबर 1923 के चुनावों में उन्हें अच्छी सफलता मिली। केंद्रीय धारा-सभा की चुनाव से भरी जाने वाली 101 सीटों में से 42 उन्होंने जीत लीं। दूसरे भारतीय समूहों के सहयोग से उन्होंने केंद्रीय धारा-सभा में तथा अनेक प्रांतीय परिषदों में सरकार को बार-बार हराया। स्वशासन, नागरिक स्वाधीनताओं और औद्योगिक विकास के प्रश्नों पर अपने प्रभावशाली भाषणों के द्वारा उन्होंने आंदोलन चलाया। मार्च 1925 में एक प्रमुख राष्ट्रवादी नेता विट्ठलभाई पटेल को केंद्रीय धारा-सभा का अध्यक्ष (स्पीकर) निर्वाचित करवाने में भी वे सफल रहे। जिस समय राष्ट्रीय आंदोलन फिर

से शक्ति जुटाने में लगा था ऐसे समय में उन्होंने राजनीतिक शून्य को भरा। उन्होंने 1919 के सुधार कानून के खोखलेपन को भी उजागर किया। लेकिन वे भारत की निरंकुश सरकार की नीतियां बदलवाने में असफल रहे और पहले मार्च 1926 और फिर जनवरी 1930 में उन्हें केंद्रीय धारा-सभा का बहिष्कार करना पड़ा।

इस बीच "अपरिवर्तनवादी" शांति के साथ रचनात्मक कार्यों में लगे रहे। इस कार्य के प्रतीक रूप मे पूरे देश में सैंकड़ों आश्रम स्थापित हुए जिनमें युवा स्त्री-पुरुष चरखा और खादी को प्रोत्साहित करते थे तथा निचली जातियों और आदिवासी जनता के बीच काम करते थे। ऐसे सैंकड़ों राष्ट्रीय स्कूल और कॉलेज स्थापित हुए जिनमें युवक-युवतियों को उपनिवेश-विरोधी विचारधारा में प्रशिक्षित किया जाता था। इसके अलावा, रचनात्मक कार्य करने वालों ने नागरिक अवज्ञा आंदोलनों के संगठनकर्ताओं के रूप में उसकी रीढ़ की हड्डी का काम किया।

स्वराज्यवादी और "अपरिवर्तनवादी" भले ही अपने-अपने ढंग से काम करते रहे हों, मगर उनके बीच कोई बुनियादी मतभेद नहीं था। चूंकि दोनों के परस्पर अच्छे संबंध थे और दोनों ही एक-दूसरे के साम्राज्यवाद-विरोधी चरित्र को स्वीकार करते थे, इसलिए बाद में, जब एक नए राष्ट्रीय संघर्ष का समय आया तो दोनों आसानी से एकजुट हो गए। इस बीच जून 1925 में चितरंजन दास के निधन से राष्ट्रीय आंदोलन और स्वराज्यवादियों को एक और गहरा धक्का लगा।

असहयोग आंदोलन में जब उतार आया और जनता में कुंठा की भावना भर गई, ऐसी स्थिति में सांप्रदायिकता अपना घिनौना सिर उठाने लगी। सांप्रदायिक तत्त्वों ने स्थिति का फायदा उठाकर अपने विचारों का प्रचार किया और 1923 के बाद देश में एक के बाद एक कई सांप्रदायिक दंगे हुए। मुस्लिम लीग और हिंदू महासभा दिसंबर 1917 में फिर सक्रिय हो उठीं। नतीजा यह हुआ कि "हम सबसे पहले भारतीय हैं", की भावना जो काफ़ी पहले से चली आ रही थी को गहरा धक्का लगा। स्वराज्यवादी पार्टी के नेता मोतीलाल नेहरू और दास कट्टर राष्ट्रवादी थे, मगर सांप्रदायिकता ने इस पार्टी को भी विभाजित कर दिया। "प्रत्युत्तरवादी" (रिस्पांसिविस्ट)कहे जाने वालों के एक वर्ग ने सरकार को अपना सहयोग करने का प्रस्ताव रखा ताकि तथाकथित हिंदू हितों की रक्षा की जा सके। इस गुट में मदनमोहन मालवीय, लाला लाजपतराय और एन. सी. केलकर शामिल थे। उन्होंने मोतीलाल नेहरू पर हिंदुओं को धोखा देने का आरोप लगाया। सत्ता के फेंके हुए टुकड़ों को हथियाने के लिए लड़ने में मुस्लिम संप्रदायवादी भी पीछे नहीं रहे। गांधीजी ने बार-बार ज़ोर देकर कहा था कि 'हिंदू-मुस्लिम

एकता हर काल में और सभी परिस्थितियों में हमारी आस्था होनी चाहिए' उन्होंने ही हस्तक्षेप करके स्थिति सुधारने की कोशिश की। सांप्रदायिक दंगों के रूप में देखी गई दरिंदगी का प्रायश्चित करने के लिए उन्होंने दिल्ली में मौलाना मुहम्मद अली के घर में सितंबर 1924 में 21 दिनों का उपवास किया। लेकिन उनके प्रयासों को कोई विशेष सफलता नहीं मिली।

देश में स्थिति सचमुच गंभीर थी। राजनीतिक उदासीनता आम बात थी, गांधीजी ने राजनीति से संन्यास ले लिया था, स्वराज्यवादी बंट चुके थे और सांप्रदायिकता फल-फूल रही थी। मई 1927 में गांधीजी ने लिखा: 'प्रार्थना और प्रार्थना का प्रत्युत्तर मेरी अकेली आशा है।' लेकिन राष्ट्रीय उभार की शक्तियां चुपके-चुपके बढ़ रही थी। नवंबर 1927 में जब साइमन कमीशन के गठन की घोषणा हुई तो भारत इस अंधेरे से फिर बाहर निकला और राजनीतिक संघर्ष का एक नया युग आरंभ हुआ।

13

स्वराज्य के लिए संघर्ष–II नई शक्तियों का आविर्भाव

वर्ष 1927 में राष्ट्रीय आंदोलन में फिर से शक्ति पाने के अनेक संकेत देखे गए। इसी वर्ष समाजवाद की नई प्रवृत्ति का भी उदय हुआ। मार्क्सवाद और दूसरे समाजवादी विचार बहुत तेज़ी से फैले। राजनीतिक दृष्टि से इस शक्ति की अभिव्यक्ति कांग्रेस के अंदर एक वामपंथ के उदय के रूप में हुई। इस नई प्रवृत्ति के नेता जवाहरलाल नेहरू और सुभाष चंद्र बोस थे। इस वामपंथ ने अपना ध्यान साम्राज्यवाद विरोधी संघर्ष तक ही सीमित नहीं रखा। साथ ही साथ उसने पूंजीपतियों और ज़मींदारों के आंतरिक वर्गीय शोषण का सवाल भी उठाया।

भारत के नौजवान सक्रिय हो रहे थे। पूरे देश में नौजवान सभाएं बन रही थीं और छात्रों के सम्मेलन हो रहे थे। पहला अखिल-बंगाल छात्र सम्मेलन अगस्त 1928 में जवाहरलाल नेहरू की अध्यक्षता में हुआ। इसके बाद देश में अनेक दूसरे छात्र संगठन बने तथा सैंकड़ों छात्र-युवा सम्मेलन आयोजित किए गए। इसके अलावा, भारत के युवा राष्ट्रवादी धीरे-धीरे समाजवाद की तरफ आकर्षित होने लगे और देश जिन राजनीतिक, आर्थिक और सामाजिक बुराइयों से पीड़ित था, उनके लिए दूरगामी हल सुझाने लगे। उन्होंने पूर्ण स्वाधीनता का कार्यक्रम भी सामने रखा तथा उसे लोकप्रिय बनाया। तीसरे, देश में समाजवादी और कम्युनिस्ट गुटों की स्थापना हुई। रूसी क्रांति की विख्यात घटना ने अनेक युवा राष्ट्रवादियों को आकर्षित किया था। उनमें से अनेक गांधीवादी राजनीतिक विचारों और कार्यक्रमों से असंतुष्ट थे। वे मार्गदर्शन पाने के लिए समाजवादी विचारधारा की ओर मुड़े। मानवेंद्रनाथ राय कम्युनिस्ट इंटरनेशनल के नेतृत्व-वर्ग में चुने गए; इसके लिए चुने जाने वाले वे पहले भारतीय थे। 1924 में सरकार ने मुजफ्फ़र अहमद और श्रीपाद अमृत डांगे को गिरफ़्तार करके उन पर कम्युनिस्ट विचारों के प्रचार का आरोप लगाया और उन्हें तथा कुछ और लोगों को लेकर कानपुर

षड्यंत्र का मुकदमा चलाया। 1925 में कम्युनिस्ट पार्टी की स्थापना हुई। इसके अलावा देश के अनेक भागों में मज़दूर-किसान पार्टियां बनीं। इन पार्टियों और समूहों ने मार्क्सवादी और कम्युनिस्ट विचारों का प्रचार किया। लेकिन साथ ही वे लोग राष्ट्रीय आंदोलन और राष्ट्रीय कांग्रेस के अभिन्न अंग भी थे।

किसान और मज़दूरों में भी पुनः हलचल मच रही थीं। संयुक्त प्रांत में बंटाईदारी के कानूनों में संशोधन के लिए बंटाईदारों ने बड़े पैमाने पर आंदोलन चलाया। ये बंटाईदार लगान में कमी, बेदखली से सुरक्षा तथा कर्ज़ में राहत चाहते थे। गुजरात के किसानों ने ज़मीन की मालगुज़ारी बढ़ाने के सरकारी प्रयासों का विरोध किया। बारदोली का प्रसिद्ध सत्याग्रह इसी समय हुआ। 1928 में सरदार वल्लभभाई पटेल के नेतृत्व में किसानों ने टैक्स न देने का आंदोलन चलाया और अंत में अपनी मांगें मनवाने में सफल रहे। अखिल-भारतीय ट्रेड यूनियन कांग्रेस के नेतृत्व में मज़दूर संघों का तेज़ी से विकास हुआ। 1928 में अनेक हड़तालें हुईं। खड़गपुर के रेलवे वर्कशाप में दो माह तक एक लंबी हड़ताल चली। दक्षिण भारतीय रेल मज़दूरों ने भी हड़ताल की। जमशेदपुर में टाटा के लोहा-इस्पात कारखाने में भी एक हड़ताल हुई। इस हड़ताल के समाधान में सुभाष चंद्र बोस की महत्त्वपूर्ण भूमिका रही। इस काल की सबसे प्रमुख हड़ताल बंबई की कपड़ा मिलों में हुई, जहां लगभग डेढ़ लाख मज़दूर पांच महीनों से अधिक समय तक हड़ताल पर रहे। यह हड़ताल कम्युनिस्टों के नेतृत्व में हुई। 1928 में हुई हड़तालों में पांच लाख से अधिक मज़दूरों ने भाग लिया।

इस नई लहर का एक और संकेत क्रांतिकारियों के आंदोलन की गतिविधियों में देखने को मिला। अब यह आंदोलन भी समाजवाद की ओर झुक रहा था। प्रथम असहयोग आंदोलन की असफलता के कारण रुका हुआ क्रांतिकारी आंदोलन फिर से उठ खड़ा हुआ था। एक अखिल भारतीय सम्मेलन के बाद अक्तूबर 1924 में सशस्त्र क्रांति के लिए संगठन के उद्देश्य से हिंदुस्तान प्रजातंत्र संघ की स्थापना हुई। सरकार ने इस पर एक कड़ा प्रहार किया। क्रांतिकारी युवकों को बड़ी संख्या में गिरफ्तार करके उन पर काकोरी षड्यंत्र केस (1925) नामक मुकदमा चलाया गया। सत्रह लोगों को जेल की लंबी-लंबी सज़ाएं हुई, चार को आजीवन कारावास का दंड मिला तथा रामप्रसाद बिस्मिल और अश्फ़ाकुल्लाह समेत चार लोगों को फांसी दे दी गई। क्रांतिकारी जल्द ही समाजवादी विचारों के प्रभाव में आ गए और 1928 में चंद्रशेखर आज़ाद के नेतृत्व में उन्होंने अपने संगठन का नाम बदलकर हिंदुस्तान समाजवादी प्रजातंत्र संघ (हिंसप्रस) कर दिया।

वे अब धीरे-धीरे व्यक्तिगत वीरता के कामों और हिंसात्मक गतिविधियों से भी दूर हटने लगे। लेकिन 30 अक्तूबर 1928 को साइमन कमीशन विरोधी एक प्रदर्शन पर पुलिस के बर्बर लाठी चार्ज के कारण एक आकस्मिक परिवर्तन आया। इसमें लाठियों की चोट खाकर पंजाब के महान नेता लाला लाजपतराय शहीद हो गए। युवक इससे कुद्ध हो उठे और 17 दिसंबर 1928 को भगतसिंह, चंद्रशेखर आज़ाद और राजगुरु ने लाठी चार्ज का नेतृत्व करने वाले ब्रिटिश पुलिस अधिकारी, सांडर्स को गोलियों से भून दिया। हिंसप्रस के नेताओं ने यह भी निर्णय किया कि अपने बदले हुए राजनीतिक उद्देश्य तथा जन-क्रांति की आवश्यकता के बारे में जनता को बतलाएं। परिणामस्वरूप 8 अप्रैल 1929 को भगतसिंह और बटुकेश्वर दत्त ने केंद्रीय धारा-सभा में एक बम फेंका। बम से किसी को नुकसान नहीं पहुंचा; उसे जान-बूझकर ऐसा बनाया गया था कि किसी को चोट न आए। इस काम का उद्देश्य किसी की हत्या करना नहीं था, बल्कि क्रांतिकारियों के एक पर्चे के अनुसार "बहरों को सुनाना" था। भगतसिंह और बटुकेश्वर दत्त चाहते तो बम फेंकने के बाद आसानी से भाग निकलते, मगर उन्होंने जान-बूझकर अपने को गिरफ्तार कराया क्योंकि वे क्रांतिकारी प्रचार के लिए अदालत का एक मंच के रूप में उपयोग करना चाहते थे।

बंगाल में भी क्रांतिकारी गतिविधियां एक बार फिर उभरीं। अप्रैल 1930 में चटगांव के सरकारी शस्त्रागार पर क्रांतिकारियों ने योजनाबद्ध ढंग से एक बड़ा छापा मारा। इसका नेतृत्व मास्टर सूर्यसेन कर रहे थे। अलोकप्रिय सरकारी अधिकारियों पर हुए हमलों में यह पहला हमला था। बंगाल के क्रांतिकारी आंदोलन की एक उल्लेखनीय विशेषता उसमें युवतियों की भागीदारी थी। चटगांव के क्रांतिकारी आंदोलन के विकास के सूचक थे। उनका काम व्यक्तिगत नहीं सामूहिक था और उसका उद्देश्य औपनिवेशिक शासन के अंगों पर प्रहार करना था।

सरकार ने क्रांतिकारियों पर एक तीखा प्रहार किया। उनमें से अनेक गिरफ़्तार कर लिए गए और उन पर अनेक प्रसिद्ध मुकदमे चलाए गए। भगतसिंह तथा कुछ और लोगों पर सांडर्स की हत्या का मुकदमा भी चला। इन युवक क्रांतिकारियों ने अदालतों में दिए गए अपने बयानों से तथा अपने निर्भीक और अवज्ञापूर्ण व्यवहार से जनता का दिल जीत लिया। उनके बचाव के लिए कांग्रेसी नेता आगे आए, जो वैसे अहिंसा के समर्थक थे। जेलों की अमानवीय परिस्थितियों के विरोध में उनकी भूख हड़तालें खासतौर पर प्रेरणाप्रद थीं। राजनीतिक बंदियों के रूप में उन्होंने जेलों में अपने साथ सम्मानित तथा सुसंस्कृत

व्यवहार किए जाने की मांग की। ऐसी ही एक भूख हड़ताल में 63 दिनों की ऐतिहासिक भूख-हड़ताल के बाद एक दुबले-पतले युवक क्रांतिकारी, जतीनदास शहीद हुए। जनता के देशव्यापी विरोध के बावजूद भगतसिंह, सुखदेव और राजगुरु को 23 मार्च 1931 को फांसी दे दी गई। फांसी से कुछ दिन पहले जेल सुपरिटेंडेंट को लिखे गए एक पत्र में इन तीन क्रांतिकारियों ने कहा था : 'बहुत जल्द ही अंतिम संघर्ष की दुंदुभि बजेगी। इसका परिणाम निर्णायक होगा। हमने इस संघर्ष में भाग लिया है और हमें इस पर गर्व है।'

अपने दो अंतिम पत्रों में 23 वर्षीय भगतसिंह ने समाजवाद में अपनी आस्था भी व्यक्त की। वे लिखते हैं : 'किसानों को केवल विदेशी शासन ही नहीं बल्कि ज़मींदारी और पूंजीपतियों के जुए से भी स्वयं को मुक्त कराना होगा।' 3 मार्च 1931 को भेजे गए अपने अंतिम संदेश में उन्होंने घोषणा की कि भारत में संघर्ष तब तक जारी रहेगा जब तक कि 'मुटठी भर शोषक अपने स्वार्थों के लिए साधारण जनता की मेहनत का शोषण करते रहेंगे। इसमें कोई बहस नहीं है कि ये शोषक शुद्ध रूप से ब्रिटिश पूंजीपति हैं, ब्रिटिश और भारतीय मिलकर शोषण करते हैं या ये शुद्ध रूप से भारतीय हैं।' भगतसिंह ने समाजवाद की एक वैज्ञानिक परिभाषा की कि इसका अर्थ पूंजीवाद तथा वर्गीय शासन का अंत।

उन्होंने यह भी स्पष्ट किया कि 1930 के बहुत पहले ही उनके साथियों ने हिंसा का त्याग कर दिया था। 2 फरवरी 1931 को लिखे गए अपने राजनीतिक वसीयतनामे में उन्होंने घोषणा की : 'देखने में मैंने एक आतंकवादी की तरह कार्य किया है। लेकिन मैं आतंकवादी नहीं हूं... मैं अपनी पूरी शक्ति से यह घोषणा करना चाहूंगा कि मैं आतंकवादी नहीं हूं और शायद अपने क्रांतिकारी जीवन के आंरभिक दिनों को छोड़कर मैं कभी आंतकवादी नहीं था। और मुझे पूरा विश्वास है कि इन विधियों से कुछ भी हासिल नहीं कर सकते।'

भगतसिंह पूरी तरह और चेतन रूप से धर्मनिरपेक्ष भी थे। वे अक्सर अपने साथियों से कहते थे कि सांप्रदायिकता भी उतना ही बड़ा शत्रु है जितना कि उपनिवेशवाद और इसका सख्ती से मुकाबला करना होगा। 1926 में उन्होंने पंजाब में नौजवान भारत सभा की स्थापना में भाग लिया था और इसके प्रथम सचिव बने थे। भगतसिंह ने सभा के जो नियम तैयार किए थे उनमें दो नियम इस प्रकार थे : 'सांप्रदायिक विचार फैलाने वाले सांप्रदायिक संगठनों या अन्य पार्टियों से कोई संबंध न रखना' और 'लोगों को यह समझाना कि धर्म व्यक्तिगत आस्था का विषय है तथा इस प्रकार उनमें सामान्य सहिष्णुता की भावना जगाना तथा इसी विचार के अनुसार कार्य करना।'

क्रांतिकारी आंदोलन बहुत जल्द समाप्त हो गया, हालांकि इक्की–दुक्की घटनाएं अनेक वर्षों तक जारी रहीं। चंद्रशेखर आज़ाद 27 फरवरी 1931 को इलाहाबाद के एक पार्क में पुलिस से मुकाबला करते हुए मारे गए। बाद में इस पार्क का नाम आजाद पार्क रखा गया। सूर्यसेन फरवरी 1933 में गिरफ़्तार कर लिए गए और कुछ समय बाद उन्हें फांसी दे दी गई। सैकड़ों दूसरे क्रांतिकारी गिरफ़्तार कर लिए गए और उन्हें लंबी–लंबी सज़ाएं दी गईं। इनमें से अनेक को अंडमान के सेल्युलर जेल में भेज दिया गया।

इस तरह तीसरे दशक के अंत तक एक नई राजनीतिक परिस्थिति उभरने लगी थी। वायसरॉय लॉर्ड इर्विन ने बाद में इन वर्षों के बारे में लिखा, 'कोई ऐसी नई शक्ति अब कार्यरत थी जिसके महत्त्व को अभी तक उन लोगों ने भी पूरी तरह नहीं समझा है जिनका भारत संबंधी ज्ञान बीस–बीस या तीस–तीस साल पुराना है।' सरकार इस नई प्रवृत्ति को कुचलने पर आमादा थी। जैसा कि हमने देखा, क्रांतिकारियों को निर्ममता के साथ कुचल दिया गया। उभरते मज़दूर और कम्युनिस्ट आंदोलनों के साथ भी इसी तरह का बर्ताव किया गया। मार्च 1929 में 31 प्रमुख मज़दूर और कम्युनिस्ट नेताओं को गिरफ़्तार कर लिया गया; इनमें तीन अंग्रेज़ भी थे। फिर इन पर चार वर्षों तक मुकदमा चलाया गया, जिसे मेरठ षड्यंत्र का मुकदमा कहा जाता है, जो 4 वर्षों तक चला और मुकदमे की समाप्ति पर इनको लंबी–लंबी जेल–सज़ाएं दी गईं।

साइमन कमीशन का बहिष्कार: आंदोलन के इस नए चरण को बल तब मिला, जब नवंबर 1927 में ब्रिटिश सरकार ने इंडियन स्टेट्यूटरी कमीशन का गठन किया, जिसे आमतौर पर इसके अध्यक्ष साइमन के नाम पर साइमन कमीशन कहा जाता है। इसका उद्देश्य आगे सांविधानिक सुधार के प्रश्न पर विचार करना था। इस कमीशन के सभी सदस्य अंग्रेज़ थे। सभी वर्गों के भारतीयों ने इस घोषणा का विरोध किया। इस बात पर उन्हें सबसे अधिक क्रोध था कि कमीशन में एक भी भारतीय को नहीं रखा गया था और इसके पीछे यह धारणा काम कर रही थी कि स्वशासन के लिए भारतीयों की योग्यता–अयोग्यता का फैसला विदेशी करेंगे। दूसरे शब्दों में, सरकार के इस काम को आत्म–निर्णय के सिद्धांत का उल्लंघन समझा गया तथा ऐसा माना गया कि भारतीयों के आत्मसम्मान को जान–बूझ कर चोट पहुंचाई गई है। 1927 के कांग्रेस के मद्रास अधिवेशन की अध्यक्षता डॉ. अंसारी साहब कर रहे थे, उसमें राष्ट्रीय कांग्रेस ने ''हर कदम पर और हर रूप में इस कमीशन के बहिष्कार'' का निर्णय किया। मुस्लिम लीग और हिंदू महासभा ने भी कांग्रेस के फैसले का समर्थन किया।

वास्तव में, अस्थायी तौर पर ही सही, साइमन कमीशन ने देश के सभी वर्गों और दलों को एक बार फिर एकताबद्ध कर दिया। राष्ट्रवादियों के साथ एकजुटता जतलाने के लिए मुस्लिम लीग ने मिले-जुले चुनाव मंडलों के सिद्धांत को स्वीकार कर लिया, इस शर्त के साथ कि मुसलमानों के लिए कुछ सीटें आरक्षित रखी जाएं।

सभी महत्त्वपूर्ण भारतीय नेताओं और दलों ने परस्पर एकजुट होकर तथा सांविधानिक सुधारों की एक वैकल्पिक योजना बनाकर साइमन कमीशन की चुनौती का जवाब देने का प्रयास किया। प्रमुख राजनीतिक कार्यकर्त्ताओं के दर्जनों सम्मेलन और सांझी बैठकें आयोजित की गईं। इसका परिणाम नेहरू रिपोर्ट के रूप में सामने आया जिसके प्रमुख निर्माता मोतीलाल नेहरू थे। इसे अगस्त 1928 में अंतिम रूप दिया गया। दुर्भाग्य से कलकत्ता में दिसंबर 1928 में आयोजित सर्वदलीय सम्मेलन रिपोर्ट को स्वीकार न कर सका। मुस्लिम लीग, हिंदू महासभा और सिख लीग के कुछ नेताओं ने इसे लेकर आपत्तियां कीं। इस तरह सांप्रदायिक दलों ने राष्ट्रीय एकता का दरवाज़ा बंद कर दिया। इसके बाद निरंतर सांप्रदायिकता का विकास हुआ।

यह भी ध्यान रहे कि राष्ट्रवादियों की राजनीति और संप्रदायवादियों की राजनीति में एक बुनियादी खाई मौजूद थी। राष्ट्रवादी देश के लिए राजनीतिक अधिकार तथा स्वाधीनता पाने के लिए विदेशी सरकार के ख़िलाफ़ एक राजनीतिक संघर्ष चला रहे थे। हिंदू या मुस्लिम संप्रदायवादियों के साथ यह बात नहीं थी। उनकी मांगें राष्ट्रवादियों को ही संबोधित थीं। दूसरी ओर वे समर्थन और सहायता के लिए आमतौर पर विदेशी सरकार का ही मुंह ताकते थे। ऐसा अक्सर देखा गया कि वे कांग्रेस से लड़ते थे किंतु अंग्रेज़ी सरकार से सहयोग करते रहते थे।

सर्वदलीय सम्मेलन की कार्यवाही से कहीं बहुत अधिक महत्त्वपूर्ण साइमन कमीशन के विरोध में जनता का उभार था। कमीशन के भारत पहुंचने पर एक शक्तिशाली राष्ट्रव्यापी विरोध आंदोलन उठ खड़ा हुआ और राष्ट्रवादी उत्साह तथा एकता नई ऊंचाइयों तक पहुंची।

3 फरवरी को कमीशन के बंबई पहुंचने पर एक अखिल भारतीय हड़ताल की गई। कमीशन जहां-जहां भी गया, वहीं हड़तालों और काले झंडे दिखाकर तथा ''साइमन वापस जाओ'' के नारे के साथ उसका स्वागत किया गया। इस अवसर पर जनता के विरोध को कुचलने के लिए सरकार ने निर्मम दमन तथा पुलिस-कार्यवाहियों का सहारा लिया।

साइमन कमीशन विरोधी आंदोलन तात्कालिक रूप में एक व्यापक राजनीतिक संघर्ष को जन्म न दे सका। कारण कि राष्ट्रीय आंदोलन के अघोषित मगर सर्वमान्य नेता, अर्थात् गांधीजी को विश्वास न था कि संघर्ष का समय आ गया है। पर जनता के उत्साह को अधिक समय तक बांधकर नहीं रखा जा सका। अब एक बार फिर देश संघर्ष के लिए कमर कस चुका था।

पूर्ण स्वराज्यः जनता की इस नई भावना को जल्द ही राष्ट्रीय कांग्रेस ने अपना लिया। गांधीजी सक्रिय राजनीति में वापस लौट आए और दिसंबर 1928 में कांग्रेस के कलकत्ता अधिवेशन में शामिल हुए। कांग्रेस का पहला काम जुझारू वामपंथ से मेल-मिलाप करना था। 1929 के ऐतिहासिक लाहौर अधिवेशन में जवाहरलाल नेहरू को कांग्रेस का अध्यक्ष बनाया गया। इस घटना का एक रोशन पहलू भी था। मोतीलाल नेहरू 1928 में कांग्रेस के अध्यक्ष थे और राष्ट्रीय आंदोलन के आधिकारिक प्रमुख के रूप में उनका स्थान अब उनके पुत्र ने ले लिया था। इस तरह आधुनिक इतिहास में एक विशिष्ट परिवार की विजय हुई।

कांग्रेस के लाहौर अधिवेशन में इस नई, जुझारू भावना को आवाज़ मिली। इस अधिवेशन में पारित एक प्रस्ताव ने पूर्ण स्वराज्य को कांग्रेस का उद्देश्य घोषित किया। 31 दिसंबर 1929 को स्वाधीनता का नया-नया स्वीकृत तिरंगा झंडा लहराया गया। 26 जनवरी 1930 को पहला स्वाधीनता दिवस घोषित किया गया। उसके बाद यह दिवस हर साल मनाया जाने लगा, जब लोग यह शपथ लेते थे कि ब्रिटिश शासन की 'अधीनता अब और आगे स्वीकार करना मानवता और ईश्वर के प्रति अपराध' होगा। इस अधिवेशन ने एक नागरिक अवज्ञा आंदोलन भी छेड़ने की घोषणा की। लेकिन इसने संघर्ष का कोई कार्यक्रम तैयार नहीं किया। यह काम महात्मा गांधी पर छोड़ दिया गया और पूरे कांग्रेस संगठन को उनकी आज्ञा के अधीन कर दिया गया। गांधीजी के नेतृत्व में राष्ट्रीय आंदोलन एक बार फिर सरकार के मुकाबले खड़ा हुआ। देश अब एक बार फिर आशा, उल्लास और मुक्त होने की दृढ़ भावना से भर उठा।

नागरिक अवज्ञा आंदोलन

दूसरा नागरिक अवज्ञा आंदोलन 12 मार्च 1930 को गांधीजी के प्रसिद्ध दांडी मार्च के साथ आरंभ हुआ। इस दिन 78 चुने हुए अनुयायियों को साथ लेकर गांधीजी साबरमती आश्रम से चले और लगभग 375 किलोमीटर दूर, गुजरात के समुद्र-तट पर स्थित दांडी गांव पहुंचे। उनकी यात्रा, उनके भाषणों तथा जनता पर उनके

प्रभाव की रिपोर्ट प्रतिदिन समाचारपत्रों में छपती रहीं। रास्ते में पड़ने वाले गांवों के सैकड़ों अधिकारियों ने अपने पदों से त्यागपत्र दे दिए।

गांधीजी 6 अप्रैल को दांडी पहुंचे, समुद्र-तट से मुट्ठी भर नमक उठाया और इस प्रकार नमक-कानून को तोड़ा। यह इस बात का प्रतीक था कि भारतीय जनता अब ब्रिटिश कानूनों और ब्रिटिश शासन के अंतर्गत जीने के लिए तैयार नहीं है। गांधीजी ने घोषणा की–

> भारत में ब्रिटिश शासन ने इस देश को नैतिक, भौतिक, सांस्कृतिक और आध्यात्मिक विनाश के कगार तक पहुंचा दिया है। मैं इस शासन को एक अभिशाप मानता हूं। मैं इस शासन-प्रणाली को नष्ट करने पर आमादा हूं ... अब राजद्रोह मेरा धर्म बन चुका है। हमारा संघर्ष एक अहिंसक युद्ध है। हम किसी की हत्या नहीं करेंगे, मगर इस शासन रूपी अभिशाप को नष्ट होते देखना हमारा धर्म है।

आंदोलन अब तेज़ी से फैल चला। पूरे देश में नमक-कानून तोड़े गए। फिर उसके बाद महाराष्ट्र, कर्नाटक और मध्य भारत में जंगल-कानून तोड़े गए और पूर्वी भारत में ग्रामीण जनता ने चौकीदारी कर अदा करने से इनकार कर दिया। देश में हर जगह जनता हड़तालों, प्रदर्शनों और विदेशी वस्त्रों के बहिष्कार में भाग लेने लगी और कर अदा करने से इनकार करने लगी। लाखों भारतीयों ने सत्याग्रह किया। देश के अनेक भागों में किसानों ने ज़मीन की मालगुज़ारी और लगान देने से इनकार कर दिया। उनकी ज़मीनें ज़ब्त कर ली गईं। इस आंदोलन की एक प्रमुख विशेषता स्त्रियों की भागीदारी थी। हज़ारों स्त्रियां घरों के अंदर से बाहर निकलीं और सत्याग्रह में भाग लिया। विदेशी वस्त्र या शराब बेचने वाली दुकानों पर धरना देने में उनकी सक्रिय भूमिका रही। जुलूसों में वे पुरुषों के साथ कंधे से कंधा मिलाकर चलीं।

आंदोलन बढ़कर भारत के एकदम उत्तर-पश्चिमी छोर तक भी पहुंचा और बहादुर और शेरदिल पठानों में जोश भर गया। ''सीमांत गांधी'' के नाम से प्रख्यात खान अब्दुल गफ़्फार खान के नेतृत्व में पठानों ने खुदाई खिदमतगार (ईश्वर के सेवक) नामक संगठन बना लिया, जो जनता के बीच ''लाल कुर्ती वाले'' कहलाते थे। ये लोग अहिंसा और स्वाधीनता संघर्ष को समर्पित थे। इस समय पेशावर में एक महत्त्वपूर्ण घटना घटी। गढ़वाली सिपाहियों की दो प्लाटूनों ने अहिंसक प्रदर्शनकारियों पर गोली चलाने से मना कर दिया, इसके नेता चंद्र सिंह गढ़वाली थे। इसके बदले में उनका कोर्ट मार्शल किया गया और लंबी-लंबी जेल-सज़ाएं दी गईं। इस घटना से स्पष्ट हो गया कि राष्ट्रवाद की भावना भारतीय सेना तक में फैलने लगी थी जो ब्रिटिश शासन का प्रमुख आधार थी।

इसी तरह आंदोलन की गूंज देश के एकदम पूर्वी कोनों में सुनाई पड़ी। इसमें मणिपुरी जनता की बहादुरी से भरपूर भागीदारी रही। नागालैंड ने रानी गिडालू जैसी वीरांगना को जन्म दिया। इस वीर बाला ने मात्र 13 वर्ष की आयु में कांग्रेस और गांधीजी के आह्वान पर विदेशी शासन के ख़िलाफ़ विद्रोह का झंडा उठा लिया। 1932 में यह युवा रानी पकड़ी गई और उसे आजीवन कारावास की सज़ा मिली। रानी के जीवन का महत्त्वपूर्ण हिस्सा असम के विभिन्न जेलों की अंधेरी कोठरियों में गुज़र गया और उसे मुक्ति केवल 1947 में स्वतंत्र भारत की सरकार द्वारा मिली। उसके बारे में जवाहरलाल नेहरू ने 1937 में लिखा था : 'एक दिन वह आएगा जब भारत उसे याद करेगा और उसका सम्मान करेगा।'

सरकार ने इस राष्ट्रीय संघर्ष के साथ पहले जैसा ही व्यवहार किया। निर्मम दमन, निहत्थे स्त्री–पुरुषों पर लाठी और गोली की बौछार, आदि के द्वारा इसे कुचलने के प्रयास किए गए। गांधीजी तथा दूसरे कांग्रेसी नेताओं समेत 90,000 से अधिक सत्याग्रही गिरफ़्तार किए गए। कांग्रेस को गैरकानूनी घोषित कर दिया गया। समाचारों पर कड़ा सेंसर लगाकर राष्ट्रवादी प्रेस का गला घोंट दिया गया। सरकारी आंकड़ों के अनुसार, पुलिस की गोलीबारी में 110 से अधिक लोग मारे गए और 300 से अधिक घायल हुए। गैरसरकारी आंकड़ों के अनुसार, मृतकों की संख्या इससे कहीं बहुत अधिक थी। फिर लाठी चार्ज में हज़ारों लोगों के सर फूटे और हड्डियां टूटीं। खासकर दक्षिण भारत में भयानक किस्म का दमन देखने को मिला। पुलिस अक्सर लोगों को खादी या गांधी टोपी पहने देखकर भी पीट देती थी। अंततः जनता ने आंध्र प्रदेश में एलौरा नामक स्थान पर प्रतिरोध किया और वहां पुलिस की गोलियों से अनेक लोग मारे गए।

इस बीच 1930 में ब्रिटिश सरकार ने लंदन में भारतीय नेताओं और सरकारी प्रवक्ताओं का पहला गोलमेज़ सम्मेलन आयोजित किया। इसका उद्देश्य साइमन कमीशन की रिपोर्ट पर विचार करना था। लेकिन कांग्रेस ने सम्मेलन का बहिष्कार किया और उसकी कार्यवाहियां बेकार गईं। भारत के बारे में कांग्रेस के बिना सम्मेलन यूं ही था जैसे राम के बिना कोई रामलीला।

अब सरकार ने कांग्रेस से किसी सहमति पर पहुंचने के लिए बातचीत शुरू की ताकि कांग्रेस इस सम्मेलन में भाग ले। अंत में लॉर्ड इर्विन और गांधीजी के बीच मार्च 1931 में एक समझौता हुआ। सरकार अहिंसक रहने वाले राजनीतिक बंदियों को रिहा करने पर तैयार हो गई। उपयोग के लिए नमक बनाने का अधिकार तथा विदेशी वस्त्रों तथा शराब की दुकानों पर धरना देने का अधिकार भी मान लिए गए। तब कांग्रेस ने नागरिक अवज्ञा आंदोलन रोक दिया और दूसरे

गोलमेज़ सम्मेलन में भाग लेने पर तैयार हो गई। अनेक कांग्रेसी नेता और खासकर युवक वामपंथी गांधी–इर्विन समझौते के विरोधी थे, क्योंकि सरकार ने एक भी प्रमुख राष्ट्रवादी मांग नहीं मानी थी। सरकार ने यह मांग तक नहीं मानी थी कि भगतसिंह तथा उनके दो साथियों की फांसी की सज़ा को आजीवन कारावास में बदल दिया जाए। लेकिन गांधीजी को विश्वास था कि लॉर्ड इर्विन और ब्रिटिश भारतीय मांगों पर बातचीत के बारे में गंभीर थे। सत्याग्रह की उनकी धारणा में यह भी शामिल था कि प्रतिपक्षी को हृदय–परिवर्तन का प्रदर्शन करने का अवसर दिया जाए। उनकी रणनीति इस समझ पर आधारित थी कि कोई भी जन–आंदोलन निश्चित ही बहुत संक्षिप्त होगा और बहुत दिनों तक जारी न रह सकेगा क्योंकि जनता की बलिदान की क्षमता अनंत नहीं होती। परिणामस्वरूप कानून विरोधी जनसंघर्ष के बाद एक निष्क्रिय चरण का आरंभ हुआ जिसमें आंदोलन को कानून की सीमाओं में रहकर ही चलाया जाना था। इसके अलावा गांधीजी ने बराबरी के आधार पर बातचीत की थी और इस प्रकार कांग्रेस की प्रतिष्ठा को सरकार की प्रतिष्ठा के बराबर ला दिया था। इसलिए वे कांग्रेस के कराची अधिवेशन में इस समझौते का अनुमोदन कराने में सफल रहे।

गांधीजी सितंबर 1931 में दूसरे गोलमेज सम्मेलन में भाग लेने इंग्लैंड गए। लेकिन उनकी जोरदार वकालत के बावजूद सरकार ने डोमिनियन स्टेट्स तत्काल देकर इसके आधार पर स्वतंत्रता की बुनियादी राष्ट्रवादी मांग को मानने से इनकार कर दिया।

इस बीच देश के अनेक भागों में किसानों में असंतोष की लहर फैल चुकी थी। विश्वव्यापी मंदी के कारण खेतिहर पैदावार के दाम गिर गए थे और लगान और मालगुज़ारी का बोझ उनके लिए असह्य हो चला था। संयुक्त प्रांत में लगान में कमी और बंटाईदारों की बेदखली के ख़िलाफ़ कांग्रेस ने आंदोलन चलाया। दिसंबर 1931 में कांग्रेस ने "न लगान, न टैक्स" का अभियान चलाया। उत्तर में सरकार ने 26 दिसंबर को जवाहरलाल नेहरू को गिरफ़्तार कर लिया। पश्चिमोत्तर सीमाप्रांत में सरकार की मालगुजारी संबंधी नीति के ख़िलाफ़ खुदाई खिदमतगार किसान आंदोलन चला रहे थे। 24 दिसंबर को उनके नेता खान अब्दुल ग़फ़्फ़ार भी धर लिए गए। किसान आंदोलन बिहार, आंध्र, मध्य प्रांत, बंगाल और पंजाब में भी फैल रहे थे। भारत वापस आने पर गांधीजी के सामने नागरिक अवज्ञा आंदोलन को दोबारा आरंभ करने के सिवाय कोई रास्ता नहीं बचा।

अब सरकार के प्रमुख नए वायसरॉय लॉर्ड वेलिंगटन थे जिनका मत था कि कांग्रेस के साथ समझौता करना बहुत बड़ी गलती थी। उनकी सरकार कांग्रेस को कुचलने के लिए आमादा और तैयार थी। वास्तव में, भारतीय नौकरशाही नरम तो

कभी पड़ी ही नहीं थी। गांधी–इर्विन समझौते पर हस्ताक्षर के फौरन बाद आंध्र के पूर्वी गोदावरी ज़िले में एक भीड़ पर गोली चली थी और चार लोग मारे गए थे, सिर्फ़ इसलिए कि उन्होंने गांधीजी का एक चित्र लगाया था। 4 जनवरी 1932 को गांधीजी तथा दूसरे कांग्रेसी नेता फिर धर लिए गए और कांग्रेस गैरकानूनी घोषित कर दी गई। सामान्य कानून निलंबित कर दिए गए और प्रशासन विशेष अध्यादेशों के सहारे चलने लगा। पुलिस ने आंतक का नंगा खेल खेला और स्वाधीनता–सेनानियों पर अनगिनत अत्याचार किए गए। एक लाख से ऊपर सत्याग्रही गिरफ़्तार किए गए और हज़ारों की ज़मीनों, मकानों और दूसरी जायदादों को ज़ब्त किया गया। राष्ट्रवादी साहित्य प्रतिबंधित कर दिया गया। राष्ट्रवादी समाचारपत्रों पर दोबारा सेंसरशिप लागू कर दिया गया।

अंत में, सरकारी दमन सफल रहा क्योंकि इसे सांप्रदायिक और दूसरे प्रश्नों पर भारतीय नेताओं के बीच मतभेद होने से सहायता मिली। नागरिक अवज्ञा आंदोलन धीरे–धीरे बिखर गया। कांग्रेस ने आधिकारिक रूप में मई 1933 में इसे निलंबित कर दिया और मई 1934 में इसे वापस ले लिया। गांधीजी एक बार फिर सक्रिय राजनीति से अलग हो गए। राजनीतिक कार्यकर्त्ताओं के बीच एक बार फिर निराशा फैल गई। बहुत पहले, 1933 में ही सुभाष चंद्र बोस और विट्ठलभाई पटेल ने घोषणा कर दी थी कि 'एक राजनीतिक नेता के रूप में महात्माजी असफल रहे हैं।' वायसरॉय वेलिंगटन ने भी कहा कि 'कांग्रेस 1930 की तुलना में निश्चित ही कम अच्छी स्थिति में है और जनता पर उसका प्रभाव घटा है।' मगर वास्तव में ऐसा न था। यह सही है कि स्वाधीनता लाने में आंदोलन असफल रहा था, लेकिन जनता का और राजनीतिकरण करने और स्वाधीनता संघर्ष के सामाजिक आधारों को और मज़बूत बनाने में वह सफल रहा था। जैसा कि एक ब्रिटिश पत्रकार एच. एन. ब्रेल्सफॉर्ड ने लिखा है, हाल के संघर्ष के फलस्वरूप भारतीयों ने "अपने मन को मुक्त कर लिया है और अपने दिलों में स्वाधीनता प्राप्त कर ली है।" नागरिक अवज्ञा आंदोलन के वास्तविक परिणाम और वास्तविक प्रभाव का अंदाज़ा इससे लगाया जा सकता है कि राजनीतिक बंदी जब 1934 में रिहा हुए तो जनता ने उनका वीरों के रूप में स्वागत किया।

राष्ट्रवादी राजनीति, 1935–39

1935 का भारत सरकार कानून

नंवबर 1932 में जब कांग्रेस संघर्ष के मंझधार में थी तब लंदन में एक बार फिर कांग्रेस के बिना तीसरे गोलमेज़ सम्मेलन का आयोजन किया गया था। इसमें हुए

विचार–विमर्श का परिणाम अंततः 1935 के भारत–सरकार कानून के रूप में सामने आया। इस कानून में एक नए अखिल भारतीय संघ की स्थापना तथा प्रांतों में प्रांतीय स्वायत्तता के आधार पर एक नई शासन प्रणाली की व्यवस्था थी। यह संघ (फेडरेशन) ब्रिटिश भारत के प्रांतों तथा रजवाड़ों पर आधारित था। केंद्र में दो सदनों वाली एक संघीय विधायिका की व्यवस्था थी, जिसमें रजवाड़ों को भिन्न–भिन्न प्रतिनिधित्व दिया गया था। मगर रजवाड़ों के प्रतिनिधियों का चुनाव जनता द्वारा नहीं किया जाता बल्कि उन्हें वहां के शासक मनोनीत करते। ब्रिटिश भारत की केवल 14 प्रतिशत जनता को मताधिकार प्राप्त था। इस विधायिका में राष्ट्रवादी तत्त्वों को काबू में रखने के लिए राजा–महाराजाओं का उपयोग किया गया था, मगर फिर भी इसे कोई वास्तविक शक्ति नहीं दी गई थी। रक्षा तथा विदेश विभाग इसके अधिकार–क्षेत्र से बाहर थे। जबकि दूसरे विषयों पर गवर्नर–जनरल का विशेष नियंत्रण था। गवर्नर जनरल और गवर्नरों की नियुक्ति ब्रिटिश सरकार करती और वे उसी के प्रति उत्तरदायी थे। प्रांतों को अधिक स्थानीय अधिकार दिए गए थे। प्रांतीय विधान सभाओं के प्रति उत्तरदायी मंत्रियों का प्रांतीय प्रशासन के हर विभाग पर नियंत्रण था। उन्हें कानूनी गतिविधियों पर निषेधाधिकार तथा अपने कानून बनाने के अधिकार थे। इसके अलावा नागरिक प्रशासन और पुलिस पर उनका पूरा नियंत्रण था। यह कानून राष्ट्रवादियों की आकांक्षाओं को पूरा नहीं कर सका, क्योंकि आर्थिक और राजनीतिक शक्ति अभी भी ब्रिटिश सरकार के हाथों में केंद्रित थी। विदेशी शासन पहले की तरह ही जारी था, हां, कुछ एक लोकप्रिय और चुने हुए नेता भारत के ब्रिटिश प्रशासन के ढांचे में और जुड़े। कांग्रेस ने "पूरी तरह निराशाजनक" कहकर इस कानून की निंदा की।

इस कानून के संघीय पक्ष को कभी लागू नहीं किया गया, पर प्रांतीय पक्ष जल्द ही लागू कर दिया गया। इस 1935 के नए कानून का कड़ा विरोध करने के बावजूद कांग्रेस ने इसके अंतर्गत होने वाले चुनावों में भाग लेने का निर्णय किया और इस घोषित लक्ष्य के साथ कि वह इस कानून की अलोकप्रियता सिद्ध करेगी। कांग्रेस के तूफानी चुनाव–प्रचार को जनता का व्यापक समर्थन मिला, हालांकि गांधीजी ने एक भी चुनाव–सभा को संबोधित नहीं किया। फरवरी 1937 में हुए इन चुनावों में यह बात निश्चित रूप से सिद्ध हो गई कि जनता का एक बड़ा भाग कांग्रेस के साथ है। कांग्रेस ने अधिकांश प्रांतों में भारी जीत हासिल की। ग्यारह में से सात प्रांतों में जुलाई 1937 में कांग्रेसी मंत्रिमंडल बने। बाद में कांग्रेस ने दो प्रांतों में सांझी सरकारें भी बनाई। केवल बंगाल और पंजाब प्रांत में

ही गैरकांग्रेसी मंत्रिमंडल बन सके। पंजाब में कम्युनिस्ट पार्टी ने और बंगाल में कृषक प्रजा पार्टी और मुस्लिम लीग ने मिलकर सरकार बनाई।

कांग्रेसी मंत्रिमंडल

स्पष्ट है कि कांग्रेस मंत्रिमंडल भारत में ब्रिटिश प्रशासन के बुनियादी साम्राज्यवादी चरित्र को बदलने और एक नया युग आरंभ करने में असफल रहे। फिर भी 1935 के कानून के अंतर्गत उन्हें जो सीमित अधिकार प्राप्त थे उनके सहारे उन्होंने जनता की दशा सुधारने के सचमुच प्रयास किए। कांग्रेसी मंत्रियों ने अपना वेतन खुद घटाकर 500 रुपये प्रति माह कर दिया। उनमें से अधिकांश रेलों में दूसरे या तीसरे दर्जे में चलते। ईमानदारी और जनसेवा के नए मानदंड उन्होंने स्थापित किए। अनेक क्षेत्रों में उन्होंने सकारात्मक निर्णय लिए। उन्होंने नागरिक स्वतंत्रता को बढ़ावा दिया, प्रेस और अतिवादी संगठनों पर लगे प्रतिबंध हटाए, मज़दूर संघों और किसान सभाओं को उन्होंने काम करने और बढ़ने की छूट दी, पुलिस के अधिकार कम किए और क्रांतिकारियों समेत राजनीतिक कैदियों को बड़ी संख्या में रिहा कर दिया। बंटाईदारों के अधिकारों और बंटाईदारी की सुरक्षा के लिए उन्होंने अनेक कृषि–कानून बनाए। मज़दूर संघों ने पहले से अधिक मुक्त महसूस किया और मज़दूरी बढ़वाने में सफल रहे। कांग्रेसी सरकारों ने चुने हुए क्षेत्रों में नशाबंदी लागू की। हरिजन कल्याण के काम किए तथा प्राथमिक, उच्च और तकनीकी शिक्षा तथा जन–स्वास्थ्य पर पहले से अधिक ध्यान दिया। खादी और दूसरे ग्रामीण उद्योगों को समर्थन दिया गया। आधुनिक उद्योगों को भी प्रोत्साहन मिला। सांप्रदायिक दंगों से सख्ती से निपटना कांग्रेसी मंत्रिमंडल की एक प्रमुख उपलब्धि थी। सबसे बड़ा लाभ तो मानसिक लाभ था। लोगों को लगा कि वे विजय और स्वशासन की हवा में सांस ले रहे हैं। जो लोग अभी हाल तक जेलों में बंद थे, अब वे मंत्री के रूप में शासन कर रहे थे। क्या यह एक बड़ी उपलब्धि नहीं थी?

1935–39 के काल में कुछ और महत्त्वपूर्ण राजनीतिक घटनाएं भी घटीं जिन्होंने राष्ट्रवादी आंदोलन और कांग्रेस को एक तरह से नया मोड़ दिया।

समाजवादी विचारों का प्रसार

इस सदी के चौथे दशक में कांग्रेस के अंदर और बाहर समाजवादी विचारों का तेज़ी से प्रसार हुआ। 1929 में अमरीका में एक बहुत बड़ी आर्थिक मंदी आई जो

धीरे-धीरे पूरी दुनिया में छा गई। दूसरे पूंजीवादी देशों में उत्पादन और विदेशी व्यापार में बहुत बड़ी गिरावट आई। इससे जनता की आर्थिक स्थिति खराब हो गई और बड़े पैमाने पर बेरोज़गारी फैली। एक समय स्थिति ऐसी हो गई थी जब, ब्रिटेन में 30 लाख, जर्मनी में 60 लाख और अमरीका में 120 लाख लोग बेरोज़गार थे। दूसरी ओर सोवियत संघ की आर्थिक स्थिति इसके ठीक विपरीत थी। वहां गिरावट तो नहीं आई बल्कि 1929 और 1936 के बीच पहली दो पंचवर्षीय योजनाएं सफलतापूर्वक लागू की गईं जिससे सोवियत औद्योगिक उत्पादन चार गुणा से भी अधिक हो गया। इस तरह विश्वव्यापी मंदी के कारण पूंजीवादी प्रणाली बदनाम हो गई और लोगों का ध्यान मार्क्सवाद, समाजवाद और आर्थिक योजना के विचार की ओर गया। परिणामस्वरूप अधिकाधिक लोग, खासकर युवक, मज़दूर और किसान समाजवादी विचारों की ओर खिंचने लगे।

राष्ट्रीय आंदोलन के आरंभिक दिनों से ही उसका झुकाव निर्धन जनता की ओर था। 1917 की रूसी क्रांति के प्रभाव से, राजनीतिक मंच पर गांधीजी के उदय से तथा दूसरे और तीसरे दशकों में शक्तिशाली वामपंथी गुटों के बनने से यह प्रवृत्ति और मज़बूत हुई। राष्ट्रीय आंदोलन के अंदर और पूरे देश के पैमाने पर एक समाजवादी भारत की तस्वीर को लोकप्रिय बनाने में जवाहरलाल नेहरू ने सबसे महत्त्वपूर्ण भूमिका निभाई। कांग्रेस के अंदर वामपंथी प्रवृत्ति के मज़बूत होने का प्रमाण यह था कि 1929, 1936 और 1937 में जवाहरलाल नेहरू तथा 1938 और 1939 में सुभाषचंद्र बोस कांग्रेस अध्यक्ष पद के लिए विजयी हुए। नेहरू का तर्क था कि राजनीतिक स्वाधीनता का अर्थ जनता की आर्थिक मुक्ति, खासकर मेहनती किसानों की सामंती शोषण से मुक्ति होनी चाहिए।

1936 में लखनऊ अधिवेशन में अपने अध्यक्षीय भाषण में नेहरू ने कांग्रेस से आग्रह किया कि वह समाजवाद को अपना लक्ष्य बनाए तथा खुद को किसान और मज़दूर वर्गों के और भी पास लाए। उनका विश्वास था कि मुस्लिम जनता को उनके प्रतिक्रियावादी सांप्रदायिक नेताओं से दूर हटाने का यही सबसे अच्छा उपाय था। उन्होंने कहा–

> मेरा विश्वास है कि विश्व की समस्याओं और भारत की समस्याओं का एकमात्र समाधान समाजवाद है, और जब मैं इस शब्द का उपयोग करता हूं तो इसे अस्पष्ट मानवतावादी नहीं बल्कि वैज्ञानिक, आर्थिक अर्थ में करता हूं... इसका मतलब है हमारे राजनीतिक और सामाजिक ढांचे में व्यापक तथा क्रांतिकारी परिवर्तन, कृषि और उद्योग के निहित स्वार्थों का उन्मूलन तथा भारत के सांमती और निरंकुश रजवाड़ों की प्रणाली की समाप्ति।

> इसका अर्थ है कि एक संकुचित अर्थ को छोड़कर निजी संपत्ति का उन्मूलन तथा वर्तमान मुनाफ़ा प्रणाली की जगह सहकारी सेवा के उच्चतर आदर्श की स्थापना। अतंत: इसका अर्थ है हमारी सहज वृत्तियों, आदतों और इच्छाओं में परिवर्तन। संक्षेप में, इसका अर्थ है वर्तमान पूंजीवादी व्यवस्था से मूलगामी अर्थ में भिन्न एक नई सभ्यता।

देश में मूलगामी शक्तियों के प्रसार का प्रमाण जल्द ही कांग्रेस के कार्यक्रम तथा नीतियों में भी देखा गया। इस दिशा में एक महत्त्वपूर्ण प्रस्थान–बिंदु मौलिक अधिकारों और आर्थिक नीति पर वह प्रस्ताव था जिसे कांग्रेस ने कराची अधिवेशन में जवाहरलाल नेहरू के आग्रह पर पारित किया। प्रस्ताव में घोषणा की गई कि जनता के शोषण को समाप्त करने के लिए राजनीतिक स्वाधीनता में लाखों–लाख भूखे लोगों की वास्तविक आर्थिक स्वाधीनता भी सम्मिलित होनी चाहिए। प्रस्ताव में जनता को मूल नागरिक अधिकारों, जाति–पंथ–लिंग के भेद के बिना कानून के आगे सबकी समानता, सार्वभौमिक बालिग मताधिकार के आधार पर चुनाव तथा मुक्त और अनिवार्य प्राथमिक शिक्षा की ज़मानत दी गई थी। लगान व मालगुज़ारी में काफ़ी कमी, लाभहीन जोतों के लिए लगान माफ़ी, खेतिहरों के कर्ज़ों में तथा सूदखोरों के नियंत्रण से राहत, जीवनयापन–योग्य मज़दूरी समेत मज़दूरों के लिए बेहतर दशाओं, महिला मज़दूरों के लिए काम के सीमित घंटों और सुरक्षा, मज़दूरों तथा किसानों के लिए संगठित होने और यूनियन बनाने के अधिकार तथा प्रमुख उद्योगों, खदानों और यातायात के साधनों पर राज्य का स्वामित्व या नियंत्रण जैसे वादे भी इस प्रस्ताव में किए गए थे।

कांग्रेस के अंदर मूलगामी प्रवृत्ति का एक और प्रमुख रूप कांग्रेस के फैज़पुर अधिवेशन के प्रस्तावों व 1936 के चुनाव घोषणापत्र में देखने को मिला। इसमें कृषि–प्रणाली का मूलगामी रूपांतरण करने, लगान और मालगुज़ारी में काफ़ी कमी करने, ग्रामीण ऋण कम करने तथा आसान शर्त्तों पर ऋण देने के वादे किए गए थे। इसके साथ ही, सामंती वसूलियों को समाप्त करने, बंटाईदारों को बंटाईदारी की सुरक्षा देने, खेत मजदूरों को जीवनयापन–योग्य मज़दूरी दिलाने तथा मज़दूर संघ और किसान सभाएं बनाने व हड़ताल करने के अधिकार देने के भी वादे किए गए थे। 1945 में कांग्रेस वर्किंग कमेटी ने एक प्रस्ताव पारित करके ज़मींदारी उन्मूलन का भी अनुमोदन किया था।

1938 में कांग्रेस के अध्यक्ष सुभाषचंद्र बोस थे। इस समय कांग्रेस ने आर्थिक योजना का विचार अपनाया और जवाहरलाल नेहरू की अध्यक्षता में एक राष्ट्रीय योजना समिति बनाई। नेहरू, दूसरे वामपंथियों तथा गांधीजी ने भी चंद लोगों के हाथों में धन का केंद्रीकरण रोकने के लिए बड़े उद्योगों को सार्वजनिक क्षेत्र में

रखने की वकालत की। वास्तव में, चौथे दशक की एक प्रमुख घटना यह थी कि गांधी जी ने भी मूलगामी आर्थिक नीतियों को अधिकाधिक स्वीकार किया। 1933 में नेहरू से सहमत होकर उन्होंने कहा कि 'निहित स्वार्थों में एक बड़े परिवर्तन के बिना जनता की स्थिति को कभी नहीं सुधारा जा सकता।' उन्होंने "ज़मीन जोतने वाले की" का सिद्धांत भी मान लिया और 1942 मे घोषणा की कि 'ज़मीन उनकी है जो उस पर मेहनत करते हैं, और किसी की नहीं।'

कांग्रेस के बाहर समाजवादी प्रवृत्ति का एक परिणाम यह भी था कि 1935 के बाद पूरनचंद्र जोशी के नेतृत्व में कम्युनिस्ट पार्टी का प्रसार हुआ और 1934 में आचार्य नरेंद्रदेव तथा जयप्रकाश नारायण के नेतृत्व में कांग्रेस समाजवादी पार्टी की स्थापना हुई। 1938 में गांधी जी के विरोध के बावजूद सुभाषचंद्र बोस दोबारा कांग्रेस के अध्यक्ष चुने गए। लेकिन कांग्रेस वर्किंग कमेटी के अंदर गांधीजी और उनके समर्थकों के विरोध के कारण बोस अप्रैल 1939 में कांग्रेस के अध्यक्ष पद से त्यागपत्र देने को मजबूर हो गए। फिर उन्होंने और उनके अनेक वामपंथी समर्थकों ने फॉरवर्ड ब्लॉक की स्थापना की। 1939 तक आते-आते कांग्रेस के अंदर मौजूद वामपंथ सभी महत्त्वपूर्ण प्रश्नों पर एक-तिहाई वोट जुटा सकने मे समर्थ हो चुका था। इसके अलावा चौथे और पांचवें दशक में समाजवाद भारत के अधिकांश राजनीतिक चेतना-प्राप्त युवकों का विश्वास अपना रूप ले चुका था। चौथे दशक में ऑल इंडिया स्टूडेंट्स फेडरेशन तथा अखिल भारतीय प्रगतिशील लेखक संघ की भी स्थापना हुई।

किसान और मज़दूर आंदोलन

चौथे दशक में भारत के किसानों और मज़दूरों में राष्ट्रव्यापी जागरण देखने को मिला। 1920-22 तथा 1930-34 के दो राष्ट्रवादी आंदोलनों ने किसानों और मज़दूरों का बड़े पैमाने पर राजनीतिकरण किया था। 1929 के बाद भारत तथा शेष विश्व पर जिस आर्थिक मंदी की मार पड़ी उसने भारतीय किसान-मज़दूरों की दशा भी बिगाड़ दी थी। 1932 के अंत तक खेतिहर पैदावार की कीमतें 50 प्रतिशत से अधिक गिर चुकी थीं। अब पूरे देश में किसान भूमि सुधारों, मालगुज़ारी और लगान में कमी तथा कर्ज से राहत की मांग करने लगे थे। कारखानों और बागानों के मज़दूर अब काम की बेहतर परिस्थितियों तथा ट्रेड यूनियन अधिकार दिए जाने की बढ़-चढ़ कर मांग कर रहे थे।

नागरिक अवज्ञा आंदोलन तथा वामपंथी पार्टियों और गुटों ने राजनीतिक कार्यकर्ताओं की एक ऐसी नई पीढ़ी पैदा की जो किसानों और मज़दूरों के संगठन

के लिए समर्पित थी। परिणामस्वरूप शहरों में ट्रेड यूनियनों का तथा पूरे देश में, खासकर संयुक्त प्रांत, बिहार, तमिलनाडु, आंध्र प्रदेश, केरल और पंजाब में किसान सभाओं का तेज़ी से प्रसार हुआ। 1936 में स्वामी सहजानंद सरस्वती की अध्यक्षता में पहला अखिल भारतीय किसान संगठन, अखिल भारतीय किसान सभा के नाम से बना।

कांग्रेस और विश्व की घटनाएं

1935–39 के काल की तीसरी प्रमुख बात यह थी कि कांग्रेस विश्व की घटनाओं में बढ़-चढ़कर दिलचस्पी लेने लगी थी। 1885 में अपनी स्थापना के समय से ही कांग्रेस ने कहा था कि अफ्रीका और एशिया में ब्रिटेन के हितों की रक्षा करने के लिए भारतीय सेना और भारत के संसाधनों का प्रयोग न किया जाए। धीरे-धीरे इसने साम्राज्यवादी प्रसार के विरोध पर आधारित एक विदेश नीति विकसित कर ली थी। फरवरी 1927 में भारतीय राष्ट्रीय कांग्रेस की ओर से जवाहरलाल नेहरू ने ब्रुसेल्स में आयोजित उत्पीड़ित जातीयताओं के सम्मेलन में भाग लिया। इस सम्मेलन का आयोजन आर्थिक या राजनीतिक साम्राज्यवाद से पीड़ित एशियाई, राजनीतिक कार्यकर्ताओं और क्रांतिकारियों ने किया था। इस सम्मेलन का उद्देश्य इन सबके साझे साम्राज्यवाद-विरोधी संघर्ष में तालमेल बैठाना और उन्हें योजनाबद्ध रूप देना था। यूरोप के अनेक वामपंथी बुद्धिजीवियों और राजनीतिक नेताओं ने भी सम्मेलन में भाग लिया। सम्मेलन को संबोधित करते हुए नेहरू ने कहा–

> हम समझते हैं कि विभिन्न पराधीन, अर्धपराधीन और उत्पीड़ित जनगण आज जो संघर्ष चला रहे हैं उसमें बहुत कुछ सांझा है। उनके दुश्मन भी प्राय: एक ही होते हैं, हालांकि वे कभी-कभी विभिन्न रूपों में सामने आते हैं और उनके उत्पीड़न के लिए प्रयोग किए जाने वाले साधन भी अक्सर मिलते-जुलते होते हैं।

नेहरू इसी सम्मेलन में स्थापित ''लीग अगेंस्ट इंपीरियलिज़्म'' की ''एक्जीक्यूटिव काउंसिल'' के भी सदस्य चुने गए। 1927 में राष्ट्रीय कांग्रेस के मद्रास अधिवेशन में सरकार को चेतावनी दी गई कि ब्रिटेन अपने साम्राज्यवादी उद्देश्यों की पूर्ति के लिए अगर कोई युद्ध छेड़ेगा तो भारत की जनता उसका समर्थन नहीं करेगी।

चौथे दशक में कांग्रेस ने दुनिया के किसी भी भाग में जारी साम्राज्यवाद के ख़िलाफ़ एक कड़ा रुख अपनाया और एशिया और अफ्रीका के राष्ट्रीय आंदोलनों को समर्थन दिया। इसने उस समय इटली, जर्मनी और जापान में उभरते हुए

फासीवाद की निंदा की, जो साम्राज्यवाद और नस्लवाद का सबसे भयानक रूप था और इथियोपिया, स्पेन, चेकोस्लोवाकिया तथा चीन पर फासीवादी ताकतों के हमले के ख़िलाफ़ संघर्ष में वहां की जनता का पूरा-पूरा समर्थन किया। 1937 में जब जापान ने चीन पर हमला किया तो कांग्रेस ने एक प्रस्ताव के द्वारा भारतीय जनता से आग्रह किया कि वे 'चीन की जनता के प्रति अपनी सहानुभूति जताने के लिए जापानी वस्तुओं के प्रयोग से बचें।' 1938 में कांग्रेस ने डॉ. एम. अटल के नेतृत्व में डॉक्टरों का एक दल भी चीनी सेनाओं के साथ काम करने के लिए भेजा।

राष्ट्रीय कांग्रेस को पूरा-पूरा विश्वास था कि भारत का भविष्य उस संघर्ष से घनिष्ठतापूर्वक जुड़ा हुआ है जो एक तरफ फासीवाद तथा दूसरी तरफ स्वाधीनता, समाजवाद और जनतंत्र की शक्तियों के बीच छिड़ने वाला है। विश्व की घटनाओं के प्रति कांग्रेस में उभरते हुए दृष्टिकोण तथा दुनिया में भारत की स्थिति की चेतना को जवाहरलाल नेहरू ने 1936 के लखनऊ अधिवेशन में अपने अध्यक्षीय भाषण में सामने रखा था–

> हमारा संघर्ष वास्तव में स्वाधीनता के एक और बड़े संघर्ष का भाग था और जो शक्तियां हमें प्रेरित कर रही थीं वे पूरी दुनिया में लाखों दूसरे लोगों को भी प्रेरित तथा कर्मक्षेत्र में ला रही थीं। संकट की स्थिति में पूंजीवाद ने फासीवाद का रूप लिया।

पराधीन औपनिवेशिक देशों में साम्राज्यवाद जो कुछ बहुत पहले से रहा है, स्वयं को जन्म देने वाले कुछ देशों में ही पूंजीवाद ने भी वैसा ही रूप धारण कर लिया। फासीवाद और साम्राज्यवाद इस तरह पतनशील पूंजीवाद के दो रूप बनकर सामने आए... पश्चिम में समाजवाद तथा पूर्वी तथा अन्य पराधीन देशों में उदीयमान राष्ट्रवाद ने, फासीवाद और साम्राज्यवाद के इस गठजोड़ का विरोध किया।

कांग्रेस साम्राज्यवादी शक्तियों के किसी भी आपसी युद्ध में भारत, सरकार की किसी प्रकार की भागीदारी का विरोध करेगी, इस बात पर ज़ोर देते हुए नेहरू ने कहा, 'विश्व की प्रगतिशील शक्तियों के प्रति, स्वाधीनता के लिए तथा राजनीतिक और सामाजिक बंधन तोड़ने के लिए लड़ने वालों के प्रति' हम अपने पूरे सहयोग का वचन देते हैं क्योंकि 'साम्राज्यवाद और फासीवादी प्रतिक्रिया के विरोध में उनके संघर्ष से हमें यह लगता है कि हमारा संघर्ष एक साझा संघर्ष है।'

रजवाड़ों की जनता का संघर्ष

इस काल का चौथा प्रमुख घटनाक्रम यह था कि राष्ट्रीय आंदोलन रजवाड़ों तक भी फैल गया। इन रजवाड़ों में से अधिकांश में आर्थिक, राजनीतिक और सामाजिक परिस्थितियां नरक जैसी थीं। किसान दमन के शिकार थे, मालगुज़ारी और कर बहुत अधिक तथा असहनीय थे, शिक्षा का कोई खास प्रसार न था, स्वास्थ्य और अन्य सामाजिक सेवाएं एकदम पिछड़ेपन की हालत में थीं, और प्रेस की स्वतंत्रता तथा दूसरे नागरिक अधिकारों का शायद ही कोई मान हो। रजवाड़े की आय का बहुत बड़ा भाग राजा और उसके परिवार के भोग-विलास पर खर्च होता था। अनेक रजवाड़ों में भू-दास प्रथा, गुलामी और बेगार का बोलबाला था। पहले के पूरे इतिहास में आंतरिक विद्रोह या बाहरी आक्रमण की चुनौतियां इन भ्रष्ट और पतित राजा-महाराजाओं की मनमानी पर कुछ हद तक नियंत्रण रखती थीं। परंतु ब्रिटिश शासन ने राजाओं को इन दोनों खतरों से सुरक्षित बना दिया और अब वे खुलकर अपने शासन का दुरुपयोग करने लगे।

इसके अलावा राष्ट्रीय एकता के विकास में बाधा डालने तथा उदीयमान राष्ट्रीय आंदोलन का मुकाबला करने के लिए ब्रिटिश अधिकारी भी राजाओं का इस्तेमाल करने लगे। राजा-महाराजा भी, अपनी बारी में, किसी जनविद्रोह के आगे अपनी सुरक्षा के लिए ब्रिटिश सत्ता पर निर्भर थे और उन्होंने राष्ट्रीय आंदोलन के प्रति दुश्मनी का रवैया अपनाया। 1921 में चेंबर ऑफ प्रिंसेज़ की स्थापना की गई ताकि महाराजे मिल-बैठ सकें और ब्रिटिश मार्गदर्शन में अपने साझे हित के विषयों पर विचार कर सकें। 1935 के भारत सरकार कानून में भी प्रस्तावित संघीय ढांचे की योजना इस प्रकार रखी गई थी कि राष्ट्रवादी शक्तियों पर नियंत्रण बना रहे। इसमें व्यवस्था थी कि ऊपरी सदन में कुल सीटों के 2/5 तथा निचले सदन में 1/3 पर, रजवाड़ों का प्रतिनिधित्व रहेगा।

अनेक रजवाड़ों की जनता अब जनतांत्रिक अधिकारों और लोकप्रिय सरकारों की मांग को लेकर आंदोलन करने लगी। विभिन्न रजवाड़ों में राजनीतिक गतिविधियों के तालमेल के लिए दिसंबर 1927 में ही ऑल इंडिया स्टेट्स पीपुल्स कांग्रेस की स्थापना हो चुकी थी। दूसरे असहयोग आंदोलन ने रजवाड़ों की जनता पर काफ़ी गहरा प्रभाव डाला और उन्हें राजनीतिक गतिविधियों के लिए प्रेरित किया। अनेक रजवाड़ों, खासकर राजकोट, जयपुर, कश्मीर, हैदराबाद और त्रावनकोर में जनसंघर्ष चलाए गए। राजाओं ने इन संघर्षों का सामना निर्मम दमन के द्वारा किया। इनमें से कुछ ने सांप्रदायिकता का सहारा भी लिया। हैदराबाद के निज़ाम ने जन-आंदोलन को मुस्लिम विरोधी और कश्मीर

के महाराजा ने हिंदू विरोधी घोषित किया, जबकि त्रावनकोर के महाराज का दावा था कि जन-आदोलन के पीछे ईसाइयों का हाथ है।

राष्ट्रीय कांग्रेस ने रजवाड़ों की जनता के संघर्ष का समर्थन किया और राजाओं से आग्रह किया कि वे जनतांत्रिक प्रतिनिधि सरकार स्थापित करें और जनता को मूलभूत नागरिक अधिकार दें। 1938 में जब कांग्रेस ने अपने स्वाधीनता के लक्ष्य को परिभाषित किया तो इसमें रजवाड़ों की स्वाधीनता को भी शामिल किया। अगले साल त्रिपुरी अधिवेशन में राष्ट्रीय कांग्रेस ने रजवाड़ों की जनता के आंदोलनों में और भी सक्रिय रूप से भाग लेने का फैसला किया। ब्रिटिश भारत तथा रजवाड़ों के राजनीतिक संघर्षों के साझे राष्ट्रीय लक्ष्यों को सामने रखने के लिए जवाहरलाल नेहरू को 1939 में ऑल इंडिया स्टेट्स पीपुल्स कांफ्रेंस का अध्यक्ष चुना गया। रजवाड़ों की जनता के आंदोलन ने उस जनता में राष्ट्रीय चेतना पैदा की। इससे पूरे भारत में एकता की नई चेतना भी फैली।

सांप्रदायिकता का विकास

पांचवां महत्त्वपूर्ण घटनाक्रम सांप्रदायिकता का विकास था। सीमित मताधिकार तथा अलग-अलग चुनाव मंडलों के आधार पर विधान सभाओं के लिए जो चुनाव हुए उससे एक बार फिर अलगाववादी भावनाएं पैदा हो गईं। इसके अलावा, कांग्रेस अल्पसंख्यकों के लिए सुरक्षित अनेक सीटें जीतने में असफल रही। मुसलमानों के लिए कुल 482 सीटें आरक्षित थीं मगर कांग्रेस को इनमें केवल 26 मिलीं और उसमें भी 15 केवल पश्चिमोत्तर सीमा-प्रांत में मिलीं, हालांकि इनमें ज़्यादा सीटें मुस्लिम लीग को भी नहीं मिलीं। हिंदू महासभा भी बुरी तरह हारी। इसके अलावा, ज़मींदारों और सूदखोरों की पार्टियां भी चुनाव में धूल चाटती नज़र आईं। कांग्रेस ने एक मूलगामी कृषि कार्यक्रम अपना लिया था और किसान आंदोलन फैल रहे थे—इन दो बातों को देखकर ज़मींदार और सूदखोर अब सांप्रदायिक पार्टियों को अपना समर्थन देने लगे। उन्होंने समझ लिया कि आम जनता की व्यापक राजनीतिक भागीदारी के युग में उनके हितों की खुलकर वकालत कर सकना अब संभव नहीं होगा। अब सांप्रदायिक पार्टियां मज़बूत होने लगीं। जिन्ना के नेतृत्व में मुस्लिम लीग कांग्रेस की घोर विरोधी हो गई। अब उसने यह प्रचार शुरू कर दिया कि मुस्लिम अल्पसंख्यकों के बहुसंख्यक हिंदुओं में समा जाने का खतरा है। उसने इस अवैज्ञानिक और अनैतिहासिक सिद्धांत का प्रचार किया कि हिंदू और मुसलमान दो अलग-अलग राष्ट्र हैं और उनका एक साथ रह सकना असंभव है। 1940 में मुस्लिम लीग ने एक प्रस्ताव पारित करके

मांग की कि स्वाधीनता के बाद देश के दो भाग कर दिए जाएं और पाकिस्तान नाम का एक अलग राज्य बनाया जाए।

हिंदुओं के बीच हिंदू महासभा जैसे संगठनों के अस्तित्व के कारण मुस्लिम लीग के प्रचार को और बल मिला। हिंदू एक अलग राष्ट्र है और भारत हिंदुओं का देश है, यह कहकर हिंदू संप्रदायवादियों ने मुस्लिम संप्रदायवादियों की ही बात दोहराई। इस तरह उन्होंने भी दो राष्ट्रों के सिद्धांत को मान लिया। उन्होंने इस बात का जमकर विरोध किया कि अल्पसंख्यकों के लिए पर्याप्त सुरक्षा–व्यवस्था की जाए ताकि उन्हें बहुमत के प्रभुत्व का भय न रहे। एक तरह से हिंदू संप्रदायवाद का औचित्य और भी कम था। हर देश में धार्मिक, भाषायी या जातीय अल्पसंख्यकों को कभी न कभी ऐसा लगता रहा है कि उनकी संख्या कम होने के कारण उनके सामाजिक और सांस्कृतिक हितों को हानि पहुंच सकती हैं। लेकिन बहुसंख्यक संप्रदाय ने जब भी अपने वचन और कर्म से यह सिद्ध किया है कि ये भय निराधार हैं, तो अल्पसंख्यकों का भय समाप्त हो गया है। परंतु जब बहुसंख्यक जनता का कोई भाग सांप्रदायिक और संकीर्ण हो जाता है और अल्पसंख्यकों के ख़िलाफ़ बोलने या कुछ करने लगता है तो अल्पसंख्यक अपने को असुरक्षित महसूस करने लगते हैं। तब अल्पसंख्यकों का सांप्रदायिक और संकीर्ण नेतृत्व भी मज़बूत होता है। उदाहरण के लिए चौथे, दशक में मुस्लिम लीग वहीं मज़बूत थी, जहां मुस्लिम अल्पसंख्यक थे। इसके विपरीत पश्चिमोतर सीमा प्रांत, पंजाब, सिंध और बंगाल में जहां मुसलमान बहुसंख्यक थे और इसलिए अपने को कुछ सुरक्षित महसूस करते थे, वहां मुस्लिम लीग कमज़ोर थी। दिलचस्प बात यह है कि हिंदू और मुस्लिम संप्रदायवादियों ने कांग्रेस के ख़िलाफ़ एक दूसरे से हाथ मिलाने में कोई संकोच नहीं किया। पश्चिमोत्तर सीमा प्रांत, पंजाब, सिंध और बंगाल में हिंदू संप्रदायवादियों ने कांग्रेस के विरोध में मुस्लिम लीग तथा दूसरे सांप्रदायिक संगठनों का मंत्रिमंडल बनवाने में सहायता की। सरकार–समर्थक रवैया अपनाना भी तमाम सांप्रदायिक संगठनों की एक साझी विशेषता थी। यहां हम कह दें कि हिंदू और मुस्लिम राष्ट्रवाद की बात करने वाले किसी भी सांप्रदायिक संगठन या दल ने विदेशी शासन विरोधी संघर्ष में कभी कोई सक्रिय भाग नहीं लिया। दूसरे धर्मों की जनता तथा राष्ट्रवादी नेताओं को ही वे अपना वास्तविक शत्रु समझते थे।

सांप्रदायिक संगठन और दल जनता की सामाजिक और आर्थिक मांगें उठाने से भी कतराते रहे जबकि राष्ट्रवादी आंदोलन, जैसा कि हमने देखा है, बढ़-चढ़कर इन मांगों को उठाता रहा। इस संबंध में वे ऊंचे वर्गों के निहित

स्वार्थों का ही प्रतिनिधित्व करने लगे। बहुत पहले 1933 में ही इस बात को जवाहरलाल नेहरू ने समझ लिया था।

> आज सांप्रदायिकता का आधार राजनीतिक प्रतिक्रिया है और इसलिए हम देखते हैं कि सांप्रदायिक नेता बिना किसी अपवाद के राजनीतिक और आर्थिक मामलों में प्रतिक्रियावादी बन बैठते हैं। ऊंचे वर्गों के लोगों के संगठन यह दिखाकर कि वे धार्मिक अल्पसंख्यकों या बहुसंख्यकों की सामुदायिक मांगों के पक्षधर हैं, अपने स्वयं के वर्गीय हितों को छिपाने के प्रयास करते हैं। हिंदुओं, मुसलमानों तथा दूसरों की ओर से रखी गई विभिन्न सामुदायिक मांगों का आलोचनात्मक विश्लेषण करने पर पता चलेगा कि इनका जनता से कुछ भी लेना-देना नहीं है।

राष्ट्रीय आंदोलन ने सांप्रदायिक ताकतों का हमेशा दृढ़ता से विरोध किया और धर्मनिरपेक्षता से उसकी प्रतिबद्धता हमेशा गहरी और संपूर्ण रही। फिर भी वह सांप्रदायिक चुनौती का सामना करने में पूरी तरह सफल न हो सका। अंत में सांप्रदायिकता देश का विभाजन कराने में सफल रही। इस असफलता की व्याख्या कैसे की जाए? इसका एक उत्तर जो प्राय: दिया जाता है, वह यह है कि राष्ट्रवादी नेताओं ने सांप्रदायिक नेताओं से बातचीत करने और उन्हें साथ लेने के पर्याप्त प्रयास नहीं किए।

हमारा विचार इसके ठीक विपरीत है। आरंभ से ही राष्ट्रवादी नेताओं ने सांप्रदायिक नेताओं से बातचीत पर बहुत अधिक भरोसा किया। लेकिन संप्रदायवाद से समझौता करना या उसे संतुष्ट कर सकना संभव न था। इसके अलावा, एक तरह की सांप्रदायिकता को संतुष्ट करने का प्रयास किया जाता तो प्रतिक्रिया के रूप मे दूसरे तरह की सांप्रदायिकता हमेशा ही फलने-फूलने लगती। 1937 और 1939 के बीच कांग्रेस के नेताओं ने बार-बार जिन्ना से मुलाकात करके उसे मनाने का प्रयास किया। लेकिन जिन्ना ने कभी कोई ठोस मांग सामने नहीं रखी। इसके बजाय उन्होंने यह असंभव मांग रखी कि कांग्रेस माने कि वह हिंदुओं की पार्टी है और केवल हिंदुओं का प्रतिनिधित्व करती है, केवल तभी वह कांग्रेस से बात करेंगे। कांग्रेस के लिए यह मांग स्वीकार करना संभव न था, क्योंकि ऐसा करके वह अपने बुनियादी धर्मनिरपेक्ष, राष्ट्रवादी चरित्र को ही छोड़ देती। वास्तविकता यह है कि संप्रदायवाद को संतुष्ट करने के जितने भी प्रयास किए गए, उतनी ही अधिक उसमें उग्रता आती गई।

वास्तव में सांप्रदायिकता को संतुष्ट करने की ज़रूरत नहीं थी बल्कि उसके ख़िलाफ़ एक कठोर राजनीतिक और विचारधारात्मक संघर्ष चलाने की ज़रूरत

थी। आवश्यकता सांप्रदायिकता के ख़िलाफ़ एक व्यापक मुहिम चलाने की थी, जैसी मुहिम 1880 के बाद के दशक में औपनिवेशिक विचारधारा के ख़िलाफ़ चलाई गई थी। लेकिन कभी-कभार को छोड़कर राष्ट्रवादियों ने ऐसा नहीं किया। फिर भी धर्मनिरपेक्ष राष्ट्रवाद की सफलताओं को कम करके नहीं आंका जाना चाहिए। 1946-47 में विभाजन के आगे और पीछे हुए दंगों तथा सांप्रदायिक शक्तियों के पुनरुत्थान के बावजूद, स्वतंत्रता के बाद भारत एक धर्मनिरपेक्ष संविधान बनाने तथा मूल रूप से एक धर्मनिरपेक्ष राजनीतिक व्यवस्था और समाज खड़ा कर सकने में सफल रहा। हिंदू सांप्रदायिकता समाज में और राष्ट्रवादियों की कतारों तक भी गहरे पैठी थी, फिर भी हिंदुओं के बीच इसकी शक्ति मामूली ही बनी रही। 1946-47 के दौरान धार्मिक कट्टरता तथा सांप्रदायिकता की लहर में अनेक मुसलमान बह गए, मगर कुछ दूसरे मुसलमान सांप्रदायिकता के सामने चट्टान की तरह खड़े रहे। अबुल कलाम आज़ाद, खान अब्दुल गफ़्फार खान, जोशीले भाषण देने वाले समाजवादी नेता, युसुफ मेहरअली, निर्भीक पत्रकार एस. ए. बरेलवी, इतिहासकार मुहम्मद हबीब और कुंवर मुहम्मद अशरफ़, उर्दू शायरी के तूफानी पितरैल जैसे जोश मलीहाबादी, फैज़ अहमद फैज़, सरदार जाफ़री, साहिर लुधियानवी और कैफ़ी आजमी और मौलाना मदनी, ये सब ऐसे नाम हैं जो इस संबंध में हमारे सामने मिसाल बनकर उभरते हैं।

दूसरे विश्वयुद्ध के दौरान राष्ट्रीय आंदोलन

दूसरा विश्वयुद्ध सितंबर 1939 में आरंभ हुआ जब जर्मन प्रसारवाद की हिटलर की नीति के अनुसार नाजी जर्मनी ने पोलैंड पर आक्रमण कर दिया। इसके पहले मार्च 1938 में वह अस्ट्रिया और मार्च 1939 में चेकोस्लोवाकिया पर अधिकार कर चुका था। ब्रिटेन और फ्रांस ने हिटलर को खुश रखने के लिए सब कुछ किया था, मगर अब वे पोलैंड की सहायता करने को बाध्य हो गए। भारत की सरकार राष्ट्रीय कांग्रेस या केंद्रीय धारा सभा के चुने हुए सदस्यों से परामर्श किए बिना फौरन युद्ध में शामिल हो गई।

राष्ट्रीय कांग्रेस को फासीवादी (फासिस्ट) आक्रमण के शिकार देशों से पूरी सहानुभूति थी। वह फासीवाद विरोधी संघर्ष में लोकतांत्रिक शक्तियों की सहायता करने को तैयार थी। मगर कांग्रेस के नेताओं का सवाल यह था कि एक गुलाम राष्ट्र द्वारा दूसरों के मुक्ति-संघर्ष में साथ देना किस प्रकार संभव था? इसलिए उन्होंने मांग की, कि भारत को स्वाधीन देश घोषित किया जाए या कम से कम भारतीयों को समुचित अधिकार दिए जाएं ताकि वे युद्ध में सक्रिय भाग ले सकें।

ब्रिटिश सरकार ने इस मांग को मानने से इनकार कर दिया तथा धार्मिक अल्पसंख्यकों और राजा-महाराजाओं को कांग्रेस के ख़िलाफ़ खड़ा करने का प्रयास किया। इसलिए कांग्रेस ने अपने मंत्रिमंडलों को आदेश दिया कि वे त्यागपत्र दे दें। अक्तूबर 1940 में गांधीजी ने कुछ चुने हुए व्यक्तियों को साथ लेकर सीमित पैमाने पर सत्याग्रह चलाने का निर्णय किया। सत्याग्रह को सीमित इसलिए रखा गया कि देश में व्यापक उथल-पुथल न हो और ब्रिटेन के युद्ध प्रयासों में बाधा न पड़े। वायसरॉय के नाम एक पत्र में गांधीजी ने इस आंदोलन के उद्देश्यों की व्याख्या इस प्रकार की–

> कांग्रेस नाजीवाद की विजय की उतनी ही विरोधी है जितना कि कोई अंग्रेज़ हो सकता है। लेकिन उसकी आपत्ति को युद्ध में उसकी भागीदारी की सीमा तक नहीं खींचा जा सकता और चूंकि आपने तथा भारत-सचिव महोदय ने घोषण ाा की है कि पूरा भारत स्वेच्छा से युद्ध प्रयास में सहायता कर रहा है, इसलिए यह स्पष्ट करना आवश्यक हो जाता है कि भारत की जनता का विशाल बहुमत इसमें कोई दिलचस्पी नहीं रखता। वह नाजीवाद तथा भारत पर शासन कर रही दोहरी निरंकुशता में कोई अंतर नहीं करता।

सत्याग्रह करने वाले पहले व्यक्ति विनोबा भावे थे। 15 मई 1941 तक 25,000 से अधिक सत्याग्रही गिरफ़्तार किए जा चुके थे।

1941 में विश्व की राजनीति में दो महत्त्वपूर्ण परिवर्तन आए। पश्चिमी यूरोप तथा अधिकांश पूर्वी यूरोप में पोलैंड, बेल्जियम, हॉलैंड, नार्वे और फ्रांस पर अधिकार कर चुकने के बाद नाजी जर्मनी ने 22 जून 1941 को सोवियत संघ पर हमला बोल दिया। 7 दिसंबर को जापान ने पर्ल हार्बर में एक अमरीकी समुद्री बेड़े पर आकस्मिक हमला किया तथा जर्मनी और इटली की ओर से युद्ध में शामिल हो गया। उसने तेज़ी से फिलीपीन, हिंदचीन, इंडोनेशिया, मलाया और बर्मा पर अधिकार कर लिया। मार्च 1942 में रंगून पर उसका अधिकार हो गया। इससे युद्ध भारत की सीमाओं तक आ पहुंचा। हाल में रिहा हुए कांग्रेसी नेताओं ने जापानी आक्रमण की निंदा की और कहा कि अगर ब्रिटेन फौरन प्रभावी शक्ति भारतीयों को सौंप दे और युद्ध के बाद पूर्ण स्वाधीनता का वचन दे तो वे भारत की रक्षा तथा राष्ट्रों के हितों के लिए सहयोग करने को तैयार हैं।

अब ब्रिटिश सरकार को युद्ध प्रयासों में भारतीयों के सक्रिय सहयोग की बुरी तरह आवश्यकता थी। ऐसा सहयोग पाने के लिए उसने एक केबिनेट मंत्री सर स्टैफ़ोर्ड क्रिप्स के नेतृत्व में मार्च 1942 मे एक मिशन भारत भेजा। क्रिप्स पहले लेबर पार्टी के उग्र सदस्य और भारतीय राष्ट्रीय आंदोलन के पक्के समर्थक थे।

हालांकि क्रिप्स ने घोषणा की कि भारत में ब्रिटिश नीति का उद्देश्य यहां ''जितनी जल्दी संभव हो स्वशासन की स्थापना करना'' था, फिर भी उनके तथा कांग्रेसी नेताओं की लंबी बातचीत टूट गई। ब्रिटिश सरकार ने कांग्रेस की यह मांग मानने से इनकार कर दिया कि वास्तविक शक्ति तत्काल भारतीयों को सौंपी जाए। दूसरी तरफ भारतीय नेता इस बात से संतुष्ट नहीं हुए कि उनसे भविष्य के लिए केवल वादे किए जाएं और फिलहाल वायसराय के हाथों में निरंकुश शक्तियां बनी रहें। वे युद्ध प्रयासों में सहयोग के लिए तैयार थे, खासकर इसलिए कि जापानी आक्रमणकारियों से भारत के लिए ही खतरा पैदा हो गया था लेकिन उन्हें लगता था कि वे यह काम तभी कर सकेंगे जब देश में एक राष्ट्रीय सरकार की स्थापना हो जाए।

क्रिप्स मिशन की असफलता से भारत की जनता रुष्ट हो गई। उसे फासीवादी–विरोधी शक्तियों से अभी भी पूरी सहानुभुति थी, मगर उसे लगता था कि देश की राजनीतिक स्थिति अब बरदाश्त से बाहर हो चुकी है। युद्ध के दौरान वस्तुओं की कमी और बढ़ती कीमतों ने उसके असंतोष को और भी गहरा दिया था। अप्रैल–अगस्त 1942 के काल में तनाव लगातार बढ़ता गया। जैसे–जैसे जापानी फौजें भारत की ओर बढ़ती गईं तथा जापानी विजय का भय जनता और नेताओं को त्रस्त करने लगा गांधीजी उतने ही अधिक जुझारू होते गए। कांग्रेस ने अब फैसला किया कि अंग्रेज़ों से भारतीय स्वाधीनता की मांग मनवाने के लिए सक्रिय उपाय किए जाएं। अखिल भारतीय कांग्रेस कमेटी की मीटिंग 8 अगस्त 1942 को बंबई में हुई जिसमें प्रसिद्ध ''भारत छोड़ो'' प्रस्ताव स्वीकार किया गया तथा इस उद्देश्य को पाने के लिए गांधीजी के नेतृत्व में एक अहिंसक जनसंघर्ष चलाने का फैसला किया गया। प्रस्ताव में घोषणा की गई कि–

> भारत के लाभ तथा संयुक्त राष्ट्र के उद्देश्यों की सफलता, दोनों के लिए भारत में ब्रिटिश शासन की तत्काल समाप्ति आवश्यक हो गई है... आधुनिक साम्राज्यवाद का प्रमुख शिकार होने के नाते भारत अब समस्या के केंद्र में आ चुका है क्योंकि भारत की स्वाधीनता से ही ब्रिटेन तथा संयुक्त राष्ट्र को परखा जाएगा और एशिया तथा अफ्रीका के जनगण में आशा और उत्साह का संचार होगा। इस तरह इस देश में ब्रिटिश शासन की समाप्ति एक जीवंत और तात्कालिक प्रश्न है जिस पर युद्ध का भविष्य तथा स्वाधीनता और जनतंत्र की सफलता निर्भर है। एक स्वाधीन भारत स्वाधीनता के संघर्ष में तथा नाजीवाद, फासीवाद और साम्राज्यवाद के ख़िलाफ़ अपने तमाम विशाल संसाधनों को झोंककर यह सफलता सुनिश्चित करेगा।

8 अगस्त की रात में कांग्रेसी प्रतिनिधियों को संबोधित करते हुए गांधीजी ने कहा–

> इसलिए मैं अगर हो सके तो तत्काल, इसी रात, प्रभात से पहले स्वाधीनता चाहता हूं.. आज दुनिया में झूठ और मक्कारी का बोलबाला है... आप मेरी बात पर भरोसा कर सकते हैं कि मैं मंत्रिमंडल या ऐसी दूसरी मांगों के लिए वायसराय से सौदा करने वाला नहीं हूं। मैं पूर्ण स्वाधीनता से कम किसी चीज़ से संतुष्ट होने वाला नहीं हूं... अब मैं आपको एक छोटा सा मंत्र दे रहा हूं; आप इसे अपने दिलों में संजोकर रख लें और हर एक सांस में इसका जाप करें। वह मंत्र यह है ''करो या मरो!'' हम या तो भारत को स्वतंत्र कराएंगे या इस प्रयास में मारे जाएंगे, मगर हम अपनी पराधीनता को जारी रहते देखने के लिए जीवित नहीं रहेंगे।''

लेकिन कांग्रेस आंदोलन चला सके, इसके पहले ही सरकार ने कड़ा प्रहार किया। 9 अगस्त को बहुत तड़के ही गांधीजी तथा दूसरे कांग्रेसी नेता गिरफ़्तार करके अनजानी जगहों पर ले जाए गए और कांग्रेस को फिर एक बार गैरकानूनी घोषित कर दिया गया। इन गिरफ़्तारियों की खबर ने पूरे देश को सकते में डाल दिया और हर जगह विरोध में एक स्वतःस्फूर्त्त आंदोलन उठ खड़ा हुआ जिसमें जनता का अभी तक दबा हुआ गुस्सा झलक रहा था। नेता विहीन और संगठन विहीन जनता ने जिस ढंग से भी ठीक समझा, अपनी प्रतिक्रिया व्यक्त की। पूरे देश में कारखानों में, स्कूलों और कॉलेजों में हड़तालें और कामबंदी हुई और प्रदर्शन हुए जिन में शामिल लोगों पर लाठी चार्ज और फायरिंग भी हुई। बार–बार की गोलीबारी और दमन से क्रुद्ध होकर जनता ने अनेक जगहों पर हिंसक कार्यवाहियां भी कीं। उसने पुलिस थानों, डाकखानों, रेलवे स्टेशनों आदि ब्रिटिश शासन के तमाम प्रतीकों पर हमले किए। उन्होंने टेलीफोन के तार उखाड़ दिए, तार के खंभे गिरा दिए, रेल लाइनें उखाड़ दीं और सरकारी इमारतों में आग लगा दी। इस संबंध में मद्रास और बंगाल सबसे अधिक प्रभावित हुए। अनेक जगहों पर, शहरों, कस्बों और गांवों में विद्रोहियों का अस्थाई कब्ज़ा भी हुआ। संयुक्त प्रांत, बिहार, पश्चिम बंगाल, उड़ीसा, आंध्र, तमिलनाडु और महाराष्ट्र के अनेक भागों में ब्रिटिश शासन लुप्त हो गया। पूर्वी उत्तर प्रदेश के बलिया ज़िले, बंगाल के मिदनापुर ज़िले में, तामलुक और बंबई के सतारा ज़िले जैसे कुछ क्षेत्रों में क्रांतिकारियों ने ''समानांतर सरकार'' भी बना ली। आमतौर पर छात्र, मज़दूर और किसान ही इस ''विद्रोह'' के आधार थे जबकि उच्च वर्गों के लोग तथा नौकरशाही सरकार के वफ़ादार रहे।

सरकार ने अपनी ओर से 1942 के आंदोलन को कुचलने के लिए सब कुछ किया। उसके दमन की कोई सीमा नहीं रही। प्रेस का पूरी तरह गला घोंट दिया गया। प्रदर्शन कर रही भीड़ पर मशीनगनों से गोलियां तथा हवा में बम भी बरसाए गए। कैदियों को यातनाएं दी गईं। पुलिस और खुफ़िया पुलिस का राज चारों ओर था। अनेक नगरों और कस्बों को सेना ने अपने नियंत्रण में ले लिया। पुलिस और सेना की गोलीबारी में 10,000 से अधिक लोग मारे गए। विद्रोही गांवों को जुर्माने के रूप में भारी–भारी रकमें देनी पड़ीं और गांव वालों पर सामूहिक रूप से कोड़े बरसाए गए। 1857 के विद्रोह के बाद भारत में इतना निर्मम दमन कभी देखने को नहीं मिला था।

सरकार अंततः आंदोलन को कुचलने में सफल रही। 1942 का यह विद्रोह वास्तव में बहुत संक्षिप्त रहा। इसका महत्त्व इस बात में था कि इसने दिखाया कि देश में राष्ट्रवादी भावनाएं किस गहराई तक अपनी जड़ें जमा चुकी थीं और जनता संघर्ष और बलिदान की कितनी बड़ी क्षमता प्राप्त कर चुकी थी। यह स्पष्ट था कि जनता की इच्छा के विरुद्ध भारत पर शासन कर सकना अब अंग्रेज़ों को संभव नहीं लगता।

1942 के विद्रोह के दमन के बाद, 1945 में युद्ध की समाप्ति तक देश में राजनीतिक गतिविधियां लगभग ठप्प रहीं। राष्ट्रीय आंदोलन के सर्वमान्य नेता जेलों मे बंद थे और कोई नया नेता उनकी जगह नहीं ले सका था और न ही देश को नेतृत्व दे सका था। 1943 में बंगाल में आधुनिक इतिहास का सबसे बड़ा अकाल फूट पड़ा। कुछ ही महीनों में तीस लाख से अधिक लोग भूख से मर गए। इससे जनता एक भयानक गुस्से से भर उठी क्योंकि सरकार अगर चाहती तो इतने लोगों को अकाल में मरने से बचा सकती थी। फिर भी इस गुस्से को पर्याप्त राजनीतिक अभिव्यक्ति न मिल सकी।

लेकिन राष्ट्रीय आंदोलन को देश के बाहर एक नई अभिव्यक्ति मिली। सुभाषचंद्र बोस मार्च 1941 में देश से बाहर निकल गए थे और सहायता के लिए सोवियत संघ जाना चाहते थे। लेकिन जून 1941 में सोवियत संघ भी जब मित्र राष्ट्रों की ओर से युद्ध में उतरा तो वे जर्मनी चले गए। वहां से वे फरवरी 1943 में जापान के लिए चल पड़े ताकि जापानी सहायता से वे ब्रिटिश शासन के ख़िलाफ़ सशस्त्र संघर्ष चला सकें। भारत की स्वाधीनता के लिए सैनिक अभियान चलाने के उद्देश्य से उन्होंने सिंगापुर में आज़ाद हिंद फौज की स्थापना की। इसमें उनकी सहायता एक पुराने क्रांतिकारी रासबिहारी बोस ने की। सुभाष चंद्र बोस के वहां पहुंचने से पहले एक सेना बनाने के लिए कुछ

काम जनरल मोहनसिंह कर चुके थे जो ब्रिटिश भारत की सेना में कप्तान थे। दक्षिण-पूर्व एशिया में रहने वाले भारतीय तथा मलाया, सिंगापुर और बर्मा में जापानी सेनाओं द्वारा बंदी बनाए गए भारतीय सैनिक और अधिकारी बड़ी संख्या में आज़ाद हिंद फौज में शामिल हो गए। सुभाष चंद्र बोस, जिन्हें अब आज़ाद हिंद फौज के सिपाही ''नेताजी'' कहते थे, ने अपने अनुयायियों को ''जय हिंद'' का मूलमंत्र दिया। बर्मा से भारत पर आक्रमण करने में आज़ाद हिंद फौज ने जापानी सेना का साथ दिया। अपनी मातृभूमि को स्वाधीन कराने के विचार से प्रेरित होकर आज़ाद हिंद फौज के सैनिक अधिकारी यह आशा करने लगे थे कि वे स्वतंत्र भारत की अस्थायी सरकार का प्रमुख सुभाष चंद्र बोस को बनाकर उनके साथ भारत में उसके मुक्तिदाताओं के रूप में प्रवेश करेंगे।

1944-45 में युद्ध में जापान की पराजय के बाद आज़ाद हिंद फौज की भी हार हुई और सुभाष चंद्र बोस टोकियो जाते हुए रास्ते में एक वायुयान दुर्घटना में मारे गए। उस समय भारत के अधिकांश राष्ट्रवादी नेताओं ने उनकी इस रणनीति की आलोचना की, कि फासीवादी ताकतों के साथ सहयोग करके स्वाधीनता जीती जाए, फिर भी आज़ाद हिंद फौज की स्थापना करके उन्होंने देशभक्ति का एक प्रेरणाप्रद उदाहरण भारतीय जनता और भारतीय सेना के सामने रखा। पूरे देश ने उन्हें ''नेताजी'' का सम्मानित नाम दिया।

युद्धोत्तर काल का संघर्ष

अप्रैल 1945 में यूरोप में युद्ध समाप्त हुआ। इसी के साथ भारत के स्वाधीनता संघर्ष ने एक नए चरण में प्रवेश किया। 1942 के विद्रोह तथा आज़ाद हिंद फौज की मिसाल ने भारतीय जनता की बहादुरी और दृढ़ता को स्पष्ट कर दिया था। जेलों से राष्ट्रीय नेता जब रिहा हुए तो जनता स्वाधीनता और उसे आपसी समझौतों के द्वारा अपनी कुछ शक्तियां सौंप सकते थे।

यह नया संघर्ष आज़ाद हिंद फौज के सैनिकों और अधिकारियों पर चलाए गए मुकदमें के विरोध में एक व्यापक आंदोलन के रूप में उभरा। सरकार ने आज़ाद हिंद फौज के जनरल शाहनवाज़, जनरल गुरदयाल सिंह ढिल्लों और जनरल प्रेम सहगल पर दिल्ली के लाल किले में मुकदमा चलाने का फैसला किया। ये लोग ब्रिटिश भारतीय सेना के पहले अधिकारी थे जिन पर ब्रिटिश सिंहासन के प्रति निष्ठा की शपथ भंग करने और इस प्रकार ''गद्दार'' होने का आरोप लगाया गया। दूसरी ओर जनता ने उनका स्वागत राष्ट्रीय नायकों के रूप में किया। पूरे देश में उनकी

रिहाई की मांग को लेकर विशाल जन-प्रदर्शन हुए। पूरा देश उत्तेजना से और इस आशा से भरा था कि अबकी बार का संघर्ष विजयी होगा। इसलिए वे इन नायकों को सज़ा दिए जाने की छूट नहीं दे सकती थी। ब्रिटिश सरकार भी इस समय भारतीय जनमत को अनदेखा करने की स्थिति में नहीं थी। हालांकि कोर्ट मार्शल में आज़ाद हिंद फौज के इन बंदियों को दोषी पाया गया, मगर सरकार ने उन्हें छोड़ देने में ही भलाई समझी। ब्रिटिश सरकार के इस बदले रवैए के अनेक कारण थे।

प्रथम, युद्ध के कारण विश्व में शक्तियों का संतुलन बदल गया था। युद्ध के बाद अब ब्रिटेन की जगह अमरीका और सोवियत संघ बड़ी शक्तियों के रूप में उभरे। ये दोनों भारत की स्वतंत्रता की मांग के समर्थक थे।

द्वितीय, ब्रिटेन युद्ध में जीतने वाले पक्ष में था अवश्य मगर अब उसकी आर्थिक और सैनिक शक्ति बिखर चुकी थी। ब्रिटेन को अब अपने को संभालने में ही वर्षों लग जाते। इसके अलावा, ब्रिटेन में सरकार भी बदल चुकी थी। कंज़र्वेटिव पार्टी की जगह अब लेबर पार्टी की सरकार थी और उसके अनेक सदस्य कांग्रेस की मांगों के समर्थक थे। ब्रिटिश सैनिक युद्ध में थक-हार चुके थे। लगभग छह वर्षों तक लड़ने और खून बहाने के बाद अब वे और कई साल घर से दूर भारत में रहकर वहां की जनता के स्वाधीनता-संघर्ष को कुचलने के लिए तैयार नहीं थे।

तृतीय, ब्रिटिश भारतीय सरकार को राष्ट्रीय आंदोलन को कुचलने के लिए यहां के नागरिक प्रशासन के भारतीय सदस्यों और सशस्त्र सेनाओं पर भरोसा नहीं रह गया था। आज़ाद हिंद फौज की घटना ने दिखा दिया था कि देशभक्ति की भावना भारतीय सेना में भी फैल चुकी थी जो भारत में ब्रिटिश शासन का प्रमुख आधार थी। आग में तेल छिड़कने का काम फरवरी 1946 में बंबई में भारतीय नौसेना के जहाज़ियों के विद्रोह ने किया। ये जहाज़ी सेना और नौसेना से सात घंटों तक लड़ते रहे और उन्होंने समर्पण तभी किया जब राष्ट्रीय नेताओं ने उनसे ऐसा करने के लिए कहा। दूसरी कई जगहों पर भी जहाज़ियों ने उनकी सहानुभूति में हड़ताल की। इसके अलावा भारतीय वायु सेना में भी व्यापक हड़तालें हुईं। ब्रिटिश शासन के दो और प्रमुख आधारों अर्थात् पुलिस और नौकरशाही में भी राष्ट्रवादी झुकाव के चिह्न दिखाई देने लगे थे। अब राष्ट्रीय आंदोलन को कुचलने के लिए उनका भरोसे के साथ उपयोग नहीं किया जा सकता था। उदाहरण के लिए बिहार और दिल्ली के पुलिस बलों ने हड़तालें कीं।

चौथी और सबसे महत्त्वपूर्ण बात यह थी कि भारतीय जनता अब आत्मविश्वास से भरपूर और टकराने के लिए तैयार नज़र आ रही थी। वह अब विदेशी शासन

के अपमान को और झेलने के लिए तैयार न थी। अब आज़ादी मिलने तक आराम उसके लिए हराम था। नौसेना का विद्रोह तथा आज़ाद हिंद फौज के कैदियों की रिहाई के लिए हड़ताल हो चुकी थी। इसके अलावा 1945-46 में अनेक आंदोलन, हड़तालें, कामबंदियां और प्रदर्शन पूरे देश में और हैदराबाद, त्रावनकोर और कश्मीर जैसे अनेक रजवाड़ों तक में भी हुए। उदाहरण के लिए नवंबर 1945 में आज़ाद हिंद फौज के कैदियों की रिहाई की मांग को लेकर कलकत्ता में लाखों लोगों ने प्रदर्शन किया। तीन दिन तक नगर में सरकार नाम की कोई चीज़ रही ही नहीं थी। फिर 12 फरवरी 1946 को भी आज़ाद हिंद फौज के एक और बंदी, अब्दुर्रशीद की रिहाई की मांग को लेकर नगर में एक और जन-प्रदर्शन हुआ। 22 फरवरी को बंबई में एक पूर्ण हड़ताल हुई तथा कारखानों और दफ्तरों में काम ठप्प रहा। यह सब विद्रोही जहाज़ियों के समर्थन में था। इस जन-उभार को दबाने के लिए सेना बुलानी पड़ी। 48 घंटों के अंदर सड़कों पर 250 से अधिक लोग गोली के शिकार हुए।

पूरे देश में बड़े पैमाने पर मज़दूर-असंतोष भी फैल रहा था। शायद ही कोई उद्योग रहा हो जिसमें हड़ताल न हुई हो। जुलाई 1946 में डाक-तार मज़दूरों ने देशव्यापी हड़ताल की। अगस्त 1946 में दक्षिण भारत में रेल मज़दूरों की हड़ताल हुई। 1945 के बाद, जैसे-तैसे स्वाधीनता का समय पास आया, किसान आंदोलनों में एक नया उबाल आया। युद्ध के बाद किसानों का सबसे जुझारू संघर्ष बंगाल के बंटाईदारों का तेभागा संघर्ष था जिसमें घोषणा की गई कि वे अब ज़मींदारों को फसल का आधा नहीं, बल्कि एक-तिहाई भाग ही देंगे। ज़मीन के लिए तथा ऊंचे लगानों के ख़िलाफ़ हैदराबाद, मालाबार, बंगाल, उत्तर प्रदेश, बिहार और महाराष्ट्र में भी संघर्ष हुए। कामबंदी, हड़तालों और प्रदर्शनों का आयोजन करने में स्कूलों और कॉलेजों के छात्रों ने प्रमुख भूमिका निभाई। हैदराबाद, त्रावनकोर, कश्मीर और पटियाला आदि रजवाड़ों में भी जन-उभार और संघर्ष फैल उठे। 1946 के आरंभ में प्रांतीय विधान सभाओं के चुनाव एक और प्रमुख राजनीतिक घटनाक्रम सिद्ध हुए। सामान्य सीटों में से अधिकांश सीटें कांग्रेस ने जीतीं, जबकि मुसलमानों के लिए आरक्षित सीटों में से अधिकांश मुस्लिम लीग को मिलीं।

इसलिए ब्रिटिश सरकार ने मार्च 1946 में एक केबिनेट मिशन भारत भेजा कि भारतीय नेताओं से भारतीयों को सत्ता सौंपने की शर्तों के बारे में बातचीत की जाए। केबिनेट मिशन ने दो स्तरों वाली एक संघीय योजना का प्रस्ताव किया जिससे आशा की गई कि बड़ी मात्रा में क्षेत्रीय स्वायत्तता देकर भी राष्ट्रीय एकता को बनाए रखा जा सकेगा। इस योजना में प्रांतों और रजवाड़ों का एक संघ होता

और संघीय केंद्र का केवल प्रतिरक्षा, विदेशी मामलों और संचार विषयों पर नियंत्रण होता। साथ ही प्रांत अपने–अपने क्षेत्रीय संगठन भी बना सकते थे।

लेकिन दोनों एक ऐसी अंतरिम सरकार की योजना पर सहमत न हो सके जो एक स्वतंत्र और संघीय भारत के लिए एक संविधान बनाने के उद्देश्य से, एक संविधान सभा का गठन करती। केबिनेट मिशन की जिस योजना पर दोनों पहले सहमत हो चुके थे उसके बारे में भी दोनों ने अलग–अलग व्याख्याएं सामने रखीं। अंततः सितंबर 1946 में कांग्रेस ने जवाहरलाल नेहरू के नेतृत्व में एक अंतरिम मंत्रिमंडल का गठन किया। कुछ हिचक के बाद अक्तूबर में मुस्लिम लीग भी इस मंत्रिमंडल में शामिल हो गई मगर उसने संविधान सभा का बहिष्कार करने का फैसला किया। 20 फरवरी 1947 को ब्रिटेन के प्रधानमंत्री क्लीमेंट एटली ने घोषणा की कि ब्रिटेन जून 1948 तक भारत का शासन छोड़ देगा।

लेकिन मिलने वाली स्वाधीनता की खुशियों पर अगस्त 1946 के बाद भड़कने वाले व्यापक सांप्रदायिक दंगों ने पानी फेर दिया। हिंदू और मुस्लिम संप्रदायवादियों ने इन जघन्य हत्याओं का दोषी एक दूसरे को ठहराया और क्रूरता से एक दूसरे का मुकाबला करते रहे। न्यूनतम मानव–मूल्यों का इस तरह उल्लंघन होने और सत्य–अंहिसा को ताक पर रखा जाते देखकर महात्मा गांधी दुख से भर उठे। उन्होंने दंगे रोकने के लिए पूर्वी बंगाल और बिहार की पदयात्रा की। सांप्रदायिकता की आग को बुझाने में दूसरे अनेक हिंदू–मुसलमानों ने भी प्राणों से हाथ धोए। लेकिन इसके बीज सांप्रदायिक तत्त्वों ने, विदेशी सरकार की सहायता से बहुत गहरे बोए थे। गांधीजी और दूसरे राष्ट्रवादी नेता सांप्रदायिक पूर्वाग्रह और भावनाओं से जूझते रहे मगर बेकार।

अंत में, मार्च 1947 में वायसरॉय बनकर भारत आए लॉर्ड लुई माउंटबेटन ने कांग्रेस और मुस्लिम लीग के नेताओं से लंबी–लंबी बातचीतों के बाद समझौते का एक रास्ता निकाला—देश स्वाधीन तो होगा मगर एक नहीं रहेगा; भारत का विभाजन होगा और भारत के साथ पाकिस्तान नामक एक नया राज्य भी स्थापित होगा। बड़े पैमाने पर खून–खराबा और सांप्रदायिक दंगों का अंदेशा सामने था, इसलिए राष्ट्रवादी नेताओं ने मजबूर होकर भारत का विभाजन स्वीकार कर लिया। लेकिन उन्होंने दो राष्ट्रों का सिद्धांत नहीं माना। उन्होंने यह नहीं माना कि देश का एक–तिहाई भाग दे दिया जाए जिसकी मांग भारत की जनसंख्या में मुसलमानों के भाग के आधार पर मुस्लिम लीग कर रही थी। वे केवल वही क्षेत्र देने पर राजी हुए जहां मुस्लिम लीग का व्यापक प्रभाव था। इस तरह पंजाब, बंगाल और असम का भी विभाजन आवश्यक हो गया। मुस्लिम लीग को एक

''घुन-लगा'' पाकिस्तान ही मिला। पश्चिमोत्तर सीमा प्रांत तथा असम के सिलहट ज़िले मे लीग का प्रभाव संदिग्ध था, इसलिए वहां जनमत-संग्रह कराने का निश्चय हुआ। दूसरे शब्दों में, देश का विभाजन तो हुआ, मगर हिंदू धर्म और इस्लाम के आधार पर नहीं।

भारतीय राष्ट्रवादियों ने विभाजन को स्वीकार तो किया मगर इसलिए नहीं कि यहां दो (हिंदू और मुस्लिम) समुदाय रहते थे, बल्कि इसलिए कि पिछले लगभग 70 वर्षों के दौरान हिंदू और मुस्लिम सांप्रदायिकता का विकास इस प्रकार हुआ था कि विभाजन न होता तो वहशियाना और बर्बर सांप्रदायिक दंगों में लाखों लोगों का संहार होता। अगर ये दंगे देश के किसी एक वर्ग तक सीमित होते तो कांग्रेस के नेता उन्हें दबाने और विभाजन के ख़िलाफ़ कड़ा रुख अपनाने के प्रयास करते।

लेकिन दुर्भाग्य से यह आपसी मार-काट हर जगह हो रही थी और इसमें हिंदू-मुसलमान दोनों की सक्रिय भागीदारी थी। सबसे बड़ी बात यह है कि देश पर अभी भी विदेशियों का शासन था जिन्होंने दंगों को रोकने के लिए कोई कोशिश नहीं की। उल्टे, अपनी फूट डालने वाली नीतियों से विदेशी सरकार ने इन दंगों को प्रोत्साहन ही दिया, शायद इस आशा में कि वह दोनों नव-स्वतंत्र राष्ट्रों को आपस में लड़ा सकेगी। यहां तक कि अंत में जिन्ना को भी मजबूर होकर अपने दो राष्ट्रों के सिद्धांत में फेर बदल करना पड़ा जो कि सांप्रदायिकता की जड़ था। भारत में रहने का फैसला करने वाले मुसलमानों ने जब उनसे पूछा कि वे क्या करें, तो जिन्ना ने कहा कि उन्हें भारत का वफ़ादार नागरिक बनना चाहिए। 11 अगस्त 1947 को पाकिस्तान की संविधान सभा के आगे उन्होंने कहा था : 'आपका धर्म या जाति या पंथ कोई भी हो सकता है, इसका राज्य के कारोबार से कुछ भी लेना-देना नहीं है।' वास्तव में अपनी सांप्रदायिक राजनीति के लिए जिस जिन्न को उन्होंने बोतल से बाहर निकाल दिया था, अब वे उसको फिर से बोतल में बंद करने की बेकार कोशिश कर रहे थे।

भारत और पाकिस्तान के स्वाधीन होने की घोषणा 3 जून 1947 को की गई। रजवाड़ों को यह छूट दी गई कि इनमें से किसी भी राज्य में वे शामिल हो जाएं। रजवाड़ों की जनता के व्यापक आंदोलनों के दबाव में और गृहमंत्री सरदार पटेल की सफल कूटनीति के कारण, अधिकांश रजवाड़ों ने भारत में शामिल होने का फैसला किया। जूनागढ़ के नवाब, हैदराबाद के निज़ाम तथा जम्मू-कश्मीर के महाराजा कुछ समय तक अगर-मगर करते रहे। काठियावाड़ के समुद्र तट पर

स्थित छोटे से रजवाड़े, जूनागढ़ की जनता ने भारत में शामिल होने की घोषणा की मगर वहां के नवाब ने पाकिस्तान में शामिल होने का फैसला किया। अंततः भारतीय सेना ने राज्य पर कब्ज़ा कर लिया और वहां एक जनमत–संग्रह कराया गया जिसका परिणाम भारत में शामिल होने के पक्ष में निकला। हैदराबाद के निज़ाम ने स्वतंत्र राज्य घोषित करने की कोशिश की, मगर वहां तेलंगाना क्षेत्र में हुए एक आंतरिक विद्रोह तथा वहां भारतीय सेनाओं के पहुंचने के बाद उसे भी 1948 में भारत में शामिल होना पड़ा। कश्मीर के महाराजा ने भी भारत या पाकिस्तान में शामिल होने में देर की मगर वहां की जनता, जिसका नेतृत्व नेशनल कांग्रेस कर रही थी, भारत में शामिल होना चाहती थी। मगर कश्मीर पर पाकिस्तान के पठानों तथा अनियमित फौजी दस्तों के हमले के बाद उसे भी अक्तूबर 1947 में भारत में शामिल होना पड़ा।

15 अगस्त 1947 को भारत ने उल्लास के साथ अपना पहला स्वाधीनता–दिवस मनाया। देशभक्तों की कई पीढ़ियों के बलिदानी तथा अनगिनत शहीदों के खून का फल आखिर हमें मिला। उनका सपना अब सच्चाई बन चुका था। 14 अगस्त की रात में संविधान सभा के आगे दिए गए अपने एक स्मरणीय वक्तव्य में जवाहरलाल नेहरू ने जनता की भावनाओं को अभिव्यक्त करते हुए कहा–

> वर्षों पहले हमने भविष्य के साथ वादा किया था और अब समय आ गया है कि पूरी तरह न सही, तो भी बहुत काफ़ी सीमा तक हम अपने वचन का पालन करें। रात को बारह का घंटा जब बजेगा और जब पूरा विश्व सो रहा होगा, तब भारत जीवन और स्वाधीनता की ओर अग्रसर होगा। इतिहास में कभी–कभी ही वह क्षण आता है, मगर आता अवश्य है जब हम पुराने से निकलकर नए को अपनाते हैं; जब एक युग का अंत होता है और जब किसी राष्ट्र की लंबे समय से दबी हुई आत्मा मुखर हो उठती है। उचित यही है कि हम इस पुनीत क्षण में भारत के एक और, और संभवतः अंतिम संघर्ष की आशा करने लगें। उसकी जनता की सेवा के प्रति और उससे भी व्यापकतर मानवता के हित में समर्पित होने का संकल्प करें। ... आज हमारे दुर्भाग्य का काल समाप्त होता है और भारत ने पुनः अपने–आपको पा लिया है। आज हम जिस उपलब्धि की खुशी मना रहे हैं वह निरंतर प्रयत्न चाहती है ताकि हम वे संकल्प पूरे कर सकें जो हम प्रायः करते आए हैं।

परंतु यह उल्लास जिसे असीम और अबाध होना चाहिए था, दुख और उदासी से भरा हुआ था। भारत की एकता का सपना चकनाचूर हो चुका था और

भाई-भाई से बिछड़ चुका था। इससे भी बुरी बात यह थी कि स्वतंत्रता के इस क्षण में भी अवर्णनीय बर्बरता के साथ सांप्रदायिकता का दानव भारत और पाकिस्तान, दोनों में लाखों लोगों की बलि दे रहा था। अपने पूर्वजों की धरती से नाता तोड़कर लाखों-लाख शरणार्थी इन दो नए राज्यों में पहुंच रहे थे।* राष्ट्र का विजय के इस क्षण में घटित इस त्रासदी के प्रतीक वही गांधीजी थे जिन्होंने भारतीय जनता को अहिंसा-सत्य-प्रेम-साहस-शूरवीरता का संदेश दिया था, जो भारतीय संस्कृति के उत्कृष्टतम तत्त्वों के प्रतीक थे। राष्ट्रीय हर्ष के इन दिनों में भी वे घृणा से चूर बंगाल के गांवों में चक्कर लगा रहे थे और उन लोगों को राहत पहुंचाने की कोशिश कर रहे थे जो उस समय भी वहशियाना सांप्रदायिक हत्याकांडों के द्वारा स्वतंत्रता की कीमत चुकाने का काम कर रहे थे। और इन खुशियों की गूंज अभी थमी भी न थी कि 30 जनवरी 1948 को एक हत्यारे, घृणा से चूर एक धार्मिक -कट्टरपंथी ने उस चिराग को बुझा दिया जो 70 वर्षों से हमारे इस देश में उजाला फैलाता आ रहा था। इस तरह गांधीजी 'एकता के जिस उद्देश्य के प्रति हमेशा समर्पित रहे उसी के लिए शहीद हो गए।'**

एक अर्थ में स्वाधीनता की प्राप्ति के रूप में देश ने अभी सिर्फ पहला कदम उठाया था, अर्थात् विदेशी शासन को उखाड़ फेंककर उसने राष्ट्रीय पुनर्जन्म की प्रमुख बाधा को दूर किया था। सदियों के पिछड़ेपन, पूर्वाग्रह, असमानता और अज्ञान अभी भी देश पर हावी थे और पुनर्रचना का लंबा काम अभी शुरू ही हुआ था। जैसा कि 1941 में अपने निधन से तीन माह पहले रवींद्रनाथ ठाकुर ने कहा था–

> भाग्य का चक्र किसी न किसी दिन अंग्रेज़ जाति को बाध्य करेगा कि वह अपने भारतीय साम्राज्य से हाथ धो ले। लेकिन वे अपने पीछे किस तरह का भारत, कितनी बुरी बदहाली छोड़ जाएंगे? जब उनके सदियों पुराने प्रशासन का सोता अंततः सूखेगा तब कितना कूड़ा-करकट और कीचड़ वे अपने पीछे छोड़ जाएंगे।

---

*इस काल के बारे में नेहरू ने बाद में लिखा: "भय और घृणा ने हमारे मन को जकड़ लिया था और सभ्यता के सारे बंधन टूट चुके थे। एक दरिंदगी के बाद दूसरी दरिंदगी देखने में आई और मानव शरीरधारी प्राणियों की निर्मम पशुता को देखकर हृदय एकाएक शून्य से भर उठा। चिराग एक-एक करके बुझते नजर आए हां, सभी नहीं, क्योंकि दो-एक अभी भी उमड़ते तूफान में टिमटिमा रहे थे। हम मरने वालों और मर रहे लोगों के प्रति और मौत से भी अधिक भयानक दौड़ उठा रहे लोगों के प्रति दुखी थे। इससे भी अधिक दुखी थे हम भारत, अपनी साझी माता के प्रति, जिसकी मुक्ति के लिए हम इतने वर्षों से प्रयास करते आ रहे थे।"

**इससे पहले 1947 में अपने जन्मदिन पर एक पत्रकार के प्रश्नों का उत्तर देते हुए गांधीजी ने कहा था कि वे अब और जीना नहीं चाहते और वे "ईश्वर से प्रार्थना करेंगे कि वह मुझे आंसुओं की इस घाटी से उठा ले, और मुझे उस हत्याकांड का असहाय दर्शक न बना रहने दे जो बर्बर बन चुका मनुष्य कर रहा है, भले ही वह अपने आपको मुसलमान या हिंदू या कुछ और ही क्यों न कहता हो।"

लेकिन स्वाधीनता के संघर्ष ने औपनिवेशिक शासन को ही नहीं उखाड़ फेंका था, इसकी एक तस्वीर भी सामने रखी थी। यह तस्वीर एक लोकतांत्रिक नागरिक स्वतंत्रताओं से भरपूर और धर्मनिरपेक्ष भारत की थी। यह तस्वीर एक स्वाधीन आत्मनिर्भर अर्थव्यवस्था, सामाजिक और आर्थिक समानता और राजनीतिक रूप से जागरूक और सक्रिय जनता पर आधारित भारत की थी। यह तस्वीर थी एक ऐसे भारत की जो अपने पड़ोसियों और शेष विश्व के साथ शांतिपूर्वक रहता हो और जिसका आधार एक स्वतंत्र विदेश नीति हो।

इस तस्वीर को मूर्त्त रूप देने का पहला प्रयास जवाहरलाल नेहरू और भीमराव अंबेडकर के मार्गदर्शन में संविधान सभा ने स्वतंत्र भारत का नया संविधान बनाकर किया। 26 जनवरी 1950 को लागू होने वाले इस संविधान ने कुछ बुनियादी सिद्धांत और मूल्य सामने रखे हैं। इसके अनुसार, भारत एक धर्मनिरपेक्ष और जनतांत्रिक गणराज्य होगा जिसमें बालिग मताधिकार (सभी बालिग स्त्री–पुरुषों के लिए मत देने का अधिकार) पर आधारित एक संसदीय प्रणाली होगी। यह एक संघीय व्यवस्था होगी जिसमें संघ सरकार और संघ बनाने वाले राज्यों के अधिकार क्षेत्र स्पष्ट रूप से अलग–अलग होंगे। संविधान ने सभी भारतीय नागरिकों को कुछ मूलभूत अधिकार दिए, जैसे अभिव्यक्ति की स्वतंत्रता, शांतिपूर्वक सभा करने और संगठन बनाने की स्वतंत्रता, संपत्ति जुटाने और उसका उपयोग करने की स्वतंत्रता आदि। संविधान ने सभी नागरिकों को कानून के सामने बराबरी तथा सरकारी रोजगार के अवसर की समानता की जमानत दी। यह निश्चित हुआ कि राज्य धर्म, जाति, लिंग या जन्म–स्थान के आधार पर किसी भी नागरिक के ख़िलाफ़ कोई भेदभाव नहीं करेगा। "अस्पृश्यता" का उन्मूलन कर दिया गया तथा किसी भी रूप में इसके व्यवहार पर प्रतिबंध लगा दिया गया। सभी भारतीयों को स्वतंत्रतापूर्वक किसी भी धर्म को मानने, उसके अनुसार कार्य करने तथा उसका प्रचार करने का अधिकार दिया गया। साथ ही पूरी तरह राज्य के खर्च पर चलने वाले किसी भी शैक्षिक संस्थान में किसी भी प्रकार की धार्मिक शिक्षा देने पर रोक लगा दी गई। संविधान में कुछ "राज्य के नीति–निदेशक सिद्धांत" भी निश्चित किए गए जिन्हें किसी अदालत द्वारा तो लागू नहीं कराया जा सकता मगर जो कानून बनाने में राज्य का मार्गदर्शन करेंगे। इसमें ये सिद्धांत शामिल हैं—राष्ट्रीय जीवन के सभी क्षेत्रों में सामाजिक, आर्थिक और राजनीतिक न्याय पर आधारित एक सामाजिक व्यवस्था की स्थापना को प्रोत्साहन, धन और उत्पादन के साधनों का कुछ हाथों में केंद्रीकरण रोकना, स्त्री–पुरुष, दोनों के लिए समान काम का समान वेतन;

ग्राम पंचायतों की स्थापना; काम और शिक्षा का अधिकार; बेरोज़गारी, बुढ़ापे और बीमारी में सार्वजनिक सहायता; पूरे देश में एकसमान पारिवारिक कानून; तथा जनता के कमज़ोर वर्गों, खासकर अनुसूचित जातियों और अनुसूचित जनजातियों, के शीर्षक और आर्थिक हितों को प्रोत्साहन।

अपनी क्षमताओं पर भरोसा करके तथा मन में सफलता की आकांक्षा लेकर अब भारतीय जनता अपने देश का कायाकल्प करने तथा एक न्यायप्रिय, श्रेष्ठ समाज और एक धर्मनिरपेक्ष, लोकतांत्रिक और समतावादी भारत का निर्माण करने के काम में जुट गई।

संदर्भिका

General

1. Desai, A. R. *Social Background of Indian Nationalism*, Popular Book Depot, Bombay.
2. Chand, Tara. *History of the Freedom Movement in India*, Vols. I to IV, Ministry of Information and Broadcasting, New Delhi.
3. Chandra, Bipan et al. *India's Struggle for Independence*, Penguin, New Delhi.
4. Chandra, Bipan. *Nationalism and Colonialism in Modern India*, Orient Longman, New Delhi.
5. Sarkar, Sumit. *Modern India, 1885–1947*, Macmillan, New Delhi.

Decline Of Mughal Empire and 18th Century India

1. Habib, Irfan. *Agrarian System of Mughal India, 1556–1707*, Oxford University Press, Bombay.
2. Chandra, Satish. *Parties and Politics at the Mughal Court, 1707–1740*, People's Publishing House, Delhi.
3. Chand, Tara. *History of the Freedom Movement in India*, Vol. I, Ministry of Information and Broadcasting, New Delhi.
4. Alavi, Seema. *The Eighteenth Century in Indian History*, Oxford University Press, New Delhi.
5. Alam, Muzaffar. *The Crisis of Empire in Mughal North India*, Oxford University Press, New Delhi.

6. Ali, Athar. 'The Eighteenth Century: An Interpretation', *Indian Historical Review*, Vol. 5, No. 1–2, 1978–79, ICHR, New Delhi.
7. Raghuvanshi, V. P. S. *Indian Society in the Eighteenth Century*, Associated Publishing House, New Delhi.
8. Sardesai, G.S. *New History of Marathas*, Vols II and III, Munshiram Manoharlal Publishers, New Delhi.
9. Hasan, Mohibul. *History of Tipu Sultan*, World Press, Delhi.

Decline Of Mughal Empire and 18th Century India

1. Bandopadhyaya, Sekhar. *From Plassey to Partition*, Orient Longman, Hyderabad.
2. Gupta, Brijen K. *Siraj-ud-daullah and the English East India Company*, Leiden.
3. Chaudhary, Sushil. *From Prosperity to Decline: Eighteenth Century Bengal*, Manohar Publications, New Delhi.
4. Majumdar, R.C. (ed.) *The British Paramountcy and the Indian Renaissance*, Bhartiya Vidya Bhawan, Bombay.
5. Dodwell, H.H. (ed.) *The Cambridge History of India*, S. Chand, Delhi.

Administrative, Organisation and Social and Cultural Policies

1. Dodwell, H.H. (ed.) *The Cambridge History of India*, Vol. V, S. Chand, Delhi.
2. Chand, Tara. *History of the Freedom Movement*, Vol. I, Ministry of Information and Broadcasting, New Delhi.
3. Misra, B.B. *Central Administration of the East India Company*, Manchester University Press, Manchester.
4. Misra, B.B. *The Administrative History of India*, Oxford University Press, London.

Social and Religious Reform Movements

1. Joshi, V.C. (ed.) Rammohun Roy and the Process of Modernisation in India, Vikas Publishing House, Delhi.
2. Panikkar, K.N. *Studies in History: Special Issue on Intellectual History of Colonial India*, Vol. 3, No. 1, January–June 1987, JNU, New Delhi.
3. Panikkar, K.N. *Culture, Ideology and Hegemony*, Tulika, New Delhi.
4. Majumdar, R.C. (ed.) *British Paramountcy and Indian Renaissance*, Vol. X, Bhartiya Vidya Bhavan, Bombay.
5. Sen, Amit. *Notes on the Bengal Renaissance*, People's Publishing House, Bombay.
6. Datta, K.K. *Social History of Modern India*, Macmillan, New Delhi.

Revolt Of 1857, and Peasant and Tribal Revolts

1. Sen, S.N. *Eighteen Fifty-Seven*, Publications Division, Delhi.
2. Chattopadhyaya, Haraprasad. *The Sepoy Mutiny: A Social Study and Analysis,* Bookland Private, Calcutta.
3. Chaudhuri, S.B. *Civil Rebellion in the Indian Mutinies 1857–59*, World Press, Calcutta.
4. Joshi, P.C. (ed.) *Rebellion 1857: A Symposium*, People's Publishing House, Delhi.
5. Desai, A.R. *Peasant Struggles in India*, Oxford University Press, Bombay.
6. Mukherjee, Mridula. *Peasants in India's Non-Violent Revolution: Practice and Theory*, Sage Publications, New Delhi.

Revolutionary Movements

1. Gupta, D.N. *Bhagat Singh: Selected Speeches and Writings*, National Book Trust, New Delhi.

INDIAN ECONOMY IN THE 18 TH, 19TH AND 20TH CENTURIES

1. Dutt, R.C. *The Economic History of India under Early British Rule*, Trubner & Co., London.
2. Dutt, R.C. *Economic History of India in the Victorian Age*, Trubner & Co., London.
3. Sinha, N.K. *The Economic History of Bengal: From Plassey to the Permanent Settlement*, Firma K.L. Mukhopadhyay, Calcutta.
4. Chandra, Bipan. *The Rise and Growth of Economic Nationalism in Modern India*, People's Publishing House, Delhi.
5. Chandra, Bipan. *Essays in Colonialism*, Orient Longman, New Delhi.
6. Kumar, Dharma and Raychaudhuri, Tapan. (eds) *Cambridge Economic History of India*, Vol. II. Cambridge University Press, Cambridge.
7. Islam, Siraj-ul. *The Permanent Settlement in Bengal, 1793–1819*, Bangla Academy, Dacca.
8. Gopal, S. *Permanent Settlement in Bengal and its Results*, G. Allen & Unwin, London.
9. Bagchi, A.K. *Private Investment in India 1900–1939,* Cambridge University Press, Cambridge.
10. Thorner, Daniel and Thorner, Alice. *Land and Labour in India*, Asia Publishing House, Bombay.
11. Gadgil, D. R. *The Industrial Evolution of India in Recent Times*, Oxford University Press, Oxford.
12. Dutt, R. Palme. *India Today*, People's Publishing House, Bombay.

NATIONAL MOVEMENT

1. Chandra, Bipan et al. *Freedom Struggle*, National Book Trust, New Delhi.
2. Chandra, Bipan. *The Epic Struggle*, Orient Longman, New Delhi.
3. Chandra, Bipan. *Communalism in Modern India*, Vikas Publishing House, New Delhi.

4. Pande, B.N. (ed.) *A Centenary History of the Indian National Congress*, 3 Vols, AICC, New Delhi.
5. Nehru, Jawaharlal. *An Autobiography*, Allied Publishers, Bangalore.
6. Gopal, S. *Jawharlal Nehru: A Biography*, Vol. I, Jonathan Cape, London.
7. Nanda, B.R. *Mahatma Gandhi: A Biography*, George Allen and Unwin, London.
8. Mehrotra, S.R. *Emergence of Indian National Congress*, Vikas Publishing House, New Delhi.
9. Pradhan, G.P. and Bhagwat, A.K. *Lokamanya Tilak: A Biography*, Jaico Publishing House, Bombay.
10. Sarkar, Sumit. *The Swadeshi Movement in Bengal 1903–1908*, People's Publishing House, Delhi.
11. Bose, Subhas. *The Indian Struggle*, Asia Publishing House, Calcutta.
12. *The Communal Problem: Report of the Kanpur Riots Enquiry Committee*, 1931, National Book Trust, New Delhi.

अनुक्रमणिका